KARWENDELGEBIRGE

Alpenvereinsführer

Ein Taschenbuch in Einzelbänden
für Hochalpenwanderer und Bergsteiger
zu den Gebirgsgruppen der

Ostalpen

Herausgegeben vom
Deutschen Alpenverein, vom Österreichischen Alpenverein
und vom Alpenverein Südtirol

Band

Karwendelgebirge

Reihe: Nördliche Kalkalpen

Dr. Heinrich Klier/Dr. Fritz März

Karwendelgebirge

Ein Führer für Täler, Hütten und Berge
mit 70 Bildern, 29 Anstiegsskizzen
sowie einer Übersichtskarte 1:100000

Neu bearbeitet von Walter Klier

Verfaßt nach den Richtlinien der UIAA

BERGVERLAG RUDOLF ROTHER GMBH · MÜNCHEN

Umschlagbild:
Der Hochleger der Laliderer Alm mit Grubenkarspitze, Hohljoch, Laliderer Wand und Laliderer Spitze.
Foto: W. Klier

Die Ausarbeitung aller in diesem Führer beschriebenen Anstiege und Routen erfolgte nach bestem Wissen und Gewissen der Autoren. — Die Benützung dieses Führers geschieht auf eigenes Risiko. — Soweit gesetzlich zulässig, wird eine Haftung für etwaige Unfälle und Schäden jeder Art aus keinem Rechtsgrund übernommen.

Die Vorschriften der UIAA zur Erstellung vom Kletterführern beziehen sich nur auf die Gliederung der Routenbeschreibungen und auf die Erstellung der sogenannten Beschreibungsköpfe, die die wichtigsten Angaben zu den Kletterführen, der Routenbeschreibung vorangestellt, beinhalten.

Bergverlag Rudolf Rother GmbH, München

13. Auflage 1990
ISBN 3-7633-1115-7
Gesamtherstellung Rother Druck GmbH · München
(2239/9075)

Geleitwort für die Neuauflage des Alpenvereinsführers Karwendel

Die erste Auflage dieses Führers durch das Karwendel ist im Jahre 1951 als erster Band des vom Deutschen und vom Österreichischen Alpenverein gemeinsam herausgegebenen „Alpenvereinsführers" erschienen. Seither kamen 50 neue Bände hinzu.
Anläßlich dieser Neuauflage kann festgestellt werden, daß der Gedanke, AV-Führer in Einzelbänden für alle Gebirgsgruppen der Ostalpen herauszugeben, auf fruchtbaren Boden gefallen ist. Alle bis jetzt erschienenen AV-Führer, die von hervorragenden Sachkennern verfaßt worden sind, haben sich als gute und brauchbare Berater der Bergsteiger aller Richtungen erwiesen. An der weiteren Vervollständigung der Reihe wird dauernd gearbeitet.
Möge auch diese Neuauflage des AV-Führers durch das Karwendel, die auf den neuesten Stand gebracht und teilweise neu bebildert wurde, den Bergsteigern ein stets zuverlässiger Begleiter sein und ihnen helfen, den Weg zu den Schönheiten der Täler und Gipfel zu finden!

Herbst 1989.

Für den Österreichischen Alpenverein
Dr. Hansjörg Jäger
Vorsitzender des Verwaltungsausschusses

Für den Deutschen Alpenverein
Gerhard Friedel
Vorsitzender des Verwaltungsausschusses

Für den Alpenverein Südtirol
Dr. Gert Mayer
Erster Vorsitzender

Alpine Auskunft

Mündliche und schriftliche Auskunft in alpinen Angelegenheiten für Wanderer, Bergsteiger und Skitouristen

→ **Deutscher Alpenverein**

Montag bis Donnerstag von 9 bis 12 Uhr
und 13 bis 16 Uhr,
Freitag von 9 bis 12 Uhr
und 13 bis 15 Uhr
D-8000 München 22, Praterinsel 5
Telefon (089) 29 49 40
[aus Österreich 06/089/29 49 40]
[aus Südtirol 00 49/89/29 49 40]

→ **Österreichischer Alpenverein**

Montag bis Freitag von 8.30 bis 12.00 Uhr
und von 14 bis 18 Uhr
Alpenvereinshaus
A-6020 Innsbruck, Wilhelm-Greil-Str. 15
Telefon (0 52 22) 2 41 07
[aus der BR Deutschland 00 43/52 22/58 41 07]
[aus Südtirol 00 43/52 22/58 41 07]

→ **Alpenverein Südtirol**
Sektion Bozen

Montag bis Freitag von 9 bis 12 Uhr
und von 15 bis 17.30 Uhr
im Landesverkehrsamt für Südtirol – Auskunftsbüro
I-39 100 Bozen, Pfarrplatz 11
Telefon (04 71) 99 38 09
[aus der BR Deutschland 00 39/471/99 38 09]
[aus Österreich 04/471/99 38 09]

Das UIAA-Gütezeichen

Die UIAA (Union Internationale des Associations d'Alpinisme) hat Richtlinien für Schwierigkeitsbewertung und Routenbeschreibung herausgegeben. Ist ein Kletterführer nach diesen Richtlinien verfaßt, erhalten Autor und Verlag das Recht, dies durch Abdruck des UIAA-Gütezeichens kundzutun.

Was beinhalten die Richtlinien?

- Alle besonderen Routenmerkmale wie Schwierigkeitsgrad, Zeit, Länge und/oder Höhe des Anstiegs, Art der Kletterei, besondere Gefahren usw. sind im Beschreibungskopf, der Routenbeschreibung vorangestellt, anzuführen.
- Zugang und Anstieg sind voneinander zu trennen und separat zu beschreiben.
- Die Beschreibung des Routenverlaufs ist kurz und eindeutig (wenn möglich, in Seillängen gegliedert) abzufassen.
- Normalwege sind auch in Abstiegsrichtung zu beschreiben.
- Die Bildgestaltung muß unmißverständlich sein.
- Routenskizzen müssen die internationalen Symbole aufweisen.
- Werden Routenbeschreibungen durch Skizzen ergänzt, müssen beide miteinander übereinstimmen.
- Und weitere Forderungen.

Die Überprüfung von Text, Bildern und Skizzen gemäß UIAA-Richtlinien erfolgt durch den DAV (Sicherheitskreis), der die Belange der UIAA in der Bundesrepublik vertritt.

Die Richtlinien verlangen **keine** Überprüfung der Richtigkeit aller Angaben und Routenbeschreibungen. Dies wäre bei der Fülle der Führer und bei der Vielzahl der Routenbeschreibungen jedes einzelnen Führers auch gar nicht möglich. So können sich auch bei UIAA-geprüften Führern nach wie vor noch unrichtige Beschreibungsdetails einschleichen. Autor und Verlag sind angehalten, möglichst gewissenhaft zu arbeiten.

Pit Schubert
Sicherheitskreis im DAV

Vorwort zur 12. Auflage

„Die Route gestaltet sich in Bezug auf Zeit und Schwierigkeit wesentlich anders, als im Karwendelführer angegeben ist.“ (Eintragung im Tourenbuch der Lamsenjochhütte, 28. 9. 1907.) Drei Jahre im Karwendel, verregnete und verschneite Sommerwochen, aufgrund rätselhafter Beschreibungen nie gefundene Touren, lebensgefährliches Herumstochern im ewigen, tückischen Karwendelbruch, ein 30-m-Sturz in der Laliderer, ein paar Seillängen im unberührten Fels da und dort, widersprüchliche Angaben von verschiedenen Kletterern über ein und dieselbe Tour, Kameraden, die einfach verweigerten und einen nach dem Süden verführten, wo man aufatmend einen Tag oder zwei im festen, sonnenbeschienenen Fels, an guten Haken gesichert, klettern konnte, zähneklapperndes Warten auf die Sonne, einer Wand gegenüber, die man endlich fotografieren möchte, aber die Sonne tut den Gefallen nicht oder wie aus Bosheit erst, als man resigniert abgezogen ist und unten in der Hütte sitzt, als Ergebnis des Tages ist dann später ein ganzer Film voll grau verschwommener Flecken zu bewundern, die sich für alles andere eignen, als darauf Routen einzuzeichnen, der ewige Streit der Kletterer um Schwierigkeitsbewertungen, erhitzte Debatten über einen halben Grad auf oder ab, eine allgemeine Verwirrung, die durch den Glauben hervorgerufen wird, die Kletterschwierigkeit sei eine objektive, meßbare Größe wie die Lufttemperatur oder die Meereshöhe, eine Verwirrung, die durch die neue Freikletterbewertung (macht man's nun französisch oder amerikanisch oder wie sonst?) nur weiter gesteigert wird, wenn hier noch Steigerung möglich ist, dies und einiges andere haben den ursprünglichen Plan einer möglichst vollständigen Neubearbeitung des Karwendelführers auf ein bescheideneres Maß zurechtgestutzt. Die vorliegende 12. Auflage gebe ich dennoch mit dem guten Gewissen in die Hand des Benützers, das Zeit- und Menschenmögliche getan zu haben.

Daß ein solches Führerwerk die Summe aus den Erlebnissen vieler tausend Bergsteiger darstellt, ist schon im Vorwort zur letzten Auflage gesagt worden. Das darf auch über der neuen, vereinheitlichten Form nicht vergessen werden. Von nun an wird der Autor der jeweiligen Beschreibung (wenn bekannt) an deren Ende in Klammern angeführt. Dadurch wird die Arbeit der Führerautoren durchschaubarer – und ein Teil der schlechten Gefühle, die bei den Führerbenützern entstehen, vom Verfasser abgelenkt.

Für die Organisation des Materials bestehen neue Richtlinien, die Verlag und Alpenverein gemeinsam erarbeitet haben. Der vorliegende Führer hält sich an diese Richtlinien, die als Rahmen verstanden werden. Gera-

de bei einem so großen Gebiet wie dem Karwendel ist Knappheit oberstes Gebot. Die wollüstige Ausführlichkeit neuerer Führerwerke, die kleine Gebirge behandeln, kann nicht als Vorbild dienen. Es wurde versucht, die vorhandene Information optimal darzubieten, aber so selten wie möglich mehrfach zu wiederholen. Daher fehlen bei Touren, bei denen eine Skizze genügt, meist die wörtlichen Beschreibungen; ebenso wird beim Vorhandensein einer guten Wandaufnahme auf die „Übersicht“ verzichtet. In die neu erarbeiteten Routenskizzen wurde so viel Information aufgenommen, wie als Ergänzung zum sonstigen Material (Text, Foto) sinnvoll erschien.
Übergroße Freude am Detail wird für den Benützer ebenso verwirrend, wie es die Ungenauigkeit vieler alter Beschreibungen sein kann – die nicht der Unfähigkeit, sondern einer von der unseren verschiedenen Anschauungsweise entsprang. Mit der Zahl der angeführten Einzelheiten wächst die Zahl der Fehlerquellen, und es sinkt das Vergnügen daran, seinen Weg zu finden, nicht einem vorgezeichneten Trampelpfad nachzutrampeln. (Dieses Vergnügen kehrt sich so oder so oft genug zum Alptraum.) In den Skizzen wurde z. B. bei häufig begangenen Touren auf das Einzeichnen der Haken meist verzichtet, da deren Zahl und Position sich erfahrungsmäß immer wieder ändern. Dagegen werden „Wegweiserhaken“ in weitläufigen, hakenarmen Touren angegeben, von denen zu hoffen ist, daß auch fanatische Hakenjäger sie verschonen werden. Das Abenteuer, das für Leute, die im Karwendel klettern, zwangsläufig zum täglichen Brot gehört, wird durch das minutiöse Beschreiben und Be-Zeichnen einer Route oft nur scheinbar beseitigt. Die Gefahr, die darin liegt, darf nicht übersehen werden. Der Respekt vor der Wand schwindet, wenn aus einem früheren nackten VIer plötzlich „VI— (5 m), V+ (70 m)“ etc. werden, und er wird auch durch eine Angabe wie „ernste, anspruchsvolle Kletterei“ nicht wiederhergestellt. Die Wand ist dabei immer noch dieselbe geblieben. Wohin die Einschätzung von Karwendel-Wänden durch moderne Sportkletterer führt, ist an den Bergungsaktionen zu erkennen, die sich fast alljährlich in den Laliderer Wänden wiederholen.
Dieses Buch ist keine Bibel. Der Benützer sollte der „Exaktheit“ neuer Beschreibungen mit der gleichen Vorsicht begegnen wie der Großzügigkeit der alten. Für Anregungen und Verbesserungsvorschläge sind die Autoren nach wie vor sehr dankbar.
Über die beste Methode, eine Routenskizze anzufertigen, ist das letzte Wort genauso wenig gesprochen wie darüber, wie ein Text am besten abzufassen sei. Zum Beispiel stammt das seillängenweise Beschreiben von Routen aus den Klettergärten und ist in langen, mittelschweren Touren sicher nicht der Weisheit letzter Schluß. Möglicherweise kommt

es dem Beschreiber mehr entgegen als dem Benützer, weil sich Seillängen und Standplätze, die man selber gemacht hat, leicht merken lassen, dabei aber ebenso leicht andere, wirkliche Merkpunkte *im Gelände* übersehen werden. Die Methode wird in einer Wand fragwürdig, in der auf 600 Meter drei oder vier Haken stecken und in der mit großer Wahrscheinlichkeit jede Seilschaft andere Standplätze wählen wird. Die Frage, wie lang eine „Seillänge" nun wirklich ist, hat noch niemand gültig beantwortet.
Wie überall, so kämpfen auch unter den Bergsteigern die Abenteurer gegen die Bürokraten. Was das Geschäft des Führermachens angeht, liegen die Bürokraten derzeit leicht im Vorteil.
Dem Verfasser wird es stets ein Anliegen sein, daß die, die den Führer benützen, das finden, was sie suchen. Das Zentimetermaß wird er auch weiterhin zuhause lassen.
Innsbruck, im Frühjahr 1984
Walter Klier

„Drei Jahrzehnte sind nichts gemessen am Zauber der Berge" begann 1951 Heinz Klier sein Vorwort. Mehr als drei Jahrzehnte sind nun vergangen seit der ersten Auflage dieses Führers, der zugleich der erste Alpenvereinsführer war. Nun, Heinz Klier (uns hat dieser Führer zu einer lebenslangen Freundschaft zusammengeführt) hat innerhalb seiner Familie für den Generationenwechsel der Autoren gesorgt. Ich war da nicht so vorausblickend und mußte nun diese Auflage wiederum selbst besorgen, eingezwängt in Termine, auf Eisenbahnfahrten, in noch dunklen Morgenstunden, wie es halt gerade so geht. So stehe ich gewissermaßen als Fossil in der Führerbearbeitung mit dem einzigen Vorteil (wenn man es so betrachten will), eine Entwicklung zu übersehen und diese ein klein wenig mitgestaltet zu haben. So, wie sich die Technik des Bergsteigens, des Kletterns vor allem, gewandelt hat, so änderten sich auch die Führerwerke. Die Sprache wurde anders, knapper, noch sachlicher. Präziser? Wie archäologische Schichten, meinte Walter Klier, liegen die Sprachschichten aufeinander, was dem Führer nicht schaden sollte. Man mag streiten über die Verwendung von Anstiegsskizzen. Die Eigenart des Karwendels engt die Anwendung von Anstiegsskizzen ohnehin ein. Das ist kein Schaden. Ich meine, Führer sollten auch heute noch für Leute geschrieben werden, die lesen können.
Im übrigen hat mir Walter Klier in seinem Vorwort, das beinahe so etwas wie ein kleines Feuilleton ist, so erfrischend aus dem Herzen geschrieben, daß ich mich dem Jüngeren nur anschließen kann.
Kempten / Mariaberg, im Frühjahr 1984
Dr. Fritz März

Inhaltsverzeichnis

Verzeichnis der Abbildungen

(In Klammern die Namen der Fotografen)

Verzeichnis der Anstiegsskizzen

A. Einführender Teil

I. Allgemeines

Das Karwendel bietet dem Alpinisten eine Fülle von Möglichkeiten, sei er nur als Wanderer unterwegs oder als Kletterer, und ebenso findet der Skitourenläufer reizvolle Aufgaben zu lösen. Im Winter ist das Gebirge im Gegensatz zu den bekannten und bevölkerten Tuxer und Sellrainer Bergen wild, einsam und gefährlich. Ebenso muß der Sommerbergsteiger und Kletterer sich im klaren darüber sein, daß die Karwendelberge einen grundsätzlich anderen Charakter aufweisen als die oft (und zu oft) bestiegenen Kletterberge im Kaiser oder Wetterstein. Hier herrschen andere Dimensionen. Lange An- und Abmarschwege, brüchiges Gestein und unübersichtliche Gliederung des Geländes erfordern auch im Bereich der unteren Schwierigkeitsgrade Sicherheit, Ausdauer und Erfahrung in einem Maß, das über das Gerade-noch-Meistern einzelner Kletterstellen hinausgehen muß.

Der Lohn besteht in dem Erlebnis der Weltabgeschiedenheit, die unmittelbar hinter dem Hafelekar beginnt, dem Erlebnis einer Landschaft, die so roh und unberührt geblieben ist, daß man sich endlich über Spuren von Vorgängern wieder freut — selbst wenn es sich um eine rostige Konservendose handelt. Die beliebteren Karwendelklettereien erleben im Jahr so viele Begehungen wie eine Wetterstein- oder Sella-Südwand an einem einzigen Frühsommertag. Gründe dafür sind nicht nur die Brüchigkeit, die langen Wege, das unwegsame Gelände, sondern auch die große Gliederung des Gebirges. Die Ketten ziehen in Ost-West-Richtung und fallen in der Regel nur nach Norden in Felswänden ab, während die Südseite eher von steilen Schrofen und Schotterhängen gebildet wird. In den Nordseiten hält sich der Schnee, Wasser und Steinschlag bleiben bis in den Herbst hinein gefährlich, und der Anblick der düsteren Mauern der Laliderer- oder Praxmarerkar-Nordwände ist eher dazu angetan, den „normalen" Kletterer abzuschrecken. Wer aber etwas von der ursprünglichen Abenteuerlichkeit des Bergsteigens wiederfinden möchte, der wird am Karwendel seine Freude haben. Gerade in den letzten Jahren (seit 1980) haben die Kletterer wieder in verstärktem Maße das Gebiet besucht, alte Wege wiederholt und neue gefunden, bis in die höchsten Schwierigkeitsgrade hinein.

Das Karwendel ist ein herrliches Wandergebiet mit einer großen Anzahl von Hütten und gut ausgebauten und markierten Wegen und Steigen, die kreuz und quer durch das Gebirge verlaufen. Der Wanderer wird die Großartigkeit der Landschaft häufig mit anderen zu teilen haben.

Die Hütten sind im Sommer und besonders im Frühherbst meist voll, und vom Europa-Weitwanderer bis zum Sonntagsausflügler, der vom Parkplatz weg maximal zwei Stunden zu Fuß schafft, sind alle Arten vertreten. Auf manche Alm, wie die Hinterhornalm über Gnadenwald, führt auch schon eine Mautstraße, damit auch die Faulen und Gebrechlichen bis knapp unter die Felswände gelangen können. Würden nicht Jagd-, Forst- und Naturschutzleute den Elan der Fremdenverkehrswirtschaft bremsen, wäre bald das ganze Gebirge „erschlossen" und auf vier Rädern zu durchkreuzen, und es sähe überall so aus wie in der Eng, deren Parkplatz an manchen Sonntagen dem eines Fußballplatzes nicht nachsteht. So einsam also die Gipfelregionen sind, so bevölkert sind die Tal- und Übergangswege. Doch der Wanderer sollte bei aller Bequemlichkeit der Wege nicht vergessen, daß er im Hochgebirge unterwegs ist, wo in kürzester Zeit das Wetter umschlagen und eine harmlose Gratwanderung sich in einen Kampf ums Leben verwandeln kann. Vor einigen Jahren sind vier junge Menschen eine Gehstunde von der Bergstation der Hafelekarbahn mitten im Sommer im Schnee erfroren.
Über die bergsteigerische Erschließung des Gebirges ist an anderen Orten schon viel geschrieben worden; zuletzt im AV-Jahrbuch 1981, das zum Anlaß der Neuausgabe des Kartenblattes Karwendel-Mitte zu einer brauchbaren und sehr schön bebilderten Monografie über das Gebiet ausgestaltet wurde. Es sei hier nur kurz auf die Entwicklung eingegangen, wie sie seit etwa 1950 (als die erste Auflage dieses Führers erschien) sich abgespielt hat.
Der Direttissima-Wahn, der in den fünfziger und sechziger Jahren in den Dolomiten und anderswo die Hakenleitern sprießen ließ, fand im Karwendel wenig Widerhall, schon weil die Beschaffenheit der Wände wenig Gelegenheit dazu bot.
Nach und nach wurden einzelne große Wände im klassischen Stil begangen, Probleme gelöst, die die Alten übrig gelassen oder übersehen hatten, wie die fast 1000 Meter hohe Kuhkopf-Nordwand (Hermann Huber und Helmut Schmidt, 1954), und selbst in den späten sechziger und siebziger Jahren war eine Erschließung im größeren Stil in den Nordwänden der Speckkarspitze und der Fallbachkartürme möglich, wie sie von Felix Kuen, Werner Haim und einigen anderen durchgeführt wurde. Auch in den Laliderer Wänden wurden noch unbegangene Wandzonen durchstiegen: 1966 die Erdenkäufer/Sigl-Route durch die Platten links der Schmid/Krebs-Führe, 1976 der Klaus-Werner-Gedächtnisweg noch weiter links davon. Auch die Grubenkarspitze (Nordwandführe von Baumann, Wimmer, Zembsch, Minnermayer, 1966), die Nördliche Jägerkarspitze (Weg der Jugend, W. Lang und A. Wendt, 1977) und die Martinswand erfuhren ähnliche „Ergänzun-

gen“ (Westriß, Direkte, Schwarzenlander / Sint, Fiedler / Flunger, Ostriß, alles zwischen 1959 und 1974 begangene extreme Frei- und Hakenklettereien).
Das Ende der siebziger Jahre brachte die große Wiedergeburt des Freikletterns, und verbunden mit einer — zunächst in den Klettergärten feststellbaren — Steigerung der Schwierigkeit einzelner Stellen die Öffnung der klassischen sechsteiligen Skala nach oben.
Das erste Signal in dieser Richtung im Karwendel kam von den beiden Tirolern Heinz Mariacher und Peter Brandstätter, die im Sommer 1977 die Plattenzone rechts der Rebitsch-Verschneidung in der Laliderer-Nordwand durchstiegen, die Führe nach Charlie Chaplin benannten (auch das ein Signal: die Wendung ins Spielerische) und mit VI bewerteten. Der Vernehmen nach liegen die Schwierigkeiten jedoch über dem VI. Grad — der VII. war damals gerade noch nicht erfunden. Seither gab es einige Neutouren, für die die neue „äußerste“ Schwierigkeit angegeben wurde: Reinhard und Gerhard Pickls Route „Alptraum“ an der Laliderer Wand, die „Tschechenplatte“ am Speckkar-Nordwesteck, 1979 von Novak, Krupka und Doubal begangen; 1981 und 1982 folgten einige weitere Erstbegehungen im Halleranger, für die Schwierigkeiten über VI angegeben wurden.
Über Allein- und Winterbegehungen extremer Routen ließe sich einiges sagen; hier sind — wie anderswo — auch im Karwendel schier unglaubliche Leistungen vollbracht worden. Angaben dazu (soweit sie den Autoren bekannt geworden sind) finden sich im Text bei den einzelnen Führen. Etwas bislang Einzigartiges gelang im Sommer 1980 dem (im Frühjahr 1981 am Hechenberg tödlich verunglückten) Tiroler Franz Oppurg und seinem Gefährten Arno Gasteiger: sie durchstiegen an einem Tag zuerst die Verschneidung und dann den Auckenthalerweg an der Laliderer Spitze.

II. Begrenzung, Aufbau, Name

Begrenzung

Die natürliche Grenze im S ist das Inntal von Zirl über Innsbruck — Solbad Hall — Schwaz bis Jenbach. Im O bildet die Achenseefurche (Kasbach, Achensee, Achental) die Grenze. Beim Achenpaß biegt sie gegen W um; von hier ab führt der Bach den Namen „Walchen“. Von Fall über Mittenwald bis Scharnitz ist die Isar die natürliche Grenze (N, NW, W). Von dort bezeichnet die Bundesstraße über den Seefelder Sattel die Grenzlinie; diese stößt bei Zirl wiederum auf das Inntal. Das so umgrenzte Gebiet umfaßt beinahe 900 qkm und weist mit Ausnahme von Hinterriß keine ganzjährig bewohnte Siedlung auf.

Aufbau

Das Hauptgerippe des Gebirges bilden die vier großen Ketten, die mit geringen Abweichungen von W nach O streichen und die dem Gebirge das besondere Gepräge geben. Die Geschlossenheit dieser Längsketten erschwert die Überschreitung in der N-S-Richtung im ganzen Bereich; mit Ausnahme des Erlsattels, des Lafatscher Joches und der Bärnalplscharte sind die Einschartungen meist schmal, hoch gelegen und nur dem Bergsteiger zugänglich.

Im SW-Teil des Gebietes erhebt sich ein nach N offener hufeisenförmiger Gebirgsstock, der nach seiner höchsten Erhebung, der Erlspitze, 2404 m, Erlspitzgruppe (auch: Seefelder Gruppe) genannt wird.

Die Spitze des Hufeisens stößt an den Erlsattel, an dem die erste Karwendelkette ansetzt.

Die Hauptketten erhalten von den Längstälern auf der S-Seite ihre Namen:

Die südlichste Kette erhebt sich unmittelbar nördlich über dem Inntal. Sie wird Inntalkette (auch Solsteinkette) genannt; der von Innsbruck aus sichtbare — das ist der größte — Teil dieser Kette heißt bei den Innsbruckern Nordkette. Sie erreicht im Kleinen Solstein, 2633 m, ihre größte Höhe.

Als nächste folgt nördl. die Gleiersch-Halltal-Kette, mit ihrem W-Teil über dem Gleierschtal und dessen Fortsetzung (Samer Tal), mit ihrem O-Teil über dem Halltal aufragend. Ihre höchste Erhebung ist der Große Bettelwurf, 2725 m. Die Hinterautal-Vomper-Kette erhebt sich entsprechend über dem Hinterautal im W, über dem Vomper Loch im O; sie ist hinsichtlich Länge und Höhe die mächtigste Kette des Gebirges, und wird deshalb auch häufig als „Karwendel-Hauptkamm" bezeichnet; er entsendet im Roßlochkamm, der von der Grubenkarspitze nach S zieht und später gegen W umbiegt, einen bedeutenden Zweigkamm. Im Hauptkamm erhebt sich auch der höchste Gipfel des ganzen Gebirges, die Birkkarspitze, 2749 m.

Die vierte, die Nördl. Karwendel-Kette begleitet das Karwendeltal im N und nimmt von diesem seinen Namen; höchste Erhebung: Östl. Karwendelspitze, 2537 m. Diese Kette ist nur halb so lang wie der Hauptkamm und verliert im O ihren Kettencharakter. Mehrere von N nach S verlaufende Seitentäler teilen den Kamm in eine Reihe von eigenständigen, kleinen Gebirgsstöcken. Der für diese geprägte Name „Äste" entspricht außer bei der Rauhe-Knöll-Verzweigung weder dem ernsten Charakter dieser Gruppe, noch dem Eindruck, den sie aus der Ferne auf den Beschauer machen. Wir verwenden daher in diesem Führer angemessenere Bezeichnungen.

Das Johannestal stellt den ersten Durchbruch nach N dar und trennt die Falkengruppe von der Nördl. Karwendelkette; höchste Erhebung: Laliderer Falk, 2428 m.

Es folgen gegen O: das Laliderer Tal und als nächster Gebirgsstock die Gamsjochgruppe, mit dem Gamsjoch, 2452 m; das Enger Tal und darüber der Sonnjochkamm, mit dem Sonnjoch, 2458 m; schließlich, schon gegen NO gewandt, das Falzturntal und die Rauhe-Knöll-Verzweigung, mit dem Rauhen Knöll, 2277 m. Nördl. der vier straff gegliederten Ketten und der weniger scharf begrenzten Zweiggruppe liegen die weniger deutlich gegliederten Karwendel-Vorgebirge. Den geschlossensten Eindruck macht die im W liegende Soierngruppe, die ein mit der Spitze nach S gewandtes Hufeisen bildet und in der Soiernspitze, 2269 m, ihre höchste Erhebung aufweist.

Die übrigen Vorgebirgsgruppen bilden einen lockeren Kreis um die Dürrach und ihre Seitentäler; wir beginnen mit der Aufzählung im NW und gehen über S nach NO: Schafreuter, Fleischbank, Kompar, Montscheinspitze, Fansjoch, Juifen, Demeljoch. Der höchste und schönste Gipfel dieses Kreises ist die Montscheinspitze, 2106 m, im S.

Name

Zuerst wurden die alten Veneter für die Taufpaten des Gebirges gehalten, und das Wort aus dem illyrischen Wortstamm „karavant“ herzuleiten versucht, wonach „Karwendel“ ein Stammverwandter der „Karawanken“ gewesen wäre.

Die Mundartforschung hat sich aber nunmehr durchwegs für die Entstehung aus dem altdeutschen Personennamen „Gerwentil“, den die Sprachforscher als eine Art Speereschüttler übersetzen, entschieden, und den Ludwig Purtscheller als erster ins Treffen führte.

Dieser Name wird schon 1280 in einem Seefelder Rechtshandel von einem Zeugen getragen: Perchtoldus Gerwendelaur. Die Gerwendelau, das „Garwendel“, wie es im Munde der alteingesessenen Scharnitzer und Mittenwalder noch heute heißt, war damals und noch lange nur ein kleiner Teil des heutigen mit diesem Namen bezeichneten Bereiches, nämlich das Karwendeltal, das einmal einem Gerwentel gehört hat.

Erst H. v. Barth, der früheste Kenner des Gebirges, der im Verlauf von zwei Jahren 88 Karwendelgipfel, davon mindestens 12 erstmalig, bestiegen hatte, verwendete den Namen „Karwendel“ für den ganzen Gebirgsstock zwischen Seefelder Sattel und Achensee.

Siehe auch Dr. K. Finsterwalder, Über Namen des Karwendelgebirges (in: Karwendelbuch, S. 37, a. a. O.).

III. Geologie

Von Prof. Dr. Ernst Ott

Allgemeines zur Geologie der Nördlichen Kalkalpen

Das Gebirge der Nördlichen Kalkalpen ist ein Stapel sogenannter „Decken“. Decken im geologischen Sinne sind von ihrer ehemaligen Unterlage weitflächig abgehobelte Teile der oberen Erdkruste, die durch horizontale Untergrundströmungen übereinandergeschoben wurden. Würde man die alpinen Decken wieder auseinanderziehen und in ihrer ursprünglichen Lage zueinander ausbreiten können, so käme man auf einen einstigen Ablagerungsraum von weit über tausend Kilometer Breite. Diesen Ablagerungsraum dürfen wir uns nicht als gleichförmiges Meer vorstellen. Er umfaßte flache Schelfmeergebiete mit Riffplateaus, Festlandsschwellen und Tiefseetröge, die etwa in Ost-West-Richtung verlaufen sind.

Der spätere Zusammenschub und die Auffaltung war keineswegs ein kurzzeitiges Ereignis, sondern ein mehrphasiger Vorgang, der sich über einen Zeitraum von gut hundert Millionen Jahren mit einer Geschwindigkeit von einigen Millimetern bis Zentimetern pro Jahr abgespielt hat. Die alpidische Gebirgsbildung begann in der Unterkreidezeit vor etwa 140 Millionen Jahren, hatte Höhepunkte der Aktivität in der Oberkreide und im Tertiär, und ist heute noch nicht ganz abgeklungen. Gebirgsbildung und Ablagerung von Gesteinen gingen nebeneinander vor sich, es gab im Süden schon Überschiebungen, als im Norden erst der Ozeanboden für die Flyschsedimente bereitet wurde.

Was heute zuoberst im alpinen Deckenstapel liegt, war einst am weitesten im Süden beheimatet; das sind die Kalkalpen im engeren Sinne mit ihren schroffen Kalk- und Dolomitgipfeln. Die darunter liegenden Decken queren wir in rascher Folge, wenn wir von München aus in die Alpen fahren, weil sie nur in schmalen Zonen von wenigen Kilometern Breite am Alpennordrand zum Vorschein kommen (siehe Abb. 1). Im Untergrund von München liegen die Schichten der Vorlandmolasse noch flach und ungestört. Tektonisch beginnen die Alpen am Hohen Peißenberg, wo diese Molasseschichten schon von der Gebirgsbildung erfaßt und steil aufgerichtet worden sind. Nach Süden folgen einige zu Mulden zusammengepreßte Molassezüge, die in der Ammerschlucht zwischen Saulgrub und Rottenbuch eindrucksvoll aufgeschlossen sind. Diese Faltenmolasse mit hauptsächlich Konglomeraten und Sandsteinen bildet weiter im Westen schon ansehnliche Berge, nämlich die Nagelfluhkette der Immenstädter Berge (Rindalphorn, Hochgrat). Auch die Gesteine der nächstfolgenden Zone, des Helvetikums (Kreide und

Tertiär), treten im Meridian von München kaum in Erscheinung, hierzu gehören die Kögel im Murnauer Moos oder der Härtling des Schloßberges von Neubeuern im Inntal — im Allgäu hingegen sind sie landschaftsbestimmend (Grünten, Hoher Ifen). Die anschließende Flyschzone ist durch sanfte und meist bewaldete Berge aus kreidezeitlichen Sandsteinen und Mergeln gekennzeichnet (z.B. Blomberg, Hörnle bei Bad Kohlgrub). Erst dahinter folgt das eigentliche Kalkalpin. Es ist wiederum von unten nach oben in drei Deckensysteme unterteilt: Bajuvarikum, Tirolikum und Juvavikum. In Abb. 1 ist das im Westabschnitt der Kalkalpen wichtige Bajuvarikum mit seinen beiden Teildecken Allgäudecke und Lechtaldecke dargestellt.
Der in Abb. 1 dargestellte Deckenbau, über dessen Ausmaß man früher nur Vermutungen hegen konnte, ist in jüngster Zeit durch einige Tiefbohrungen bestätigt worden (z.B. 1979 in Vorderriß, Endteufe 6468 m).

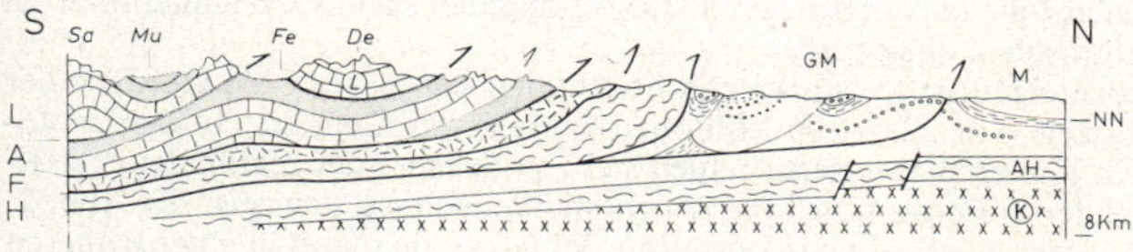

K = Kristallinbasis
AH = Bodenständiges Helvetikum
M = Molasse im Vorland und unter den Alpen
GM = Gefaltete Molasse, abgeschürft
H = Helvetikumdecke
F = Flyschzone
A = Allgäudecke im Kalkalpin
L = Lechtaldecke im Kalkalpin

Tektonische Begriffe:

Sa = Sattel
Mu = Mulde
Fe = Fenster
De = Deckscholle

Abb. 1 Geologischer Schnitt durch den Nordrand der Alpen
Nach Scholz 1981, geändert.

Literatur:

Bögel, H. & Schmidt, K.: Kleine Geologie der Ostalpen. (Ott) Thun 1976.

Scholz, H. & Scholz, U.: Das Werden der Allgäuer Landschaft. (Verl. f. Heimatpflege) Kempten 1981.

Natürlich liegen alle diese Decken nicht als ungestörter Stapel vor, sondern sie sind in Falten gelegt, zerbrochen, in sich verschuppt, teilweise ausgequetscht oder zu einem Schollenteppich zerrissen. Einige immer wiederkehrende Begriffe der Tektonik sind in Abb. 1 mit aufgenommen: Von einem geologischen Sattel spricht man, wenn die Schichten zu einem Gewölbe nach oben verbogen sind; von einer Mulde, wenn sie schüsselförmig nach unten zusammengestaucht sind. Im inneren Kern eines Sattels liegen immer ältere Schichten als auf seinen Flanken, bei einer Mulde sind im Kern die jüngeren Schichten. Das ist wichtig für das Erkennen solcher Strukturen im Gelände, weil man einen Muldenschluß in der Tiefe ja meist nicht direkt beobachten kann, es sei denn von der Seite her aus einem tiefen Taleinschnitt. Bei einem Sattel wiederum ist sehr oft der Gewölbeschluß schon abgetragen. Überhaupt schafft die Abtragung oft die gegensätzlichen Geländeformen aus diesen Strukturanlagen: Wenn bei einem geologischen Sattel die Schichten im Kern weicher sind als auf den Flanken, so werden sie leichter von der Verwitterung ausgeräumt; was strukturmäßig als Gewölbe angelegt ist, wird oberflächlich zu einer Senke. Umgekehrt kann bei einer geologischen Mulde der Kern ein hartes Gestein sein, das heute als erhabener Gipfelkamm herausmodelliert ist. Die geologischen Begriffe Sattel und Mulde dürfen also nicht mit Oberflächenbegriffen verwechselt werden. Ein durch Verwitterung entstandenes Loch in einer Decke, durch das man auf die darunter liegende Decke schauen kann, bezeichnet man als tektonisches „Fenster".

In den eigentlichen Kalkalpen bestimmen vorwiegend die Gesteine der Triaszeit (vor 225—195 Millionen Jahren) das Gepräge. In den geologisch jüngeren Vorzonen fehlen sie. Ein Schema der regionalen Verteilung der in Perm- und Triaszeit entstandenen Gesteine zeigt die Abb. 2. Als Unterlage sehen wir kristalline Schiefer, die schon in einer früheren Gebirgsbildung vor etwa 300 Millionen Jahren gefaltet und überprägt worden sind und die heute am Südrand der Kalkalpen als Grauwackenzone zutage treten (z. B. Kitzbühler Horn). Auch auf dieser Grauwackenzone lagen einst Gesteine der Nördlichen Kalkalpen, die längst der Abtragung zum Opfer gefallen sind. Ein Zeugenberg davon ist in der Triasinsel des Gaisbergs bei Kirchberg erhalten.

Vor etwa 285 Millionen Jahren begann die Ablagerung der kalkalpinen Gesteine, indem von Osten her zögernd ein Meer in das weitgehend abgetragene alte Schiefergebirge vordrang. Im Berchtesgadener Raum entstanden damals mächtige Salz- und Gipslager (Haselgebirge); weiter im Westen war das Meer noch nicht angekommen, dort wurde zur selben Zeit der rote Alpine Buntsandstein abgelagert. Erst in der Untertriaszeit war das ganze Gebiet von einem flachen Schelfmeer überflutet, das die verschiedenen Schichtglieder des Alpinen Muschelkalkes hinterließ. In der mittleren Trias entstanden Riff- und Lagunensedimente auf ausgedehnten Karbonatplattformen in extrem flachen, tropisch warmen Meeren (Wettersteinkalk im Westen, Ramsaudolomit im Osten), in schmalen Kanälen zwischen den Riffkomplexen entstanden die mergeligen Partnachschichten. Der Meeresboden senkte sich langsam, so daß die lichtbedürftigen Kalkbildner (Kalkalgen in den Lagunen, Ko-

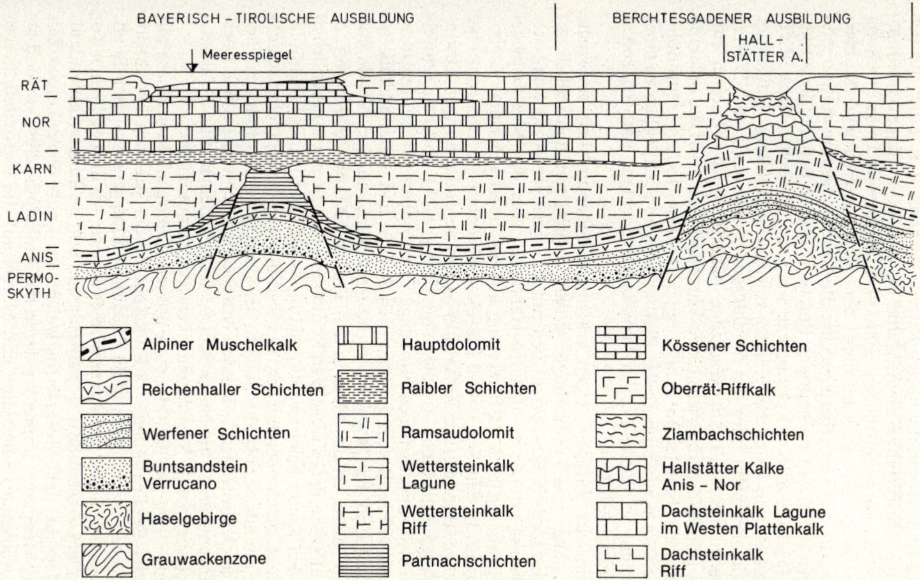

Abb. 2 Ablagerungsschema der Perm- und Triasschichten der Nördlichen Kalkalpen

Nach Bögel 1976, etwas geändert.

rallen und Kalkschwämme in den Riffen) in ihrem Wachstum mit der Absenkung Schritt halten konnten und bis zu 2000 m dicke Karbonatgesteinspakete entstehen ließen. Eine vorübergehende Unterbrechung erfolgte durch die Einschüttung der sandig-mergeligen Raibler-Schichten, doch in der Obertrias ging die Karbonatsedimentation wieder weiter, wobei nun im heutigen Berchtesgadener Bereich die ausgedehnten Dachsteinkalk-Riffkomplexe wuchsen. Zwischen diese Riffe zwängten sich von Osten her Zungen mit Rotkalkbildung (Hallstätter Kalke), die aber nicht über den Berchtesgadener Bereich nach Westen hin vorgedrungen sind. Im westlichen bayerisch-tiroler Bereich entstand zur selben Zeit das riesige öde Wattenschlick-Areal des späteren Hauptdolomits. Eine leichte Eintiefung der extrem flachen Hauptdolomitlagune führte zur Bildung des Plattenkalks und schließlich zu einer Ausgestaltung in flache Becken (Kössener Schichten) und Riffzonen mit Oberrätkalk-Riffen.

Mit Beginn der Jurazeit setzen kräftigere Bodenunruhen ein (siehe Abb. 3). Längs von Verwerfungen sinken Gebiete ziemlich schnell ab, dazwischen bleiben Schwellenzonen mit nur geringer Absenkung stehen. Teilweise kommt es sogar zu Hebungen über den Meeresspiegel und zu vorübergehender Verkarstung auf der obertriadischen Karbonatplattform. In den Trögen mit kräftiger Absenkung entstehen tonige und kieselige, dunkelgraue Kalke und Mergel in dünnplattiger Absonderung (Allgäuschichten, im Allgäu bis 1000 m dick). Auf den Schwellen bilden sich zur selben Zeit nur einige Zehnermeter von bunten Jurakalken, die oft voll von Seelilienstielgliedern sind (Hierlatzkalk im Lias, Vilser Kalk im Dogger). Im höheren Jura, an der Wende von Dogger zu Malm, ist das Meer in den Trögen 1000 bis 2000 m tief, es kommt zur Bildung des kieseligen Radiolarits, der zu einem erheblichen Teil aus den Kieselskeletten mikroskopisch kleiner Einzeller (Radiolarien) besteht. Nach oben hin geht der Radiolarit in die Aptychenschichten über, die aus dem Malm noch in die Unterkreidezeit hineinreichen und nun auch zunehmend die noch bestehenden Schwellenzonen überdecken. Ihren Namen haben die Schichten nach kleinen muschelartigen Fossilien (Aptychen), Verschlußdeckeln von Ammoniten.

In die Unterkreidezeit fällt die erste größere Gebirgsbildungsphase mit beginnender Deckenbildung im Kalkalpin. In der späteren Flyschzone fängt hingegen die Eintiefung und Sedimentation jetzt erst richtig an. Weitere hundert Millionen Jahre wird es dauern, bis die nördlichen Zonen dem Deckengebäude angeschweißt sind und im Jungtertiär endgültig das Meer aus dem Molassetrog weicht. Im Laufe dieser langen Zeit dringt das Meer auch immer wieder in das Kalkalpin selbst vor und lagert Konglomerate, Sandsteine und Mergel auf die verstellten älteren

Schichten ab, so zu Beginn der Oberkreide (Cenoman-Transgression), zu Ende der Oberkreide (Gosau-Transgression) und im Alttertiär. Doch sind die Schichten aus diesen jüngeren Meeresvorstößen bei weitem nicht so flächenhaft verbreitet wie die alten Triasablagerungen, sondern beschränkt auf lokale Vorkommen.

Nach dem Deckenbau erfolgte schrittweise die Heraushebung im Jungtertiär. Ganz wesentlich zur Oberflächenformung hat schließlich der jüngste Abschnitt der Erdgeschichte beigetragen, das Quartär, das erst vor 2 Millionen Jahren begann. Und zwar mit einer Klimaverschlechterung, die in sechs Kaltzeiten (Donau-, Biber-, Günz-, Mindel-, Riß- und Würm-Eiszeit), unterbrochen von wärmeren Zwischeneiszeiten, das heutige Landschaftsbild schuf.

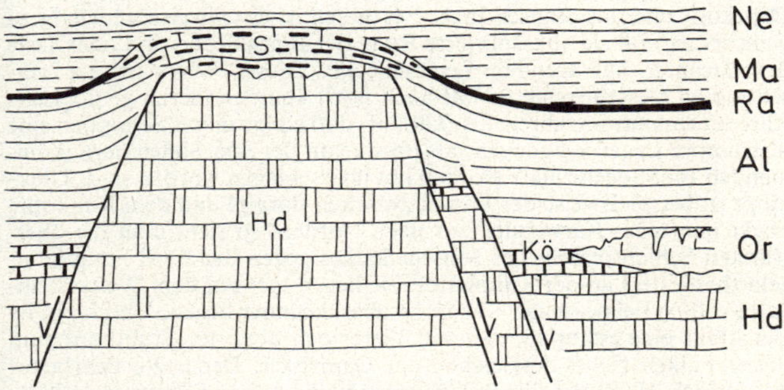

Hd = Hauptdolomit
Kö = Kössener Schichten
Or = Oberrätkalk
Al = Allgäuschichten
Ra = Radiolarit
Ma = Malm-Aptychenschichten
Ne = Neokom-Aptychenschichten, Unterkreide
S = Bunte Schwellenkalke des Jura

Abb. 3 Sedimentation in der Jurazeit. Gliederung in Becken und Schwellen nach dem Zerbrechen der Hauptdolomitplattform aus der Obertrias.

Stark überhöhter Ausschnitt ohne Maßstab. Nach Scholz 1981, etwas verändert.

Einzelheiten zur Geologie des Karwendelgebirges

Otto Ampferer, Erstersteiger der Guglia di Brenta und einer der bedeutendsten Alpengeologen, hat 1902 am Hochjoch die Karwendelüberschiebung erkannt. Die Triaskalke der Laliderer Wände sind dort mit flacher Schubbahn auf die unterlagernden Juraschichten überschoben; ältere Gesteine liegen deutlich auf jüngeren. Das ältere Oberstockwerk gehört zur Inntaldecke. Diese umfaßt im Karwendel die Inntaldecke, den Gleiersch-Bettelwurf-Kamm und den Hauptkamm selbst. Von der Fiechter Spitze bis zur Pleisenspitze bricht sie in einer 33 Kilometer langen Wandflucht nach Norden ab.

Die Jungschichten am Fuß der Nordwände (z. B. am Mahnköpfl) hat Ampferer zur Lechtaldecke gestellt. Außer diesen Jungschichten gibt es in diesem nördlich vorgelagerten Gebietsstreifen aber auch wieder Berge, die aus älteren Triaskalken bestehen: die Nördliche Karwendelkette, die Falkengruppe, Gamsjochgruppe, den Sonnjochkamm, den Dristkopf und das Stanser Joch. Bei diesen ist es teilweise schwierig zu entscheiden, ob sie abgesplitterte Reste der Inntaldecke sind oder Teile der darunter aufragenden Lechtaldecke. Dieser Wirrwarr aus verschuppten Gesteinspaketen hat auch noch keine moderne geologische Kartenaufnahme erfahren. Es fällt auf, daß einige dieser Schuppen eine überkippte Lagerung zeugen, als ob sie von der von Süden herankommenden Inntaldecke nach Norden hin überschlagen worden sind. Überkippt ist beispielsweise der Kamm zwischen Bäralpl und dem Kuhkopf; blickt man vom Karwendelhaus nach Norden, so sieht man die überstürzten Schichtplatten des Muschelkalkes gegen den Grat hinaufzüngeln (besonders an der Kuhplatte). Sie liegen hier auf dem Wettersteinkalk, sollten bei normaler Lagerung aber darunter liegen. Überkippt ist gleichfalls eine Schuppe, die vom Viererjoch über den Stuhlkopf zum Risser Falken zieht, desgleichen das Gamsjoch. Der letzte Bearbeiter (G. Heißel, 1978) hat diesen Gebietsstreifen, dessen Schuppen in ihrer Zugehörigkeit zur Inntal- oder Lechtaldecke umstritten sind, neutral als Karwendelschuppenzone bezeichnet und er läßt diese Zone unter dem Hauptkörper der Inntaldecke durchziehen und im Inntal wieder zum Vorschein kommen (Thaurer Kopf, Zunterkopf).

Zur Lechtaldecke selbst gehört das gesamte Vorkarwendel mit Soierngruppe und Schafreuter, hauptsächlich Hauptdolomit- und Plattenkalkberge mit begrünten Ammonitenfundstellen von Jura- und Kreideschichten. Dort liegen bekannte Ammonitenfundstellen des Jura am Fonsjoch und im Marmorgraben bei Mittenwald. Von den Wettersteinkalkfelsen gehören zur Lechtaldecke die Sulzleklammspitze, Teile der Dammkarumrahmung, Steinkarlspitze und Torkopf im Rontal und der Tote Falk in der Falkengruppe.

Betrachten wir das wichtigste wand- und gipfelbildende Gestein im Karwendel, den bis 1500 m mächtigen Wettersteinkalk, so fällt auf, daß dieser nicht überall gleich aussieht. In der Nördlichen Karwendelkette ist er hellweiß, dickbankig bis klotzig-massig (Vogelkarspitze, Östliche Karwendelspitze), den gleichen Eindruck macht er in der Inntalkette (z. B. am Solstein). Hingegen ist er in den beiden zentralen Ketten ganz ebenmäßig gebankt, vielfach gelblich und auch brüchig (Praxmarerkar-, Ödkar-, Birkkar-, Kaltwasserkarspitze). Vor allem im Fossilinhalt macht sich der Unterschied bemerkbar. In der Nördlichen und in der Inntalkette finden wir im Gestein feinästige Korallenstöcke und kleine, perlschnurartige Kalkschwämme, Zeugen eines ehemaligen Riffes. In den eintönigen Bankfolgen der zentralen Ketten werden wir diese Fossilien vergeblich suchen. Dafür ist dort das Gestein oft erfüllt von 3 bis 5 mm dicken Kalkröhrchen, die im Schutt der Kare oft schön herausgewittert sind (besonders auffallend im Schlauchkar unter der Birkkarspitze). Das sind Kalkhülsen von Wirtelalgen, kleinen schachtelhalmähnlichen Grünalgen, die zu Lebzeiten einen Kalkzylinder um ihre Stammzelle ausgeschieden haben. Die Natur dieser Fossilien, die den ersten Alpengeologen ziemlich rätselhaft bleiben mußte, konnte nur entschlüsselt werden, weil ein paar Nachfahren dieser Wirtelalgen bis in die Gegenwart herein überlebt haben. Sie gedeihen heute im tropisch warmen Flachwasser. Wenn wir hier im Karwendel lichtbedürftige Kalkalgen als Gesteinsbildner hatten, so bedeutet dies für die Rekonstruktion des Ablagerungsraumes, daß es keineswegs ein tiefes Meer gewesen sein kann, sondern nur eine extrem seichte, 5 bis 20 m tiefe Lagune. Vor 180 Millionen Jahren war das heutige Karwendel ein riesiges Atoll, umgürtet von einem Saumriff (von dem Teile in der Nördlichen und in der Inntalkette erhalten sind) und im Zentrum lag eine ausgedehnte Lagune, deren Grund von dichten Rasen aus Wirtelalgen bewachsen war (heute die Bankfolgen der Gleirsch-Bettelwurf-Kette und des Hauptkammes, vgl. Abb. 4).

In den oberen Partien des Wettersteinkalkes steckt eine Vererzung durch silberhaltigen Bleiglanz und Zinkblende, die in der Lagerstätte Lafatsch (Silberner Hansl) noch nach dem Kriege abgebaut wurde.

Das älteste Gestein im Karwendel ist der Alpine Buntsandstein. Er tritt landschaftsformend kaum in Erscheinung, birgt aber unter der Wildangerspitze das berühmte Salzlager von Hall in Tirol. Es ist der westlichste isolierte Vorposten der alpinen Salzlagerstätten, die ja sonst auf den Hallstätter Raum weiter im Osten konzentriert sind. — Über dem Buntsandstein folgen die Reichenhaller Schichten, hier meist zertrümmerte Rauhwacken, die zu bizarren Grotten und Türmen verwittern (z. B. Südabstürze des Bäralpls). Darauf kommt stratigraphisch der

Alpine Muschelkalk. Er bildet die Schichtbänder am Fuß der Laliderer Wände und den Kaisergrat unter der Lamsenspitze. Als Gipfelkappe kommt er auch auf der Westlichen Karwendelspitze und auf dem Sonnjoch vor, wo er jeweils als Rest einer Überschiebungsmasse erhalten blieb.
Jünger als der Wettersteinkalk sind die gesteinsmäßig abweschslungsreicher ausgebildeten Raibler Schichten. Sie sind in einigen Mulden der Inntaldecke erhalten geblieben. Ihre Sandsteine und Tonschiefer verwittern zu sauren Böden, auf denen die Zirbe wachsen kann (Halleranger). Eindrucksvoll aufgeschlossen sind die Raibler Schichten in der Zirler Klamm.
Als nächstjüngeres Gestein folgt der Hauptdolomit, der in der Erlspitzgruppe den Gipfelbildner darstellt. Bitumenhaltige Lagen im Hauptdolomit (Seefelder Schichten) werden bei Seefeld und im Bächental zur Steinölgewinnung abgebaut. Die Verbreitung von Hauptdolomit und Plattenkalk, zusammen mit Jura- und Kreideschichten im Vorkarwendel wurde bereits erwähnt.
Das Innsbrucker Mittelgebirge ist eine Aufschotterung aus der letzten Zwischeneiszeit. Berühmt ist die Höttinger Breccie, aus der Pflanzenfunde stammen, die für die damalige Zeit ein wärmeres Klima als heute belegen.

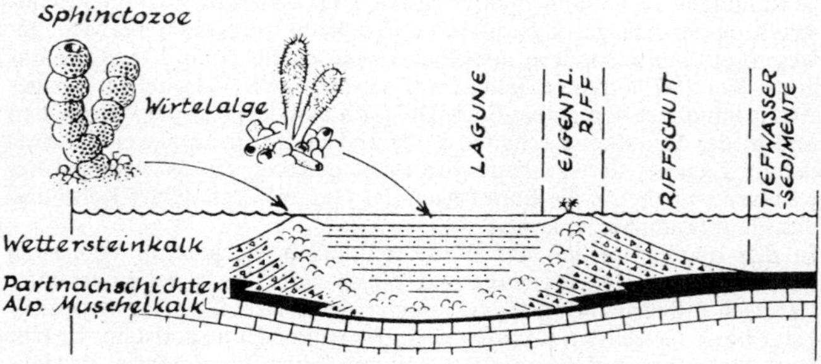

Abb. 4 Schnitt durch ein Wettersteinkalk-Atoll, mit den Lebensbildern der für Riff und Lagune typischen Organismen. Nach OTT 1967, vereinfacht. (Aus Scholz 1981, leicht verändert.)

IV. Naturkunde

Tierwelt, Pflanzenwelt

Bis zum ersten Weltkrieg war das Karwendelgebirge ein Jagdgebiet ersten Ranges. Carl Gsallers Beschreibungen in der ÖAZ von 1890 bis 1900 muten uns heute fast wie ein Märchen an: Der Herzog von Coburg herrschte wie ein König über die Berge und Täler; jeder, der kein Weidmann war, war nur ein Geduldeter und oft auch das nicht; das Roßloch durfte nicht einmal von Älplern betreten werden, die auf der Suche nach gestürzten Kälbern waren.

Zwei Kriege und die damit verbundene Wilderei und die allgemeine Entwicklung haben diesem Märchen ein Ende gemacht — und jedes Ding hat zwei Seiten.

Wenn auch der Wildstand beträchtlich zurückgegangen ist und die Abschußzahlen von heute nur ein Bruchteil derer von damals sind, so kann man immer noch große Gamsrudel oder eine Gamsmutter mit ihren Kitzen sehen, äsende Rehe und streifende Hirsche, Auerhahn und Schneehuhn und den Steinadler, der majestätische Kreise über den Tälern zieht. Birkhahn und Schneehase, Jochdohle und Wiesel vervollständigen die seltsame Schar, und an kleinerem Getier ist das Gebirge reich wie nur irgendeins. In den vergangenen Jahren wurden an der Inntalkette und im Sonnjochgebiet Steinböcke ausgesetzt, die sich gut einleben und immer mehr ausbreiten.

Die Schonung des Tierbestandes sei jedem Bergsteiger und Bergwanderer dringend ans Herz gelegt.

Prachtvolle und eigenartige Wälder in der Talregion und teils üppige Almböden darüber sind das erste, das uns auffällt. Fichte und Tanne, Lärche und Buche sind die Hauptvertreter; die Engadiner Föhre ist vor allem am Karwendel-S-Hang daheim; zu den Paradestücken des Gebirges gehören die Ahornbäume im Engtal, im Johannestal und anderen Talgründen, und die Zirbenbestände, die wir vereinzelt an den N-Hängen treffen, vor allem im Hinterautal, im Vomper Joch und in der Erlspitzgruppe.

Die Waldgrenze liegt durchschnittlich tiefer, als es das Klima erwarten ließe, und springt — im Gegensatz zu den Waldgrenzen in den Zentralalpen — bizarr auf und ab. Von den Karwendelbildern sind die großen Latschenbestände nicht wegzudenken. Sie reichen oft tief in die Wälder hinab, schicken aber dann wieder einzelne Sporne hoch in das scheinbar lebensfeindliche Karstland empor. Der Botaniker unterscheidet vor allem zwei Arten der Pinus montana, eine liegende (Latsche), eine aufrechte Form (Spirke); der Tiroler Bergsteiger aber nennt sie Zuntern,

und unterscheidet nur, ob er leicht darübersteigen kann oder ob er es mit unberechenbar federnden Exemplaren zu tun hat, deren Überwindung bergauf nur dem sehr Geübten oder sehr Verzweifelten möglich ist.
Wie die Latschen mit dem Wald, so sind weiters die Zwergheiden mit dem darunterliegenden Vegetationsgürtel durchaus verquickt.
Ganz große Sorge bereitet das derzeitige Waldsterben in Europa, das geradezu apokalyptische Formen anzunehmen droht. Man kann nur hoffen, daß spätere Auflagen dieses Führers auch noch von der Schönheit der Karwendelwälder zu künden wissen.
Alpenrose, Schneeheide, Preisel- und Rauschbeere bilden dichte Polster, die weit hinauf- und hinunterreichen. Je höher es nach oben geht, desto deutlicher sondern sich einzelne aus der Masse; zugleich wird die Bergheide dürftiger, bis sie ganz zurückbleibt und Graspolster an ihre Stelle treten.
In diesen beiden Zonen, und hoch darüber auf einem kleinen Grasfleck oder gar zu einem kleinen Felsspalt mit einem Fingerhut voll Krume finden wir eine Vielzahl und eine Pracht der Bergblumenarten, die dem Auge vorbehalten bleiben muß.
Um die seltensten und schönsten Arten zu erhalten, wurden sie von den Behörden unter Naturschutz gestellt, den jeder als seine eigene Sache betrachten soll.

Naturschutz

Das Karwendel ist das größte und, wie viele zu recht meinen, das schönste zusammenhängende Naturschutzgebiet der Ostalpen. Über die Landesgrenzen hinweg haben die Regierungen in Innsbruck und München große Teile des Karwendels zum Naturschutzgebiet erklärt. Schutzgebiet ist insbesondere der gesamte tirolische Gebirgsraum des Karwendelgebirges mit Ausnahme des Südhanges der Inntalkette (in ihrem ganzen Verlauf) und besonders bezeichnete Gebiete. Im bayerischen Anteil trat am 29.12.1982 für das Karwendel und das Karwendel-Vorgebirge eine neue Verordnung in Kraft. Sie löste die bisherige, die auf 20 Jahre befristet war, ab. Mit der Ausweisung wird der gesamte deutsche Anteil des Karwendels erneut unter Schutz gestellt. Entscheidend verändert wurde die bisherige Verordnung durch die Aufteilung in zwei Zonen mit unterschiedlicher Schutzintensität. Es gibt im Karwendel im Hinblick auf die Nutzungsansprüche empfindliche und weniger empfindliche Bereiche. Damit wird zum ersten Mal der Versuch unternommen, der Nivellierungsgefahr zu begegnen; denn man kann ein so großes Schutzgebiet nicht über einen Kamm scheren. Der Deutsche Alpenverein hatte in seiner Stellungnahme eine weitere Differenzierung vor-

geschlagen, konnte sich aber nicht durchsetzen. Auswirkungen hat diese Zonierung vor allem auf die Land- und Forstwirtschaft, d. h. die sogenannte Landwirtschaftsklausel, mit der man bisher den Schutzcharakter von Naturschutzgebieten mehr oder weniger unterlaufen konnte, findet nicht mehr überall ungeschmälert Anwendung. Erstmals wurde hier auch ein Verbot von Volksläufen und Volksmärschen aller Art ausgesprochen. Verboten ist auch das Reiten außerhalb zugelassener Wege, das Zelten (dazu zählt nicht das Biwakieren) und das Fotografieren oder Filmen von besetzten Vogelbrutstätten.
Zu den besonders geschützten Pflanzen im ganzen Gebirgsbereich zählen: Edelraute, Silberraute, Goldraute, Alpenaster, Mathiols, Frauenschuh, Blaugraue Nelke, Enzian, Edelweiß, Türkenbund, Brunelle, Fliegenblume, Alpenmohn, Aurikel, Blauer Speik. Das Pflücken all dieser Pflanzen und jede andere Art von Entnahme sowie Handel mit ihnen ist ohne Einschränkung verboten. Gendarmerie, Polizei, Forstbehörden, Bergwacht und Naturwacht überwachen die Durchführung dieser Bestimmung.
Die verheerenden Waldbrände früherer Jahre, insbesondere der Nachkriegszeit, machen außerdem die Gefahr des leichtsinnigen Umganges mit Feuer deutlich. Noch heute sind nach beinahe 40 Jahren weite Flächen um Scharnitz in völlig aridem Zustand.
Vermeiden sollte der Bergsteiger auf alle Fälle in erosionsgefährdetem Gebiet die Benützung von Abschneidern, weil dadurch die um ihre Existenz ringende Pflanzendecke in unnötiger Weise beeinträchtigt wird. Jeder Bergsteiger sollte selbständig unterscheiden können, wo er unbesorgt im Hinblick auf Flora und Fauna querfeldein gehen kann und wo es eine Verpflichtung gegenüber der Umwelt ist, auf dem Weg zu bleiben. Der beste Naturschutz ist immer noch das Verständnis des Bergsteigers, der die Natur so benützen soll, daß sie seinen Kindern und Kindeskindern noch die gleiche Freude macht wie ihm selbst.

V. Zugänge, Verkehrsverhältnisse, Staatsgrenze, Führer- und Rettungswesen

Zugänge

Alle wichtigen Talstützpunkte liegen — mit Ausnahme von Wallgau, Vorderriß, Fall, Pertisau und Achenkirch — zugleich an Bahn und Straße und sind leicht erreichbar. Innsbruck liegt am Kreuzungspunkt der N-S-Linie über dem Brenner mit der Orient-Expreß-Linie, und wird für den ausländischen Besucher des Karwendels der erste Standort sein.

Der Besucher von Norden wird über München — Garmisch an die Mittenwaldbahn gelangen und mit dieser die Ausgangspunkte für seine Fahrten erreichen: Mittenwald — Scharnitz — Gießenbach — Seefeld — Reith — Hochzirl — Kranebitten — Innsbruck. Die Eröffnung dieser Bahnlinie zählt zu den für die Erschließung des Gebirges wesentlichsten Voraussetzungen. Die genannten Orte liegen mit Ausnahme von Hochzirl und Kranebitten auch an der Bundesstraße Garmisch — Mittenwald — Seefeld — Zirler Berg (16%) — Innsbruck.
Die Autobahn München — Garmisch hat auch das Karwendel näher an München gerückt.
Die Talorte des Inntales von Zirl bis Jenbach sind durchwegs Haltepunkte der Bahnstrecken des Ober- bzw. Unterinntales; in Innsbruck halten alle, in Solbad Hall und Jenbach die meisten Schnellzüge.
Jenbach ist überdies der Ausgangspunkt für die Orte am Achensee; im Sommer Zahnradbahn Jenbach — Maurach — Seespitz und als Fortsetzung Dampferlinien: Seespitz — Pertisau — Scholastika (am nördl. See-Ende); im Winter eine Autobuslinie Jenbach — Pertisau; ganzj. eine Autolinie Jenbach — Maurach — Achenkirch sowie München — Innsbruck. Der Ausbau der Achenseestraße (mit Zufahrt von Holzkirchen an der Autobahn München — Salzburg) hat hier eine neue Ader des N-S-Verkehrs geschaffen.
Eine landschaftlich großartige Verkehrslinie an der N-Seite des Gebirges stellt die Mautstraße Wallgau — Vorderriß — Fall — Lenggries — Bad Tölz — mit Abzweigung zum Achenpaß dar (Sylvensteinspeicher). Wallgau liegt an der Bundesstraße München — Kesselberg — Wallgau — Mittenwald, und zwar 99 km von München entfernt; Fall liegt 15 km südl. von Lenggries, dem Endpunkt der Bahnlinie München — Bad Tölz.

Verkehrsverhältnisse

Begünstigt durch die Art und den Verlauf der Längstäler und weiter durch alm- und forstwirtschaftliche Erfordernisse sind die Wegverhältnisse im Inneren des Karwendels schon seit langem außerordentlich gut. Die Fahrwege führen überall tief ins Innere des Gebirges.
Die meisten Fahrwege im Innern des Gebirges sind für den allgemeinen Verkehr gesperrt. Befahren werden dürfen folgende Wege und Straßen: Fahrstraße Zirl — Hochzirl (Autobusverkehr zum Landeskrankenhaus) sowie ein Stück Weg in Richtung Oberbach (Aufstieg zum Solsteinhaus). Höhenstraße Innsbruck — Hungerburg; an Werktagen Straße Hungerburg — Gramartboden. Fahrstraße Mühlau — Rechenhof (ab Ghs. Schönblick nur an Werktagen). Fahrstraße Rum — Rechenhof. Mautstraße Absam — St. Magdalena im Halltal, 1285 m.

Mautstraße Gnadenwald — Hinterhornalm, 1524 m. Straße Vomp — Vomperberg. Fahrweg von Fiecht ins vordere Stallental. Mautstraße Pertisau — Grameialm und Pletzachalm. Straße Vorderriß — Hinterriß; Mautstraße weiter in die Eng.
Von der Straße Mittenwald — Wallgau zweigt am sog. Isarhorn (nördl. der ersten Isarbrücke) rechts ein Fahrweg ab, der zur Fereinalm hinaufführt (Schranke am Taleingang). Ins Bächental wurde die alte Holzbahn durch einen Fahrweg ersetzt, der aber für den allgemeinen Verkehr gesperrt bleibt. Ferner wurden zu Holzfuhrzwecken verschiedene neue Fahrwege gebaut.
Von Wallgau führt über den Fischbachsattel eine Straße bis in den Hundsstall (Schranke kurz nach der Isarbrücke). Auf die Rotwandlhütte am Juifen führt ein Fahrweg aus dem Achental empor und jenseits hinab ins Bächental, in dem überhaupt jede Menge an Wirtschaftswegen (für den allgemeinen Verkehr gesperrt) entstanden sind und noch entstehen.
Überhaupt wurden im gesamten Karwendel viele Forst- und Almstraßen gebaut, über deren zwingende Notwendigkeit man manchmal streiten kann. Zumeist wurden die alten Wege dabei brutal zerschnitten, ohne den geringsten Versuch, die Anschnittstellen wieder herzurichten.
Die Wege im Inneren des Gebirges sind dank der Arbeit der alpinen Vereine bis ins hochalpine Gelände hinauf im allgemeinen gut bezeichnet und begehbar gehalten. Die Hüttenwirte an den Ausgangspunkten können am besten über den jeweiligen Zustand der künstlichen Sicherungen Auskunft erteilen.
Eine vor allem für die Bergfahrten an der Inntalkette und im Gebiet der Pfeishütte zeitsparende Einrichtung stellt die Seilbahn auf das Hafelekar (Nordkette) dar. Sie wurde im Jahre 1927 von der Stadt Innsbruck erbaut. Eine Schienenseilbahn führt von Innsbruck, Kettenbrücke (Straßenbahnhaltestelle) zur Hungerburg; von dort eine Seilschwebebahn auf die Seegrube, 1906 m, und eine zweite von hier zur Hafelekar-Bergstation, 2256 m. (Reine Fahrzeit etwa 20 Min.) Diese Station liegt bereits auf der Kammhöhe der Inntalkette.
Der zweistufige Lift von Seefeld zur Roßhütte (mit Seilbahnanschlüssen auf das Seefelder Jöchl und den Harmelekopf) hat dem Gebiet der westl. Erlspitzgruppe viel Zulauf gebracht. Der Sessellift von Pertisau auf den Zwölferkogel, 1483 m, ist vor allem für Fahrten im Gebiet des Stanser Joches von Bedeutung. Seilschwebebahn von Mittenwald zur Westl. Karwendelspitze: „Karwendelbahn", führt auf 2244 m an den Rand der Karwendelgrube, Ausgangspunkt für Westl. Karwendelspitze usw. Im Achental ist mit den Christlum-Liften ein Skizentrum von Bedeutung entstanden.

Über Unterkünfte in Talorten und auf den Hütten siehe Teil B, Abschnitt I. und II.
Allgemein: Die meisten Talorte sind Fremdenverkehrsorte und bieten als solche reiche Auswahl vom Hotel bis zum gemütlichen Bauerngasthaus. In der Zeit des größten Andranges stehen überall Privatunterkünfte zur Verfügung. Außer auf den Hütten des Alpenvereins und anderen öffentlichen Hütten kann in der Hochregion mit Unterkunft auf Almen und Privathütten nur in Ausnahmefällen gerechnet werden.

Staatsgrenze

Die Staatsgrenze zwischen der Bundesrepublik Deutschland und der Republik Österreich verläuft wie folgt:
Grenzamt Scharnitz, Porta Claudia — Marchklamm — Brunnensteinspitze P. 2179 — Rotwandlspitze — sodann immer der Grathöhe folgend — Linderspitze — Westl. Karwendelspitze P. 2385 — Kirchln — Tiefkarspitze — Wörner P. 2476 — Raffelspitze — Bärnalplscharte — Bärnalplkopf — weiter auf der Gratschneide bis zur Östl. Karwendelspitze P. 2537 — sodann in nordwestl. Richtung, das Steinloch überschneidend, zur Steinkarlspitze P. 2030 — von hier in nördl. Richtung, der Kammhöhe folgend, über den Wechselkopf bis in den Sattel südl. der Rappenklammspitze — westl. durch die Hint. Rappenklamm hinab zum Bärenbach — diesem folgend bis zur Einmündung in den Ferlsbach — diesem entlang (Fermesbach) bis zur Einmündung in den Rißbach — rißaufwärts bis zur Einmündung des Markbaches (östl.) — diesen aufwärts, zuletzt in gerader Richtung auf den Scharfreiter P. 2100 — über den Kamm östl. zum Delpsjoch — Stierjoch — Torjoch — Lärchkogel P. 1688 — sodann in nordöstl. Richtung hinab ins Dürrachtal — jenseits streng nördl. zum Demeljoch P. 1926 — weitere genau nördl. hinab in den westl. Graben des Hühnerbaches — diesem folgend bis zur Einmündung in die Walchen (Achenbach) — und schließlich der Achentalstraße entlang östl. bis zur Abzweigung der Straße nach Bad Kreuth—Tegernsee.
Das Grenzgebiet im Karwendel ist sog. Touristenzone. Das bedeutet, daß die Grenze an jedem beliebigen Punkt überschritten werden darf. Ausweis ist auf jeden Fall mitzuführen. Der Wanderer muß aber auch die Grenze innerhalb der Touristenzone wieder in Richtung Heimat überschreiten (er darf also nicht auf diesem Weg von München nach Innsbruck ohne Grenzkontrolle marschieren). Dabei darf auch keine Handelsware mitgeführt werden.

Führerwesen

Nur die behördlich autorisierten Bergführer bieten Gewähr für gute Führung; sie tragen das Bergführerabzeichen des Alpenvereins und besitzen ein Führerbuch. Führerstationen im Bereich des Karwendelgebirges: Seefeld, Zirl, Innsbruck Stadt, Absam, Wattens, Weer, Schwaz, Jenbach, Pertisau, Ghs. Eng, Mittenwald (Garmisch-Partenkirchen), Scharnitz. Auskünfte: Berg- und Skischule des ÖAV, Wilhelm-Greil-Straße 5, Innsbruck, Tel. 23171; DAV Praterinsel 5, München 22, Tel. 294960; DAV Berg- und Skischule, Fürstenfelderstraße 7/V, München 2, Tel. 269011.

Rettungswesen

Die Berge sind kein Sportplatz; dies wird in keiner Lage so deutlich, als wenn der Berg seine Opfer fordert. Das Wissen um die Gefahr ist der erste Schritt zu ihrer Verhütung.

Der Rat des Erfahrenen, wohlüberlegtes Handeln, eine tadellose Ausrüstung — dies alles kann helfen, Unfälle zu verhindern. Die Eintragung ins Hüttenbuch mit Angabe der geplanten Bergfahrt oder das Zurücklassen einer Nachricht erweisen sich oft als ungemein wertvoll bei Unfällen, denn die Suchaktion kann sonst so viel Zeil in Anspruch nehmen, daß es für die Rettungsaktion zu spät geworden ist. Einmal in Bergnot, ist das „Alpine Notsignal" der erste Schritt zur Bergung:

- Innerhalb einer Minute wird **sechsmal** in regelmäßigen Abständen, mit jeweils einer Minute Unterbrechung, ein hörbares (akustisches) Zeichen (Rufen, Pfeifen) oder ein sichtbares (optisches) Signal (Blinken mit Taschenlampe) abgegeben.

  Dies wird so lange wiederholt, bis eine Antwort erfolgt.
- Die Rettungsmannschaft antwortet mit **dreimaliger** Zeichengebung in der Minute.

Die auf Seite 36 abgebildeten Alarmsignale im Gebirge wurden international eingeführt.

Um einen schnellen Rettungseinsatz zu ermöglichen, müssen die Angaben kurz und genau sein.

Man präge sich das „5-W-Schema" ein:

- **WAS** ist geschehen? (Art des Unfalles, Anzahl der Verletzten)
- **WANN** war das Unglück?
- **WO** passierte der Unfall, wo ist der Verletzte? (Karte, Führer)
- **WER** ist verletzt, wer macht die Meldung? (Personalien)
- **WETTER** im Unfallgebiet? (Sichtweite)

INTERNATIONALE ALARMSIGNALE IM GEBIRGE
SEGNALI INTERNAZIONALI D'ALLARME IN MONTAGNA
SIGNAUX INTERNATIONAUX D'ALARME EN MONTAGNE
SENALES INTERNACIONALES DE ALARMA EN MONTANA

JA
OUI
SI

Rote Rakete oder Feuer
Razzo rosso o luce rossa
Fusée ou feu rouge
Cohete de luz roja

Rotes quadratisches Tuch
Quadrato di tessuto rosso
Carré de tissu rouge
Cuadro de tejido rojo

WIR BITTEN UM HILFE
OCCORRE SOCCORSO
NOUS DEMANDONS DE L'AIDE
PEDIMOS AYUDA

NEIN
NON
NO

WIR BRAUCHEN NICHTS
NON ABBIAMO BISOGNO DI NIENTE
NOUS N'AVONS BESOIN DE RIEN
NO NECESITAMOS NADA

Diese Zeichen dienen der Verständigung mit der Hubschrauberbesatzung. Sie ersetzen nicht das Alpine Notsignal.

Hubschrauberbergung

Der Einsatz von Rettungshubschraubern ist von den Sichtverhältnissen abhängig. Für eine Landung ist zu beachten:

- Hindernisse im Radius von 100 m dürfen nicht vorhanden sein.
- Es ist eine horizontale Fläche von etwa 30×30 m erforderlich. Mulden sind für eine Landung ungeeignet.
- Gegenstände, die durch den Luftwirbel des anfliegenden Hubschraubers umherfliegen können, sind vom Landeplatz zu entfernen.
- Der anfliegende Hubschrauber wird mit dem Rücken zum Wind von einer Person in „Yes-Stellung" eingewiesen.
- Dem gelandeten Hubschrauber darf man sich nur von vorne und erst auf Zeichen des Piloten nähern.

Für die *Grundausbildung* des Bergsteigers empfehlen wir: Höfler, Bergwandern heute, München 1978, Seibert, Bergsteiger-ABC, München 1974 und Seibert, Felsklettern und Eisgehen, München 1975, sowie die Lehrschriften des ÖAV und den Alpinlehrplan des DAV.

Unfallmelde- und Ortsstellen des Bergrettungsdienstes:
Haupt- und Ortsstelle Innsbruck, Ruf 22122, 22123.
Achenkirch, Hugo Panzl, HNr. 444, Tel. 05246/6351 oder 6213.
Hall in Tirol, Klaus Prinz, 6060 Absam, Rhombergstr. 22, Tel. 05223/29592 oder 05222/31631.
Innsbruck, Kuno Mader, Müllerstr. 10, Tel. 05222/25071.
Jenbach, Alfons Mitterdorfer, 6065 Thaur, St. Ulrichsweg 2, Tel. 05223/28852 oder 05222/43355.
Maurach, Hans Obholzer, Achensee 195, Tel. 05243/5386 oder 05242/2520.
Seefeld, Fritz Pucher, NHr. 327, Tel. 05212/2234.
Scharnitz, Hans Rainer, HNr. 266, 05213/300.
Schwaz, Max Biegeleben, 6134 Vomp, Gröben 58, Tel. Schwaz 05242/48553.
Wattens, Adolf Sprachmann, 6114 Kolsaß, Rettenbergerstr. 12a, Tel. 05224/86192 oder 05222/28711-204.
Dazu Meldestellen auf Hütten, Berggasthäusern und Almen.
Haupt- und Ortsstelle Innsbruck, Ruf 22122, 22123.
Bergwacht-Bereitschaft Mittenwald: Franz Mannes, Prinz-Eugen-Str. 5—7, Tel. 08823/984 oder 8300, mit den Meldestellen: Brunnensteinhütte, Mittenwalder Hütte, Unt. Kälberalm (Zollaufsichtsstelle). Krün: Hans Schwarzenberger, Staudeleweg 1, Tel. 08825/293.

VI. Das Karwendel im Winter

Das Karwendel als Skigebiet

Vor siebzig Jahren noch galt das ganze Karwendelgebirge während der Winterzeit als ein verschlossenes, weißes Reich. Die Almhütten und Jagdhäuser waren versperrt. Nur ganz selten war ein Jäger zur Wildfütterung unterwegs; sonst blieb der weiße Raum bis zum Frühling unberührt. Als dann in den Jahren vor dem ersten Weltkrieg der Reihe nach die alte Lamsen-, die alte Halleranger- und die alte Pfeishütte Lawinen zum Opfer fielen, war dies nicht dazu angetan, fröhliche Bergwanderer oder Skiläufer anzulocken. Nur am Rande des Gebirges — in Innsbruck, Seefeld und Mittenwald — begannen der Wintersport und damit das Interesse an den winterlichen Bergen unaufhaltsam vorzudringen. Als dann in der Zeit zwischen den beiden großen Kriegen diese Randzonen Tummelplatz der großen Scharen des Skivolks wurden, kundschafteten sich die Unentwegten und die, die Stille suchten, im Innern des Gebirges diese und jene Abfahrt aus, und wo sie mit den Brettln nicht mehr weiterkamen, da stiegen sie ohne diese auf die Gipfel. Ferdinand Keyfels Winterbesteigung der Kaltwasserkarspitze im Jahre 1921 war zugleich ein Abschluß und ein Zeichen zum Beginn. Das ernste Gesicht der winterlichen Berge von vor 50 Jahren aber wird uns wieder ins Gedächtnis gerufen, wenn Lawinen zu Tal donnern: 1944 forderte eine von der Kuhljochscharte abgehende Lawine drei junge Menschenleben, 1945 eine Lawine unter der Eppzirler Scharte 21. Dies als Mahnruf voran, wenn auch die Pracht der winterlichen Berge immer wieder junge Menschen in ihren Bann ziehen wird.

1. Abfahrten und beliebte Touren am Gebirgsrand

Seefeld ist nicht nur eine Sommerfrische, sondern auch einer der berühmtesten Wintersportorte Mitteleuropas. Skiaufzüge auf den Übungswiesen für Anfänger, zwei Skilifte auf den Gschwandtkopf, südl. von Seefeld, ein Skilift zur Roßhütte, von dort Seilbahnen auf den Harmeler, 2280 m, und das Seefelder Jöchl stehen dem Besucher zur Verfügung. Auch die Besteigung der Seefelder Spitze, 2222 m, mit Ski wird gern ausgeführt. (Vgl. W. Voelk, „Die Seefelder Gruppe als Skigebiet“, Jahrbuch ÖAV 1950).
Der Eppzirler Kessel (Stützpunkt Eppzirler Alm, Haltestelle Gießenbach) bietet eine Reihe von Möglichkeiten, mit Ausnahme des Sonntagsköpfls hochalpiner Natur: Freiungscharte, Kotzengrat, Kuhljochscharte, Eppzirler Scharte, und, vornehmlich als Frühlingsfahrt, das Samstagkar, zu dem man von der Alm genau östl. aufsteigt.
Der Übergang über die Eppzirler Scharte und die Abfahrt nach S (Sol-

steinhaus, oder Solnalm—Hochzirl) bedingt sichere Schneeverhältnisse; die Besteigung des Großen Solsteins zählt zu den besonders empfehlenswerten Frühjahrstouren.
Das Kirchberger Köpfl über der Magdeburger Hütte und das Schneekar von der Aspachhütte (bei selten guter Schneelage von Allerheiligen an) aus sind meist Eingeweihten vorbehalten.
In keiner Großstadt der Erde gehört im Winter der Mann mit den geschulterten Brettln so sehr zum Straßenbild wie in Innsbruck: das ist kein Wunder, denn ringsum führen Bergbahenen, die an das städtische Verkehrsnetz angeschlossen sind, auf die Gipfel und Höhen, die sich überall gleich am Stadtrand erheben. Und wie die Bahnen hinauf, so führen auch überall die Abfahrten bis in die Stadt. Von der Bergstation Hafelekar (erreichbar mit der Nordkettenbahn) führen verschiedene Abfahrten zur Seegrube, von dort mehrere zur Hungerburg und in die Stadt. (Südl. die Bergbahnen und Skilifte auf den Patscherkofel über Igls, und auf Mutterer Alm, Pfriemesköpfl über Mutters. Anschluß an das Olympia-Skigebiet in der Lizum).
Derjenige, der die harten Pisten nicht liebt, wird bei guter Schneelage

vom Hafelekar über die Hafelekarspitze ins Tunigskar und Gleierschkar abfahren, von dort zur Mannlscharte aufsteigen, und nun von hier entweder über die Arzler Scharte nach Mühlau—Innsbruck, oder weiter über die Pfeishütte, Stempeljoch, Herrenhäuser nach Hall. (Aus dem Halltal führt überdies eine beliebte Rodelbahn ins Tal.)
Vomp hat mit dem Vomper Joch, Schwaz mit dem Stanser Joch, von dem man auch zum Achensee übergehen kann, und Jenbach mit seiner neuen Kienbergabfahrt auch im Winter etwas zu bieten. Von Pertisau am Achensee aus lassen sich eine ganze Reihe von prächtigen, winterlichen Hochtouren unternehmen: durch das Falzturntal auf das Lamsenjoch (Winterraum Lamsenjochhütte), durch das Pletzachtal auf das Plumsjoch oder, vorher rechts abzweigend, auf den Schleimser Sattel; schnelle Abfahrt von der Bärenbader Alm (Zwölferkogel-Lift). Auch der westl. Gebirgsrand weist zwei ausgesprochene Wintersportorte auf: Mittenwald mit der Karwendelbahn (Dammkar) und dem Kranzberg (Skilift), Scharnitz als Ausgangspunkt für die Karwendeltäler und mit der neu ausgebauten Abfahrt am N-Hang des Mittagskopfes.

2. Skitouren im Innern des Gebirges

Neben den schon erwähnten Fahrten von der Eppzirler Alm aus, dem Übergang übers Stempeljoch und dem übers Stanser Joch besucht der Bergsteiger auf Ski viele Jöcher und Berge im Gebirgsinnern: den Hochalmsattel und das Karwendelhaus, und von hier die Birkkarspitze durch das Schlauchkar (und zwar nicht auf dem Sommerweg, sondern von der Hochalm unter dem Steilabfall des Hochalmkreuzes ins Kar); durchs Schlauchkar auf die Ödkarspitzen; vom Hochalmsattel den Kuhkopf; evtl. sogar das Marxenkar und das Neunerkar (Vorsicht, Abstieg ins Tal schwierig zu finden).
Oder man gelangt von Scharnitz durchs Hinterautal ins Roßloch und ersteigt von hier aus Grubenkarspitze und Laliderer Wand, oder geht noch weiter nach N: Tourenstützpunkt Falkenhütte (erreichbar von Scharnitz oder Hinterriß), von hier aus auf den Mahnkopf, oder über das Hohljoch auf die Gumpenspitze. Auch die einsamen, oft schwer zugänglichen Kare an der N-Seite der Inntalkette und an der S-Seite der Gleiersch-Halltal-Kette haben im Frühjahr dann und wann Besuch; und während der Felsmann schon mit Seil und Kletterschuh unterwegs ist, vergnügen sich die Unentwegten des Skilaufs noch immer im Firnschnee dieser Kare. Seit der Erbauung der Pleisenhütte (Toni Gaugg) werden auch die Kare und Berge des Westteiles des Karwendelhauptkammes gern besucht. (Von Scharnitz 3 Std.)
Einige Routenbeschreibungen für Skitouren im Karwendel finden sich im Alpenvereins-Skiführer Ostalpen, Band 1.

3. Nördliche Karwendelkette und Vorkarwendel

Schon vor dem Bau der Karwendelbahn tummelten sich an schönen Frühjahrssonntagen Tausende, die zu Fuß aufgestiegen waren, fanden die letzten Skirennen der Saison statt. Heute ist das Dammkar mit Hilfe der Seilbahn eine beliebte, aber immer noch schwierige, ja gefährliche hochalpine Abfahrt.
Für den mit den winterlichen Gefahren vertrauten Bergsteiger sind weitere Gipfel, wie Östl. Karwendelspitze usw., mit Ski ersteigbar (s. Alpenvereins-Skiführer Ostalpen, Band 1).
Die Soierngruppe ist ein erstklassiges Skigebiet, aber ebenfalls nur für den ausgesprochen alpinen Skiläufer. Allein der Anmarschweg kann bei widrigen Verhältnissen eine Tagestour sein. Bei lawinensicherem Schnee bieten sich herrliche Abfahrten, besonders von fast allen Gipfeln in den Soiernkessel hinein. Weitere Möglichkeiten: Schöttlkar, Feldernkreuz — Ochsenalm, Soiern- oder Reißende Lahnspitze — Fereinalm, Krapfenkar, Baierkar.
Das Vorkarwendel um das Dürrachtal erhält im Winter kaum Besuch. Es enthält fast keine geeigneten Stützpunkte. Zudem ist es im Winter vom Verkehr zu sehr abgeschnitten. Trotzdem sind, sicheren Schnee vorausgesetzt, viele Gipfel mit Ski ersteigbar. Lediglich der Schafreuter wird, meist über die Moosenalm, öfters befahren.

Wintererschließung

Kaltwasserkarspitze, Ferdinand Keyfel, 1921.
Eiskarlspitze, 1. Skiersteigung 31.3.1924, Haber, Schell.
Pleisenspitze, 1. Ski- und Winterersteigung 15.2.1925, G. Haber, P. Nuber, F. Schell, Jb. Bergland 1928/29, S. 38 ff.
Larchetkarspitze, 1. Ski- und Winterersteigung, 1.3.1925, Haber, Nuber, Schell.
Hochglück, östl. Hochglückscharte, 1. Ski- und Winterersteigung 30.3.1926, Haber, Nuber.
Westl. Ödkarspitze, 1. Ski- und Winterersteigung März 1926, Haber.
Große und Kleine Seekarspitzen, 1. Ski- und Winterersteigung Januar 1926, 1. Überschreitung 2.4.1926, Haber, Schell.
Breitgrieskarspitze, 1. Ski- und Winterersteigung 6.2.1926, Haber, Nuber, Schell.
Brunnensteinspitze, Rotwandlspitze, Kirchlspitze (Nördl. Kette), 1. Ski- und Winterersteigung März 1927, Haber.
Breitgrieskarspitze, 1. Ski- und Winterüberschreitung (Breitgrieskar—Neunerkar) 16.3.1928, Haber.
Riedlkarspitze, 1. Skiersteigung, Haber, Nuber, Franke.

Bettelwurfkette — Überschreitung von O nach W (bis zum Gr. Bettelwurf), Paul Aschenbrenner, Wastl Mariner, Januar 1938.

Erlspitze — Gerade NO-Wand, Heinrich Klier, Hermann Ganser, Februar 1943.

Hechenberg, Gerade S-Wand, Waldemar Gruber, Heinrich Klier, Jan. 1947.

Laliderer-Spitze-N-Kante, Hermann Buhl, Waldemar Gruber, 1948.

Steinkarumrahmung, Kuno Rainer, H. Eberharter, 1948.

Gleierschkette-Überschreitung von O nach W (von den Stempeljochspitzen bis zum Katzenkopf), Hermann Buhl, Josl Knoll, 1948.

Westl. Inntalkette — Westl. Erlspitzgruppe (Überschreitung von der Vord. Brandjochspitze bis zur Seefelder Spitze), Wastl Mariner, Kuno Rainer, 1948.

Laliderer-Wand-N-Wand (Krebs-Schmid): Bachmann, Stöger, Weihnachten 1951.

Laliderer-N-Verschneidung (Rebitsch): Gebr. Mather, Dez. 1959.

Bettelwurf — Gerade N-Wand: E. Knapp, W. Larcher, K. Wagner, 18.3.1961.

Großer Solstein, N-Wand: W. Haim, F. Kuen, 30./31.12.1963.

Laliderer-Gerade-N-Wand (Rebitsch): Rolf Walter, Helli Wagner, 23.—25.1.1964.

Kuhljochspitze-N-Wand (Schiefer Riß): F. Kuen, H. Matzka, F. Obermüller, 27.12.1971.

Speckkar-NW-Eck (Buhl): F. Oppurg, B. Hollaus, 26.12.1972.

Speckkar-N-Wand (Binderführe): W. Haim, F. Oppurg, Feb. 1977.

VII. Schrifttum und Karten

Aus der großen Reihe der über das Karwendelgebirge entstandenen Schriften und Bücher wird hier nur eine beschränkte Auswahl geboten, die weniger nach kritischen Gesichtspunkten, als nach der leichteren Greifbarkeit getroffen wurde. Wertvolle Aufsätze finden sich vor allem in vielen Jahrgängen des Jahrbuches und der Mitteilungen des AV, in der ÖAZ, DAZ, ÖTZ, im „Bergkamerad", im „Bergsteiger", in „Alpinismus" (seit 1982 „Alpin-Magazin") und „Bergwelt" und in den Jahresberichten der alpinen Klubs, Vereine und Sektionen (vornehmlich Innsbruck und München).

1. Zur Geschichte und Erschließung

AV-Jahrbuch 1981 mit dem Kartenthema „Karwendel-Mitte". Versch. Beiträge. U.a. Lit.-Verzeichnis zur Geschichte des Bergbaus.

Hermann v. Barth, Aus den Nördlichen Kalkalpen. Gera, 1874. Reprint München 1984.
Ernst Platz, Karwendelstudien, ZAV 1895.
A. Rothplez, Das Karwendel, ZAV 1888. Enthält Lit. bis 1888.
Heinrich Schwaiger, Karwendelgebirge, in: Die Erschließung der Ostalpen, Bd. I, hrsg. E. Richter, Berlin 1893.
Otto Stolz, Zur Geschichte des Karwendelgebirges, ZAV 1935—37.

2. Bildbände, Erlebnisbücher und ähnliches

Hermann Buhl, Achttausend drüber und drunter. München 1954.
Hannes Gasser, Erlebnis Karwendel. Graz 1977.
Heinrich Klier, Verlorener Sommer. München 1954.
Felix Kuen, Auf den Gipfeln der Welt. Graz 1972.
Löbl, Klier, Karwendel. Ein Bildbuch. München 1964.
Löbl-Schreyer, Höfler, Karwendel — Urweltliches Gebirge zwischen Bayern und Tirol. Bergverlag Rother, München 1978.
Josef Julius Schätz, Das Karwendel. München 1937.
Otti Wiedmann, Auf steilen Wegen in Tirol. Innsbruck 1976. S. 34 ff.

3. Wissenschaftliche Veröffentlichungen

O. Ampferer, Geologische Beschreibung des nördl. Teiles des Karwendelgebirges. Wien 1903.
O. Ampferer, Die Reliefüberschiebung des Karwendelgebirges. Wien 1928.
O. Ampferer und W. Hammer, Geologische Beschreibung des südl. Teiles des Karwendelgebirges, in: Jb. der Geologischen Reichsanstalt, Wien 1898.
G. Buchner, Die Ortsnamen des Karwendelgebirges. Oberbayr. Archiv, 1918.
E. Fels, Die Kare der Vorderen Karwendelkette. München 1921.
R. v. Klebelsberg, Geologie von Tirol. Berlin 1935.
N. Krebs, Länderkunde der österr. Alpen. Stuttgart 1913. S. 510.
K. Leuchs, Geologischer Führer durch die Kalkalpen. München 1921.
A. Penck, Das Tor von Mittenwald. Berlin 1930.
F. Trusheim, Die Mittenwalder Karwendelmulde. Innsbruck 1930.

4. Führerwerke und ähnliches

H. Schwaighofer, Wanderbuch durch das Karwendel usw., Innsbruck 1927.
J. J. Schätz, Karwendel. Bielefeld und Leipzig, 1930.
W. Klier, Gebietsführer Karwendel, 2. Auflage, München 1990.

W. Pause/J. Winkler, Im extremen Fels. S. 90ff., München 1970.
H. L. Gehrmann, Der Mineralienwanderer. Nr. 11, Karwendel u.a. München 1978.
Die Nördliche Karwendelkette, hrsg. S. Hochland, München 1913.
Karwendelhaus und Umgebung, hrsg. AVS Männerturnverein München, 1913.
W. Voelk, Seefeld u. Umgebung, 3. Aufl., Innsbruck 1930.
Franz Wachter, Der Achensee, 4. Aufl., Pertisau 1949.
Sepp Huber, Der Achensee, mit farbiger Wanderkarte. München 1969.
Hoferer/Schätz, Münchener Kletterführer (N-Teil des Gebirges). München 1923.
Horst Höfler, Nördliche Kalkalpen West. Mittelschwere Felsfahrten (Touren 20—23). 2. Aufl., München 1983.
Albrecht, Wagner's Wanderführer Innsbruck u. Umgebung. Mit Karte 1 : 30 000. Innsbruck 1975.
R. Röder, Achenseegebiet. München 1974.
R. Röder, Mittleres Unterinntal, 2. Aufl., München 1978.
H. Kornacher, Bayerisches Hochland, Bd. West, 2. Aufl., München 1989
D. Seibert, Alpenvereins-Skiführer Ostalpen Bd. 1, 3. Aufl., München 1987.
A. Haydn, Höhenwege der Nördl. Kalkalpen, München 1980.
P. Werner, Klettersteige der Nördl. Kalkalpen West, München 1988.

5. Karten

Karte des Karwendelgebirges, Blätter West (5/1), Mitte (5/2) und Ost (5/3), hrsg. vom DAV/ÖAV, 1 : 25 000 (als Beilagen der ZAV 1933, 1935, 1937; Neuauflagen 1962, 1979—82).
Innsbruck und Umgebung, Blatt 31/5, 1 : 50 000, hrsg. vom DAV/ÖAV
Innsbruck und Umgebung (mit Skirouten), 1 : 25 000, Blatt 31/5, hrsg. vom DAV/ÖAV.
Amtliche österreichische Karte, Sonderblatt Karwendel, 1 : 50 000, hrsg. vom Österreichischen Eich- und Vermessungsamt.
Karte des Bayerischen Landesvermessungsamtes, Karwendelgebirge, nördlicher Teil, 1 : 50 000.
Österreichische Spezialkarte, 1 : 75 000, Blätter 4946, 4947, 5046, 5047.
Freytag & Berndt Wanderkarte, Blatt 32, Karwendelgebirge, 1 : 100 000.
Freytag & Berndt-Wanderkarten Nr. 321 und 322, 1:50 000.
Kompass-Wanderkarte Nr. 26, Karwendelgebirge, 1:50 000.

VIII. Aufbau des Führers, Schwierigkeitsbewertung, Abkürzungen

Aufbau des Führers

Der „Einführende Teil“ informiert in kürzestmöglicher Form über allgemeine Grundlagen, die für den Besucher der Gruppe wichtig sind. Für weitergehende Informationen wird im Abschnitt „Schrifttum und Karten“ (S. 42 ff.) auf weitere Publikationen aller Art verwiesen.

Die Folge der Beschreibung in allen folgenden Abschnitten der Teile B und C (Talorte, Hütten, Verbindungswege, Gipfel) ist stets dieselbe, und zwar immer in der Reihe von der ersten, südlichsten über die zweite und dritte zur letzten, nördlichen Kette und weiter zu den Vorgebirgen; innerhalb dieser Ordnung jeweils in der Richtung von West nach Ost, so daß die Gebirgsbeschreibung am Seefelder Sattel beginnt und am Achenpaß endet.

Einen Überblick über Zugänge und allgemeine Verkehrsverhältnisse gibt der Abschnitt V (S. 31 ff.).

Die Beschreibung der Talorte umfaßt im wesentlichen eine allgemeine Charakterisierung der Ortschaft sowie den Hinweis auf Unterkunftsmöglichkeiten, wichtigere Sehenswürdigkeiten, Spaziergänge und Wanderungen.

Bei den Hütten werden die für den Benützer wichtigen Angaben (über Besitzverhältnisse, Fassungsvermögen, Bewirtschaftungszeit, Bewirtschafter etc.) sowie die üblichen Zugangswege aus dem Tal gemacht, weiters erfolgt ein Hinweis auf die von der jeweiligen Hütte aus möglichen Tourenziele.

Bei der Beschreibung der Gipfel steht der Normalweg an erster Stelle, gefolgt (nach Möglichkeit) von einer Beschreibung des üblichen Abstiegs; danach folgen die übrigen bekannt gewordenen Anstiege. Um den Gesamtumfang des Führers in Grenzen zu halten, wurde bei einer Anzahl nur mehr historisch bedeutsamer Führen auf die detaillierte Beschreibung verzichtet; es wird jedoch immer darauf hingewiesen, wo diese Beschreibung zu finden ist, also z.B. „s. 11. Aufl. 1978, S. 251“. Der Hinweis „s. ä. A.“ bedeutet, daß die Beschreibung lediglich in den ersten Auflagen des Führers enthalten ist. Alle Abstiegsbeschreibungen sind mit einem „A“ hinter der Randzahl bezeichnet.

Das Register am Ende des Führers dient zum raschen Auffinden des gewünschten Abschnittes. Die Numerierung mit Randzahlen erfolgte nicht durchlaufend. Vielmehr wurden in kurzen Abständen Randzahlen für spätere Ergänzungen freigelassen, ohne daß an der betreffenden Stelle darauf hingewiesen wird.

Aufbau einer ausführlichen Routenbeschreibung

Eine **ausführliche Routenbeschreibung,** die überall in diesem Führer (also auch bei leichten Normalwegen und Steiganlagen) angestrebt wurde, hat folgendes Aussehen:

Am Anfang befindet sich der sogenannte Beschreibungskopf, der alle Charakteristika der Route (sofern bekannt) enthält. Weiter folgen in wenigen Sätzen der etwaige Verlauf der Führe und nach der Erläuterung des Zuganges (mit Zeitangaben) schließlich die Beschreibung der eigentlichen Führe.

Schwierigkeitsbewertung

Die Angabe der Schwierigkeit erfolgt ausschließlich in römischen Ziffern, wobei die Grade ab dem III. durch ein „+" oder „—" modifiziert werden.

Nach Einführung des VII. Grades und der Öffnung der Schwierigkeitsskala nach oben im Mai 1979 durch die UIAA sind die Schwierigkeitsgrade I—VII wie folgt definiert:

I = Geringe Schwierigkeiten. Einfachste Form der Felskletterei (kein leichtes Geh-Gelände!). Die Hände sind zur Unterstützung des Gleichgewichtes erforderlich. Anfänger müssen am Seil gesichert werden. Schwindelfreiheit bereits erforderlich.

II = Mäßige Schwierigkeiten. Hier beginnt die Kletterei, die Drei-Punkte-Haltung erforderlich macht.

III = Mittlere Schwierigkeiten. Zwischensicherungen an exponierten Stellen empfehlenswert. Senkrechte Stellen oder gutgriffige Überhänge verlangen bereits Kraftaufwand. Geübte und erfahrene Kletterer können Passagen dieser Schwierigkeit noch ohne Seilsicherung erklettern.

IV = Große Schwierigkeiten. Hier beginnt die Kletterei schärferer Richtung. Erhebliche Klettererfahrung notwendig. Längere Kletterstellen bedürfen meist mehrerer Zwischensicherungen. Auch geübte und erfahrene Kletterer bewältigen Passagen dieser Schwierigkeit gewöhnlich nicht mehr ohne Seilsicherung.

V = Sehr große Schwierigkeiten. Zunehmende Anzahl der Zwischensicherungen ist die Regel. Erhöhte Anforderungen an körperliche Voraussetzungen, Klettertechnik und Erfahrung. Lange hochalpine Routen im Schwierigkeitsgrad V zählen bereits zu den ganz großen Unternehmungen in den Alpen und außeralpinen Regionen.

VI = Überaus große Schwierigkeiten. Die Kletterei erfordert weit überdurchschnittliches Können und hervorragenden Trainingsstand. Große Ausgesetztheit, oft verbunden mit kleinen Standplätzen. Passagen dieser Schwierigkeit können in der Regel nur bei guten Bedingungen bezwungen werden. (Häufig kombiniert mit künstlicher Kletterei: A 0 bis A 4).

VII = Außergewöhnliche Schwierigkeiten. Ein durch gesteigertes Training und verbesserte Ausrüstung erreichter Schwierigkeitsgrad. Auch die bester Kletterer benötigen ein an die Gesteinsart angepaßtes Training, um Passagen dieser Schwierigkeit zu meistern. Neben akrobatischem Klettervermögen ist das Beherrschen ausgefeilter Sicherungstechnik unerläßlich.

VIII, IX = Eine verbale Definition erscheint hier sowohl problematisch als auch nicht notwendig. Es handelt sich dabei um eine weitere Steigerung der zu bewältigenden Schwierigkeiten, die an das Kletterkönnen und an den notwendigen Krafteinsatz immer höhere Anforderungen stellen.

Dazu kommt die Bewertung der künstlichen Kletterei durch die Grade A 0 bis A 4, welche die Schwierigkeit angeben, Haken anzubringen bzw. unter Zuhilfenahme dieser Haken zu klettern. Da die Unterscheidung in freie und künstliche Kletterei erst einige Jahre alt ist, sind genauere Angaben über A-Schwierigkeiten oft nicht möglich. In neuerer Zeit wurde eine Anzahl früher technisch begangener Führen frei geklettert; fallweise wird neben der technischen also auch die Freikletterbewertung angegeben.

Die Bewertung „VI (A 0)“ in einer Routenskizze bedeutet also, daß die betreffende Passage frei geklettert die Schwierigkeit VI aufweist, jedoch auch in künstlicher Kletterei überwunden werden kann. In der Regel sind in solchen Fällen die Haken vorhanden.

Bei all dem ist zu beachten, daß für ein weitläufiges und zum Teil sehr wenig frequentiertes Klettergebiet wie das Karwendel sämtliche Angaben über Schwierigkeiten, Vorhandensein von Haken etc. mit großer Vorsicht zu genießen sind, die Schwierigkeit eben in der Regel keine „reine“ Kletterschwierigkeit ist, wie sie im Klettergarten vorgefunden wird, von woher auch die neuerdings ins Kraut schießenden Schwierigkeitsbewertungs-Präzisionsorgien stammen, sondern eine aus den vielfältigen Faktoren des Geländes, der Felsbeschaffenheit, der Suche nach dem Weg etc. zusammengesetzte Schwierigkeit.

Im Text wird also bei jeder Kletterführe die Schwierigkeit in folgender Weise angegeben: Höchste Schwierigkeit mit Längenangabe: bei ge-

Symbole für Routenskizzen (nach UIAA/DAV)

Der natürlichen Form angepaßt:

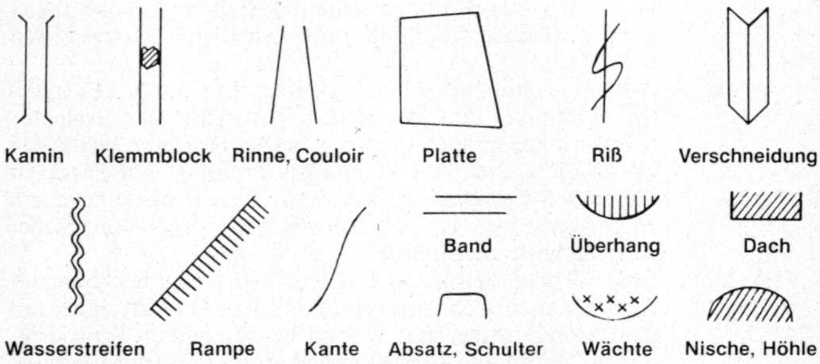

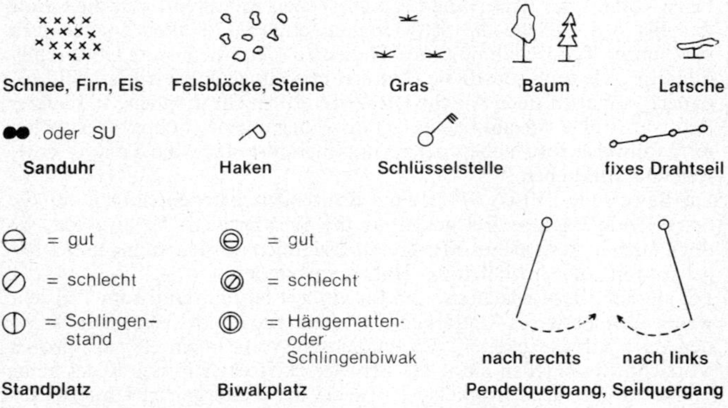

Strichstärke der Route deutlich stärker als Symbole:

Zusammenstellung: Bergverlag Rother

mischt freier/künstlicher Kletterei das Vorherrschende zuerst: „A 1/ VI" bedeutet also, daß die A 1-Passagen insgesamt länger sind als die Passagen im VI. Grad; danach Angaben über die sonst vorherrschende Schwierigkeit, wenn möglich mit Längenangaben. Die Bezeichnung „unschwierig" bedeutet, daß keine Kletterei im eigentlichen Sinn, jedoch auch kein gebahnter Weg zu erwarten ist.

Zusätzliche Bemerkung zu den Anstiegsskizzen
1. Über die von der UIAA vorgeschlagenen Symbole wurde in den Skizzen, soweit bekannt und notwendig, auch die Struktur der ganzen Wand mit einbezogen, um die Orientierung zu erleichtern.
2. Die Längenangaben am Rand beziehen sich immer auf Seilmeter, wobei in der Regel aufgerundet wird. D. h. eine mit „40" angegebene Länge kann mit 40-Meter-Seil ausgegangen werden.
3. Die Unterscheidung der Sicherungsplätze in gute und schlechte (Symbole ⊖ und ∅) wurde von den Informanten nicht immer gemacht. Beim Symbol ⊖ ist daher nicht unbedingt ein guter Standplatz zu erwarten.
4. Die Schwierigkeitsgrade in den Skizzen stammen von den am unteren Rand vermerkten Informanten und müssen nicht mit den im Text angegebenen übereinstimmen. Der Bearbeiter sah sich außerstande, im Führer eine Harmonie herzustellen, wo in der Wirklichkeit keine herrscht. Erfahrungsgemäß differiert die Schwierigkeit in der persönlichen Bewertung von Kletterer zu Kletterer oft um einen vollen Grad.
Anmerkung: Aus der Sicht des Verlages kann dies bestätigt werden. Die Erfahrungen der jüngsten Vergangenheit haben erneut gezeigt, daß es nicht einmal in der Zusammenarbeit mit Spitzenkletterern möglich ist, eine einheitliche Schwierigkeitsvergleichstabelle zu erstellen. (Bergverlag Rudolf Rother, Lektorat.)

Abkürzungen

Außer den für die Himmelsrichtungen üblichen Abkürzungen N, O, S, W, sowie NO, SO, NW, SW u. ä., und nördl., östl., südl., westl., nordöstl. usw. wurden noch folgende Abkürzungen verwendet:

AAKI	=	Akademischer Alpenklub Innsbruck
a. a. O.	=	an angegebenem Ort
AH	=	Abseilhaken
Alp.	=	Zeitschrift „Alpinismus"
AV	=	Alpenverein
AAVM	=	Akademischer Alpenverein München
ä. A.	=	ältere Auflage dieses Führers

B.	=	Betten
Bay.	=	Sekt. Bayerland, München
beg.	=	begangen
bew.	=	bewirtschaftet
Bew.	=	Bewirtschafter
Bez.	=	Bezeichnung, Markierung
bez.	=	bezeichnet, markiert
Bgst.	=	Zeitschrift „Der Bergsteiger“
BH	=	Bohrhaken
Bhf.	=	Bahnhof
BRD	=	Bergrettungsdienst
B. u. H.	=	Zeitschrift „Berge und Heimat“
E	=	Einstieg, oder: vom Einstieg
Einw.	=	Einwohner
f., ff.	=	folgender, folgende
ganzj.	=	ganzjährig
Ghs.	=	Gasthaus
H	=	Haken
Hst.	=	Haltestelle
Jb.	=	Jahresbericht oder Jahrbuch
KK	=	Klemmkeil(e)
L.	=	Lager
Lit.	=	Literaturnachweis
M.	=	Matratzen
Min.	=	Minuten
Mitt.	=	„Mitteilungen des Alpenvereins“
N.	=	Notlager
NKA	=	H. v. Barth, Aus den Nördl. Kalkalpen
ÖAZ	=	„Österreichische Alpenzeitung“
R	=	Randzahl
s.	=	siehe
S.	=	Seite
s.ä.A.	=	siehe ältere Auflage dieses Führers
SH	=	Standhaken
SL	=	Seillänge(n)
Std.	=	Stunde, Stunden
Tb.	=	Tourenbuch
u. ä.	=	und ähnliches
Wh.	=	Wiederholung
Whs.	=	Wirtshaus
WR.	=	Winterraum
Ww.	=	Wegweiser, Wegtafel
ZAV	=	„Zeitschrift“ des Alpenvereins (= Jahrbuch)
ZH	=	Zwischenhaken

B. Talorte, Hütten und Wege

I. Talorte

● 1

1. Der Seefelder Sattel

Zwischen dem Isartal bei Scharnitz und dem Inntal bei Zirl wird unser Gebiet vom Seefelder Sattel begrenzt, eine hügelige Hochfläche, mit Fichtenwäldern und dünnen Lärchenbeständen, Wiesenflächen und Seen (Wildsee, Möserer See, Wildmoossee). Da er weniger als 1200 m hoch liegt, war der Seefelder Sattel schon für die römischen Legionen ein verhältnismäßig leichter Übergang nach S und N; sie bauten eine Heerstraße, deren Reste zwischen Scharnitz und Mittenwald noch heute zutage treten, und von der auch der römische Meilenstein bei Reith Kunde gibt.
Heute ist der Übergang einmal durch die Karwendelbahn (Mittenwaldbahn), sodann durch die Zirler-Berg-Straße erschlossen. (München — Seefeld 128 km, Innsbruck — Seefeld 21 km.)

● 2

Seefeld, 1175 m

Der Ort genießt als Höhenluftkurort, Sommerfrische und Wintersportplatz Weltruf. Seefeld ist Schnellzugstation, Haltepunkt und Ausgangspunkt einer Reihe von Postautolinien; am Platze: amtliche Reisebüros, Wechselbüro, Apotheke, Ärzte. Sport- und Luxusgeschäfte.
Sehenswürdigkeiten: Alte gotische Kirche aus dem 15. Jahrhundert; am Weg nach Mösern (R 3) das Seekirchlein aus dem Jahre 1628; Sport- und Kongreßzentrum von Michael Prachensky, 1976.
Gaststätten und Hotels: Mit Privatzimmern zusammen etwa 5500 Betten.
Bäder: Schwimm- und Sonnenbäder im Strandbad Wildsee, Thermalbad (Schwefelquelle). Der Wildsee ist am südl. Ortsausgang, Strandbad, Boote, Hallenschwimmbad, Sauna.
Sport: Tennisplätze, alle Wintersporteinrichtungen (siehe dazu den entsprechenden Abschnitt), Eislaufplätze, Eisschießbahnen, Skikurse, Sprungschanzen, Skijöring, Rodelbahnen, Sportplätze. Skilifte bzw. Seil- und Zahnradbahnen auf den Gschwandtkopf, zur Roßhütte, auf das Seefelder Jöchl und den Harmelerkopf.
Tankstellen, Reparaturwerkstätten, Skilehrer, Skiführerstandort; BRD: Ortsstelle, Ruf 241 (Haus-Nr. 34).

Spaziergänge:

● 3 Mösern

Vom Bhf. nach W durch die Ortschaft an der Kirche und Hotel Klosterbräu vorbei, bei der Straßengabelung links ab, bis zum Seekirchlein, dort entweder links ab auf dem Waldweg, dann durch Wiesen und lichten Wald ansteigend, zur Wasserscheide bei einer alten Kapelle vorbei nach Mösern, Ghs., oder vom Seekirchlein gerade auf der Straße weiter. 1 Std. — Bei der alten Kapelle zweigt in westl. Richtung der Weg zum Möserer See ab. Strandbad, Bootfahren, Ghs. Von Seefeld 1½ Std.

● 4 Wildmoos

Wie R 3 bis zur Straßengabelung, dort entweder links empor zum Waldweg oder rechts auf der Straße nach Leutasch weiter, bis nach ungefähr 1 km der Fahrweg links nach Wildmoos abzweigt (Ww.). Durch den Wald leicht ansteigend empor, bei einem Moorsee vorbei, und durch die Talfurche fast eben weiter zum Ghs. Wildmoos und zur Ferienkolonie. Hier das Naturwunder des Wildmooser Sees, der alle paar Jahre auftritt und dann wieder verschwindet. 1½—3 Std.

● 5 Leutasch

Von der Straßengabelung R 3 rechts ab, zuerst in nordwestl. Richtung leicht ansteigend, dann fallend, und wieder in Schleifen empor zum Ghs. Neuleutasch; von hier abwärts in das Tal von Leutasch, das man beim Ghs. „Zum See“ (Weidach) erreicht. 1½ Std. Von hier auf guten Straßen nach Oberleutasch und ins Gaistal, oder nach Unterleutasch und durch die Klamm nach Mittenwald (Grenzübertritt nach Bayern). Hierher überall Postautoverbindungen.

● 6 Gschwandtkopf

Südlich an der Kirche vorbei über den Pfarrerbüchel zum Fuß der ausgeschlagenen Skiabfahrt. Von dort rechts auf einem Steig durch den Wald empor zum Gschwandtkopf. Oder vom Seekirchl links aufwärts zur Talstation des Sesselliftes und von dort zur ausgeschlagenen Trasse und zum Gschwandtkopf. 2 Ghs. (Alp. Unfallmeldestelle). Auch vom Wildsee und von Mösern aus auf guten Steigen zu erreichen. 1 Std.

● 7 Auland—Dirschenbach

Vom Hauptplatz in Seefeld südöstl. auf der Hauptstraße zur Seepromenade, am Wildsee vorbei und über die Paßhöhe hinab zum Weiler Auland. Beim Ghs. Reitherspitze vor Überschreitung des Baches rechts ab und abwärts, bis man nach wenigen Minuten beim Schwimmbad „Joachimsee“ auf die andere Bachseite überwechselt, und der Talfurche folgend, beim Steilabfall in Kehren abwärts den Weiler Dirschenbach (chem. Fabrik, Postautohaltestelle) an der Inntalstraße erreicht. 2—3 Std.

● 10 **Reith bei Seefeld,** 1130 m

Nach Seefeld die nächste Eisenbahnstation Richtung Innsbruck. 1945 großteils zerstört, danach wiederaufgebaut. Sonnig gelegen, schöne Aussicht, beliebter Fremdenort im Sommer und Winter. Skischule, Übungslift. 1 km nördl. der Weiler Auland, Schwimmbad. Zahlreiche Gaststätten und Privatbetten in Reith und Auland.
Ausgangspunkt für Reither Spitze (R 480).

● 11 **Zum Kaiserstand**

Wie in R 12 (Waldweg) zur Abzweigung von der Hauptstraße. Der Weg zum Kaiserstand trennt sich bald und führt links aufwärts ziemlich steil ansteigend und nicht bez. zum Kaiserstand, der auf die Jagden der österreichischen Kaiser zurückgehen soll und heute als Aussichtspunkt besucht wird.

● 12 **Leithen,** 1009 m

Alter Weiler an der Bundesstraße zwischen Reith und Zirl, Eisenbahnhaltestelle. „Riesenhaus“ mit alten Wandmalereien. Ghs. Hirschen. Von Reith in ½ Std. auf der Hauptstraße, oder über Waldweg.

● 13 **Von Leithen nach Hochzirl**

Fortsetzung des Waldweges (R 12) oder von Leithen durch die Felder in östl. Richtung ansteigend, die Bahn überquerend, auf den breiten Fahrweg, dem man noch einige Zeit folgt, bis er sich nach einem alten Marterl „Bei unserer Frau“ gabelt. (Nicht zu verwechseln mit dem in südl. Richtung zur Absatzkapelle am Zirler Berg hinunterführenden Fahrweg.) Man folgt dem rechts abgehenden Weg, der zuerst in nördl. Richtung eben, bald aber in Kehren hinunterführt in die Schloßbachklamm, über die sich an dieser Stelle die Schloßbachbrücke der Karwendelbahn 60 m über den Talgrund spannt. Jenseits in steilen Kehren empor und in südl. Richtung talauswärts, wobei man bald auf den vom oberen Zirler Berg herüberführenden Klammweg trifft.
Nun gemeinsam auf dem oberen Weg zur Heilanstalt Hochzirl, oder auf dem unteren (zu dem eine Kehre hinabführt) zur Straße, die auf halbem Weg zwischen der Heilanstalt und der Station Hochzirl der Karwendelbahn erreicht wird.

● 15 2. Das Inntal

Bei Zirl trifft die N-S-Verbindung München — Seefeld — Brenner — Bozen auf die O-W-Achse Arlberg-Expreß Wien — Paris. Hier geht das Ober- in das Unterinntal über (die Martinswand gilt als Grenzstein).
Im N überragt die Inntalkette, in Innsbruck „Nordkette" genannt, das Tal, an deren Abhang sich die Trasse der Karwendelbahn gegen Innsbruck senkt, das sich in der Talweitung breitet. Dichtauf folgt dann östl. Solbad Hall, um das sich eine Reihe kleiner, meist bäuerlicher Orte schart.
Das Inntal wendet sich allmählich aus seiner östl. in eine nordöstl. Richtung; links und rechts des Flusses liegen, immer paarweise, stattliche Dörfer; Baumkirchen und Volders, Fritzens und Wattens, Terfens und Kolsaß-Weer, Vomp und Pill.
Wo der Karwendel-Hauptkamm ins Inntal abfällt, liegt die alte Bergbaustadt Schwaz am S-Ufer, nördl. die Dörfer Fiecht und Stans.
10 km weiter liegt Jenbach, am südöstl. Eckpunkt des Gebirges, wo von S her das Zillertal ins Inntal einmündet, und wo sich nach N hin die Furche des Achensees öffnet, die das Karwendel im O begrenzt.

● 16 **Zirl,** 622 m

6000 Einw., das größte Dorf zwischen Innsbruck und Telfs; günstige Verkehrslage. Zahlreiche Gaststätten und Privatzimmer. Autobahn ins Oberinntal und Zirler-Berg-Straße umfahren den Ort. BRD-Ortsstelle.
Sehenswürdigkeiten: Pfarrkirche (1850), Kalvarienberg-Kirchlein und Einsiedelei (1740) über der Ehnbachklamm, Schloßruine Fragenstein (R 17), Martinsbühel (R 19) und die Martinswandgrotte (R 18).

● 17 Ruine Fragenstein

Burg der Landesfürsten, Spaziergang von Zirl, ½ Std.

● 18 Martinswandgrotte

Spaziergang vom Weinhof am nordöstl. Ortsrand. 1 Std. von Zirl. Zuletzt Seilsicherungen, Trittsicherheit erforderlich. Künstlerische Schnitzarbeit, Gedenken an Kaiser Maximilian, der sich hier 1484 bei der Gemsjagd verstiegen hatte und erst nach drei Tagen gerettet werden konnte.

● 19 Martinsbühel

Ehem. Jagdschloß des Kaisers Maximilian, auf einem Hügel unter der Martinswand, zwischen Inn und alter Bundesstraße, ½ Std. von Zirl. Ausgangspunkt für Touren an der Martinswand.

• 20 Hochzirl, 922 m

Station der Karwendelbahn, Ausgangspunkt für Solsteinhaus (R 190) und Magdeburger Hütte (R 205). Landeskrankenhaus oberhalb im Wald.

• 21 Weitere Haltestellen der Karwendelbahn

Wenig östl. von Hochzirl beginnt der 2 km lange Martinswandtunnel.
Hst. Kranebitten.
Oberhalb des Innsbrucker Ortsteils Kranebitten im Wald. Ghs. Klammgeist, alpine Unfallmeldestelle. Ausgangspunkt für Kranebitter Klamm (R 208), Magdeburger Hütte, Aspachhütte (R 210), Ghs. Rauschbrunnen (R 226), Hechenberg (R 620). An der alten Bundesstraße das Ghs. Kranebitten.
Hst. Allerheiligenhöfe
Ausgangspunkt für Wanderungen am Südhang der Nordkette (R 225 ff.)

• 25 Innsbruck, 577 m

120000 Einw., Landeshauptstadt von Tirol, Sitz des Österreichischen Alpenvereins (Alpenvereinshaus, Wilh.-Greil-Str.) sowie zahlreicher lokaler Bergsteiger- und Skivereine.
Zentrum von Verkehr (Kreuzungspunkt internationaler Linien, Flughafen), Handel (Messestadt) und Tourismus. Austragungsort der Olympischen Winterspiele 1964 und 1976. Eine große Zahl von Hotels und Gaststätten aller Art sowie Sporteinrichtungen wie Seilbahnen, Skilifte, Schwimmbäder etc. Zu den Baudenkmälern aus alter Zeit gesellen sich die Bausünden von heute.
Gute Verkehrsverbindungen in alle Teile von Tirol. Autobusbahnhof gleich neben dem Hauptbahnhof.
Alpine Auskunft des ÖAV, Wilh.-Greil-Str. 15 (Zweig Ibk.), Tel. 24107.
Ortsstelle des BRD: Sillufer 3a, Tel. 22123.
36 Meldestellen; Unfallmeldungen und Sonntagsbereitschaft: 22122.
Sehenswürdigkeiten: Rundgang durch die Stadtmitte: Landhausplatz — Triumphpforte — Maria-Theresien-Straße — Annasäule — Altstadt mit den Lauben — Goldenes Dachl — Madonnenbild von Lukas Cranach im Dom — Rennweg mit Hofburg, Hofgarten, Landestheater, Leopoldsbrunnen, Kongreßhaus, Tiroler Volkskunstmuseum, Hofkirche (in dieser die berühmten „Schwarzen Mander", das Grabmal Kaiser Maximilians I. und die Silberne Kapelle); Alte Universität, Jesuitenkirche, Museum Ferdinandeum (bedeutende Sammlung gotischer Malerei; P. Troger, J. A. Koch, A. Egger-Lienz, moderne Galerie).

Im W-Teil der Stadt, vom Marktgraben aus: Johanniskirche, Universitätskliniken, Universitätsbibliotheken und Neue Universität.
Rundpanorama bei der Kettenbrücke (Endstation der Linie 1), das die Berg-Isel-Schlachten der Tiroler Freiheitskämpfe zeigt.
Halle des Hauptbahnhofes mit Fresken von M. Weiler, 1954/55.

● 26 Die Innsbrucker Klettergärten

Lit. Boulder 1/81.

● 27 Höttinger Steinbruch

Klassischer Trainingsplatz der Innsbrucker Kletterer, an der Straße zur Hungerburg gelegen (vgl. R 39). Bis 40 m hohe Brecciewand. In Bodennähe Quergänge und bis zu 4 m hohe Wandln.
Die Routen werden von oben gesichert. Im rechten Wandteil zwei 20 m lange Routen (IV bzw. V) mit einbetonierten Ringhaken. Die 40 m langen Routen im linken Teil sind schwieriger (5.11. bis 5.11+ laut R. Schiestl). Sicherung über Bäume am Oberrand. Zugang auf kleinem Steig an der Südseite. 1983 wurden Sicherungen in der Wand angebracht.
Der untere Teil des Steinbruchs ist sehr abgeklettert und glatt.

● 28 Kranebitter Steinbruch (Kerschbuchhof-Klettergarten)

Auf halbem Weg zwischen Kranebitten und den Allerheiligenhöfen, knapp über der Mittenwaldbahn; eine weithin sichtbare gelbe, etwa 20 m hohe Kalkwand im Wald. Schlechter Fels. Die Routen werden von oben gesichert (Bäume).
Schwierigkeiten je nach Hakenbenutzung bis VII. (5.10 bis 5.11 nach R. Schiestl.)

● 29 Halltal

Bis 80 m hoch, Fels teilweise schlecht. Wenig interessant, einige Bouldermöglichkeiten.

● 30 Martinswand

Am Abstiegsweg von der Martinswand (R 608 A) befindet sich neben der Reise unterhalb der Mittenwaldbahn eine auffallend glatte Platte mit charakteristischer Wasserrille. Hier wurden 1982 einige Routen eröffnet bzw. mit Bohrhaken abgesichert. Etwa 20 m hoch, Schwierigkeiten V bis VIII (nach K. Schoißwohl).

● 30a Ein weiterer Klettergarten wurde 1982 / 83 westl. unterhalb der Martinswand unmittelbar am O-Rand des großen Schotterwerks eröffnet. Zugang von der alten Bundesstraße etwa 100 m westl. des Martinswand-Parkplatzes auf Forstweg, dann auf Waldsteig in wenigen Min. Zahlreiche Führen, mit Plaketten abgesichert, Schwierigkeiten von VI+ aufwärts. Kletterhöhen 25 bis 80 m. (W.K.)

● **31** **Ehnbachklamm**

Siehe R 590.

Spaziergänge am N-Hang:

● **35** **Schloß Büchsenhausen, Villa Blanka, Schloß Weiherburg**

Von der alten Innbrücke in ½ bis 1 Std.

● **36** **Mühlauer Klamm**

Jenseits das Großkraftwerk und der Wasserspeicher; von Schloß Weiherburg ausgehend auf dem Schillerweg, ½ Std.

● **37** **Mühlau—Rechenhof**

Von der O-Bus-Station Mühlau (Ghs. Koreth, Ww.) zum Mühlauer Bach (Wurmbach) und ostw. auf breitem Weg zum Schönblick und zum Alpengasthaus Rechenhof auf schöner Wiesenfläche (Fremdenpensionen, Ausflugsziel). Von hier auf bez. Wanderwegen auf die Rumer Alm — Vintlalm — Thaurer Alm — Kaisersäule (vgl. R 47 und R 247ff.).

● 38 Hungerburg

Villen und Hotels, Kirche mit Fresken von Ernst Nepo und Max Weiler, Talstation der Nordkettenbahn, bester Ausgangspunkt für die Almen, Gasthäuser und Ausflugsziele am unteren Nordkettenhang: Rauschbrunnen, Gramartboden, Höttinger Bild, Höttinger Alm, Arzler Alm, Enzianhütte, Rumer Alm, Rechenhof, Vintlalm, Thaurer Alm.

● 39 Zugänge:

a) Von Innsbruck mit der Hungerburg-Schienenseilbahn

Von der Straßenbahnendstation der Linie 1 in 7 Min.; Autobuslinie. Zu Fuß von der alten Innbrücke durch die Höttinger Gasse, vorbei an der alten Höttinger Kirche, dann rechts zur Höhenstraße; über diese, unter Abkürzung der weiten Schleifen zur Hungerburg, 1 Std. (Nagelfluh-Steinbruch, Klettergarten.)

b) Von der Weiherburg

R 35 über den bezeichneten Wilhelm-Greil-Steig in der gleichen Zeit zur Hungerburg (landschaftlich schöner).

c) Von der Kettenbrücke

Dem „Richardsweg" folgend auf den ersten Absatz. Dann links abzweigend auf verschiedenen Wegen östl. der Trasse der Seilbahn in Kehren empor, zuletzt unter dieser hindurch gegen W und der Straße folgend zur Hungerburg.

● 40 Mühlau - Arzl - Rum - Thaur - Absam

Zwischen Innsbruck und Solbad Hall liegende Dörfer auf der dem Nordkettenhang südl. vorgelagerten, gegen O immer breiter werdenden Wiesenrampe. Durch eine Straße und die sogenannte Dörferlinie mit Innsbruck verbunden.

● 41 Mühlau

Uralte Siedlung (Urnenfriedhof), im Mittelalter Standort der Mühlauer Erzgießerschaft. Sankt-Leonhards-Pfarrkirche, 1748, mit Fresken des Tiroler Barockmeisters Joh. Mich. Strickner. Edelsitz Grabenstein mit Gemälden des Tiroler Meisters Kaspar Waldmann (1709).
Im neuen Friedhof die Gräber der Dichter Georg Trakl, Carl Dallago und Josef Leitgeb.

● 42 Thaur

Gotische Pfarrkirche (1453). Totenkapelle (1773), romanische Sankt-Ulrichs-Kapelle mit St.-Afra-Hof (im 11. Jahrhundert Obrist-Meirhof des Stiftes Augsburg), Virgilkirche, altes Gerichtsgebäude, Kalvarienberg, Schloßruine Thaur, Romedikirchlein mit Haupt des Hl. Romedius, Patron von Thaur.

● 43 Absam

Seit dem 10. Jh. urkundlich erwähnt, seit 1797 größter Wallfahrtsort Nordtirols mit entsprechender Kirche. Heimat des Geigenbauers Jakob Stainer. Schloß Krippach.
Ausgangspunkt für Thaurer Alm (R 247), Törl und Kaisersäule (R 47). Der Ortsteil Eichat liegt oberhalb am Ausgang des Halltales; hier auch Abzweigung nach Gnadenwald (R 50).

● 45 Hall in Tirol, 574 m

Früher Solbad Hall, 15 000 Einw. 9 km östl. von Innsbruck am linken Innufer; gute Bahn- und Straßenverbindung, viertelstündliche Busverbindung mit Innsbruck. Freischwimmbad, Skigebiet am Glungezer. BRD-Ortsstelle, Tel. 3285. Zahlreiche Hotels, Gaststätten und Privatzimmer.
Im Halltal wurde seit dem 13. Jh. Salz abgebaut, weswegen Hall jahrhundertelang eine der wichtigsten und reichsten Städte des Landes war. Der Bergbau wurde 1967 aufgelassen. Siehe auch AV-Jahrbuch 1981, S. 18f.
Sehenswürdigkeiten: Pfarrkirche St. Nikolaus aus dem 13. Jahrhundert; Magdalenenkapelle mit dem größten gotischen Fresko Tirols (15. Jahrhundert); Rathaus am oberen Stadtplatz, ehemals landesfürstliche Burg; barocke Stiftskirche am Stiftsplatz; hinter den Sudhäusern erhebt sich das Wahrzeichen Halls, der Münzerturm; Bergbaumuseum.

● 46 Halltal

Von Hall führt die Straße genau nordw. ansteigend nach Eichat und weiter ins Halltal. Bei den letzten Häusern Mautstelle (für PKW 30,— ÖS). Nun verengt sich das Tal zu einer Felsenschlucht und wendet sich beim „Bettelwurfeck" nach W. Bei der Talverzweigung führt links ein Fahrweg zum Parkplatz Magdalena. Von hier in wenigen Min. nach St. Magdalena (Alpenghs., R 270).
Die Mautstraße endet nach weiteren 500 m bei einem Schranken (Parkplatz). Von hier etwa ½ Std. zu den Herrenhäusern, den Gebäuden des ehemaligen Salzbergbaus, Gastwirtschaft, Übernachtung. 3 Std. von Hall. Ausgangspunkt für den Halleranger (R 280).

● 47 Kaisersäule

Wie R 46 zu den Herrenhäusern. Von hier gut ausgebauter Weg empor zum **Törl,** 1773 m, einer Einsattelung zwischen Wildangerspitze und

Thaurer Zunterkopf. Von hier in südwestl. Richtung auf verschiedenen Wegen leicht abwärts zur Kaisersäule, einer Steinpyramide, 1701 m, die zum Andenken an den Besuch von Kaiser Franz I., 1815 errichtet wurde. Von den Herrenhäusern 1½ Std.

● 48 Mils, 605 m

Pfarrkirche mit altem Muttergottesbild, Schneeburgschlößl, große neue Wohngebiete („Beverly Mils"). ½ Std. auf Fußweg von Hall.

● 49 Baumkirchen, 593 m

Kleines Dorf am Sonnenhang über dem Inn, Pfarrkirche (1648), Hl.-Anna-Kapelle (1645), Schloß.
Schöner Fußweg von Mils am Waldrand, von Hall 1 Std., und weiter nach Fritzens.

● 50 Gnadenwald, 880 m

Am S-Fuß der Bettelwurfkette zieht das teils bewaldete Mittelgebirge von der Walder Brücke bis zur Ausmündung des Vomper Loches. Gnadenwald besteht aus kleinen Weilern und verstreuten Höfen, ruhiger Fremdenverkehrsort, Skilanglauf, mehrere Gaststätten und Pensionen.
Von Eichat Richtung Halltal bis zur Straßenkreuzung (Ww.), hier rechts ab, zur Walder Brücke und durch Wald ansteigend auf das Mittelgebirge von Gnadenwald. Vorlbei an der Walder Kapelle und dem Wiesenhof nach *St. Martin,* dem Hauptort der Gemeinde.
Schöne Kirche. Ghs. Speckbacher, Postautoverbindung mit Hall. Mautstraße zur Hinterhornalm (R 55).

● 51 St. Michael, Maria Larch, Ummelberg

Die Straße führt weiter ostw. nach *St. Michael,* Kirche aus dem 14. Jh.; alpine Meldestelle. Vom Ortsteil Gunggl Weg zur Walder Alm (R 56). Ausgangspunkt für Ganalm, Vomper Loch, *Maria Larch.* Fahrstraße nach Fritzens. Am S-Rand des Gnadenwalder Mittelgebirges liegt die Thierburg, ein altes Kastell (1488). Vom Ortsteil Schlegelsbach führt die Straße hinunter ins Inntal nach Terfens; ein anderer Fahrweg weiter ostw. zum Weiler *Ummelberg.* Von dort gelangt man auf Fußwegen bis an den Ausgang des Vomper Lochs, von wo ein Weg steil abwärts zum Ghs. Pfannenschmiede führt; weiter nach Vomp oder Vomperbach.

● 55 St. Martin im Gnadenwald — Hinterhornalm, 1½ Std.

Von der Fahrstraße gleich östl. der Kirche links aufwärts durch den Wald, später durch dichtes Gebüsch nach rechts zu dem von der Alm herunterziehenden Rücken, über den man in steilen Kehren die aussichtsreiche Wiesenfläche der Hinterhornalm, 1524 m, an den S-Abstürzen des Walder Zunterkopfes, erreicht. Schöner Almboden hoch über dem Tal, Sommerwirtschaft (Mai bis 30. Sept., 10 B.). Verbindungswege zur Wantlalm — Alpensöhnehütte, und zur Walder Alm. Die Hinterhornalm ist auch auf der neuen Fahrstraße von St. Martin zu erreichen, ebenso die Walder Alm (Mautstraße).

● 56 Wirtshaus Gunggl im Gnadenwald — Walder Alm, 1½ Std.

Von St. Michael auf der Fahrstraße östl., bis etwa 400 m vor dem Ghs. Gunggl links (nördl.) ein Fahrweg abzweigt. Diesem folgt man zu einer Wegverzweigung knapp unterhalb der Alm; der Fahrweg links führt zur Hinterhornalm, der rechts (östl.), zur Walder Alm, 1501 m, Sommerwirtschaft (15 M.). Große ebene Almböden, mehrere Almhütten, schöne Baumbestände, ungemein aussichtsreich, besonders gegen N über das Vomper Loch hinweg auf die Berge des östl. Karwendel-Hauptkammes.

● 57 Zur Ganalm

Vom Whs. Gunggl auf der Waldstraße etwa 2 km ostw., wo von S her das Sträßlein Terfens—Ummelberg und etwas später der vom Ghs. Pfannenschmiede (Vomp) heraufführende Weg einmündet. Nun ansteigend zur großen Schleife über dem Ausgang des Vomper Loches, wo sich die Straße um den Rücken herum westl. wendet; nun hoch über der Klamm ansteigend fast genau westl. zur Ganalm, 1189 m, derzeit keine Sommerwirtschaft, kleine Kapelle; Wegverbindung zur Walder Alm, zu den Jagdhäusern „In der Au“, und zum Zwerchloch, Knappensteig; sowie in das Vomper Loch.

● 60 Terfens, 589 m

Bauerndorf abseits der Verkehrslinien am Hang südöstl. unter der Terrasse von Gnadenwald. Gaststätten: Arnold, Neuwirt. Ausflüge: Maria Larch (Wallfahrtskirchlein), 20 Min. im Larchtal empor. Weiter zu den Weilern von Gnadenwald.

● 61 Vomp, 566 m

Großes Dorf östl. der Ausmündung des Vomper Lochs. Eine der ältesten Pfarren des Inntals (930 erwähnt). Friedhofskapelle (1688), Kalvarienbergkirchlein. Oberhalb Schloß Sigmundslust. Gaststätten: Vomper Hof, Pelikan, Traube, Weberhof, Karwendelrast (am Vomper Berg in 850 m Höhe über dem Dorf gelegen), Schloß Mitterhart, Klostergasth. ½ Std. zu Fuß von Schwaz.

● 62 **Pfannenschmiede,** Ghs., 602 m.

Am Ausgang der Schlucht des Vomper Bachs. Vom westl. Ortsausgang von Vomp auf schönem Weg, ½ Std.

● 63 **Straße Gnadenwald — Ganalm**

Vom Ghs. Pfannenschmiede in ¾ Std. steil über der Klamm aufwärts.

● 64 **Von Vomp nach Terfens**

Fahrstraße, nördl. an den Schotterwerken von Vomperbach vorbei.

● 65 **Gasthaus Karwendelrast**

Vom Dorfplatz in Vomp nordwestl. an den letzten Häusern vorbei, bei der Straßenverzweigung im Waldtal die linke, gegen den westl. Vomper Berg hinaufziehende Straße benützend und über die zweite Wiesenfläche zum Ghs. Karwendelrast, 850 m (12 B.); Rodelhütte, Ausgangspunkt für die Touren im Vomper Loch. (Alpine Unfallmeldestelle.)

● 66 Von der neuen Siedlung **Vomperbach** (Bahnstation, Schotterwerke) gelangt man nordw. in ¾ Std. zum Ghs. Karwendelrast.

● 67 **Stift Fiecht,** 770 m

Von Vomp auf Fahrweg in ½ Std. Benediktinerkloster, 1706 erbaut.

● 70 **Schwaz,** 539 m

8500 Einw., alte Stadt am rechten Innufer. Blütezeit im 15. und 16. Jh. aufgrund von Silber- und Kupferbergbau; die Stadt war damals wesentlich größer als heute.
Sehenswürdigkeiten: Gotische Pfarrkirche mit Fugger-Epitaph, Michaeliskapelle, Fuggerhaus, Heimatmuseum, Burg Freundsberg.
Schwimmbad, Skigebiet am Kellerjoch. Mehrere Gaststätten. BRD-Ortsstelle, Tel. 24 (133), Bahnhofplatz 18. Ausgangspunkt für Vomper Loch, Stallental, Lamsenjoch, Stanser Joch.

● 71 Nach **Fiecht**

In 20 Min. vom Bahnhof.

● 72 **Stans,** 566 m

Dorf am Ausgang des Stallentales, am linken Innufer; vom Bahnhof Schwaz dem Sträßchen am Bergfuß entlang nach Stans in ¾ Std. Gaststätten: Gürtler, Zum alten Marschall, Neuwirt, Kaltenbrunn, Kaltwasserheilanstalt, Eisenbahnstation, Ausgangspunkt für Stanser Joch und Stallental; Skiabfahrt.

Ausflüge von Stans:

● 73 Maria Tax

Altes Wallfahrtskirchlein im Walde oberhalb des Ortes; ehemalige Einsiedelei, ½ Std.

● 74 Schloß Tratzberg

Am Berghang liegt das große, gut erhaltene Schloß aus dem 13. Jh., umgebaut im 16. Jh. Kunstsammlungen, Wandmalereien und Stukkaturen verschiedener Stile. Besichtigungen und Führungen. Von Stans auf der am Fuße des Berges entlangführenden Straße, oder auf Waldwegen am Berghang entlang, ¾ bis 1 Std.

● 75 Wolfsklamm — St. Georgenberg

Der Stanser Bach tritt durch eine wilde Klamm ins Inntal. Durch diese führt eine Steiganlage ins Stallental nach St. Georgenberg (R 76).

● 76 St. Georgenberg, 917 m

Wallfahrtskirche; alte Benediktinerabtei; Ghs. (12 B.); interessanter Gebäudekomplex auf dem Felsen hoch über dem Stallental. Im 10. Jh. Einsiedelei, 1138 Kloster, mehrfach von Bränden und Lawinen beschädigt. Ausgangspunkt für Touren in der Rauhen-Knöll-Verzweigung.

● 77 Schwaz
2 Std.

Vom Bhf. in 20 Min. nordw. zum Kloster Fiecht. Noch 500 m bergauf zu einer Gehöftegruppe (Abkürzungen ins Stallental) und rechts ansteigend auf den Waldrücken, dann an Wiesen vorbei zum Gehöft Weng. Hier links ab ein Wirtschaftsweg, in der Mitte steil empor der Weg ins Stallental; gegen rechts eben weiter nach St. Georgenberg, das man, nachdem sich der Fahrweg taleinwärts wendet, am jenseitigen Abhang erblickt. Hinab ins Tal, über die Bachbrücke (dann mündet von rechts der Weg von der Wolfsklamm ein) und in einer steilen Kehre, zuletzt über eine Brücke (Seierngraben) zum Kloster.

● 80 Jenbach, 540 m

Verkehrsknoten zwischen Inntal, Zillertal und Achensee (Lokalbahnen). Industrieort. Schwimmbad. Zahlreiche Hotels und Gaststätten. Gotische Kirche (1500). Achensee-Kraftwerk 1 km westl. des Ortes. Postautoverbindungen ins Zillertal, nach Pertisau am Achensee, nach Achenkirch (Anschluß nach Tegernsee) sowie nach Steinberg am Rofan. BRD-Ortsstelle, Ruf Gendarmerie, Hubertusstr. 3.

Spaziergänge:

● 81 **Burgeck,** 749 m

Aussichtsreicher Waldkopf nördl. des Ortes; zu ihm bezeichneter Promenadeweg, ½ Std.; oder von der Haltestelle Burgeck der Achenseebahn, 10 Min.

● 82 **Zeiseleck,** 782 m

Aussichtspunkt auf dem vom Stanser Joch nach O ziehenden Kamm; von der Achenseestraße im Ort beim Ghs. Prinz Karl links ab, ¾ Std.

● 83 **Wiesing,** 568 m

Sommerfrische, abseits des Verkehrs, auf schöner Straße erreichbar, von Jenbach in östl. Richtung in ¾ Std.

● 84 **Nach Eben, Maurach und Seespitz**

Mit der Zahnradbahn vom Bahnhof Jenbach; im Winter nicht in Betrieb; 1899 erbaut, hat bis zu 16% Steigung.
Zu Fuß: Auf der Achenseestraße durch den langgestreckten Ort, die steile Kasbachstraße empor, bei einem Bildstöckl Wegabzweigung zum Dorf Eben. Die Straße weiter zum Ghs. Kasbach; hier zweigt links ein Fußweg ab, auf dem man in 35 Min. das Hotel Seespitz erreicht.
Nach Maurach 1½ Std., von Maurach nach Eben ½ Std.

● 85 Von Maurach führt die Straße nordwestl. abwärts und gabelt sich nach wenigen Min. Rechts nach Buchau, Achenkirch, Tegernsee; links zum Hotel Seespitz und weiter nach Pertisau.

● 90 **3. Die Achenseefurche**

● 91 **Maurach,** 958 m

Verstreute Ortschaft auf der Wiesenfläche am S-Ende des Achensees, Fremdenverkehr, mehrere Gasthöfe und Pensionen, Freibad am See (wegen Absenkung des Wasserspiegels häufig geschlossen). Alpine Unfallmeldestelle im Ghs. Hanslwirt. Ausgangspunkt für Rofangebirge (Seilbahn zur Erfurter Hütte, Skigebiet) sowie für die SO-Ausläufer des Karwendels.

Spaziergänge:

● 92 **Seespitz,** 929 m
½ Std.

Hotel am S-Ende des Sees, Stat. der Kraftwagen und der Zahnradbahn, wenige Min. von der Schiffsstation. Von Maurach auf der Straße. Seepromenade Seespitz — Buchau: Vorbei am Freibad, 20 Min.

● 93 **Häuserer Bichl**
Aussichtspunkt nördl. des Hanslwirts; 10 Min.

● 94 **Weißenbachalm**
2—2½ Std.

Vom Postamt Maurach die Straße nach Pertisau; nach ungefähr 2 Min. vor der Säge links über das Geleise und südl. über einen Feldweg zur Berglehne des Planberges. (Hierher auch von Hotel Seespitz und Ghs. Kasbach.) Etwas nördl. eine Ferienkolonie. Nun auf schmäler werdendem Weg hinein in das schluchtartige Weißenbachtal, den meist ausgetrockneten Graben des Weißenbaches mehrmals überschreitend und ziemlich stark ansteigend unter den Wänden des Planberges. Später verläßt man den Bach und gelangt in Windungen auf einen kleinen, begrünten Rücken (Aussichtspunkt). Weiter ansteigend, zuletzt die freien Almböden zur Weißenbachalm, 1610 m, 8 B., Privatbesitz. Von hier in wenigen Min. über die Almböden leicht zum Weißenbachsattel, 1693 m.

● 95 **Seespitz — Pertisau**

Auf guter, ebener Straße immer unmittelbar am westl. Seeufer entlang, zu der Straßengabelung am Ortseingang von Pertisau; links zu den Gasthöfen und zum oberen Ortsteil sowie ins Gern- und Falzturntal, rechts zu den Hotels am Seeufer.

● 96 **Der Achensee,** 929 m

Dieser größte See Nordtirols liegt in der Querfalte zwischen Karwendel und Rofan. Er ist 9 km lang, 1 km breit und bis zu 133 m tief.

● 97 **Pertisau am Achensee,** 933 m

Schön gelegener Ort am W-Ufer des Sees, Sommer- und Winterfremdenverkehr, zahlreiche Hotels, Gasthäuser und Pensionen; Dampfschiffstation, Golfplatz etc. Skigebiet am Zwölferkopf. BRD-Ortsstelle, Ruf Postamt Nr. 102. Ausgangspunkt für den gesamten SO-Teil des Karwendels, v. a. durch die Fahrmöglichkeit ins Gerntal und Falzturntal.

Ausflüge von Pertisau:

● 98 **Bärenbadalm,** 1407 m
Siehe R 333.

● 99 **Dristenautal**
Etwa 1 Std.

Einsames Hochtal, das nach S gegen die Rauhe-Knöll-Verzweigung führt. Von der Talstation des Zwölferkopflifts führt ein breiter Weg zuerst kurz über Weideböden, dann durch Wald sanft ansteigend ins Dristenautal, wobei man nach 20 Min. den großen Schottergraben des meist trockenen Dristenaubaches überschreitet. Den rechten der sich gabelnden Wege in den einsamen hintersten Kessel, wo sich der Weg verliert.

● 100 **Feilkopf,** 1563 m
Von Pertisau 2½ Std.

Auf R 102 talein, bis wenige Min. hinter der Brücke über den meist trockenen Falzturnbach linker Hand eine eingezäunte Weidefläche (Heustadel) sichtbar wird. Hinter dieser führt der Weg links ab und zieht durch den steilen Hochwald, zuerst weit nach links, bei der Verzweigung aber rechts ab (links zur Gütenbergalm). Zuletzt über Weidegrund zur Feilalm (1½ Std.). Von hier immer gerade am Rücken, spärlichen Steigspuren folgend, zuerst über Weidehänge, dann durch schütteren Wald auf den Feilkopf. Schöne Aussicht auf den See und auf das Rofangebirge. Der in manchen Karten eingezeichnete ehemals bez. Steig gerade über den Steilhang zur Feilalm ist von übermannshohem Jungwald nunmehr gänzlich überwachsen und ungangbar.

● 101 **Feilsattel — Gütenbergalm**
Bez., vom Tal 1½ Std., ½ Std. von der Feilalm.

Von der Feilalm auf Steigspuren ohne Höhenverlust, aber über sumpfige Stellen (links, westl.) um den Feilkopf herum, bis man nach wenigen Min. auf einen unbezeichneten Steig trifft. Bald mündet auch dieser in den guten Almweg zur Gütenbergalm ein, auf dem man in ¼ Std. über die Weideböden der Gütenbergalm den Feilsattel erreicht.

● 102 **Pletzachalm**
1 Std.

Sommerwirtschaft, 6 B., 6 M. Beliebtes Ausflugsziel im Gerntal, im Hintergrund die Pyramide der Montscheinspitze. Auf asphaltierter Straße (Maut, 35,— ÖS) von Pertisau zum Alpenghs. Pletzachalm, 1040 m.

● 103 **Gernalm**
1½ Std.

Wie R 102 zum Alpenghs. Pletzachalm, oder zur Wegabzweigung 2 Min. südl. Nun der Straße weiter folgend bis in den Talschluß, in dem die Gernalm, 1172 m, liegt. Alm- und Gastwirtschaft, schöne Weideböden, überragt von der Bettlerkarspitze.

● 104 Pasillsattel

Bez. Steig, mühsam, 1½—2 Std.

Wie R 102 zum Alpenghs. Pletzachalm. Am Ghs. beim Brunnen über den Almboden zu den letzten Hütten. Über den Wassergraben, dann rechts der Quelle dem Steig folgend, in kleinen Windungen steil empor. Unter einer Felswand nach links über eine Schutthalde, an deren Rand aufwärts, zuletzt durch Hochwald zum Mahdbergalmboden und über diesen, zuletzt wieder durch Wald, zum Pasillsattel, 1682 m.

● 105 Seebergsteig

Vom Pertisauer Hof auf dem Weg nördl. zum Seeberghang und über diesen auf den Seebergsteig, einen Promenadeweg, der westw. zur Pletzachalm, ostw. zum Aussichtspunkt „Ebener Blick" und dann abwärts zur Prälatenbuche (am Weg zur Gaisalm) führt.

● 106 Gaisalm

1¼ Std.

Ghs. (20 B.), Schiffstation, malerisch auf kleinem Weideboden am W-Ufer gelegen. Vom Hotel Fürstenhaus immer am Seeufer entlang (Prälatenbuche, Mariensteig), einzelne Schuttströme überschreitend, zum Ghs. Gaisalm.

● 110 Achenkirch und das Achental

Achenkirch ist ein aus mehreren Streusiedlungen bestehendes Dorf. Es erstreckt sich vom N-Ufer des Achensees nach N im Tal der (abgestauten und dadurch fast völlig trockengelegten) Ache. Etwa 700 Einw., Landwirtschaft, Holzverarbeitung, Fremdenverkehr.

● 111 **Achenkirch,** 922 m

Aus dem Inntal von Jenbach auf der Achenseestraße (20 km); von Tegernsee über Rottach, Kreuth, Glashütte, Achenpaß (Zollstation), Achenwald (33 km). Ganzjähriger Autoverkehr Jenbach — Achenkirch — Steinberg. Postauto nach Achenwald. Im Sommer Schiffsverbindung mit Seespitz, hier Anschluß nach Jenbach (Zahnradbahn). Autobusverbindung Tegernsee — München und Innsbruck.
Gasthäuser: Adler, Post, Tiroler Weinhaus, Mayers Gasthaus, Scholastika, Achentaler Hof.
Skizentrum Christlumlifte, Fuchslift, Weinhauslift, Sonnberg-Sessellift.

Spaziergänge:

● 112 **Achenwald**
1 Std.

Auf der Straße nordw.

● 113 **Steinberg**
2½ Std.

Vom Ortsteil Leiten auf der Fahrstraße; oder auf dem bez. „alten Steinbergweg" südl. des Ampelsbaches.

● 114 **Schwefelquelle**
½ Std.

Beim Ghs. Tiroler Weinhaus über den Feldweg rechts der Straße, dann über den Ampelsbach, rechts des Baches nach Leiten (Weiler) und zum Draglgut. Von hier in 2 Min. auf einem Feldweg zur Quelle.

● 115 Eine Materialseilbahn aus dem Unterautal führt hinauf zum Gröbner Hals. (Rucksackbeförderung gegen Entgelt.)

● 117 **Achenwald,** 822 m

Einige verstreute Höfe und Weiler im Achental. 5 km von Achenkirch. Zollamt. Omnibuslinie nach Tegernsee (s. Achenkirch). Ghs. Hagen im Wald, Zur Marie.

● 118 **Walchental**

Der Abfluß des Achensees biegt bei der „Kaiserwacht", etwa an der Landesgrenze, nach W um und führt jetzt den Namen Walchen. Die Straße leitet bei der „Kaiserwacht", in der Nähe des Zollamts entlang dem Walchen, anfangs zusammen mit der Grenze, die aber dann nach S umspringt, nach Fall, wo sie am Sylvensteindamm auf die Straße nach Lenggries trifft (9 km).

● 119 **4. Das Isartal**

● 120 **Fall und das Dürrachtal**

● 121 **Fall,** 741 m

Dieser hübsche kleine Ort, 15 km isaraufwärts von Lenggries, lag dort, wo das Isartal von seiner süd-nördl. Richtung umbiegt in eine west-östl. Hier vereinigen sich die Zuflüsse Walchen (vom Achensee kommend, jetzt aber abgeleitet) und Dürrach,die aus dem Bächental kommt (und ebenfalls durch einen Stollen in den Achensee geleitet wird) mit der

Isar. Die mehr als hundert Einwohner Falls sind fast ausschließlich Holzer und Forstleute. Früher war Fall Schauplatz der königlichen Hofjagden, wie ja das Nordkarwendel überhaupt. Durch den großen Staudamm, der die Isar zu einem Fjord aufstaut, wurde das alte Fall überschwemmt. Der Ort wurde, architektonisch wenig glücklich, etwas südöstl. aufgebaut. 150 Einw., Grenzpolizei und Zollstation. Ghs. Hotel Jäger von Fall, Ghs. Faller Hof.
Zugänge: Von Lenggries 15 km über Fleck (4 km) und Winkl (7 km). Von Wallgau 24 km. Von Glashütte 12 km und von Achenkirch 18 km auf der Straße, die dem Walchen entlang führt. Die Kraftpostlinie fährt im Sommer von Lenggries über Fall und Vorderriß nach Wallgau und nach Hinterriß. Im Winter nur nach Vorderriß. Die Strecke Fall — Kaiserwacht der B 307 ist ein Teil der Deutschen Alpenstraße. Von Fall über Vorderriß nach Wallgau ist der Ausbau fertiggestellt.

● **122** Ein schöner Spaziergang führt zur sehenswerten **Dürrachklamm** (etwa 1 Std.). Sonstige Wanderungen siehe B II und III.

● **123**

Das Dürrachtal

Das Dürrachtal, oder wie es in seinem oberen Teil häufiger genannt wird, das Bächental leitet zunächst von Fall in südl. Richtung, um dann eine Zeit südöstl. zu streichen, bis es wieder nach S führt, um dann in den Plätzboden zu münden. Man folgt von Fall auf dem orographisch rechten Ufer der Dürrach der Forststraße, die sanft ansteigt und dann hoch über der wilden Dürrachschlucht entlangführt. Nach 2—2½ Std. wird die Landesgrenze erreicht und kurz darauf das Wirtshaus Bächental (auch Forsthaus Aquila genannt, 14 B und L, bew. 1.4.—31.10.). Die Straße führt noch weiter über die verfallene Grasmühlklause, vorbei an der imposanten Staumauer, um sich am südöstl. Ende des Stausees zu verzweigen. Der östl. Zweig folgt dem Tannauer Bach, der westl. umrundet den See, um dann gegen die Baumgartenalm zu leiten.

● **124** Von der neuen Straße zweigt der Weg ab, der zum Schleimsjoch führt. (2½ Std. vom Plätzboden, 3 Std. vom Whs. Bächental.) Nach der Feuersinger Alm zweigt ein Weg ab, der dem Plumsbach entlang zum **Satteljoch** leitet, von wo aus man zur Hagelhütte im Rißbachtal absteigen oder zum Plumsjoch gelangen kann.

● **126**

Das Rißtal

● **127**

Vorderriß, 809 m

An der Mündung des Rißbaches in die Isar gelegener kleiner Ort, in der

Hauptsache von Holzern, Forstleuten und Grenzbeamten bewohnt. Das Forsthaus, wo Ludwig Thoma glückliche Kinderjahre erlebte, und die Kirche liegen hoch über der Isar auf der Schotterterrasse. Vorderriß ist von Fall auf der Straße, die mehrfach ansteigend auf dem orographisch rechten Ufer der Isar bzw. des neuen Sees entlangführt, zu erreichen (10 km). Von Wallgau 14 km. Haltestelle der Kraftpost (siehe Fall). 50 Einw., Ghs. zur Post. Ausflüge und Wanderungen s. Teil B II und III.

● **128** **Vorderriß — Hinterriß**
2½ Std. von Vorderriß.

Die Straße führt vom Gasthaus Post in südl. Richtung, am bayerischen Zollamt vorbei, meist leicht steigend zur Oswaldhütte, einem Almniederleger (4 km, 1 Std.). Hier wird der Rißbach durch eine Wehranlage in den Stollen abgeleitet, der unter dem Isarbett hindurch zum Walchensee führt. Unterwegs nimmt der Stollen noch den Fischbach auf. Das Rißbachwehr liegt wenige Min. von der Oswaldhütte entfernt. Die Straße leitet weiter zur Klammbrücke (Landesgrenze) und nun auf dem westl. Ufer über der Klamm des Rißbaches, bis sie auf einer weiteren Brücke wieder das östl. Ufer erreicht. Diese gedeckte Holzbrücke ist ein Beispiel mittelalterlicher Bauweise; in den deutschen Alpen bereits eine große Seltenheit. Die Hütten der Weitgriesalpe bleiben links liegen. Nach den Häusern der Sägemühle steigt die Straße nochmals steil an und führt an einem Forsthaus vorbei, wieder den Bach überschreitend, zum österreichischen Zollamt Hinterriß, 12 km.

● **130** **Hinterriß**, 931 m

Idyllisch gelegene Siedlung an der Einmündung des Tor- und Rontales, besteht aus einem kleinen Jagdschloß des Herzogs von Coburg, dem ehemaligen Franziskanerhospiz „Klösterl“, einigen Wohnhäusern für die Holzer und Forstleute, dem Zollhaus und zwei Wirtshäusern und nunmehr auch einem Jagdsitz des Exkönigs Leopold von Belgien. Der kleine Ort liegt zwar in Österreich, ist aber nur über bayrisches Gebiet zu erreichen. Hinterriß ist die einzige ganzjährig bewohnte Siedlung im Karwendel. Es ist Ausganspunkt für schöne Wanderungen im Waldgebiet zwischen Nördlicher Karwendelkette und Soierngruppe und für einzelne Touren in der Nördlichen Karwendelkette.
Gasthäuser: Zur Post-Grießenböck und 20 Min. talein Alpenhof. In beiden gute Übernachtungsmöglichkeit.

● **131** **Zugänge nach Hinterriß**

Von Wallgau, Lenggries, Achenkirch über Vorderriß (s. oben) —

Postautoverbindung. Vom Achensee über das Plumsjoch, von Scharnitz über den Hochalmsattel s. R 301, 302.
Spaziergänge: Tortal (R 460), Rontal (R 461 f.), Eng (R 132).

● 132 Eng

3 Std. von Hinterriß, etwa 15 km. Mai — Oktober Postautoverbindung.

Von Hinterriß führt die Asphaltstraße zum Whs. Alpenhof (Mautstelle) und weiter an der Garberlalm vorbei, überquert später den Bach, um schließlich zur Hagelhütte (2 km von Hinterriß) zu leiten. Hier zweigt der Fußweg zum Plumsjoch ab, ein wenig später der Fahrweg. Unsere Fahrstraße führt weiter ins Engtal, erreicht den Großen Ahornboden und das Wirtshaus Eng.

● 135 Mittenwald, 950 m

Schöner Markt an der Isar, etwa 6000 Einw. Zum ersten Mal urkundlich erwähnt 1080 (in media silva). Große Bedeutung im Mittelalter durch die Lage an der Rottstraße von Bozen nach Augsburg, München und Tölz. Von 1487 bis 1679 erlebte der Ort seine Glanzzeit, weil die venezianischen Kaufleute den Markt von Bozen nach Mittenwald verlegt hatten. Nach dem Rückgang des Verkehrs fand Mittenwald einen neuen Erwerbszweig, durch den es weltbekannt wurde, den Geigenbau. Der Schüler Stainers, vielleicht auch Amatis, Mathias Klotz, 1635 geboren, war der Begründer des Geigenbaues in Mittenwald. Ein von Miller gegossenes Denkmal vor der Pfarrkirche erinnert heute an den Meister; Geigenbauschule von Ludwig I. gegründet, Geigenbaumuseum am Obermarkt. Nach dem Zweiten Weltkrieg siedelten sich hier zum Teil die aus ihrer Heimat vertriebenen Schönbacher Geigenbauer an. Der Ort bietet mit den Häuserzeilen des Ober- und Untermarktes, die sich trotz häufiger Brände erhalten haben, ein malerisches Bild. Hausfresken von dem Mittenwalder Karner und dem Oberammergauer „Lüftlmaler" Zwink. Goethe nannte den Ort, den er auf seiner Italienischen Reise kennenlernte, ein lebendiges Bilderbuch. Die interessante Pfarrkirche ist von dem Wessobrunner Meister J. Schmuzer errichtet. Mittenwald ist eine der beliebtesten Sommerfrischen des bayerischen Oberlandes, genießt angenehmes Klima, bietet vielfältige Möglichkeiten zu Spaziergängen, hat Badegelegenheit und eignet sich vortrefflich zum Ausgangspunkt für Bergfahrten in Karwendel, Wetterstein und Arnspitzgruppe. Seilbahn bis unter den Gipfel der Westl. Karwendelspitze. Von der Bergstation in ¼ Std. in das Dammkar (Stollen) oder auf die Westliche Karwendelspitze. Sessellift nach St. Anton, von dort Kabinenbahn auf den Kranzberg.

Zahlreiche Hotels und Gasthäuser. Die Umgehungsstraße der B 11 führt östl. an Mittenwald vorbei.
Bergwacht: Prinz-Eugen-Str. 5—7, Tel. 948 oder 83 00.
Verkehrsamt und Kurverwaltung: Dammkarstr. 3, Tel. 951.

Spaziergänge und Wanderungen:

● **136** **Aschauer Alm**
Mit Tafeln bez., 1 Std.

Vom Bhf. über die Isar; man durchschreitet die Siedlung am Rain, läßt die Kasernen linker Hand und folgt dem Weg gerade weiter.

● **137** **Barmsee**
1½ Std. von Mittenwald.

Schöner See mit großartigem Panorama. Die Straße nach Partenkirchen bis zum Kilometer 106, dann auf dem Fußweg oder auf der Distriktstraße Klais—Krün.

● **138** **Burgbergsteig**

Zweigt von der Straße nach Leutasch ab; schöner schattiger Spaziergang zum Ferchensee.

● **139** **Kranzberg,** 1397 m
Herrliche Aussicht. 1½ Std.

Unter dem Gipfel Unterkunftshaus, Sesselbahn. Beliebter, leichter Skiberg. Über den Kalvarienberg bez. Weg. Auch vom Lautersee auf einem Steig nordwestl. über Wiesen und durch Wald.

● **140** **Lautersee,** 1026 m
¾ Std.

Badesee, Ghs. Die Fahrstraße zweigt beim alten Zollamt ab; der Fußweg führt durch das Tälchen des Lainbaches. Die Fortsetzung des Weges führt zum Ferchensee, Ghs. Badegelegenheit und weiter in 4 Std. durch das Ferchenbachtal nach Partenkirchen.

● **141** **Leitersteig**

Vom Karwendelsteig aus (Tafel) oder von der Seefelder Straße.

● **142** **Leutaschklamm**
20 Min.

Auf der Scharnitzer Straße bis zur Isarbrücke, dann rechts ab zur Klamm und auf gesichertem Steig zum Wasserfall.

● **143** **Leutasch,** 1093 m
1 Std.

Weitgedehnte Siedlung im gleichnamigen Tal. Entweder auf der Straße oder auf dem Fußweg, der von dem Sträßchen zum Lautersee abzweigt. Vgl. auch R 5. Ferner Ochsenboden, Scharnitz, Schachen.

● **145** **Krün,** 875 m, **Wallgau,** 868 m

Hübsche kleine Orte an der Straße München—Kochel—Mittenwald. Beide Orte sind schöne Sommerfrischen mit kleinen Seen und guten Ausflugsmöglichkeiten sowie Ausgangspunkte zu Bergtouren im Soierngebiet und Estergebirge.
Krün 7 km von Mittenwald, Gasthäuser Zur Post, Schöttlkarspitze und Schönblick. Hier beginnt der Kanal zum Walchensee. Aufstieg zur Soierngruppe, Omnibusverbindung nach Mittenwald, Klais (an der Bahnlinie nach Garmisch) und Kochel.
Wallgau, 2,5 km von Krün, Hotel Post und Parkhotel, Gasthäuser, Busverbindung nach Mittenwald, Kochel und im Sommer nach Lenggries.

● **146** **Scharnitz,** 963 m

Talaufwärts erreichen Bahn und Straße die Grenze nach Tirol, hier ein natürlicher Engpaß, der durch die Porta Claudia befestigt und in der Geschichte mehrfach von Bedeutung war. Gleich hinter diesem Engpaß liegt der Grenzort Scharnitz, in ernster Gebirgsumrahmung. Hier stoßen die drei großen Längsfurchen des Gebirges, Karwendeltal, Hinterautal und Gleierschtal, auf die N-S-Furche, in welche die Isar bei Scharnitz einmündet. Scharnitz, 1200 Einw., ist Grenzstation, Haltepunkt der Schnellzüge, Ausgangspunkt für Karwendelquerungen, Sommerfrische, Wintersportplatz. Zahlreiche Hotels und Gaststätten. BRD-Ortsstelle, Ruf 9, Nr. 90.

Spaziergänge:

● **147** **Porta Claudia**

Rest der 1813 geschleiften Festung, an der Staatsgrenze am N-Ausgang des Dorfes; 20 Min. Kalvarienberg, am steilen Abhang der Arnspitzen (westl.) von der Kirche auch das Tal querend, am besten in Verbindung mit der Porta Claudia.

● **148** **Karwendelkapelle**
½ Std.

Vom Bhf. auf die Hauptstraße und auf dieser südw. (gegen Seefeld),

bis unmittelbar vor der Isarbrücke, beim km 19, links ein Fahrweg emporführt (Brücke über den Bahnkörper), der am Isarufer in die Felsen gesprengt ist und zu den letzten Häusern des Ortsteiles Innrain leitet. Hier links ab (Ww., Weg zum Karwendelhaus) und steil zwischen Zäunen aufwärts, zuletzt durch Wald zum Pürzl, einer ebenen Fläche mit der Karwendelkapelle.
Wanderungen zum Karwendelhaus, Hallerangerhaus, Solsteinhaus und zur Möslalm, s. im folgenden Abschnitt.

● **149** **Fischlerpavillon**
½—¾ Std.

Wie in R 148 über den Bahnkörper, dann steil links in Kehren über den bewaldeten Rücken, der vom Brunnensteinkopf herunterzieht, empor, zuletzt bei einer Gabelung dem linken Steig folgend zum Fischlerpavillon.

● **150** **Kreidebrüche — Hochwaldkopf**
Guter Aussichtspunkt. 2 Std.

Fahrweg ins Hinterautal (R 281, bis ¼ Std. nach der ersten Isarbrücke rechts der Fahrweg zu den Kreidebrüchen (Ww.) abzweigt, der mit neuer Brücke die Isar überquert, sodann durch die von Felsrinnen durchzogenen Hänge, sich mehrfach gabelnd, emporführt zu den Kreidegruben. Von hier in vielen kleinen Kehren empor auf die Kammhöhe und nach links über einen Sattel auf den Hochwaldkopf.

● **151** **Abstieg nach Gießenbach**
2 Std.

Über den Kamm zurück und vom zweiten Sattel auf einem Steig nach SW zur Oberbrunnalm und von hier in umgekehrter Richtung von R 407 ins Eppzirler Tal und nach Gießenbach.

● **152** **Gießenbach,** etwa 1000 m
Von Scharnitz auf der Hauptstraße in ½ Std. Von Seefeld auf der Straße in 1½ Std.

Erste Haltestelle der Karwendelbahn südl. von Scharnitz, an der Mündung des Eppzirler Tales. (Alp. Unfallmeldestelle). Ausgangspunkt für das Eppzirler Tal.

II. Die Hütten und ihre Zugangswege

● 160 **Roßhütte,** 1748 m

Sie liegt auf dem vom Seefelder Joch nach W streichenden Kamm. Seilbahn von Seefeld; Ausgangspunkt der Skiabfahrt nach Seefeld. Von hier aus Seilbahn auf das Seefelder Jöchl, 2074 m, und auf den Harmelerkopf. Ausgangspunkt für Seefelder Joch und Seefelder Spitze. Ganzj. bew., keine Nächtigungsmöglichkeit. Diensthütte des BRD, alpine Unfallmeldestelle.

● 161 **Seefeld — Hermannstal**
1½—2 Std.

Von Seefeld ostw. über die Wiesenfläche zum Waldhotel und zum Eingang des Haglbachtales. (Hier Talstation des Liftes.) Durch das Tal auf gutem Weg wenige Min. talein; von beiden Seiten führen andere Wege herbei; sodann zweigt links der Weg zur Roßhütte über den Roßboden ab. Unser Weg führt gerade weiter durch das schattige Tal, bis nach 40 Min. wiederum links (Ww.) der Weg in Kehren den steilen Hang hinaufführt, und sich wenige Min. vor der Hütte mit dem andern Weg vereinigt: das letzte Stück auf der Skiabfahrt (Kahlschlag).

● 162 **Seefeld — Roßboden**
1½—2 Std.

Wie in R 161 vom Waldhotel zur ersten Weggabelung im Haglbachtal. Hier links von dem im Talgrund weiterführenden Weg ab und immer nahe der Skiabfahrt hinauf auf den Rücken. Über diesen in westl. Richtung zur Roßhütte. R 161 ist schattiger, R 162 aussichtsreicher.

● 165 **Alpengasthof Schartlehner,** 1853 m

In der Scharte zwischen Rauchenkopf, 2011 m, und dem von der Reither Spitze nach S ziehenden Schoasgrat am Weg zur Nördlinger Hütte gelegen. Zur Zeit nicht bewirtschaftet.

● 166 **Von Reith,**
Siehe R 171, 2 Std.

● 167 **Von Seefeld**
2 Std.

Auf R 172 zur Maxhütte und noch etwa 1 Std. steil bergauf, bis in der von der Nördlinger Hütte herabziehenden Rinne rechts der sogenannte „Drei-Rinner-Steig“ abzweigt und südl. zum Schartlehnerhaus führt.

● 170 Nördlinger Hütte, 2238 m

Am S-Grat der Reither Spitze, 150 m unter deren Gipfel, auf ungemein aussichtsreicher Höhe gelegen, das höchstgelegene Schutzhaus des Gebirges. Weite Aussicht auf Wetterstein, Mieminger, Ötztaler, Stubaier und Zillertaler Berge. Ausgangspunkt für Seefelder Spitze, Harmeler, Reither Spitze, Ursprungtürme, Freiungspitzen, Freiungenhöhenweg. AVS Nördlingen; bew. Pfingsten bis Mitte Oktober, 31 B., 34 M., 20 L., kein WR. Bew. Erika Kracher, Völsergasse 44, A-6173 Oberperfuß, Tel. Tal 05232/2518. Tel. Hütte 0663/57517.

● 171 Von Reith
3 Std., bez.

Von der Hauptstraße zweigt der Weg unmittelbar gegenüber (nördl.) der Kirche ab und führt zuerst durch Wiesen und Mähder in nördl., später durch Wald in nordöstl. Richtung in zahlreichen kleinen Kehren recht steil empor, sodann links über den W-Hang des Rauchenkopfes zum Schartlehnerhaus (s. R 165). Rechts am Haus vorbei aufwärts, sodann wieder in Kehren immer an der aussichtsreichen Kammhöhe bleibend (Schoasgrat) zur Nördlinger Hütte.

● 172 Von Seefeld
3 Std.

Auf der Straße nach Innsbruck am See vorbei, bis diese sich dem Bahnkörper nähert und bei km 8,2 ein Fahrweg links abzweigt, der über die Gleise hinweg durch Wald zur Maxhütte führt. Hier (Ww.) an der Fabrik links vorbei und entweder über den linken Mühlbachlhang in Kehren empor zum Knappenboden und, die Ruinen des Knappenhauses links liegen lassend, rechts abwärts in den Graben und jenseits steil durch Hochwald empor; oder am rechten Mühlbachlhang (südl. des Baches) steil und schlecht bez. an dieselbe Stelle. Sodann gegen rechts empor in das Grabensystem, wo der Drei-Rinner-Weg zum Schartlehnerhaus (R 167) abzweigt. An der Waldgrenze am Weg letztes Wasser. Hierauf in Kehren empor zur bereits sichtbaren Hütte.

● 173 Von Gießenbach
Interessanter Anstieg; erfordert Trittsicherheit. 4—5 Std.

Wie in R 186, bis der Weg auf die rechte Talseite übertritt und das aus dem Wimmertal kommende, meist trockene Schotterbett überschreitet. Hier vom Fahrweg nach Eppzirl rechts ab und auf einem alten, von der früheren Steinölgewinnung herstammenden Weg hinein in das einsame Hochtal. In dessen Grund wird der Weg schlechter und steiler; er hält sich links des vom Ursprungsattel herunterziehenden Grabens und mündet in der Höhe des Sunntigköpfls in den von Eppzirl heraufziehenden bez. Steig. Wie dort durch schrofiges Gelände zum Ursprungsattel und in weitem Bogen nach SW über den von der Reither Spitze nach S ziehenden Grat zur Nördlinger Hütte.

● 174 Von Seefeld
1½ Std.

Mit Lift und Seilbahn aufs Seefelder Joch, dann auf bez. Steig durchs Reither Kar zum Reither Joch und über die Reither Spitze zur Nördlinger Hütte.

● 175 Von Seefeld
Mit Lift zur Roßhütte, dann mit Kabinenseilbahn auf den Harmeler (2229 m). Im Sommer kürzester und bequemster Anstieg, im Winter Lawinengefahr! 1—1¼ Std.

Auf gutem Steig über den Rücken des Harmeler zum Reither Joch und über die Reither Spitze zur Nördlinger Hütte.

● 180 Wirtshaus Karlspitze, 1182 m

An der Einmündung des Karltales (Oberbrunntales) in das Eppzirler Tal gelegen. Abgebrannt. Derzeit unbenützbar.

● 181 Von Gießenbach

Wie R 186, 1 Std. zur Wegabzweigung, vor der letzten Brücke nach links, 100 m.

● 185 Eppzirler Alm, 1455 m

Auf der großen Weidefläche inmitten des Felsenrunds der Erlspitzgruppe, unter den N-Wänden der Freiungen, der Kuhljochspitze und der Erlspitze gelegen. Tourenstützpunkt für die Berge der Erlspitzgruppe, im Spätwinter Ausflugsziel der Skifahrer. Im Hochwinter häufig Lawinen! Privatbesitz der Alpinteressentschaft Zirl. Im Sommer Almwirtschaft, einfache Unterkunft, 10 L.

● 186 Von Gießenbach
1½—2 Std., bez.

Vom Bhf. Gießenbach 100 m nördl. (Richtung Scharnitz) zum Eingang des Eppzirler Tales. Hier überquert der Fahrweg die Gleise, tritt bald über eine Brücke auf die andere Talseite. Mehrmals die Talseite wechselnd führt der Weg anregend talein. Nach ungefähr 1 Std. zweigt links das Karltal ab (hier vor der letzten Brücke Wegabzweigung zum Ghs. Karlspitze). Rechts (auf der westl. Talseite) steigt der Weg nun steil hinauf zu einem das Tal querenden Sattel. Nun ohne Höhenverlust an der linken Seite der Senke (Schuttströme) einwärts. Nach etwa ½ Std. über schotterigen Grund auf die rechte Talseite, wo sich das Wimmertal öffnet, das einen Schuttstrom entsendet, der mitunter den Fahrweg verlegt. Von hier links haltend über die Weideböden zur Alm (mehrere Hütten, Städel und Ställe).

● **187** **Von Seefeld**
3½ Std.

Auf der Straße nach Scharnitz, bis nach km 11,4 die Straße steil abfällt. Zuerst durch Wald ziemlich eben, zuletzt abwärts zum Bergbaubetrieb der Ichthyolgesellschaft; von hier ansteigend gegen links zum Sattel „Am Wurf", 1445 m, und jenseits abwärts durch den Graben, den man aber bald wieder nach rechts verläßt, und zum Weg Gießenbach—Eppzirl, den man ¼ Std. vor dem in R 186 beschriebenen querlaufenden Sattel vor der Senke erreicht. Wie in R 186 zur Alm.

● **190** **Solsteinhaus,** 1805 m

Großes, im Tiroler Stil erbautes Schutzhaus auf dem Erlsattel, in zentraler Lage zwischen dem Stirnpunkt der hufeisenförmigen Erlspitzgruppe und dem W-Abfall der Inntalkette gelegen. Großartiger Blick auf die hinteren Karwendelketten und Rundschau auf die Stubaier Berge. Idealer Übergang vom Inntal ins hintere Karwendel; bester Tourenstützpunkt für Erlspitzgruppe und W-Teil der Inntalkette. Das Solsteinhaus wurde von der Sektion Innsbruck des AV im Jahre 1913 erbaut, ist vom 15. Mai bis 20. Oktober voll bew.; 28 B., 68 M. WR. offen, 8 M. Zugänge im Frühwinter und Hochwinter lawinengefährdet. Anschrift: Peter Springeth, Kirchstr. 55, 6091 Götzens, Tel. 05234/32461. Tel. Hütte 05232/2973 (Anmeldung für Rucksack-Transport ab Steinegg).

● **191** **Von Hochzirl**
Guter, bez. Weg, 2½ Std. (bester Zugang).

Vom Bahnhof auf der Bergseite des Bahnkörpers, nach 50 m durch ein Gatter ostwärts, durch Wald auf und ab, dann gegen links auf den von Zirl heraufkommenden Fahrweg. (Hier zweigt rechts der Weg zur Magdeburger Hütte ab, Ww.) 50 m gerade aufwärts, dann dem steilen Wegstück rechts ausweichend, an der Brunnalm vorbei und durch Wald wieder auf den Fahrweg, der nun steil bergauf zum Brandenbach führt (Kreuz, Brunnen). Über den Graben (jenseits zweigt gleich links der steile Weg zum Tomas-Egg ab), dann durch schattigen Wald fast eben einwärts zum Steinegg (Talstation der Materialseilbahn) und weiter zum Hochtal Oberbach (Kreuz, Brunnen). Vom Oberbach in Kehren durch lichten Hochwald empor, an einer Jagdhütte vorbei zur Solnalm, 1643 m; Almhütte, im Winter Skihütte des Sportklubs Zirl, 6 M. Privat. Nun nördl. fast eben hinein in das Erltal, und nach Überschreitung des Baches in zwei großen Kehren rechts empor zur Hütte.

● 192 Von Zirl

Von Ortsrand auf der Straße nach Hochzirl zur zweiten und dritten Kehre. 200 m oberhalb dieser zweigt rechts ein guter Fahrweg ab, dem man folgt. 50 m unter dem gemauerten Bahndurchlaß kommt man an eine Weggabelung (rechts, eben einwärts zur Magdeburger Hütte, R 205; nach 150 m neuerlich Weggabelung; der linke Fahrweg — bergseitig — führt bis zum Steinegg, 1250 m; Holzziehweg); der Fußwanderer benützt besser den alten Fußweg, geht also durch die Eisenbahnunterführung und trifft nach 200 m auf R 191.

● 193 Von Gießenbach
4—5 Std., bez.

Zur Eppzirler Alm R 186. Südl. weiter, den breiten Graben bald nach rechts überschreitend und durch schütteren Wald zum ersten Steilhang. Über diesen in Kehren empor, durch das flachere Stück gerade, dann wieder in vielen Kehren durch die Schuttreisen empor zur Eppzirler Scharte. Jenseits durch den losen Schutt abwärts, dann fast eben, zwei Gräben überquerend, zum Solsteinhaus.

● 194 Von Scharnitz (Amtssäge)
4—5 Std.

Wie R 201 ins Gleierschtal. Unmittelbar hinter der Einmündung des Kristenbaches in den Gleierschbach (etwa 250 m, nachdem man an den am linken Berghang liegenden großen Jagdhäusern vorbei ist) zweigt rechts der Fahrweg ins Kristental ab; über eine Brücke gewinnt man den Taleingang; zuerst fast eben auf der linken Talseite, dann rechts des meist trockenen Bachbettes, kommt man auf die Almböden der *Kristenalpe,* und bald zur Alm selbst. Über Weideboden weiter, sodann über das Bachbett nach links, steil empor über steinigen Grund und an einem Bildstöckl vorbei, wieder die Talseite wechselnd und durch einen Latschenhang im Bogen aufwärts, und gerade weiter zur Erlalm unmittelbar über dem Weideboden des Erlsattels. Von hier südl. zum Solsteinhaus.

● 195 Von Kranebitten oder Innsbruck
Etwa 5 Std.

Über die Magdeburger Hütte und den Zirler Schützensteig (R 408).

● 196 **Von der Station Seegrube** der Hafelekarbahn
4½ Std.

Über den Frau-Hitt-Sattel (R 410 in umgekehrter Richtung).

● 200 **Amtssäge,** 1193 m, und **Möslalm,** 1252 m

Das Forsthaus Amtssäge, an der Verzweigung von Gleierschtal und Großkristental gelegen, das früher als Stützpunkt diente, ist seit 1973 geschlossen. Etwas weiter talein, am Ausgang des Kleinkristentales, steht am Rand einer ebenen Wiesenfläche die Möslalm. (Auch Arzler Kristenalm genannt.) Freundliche Alm- und Gastwirtschaft, 6 B., 12 L., Heulager, bew. von Juni bis Mitte Sept. Stützpunkt für die Umrahmung des Kleinkristentales (Kumpfkarspitze, Sattelspitzen, Hippenspitze), N- und W-Anstiege auf die Grubreisentürme sowie den Barthgrat und den Hohen Gleiersch.

● 201 **Von Scharnitz**
Bez., 3 Std.

Vom Ghs. „Goldener Adler" auf der ins Hinterautal führenden Fahrstraße talein, bis nach ungefähr 1 Std. bei dem in R 281 beschriebenen Eck rechts die Straße ins Gleierschtal abzweigt. Die Sraße führt in einer Schleife abwärts zur Isar. Über die Isar und den bewaldeten Vorsprung des „Krapfen", über der Schlucht des Gleierschbaches talein. In weitem Bogen zieht sich die Straße um den SW-Hang des Hohen Gleiersch herum. Hinter der Einmündung des Isartalbaches bei der Klaushütte führt ein Fahrweg rechts ab über den Gleierschbach zur Oberbrunnalpe und ins Eppzirltal. (Abzweigung [Waldarbeiterhütte] — Einmündung Eppzirlweg — Gießenbach 2 Std.) Von dort ½ Std. bis Bahnhaltestelle Gießenbach, oder 1 Std. bis Eppzirlalm. Bei Einmündung des Helfertalbaches rechts über den Gleierschbach (Wildfütterung) zieht ein Fahrweg zur Weingertalalpe (½ Std.). Von dort führt ein Jagdsteig über das Kreuzjöchl — Oberbrunnalpe wiederum zum Eppzirlweg (2 Std.). Nach Überquerung des Helfertals, einer von links herabziehenden Rinne, zweigt ein Fahrweg zum Jagdhaus ab. In der Talsohle weiter; von rechts her mündet das Kristental ein; Wegabzweigung zum Solsteinhaus. Man überschreitet den Gleierschbach, hält sich bei der Wegverzweigung rechts und gelangt bald auf den ebenen Talboden am Ausgang des Kleinkristentales, wo die Möslalm steht.

● 202 **Von Innsbruck** über den Frau-Hitt-Sattel
6—7 Std.

Siehe R 414. Besser von der Seegrube auf dem Schmidhuberweg (R 412), 3 Std.

● 203 Von der Bergstation Hafelekar
2½ Std. Kürzester Zugang.

Durch das Mannltal. R 416 in umgekehrter Richtung. Vom Hafelekar (Bergstation) auf dem bez. Weg durch das Tunigskar, das Mannltal hinaus ins Gleierschtal und auf dem Fahrweg talaus zur Möslalm.

● 205 Magdeburger Hütte, 1633 m

Auf breitem Sattel, Martinsberg genannt, zwischen Großem Solstein und Hechenberg gelegen, Almgegend mit Lärchenwald und zwei kleinen Teichen. Fernsicht auf die Tuxer Berge im SO und auf die Stubaier im SW. Ehemals Jagdhaus „Martinsberg", von der Sektion Magdeburg des AV erworben und in eine Schutzhütte umgebaut, 1973 von der DAV-Sektion Geltendorf übernommen, „Neue Magdeburger Hütte". Bew. von Pfingsten bis 15. Oktober; 23 B., 47 M., WR. (8 M.), AV-Schloß. Alpine Unfallmeldestelle. Anschrift: Herbert Föger, Wetterkreuzweg 12a, 6170 Zirl, Tel. 05238/27762. Tel. Hütte 05238/88790. Ausgangspunkt für die Solsteine und Hechenberg; Übergang von Innsbruck zum Solsteinhaus.

● 206 Von Hochzirl
2—2½ Std.

Wie in R 191 zur Einmündung in den von Zirl kommenden Fahrweg. Gleich gegenüber, östl. führt der Weg (Ww.) durch den Föhrenwald weiter und trifft, vom Waldrücken absteigend, auf einen weiteren Fahrweg (oberhalb der Karwendelbahn). Auf diesem 10 m rechts, abwärts, wo eben, in einer Schleife, der Weg steil über dem Bahnkörper entlangführt, zuletzt abwärts zum W-Eingang des großen Martinswandtunnels der Karwendelbahn. Links auf schmalem Steig durch Mischwald in Kehren empor zu der von Zirl heraufführenden Fahrstraße (Ww.). Vorbei an den vielen Sommerhäuschen und Heustädeln der Zirler Mähder, über einen Graben (Brunnen) hinweg und jenseits durch den steilen Hohlweg — oder links davon schöner — über die Grasböden, sodann ziemlich steil ansteigend (nicht die Wegabzweigungen rechts benützen), meist in Kehren zum Almboden, auf dem die Magdeburger Hütte steht.

● 207 Von Zirl
3 Std.

Vom Ghs. Schwarzer Adler zur großen Kehre der neuerbauten Straße und dann westw. weiter zur Rast, dem Übertritt vom S-Hang in das Ehnbachtal. Den immer steiler ansteigenden Fahrweg aufwärts zu den Zirler Mähdern und wie in R 206 zur Magdeburger Hütte.

• 208 Von Kranebitten
3½ Std., bez. 214

Vom Ghs. Klammgeist am orogr. linken Bachufer zum Eingang der Klamm (¼ Std.). Der „Schleifwandsteig" zweigt am Eingang der Klamm links ab. Er führt in Serpentinen durch Hochwald empor, quert unter den Felsen des Hechenbergs nordw., dann nordwestw. in den obersten Grund der Klamm. Von hier in Serpentinen hinauf zum Schoberwald (Jagdhütte) und durch die Talmulde zur Magdeburger Hütte. Oder auf bez. Steig über den Hechenberg (R 622A).
Der eigentliche **Klammsteig** führt durch die wilde Klamm, deren Wände oft nur wenige Meter voneinander entfernt sind, einwärts. Zunehmende Steinschlaggefahr veranlaßte die Behörden zu öffentlicher Warnung; besonders gefährdet bei Schlechtwetter. Auch bei starker Wasserführung unzugänglich. Der Steig wird nicht mehr unterhalten! Vom Ende der Klamm nördl. gerade empor zu dem von der Aspachhütte (und Rauschbrunnen) zur Magdeburger Hütte führenden bez. Steig (R 413). Auf diesem zur Hütte. 3—4 Std.

• 209 Von Innsbruck
4 Std.

Über Ghs. Rauschbrunnen (R 212) und Jagdhaus Klammegg (unterhalb der Aspachhütte) und von hier in umgekehrter Richtung von R 413 zur Magdeburger Hütte.

• 210 Aspachhütte, 1535 m

Auf dem vom S-Grat der Hohen Warte nach S streichenden Kamm auf aussichtsreicher Hochfläche gelegen. War Ausgangspunkt für Bergfahrten auf der S-Seite des Kl. Solsteins, der Hohen Warte und der Brandjöcher, jetzt nur noch Stützpunkt für die Bergrettung. Keine Unterkunftsmöglichkeit.

• 211 Von Kranebitten
3 Std., bez. Weg.

Nordwestw. durch den Ortsteil Kranebitten hinauf zum Kerschbuchhof. Vom rechten, oberen Eck der Wiesenfläche zweigen die Weiterwege ab. Am kürzesten ist der vom Stangensteig (Hauptsteig) links abgehende und steil durch Wald zum Ghs. Rauschbrunnen führende. Bequemer auf dem Stangensteig, dem man etwa 20 Min. eben durch Wald folgt, bis links in Kehren ein Fahrweg zum Rauschbrunnen emporführt. Von hier gemeinsam über den nach NO streichenden Kamm in vielen kleinen Kehren aufwärts. In 1400 m Seehöhe quert der Steig durch den S-Hang zum Jagdhaus Klammegg (Wegverzweigung: westw.

setzt hier leicht fallend der „Krumme Steig“ zur Kranebitter Klamm und Magdeburger Hütte an). Unser Weg führt in kleinen Kehren nordw. durch den Wald empor zur Aspachhütte.

● 212 Von Innsbruck (Planötzenhof)
3—3½ Std.

Vom Höttinger Platzl stets linkshaltend, zuletzt durch Wald (mehrere Wege möglich) zum Planötzenhof, 783 m; Wirtshaus, mit schönem Blick auf Innsbruck und seine südl. Bergumrahmung. Am Ghs. links vorbei und zu einer Weggabelung mitten in der Wiesenfläche. Man schlägt den linken Weg ein, der sich bald genau westl. wendet und quer über die Gräben den Stangensteig trifft, von dem jenseits einer Wiesenfläche der in R 211 beschriebene Weg in Kehren emporführt zum Ghs. Rauschbrunnen. Wie in R 211 weiter zur Hütte.

● 213 Von Innsbruck über das Höttinger Bild
3 Std.

Von der Hungerburg-Bergstation westw. auf der Fahrstraße zum Gramartboden. Zwischen den beiden Wirtshäusern durch, nach rechts im Wald aufwärts und an den Höttinger Graben; über diesen, und weiter zum Höttinger Bild, 908 m, einer Wallfahrtskapelle. Westw. in den Wald zu einer Weggabelung; hier rechts ab zum Achselkopf; gerade weiter durch den Wald. Vor dem breiten Hölltalgraben gabelt sich der Weg wiederum; man benützt besser den rechten, der in weitem Bogen ansteigend zum Ghs. Rauschbrunnen hinüberführt. Von hier wie in R 211 zur Hütte.

● **215** **Berghotel Seegrube,** 1906 m

Am S-Rand der Karmulde der Seegrube hoch über Innsbruck. Im N überragt von den S-Wänden der Hafelekar-, Seegruben- und Kaminspitzen; Rundsicht über die Stadt auf die Zillertaler und Stubaier Berge. Umsteigestation zur Hafelekarbahn; Ausgangspunkt für die Besteigung vieler Gipfel der mittleren Inntalkette; Übergänge zur Aspach- und Magdeburger Hütte, zum Solsteinhaus und zur Möslalm über den Frau-Hitt-Sattel. Im Winter Skigelände; mehrere Skilifte. Hotel, Aussichtsterrasse, 30 B., Sonnenbäder, Liegestühle; Kiosk; Skireparaturwerkstätte, Skikurse, Skischule. Unfallmeldestelle. Geöffnet während der Betriebszeiten der Nordkettenbahn. Im Winter BRD-Streifendienst. Tel. 05222/37114.

● 216 Mit der Nordkettenbahn

Mit der Linie 1 zur Endstation „Kettenbrücke“; mit der Hungerburgbahn auf die Hungerburg. Von hier links zur Talstation der Nordkettenbahn. Fahrzeit zur Seegrube 7 Min. Autobuslinie N auf die Hungerburg.

● 217 Zu Fuß
3—4 Std. Für den Abstieg empfehlenswert.

Wie in R 38ff. zur Hungerburg. Von hier auf schmalem, oft steilem Steiglein entlang der Trasse der N-Kettenbahn, von einem Absatz (Stütze 2) ab links entlang der ausgeschlagenen Skiabfahrt (mittlere, „Zweier"-Abfahrt) zur Stütze 3 (Skiliftstation) und durch den letzten Kessel gerade oder über den linken Begrenzungsgrat zur Seegrube.

● 218 Über die Umbrüggler- und Bodensteinalm
Etwas länger als R 217, aber bequemer.

Wie in R 213 auf dem Riehlweg etwa ¼ Std. Hier führt rechts ein breiter Weg durch den Wald aufwärts zur Umbrüggleralm, 1115 m, (abgebrannt, derzeit kein Ghs.-Betrieb [1984]). Rechts empor zur Stütze 2 der Nordkettenbahn, unter dieser hindurch, einige Minuten gleichlaufend, dann rechts zum Spitzwald, an dessen Rücken man in Kehren emporsteigt zum Ghs. Bodensteinalm, 1662 m, Sommerwirtschaft. Auf dem Rücken in Kehren weiter bis auf die Höhe der Seegrube, wohin mehrere Steige links ab führen.

● 220 Bergstation Hafelekar, 2256 m

Weithin sichtbarer, auf der Kammhöhe gelegener Bau. Rechts, östl. die Hafelekarspitze (10 Min.), westl. die Seegruben- und Kaminspitzen. Nach N Fernsicht über alle Karwendelketten und das Karwendel-Vorgebirge ins Alpenvorland; im S die Ketten der Zentralalpen. Wirtshausbetrieb während der Betriebszeit der Nordkettenbahn; Kiosk; Standfernrohr. Wenige Minuten östl. am Grat Berghaus der Wetterwarte Innsbruck. — Idealer Ausgangspunkt für die Grubreisentürme, Gratwanderungen auf der Inntalkette, Übergang zur Pfeishütte (R 418).

● 221 Mit der Nordkettenbahn

Von der Station Seegrube in 5 Min. zur Bergstation Hafelekar.

● 222 Von Innsbruck zu Fuß
4—5 Std. Nur noch im Abstieg begangen.

Zur Bodensteinalm, R 218. Auf dem steilen, begrünten Rücken nördl. in vielen Kehren weiter. In der Höhe der Seegrube führen von dort mehrere Verbindungswege heran. Man verläßt dann den Rücken nach rechts, gewinnt ihn aber bald wieder und über ihn die Bergstation.

● 225 Die Wirtshäuser und Almen am Nordkettenhang

Der Nähe der Großstadt und dem dichten Wegnetz am S-Hang der Nordkette entspricht auch eine große Anzahl von Alpengasthäusern, Wirtshäusern und Almen mit Wirtshausbetrieb. Die tieferliegenden wurden zusammen mit den Talorten behandelt, andere auf den vorhergehenden Seiten. Hier können nur die an Wegkreuzungspunkten liegenden oder touristisch wichtigeren (alpine Unfallmeldestelle) genannt werden.

● 226 Wirtshaus Rauschbrunnen, 1092 m

Alpenghs. südl. des Achselkopfes, auf einer kleinen Waldlichte am südwestl. Begrenzungsrücken des vom Schneekar herunterziehenden Grabens gelegen. Rundblick über die Stadt nach S. Kreuzungspunkt der meisten Wege westl. des Höttinger Grabens. 12 B. Alpine Unfallmeldestelle. Derzeit nur im Sommer an Wochenenden bew.

● 227 Von Kranebitten
Etwa 1 Std.

Wie in R 211 beschrieben.

● 228 Von Innsbruck
Etwa 1½ Std.

Über den Planötzenhof. Wie R 212 beschrieben.

● 229 Von der Hungerburg
1—1½ Std.

Über das Höttinger Bild. Wie in R 213 beschrieben.

● 230 Gramartboden

Weiter Almboden westl. der Hungerburg, beliebtes Ausflugsziel der Innsbrucker. Kreuzungspunkt der Wege östl. des Höttinger Grabens. Alpine Unfallmeldestelle im Ghs. „Frau Hitt". Zwei Ghs., ganzj. bew. Fahrstraße von der Hungerburg.

● 231 Durch das Hasental
1 Std.

Vom Ende der Höttinger Gasse beim alten Turm rechts empor auf den steilen Fahrweg zur zweiten Haarnadelkurve der Höhenstraße. (Hierher auch auf der Straße selbst.) Auf dieser um den Rücken wenige Min., bis nördl. bei den Häusern 37 und 39 der Höhenstraße ein steiniger Weg abzweigt, der steil durch den Graben (Hasental) emporführt und auf dem Rücken in einen besseren Weg einmündet, der gerade zum Gramartboden leitet.

● 232 Durch den Höttinger Graben

Vom alten Höttinger Ortskern duch die Dorfgasse hinauf in den Höttinger Graben. Stets durch den Graben aufwärts, bis man auf den Verbindungsweg Höttinger Bild — Gramartboden stößt. Nach rechts aus dem Graben heraus zu einem Aussichtspunkt (von hier auf R 235 zur Höttinger Alm) und durch den Wald leicht fallend zum Gramartboden. Oder von der Alten Höttinger Kirche kurz auf der Steinbruchstraße hinauf, bis links der erste Weg abzweigt, auf dem man durch den Wald gerade hinauf zum Gramartboden gelangt.

● 233 Von der Hungerburg
½ Std.

Wie in R 213 beschrieben.

● 234 Höttinger Alm, 1473 m

Almhütten auf dem vom Kemacher nach S ziehenden Rücken in sonniger, aussichtsreicher Lage. Rastplatz bei Touren am westl. Nordkettenhang und dem Übergang über den Frau-Hitt-Sattel. Alpine Unfallmeldestelle. Im Besitz der Gemeinde Innsbruck. Sommerwirtschaft vom 15.6.—30.8., im Herbst an Wochenenden; 25 M.

● 235 Über den Gramartboden
Trittsicherheit erforderlich. Ungefähr 3 Std.

Vom Gramartboden (R 230) links ansteigend in den Höttinger Graben, den man knapp unterhalb seiner auffälligen Gabelung erreicht. Auf interessantem Steiglein durch den rechten Ast, die Unterbrechungen links (westl.) umgehend bis östl. unter die Alm, wo man auf den breiten Steig trifft, über den man alsbald die Alm erreicht.

● 236 Von der Hungerburg (Umbrügggleralm)
Etwa 2 Std.

Wie in R 218 auf die Umbrüggleralm; nun links über den Möseltalgraben auf den Rücken, der den Höttinger Graben östl. begrenzt. Hierher auch vom Gramartboden. Nun in Kehren über den Rücken aufwärts und auf gutem Steig (Nißlsteig) in den Grund des Grabens. Von dort in wenigen Min. zur Alm.

● 237 Enzianhütte, 1050 m

Auf dem Ameringboden über der Mühlauer Klamm und dem Rechenhof gelegen. Kreuzungspunkt einiger Wege. Privatbesitz. Ganzj. bew., Neubau 1976.

● 238 Von Innsbruck
1½ Std.

Zum Mühlauer Bach, R 37, und links oder rechts der Mühlauer Klamm empor zu dem von der Hungerburg herüberziehenden Fahrweg. Auf diesem bis zum Rücken (östl. Begrenzung der Mühlauer Klamm) und über diesen zur Enzianhütte.

● 239 Von Mühlau oder Arzl zum Ghs. Schönblick
1½ Std.

Auf dem Fahrweg zum Rechenhof noch etwa 300 m. Im Graben zweigt links (Tafel) der Weg zur Enzianhütte ab, der stets am östl. Begrenzungsrücken der Mühlauer Klamm zur Enzianhütte emporführt.

● 240 Von der Hungerburg
40 Min.

Wie in R 238 beschrieben.

● 241 Von Rum
1 Std.

Vom neuen Gemeindeamt auf der Dörferstraße etwa 200 m westw. Bei einer Kapelle zweigt rechts die Straße zum Ghs. Canisiusbrünnl ab.

Von hier Fußweg oder Fahrweg gerade empor zur Wegverzweigung „Sieben Wege". Links (westw.) führt ein Weg eben hinüber zum Ghs. Rechenhof. Von dort mehrere Wege (Ww.) zur Enzianhütte. Diese kann auch direkt von den „Sieben Wegen" auf der neuen Forststraße erreicht werden.

● **242** **Rumer Alm,** 1234 m

Über der Enzianhütte am S-Hang der Rumer Spitze gelegen. Rastplatz für Wanderungen am Nordkettenhang, besonders zur Thaurer Alm und Arzler Scharte. Alm- und Sommerwirtschaft. Herbst und Frühjahr Sa./So. bew. Im Besitz der Gemeinde Rum.

● **243** **Von Innsbruck über die Enzianhütte**
2 Std.

Wie in R 238 zur Enzianhütte. Von dort nordw. empor zur neuen Forststraße und auf dieser in Kehren empor zur Rumer Alm.

● **245** **Von Innsbruck über die Arzler Alm**
1½ Std.

Vom Parkplatz an der Seilbahnstation Hungerburg nordw. über eine Treppe empor auf den Fahrweg, der in östl. Richtung zum Wh. Rechenhof führt (Adolf-Pichler-Weg). Man folgt diesem leicht ansteigenden Weg einige hundert m bis zu einer Wegverzweigung. Tafel Arzler Alm, linke Weggabel. Etwas steiler bergauf zur Alm. Von der Arzler Alm auf gutem Weg ostw. über zwei seichte Gräben, dann über den Rücken steil empor und in den großen von der Arzler Scharte herabziehenden Graben; eben weiter in den Graben, dann empor, bis gegen rechts der Lackensteig zur Rumer Alm hinauszieht.

● **246** **Von Rum**
2 Std.

Wie in R 241 zur Enzianhütte und auf dem breiten Weg weiter zur Alm.

● **247** **Thaurer Alm,** 1461 m

Steile Almweide, am SO-Hang der Pfeiser- und Thaurer-Joch-Spitze am Weg zum Törl gelegen. Ausgangs- und Rastpunkt für Bergfahrten im O-Teil der Inntalkette. Weite Rundsicht nach S über die Stadt. Alm- und Sommerwirtschaft, 10 M.

● **248** **Von der Hungerburg** über die Rumer Alm
2½ Std.

Wie in R 245 zur Rumer Alm. Nun ostw. empor in Kehren und über die auffälligen Ausbrüche der sog. „Roten Riepe“ (an deren oberer Begrenzung) zur *Vintlalm,* 1556 m (Jausenstation, im Sommer bew.). Von hier zwei Kehren bergab und in weitem Bogen am Berghang entlang in den Sattel hinter dem Thaurer Roßkopf. Nun nochmals bergab (etwa 100 Höhenmeter) zur Thaurer Alm.

● 250 Vom Rechenhof
2—2½ Std.

Eben ostw. auf dem Fahrweg zu der Wegkreuzung „Sieben Wege“. Von dort weiter eben ostw. Richtung Garzannhof. Vor der Wiesenlichtung zweigt links ein Steig ab. An der N-Begrenzung der Wiesen bis in Höhe des Garzannhofes. Dort führt der Weg nun ansteigend nordw. durch einen Waldgraben aufwärts bis in die Einsattelung hinter dem Kiechlberg. Zur Thaurer Alm folgt man dem rechten Steig, quert ostw. einen Graben und folgt dem gut bez. Steig steil aufwärts in vielen Kehren durchs Stanglmahd auf den vom Thaurer Roßkopf nach SO streichenden Rücken. Um diesen ostw. herum. Mit etwas Gefälle trifft man auf den von Thaur zur Alm emporführenden Weg.

● 251 Von Thaur
Etwa 3 Std.

Vom nördl. Ortsende am Romedius-Kirchlein und zum Thaurer Schlößl zum Schloßhof, Wegkreuzung. Hier auf dem nördl. über die Wiesenfläche emporziehenden Steig, nach Eintritt in den Wald bald links ab auf dem Steig, der in Richtung auf den Thaurer Roßkopf aufwärts leitet. Vom Graben östl. des Roßkopfes rechts hinauf zur Alm.

● 255 Pfeishütte, 1922 m

Großes Schutzhaus „In der Pfeis“, dem weiten Talkessel zwischen Stempeljoch- und Rumer Spitze und Gleierschtaler Brandjoch, im obersten Samer Tal. Die Hütte ist ein geeigneter Stützpunkt für alle Bergfahrten auf der S-Seite des Mittelteiles der zweiten Karwendelkette, besonders Stempeljoch-, Bachofen-, Sonntagkar-, Kaskar- und Praxmarerkarspitzen.
Übergänge: Mannlscharte, Arzler Scharte, Kreuzjöchl und Stempeljoch. Alpine Unfallmeldestelle. Die Hütte wurde 1926 erbaut und ist Eigentum der AV-Sektion Innsbruck. Bew. von Pfingsten bis Anfang Oktober, bei guten Verh. an Sa./So. im Frühjahr, 30 B., 50 M., 10 L. Notraum offen, 10 L. (50 m nördl. der Hütte). Tel. Hütte 05222/36955. Im Hochwinter lawinengefährdet. Bew. von Helmut Heiss, Angerstr. 9, A-6121 Baumkirchen, Tel. Tal 05224/20585.

● 256 Von Innsbruck über die Arzler Scharte
5 Std. Mühsam.

Von Innsbruck auf die Hungerburg und weiter wie in R 245 (zur Rumer Alm) bis in den großen Graben am unteren Ende der Schuttreisen. Durch diese in zahlreichen kleinen Kehren empor auf die Böden unter der Arzler Scharte und über diese nun angenehmer auf die Scharte selbst, 2150 m, die aus mehreren kleinen Jöchern und dazwischen sich erhebenden Köpfeln besteht. Jenseits nördl. auf gutem Steig durch die latschenbestandenen Böden hinab zur Pfeishütte.

● 257 Vom Hafelekar (Bergstation)
2½ Std.

Auf dem Goetheweg über die Mannlscharte zur Pfeis, R 418.

● 258 Von Hall über das Stempeljoch
2½ Std.

Wie in R 46 zu den Herrenhäusern. Weiter auf dem Fahrweg durch das Hochtal zum Ißjöchl, 1668 m, und durch den Wald etwas abwärts zum weiten Ißanger. Hier links ab (Richtung Stempeljoch) und über die Schuttreisen auf dürftigen Steigspuren zum Stempeljoch. Den Höhenverlust hinterm Ißjöchl vermeidet man, wenn man bei den letzten Bergwerkshütten (etwa 120 Höhenmeter über den Herrenhäusern) vom Fahrweg links abgeht (Tafel) und einem Steig folgt, der zuletzt durch den Wald emporführt, später in westl. Richtung stets ansteigend durch die Reisen unter den Wänden der Lattenspitzen zieht. Zuletzt in steilen Kehren empor zum linken, südöstl. Einschnitt des Stempeljoches, 2215 m. Jenseits in zwei weiten Kehren, dann am Hang unter der Stempeljochspitze abwärts zur Hütte.

● 259 Von der Hungerburg (Kreuzjöchl)
4—5 Std.

Wie R 243 oder R 246 zur Rumer Alm und auf dem Weg zur Vintlalm bis auf den Rücken oberhalb der Alm. Dort zweigt nördl. ein Steig ab, der vom Rücken in die weite Karmulde hineinführt und durch das schrofendurchsetzte und rinnendurchzogene Gelände in Kehren das Kreuzjöchl erreicht. Von dort über die Böden abwärts zur Pfeishütte.

● 260 Von Scharnitz
Etwa 5 Std.

Wie in R 201 zur Möslalm, an dieser vorbei und über die Waldblöße, an der der Weg aus dem Mannltal einmündet. Später auf die orographisch rechte Talseite, dort lange talein, drinnen nochmals die Talseite zweimal wechselnd, dann eine Kehre unter dem Praxmarerkar aufwärts und in weitem Bogen hinauf zum Pfeisgraben und zur Hütte.

● **265** **Winklerhütte (Alpensöhnehütte),** 1345 m

Auf einem Waldrücken über dem Bettelwurfeck im Halltal, am SW-Hang des Halltaler Zunterkopfes gelegene kleine Hütte. Durchgangsstation Halltal — Walder Alm und Stützpunkt für Fahrten an Halltaler Zunterkopf und Walderkampspitze. Im N hoch überragt vom Speckkar-Bettelwurf-Grat, im W Blick auf den Roßkopf, im S Ausblick durch das enge Halltal. Die Hütte ist Eigentum der Gruppe „Alpensöhne", Sektion Hall des Alpenvereins; allgemein zugänglich an Sonn- und Feiertagen von Mai bis Oktober; Auskunft bei: Rudolf Voigt, Riccabonastr. 1, 6060 Absam.

● **266** **Durch das Halltal**
2½ Std.

Wie in R 46 in das Halltal. Nachdem die Straße zum zweiten Mal (nach links) den Bach übersetzt, nach etwa 400 m zum Bettelwurfbrünndl. Hier auf die andere, östl. Talseite und nördl. über den Rand der Bettelwurfreise ansteigend, bis man auf den Steig trifft, der vom Weg zur Bettelwurfhütte herüberleitet. Nun in südl., später östl. Richtung ansteigend in Kehren durch den Wald empor zur Hütte.
Bequemer gelangt man zu den Kehren, wenn man vom Bettelwurfbrünndl über ein steiles Straßenstück weitergeht zum sog. Bettelwurfeck, wo bei einer Ladhütte der Weg zur Bettelwurfhütte (Ww.) rechts abzweigt. Durch Wald über den Bach zur Bettelwurfreise, wo schon wenige Kehren über dem Bach rechts der Weg zur Alpensöhnehütte abzweigt (Ww.).

● **267** **Von Hall über Ghs. „Walder Brücke"**
Seltener begangen. 2½ Std.

Die Straße nach Gnadenwald (R 50) bis zum Ghs. „Walder Brücke". Hier links des Hauses auf der östl. Talseite einwärts, bis nach etwa 20 Min. unter einer schrofigen Zone ein Weg rechts abwärts führt, dem man nur kurz folgt, bis links hinauf ein Steiglein in nördl. Richtung abgeht, das über den Rücken gerade zu den Nesselböden und von dort gegen NO zur Hütte leitet.

● **270** **Alpengasthaus St. Magdalena,** 1285 m

Auf dem Hang des Zunterkopfes über dem Halltal gelegen. 7 B. und M., ganzj. bew., Unfallmeldestelle. Rundsicht auf den Bettelwurf und den Zunterkopf. Neben dem Gasthof befindet sich eine gotische Kirche

mit Deckengemälden aus dem Jahre 1486. Ausgangspunkt für Wanderungen auf den Hochmahdkopf, Haller Zunterkopf, in das Ißtal, über das Törl; im Winter Beginn der Rodelbahn durch das Halltal.
Seit 1982 befindet sich auch in den Herrenhäusern eine Gastwirtschaft mit Übernachtungsmöglichkeit.

● **271** **Von Hall**
Vom Parkplatz ¾ Std.

Wie in R 46 durch das Halltal. Von der Talbiegung beim Bettelwurfeck (zweite Ladhütte) gelangt man westl. auf dem Waldweg auf dem Hang des Zunterkopfes zum Alpengasthaus St. Magdalena.

● **275** **Bettelwurfhütte,** 2077 m

In freier Lage auf einem vom Kl. Bettelwurf herabziehenden Felsgrat, mit Fernblick auf die Berge der Zentralalpen, besonders der Zillertaler. Tourenstützpunkt für alle Fahrten der S-Seite des Bettelwurfkammes. Übergänge: Stempeljoch, Lafatscher Joch. Eigentum des Zweiges Innsbruck des AV; von Mitt Juni bis Mitte Okt. bew., von Franz Ofner, Prantlstr. 22, A-6380 St. Johann, Tel. Tal 05352/32855. 7 B., 40 M., 50 L.; alpine Unfallmeldestelle, Tel. Hütte 05223/3353. WR mit Sonderschloß, offener Notraum. Schlüssel in Hall. Materialseilbahn. Rucksacktransport von der Halltalstraße ab. Voranmeldung nötig. Zugänge sind im Winter lawinengefährdet.

● **276** **Von Hall**
Von der Straße 2—3 Std., teilweise Seilsicherungen.

Wie in R 46 zum Bettelwurfeck, wo sich die Fahrstraße westl. wendet. Hier bei der zweiten Ladhütte (Ww.) rechts ab und durch Wald über den Bach zur Bettelwurfreise. Durch diese in vielen Kehren empor, ein Stück gegen die enge Wechselscharte. Aus diesem Felsenkessel führt der Steig links, westl. heraus, einen Graben querend, dann über Felsen und durch ein Klamml (durchwegs Seilsicherungen) auf die großen Latschenhänge und Flächen der Bettelwurf-S-Flanke in die große Mulde unter dem Kl. Bettelwurf. (Hier rechts ab der Weg auf den Gr. Bettelwurf.) Nun nach links (W) zu der schon lange sichtbaren Hütte.

● **277** **Von der Bergstation Hafelekar**
Trittsicherheit erforderlich. 4—5 Std.

R 418 über die Mannlscharte zur Pfeishütte; weiter wie in R 419 über das Stempeljoch auf das Lafatscher Joch. 50 m unterhalb (Ww.) ostwärts ab und ein Stück gegen die Speckkarspitze zu, bis der Weg dann fast ständig eben an den S-Hängen entlangführt zur Bettelwurfhütte.

Diese Wegverbindung wird auch „Innsbrucker Höhenweg" genannt und ist als solcher sowohl durch seine großartigen, ständig wechselnden Fernblicke, als auch durch die ideale Anlage (fast stets über 2000 m Höhe, geringe Höhenverluste) berühmt.

● 280 Hallerangerhaus, 1768 m

Auf einer Lichtung im Zirbenwald, nahe der Isarquelle, am NW-Fuß der Speckkarspitze, nördl. des Lafatscher Joches, westl. des Überschalljoches. Eindrucksvoller Blick auf die N-Wände der Speckkarspitze und der Bettelwürfe und auf die NO-Wand des Kl. Lafatschers. Stützpunkt für alle Berg- und Kletterfahrten an den N-Flanken der Bettelwürfe, der Speckkarspitze und der beiden Lafatscher; und für die Gipfel der Roßlochumrahmung. Auf der gegenüberliegenden Talseite die Hallerangeralm, Alm- und Sommerwirtschaft, 18 B., 15 M. Das alte Hallerangerhaus stand am S-Hang des Sunntiger und wurde 1914 von einer Lawine völlig zerstört. Das neue Haus wurde 1924 erbaut und 1964 und 1983 erweitert. Besitz der AV-Sekt. Schwaben. El. Beleuchtung; 26 B., 70 M., 8 L.; bew. von Pfingsten bis Mitte Oktober, Tel. Hütte 0 52 13 / 53 26; WR. offen, 8 L.; Zugänge lawinengefährdet. Bew. von Wolfgang Ruech, 6414 Mieming-Barwies, HNr. 272a; Tel. Tal 05264/5492. Taxiverkehr von Scharnitz zum Kasten.

● 281 Von Scharnitz
5 Std.

Vom Bhf. in südl. Richtung auf der Hauptstraße durch den Ort und über die Isarbrücke. Dort führt beim Ghs. Goldener Adler die Fahrstraße links ab. Die Straße gabelt sich mehrmals; man kann jedoch nicht fehlgehen, wenn man immer am orographisch linken Isarufer, und zwar auf dem breitesten Weg bleibt. Hinter den letzten Häusern führt die Straße auf das andere Isarufer hinüber. Nach etwa 20 m zweigt links mit einer Schleife die Fahrstraße ins Karwendeltal ab. Ostw. gerade weiter, am E-Werk (links) und ansteigend am Schönwieshof (rechts) vorbei, in Kehren durch den Wald hoch über der Schlucht. ½ Std. vom Schönwieshof zweigt rechts auf einem Eck steil über dem schluchtartigen Zusammenfluß der beiden Bäche (Hinterautal und Gleierschtal) der Fahrweg zur Amtssäge ab. Gradeaus, leicht fallend, erreicht die Fahrstraße allmählich den Talgrund. Sie bleibt auf der orographisch rechten Talseite, überschreitet den aus dem Hinterkar herabziehenden Kohlergraben, später den aus dem Breitgrieskar kommenden Bach. Geradeaus weiter, den von links kommenden Ödkargraben überschreitend, in den Hochgebirgskessel „Im Kasten". Links Wegverzweigung zum Schlauchkarsattel — Karwendelhaus; im O öffnet sich das

Roßloch; an dessen Eingang die Kastenalm. Rechts führt, etwa 100 m vor dem Jagdhaus „Im Kasten", der Fahrweg (Mitfahrgelegenheit bei Anwesenheit des Jagdpächters) zum Hallerangerhaus ab. Er überschreitet die Isar und steigt an ihrem orographisch linken Ufer an, geht über den Schwarzenbachgraben zum *Kl. Gschniergraben* (hier die Wegabzweigung zum Lafatscher Hochleger), erreicht wieder den Talgrund bei der Einmündung des Gr. Gschniergrabens und leitet zum Lafatscher Niederleger auf der anderen Talseite. Von hier aufwärts zur *Kohleralm;* 100 m oberhalb zweigt am Almboden der Weg zur Hallerangeralm links ab. Gerade aufwärts zum Hallerangerhaus.

● 282 Von Hall
3 Std. von St. Magdalena.

Wie in R 46 zu den Herrenhäusern. Weiter auf dem Fahrweg zum Ißjöchl, 1668 m. Von hier abwärts in den weiten Ißanger, und jenseits in zwei großen, weithin sichtbaren Kehren durch den Latschenhang empor auf das Lafatscher Joch. (Wegverzweigung Pfeishütte — Bettelwurfhütte — Hallerangerhaus.) Nördl. über die Senke und abwärts nach rechts, wo der Weg auf eine steile Schuttreise trifft (Aussprengung, Lafatscher Durchschlag, 1898 m), die an den Kalktafeln des NW-Ecks entlangzieht. Durch diese Schuttrinne und nach rechts durch den Zirbenwald zum Hallerangerhaus.

● 283 Aus dem Halltal
Etwas kürzer als R 282.

Bis zur Wegabzweigung nach St. Magdalena. Noch einige Schritte auf der Fahrstraße gerade weiter, dann rechts ab auf einem Steig und dem Ißbach folgend (links oder rechts) gerade zum Ißanger. Nun weiter wie in R 282 beschrieben.

● 284 Von Schwaz und Vomp
Im Aufstieg 7—9 Std. Landschaftlich besonders eigenartig; empfehlenswerter im Abstieg.

Wie in R 426 durch das Zwerchloch auf das Überschalljoch. Vom Sattel am Jochkreuz vorbei über die Almböden immer etwas oberhalb des Grabens westl. hinab zur Hallerangeralm. Hier nach links hinab zum Bach und jenseits etwas ansteigend zum Hallerangerhaus.

● 285 Von Gnadenwald
6—7 Std.

Über die Walder Alm und den Knappensteig zum Überschalljoch (R 424) und wie in R 284 zum Hallerangerhaus.

• 286 Vom Hafelekar (und Innsbruck)
3½—4 Std.

Wie in R 418 zur Pfeishütte; weiter wie in R 419 zum Lafatscher Joch und zur Hütte.

• 290 Lafatscher Hochleger, 1658 m

Auf Weideboden am Fuß der N-Wände der Kaskar- und Sonntagkarspitze gelegene Alm; Alm- und Sommerwirtschaft; einige B. und L.; im Winter nicht zugänglich. Tourenstützpunkt für die N-Wände der Praxmarerkarspitze, der Hinteren Bachofenspitze, der Kaskar- und Sonntagkarspitze.

• 291 Scharnitz — Jagdhaus Hubertus — Hinterödalm
7—8 Std.

Wie in R 281 talein bis zur Abzweigung des Reitweges zum Jagdhaus Hubertus, rechts. Hier über die Isar und jenseits in zwei weiten Kehren empor zum Jagdhaus. Hinter diesem auf gutem Jagdsteig in vielen Kehren durch den Wald empor, zuletzt (nach etwa 1 Std.) gegen links in einen Graben, in diesem empor und sodann fast eben lange Zeit dem Berghang entlang, mehrere Gräben querend in den weiten Kessel der Hinterödalm, 1598 m. Eindrucksvoller Almkessel am Fuße der Praxmarerkar-N-Wände; die Alm, einfaches Heulager, wird oft als Stützpunkt für die Besteigung der Praxmarerkar-, Jägerkarl- und Hinterödkopf-N-Wände gewählt.
Von der Alm in südöstl. Richtung auf einem Steiglein zum Sattel südl. (rechts) des *Zaigerkopfes,* 1962 m, einer Erhebung in den von der Melzerwand nach N ziehenden Kamm. Vom Sattel gerade abwärts in den nächsten weiten Kessel, in dem etwas weiter nördl., dem Ausgang zu, der Kasten-Hochleger liegt. Von dem kleinen, oft trockenen Tümpel gegen links aufwärts auf den nächsten Kamm, den man über das Gumpjoch, 1881 m, südl. des Gumpkopfes, 1960 m, überschreitet. Nun in Kehren auf Steigspuren abwärts zum Almboden mit dem Lafatscher Hochleger. Prächtige Blicke auf die N-Wände der Gleierschkette und die Gipfel des Hauptkammes.

• 292 Von Scharnitz
4 Std. (1½ Std. vom Hallerangerhaus.)

Wie R 281 zur Wegverzweigung im Kl. Gschniergraben. Von hier in ½ Std. über den Berghang in westl. Richtung zur Alm.

• 295 Pleisenhütte, 1757 m

Die auf dem unteren Teil des Vorderen Pleisengrates „Im

Hahngericht" gelegene Blockhütte wurde 1953 von dem Scharnitzer Bergführer Anton Gaugg erbaut. Samstag/Sonntag ganzj. bew. 20 M. Ausgangspunkt für die Pleisenspitze und die Berge des vorderen Hauptkammes.

● 296 Von Scharnitz
Fahrweg, mit Ww. gut bez., 3 Std.

Am Elektrizitätswerk vorbei Richtung Hinterautal. Vor dem Schönwieshof zweigt links ein Fahrweg ab, der an einer großen Wiese mit mehreren Heustadeln vorbei zum Wasserlegraben führt. Von hier über die Würfelris steil zur Labalehnerbrünst. Durch eine Schneise in geringer Steigung quer nach rechts zur Hütte.

● 297 Larchetalm, 1174 m

Auf weitem Talboden im Karwendeltal, auf halbem Weg zwischen Scharnitz und dem Karwendelhaus gelegen. Schöner Blick auf Raffel-, Vogelkar- und Östl. Karwendelspitze im N, die N-Abstürze der Hinterautalkette im S. Stützpunkt für Gipfelfahrten im westl. Hauptkamm (Jagdsteig ins Larchetkar und Neunerkar) und im Mittelteil der Nördl. Karwendelkette von S (Jagdsteig ins obere Tiefkar und ins Großkar). Alm- und Sommerwirtschaft; Jausenstation; alpine Unfallmeldestelle. 3 B., 7 M., 20 L. Im Winter: Schlüssel bei Jäger Ragg, Scharnitz 70.

● 298 Von Scharnitz
2 Std.

Auf dem Weg zum Karwendelhaus (R 301).

● 300 Karwendelhaus, 1765 m

Auf dem von der Birkkarspitze nach NW ziehenden Kamm unterhalb des Hochalmkreuzes, hoch über dem Karwendeltal gelegen. Die Plattform, auf der das Haus steht, ist in den Fels gesprengt. Großartiger Rundblick. Stützpunkt für Bergfahrten im Mittelteil des Hauptkammes und im O-Teil der Nördl. Karwendelkette. Übergänge: Birkkarsattel, Bärnalplscharte, Spielißjoch. Männerturnverein München; 45 B., 150 M.; el. Beleuchtung; von Pfingsten bis Mitte Oktober bew. WR. offen, 20 L., Zugänge lawinengefährdet. Alpine Unfallmeldestelle. Personen- und Gepäckbeförderung: Auskunft bei Hans Rainer, Scharnitz, Tel. 05213/300. Bew. Birgit Elgas, Innsbruck, Zeughausgasse 5. Tel. 05222/27902.

● 301 Von Scharnitz
4½ Std.

R 148 zur Karwendelkapelle auf dem Pürzl, oder wie in R 281 zur Abzweigung der Fahrstraße ins Karwendeltal. Auf der Fahrstraße in Schleifen aufwärts, bis von links her der Weg von der Karwendelkapelle einmündet. Nun stets in nordöstl. Richtung; der Fahrweg fällt allmählich zum Talgrund ab, durchschreitet den großen, quer durch das ganze Tal gespannten Wildzaun, überscheitet etwa 20 Min. später den vom „Kirchl" herunterziehenden Graben (Futterstadel), und führt dann talein, die Talseite wechselnd zur Larchetalm (s.R 297) (2 Std.). Weiter wieder auf der orographisch rechten Talseite zur Angeralm, 1304 m (1 Std.), großer eingezäunter Almboden; Wegabzweigung zur Bärnalplscharte. Am rechten Talhang ist bereits das große Karwendelhaus sichtbar. Der steilere Hang zum Hochalmsattel ist durch weite Kehren befahrbar gemacht. An der Hochalm vorbei, und wenige Min. später nach rechts hinaus zum Karwendelhaus. Im letzten Teil auch mehrere kleine Abkürzungswege.

● 302 Von Hinterriß auf dem Forststräßchen
4 Std.

Auf der Straße in südöstl. Richtung taleinwärts, am Forsthaus vorbei, sodann den Rißbach überschreitend auf die orographisch rechte Talseite. Hier weiter, vorbei am Alpenhof und der Fuggerangeralm zur Einmündung des Johannestales. Etwa 1 km östl. der Fuggerangeralm zweigt rechts (südl.) der Fahrweg ins Johannestal von der gerade im Rißtal weiterführenden Straße ab, überschreitet den Rißbach und führt über der schluchtartigen Ausmündung des Baches ins Johannestal. Auf der Höhe des Johannestal-Niederlegers wechselt die neue Straße auf die westl. Talseite. (Landschaftlich schöner und schneller kann man die neue Johannestalstraße beim Johannestal-Niederleger auch über einen Jagdsteig erreichen, der beim Alpenhof beginnend (Ww.) über eine Brücke, dann zunächst in Serpentinen steil bergan, weiters aber eben im Bogen um das Luchseck herum zu dieser Alm führt). Die neue Straße führt nun stets in der W-Flanke des Johannestals, mit einigem Auf und Ab schließlich in einigen großen Serpentinen zum **Kleinen Ahornboden.**
Solange die alte Brücke bei P. 1113 nicht zerstört ist (bereits jetzt Schäden), kann man mit Zeitgewinn und Vorteil — keine Höhenverluste, kein Graben-Ausgehen — auch die alte, an einigen Stellen weggerutschte Straße benutzen, die beim Johannestal-Niederleger an der O-Seite des Tales verbleibt und erst nach P. 1113 sich mit der neuen Straße vereint. Dies gilt vor allem für den Ski-Anstieg. Still und landschaftlich sehr schön ist der oberhalb der alten Straße am O-Hang verlaufende Jagdsteig. Er beginnt am Ende der neuen Forststraße unterm Stühler-

kopf und endet in einer Schneise wenige m oberhalb der alten Johannestalstraße knapp nördl. der Falkenreisen.
Landschaftliches Glanzstück des Karwendels; Jagdhäuser und das Denkmal von Hermann von Barth, dem Erschließer des Gebirges. Hier Abzweigung Falkenhütte. In großen, weithin sichtbaren Kehren zieht die Straße gegen links über den Ahornboden empor zum Hochalmsattel, 1791 m; von hier absteigend, dann wenige Min. links fast waagrecht hinaus zum Karwendelhaus.

● **303** **Hinterriß — Johannestal-Niederleger**
3½ Std.

Beim Forsthaus in Hinterriß, am Ausgang des Tortales, beginnt der Fußweg, der um den Fuß des Luchsecks herum ins Johannestal leitet. Nun immer auf der orographisch linken Seite des Tales über die Johannestalalm in 2 Std. zum Kl. Ahornboden. Am Barth-Denkmal und am Jagdhaus vorbei und gerade westw. an den Ausgang eines hier felsigen Grabens. Auf einem Steig im Grunde des Einschnitts aufwärts, bis man wenig unter dem Hochalmsattel auf die Fahrstraße trifft. Nun wie unter R 302 zum Karwendelhaus.

● **305** **Birkkarhütte,** 2635 m

Kleine, offene Unterstandshütte am Schlauchkarsattel; in der ersten, tiefen Einschartung westl. der Birkkarspitze, am Ansatzpunkt des Birkkarspitz-W-Grates. Erbaut von der Sektion Männerturnverein München des AV im Jahre 1919. In den Jahren 1955/56 vollständig erneuert. Unterstandsmöglichkeit bei Wetterstürzen.

● **306** **Vom Karwendelhaus durch das Schlauchkar**
2½ Std.

Wie in R 1302 beschrieben.

● **307** **Vom Jagdhaus „Im Kasten"**
4—5 Std.

Vom Hallerangerhaus auf R 281 und R 1304. Von Scharnitz auf R 281 bis „In den Kasten" und auf R 1304 zur Hütte.

● **310** **Falkenhütte,** 1846 m

Am ersten begrünten Kopf des vom Spielißjoch nach N ziehenden Kammes, südl. des Ladizköpfls; gerade gegenüber der Riesenmauer der Laliderer Wände. Eindrucksvoller Blick auf die ganze Flucht der N-Wände vom Grubenkar-N-Grat über Dreizinken-, Laliderer und Nördl. Sonnenspitze bis zur Kaltwasserkarspitze, sowie auf den O-Teil der Nördl. Kette, die Falken- und Gamsjochgruppe und die östliche Verzweigungen. Tourenstützpunkt für alle Kletterfahrten in den N-Wänden vom Grubenkar-N-Grat bis zur Moserkarscharte, sowie für Bergfahrten in der Falken- und Gamsjochgruppe. Übergänge: Hohljoch — Eng; Hochalmsattel — Scharnitz. Hochalpiner Übergang: Östl. oder Westl. Moserkarscharte — Kasten. Die Falkenhütte (auch Adolf-Sotier-Haus) ist Eigentum der Sektion Oberland des AV; bew. von Pfingsten bis Mitte Oktober. 28 B., 136 M. Gepäcktransport von Hinterriß. WR im Nebenhaus, AV-Schloß, 11 L. Bew. Fritz Kostenzer, Post A-6221 Hinterriß, Telefon Hütte 05245/245; Tal:A-6212 Maurach, HNr. 88, Telefon 05243/5234 (Café Klugler).

● **311** **Von Scharnitz**
6—7 Std.

Wie in R 301 zum Hochalmsattel; weiter wie in R 434 vom Hochalmsattel zur Falkenhütte.

● **312** **Von Hinterriß (Johannestal)**
3½ Std.

Wie in R 302 auf den Kl. Ahornboden. Beim Barth-Denkmal zweigt nach links über den Almboden der Fahrweg zur Falkenhütte ab. Auf diesem in Kehren empor durch Wald zur Ladizalm, dann über freies Gelände zum Spielißjoch, und schließlich nördl. in zwei Kehren zum Kopf mit der Falkenhütte, zu der unter Auslassung des Spielißjochs auch ein Abkürzungsweg (Grashang) führt.

● **313** **Von Hinterriß (Laliderer Tal)**
Bez. Vom Parkplatz 2¼—2½ Std. (Der in den Karten verzeichnete alte Steig, der im Bogen um die NO-Flanke des Toten Falken herumführt und sich im unteren Teil des Laliderer Tals mit der alten Straße vereint, deren Brücke weggespült ist, ist besonders im Wald auf weite Strecken überwuchert und abgerutscht.)

Von Hinterriß auf der Mautstraße zur Eng an Alpenhof, Fuggeranger- und Garberlalm vorbei zur Brücke über den Laliderer Bach (1½ Std.). Wenige Min. danach Parkplatz, an dessen Osteck die alte, nicht mehr befahrbare Straße ins Laliderer Tal beginnt (Tafel). Auf ihr in wenigen Min. in den Taleingang, wo sie sich mit der etwa ¼ Std. weiter östlich im Engtal beginnenden neuen Straße ins Laliderer Tal vereint. Auf dieser, erst knapp vor dem Gumpen-Niederleger die Talseite wechseln, in den weiten Almboden der *Laliderer Alm,* 1522 m. Man geht nicht ganz zur großen Almsiedlung links, sondern vorher rechts über den Hang auf verschiedenen Steigen aufwärts, immer links haltend, in Kehren zur Hütte.

● **314 Aus der Eng**
2½ Std.

Siehe R 434 in umgekehrter Richtung. Oder von der Eng genau nordw. zum bewachsenen Schuttkegel des Gumpenbaches; einem zunächst schwer auffindbaren, später besser ausgeprägten Steig folgend durch den Schuttgraben empor, bis man schließlich nach links auf die weiten Böden östl. des Laliderer Hochlegers gelangt. Eben hinüber zur Alm und zum Hohljoch. Weiter und etwas mühsamer als der übliche Weg, aber landschaftlich schön. (Vgl. R 2211).

● **315 Wirtshaus „In der Eng“,** 1218 m

An der Einmündung des Binsgrabens am Gr. Ahornboden, am Endpunkt der Fahrstraße. Große Parkplätze. Privatbesitz der Fam. Kofler. Großartiger Talkessel mit Ahornbeständen (Bäume bis 800 Jahre alt) und weiten Almböden, überragt von den N-Wänden der Spritzkar-, Platten- und Grubenkarspitze. Guter Stützpunkt für alle Fahrten auf der N-Seite des Hauptkammes vom Grubenkar-N-Grat bis zum Schafkar-N-Grat, sowie für Bergfahrten in der Gamsjochgruppe. Übergänge: Hohljoch—Falkenhütte und Lamsenjoch. Hochalpiner Übergang: Westl. Hochglückscharte. Alpengasthaus; 15. Mai bis Ende Oktober; 33 B., 30 M. Alpine Unfallmeldestelle. Tel. 05245/231. Bew. A. Kofler, Hinterriß. 600 m talein etwa 20 Almhütten (Engalm). Gastbetrieb.

● **316 Von Hinterriß**
5 Std.

Siehe R 130ff. Asphaltierte Mautstraße, 15 km.

● **317 Von Pertisau (Falzturntal) über den Binssattel,** 1901 m
5 Std.

Von Pertisau wie in R 328 in das Falzturntal bis zum Gramei-Niederleger. Privates Ghs. Mautstraße.
Etwa ¼ Std. hinter der Alm, dort, wo von links (vom Lunstsattel) große Schuttmassen herabziehen, rechts ab (Ww.) und auf gutem Steig an der linken Lehne des vom Sonnjoch herabziehenden Grabens aufwärts. Der Steig wechselt dann auf die andere Lehne, leitet hier hinauf bis unter kleine Wasserfälle, von wo man links durch einen Seitengraben in Kehren emporsteigt, und weiter zum Gramei-Hochleger. Im Sommer

Gastwirtschaft. Dahinter über Weideböden rechts haltend, dann vom hinteren Almboden auf Steigspuren gegen links zum Binssattel, 1901 m. Jenseits in kleinen Kehren abwärts, bis man auf den von der Lamsenjochhütte zur Eng führenden Steig trifft. Auf diesem abwärts über die Binsalm oder am Weg links und durch den steilen Binsgraben zum Whs. an seinem Ende rechts.

• 318 Von Pertisau (Gerntal) über das Plumsjoch
4½ Std.

Wie in R 342 durch das Gerntal auf das Plumsjoch. Jenseits hinab zur Plumsalm; wo der Weg eine weite Schleife nach S macht, von der südl. Spitze auf einem Steiglein ins Engtal und durch dieses (R 316) zum Wirtshaus „In der Eng".

• 320 Lamsenjochhütte, 1953 m

In dem Hochkar unter der Lamsen-O-Wand im obersten Stallental gelegen; wenige Min. unterhalb des östl. Lamsenjoches, wo sich der Sonnjochkamm und die Rauhe-Knöll-Verzweigung vom Karwendelhauptkamm lösen. Übergang über Lamsscharte oder Lamstunnel ins Vomper Loch. Stützpunkt für Kletterfahrten im O-Teil des Hauptkammes, im Sonnjochkamm und in der Rauhen-Knöll-Verzweigung. Die Hütte ist Eigentum der Sektion Oberland (München) des AV; sie wurde nach der Zerstörung der alten Hütte erbaut, die etwas weiter westl. stand (1908). Bew. von Pfingsten bis Oktober; 31 B., 74 M., 22 N.; Nebengebäude mit 40 M. WR. im Nebenhaus, mit AV-Schloß, 52 L. Alpine Unfallmeldestelle, Funktelefon 05244/2063. Bew.: Paul Schärmer, Lärchenwiese 16, 6212 Maurach.

• 321 Von Schwaz
4—5 Std. 2½ Std. vom Beginn des Fahrverbotes (¾ Std. unterhalb der Stallenalm).

Wie R 76 über Fiecht nach Weng; Wegverzweigung. Rechts nach St. Georgenberg; links aufwärts (Ww.) ziemlich steil auf eine weitere Wiesenfläche; das Gehöft „Bauhof" bleibt rechts liegen, am Fahrweg weiter, nach etwa ¼ Std. zweigt links (Ww.) der Alpsteig zum Vomper Joch ab. Bald darauf rechter Hand eine Wiesenfläche; bei der Weggabelung bleibt man auf dem neu gebauten Fahrweg, der nun immer fast eben hineinführt ins Stallental. Zuletzt etwas abwärts und über eine Lichtung auf den Talboden, der großteils vermurt oder latschenbestanden ist. Nach wenigen Min. auf Weideböden und über diese zur Stallenalm, 1324 m (s. R 325). Rechts oben die Jausenstation Stallenrast (R 325). Über den von rechts herabziehenden Graben hinüber, dann durch das Stallental, bis auf der Höhe des Hochnißls der von der Sektion Oberland 1932 erbaute AV-Weg abzweigt. Auf diesem guterhaltenen Steig in Kehren nördl. empor, sodann über den weiten S-Hang des Schafjöchls zur Hütte.

● **322** Der alte **Weg von Stans** durch die Wolfsklamm ist verfallen und kaum noch begehbar. Besser R 321 benützen.

● **323** **Von Pertisau**
4 Std.

Wie in R 328 zur Falzturnalm. Über die zum Teil vom Bach aufgerissenen Talböden unter düsteren Wänden einwärts zum Gramei-Niederleger. Immer in der Talfurche weiter, dann über latschendurchsetzte Geröllhalden in fast südl. Richtung, zuletzt in vielen Kehren empor auf den Karboden, auf dem die Hütte steht.

● **324** **Von Hinterriß**
5 Std. Von der Eng 2½ Std.

Wie in R 316 zum Whs. „In der Eng"; weiter wie in R 434 durch den Binsgraben auf das Westl. Lamsenjoch und zur Hütte.

● **325** **Stallenalm, Stallenrast,** 1346 m

Almwirtschaft Stallenalm im Stallental an der Gabelung Oberes Stallental — Grubachgraben, in eigenartigem Talgrund zwischen Mittagspitze, Rauhem Knöll und Brentenkopf. Alpine Unfallmeldestelle. 6 B., 24 M., bew. vom 1. Mai bis 31. Oktober. Jausenstation Stallenrast, zwei Min. weiter auf einer kleinen Anhöhe; Privatbesitz.

● **326** **Von Schwaz**
2½—3 Std.

Wie in R 321, ¾ Std. vom Beginn des Fahrverbots.

● **327** **Falzturnalm,** 1089 m

Im Falzturntal auf Weideböden unter den Wänden des Sonnjochkammes gelegen. Alm- und Sommerwirtschaft (Pfingsten bis 30. Sept.); Unterkunft (B., M.). Alpine Unfallmeldestelle. Bew.: Bergführer L. Splechtna. Übergänge: Rizuelhals — Stallental; Lamsenjoch.

● **328** **Von Pertisau**
1 Std. Zufahrt mit Pkw möglich. Mautstraße.

Vom Dorf talein zur Dristenaubachbrücke. 200 m hinter der Brücke Straßengabelung: rechts der Fahrweg ins Gerntal; links die Fahrstraße ins Falzturntal. Auf dieser meist eben über Weide- und Waldböden in westl. Richtung zur Falzturnalm. Weiter talein liegt die Grameialm (Gramai), Ghs., Parkplatz.

● **330** **Jenbacher Hütte,** 940 m

Nördl. des Stanser-Joch-Kammes zieht vom Ausgang des Kasbachtales ein Graben westl. empor. Am nördl. Begrenzungsrücken dieses Grabens liegt das Naturfreundehaus „Auf der Ebnet". Fahrstraße (Abzweigung an der Kasbachstraße). Ausflugsziel der Jenbacher; im Winter als Rodelhütte von Bedeutung. 18 B., 30 M., ganzj. bew.

● **331** **Von Jenbach**
¾ Std.

Der Achenseestraße folgt man vom Bahnhof etwa 20 Min. bergauf bis zu Nr. 81 dieser Straße. Unmittelbar hinter dem Haus führt bei einer weißen Tafel der Weg steil und steinig, aber breit (im Winter beliebte Rodelbahn) durch den Wald bergauf zum Ebnethaus.

● **332** **Von Maurach**
Etwa 1 Std.

Im Weißenbachtal (R 94) 10 Min. taleinwärts (von der Ferienkolonie an gerechnet) zweigt links ein Steig ab, der den Bach überschreitet und weiter in südl. Richtung, den Tiefentalgraben überquerend, zum Ebnethaus führt.

● **333** **Bärenbadalm,** 1457 m

Auf dem Sattel zwischen Bärenkopf und Zwölferkopf gelegen, mit umfassendem Blick auf den Achensee. Ausgangspunkt für Touren am Stanser Joch im Sommer und Winter; für Skiabfahrt nach Hubertus (Ghs. am Achensee). Alm- und Sommerwirtschaft Mitte Mai bis Ende September; alpine Unfallmeldestelle, Tel. 05242/2420. Privatbesitz. 24 B. Sessellift Pertisau—Zwölferkopf.

● **334** **Von Pertisau**
1½ Std.

Von der zweiten Weggabelung am Weg ins Dristenautal (R 99) noch etwa 100 Schritte weiter; hier (Ww.) nach links an den steilen, bewaldeten Hang und an diesem auf gutem Steiglein in Kehren empor, bis man auf den vom Ghs. Hubertus heraufziehenden Saumweg trifft. Diesem folgt man bergauf, durchschreitet hoch über dem Dristenautal zwei ausgesprengte Felstunnels; nach einiger Zeit werden linker Hand die Weideböden der Bärenbadalm sichtbar, über die man die Alm erreicht.

● 335 **Vom Gasthaus Hubertus**
1½ Std.

An der Straße Maurach—Pertisau die Straße noch etwa 100 m gegen Pertisau. Hier zweigt rechts ein gut ausgebauter Saumweg ab, in den höher oben der Weg von Pertisau einmündet. Weiter wie in R 334 zur Bärenbadalm.

● 336 **Aussichtspunkt Zwölferkopf,** 1488 m
Von der Bärenbadalm 20 Min.

Bergstation des Sesselliftes. Von der Alm nördl. über den Weideboden hinan, dann auf einem Steiglein durch den Wald auf den Zwölferkopf. Umfassende Rundschau auf den Achensee und die ihn umgebenden Berge.

● 337 **Pletzachalm,** 1040 m

Priv. Alpengasthaus im Gerntal, Stützpunkt für Bergfahrten im Vorkarwendel (Montscheinspitze, Seebergspitze, Plumsjoch, Pasillsattel). 8 M., 6 L. Bew. Mitte April bis Ende November.

● 338 **Von Pertisau**
1 Std.

Der Anstieg ist unter R 102 beschrieben.

● 339 **Gernalm,** 1172 m

Priv. Alpengasthaus im Gerntal, Sommerwirtschaft vom 1. 6.—30. 9., 12 B., 40 M. 1½ Std. weiter taleinwärts als die Pletzachalm (R 337).

● 340 **Von Pertisau**
1½ Std.

Der Anstieg ist unter R 103 beschrieben.

● 341 **Plumsjochhütte,** 1600 m

Eigentlich Plumsalm-Hochleger. Im Sommer voll bew., Almgasthaus, 21 B. und M.

● 342 **Von Pertisau**
3 Std.

Zunächst auf dem Weg, der ins Falzturntal führt, dann nach rechts ins Gerntal (R 102). Die Pletzachalm bleibt rechts liegen. Immer dem Tal folgend in weitem Bogen um den Rauchkopf zur Gernalm, 1120 m (Sommerwirtschaft, 1½ Std.). Nun steil in vielen Kehren zur begrünten Jochhöhe 1649 m. Knapp südl. liegt die Plumsjochhütte.

• 343 Von Hinterriß
3¼ Std. Mühsamer als obige Wege, nicht empfehlenswert.

Auf Fahrweg zur Haglhütte (R 316) 2 Std. Von dieser entweder dem Fußweg oder bequemer dem Fahrweg, der nach wenigen Min. von dem Weg in Richtung Eng abzweigt, folgend. Die Straße leitet durch den Laichwald (Loachwald), biegt dann aus ihrer nord-südl. Richtung in eine west-östl. um. Hier trifft der Fußweg das Sträßchen, überwindet den Sulzgraben, erreicht den Plumsalm-Niederleger und den Plumssattel.

• 344 Aus dem Bächental
Mühsamer als obige Wege, nicht empfehlenswert.

Die Hütte kann auch vom Bächental, dem Plumsbach entlang und über das Satteljoch, erreicht werden.

• 345 Brunnsteinhütte, 1560 m

Im Sommer bewirtschaftete AV-Hütte der S. Mittenwald am W-Abhang der Kirchlespitze, am Weg von Mittenwald zum Brunnstein gelegen. Mitte Mai bis Mitte Oktober. 25 M, 10 L. Im Winter nicht zugänglich. Bew. H. P. Gallenberger, Schießstattweg 8, D-8102 Mittenwald, Tel. Tal 08823/1324.

• 346 Von Mittenwald (Straße nach Scharnitz)
2 Std.

Gleich nach dem südl. Ortsausgang zweigt ein bez. Weg (Ww.) links ab, der über die Bahn, dann in südl. Richtung über Wiesen (etwa 1½ km) entlang der Bahnlinie zum Anstieg führt. Anfangs meist durch Hohlwege folgt man dem Weg über die Sulzleklamm, dann in langgezogenen Serpentinen durch Hochwald zur Brunnsteinhütte.

• 350 Tiroler Hütte, 2100 m

Am O-Kamm der Rotwandlspitze „Auf dem Blanken" gelegene private Hütte. 6 L., im Sommer, nur Getränke, keine Speisen. Derzeit (1983) unregelmäßig geöffnet. Besitzerin Frau Vevi Huber, Scharnitz-Eisack.

• 351 Von Scharnitz
4 Std.

Entweder über die Brunnsteinspitze und die nahe Rotwandlspitze oder über die Pürzlbrünste.

• 352 Von Mittenwald
4 Std.

Über die Brunnsteinhütte und den Brunnsteinanger.

● 353 Karwendelbahn-Bergstation

Bezeichnete Zufahrt von der neuen Umgehungsstraße. Vom Bhf. zu Fuß nach S über die Isar zur Talstation, 932 m, in 10 Min. (Fahrzeit etwa 6 Min., 350 Personen stündlich). Die Bergstation, 2244 m, am Rande der Karwendelgrube, bietet herrliche Aussicht. Während der Betriebszeit der Bahn Gaststättenbetrieb, keine Übernachtung. Ausgangspunkt für die berühmte Dammkar-Abfahrt. Zugang zum Dammkar, auch im Winter offengehalten, auf gut präpariertem Weg (Stollen). Die Lawinen werden meist abgesprengt, wird aber die Abfahrt gesperrt, so ist dem unbedingt Folge zu leisten. Große Lawinengefahr!
Der **Abstieg durch das Dammkar** erfordert wegen der harten, steilen Schneefelder im Kar griffige Sohlen und absolute Trittsicherheit! Touren von der Bergstation: Westl. Karwendelspitze, R 1836, Südl. Karwendelkopf, R 1846, Drei Kirchln, R 1922, Larchetfleckspitzen, R 1922, Mittenwalder Höhenweg, R 469, und Heinrich-Noë-Weg, R 471.

● 355 Mittenwalder Hütte am Karwendel, 1519 m

Die Mittenwalder Hütte wurde, nachdem das alte Hütterl im Jahre 1946 einer Brandstiftung zum Opfer gefallen war, von der AV-Sektion Mittenwald neu aufgebaut und im Jahre 1949 wieder eröffnet. Die Hütte enthält 30 L. und ist bew. Anfang Mai bis Mitte Oktober von Andreas Hackel und Susi Osterrieder, Schloßweg 15, D-8100 Garmisch-Partenkirchen, Tel. Tal 08821/53614. Sie liegt hoch über Mittenwald am NW-Abhang der Westl. Karwendelspitze, oder — wie es in Mittenwald einfach genannt wird — „des Karwendels" (daher auch die Bezeichnung der Hütte). Für die Besteigung der Westl. Karwendelspitze ist sie ein ausgezeichneter Stützpunkt. Kein WR.

● 356 Vom Bahnhof Mittenwald
1½ Std.

Über die Isar zum Ghs. „Raineck" (Ww.) und auf dem bez. Karwendelsteig in vielen Kehren zur Hütte.

● 357 Dammkarhütte, 1650 m

Private Unterkunftshütte, 1951 am Dammbödele am Weg von Mittenwald durch das Dammkar zur Westl. Karwendelspitze errichtet. Von Ostern bis 30. September voll bew., 6 B., 15 L. Eigentümer und Bew.: Bergführer Heinrich Hornsteiner.

● 358 Von Mittenwald
2—2½ Std.

Zur Talstation der Karwendelbahn. Auf der Straße oberhalb nach N und rechts ab durch eine Unterführung auf die andere Seite der B 11. Noch etwas nach N bergauf, dann führt die als Skiabfahrt hergerichtete Forststraße steil nach O hinauf. Von ihrem Ende (Talstation der Materialseilbahn) auf markiertem Steig (die Abzweigung zur Hochlandhütte bleibt links) zum Waldrand hinauf und in Serpentinen durch Latschengelände zur Hütte.

● 359 Von Mittenwald mit der Seilbahn

Bis unter die Westl. Karwendelspitze. Von der Bergstation gesicherter Steig (15—20 Min.) ins Dammkar und hinab zur Hütte.

● 360 Hochlandhütte, 1630 m

Auf dem breiten Gratbuckel, der vom NW-Grat (Steinklippengrat) der Mittl. Großkarspitze ins Kälberbachtal herabzieht, liegt in unvergleichlicher Lage die Hütte. Sie wurde im Jahre 1909 von der AV-Sektion Hochland München als Holz-Steinbau errichtet. Sie enthält 37 L., ist von Anfang Juni bis Anfang Oktober bew. (warme Mahlzeiten ab 18 Uhr) von Dr. Irmtraud Dreßl-Kasy, Schöttlkarstr. 9, D-8102 Mittenwald, Tel. Tal 08823/5686. Anfragen AVS Hochland, Tel. 089/781516. Kein WR.

● 361 Von Mittenwald
2½ Std., bez.

Vom Bahnhof durch die Dammkarstraße bis zur Isarbrücke. Der Weg führt von dieser zuerst gerade den Berg hinauf, etwas rechts haltend bis zur Unterführung bei der Siedlung Raineck. Dann oberhalb der Umgehungsstraße nördl. bis zur Brücke am Gassellainbach. Nach der Steinbrücke (Ww.) zweigt man rechts ab und folgt entweder dem steilen Wasserleitungsweg oder dem etwas bequemeren Fahrweg, die sich nach 10 Min. wieder vereinigen. Autofahrer zweigen von der alten Straße Mittenwald—Krün ab, fahren zwischen den Kasernen durch zu einer Unterführung der Umgehungsstraße (möglichst westl. davon parken) und gehen dann rechts, südl. zur Brücke am Gassellainbach, von wo man dem Fahrweg oder dem Wasserleitungsweg folgt. Der Weg führt dann sanft ansteigend ins Kälberalpltal. Bei der Abzweigung zur unteren Kälberalm (Ww.) hält man sich links entlang dem Bach. Hier wird der Weg schlecht, man geht zur Zeit (1983) praktisch im Bachbett. Bequemer ist daher derzeit der Weg über das Untere Kälberalpl in Richtung Dammkar und vom Unteren Kälberalpl (Ww.) hoch über dem

Kälberalplbach zum Oberen Kälberalpl. Geht man aber im Bachbett weiter, so erfolgt nach etwa 20 Min. abermals eine Wegteilung. Über das Brückerl nach rechts, am orographisch rechten Ufer des Anderkarbaches steiler bergan, später links in vielen Serpentinen hinan zum Oberen Kälberalpl. Von diesem in 10 Min. an charakteristischen Breccien vorbei zur Hütte.

● 362 Über den Ochsenboden
Etwas länger als R 361.

Man folgt nach Unterquerung der Umgehungsstraße dem Weg über den Ochsenboden zum Dammkar (R 357). Wo der Weg die obere Waldgrenze erreicht (Ww.), wendet man sich nach links (O). Der Steig führt in Serpentinen über den Larchetstock, quert das Mitterkar und erreicht so die Hochlandhütte.

● 363 Von der Fereinalm
2½—3 Std. Vgl. R 457.

Zunächst auf der Fahrstraße Richtung Mittenwald (W). Nach 5 Min. zweigt auf dem durch ein Kreuz gekennzeichneten Sattel ein Weg nach links gegen das Wörnerkar ab (Ww.). Dieser leitet über die Wörnerlähne und an dem im Sinne des Aufstiegs rechten Rand des Kares hinauf zum sog. Wörnersattel oder Wörnergrat. Von hier einige Schritte auf dem Grat nach NW und auf dem Weg hinunter zur Hochlandhütte.

● 365 Fereinalm (Vereinsalm), 1407 m

Eine kleine Siedlung mit mehreren Almhütten und Jagdhäusern sowie einem Stützpunkt der Zollwache. (Im allgemeinen Gebrauch verballhornt zu Vereinsalm.) Die Krinner-KoflerHütte (früher Großherzog-Adolf-Haus) der Sektion Mittenwald ist unbew., aber von Juni bis Sept. beaufsichtigt. 25 M., 10 L., AVS Mittenwald, Wettersteinstr. 3, D-8102 Mittenwald, Tel. Tal 08823/2391. Essen und Getränke sommers im Jägerhaus. WR (25 L.), Schlüssel bei AVS Mittenwald. Vom 1. 10. bis 15. 10. und 1. 11. bis 15. 11. wegen der Jagd unzugänglich.

● 366 Von Mittenwald
3—3½ Std.

Man quert Isar und Umgehungsstraße wie bei R 361. Auf dem Weg nach N entlang über den Kälberalplbach, dem Fahrweg folgend zur Aschauer Alm, 1 Std. Von hier nun entweder dem Fahrweg weiter folgend, der zunächst stärker ansteigt. Später wieder flacher am orographisch rechten Ufer des Seinsbaches, mehrere Gräben querend (darunter die „Reißende Lahn"), über den Sattel der Fereinalm (Kreuz) zu den Hütten. Oder man benützt den gleich hinter der Aschauer Alm beginnenden sog. Jägersteig, der auf der orographisch linken Talseite entlangführt und sich kurz vor dem Sattel mit dem Fahrweg vereinigt. Etwas länger als die Straße.

● 367 Von Vorderriß
4—4½ Std.

Die Straße talein in 1 Std. zur Oswaldhütte. Hier verläßt man die Straße nach rechts und überschreitet den Rißbach oberhalb des Wehres. Nach kurzer Steigung erreicht man die Paindlalm. Nun auf dem Weg, einige Runsen ausgehend, immer hoch über dem Fermersbach zur Brandlalm. 2—2½ Std. von der Oswaldhütte. In weiteren ¾ Std. erreicht man auf dem Fahrweg von der Brandlalm die Fereinalm.

● 368 Von Hinterriß
4 Std.

Beim Zollamt vom Rißtal ab auf den Jagdsteig, der am rechten Ufer des Rontalbaches talein führt. Nach etwa 20 Min. Abzweigung nach rechts (Ww.). Man überschreitet den Bach und erreicht durch den Ronbergwald in 1½ Std. die Vordersbachau, quert nun weiter den Hochalpelgraben und gelangt durch den Stiftswald ins Fermersbachtal und somit auf den Weg Brandlalm—Fereinalm. Auf ihm weiter zur Hütte.

● 369 Von der Hochlandhütte
2 Std.

Siehe hierzu R 363 und R 457.

● 370 Soiernhäuser, 1613 m, bzw. 1562 m

Beide Häuser sind ehemalige kgl. Jagdhäuser. Das obere war das Königshaus, das untere am See diente als Unterkunft für das Personal und als Stall. Das obere Haus ist heute AV-Hütte. Es wurde im Jahre 1921 von der Sektion Hochland, München, gepachtet. Bew. Pfingsten — Mitte Okt. von W. Ziemer, Griesweg 4, D-8108 Krün, Tel. Tal 08825/1429. 48 M., 10 L. Das untere Haus dient als Privathütte der Sektion und als Diensthütte für die Bergwacht. Es ist dem allgemeinen Verkehr nicht zugänglich. Kein AV-Schloß und kein Winterraum. BW-Bereitschaft. Auskunft in Krün. Materialseilbahn vom Hundsstall.

● 371 Von Krün über den Isarkanal und die Isar
2—2½ Std.

Über den Isarkanal und die Isar. Das Fahrsträßchen (für den allgemeinen Fahrverkehr gesperrt, Schranke!) weiter ein Stück der Isar entlang. Nach 10 Min. überquert die Straße den Felsgraben und windet sich in wechselnder Steigung, meist durch Wald, dem Hang entlang. Der Schöttlgraben wird überschritten, bald darauf der Reindlgraben. Kurz danach steigt die Straße wieder steiler an, bis der von der Ochsenstaffel zum Marchgraben herabziehende östl. Hang erreicht ist. Sodann in geringerer Steigung zur Fischbachalm, 1403 m, die auf dem gleichnamigen Sattel liegt. Die Fischbachalm ist im Sommer einfach bew. Von hier führen zwei Wege zu den Soiernhäusern.

● **372** **a)** Den Almboden das Sträßchen abwärts zum Hundsstall, 1238 m. Auf einer Brücke wird der Fischbach überschritten; der Weg wendet sich nach S dem Absturz vom Soiernkessel zu. Im Talschluß windet sich der Weg in weiten Serpentinen unter der Gumpenkarspitze hinan, überquert die breite Sandreise (hier im Winter große Lawinengefahr!), und nach wenigen Min. erreicht man den Wasserfall und gleich darauf die Höhe des des Sattels. Von hier in kleinen Kehren in 10 Min. hinauf auf die freie Schulter, auf der die Soiernhäuser stehen.

● **373** **b) Lakaiensteig**

Da mehrere Wandstellen und steile Runsen zu queren sind, ist der Weg nur Schwindelfreien zu empfehlen. 1½ Std. von der Fischbachalm.

Beim Brunnen der Fischbachalm zweigt der Steig rechts ab. Mäßig ansteigend führt er um den N-Abhang der Ochsenstaffel herum und zieht sich fast eben, immer in halber Höhe der Hänge, mehrere Gräben überquerend, in weitem Bogen hin zum Sattel über dem Wasserfall. Da alle weit eingerissenen Gräben ausgegangen werden müssen, erspart der Lakaiensteig gegenüber dem Reitweg kaum Zeit. Landschaftlich ist er allerdings schöner.

● **374** **Von Mittenwald** über den Lausgraben

4 Std. Vgl. auch R 2396. (Der Weg eignet sich besser zum Abstieg, der auch, meist weglos, über den Feldernkopf genommen werden kann. Bei schlechtem Wetter nicht zu empfehlen.)

Vom Ort zur Aschauer Alm. Von ihr den Fahrweg weiter bis zur Ochsenalm. Bei den Wegverbauungen links empor und am linken Grabenrand über Grashalden, teilweise durch Wald, zum Grat, der von den Seinsköpfen her zum Feldernkreuz zieht. Ist der Grat erreicht, wendet man sich nach rechts und erreicht, immer in Gratnähe bleibend, das Feldernkreuz. Hier trifft man den von den Soiern kommenden Gratweg, der anfangs durch eine steile Schlucht, dann am Grat entlang hin zur Schöttlkarspitze zieht. Ein Steiglein geht unter der Schöttlkarspitze durch hinüber zum Weg, der von der Soiernhütte herauf zur Schöttlkarspitze führt.

● 375 Von Vorderriß durch das Fischbachtal
3½—4 Std.

Beim Ochsensitz über die Isar, der Forststraße folgend, den Fuß des Grasberges umgehend ins Fischbachtal. Am Hang entlang erreicht man die Brünstlalm. Weiter talein überschreitet man einen vom Grasberg herabkommenden Bach und kommt dann zur Niederbächlalm. (Hierher auch von Vorderriß über den Grasberg und Jagdhaus Makruh.) Bei der Alm über den Lerchenbachgraben. Der Weg leitet weiter zur Hundsstallhütte und von hier zum Soiernhaus.

● 376 Von Vorderriß durch das Fermersbachtal
5 Std.

Wie in R 367 zur Brandlalm. Von hier auf Viehsteigen zum Weg, der von der Fereinalm zur Jägersruh führt. Vgl. hierzu auch die Beschreibung unter R 456.

● 380 Tölzer Hütte, 1835 m

AV-Sektion Tölz; am S-Hang des Schafreuters. Die Hütte ist von Juni bis Ende Oktober bew. 38 B., 52 M., 6 N. WR (14 M.) mit AV-Schlüssel zugänglich. 12 M. Materialseilbahn. Rosi Kirchmair, Ried 31a, A-6130 Schwaz, Tel. Tal 05242/48224. Funktelefon Hütte 05245/224.

● 381 Von Vorderriß
4 Std.

Die Straße nach Hinterriß zur Oswaldhütte, dann links auf einem Steig den Hang durch Wald empor zur Moosenalm, 1618 m, auf breitem Boden. Oder etwa 3 km nach dem Zollamt Vorderriß dem sog. „Reitsteig" zur Moosenalm folgend (bez.) hierher. Von hier aus südöstl. haltend auf die S-Seite (die Landesgrenze überschreitend) des Gipfelmassivs des Schafreuters.

● 382 Von Fall
5 Std.

Die Straße nach Vorderriß (½ Std.) zur Abzweigung nach links (Wegtafel, Bedarfshaltestelle der Omnibuslinie). Von hier durch Wald ansteigend über die Wiesalm zum Grammersberg (Pürschhaus verfallen, 1542 m), weiter am Grünlahner Eck vorbei, etwas absteigend über den Wiesenbauer-Hochleger zu den Moosenalmen und von diesen wie oben zur Tölzer Hütte.

● 383 Von Hinterriß
3 Std.

Die Straße nach Vorderriß zur Einmündung des Leckbaches. An diesem auf gutem Jagdsteig aufwärts. Der Weg leitet dann etwas nach NO zur Tölzer Hütte.

● 385 Forsthaus Bächental (Aquila), 911 m

Bescheidenes, einsames Ghs., nur zeitweise geöffnet und bew. Übernachtungsmöglichkeit nur beschränkt und unsicher. 4 B., 8 L.

● 386 Zugänge

Von *Fall* entlang dem Fahrweg ins Bächental, 2 Std., von *Achenkirch* in 5 Std. über den Gröbner Hals; von *Pertisau* durch das Gerntal, Schleimser Sattel, Pletzboden. 5½ Std.

● 388 Jagdhaus Pletzboden, 993 m

Keine Unterkunftsmöglichkeit für Touristen.

● 390 Rotwandlhütte, 1525 m

AV-S. Neuland (München); 1954 errichtet auf dem weiten Almsattel (Rotwand-Hochleger) zwischen Juifen und Zotenjoch. 12 M. Stützpunkt für Juifen, Demeljoch, die Berge um den Gröbner Hals und für die Montscheinspitze. Nicht allgemein zugänglich; Schlüssel bei der Sektion. Sa./So. und Feiertage beaufsichtigt. Anfragen bei AVS Neuland, Postfach 401626, D-8000 München 40, Tel. Tal 089/752264.

● 391 Von der Straße Tegernsee — Achensee
Nächster Zugang, 2 Std.

Knapp südl. des österreichischen Zollamts über die Brücke (Wegweiser) und auf bez., bequemem Fahrweg (für den allgemeinen Kfz-Verkehr gesperrt) über die Brettersbergalm zur Hütte. Westl. weiter von Fall oder dem Forsthaus Aquila; vgl. R 2482f.

● 392 Seewaldhütte, 1640 m (Todplatte)

Hütte der AV-Sektion Achensee (München) an der Hochplatte. 20 M. Kein AV-Schloß. bew. (nur Getränke) an Wochenenden Juni — Anfang Nov.; Mitte Juli — Mitte Sept. durchgehend. Adolfine Vachal, A-6215 Achenkirch HNr. 213. Anfragen Tel. 089/160878.

● 393 Zugang von Achenkirch
2—3 Std.

Über die Brandl- und Jochalm. Vgl. R 2491).

III. Verbindungswege, Höhenwege

● 400 Der Nordalpine Weitwanderweg 01 („Kalkalpenweg")
im Bereich des Karwendels

Der von Wien über die gesamten Kalkalpen zum Bodensee führende Alpine Weitwanderweg 01 des ÖAV hat im Bereich des Karwendels durchwegs die Markierung 201 und folgenden offiziellen Verlauf: Maurach — Pertisau — Falzturntal — Lamsenjochhütte — Eng — Hohljoch — Falkenhütte — Kleiner Ahornboden — Karwendelhaus — Karwendeltal — Scharnitz. Kontrollstellen im Führerbereich: Maurach oder Pertisau, Lamsenjochhütte, Falkenhütte, Karwendelhaus, Scharnitz.
Für Bergsteiger, denen die offizielle Wegführung des „01" im Karwendel, auch im Vergleich zu den anderen Teilstücken des Weges, zu „zahm" ist (größtenteils Straßen), wäre auch folgende Variante denkbar: Von Maurach zur Lamsenhütte entweder über die Nauderer Stiege (R 437, 439, 2346) oder über den Hochnißlgratweg (Bus, R 1741) — Falkenhütte — Karwendelhaus — dann den Gratzug Birkkarspitze — Pleisenspitze nach Scharnitz (R 1291, 1294, 1302f., 1316 — evtl. mit nördl. Umgehung des Abbruchs — R 1212, 1238, 1255, 1264, 1280).

● 401 Seefelder Jöchl — Seefelder Spitze — Reither Joch — Nördlinger Hütte (oder Bergstation Harmelerkopf-Seilbahn)
1½—2 Std. Trittsicherheit erforderlich.

Wie in R 477 vom Seefelder Jöchl zur Seefelder Spitze. Von hier auf neu angelegtem Steig hinab ins Reither Kar. Dieses wird südwestw. eben gequert. In Kehren empor auf das Reither Joch, 2197 m. Von hier hinab zum Verbindungsweg Harmelerkopf — Nördlinger Hütte und auf dem Steig zur Hütte. Lohnender in Verbindung mit der Ersteigung der Reither Spitze: am Reither Joch trifft man auf die Steiganlage, die steil (Leitern, Seilsicherungen) zum Gipfel emporführt. Gut 100 Höhenmeter tiefer liegt am S-Kamm die Nördlinger Hütte (Steiganlage).

● 402 Eppzirler Alm — Nördlinger Hütte
Im Aufstieg 3 Std., in umgekehrter Richtung 2 Std.

Von der Eppzirler Alm (R 185) gleich rechts, südwestl. über den Graben und über Weideböden gerade an den nordseitigen Berghang. Rechts eines kleinen Taleinschnittes auf Steigspuren aufwärts, die sich allmählich zu einem Steig sammeln, der in Kehren, zuletzt durch Lat-

schen, etwas gegen rechts auf den Sattel südl. des *Sunntigköpfls,* 1770 m, zieht. Hier tritt man in den westl. gelegenen Kessel des Wimmertales über; der Steig führt fast eben einwärts zu der vom tiefsten Punkt des Ursprungsattels herabziehenden Schrofenrinne. Über schrofiges, schuttbedecktes Gelände zieht sich der Steig, manchmal schwach ausgeprägt, aufwärts; zuletzt über Grasböden zum Ursprungsattel, 2087 m. Hier trifft man auf den Freiungen-Höhenweg (R 405); wie dort über die Grasböden in westl. Richtung, dann in weitem Bogen gegen S auf den von der Reither Spitze nach S ziehenden Kamm, hinter dem die Nördlinger Hütte steht.
In umgekehrter Richtung hat man vor allem darauf zu achten, daß man nicht zu weit ins Wimmertal absteigt, sondern die Wegabzweigung rechts zum Sattel südl. des Sunntigköpfls erkennt.

● 403 Solsteinhaus — Eppzirler Alm

1½—2 Std., umgekehrt 2½ Std., mühsamer, bez. Beliebter, im Hochwinter lawinengefährlicher Skiübergang.

Hinter dem Schutzhaus über die Weideböden (Ww.) aufwärts zu einem Denkmal (für Franz Tutzer, abgestürzt in der Kuhljoch-N-Wand). Von hier auf gutem Steig eben einwärts und über zwei tiefe Gräben in den großen Schuttkessel zu Füßen der Erlspitze, wo man auf den von der Eppzirler Scharte herabziehenden Schuttstrom trifft. Wegverzweigung zur Nördlinger Hütte (Ww.). Rechts in Kehren empor unter bizarre Felsnadeln, dann nach links zu einer weiteren Wegverzweigung zur Nördlinger Hütte (Ww., „Freiungen-Höhenweg" nach links) am Fuße des hoch aufragenden Risserturmes. Hier wieder rechts aufwärts, und in einigen weiten Kehren zur Eppzirler Scharte, 2091 m. Jenseits auf gutem Steig in Kehren abwärts über die weiten Schuttströme auf eine weniger geneigte Fläche („Jöchl"), und über einen kurzen Steilhang auf den Talboden, über den man rechts abwärts die Eppzirler Alm erreicht.

● 403a Gegenrichtung

Man folgt von der Eppzirler Alm dem verbauten Bachlauf etwa 400 m auf dem östl. Ufer (orogr. rechts), überschreitet dann das Schuttbett nach rechts auf das W-Ufer und geht den ersten kleinen Steilaufschwung dort an, wo eine helle Schuttrinne durch die Latschen herabzieht. Dort trifft man auf den Steig.

● 405 Solsteinhaus — Freiungen-Höhenweg — Nördlinger Hütte

Drahtseilsicherungen (teilweise ausbesserungsbedürftig); gut bez.; Trittsicherheit und Schwindelfreiheit erforderlich. 4—4½ Std.; in der Gegenrichtung 3½—4 Std.

1934 bis 1936 erbauter, aussichtsreicher und lohnender Höhenweg über die Freiungspitzen, der vom Kreuzjöchl (1 Std. vom Solsteinhaus) an ständig über 2000 m mit geringen Höhenverlusten zum Ursprungsattel und zur Nördlinger Hütte führt. Wie in R 403 zur Wegverzweigung (Ww.) zur Nördlinger Hütte; hier links, westl. aufwärts auf gut ausgebautem Weg, über tiefe Gräben, zuletzt in Kehren zum *Kreuzjöchl,* einem kleinen Hochsattel im S-Grat der Kuhljochspitze, von dem aus der Blick ins obere Inntal frei wird. Links das *Grasköpfl,* 2162 m. Nun stets auf aussichtsreicher Höhe. Wenige Kehren hinab, dann rechts hinauf zur *Kuhljochscharte,* 2171 m. Gedenktafel für die Lawinentoten vom Januar 1944. Nun stets an den S-Hängen, meist nicht weit von der Grathöhe der Freiungspitzen entfernt (die alle über die grasigen Hänge leicht ersteigbar sind) westw., bis der Weg über einen Rücken, dann rechts über die Reisen hinabführt in den weiten Boden des Ursprungsattels. Die erste, deutlich ausgeprägte Scharte rechts ist die Freiungscharte, über die man jenseits nach Eppzirl absteigen kann. Die folgenden Grattürme (Wimmertürme) südl. umgehend, gelangt man zur tiefsten Einsattelung des Ursprungs; Wegverzweigung nach Eppzirl (R 401). Zuerst westl., dann in weitem Bogen gegen S auf den von der Reither Spitze herunterziehenden Kamm, hinter dem die Nördlinger Hütte liegt.

● 405a Gegenrichtung

Nachdem man von der Kuhljochscharte abgestiegen ist, steigt man jenseits, immer den Kehren folgend, gerade empor. Das rechts abführende gleichartige Steiglein führt nicht zum Solsteinhaus, sonders auf dem Kreuzjöchlkamm nach S zu den Zäunlköpfen, über die man weglos zur Heilanstalt Hochzirl absteigen kann. Zwischen Kreuzjöchl und Nördlinger Hütte ist von Abstiegen nach S unbedingt abzuraten, da man in die ungangbaren Abbrüche der Grieskarbachklamm gerät. (Der alte Verbindungsweg, bez., zweigt von R 403 ½ Std. nördl. unterhalb der Eppzirler Scharte ab und führt durch die Reisen westw. zum Steig R 401.)

● 407 Wirtshaus Karlspitze — Weingertalalm — Solsteinhaus

Selten ausgeführte und teils mühsame, aber anregende Wanderung; nur schlecht bez. Etwa 4 Std. in beiden Richtungen; s. 11. Aufl. 1978, S. 107, R 291.

● 408 Solsteinhaus — Zirler Schützensteig — Magdeburger Hütte

Bester Übergang von der einen zur anderen Hütte, lohnend; aussichtsreich. Schwindelfreiheit und Trittsicherheit erforderlich, sonst Führer ratsam. Drahtseilsicherungen, Eisenklammern, gut bez. 1½—2 Std; in umgekehrter Richtung etwas länger.

Vom Solsteinhaus zur Senke unter der Erlalm. Man sieht bereits den in Höhe des Hauses durch den latschenbestandenen Rücken des Gr. Solsteins rechts (nach S) eben hinausziehenden Steig. (Nicht zu verwechseln mit dem steil auf den Gr. Solstein führenden.) Auf diesem zuerst fast eben, dann ansteigend um den gewaltigen Rücken des Berges herum bis zum „Kaminl", einer schrofigen Steilrinne, durch die der Weg gesichert hinabführt. Durch das folgende Steilgelände führt der Weg ostwärts über das weite Wörgltal zum Wald, durch diesen abwärts, zuletzt gegen rechts über Almböden zur Magdeburger Hütte.

● 408a Gegenrichtung

Der Beginn des Zirler Schützensteiges ist nicht ganz leicht zu finden. Man geht an der kleinen Kapelle vorbei, über die Almböden ostw. wenige m; dann steigt man links an, bis bei einem Zaun ein Weg links in den Wald führt. Man überklettert den Zaun (Ww.) und erreicht so den Beginn des Weges. Nach einigen Schritten trifft man auf eine Wegverzweigung; rechts aufwärts der Weg zum Gr. Solstein; der Zirler Schützensteig leitet gerade weiter zum Solsteinhaus.

● 410 Solsteinhaus — Gipfelstürmerweg — Frau-Hitt-Sattel — Seegrube

Landschaftlich großartige Wanderung, teilweise gesichert; gesamter Höhenunterschied 900 m, 4—5 Std., bez.

Der alte „Nordwandweg", der knapp unter den eindrucksvollen N-Wänden der Solsteine und der Hohen Warte entlangführte, ist in den letzten Jahren verfallen und kann nicht mehr empfohlen werden. Dafür hat man den Gipfelstürmerweg, der etwas weiter nördl. verläuft, auf der ganzen Länge zwischen dem Jagdhaus in der wilden Iß und dem Frau-Hitt-Kar ausgebaut und markiert, sodaß dieser nun gut begehbar ist. Vom Solsteinhaus nordw. zur Erlalm und weiter talaus, bis bei der ersten Weggabelung (Ww.) der Gipfelstürmerweg nach rechts zum Jagdhaus „In der wilden Iß" abzweigt. An ihm vorbei, weiter ostw. durch Wald und Latschen und empor auf den grasigen Rücken, der von der Hippenspitze herabzieht. Der Weg umgeht in weitem Bogen die N- und NO-Abstürze der Hippenspitze und trifft im Frau-Hitt-Kar auf den Weg, der durch das Kleinkristental auf den Frau-Hitt-Sattel führt. Durch das zuletzt sehr steile Kar (Drahtseile) auf die Grathöhe unmittelbar am W-Fuß der Frau Hitt. Gleich südw. auf dem neu ausgebauten Steig hinab und auf dem zur Seegrube führenden Steig ostw. zum Berghotel Seegrube.

● 410a Gegenrichtung

Vom Berghotel Seegrube auf R 412 zur Frau Hitt. Man steigt im Frau-Hitt-Kar solange ab, bis das Kar neuerdings steil abfällt; jetzt links unter dem NO-Grat der Hippenspitze einem Steiglein entlang, über einen kleinen Felsen hinunter (Drahtseil), dann eine Schuttrinne entlang und eine breite Rinne steil aufwärts, und wieder über Schutt zu einem Almboden. Rechts hinüber zum latschenbestandenen Grat und einem Viehsteig folgend zum Sattel empor. Fortsetzung gut bez.

● 412 Seegrube — Frau-Hitt-Sattel (Schmidhuberweg)
1—1½ Std., gut bez.

Man erreicht vom Berghotel Seegrube in wenigen Min. die Bergstation des kleinen Skilifts, die Frau-Hitt-Warte, 1982 m. Von hier führt der Weg in weitem Bogen ohne Höhenverlust durch die S-Hänge des Kemacher westw. 800 m westl. der Warte zweigt vom waagrecht weiterlaufenden Steig rechts der „Schmidhubersteig" ab, der mäßig ansteigend zu dem von der Frau Hitt herabfallenden schrofendurchsetzten Kamm zieht. In Kehren durch das Steilgelände empor an den W-Fuß der Frau Hitt (Weiterweg zum Solsteinhaus R 410) und zuletzt waagrecht westw. hinüber zum Frau-Hitt-Sattel. (Weiter wie in R 414 oder 416 zur Möslalm.)

● 413 Magdeburger Hütte — Aspachhütte — Seegrube
Aspachhütte 1½ Std.; Achselbodenhütte ½ Std.; Höttinger Alm ½ Std.; Berghotel Seegrube 1½ Std.

Guter Verbindungsweg; von der Aspachhütte weg stets auf aussichtsreicher Höhe; in der Gegenrichtung kürzer und weniger anstrengend, besonders wenn man nicht zur Höttinger Alm, sondern gerade zum Achselboden absteigt. Von der Hütte über die Almböden in östl. Richtung, dann in Kehren abwärts zur oberen Kranebitter Klamm. Hier links unter den Wänden entlang, über mehrere Gräben, sodann gegen rechts aufwärts zum Jagdhaus Klammegg, 1432 m, das auf dem von der Hohen Warte nach S streichenden Kamm liegt. Wegverzweigung. Links über den Kamm in Kehren aufwärts zur Aspachhütte, 1535 m. 100 m am Kamm oberhalb der Hütte Wegverzweigung; gegen rechts auf dem sog. Durrachsteig wenig ansteigend zur Achselbodenhütte, 1634 m, nördl. des Achselkopfes, 1572 m, eines hervorragenden Aussichtspunktes, den man von hier leicht erreichen kann. Von der Achselbodenhütte nordw. Man kann nun zwischen drei Steigen wählen, die alle durch die von vielen Rinnen durchrissene SO-Flanke der Vord. Brandjochspitze im weiten Bogen ansteigend zur Seegrube führen (ein vierter Steig, der etwas unterhalb der Achselbodenhütte ansetzt, leitet fallend zur Höttinger Alm, 1487 m). Weg 1 und 2 führen zur Schäferhütte, 1717 m; von dort kann man weiter queren oder über den Rücken zu Weg 3 aufsteigen, der dann in aussichtsreicher Höhe zum Frau-Hitt-Steig und zur Seegrube zieht.

● 414 Innsbruck — Frau-Hitt-Sattel — Möslalm

Höttinger Alm 2½—3 Std.; Frau-Hitt-Sattel 2 Std.; Möslalm 2 Std.; in umgekehrter Richtung ist der Übergang wesentlich kürzer.

Vor Erbauung der Nordkettenbahn der kürzeste Übergang über die westl. Inntalkette. Heute empfiehlt sich R 412. Wie in R 236 von der Hungerburg auf die Höttinger Alm.
Von der Alm zuerst über den steilen, begrünten Rücken aufwärts, nach links zu einem Kreuz (10 Min. ober der Alm); sodann westw. über zwei Gräben auf einen begrünten Rücken und über diesen in Kehren empor bis unter einen felsigen Aufschwung. Etwas darunter mündet von rechts her der von der Seegrube kommende Steig ein; rechts empor zweigt ein Steig zum Langen Sattel ab. Unter den Felsen fast eben westw. (links) bis in eine Reihe von Rinnen, durch die sich der Steig gegen den Sattel emporwindet. Der Weg wendet sich ostw.; die Übergangsstelle befindet sich knapp am W-Fuß der Frau Hitt. Der oberste sperrende Felsriegel wird mittels Eisenklammern überwunden, über die man ins oberste Frau-Hitt-Kar absteigt. Zuerst in Kehren, dann stets ein wenig rechts der tiefsten Furche durch das *Kleinkristental* (Hippental) auswärts zur Möslalm, hinter der man auf den Fahrweg ins Gleierschtal (R 201) trifft.

● 414a Gegenrichtung

Der Weg setzt vor (westl.) der Möslalm am Waldrand (Ww.) an. Ansonsten s. R 414 in umgekehrter Richtung.

● 416 Möslalm — Mannltal — Hafelekar

3½ Std.; im Abstieg 2—2½ Std., bez.

Von der Möslalm talein, bis nach etwa 20 Min. bei einer kleinen Waldlichte, wo sich der Fahrweg links emporwendet, rechts der gut ausgebaute Weg ins Mannltal abzweigt. Über einen Almboden, später im Tal und an der Blöße der aufgelassenen Angeralm vorbei in den weiten Karkessel des oberen Mannltales. Hier verzweigen sich, streng nördl. der Hafelekarspitze, die Wege; geradeaus, östl. zur Mannlscharte, südöstl. ins Hafelekar (Gleierschkar); der Weg zur Hafelekar-Bergstation führt rechts ab, südl., ins Tunigskar und aus dessen hinterstem linken Winkel in die Felsen gesprengt im Zickzack hinauf zur Kammhöhe, die man genau bei der Bergstation erreicht.

● 417 Hungerburg — Thaurer Alm — Herrenhäuser

Thaurer Alm 2½ Std.; Törl 1 Std.; Herrenhäuser ½ Std.; in der Gegenrichtung Gesamtzeit etwa 3½ Std. Gut bez., aussichtsreicher Weg.

Von der Hungerburg über die Rumer Alm wie in R 248 zur Thaurer Alm. Nun ostw. am Hang entlang bis in den vom Törl herabziehenden Graben. Rechts oben auf dem vom Thaurer Zunterkopf nach W ziehenden Rücken die Kaisersäule (vgl. R 47), zu der mehrere Wege emporführen. Durch den Graben gerade hinauf aufs Törl, 1773 m. Etwa 30 Höhenmeter oberhalb (nordwestl.) der tiefsten Einsattelung setzt der in gut ausgebauten Kehren ins Halltal hinabführende Weg an, dem man bis zu den Herrenhäusern folgt.

● 418 Bergstation Hafelekar — Goetheweg — Pfeishütte

Für Geübte leicht; Seilsicherungen; teilweise Wintermarkierungen. 2 Std. In der Gegenrichtung 2½ Std. Gut bez., aussichtsreicher Weg.

Von der Bergstation ins Freie tretend, zweigt nach 20 m beim Mauerdurchbruch rechts der Goetheweg (Ww.) ab. Er zieht fast eben, gut ausgebaut und bez. etwa ½ Std. an den S-Hängen der Hafelekar- und Gleierschspitze ostwärts; Fernblicke auf die Stubaier und Zillertaler Berge. Über die Senke des Gleierschjöchls, dann wieder waagrecht, zuletzt in wenigen Kehren auf die Grathöhe östl. der Gleierschspitze (Mühlkarlscharte). Nun auf der N-Seite leicht fallend über felsiges Gelände, später über Schutthalden allmählich nordw. bis zu den von der *Mannlscharte* herabziehenden steilen Schuttreisen. In Kehren aufwärts zur Scharte, 2279 m. Jenseits hinab in den weiten Kessel nördl. der Arzler Scharte. Über sanfte Böden und durch dünne Latschenbestände nordw. Der Weg senkt sich allmählich, zuletzt etwas nach rechts, zur Pfeishütte.

● 419 Pfeishütte — Wilde-Bande-Steig — Hallerangerhaus

Bez. Höhenweg. Am Wilde-Bande-Steig Drahtseile und Eisenklammern; Trittsicherheit erforderlich. 2½ Std.; in umgekehrter Richtung 3 Std.

Lohnende Verbindung der beiden Hütten, des Stempeljoches mit dem Lafatscher Joch, in Verbindung mit dem Goetheweg (R 418) und der Fortsetzung zur Bettelwurfhütte als „Innsbrucker Höhenweg" bekannt. Von der Pfeishütte in östl. Richtung und nach Überschreitung des Bachbettes auf gutem Saumweg leicht ansteigend in den Grund des großen Kessels südl. der Stempeljochspitze. Nun in einer weiten Schleife ostw. empor zum schmalen, felsigen Durchbruch des Stempeljoches,

2215 m; hier Gedenktafel. Von hier führt eine zuerst sehr schmale und plattige Rinne 50 m jenseits hinunter und trifft auf den besser ausgebauten Steig. Dieser setzt etwa 80 m südöstl. des felsigen Durchbruches an und führt in Kehren durch die obersten Stempeljochreisen (oft bis tief in den Sommer schneebedeckt!) abwärts fast bis an den Fuß der von der Stempeljochspitze abfallenden Wände (etwa 200 Höhenmeter abwärts). Hier führt links der Wilde-Bande-Steig auf felsiges Gelände. Er leitet fast ohne Höhenverluste an den tiefgegliederten und mehrmals mit kühnen Kanten aufsteilenden O-Hängen der Stempeljochspitzen und des Roßkopfes entlang und führt durch die S-Flanke des Gr. Lafatschers ostw. zu den schon von weitem sichtbaren Kehren des zum Joch emporziehenden Fahrwegs. Auf diesem zum *Lafatscher Joch,* 2085 m; Wegverzweigung zur Bettelwurfhütte. Nördl. über die Senke und abwärts nach rechts, wo der Weg durch eine Aussprengung auf eine steile Schuttreise trifft *(Lafatscher Durchschlag),* die an den Kalktafeln der Schnitlwände entlangzieht. Durch die Reise in Kehren abwärts, bis der Weg nach rechts durch einen schönen Zirbenbestand zum Hallerangerhaus führt.

● 420 Alpensöhnehütte — Walder Alm — Ganalm

Wantlalm ¾ Std.; Hinterhornalm ¾ Std.; Walder Alm 20 Min.; Ganalm ½ Std.; umgekehrt gleich.

Von der Alpensöhnehütte (Winklerhütte) eine kleine Kehre empor, dann ostw. allmählich fallend über einen Graben zur Wantlalm, 1252 m. Ostw. weiter wieder über einen tiefen Graben und Latschenhänge zur Hinterhornalm, 1524 m, auf aussichtsreichem Almboden. Weiter ostw. auf gutem Fahrweg zur Straße von St. Michael zur Walder Alm und auf dieser links aufwärts zur Alm, R 56. Von einem Wegkreuz südöstl. der Almhütten (Ww.) nordöstl. über den Almboden, dann durch den Wald stets fallend hinaus zu den Weideböden ober der Ganalm, über die man in Kehren hinabsteigt.

● 422 Das Wegnetz im Vomper Loch

Achtung! Durch Unwetterkatastrophen im Sommer 1968 sind mehrere hier beschriebene Wege ungangbar geworden; die Brücke beim Lochhüttl wurde weggerissen. Es ist ratsam, Auskünfte über Wiederinstandsetzungen beim Fremdenverkehrsverein Vomp oder im Hallerangerhaus einzuholen.

● 424 Walder Alm — Knappensteig — Jagdhaus „In der Au“

Drahtseilsicherungen mangelhaft, gute Trittsicherheit erforderlich. 1½ Std., in der Gegenrichtung 2 Std.

Von der Walder Alm nordwestl. auf den Rücken hinter den Almhütten und vom Waldrand an in westl. Richtung am Fuß der Wände entlang taleinwärts (Knappensteig). Stets leicht fallend über mehrere Gräben, zuletzt in die große schluchtartige Schuttreise, die vom Briegelkarl bis auf den Talboden des Vomper Loches hinabzieht. Auf dieser teils gut verwachsenen Reise in vielen kleinen Kehren abwärts in den Talgrund, bis man am Waldrand auf eine Wegverzweigung trifft; am rechten Bachufer talaus (R 425) über den Bach auf die andere Talseite; dort emporführend der Weg ins Zwerchloch (R 426); talein am orographisch rechten Talufer in ¼ Std. zum Jagdhaus „In der Au"; neben dem Jagdhaus befindet sich eine offene Notunterkunft; Brunnen; Gedenktafel.

● 425 „In der Au" — Kristalpl — Ganalm

Kristalpl 1 Std., Ganalm 1 Std. Überaus interessante, die wildesten Teile des Vomper Loches berührende Weganlage; nur für sehr Geübte und vollkommen Schwindelfreie; erst durch Holzleitern und Baumstammbrücken begehbar gemacht; somit hängt die Begehbarkeit vom Zustand dieser künstlichen Hilfsmittel ab.

Vom Jagdhaus „In der Au" am rechten Bachufer durch Wald talaus zu der in R 424 beschriebenen Wegverzweigung. Nun über groben Schutt am rechten Bachufer, sodann ziemlich nahe am Bach selbst unter einer Steilwand hinaus zur ersten Holzstammbrücke. Hier sind die Wände der Klamm nur etwa 6 m voneinander entfernt; auf zwei Baumstämmen wechselt man hoch über der Schlucht vom rechten auf den linken Talhang. Gleich über eine Holzleiter steil über die Wand empor, dann durch den steilen Hochwald ostw.; bald mündet von oben her ein Steig ein; Verbindung zu R 426. Sodann hinunter zum Zusammenfluß des Ödkarlbaches und des Vomper Baches; der erstgenannte wird wiederum auf einer Holzstammbrücke überschritten. Hoch über dem Vomper Bach führt der Weiterweg an steilen Hängen talaus und überschreitet noch einmal eine Klamm; nach dieser Klamm einige kleine Kehren empor und in 10 Min. zu einer Wegverzweigung. Links aufwärts zum Weg ins Zwerchloch; rechts abwärts führt unser Weg weiter zum Kristalpl. Zuvor im Wald noch einmal eine Wegverzweigung (Warnungstafel). Der eben ostw. hinausführende Weg endet nach ¼ Std. in der Schlucht; abwärts ins Tal erreicht man mit einigen Kehren bald den Bach, den eine Brücke aus Baumstämmen übersetzt (Kristalpl). Nun stets auf der rechten Talseite talaus, mehrmals mit steilen Kehren (Seilsicherungen) an Höhe gewinnend, zuletzt fast eben zu den Weideböden der Ganalm.

● 426 Vomp — Gasthaus Karwendelrast — Melansalm — Jagdhaus „Im Zwerchloch" — Jagdhaus „In der Au"

Ghs. Karwendelrast 1 Std., Zwerchloch 1½ Std., Jagdhaus „In der Au" 2½ Std. Trittsicherheit erforderlich.

Wie in R 65 zum Ghs. Karwendelrast. Über Blößen talein hoch über der Klamm, bis sich nach etwa 20 Min. der Weg gabelt; rechts aufwärts zur Tawald-Jagdhütte; links eben weiter in westl. Richtung über zwei tiefe Gräben zur Melansalm, 1022 m. Nun ansteigend in westl. Richtung, vor dem Eingang des Zwerchloches eine Kehre abwärts, und allmählich in nördl. Richtung hinein zum Jagdhaus im „Zwerchloch", 1008 m. Vom Jagdhaus hinab zum Zwerchbach, über diesen hinüber und südl. zum Beginn der „Katzenleiter", eines durch 160 Stufen gangbar gemachten Steilabfalls. Über die Huderbankklamm hinüber und südl. aufwärts auf einen Rücken, wo sich der Weg westw. wendet. Nun ohne größere Höhenverluste stets am S-Hang der Huderbankspitze talein, zuletzt mit einigen steilen Kehren hinab in den Ödbachkarlgraben. Jenseits des Baches wieder steil empor (links bald die Abzweigung zu R 425), dann unter sog. „Triefenden Wand" steil abwärts in den Talboden des Vomper Loches, über den Bach zur Wegverzweigung und am orographisch rechten Bachufer zum Jagdhaus „In der Au".

● 427 Gemeinsamer Weiterweg: Jagdhaus „In der Au" — Lochhüttl — Überschalljoch — Hallerangerhaus

Lochhüttl ¾ Std.; Überschalljoch 3 Std.; Hallerangerhaus ½ Std.

Vom Jagdhaus „In der Au" auf der orographisch rechten Talseite durch Mischwald immer in der Nähe des Bachbettes, dieses zuletzt auf einer kleinen Brücke überschreitend, zum Lochhüttl, 1244 m; verschlossenes Jagdhüttl; großartiger Talkessel; etwa 50 m einwärts schöner Wasserfall. Durch den Hochwald hinter der Hütte in steilen Kehren empor auf einen sumpfigen Boden und immer wieder im Zickzack, unterbrochen von einsamen Böden, zuletzt über eine grasige Senke zum Überschalljoch, 1910 m, Jochkreuz. Über die Weideböden hinab zur Hallerangeralm und in 5 Min. eben hinüber zum Hallerangerhaus.

● 428 Übergang von der Pleisenhütte zum Karwendelhaus

Teilw. Steigspuren, mit Steinmandln bez., für geübte Geher lohnend, aussichtsreich, 8 Std.

Von der Pleisenhütte auf dem Weg zur Pleisenspitze zur Vorderkarhöhle, dort Abzweigung nach rechts zum Vorderkarlgraben. Eine Schotterreise queren, anschließend durch Latschen zu einem schönen

Platzl; etwa 100 m steiler aufwärts, bei Steinmandl scharf rechts, ein paar Latschen übersteigen und zu einem ausgeschlagenen Jägersteig, der den hinteren Pleisengrat quert. Ihm folgend ins Mitterkar und an den Fuß des S-Grates der Larchetkarspitze. Hier führt ein Steiglein durch Latschen zur sog. Kuchl. Unter senkrechten Wänden, einem Gamswechsel folgend, zu einem grasbewachsenen Rücken; über ihn abwärts bis zu Steinmann. Links führt ein Steig in eine Schrofen- und Geröllrinne. Hier hinab bis zum Ende der links die Schlucht begrenzenden Felsen. Einem Gamswechsel folgend durch die Schotterreisen eben zu den letzten Latschen im Hinterkar. Hier einen Grashang steil aufwärts (Steinmandln) zum Fuß des S-Sporns der Großen Riedlkarspitze. Wo die Schotterreisen den Karboden erreichen, etwas rechts haltend durch die Mondlandschaft des Hinterkars in Richtung auf die Breitgrieskarspitze. Später (Steinmann) auf den Kamm, der das Hinterkar nach N begrenzt. Von hier einem Steiglein folgend an die W-Flanke der Breitgrieskarspitze. Über Schrofen etwa 50 m aufwärts zu einem Schotterband, das nach rechts auf den S-Grat der Breitgrieskarspitze leitet. Wo das Schotterband am S-Grat endet, erst leicht rechts, dann einen grasdurchsetzten Schrofenrücken abwärts, am Ende des Felsens nach links, Steigspuren folgend unter den senkrechten Abstürzen des Breitgrieskarspitz-Gipfels zu dem Schotterrücken, der zur Breitgrieskarscharte hinunter leitet. Ostw. empor, dann südseitig eine Schotterhalde queren zur Seekarscharte (2 Steinmandln). Nun nordw. hinab (bis in den Hochsommer Schneerinne) in den oberen Karboden des Seekarls. Nach rechts (ostw.) hinab ins Marxenkar. Man quert es an der Latschengrenze durch Mulden und über Grashänge ostw. zum Rücken, der Marxenkar und Schlauchkar trennt. Man betritt ihn dort, wo die Latschen am weitesten hinaufreichen. Auf Steigspuren nach links und über Felsstufen zum bez. Steig. Auf ihm ins Schlauchkar und zum Karwendelhaus. (Toni Gaugg)

● 430 Übergänge vom Vomper Loch zum Lamsenjoch

● 431 Zwerchloch — Lamsscharte — Lamsenjochhütte

Lamsscharte 3—4 Std.; Lamsenjochhütte ½—¾ Std.; in umgekehrter Richtung: Lamsscharte ¾ Std.; Zwerchloch 2 bis 3 Std. Trittsicherheit erforderlich.

Vom Jagdhaus „Im Zwerchloch" am Hang über dem Bach talein bis in den Grund des Zwerchloches, wo von allen Seiten her Kare münden. Links westl. Schneepfanne und Schafkar; Wegabzweigung dorthin links; halbrechts, nordöstl. aufwärts auf gutem, ausgeschlagenen Steig in weiten Kehren empor ins Lamskar; eine höhere Wandstufe wird durch eine Rinne, die mit Hilfe von Stufen leicht gangbar gemacht wurde, überwunden. (Unter den obersten Felsstufen das „Lamsbrünndl“, eine bis tief in den Hochsommer rinnende Quelle.) Von hier empor zur Einschartung des Lamstunnels, 2217 m; fälschlich auch als Lamsscharte bezeichnet; weiter führt der Weg in nordwestl. Richtung an der S-Seite des Hüttenturmes entlang, aufwärts zur Einschartung genau am SO-Fuß der Lamsenspitze, der Lamsscharte, 2270 m. Der erste Steilabfall wird mit Hilfe von Drahtseilen überwunden, sodann durch die große Schutthalde hinab zur bereits sichtbaren Lamsenjochhütte.

● 432 **Gasthaus Karwendelrast — Tawald-Jagdhütte — Hochnißlspitze — Lamstunnel — Lamsenjochhütte**

Der Abstieg durch den Lamstunnel ist sehr interessant, aber nur für sehr Geübte und vollkommen Schwindelfreie ratsam. Im Aufstieg leichter. Tawald-Jagdhütte 1½ Std.; Hochnißlspitze 2½ Std.; Lamsenjochhütte 2 Std.

Wie in R 1742 auf die Hochnißlspitze und über Steinkarlspitze und Rotwandlspitze auf guter Steiganlage stets südl. des Kammes in nordwestl. Richtung zur Einschartung des Lamstunnels. Von hier durch den natürlichen Felstunnel abwärts auf hochalpiner Steiganlage, die durch Drahtseile und Eisenklammern gesichert ist, auf die Schuttreise, und im Bogen nach links in wenigen Min. zur Lamsenjochhütte. Den schwierigen Abstieg kann man vermeiden, wenn man wie in R 431 zur Lamsscharte weitergeht und von dort zur Hütte absteigt.

● 433 **Karwendelhaus — Birkkarhüttl — Hallerangerhaus**

Besonders in Verbindung mit der Birkkarspitze oder den Ödkarspitzen lohnender, hochalpiner Übergang. Der Aufstieg zum Schlauchkarsattel ist vom Karwendelhaus kürzer und müheloser. Trittsicherheit erforderlich. Jagdhaus „Im Kasten“ ¾ Std.; Schlauchkarsattel 4—5 Std.; Karwendelhaus 1½ Std.; in der Gegenrichtung: Schlauchkarsattel 2½ Std.; Kasten 2—3 Std.; Hallerangerhaus 1½—2 Std.

Vom Karwendelhaus wie in R 1302 zum Schlauchkarsattel und jenseits abwärts zum Kasten; von dort wie in R 281 zum Hallerangerhaus. Vom Hallerangerhaus hinab zum Kasten und wie in R 1304 auf den Schlauchkarsattel, und durch das Schlauchkar absteigend (R 1302) zum Karwendelhaus.

● 434 **Karwendelhaus — Falkenhütte — Eng — Lamsenjochhütte**

Falkenhütte 2½ Std.; Eng 1½ Std.; Lamsenjochhütte 2 Std.

Vom Karwendelhaus ostw. auf Weg zum Hochalmsattel, 20 Min.; Aussichtspunkt auf die N-Wände des Hauptkammes und die Falkengruppe. Von hier entweder auf dem Fahrweg in ausholenden Kehren hinab zum Kl. Ahornboden, oder gleich unterhalb des Joches links ab, steiler und näher, jedoch weniger aussichtsreich, in 1 Std. zum Kl. Ahornboden; Jagdhäuser; Denkmal (siehe auch R 302). Vom Denkmal auf dem Fahrweg (Ww.) in den Ladizwald und ostw. hinauf zur Ladizalm, 1574 m, in schöner Wiesenmulde gelegen, und weiter in Kehren zum Spielißjoch, Marterl, erster Blick auf die Laliderer Wände in ihrer vollen Ausdehnung. Von hier links, nordw. in zwei Kehren auf den begrünten Kopf, auf dem die Falkenhütte steht (oder Abkürzungsweg; Ww.).

Weiterweg zur Eng am Spielißjoch; auf dem Steiglein zuerst abwärts, dann fast eben unter den Laliderer Wänden entlang zum Hohljoch, 1795 m, der Einsattelung zwischen dem Grubenkar-N-Grat und der Gamsjochgruppe. Erster Ausblick auf die N-Wände der Grubenkar- und Spritzkarspitze. Über die Weideböden etwas rechts haltend abwärts und durch Wald auf gut bez. Steig abwärts zur Engalm und kurz talaus zum Ghs. Eng.

Der Weg zum Lamsenjoch beginnt neben dem Ghs. Eng. Auf schmalem Steig durch den Wald empor, bis man auf den Fahrweg trifft; auf ihm talein zum Binsalm-Niederleger (Gastwirtschaft). Weiter dem bez. Weg folgend über die Almböden hinauf, vorbei am Binsalm-Hochleger und der Abzweigung zur Hahnkamplspitze, die links bleibt, auf das Westl. Lamsenjoch, 1940 m, und eben hinüber zur Lamsenjochhütte (R 320).

● 436 Falzturnalm — Kaserjoch

Von den beiden Anstiegen empfiehlt sich derzeit R 436a.

● 436a Über die Dristlalm

2—2½ Std., leicht.

Zwischen den Almhütten südw. durch den Wald in Kehren empor und nach links in das breite Legertal; durch dieses aufwärts zur Dristlalm, 1645 m. Durch den breiten Graben links des *Dristlköpfls,* 1827 m, hinauf, über den Almhang hinter der Lacke steil empor. Das Dristlköpfl bleibt rechts liegen. Über die Schulter weg, dann einige Min. absteigend. (Hier mündet das kaum noch sichtbare Steiglein, das von der verfallenen Brunntalalm heraufführt). Südw. durch die steile Lehne querend, dann durch Schuttreisen hinauf unter die Felsen der Kaserjochspitze und in kleinen Kehren in die Mulde des Nauderer Karls. Die Felsabstürze des Kaserjoches werden im Bogen rechts umgangen. Leicht auf das Joch.

● 436b **Über die Brunntalalm**
2½ Std., teilweise schlechte Steige.

Von der Falzturnalm noch etwa 400 m auf dem Fahrweg talein; bei einer Baumgruppe zweigt der Weg (Ww.) links ab und führt durch schottergründigen Wald in südl. Richtung aufwärts. Nach der Überquerung des Bachbettes an der rinnendurchfurchten rechten Tallehne durch Hochwald empor zur Brunntalalm, 1477 m. Gleich hinter der Alm wird die Bachfurche überquert, sodann auf Steigspuren gerade empor zu dem aus dem Legertal kommenden Steig. Wie in 436a zum Kaserjoch.

● 437 **Kaserjoch — Naudersalm — Nauderer Stiege — Stallenalm**
2—2½ Std.; im Aufstieg 3½ Std. bis zum Kaserjoch.

Vom Joch zuerst gerade, in südl. Richtung abwärts, dann gegen rechts auf einen breiten Sattel; jenseits stets rechts haltend hinab zur Naudersalm, 1864 m. Von hier gerade abwärts in die später ungangbare Gamsgartenklamm; talaus kein Weiterweg. Westl. über die Almböden, dann südw. ansteigend über die sog. „Nauderer Stiege" zum *Rizuelhals,* 1943 m, der Einsattelung zwischen Brentenkopf, 2021 m, südl., und Lunstkopf, 2142 m, nördl. Jenseits durch den Rizuelgraben (Quelle), später gegen rechts ziemlich steil abwärts in den großen Grubachgraben, durch den man zur Jausenstation Stallenrast und zur Stallenalm absteigt.

● 438 **Gramei-Niederleger — Lunstsattel, 1918 m — Stallental**
3—3½ Std. zur Stallenalm, fast durchgehend gut bez. Steig.

Von der Grameialm talein; etwa dort, wo rechts der Weg zum Gramei-Hochleger abzweigt, bei auffallenden Schuttflächen links ab, dem teilw. vorhandenen Steig und den Bez. folgend über die Schuttreisen gegen den Graben empor. Später am linken (nördl.) Talhang durch Wald und später über Bergmähder auf den Sattel. Im Abstieg trifft man bald auf den Weg R 437 zur Stallenalm.

● 439 **St. Georgenberg — Stanser Joch — Bärenbadalm**
„Übergang" am Stanser Joch 3 Std.; Bärenbadalm 1 Std.

Von St. Georgenberg 200 m in westl. Richtung ansteigend, sodann in vielen kleinen Kehren empor zur Plattenalm, 1488 m (Hütte). Zuerst über den Rücken weiter, dann nach rechts hinein in den obersten Seiergraben. Durch diesen aufwärts bis zu kleinen Felsstufen, dann rechts empor auf die Almböden unter dem Seierjoch. 100 m, nachdem man aus dem Schutt auf den Weideboden tritt, links auf Steigspuren ansteigend auf dem begrünten Kamm zum „Übergang", 2103 m. Jenseits am linken Rand des Weißenbachkares abwärts, dann nach links zum Weißenbachsattel, 1693 m (talein). Von hier auf gutem Steig links nordw. hinab zur Bärenbadalm (rechts in wenigen Min. hinab zur Weißenbachalm).

● 440 Übergänge vom Falzturntal ins Engtal

● 440a Über den Bärenlahnersattel, 1995 m, zwischen Schaufelspitze und Sonnjoch

Von der Falzturnalm zum Sattel 2½ Std.; Haglhütte 1½ Std. Von der Abzweigung an der Talstraße (Ww.) bis auf den Sattel gut bez., teilw. Steig oder Steigspuren.

Zunächst kurz durch den ebenen Wald talein, dann dem trockenen Bachbett folgend, bis der Steig nach rechts im Wald emporführt. Über der Waldgrenze gelangt man an einer Almruine und einer Quelle vorbei auf die Grasböden des Bärenlahners. Über sie den Steigspuren und Bez. folgend auf den Sattel. Jenseits zuerst gerade abwärts ohne Steig. Etwa 200 Höhenmeter über der Stelle, wo sich alle von der W-Flanke der Schaufelspitze herabziehenden Gräben vereinigen, gegen links über einen Graben und gerade abwärts, bis man im Wald auf einen guten Steig trifft. Diesem folgend in Kehren abwärts, bis er auf den Grameigraben trifft, und zwar gerade dort, wo der von Hinterriß zum Plumsjoch führende Fahrweg in weiter Schleife heranführt. Auf diesem rechts abwärts in 20 Min. zur Haglhütte; links (südl.) abwärts auf dem Verbindungssteig ins Engtal und zum Whs. „In der Eng“.

● 440b Über den Gramei-Hochleger und das Grameijoch

Vom Grameijoch jenseits hinab zur Binsalm und zum Whs. „In der Eng“. Siehe R 317.

● 443 Pletzachalm — Jagdhaus Pletzboden — Tölzer Hütte

Pletzboden 5 Std.; Tölzer Hütte 4 Std.

Von der Pletzachalm (Sommerwirtschaft) am Hauptweg talein, dann (wo das Tal nach SW umbiegt) Abzweigung nach rechts und in vielen Kehren zum Schleimssattel, 2½ Std. von Pertisau. Nun nordwestl. abwärts über die Mantschenalm und auf der Straße entlang dem Tanauer Bach talaus, an der Abzweigung ins Dürrachtal vorbei, nunmehr westl. zum Pletzboden, 3 Std. vom Schleimssattel. Die Straße, später der Weg, folgt nun in westl. Richtung dem Baumgartenbach aufwärts zum Baumgarten-Niederleger und Hochleger (1477 m), von hier aus mehr nordwestl. zur Tölzer Hütte.

Landschaftlich schöner und kaum länger: Vom Pletzboden zum Nonnenalm-Hochleger. Von diesem meist westl. haltend zum Sattel zwischen Lärchkogel und Luderwände. Nun anregende Gratwanderung über Ludernwände und Stierjoch zum Delpssee und zur Tölzer Hütte. 4 bis 4½ Std. vom Pletzboden.

● 444 Plumsjochhütte — Tölzer Hütte

Um vom Plumsjoch zur Tölzer Hütte zu gelangen, gibt es zwei Möglichkeiten: Einmal über den Pletzboden, oder aber die lange, anstrengende Wanderung über den ganzen Kamm, die landschaftlich allerdings bedeutend reizvoller ist, aber nur bei sichtigem Wetter unternommen werden sollte.

● 444a Über den Pletzboden

Pletzboden 3½—4 Std.; Tölzer Hütte 4 Std.

Man quert vom Plumsjoch, am besten über den Hasental-Hochleger, hinüber zum Satteljoch und von ihm aus nördl. ins Tal des Plumsbaches; diesem folgend talaus, bis man auf den Weg Schleimssattel — Pletzboden trifft. Diesem folgt man zur Tölzer Hütte, vgl. R 443.

● 444b Ganzer Kamm

Insgesamt eine Tageswanderung von 8—10 Std. Kompar 2 Std.; Grasbergjoch 2—3 Std.; Fleischbank 1 Std.; Schönalmjoch 1 Std.; Tölzer Hütte 2 Std., bez.

Vom Plumsjoch auf kleinem Steig zum Kompar (2010 m). Weiter über den Grasbergalm-Hochleger (1541 m) zum Grasbergjoch (2020 m). Unter dem Gipfel des Hölzelstaljoches zur Fleischbank (2025 m). Von da weiter zum Schönalmjoch (1986 m), nordwestl. zum Ochsental-Hochleger und über den Baumgarten-Hochleger zur Tölzer Hütte.

● 447 Von der Fereinalm über den Hufachboden und die Wechselschneid oder Steinlochscharte ins Rontal

Diese Höhenwanderung erfordert gutes Orientierungsvermögen. Man nehme Rücksicht auf das Wild.

Auf der Forststraße zunächst östl., dann scharf südl. am Fuß der ausgewaschenen östl. Kampenleiten entlang in den weiten Kessel des Hufachbodens. Der Weg wendet sich vom Talboden östl. Etwa hundert Schritte hinter einem Gatter teilt er sich: der linke Pfad führt zur Hütte im Schlag (verfallen), der rechte zur Steinlochscharte.

● 447a Über die Schlaghütte

3—3½ Std. von der Hütte im Schlag, etwa 5 Std. von der Fereinalm.

Auf dem Steig weiter zur Schlaghütte (1¾ Std. von Ferein). Einige Zeit

nach der Hütte der Schlagalm verläßt man den Weg und hält sich nach O den mit spärlichen Wetterfichten besetzten Hang hinauf zur *Wechselschneid* (1835 m, Grenzmarke 242). Auf dem Kamm fast eben in nördlicher Richtung weiter bis unter die Rappenklammspitze. Siehe Abb. S. 623. Man geht über der wild ausgewaschenen Rappenklamm weg und gewinnt ein östl. unter der Rappenklammspitze zum Sattel des Hochalpls führendes Steigerl. Vom Sattel führt ein schöner Weg ins Rontal und hinaus nach Hinterriß.
Rückweg zur Fereinalm. Vom Sattel zu der etwa in nordwestl. Richtung unter dem Sattel liegenden Alm. Der Weg verliert sich auf dem Almboden. Nun nicht den westl. ansetzenden Jagdsteig einschlagen, sondern über Wiesen nordwestl. absteigen. Bei einer alten, durch einen roten Farbfleck bez. Fichte beginnt der Steig, der am Pürschhaus vorbeiführt und schließlich mit dem über Vordersbachau kommenden Weg sich vereinigt und zur Fereinalm führt.

● 447b Über die Steinlochscharte

Nur Geübten zu empfehlen. 4½ Std. von der Fereinalm.

Er zweigt, wie in R 447 erwähnt, hinter dem Gatter ab. Bei einer abermaligen Wegteilung behält man den linken Weg bei. Man erreicht eine freie Wiese, an deren jenseitigem Ende der Weg sich bei einem Felsblock fortsetzt; verfallene Hütte (letztes Wasser). Von hier nach rechts zu freien Hängen und Wald aufwärts zum „Hals“, einem freien Wiesenplan, über dem sich die N-Wand der Schlichtenkarspitze erhebt. Von hier führen mehrere Jagdsteige ostw. Auf dem obersten erreicht man die grünen Rippen, über die man zur Steinlochscharte emporsteigt (1919 m). Über dieser erhebt sich ein kühner Turm. Von der Fereinalm 2½ Std. Durch eine Rinne steigt man jenseits, nicht einfach, hinunter, quert dann in die Karmulde des Steinloches und zu den grünen Hängen, die von der Steinkarspitze herabziehen. Am O-Fuß der Steinkarspitze trifft man einen verfallenen Pfad, der zur Rontalalm hinauszieht. Mit diesen Wanderungen lassen sich die Ersteigungen von Rappenklammspitze oder Steinkarspitze verbinden. Siehe R 2525ff.

● 450 Von der Fereinalm oder der Hochlandhütte zum Karwendelhaus über das Bärnalpl, 1793 m

Der Weg von der Fereinalm zum Karwendelhaus (oder auch der Angeralm) führt über die Bärnalpscharte, kurz Bärnalpl genannt. Von der Höhe des Bärnalpls stürzen nach N steile Wände, während sich nach S ein ausgedehntes, welliges Latschenplateau erstreckt, das gegen das Karwendeltal mit steilen, bewaldeten Hängen absinkt. Über das Bärnalpl führen drei Wege, von denen nur 450a zu empfehlen ist.

● **450a** **Gjaidsteig**

Der Weg erfordert Trittsicherheit und Schwindelfreiheit. 4 bis 4½ Std. von der Fereinalm. 5—5½ Std. von der Hochlandhütte

Das Bärnalpl erreicht man von der Fereinalm auf dem Weg zum Hufachboden (Ww.), R 447. Man geht mehrere Gräben aus, der Weg ist nur anfangs gut, später verfallend. Vom Hufachboden über Schotter den deutlichen Spuren folgend gerade empor, dann rechts unter die N-Flanke der Raffelspitze. Von der Hochlandhütte über den Wörnergrat und das Kampenleitenjoch, das Thomasalpl links unten lassend (R 458f.) hierher. Der Gjaidsteig beginnt 250 m westl. der Scharte unter den Wänden der Raffelspitze bei einer Lärche und führt auf einem Felsband von W nach O ansteigend auf die NW-Ecke des Bärnalpls. Das Band ist von Rinnen unterbrochen und wechselt in der Breite. Von der Fereinalm zum Bärnalpl 2—2½ Std, von der Hochlandhütte 3—3½ Std. Von der NW-Ecke des Bärnalpls, wo der Gjaidsteig mündet, dem deutlichen Steig, der leicht ansteigt, folgend zur höchsten Erhebung. Jenseits den guten Reitweg zur Angeralm einige Kehren hinunter. Etwa 100 m unterhalb seines höchsten Punktes, wo sich die kleinen Wassergräben zu einem einzigen vereinigen, führt links das sog. Latschengasserl weg, dessen Beginn sehr schwer zu finden ist. Dieses führt durch Latschen, einmal über einen freien Wiesenplan, wo sich der Weg etwas verliert, entlang den S-Hängen der Schlichtenkar- und Vogelkarspitzen in 1½ Std. zum Karwendelhaus.

● **450b** **Bärnsteig**

Beschreibung s. 11. Aufl. 1978, S. 124.

● **450c** **Bärenfall**

Beschreibung s. 11. Aufl. 1978, S. 124.

● **454** **Angeralm**

1 Std.

Zu ihr gelangt man, wenn man dem vom Bärnalpl nach S führenden Reitweg folgt.

● **455** **Vom Rontal oder der Fereinalm zum Karwendelhaus über die Vogelkarscharte, 2230 m**

III—. Im Abstieg schwer zu finden. 3—4 Std. vom Steinloch. (1948 fand O. Herzog einen neuen Weg auf die Scharte. Vgl. Mitt. AV Mai 49.)

Übersicht: Die tiefe Einschartung zwischen Vogelkarspitze und Östli-

cher Karwendelspitze fällt nach N mit steilen Wänden ab, nach S breitet sich das Vogelkar aus. Die Überschreitung der Vogelkarscharte gestaltet sich wesentlich schwieriger als die des Bärnalpls. Sie ist nur von guten Bergsteigern durchführbar.
Führe: Auf R 447 b oder R 461 ins Steinloch. An dem am weitesten herabziehenden Sporn von rechts nach links empor zur untersten Mulde. Von hier leichter zur nächsthöher gelegenen Mulde und auf teilweise sehr steilen grasigen Bändern nach rechts in leichtere Schrofen. In diesen aufwärts, bis zuletzt eine steile Rinne von rechts unten nach links oben erstiegen wird und damit die tiefste Einschartung erreicht ist. Der ganze Durchstieg bewegt sich mehr im westl. Teil der von der Scharte herabziehenden Hänge. 2—3 Std. E. Von der Scharte leicht durch das Vogelkar und schräg südöstl. zum Karwendelhaus, 1 Std.

● 456 Von der Fereinalm zu den Soiernhäusern
2½—3 Std.

Von der Fereinalm an dem kleinen See vorbei in weiten Kehren zum „Jöchl" (1788 m) hinan. Es ist dies eine kleine Einsattelung am Beginn des südl. Gratabsenkers der Soiernspitze. Durch ein steiles Almfeld in einigen Serpentinen zunächst abwärts, setzt sich der Weg dann wieder ansteigend fort. Nach einem Brunnen teilt sich der Weg. Der rechte führt hinaus zur Krapfenkar- und Baierkarspitze, verliert sich aber bald. Unser Weg leitet weiter in großen Kehren, nachdem er eine Mulde mit Resten einer Jagdhütte durchschritten hat, zum Joch der Jägersruh hinauf. 2 Std. von der Fereinalm. Von der Jägersruh in Serpentinen abwärts zu den Seen und den kleinen Rücken hinauf zum Soiernhaus. ½ Std. von der Jägersruh.

● 457 Von der Hochlandhütte zur Fereinalm
2 Std.

Da dieser Weg in R 363 umgekehrt beschrieben ist, sei er hier nur kurz erwähnt: Von der Hochlandhütte auf gutem, bez. Weg zum Steinkargrat, auch Wörnergrat oder Wörnersattel genannt. 1 Std. Kurz bevor die Felsen des Wörners ansetzen, über Schotter nach links hinunter ins Kar. Immer dem Steig folgend in 1 Std. zur Fereinalm.

● 458 Von der Hochlandhütte zum Hufachboden
2½—3 Std.

Von der Hütte zum Wörnergrat, auch Steinkarlgrat genannt. Unmittelbar unter den N-Wänden von Wörner und Hochkarspitze führen Steigspuren über die mächtigen Schuttreisen des Wörnerkars. Über diese Reisen erreicht man das begrünte Kampenleitenjoch. Von ihm nach

NO über Rinnen und begrünte Hänge hinab und oberhalb der Mulde des Thomasalpls auf den zum Teil verwachsenen Reitweg, der zwischen den Kampenleitenwänden und den hinteren Kampenleiten von der Fereinalm hinaufzieht. Auf ihm kann man auch zur Fereinalm gelangen. Zum Hufachboden leitet der Weg in großen Windungen nach SO hinab.

● 459 Von der Hochlandhütte zum Bärnalpl
3½ Std.

Wie in R 458 zum Kampenleitenjoch. Hier hält man sich von den oberen Grashängen (nicht zu hoch!) über dem Thomasalpl auf Schafsteigen, anfangs durch Latschen, gegen die Reisen unter der N-Wand der Raffelspitze. Auf Gamswechseln zum Beginn des Gjaidsteiges (R 450a).

● 460 Von Hinterriß durch das Tortal auf die Torscharte
2½ Std.

Der Fahrweg ins Tortal beginnt ein wenig talein vom Forsthaus. Nach etwa einer Stunde erreicht man die Gebäude der Toralm (Brunnen). Der großartige Talabschluß wird durch Torwände (N-Wände der Lackenkarspitze und des Kuhkopfes) gebildet. Von der Toralm Pfadspuren empor zur Torscharte (1793 m).

● 461 Von Hinterriß durch das Rontal auf die Torscharte
2½ Std.

Der Fahrweg ins Rontal beginnt ein wenig talein hinter dem Wirtshaus (Ww.), führt einige Zeit rückwärts und dann in westl. Richtung auf dem rechten Ufer des Ronbaches talein. Beim Zollhaus führt ein schmaler Fußweg etwas steiler unmittelbar auf diesen Fahrweg. 1½ Std. zur Rontalalm, mit Blick auf Östl. Karwendelspitze und Vogelkarspitze. Man überschreitet die Wiesen in südl. Richtung, der Pfad führt durch Wald zum Talschluß, in dessen hinterstem Teil das Steinloch, ein düsteres Hochkar, gelegen ist. Wer zur Torscharte will, die hinüber ins Tortal führt, steigt im Talhintergrund links über Geröll und Wiesen empor. Von der Rontalalm führt ein Weg (R 447a) über das Hochalpl zur Fereinalm.
Über den Übergang Steinlochscharte — Hufachboden, der größere Anforderungen stellt als obige Wege, s. R 447b.

● 462 Rundtour über die Torscharte
5 Std.

Die Wanderungen R 460 und 461 lassen sich von Hinterriß aus zu einer schönen Rundtour verbinden.

● 465 Übergang Dammkarhütte — Hochlandhütte

● 466 Über Larchetstock — Mitterkar
1½—2 Std.

Man steigt von der Dammkarhütte auf dem Weg nach Mittenwald bis zum Waldrand ab. Bei einer Wegtafel zweigt Weg 362 nach rechts (westl.) ab, der in Kehren zum Larchetstock (Lärchstock) ansteigt und dann fast eben in weitem Bogen das untere Mitterkar quert.

● 467 Über den Predigtstuhl
Dieser Weg verlangt Schwindelfreiheit und Trittsicherheit; nur für geübte Bergsteiger. 2—2½ Std.

Von der Dammkarhütte im Dammkar aufwärts zum „Brotzeitfelsen" (Bergwachthütte). Von hier führt eine ausgeprägte Trittspur quer durch die breiten Schuttreisen, die von der Tiefkarspitze herunterziehen, gegen den Predigtstuhl (1921 m), den man durch eine kurze Rinne erreicht. (Hierher von der Hochlandhütte R 1931, Anstieg zur Tiefkarspitze.) Vom Predigtstuhl leicht absteigend quer durch die grasdurchsetzte N-Flanke der Tiefkarspitze und durch eine kleine Schlucht in die Schuttreisen des Mitterkars, durch die eine Steigspur zu R 466 führt. Weiter in wenigen Min. zur Hochlandhütte.

● 468 Karwendelbahn-Bergstation — Tiroler Hütte
Vgl. auch R 1823.

Im Anschluß an die Fertigstellung der Seilbahn zum Karwendel hat die Sektion Mittenwald des Alpenvereins die richtige Konsequenz gezogen und, nachdem die Bahn, ohne daß die Bergsteiger lang gefragt worden waren, nun einmal stand, das Gebiet auch für den Durchschnittsbergsteiger begehbar gemacht. Im Zusammenhang mit dem Kapitel „Übergänge" interessieren hier zwei Wege, nämlich der Mittenwalder Höhenweg, der über den Gratverlauf zur Tiroler Hütte führt, und der Heinrich-Noë-Weg, der einmal links, dann wieder rechts des Grates zur Brunnsteinhütte leitet.

● 469 Mittenwalder Höhenweg
Dank der zahlreichen Sicherungsanlagen ist der Weg auch bei Nebel nicht zu verfehlen. Bei Gewitterneigung den Weg keinesfalls begehen bzw. sofort weg vom Grat. Gesamtgehzeit 6—8 Std. Schwindelfreiheit und Trittsicherheit unbedingt erforderlich!

Man kann zunächst einmal die Westl. Karwendelspitze „mitnehmen" (2345 m, ½ Std. von der Bergstation, R 1836) und folgt dann dem

Rundweg, der von der Bergstation ausgeht, in südwestl. Richtung. Von dort führen die ersten Leitern und Steigklammern zur Nördl. Linderspitze, 2327 m. Vom Gipfel über einen steilen Grashang hinab zum „Steinernen Zaun“ (¾ Std.). Hier kreuzt der Heinrich-Noë-Weg (R 471) den Höhenweg. Nun über eine Reihe von Leitern hinauf zum Grat, der über die Mittl. und Südl. Linderspitze, 2303 m, zum Gamsangerl führt (1 Std.). Unter der N-Wand der Sulzleklammspitze offene Unterstandshütte. Vom Gamsangerl aus besteht Gelegenheit, den Abstieg zum Sulzleklammanger (½ Std.) zu nehmen und dann auf dem Heinrich-Noë-Weg direkt zur Brunnsteinhütte (1½ Std.) abzusteigen oder auf dem Noëweg in umgekehrter Richtung wieder über den „Steinernen Zaun“ zur Bergstation zurückzugelangen (¾ Std.). Vom Gamsangerl Richtung Brunnsteinspitze geht es weiter über die Sulzleklammspitze, 2323 m, zur Kirchlespitze, 2302 m, Ende der Schwierigkeiten. Weiterweg zum Brunnsteinanger, 2082 m, ist eine ausgesprochene Genußwanderung. Vom Brunnsteinanger dann über die Tiroler Hütte zur Rotwandl-, 2193 m, und zur Brunnsteinspitze, 2179 m, dem Endpunkt des Mittenwalder Höhenweges.

● **470 A** **Abstieg** über die Brunnsteinhütte (1 Std.) zur unteren Sulzleklamm (½ Std.) und von hier entweder über das Hoffeld im Talboden (1 Std.) oder den Leitersteig (1¾ Std.) nach Mittenwald.

● **471** **Heinrich-Noë-Weg**

Noë war der Gründer der AV-Sektion Mittenwald und ein zu seiner Zeit bekannter Schriftsteller. Der Noëweg ist gut bez., luftige Stellen sind mit Seilen versehen. Die Begehung ist Geübten mit geeigneter Kleidung (der Weg verläuft bis in eine Höhe von 2300 m) vorbehalten. Trittsicherheit und Schwindelfreiheit erforderlich. 2 Std. von der Bergstation; mit der Nördl. Linderspitze ½ Std. länger.

Wie in R 469 auf dem Rundweg um die Karwendelgrube, die rechts unten bleibt. Weiter auf der Tiroler Seite zum „Steinernen Zaun“. (Von hier aus ohne Schwierigkeit auf die Nördl. Linderspitze, ½ Std. hin und zurück.) Beim „Steinernen Zaun“ kreuzt der Noëweg den Mittenwalder Höhenweg. Der Noëweg wechselt hinüber auf die bayerische Seite nach W, führt weiter über oberen und unteren Sulzleanger, den Sulzlewald und die obere Sulzleklamm zur Brunnsteinhütte. Zurück zur Talstation der Karwendelbahn über den Brunnsteinsteig bis zur Einmündung des Leitersteiges, der die untere Sulzleklamm quert und den Karwendelsteig erreicht, auf dem man nach Mittenwald kommt (1½ Std.). Rückweg auch über das Hoffeld möglich (vgl. R 469).

C. Gipfel und Gipfelwege

I. Erlspitzgruppe (Seefelder Gruppe)

● **475** Die südwestl. Ecke des Karwendels bildet, abgesetzt von den großen Ketten, die Erlspitzgruppe. Sie umschließt hufeisenförmig das Eppzirler Tal und stößt im S, am Erlsattel, an die Inntalkette. Die Gruppe ist aus Hauptdolomit aufgebaut. Die stark zerscharteten Grate, Türme und Nadeln sowie groteske Felstore und Höhlen bezeugen den raschen Verfall einzelner Felsschichten. Für den Kletterer bedeutet dies extreme Brüchigkeit des Gesteins, selbst in den geschlosseneren Plattenwänden der Kuhljochspitz- und Freiungzahn-N-Wand; die Führen in dieser zählen zu den anspruchsvollsten Klettereien im Karwendel, doch werden sie nur selten begangen. Siehe Abb. S. 137.
Talstützpunkte sind Hochzirl, Reith, Seefeld und Scharnitz, von denen man durchwegs in 2—3 Std. zu den Hütten gelangt. Bergfahrten im S- und O-Teil der Gruppe werden vom Solsteinhaus aus unternommen, für den W-Teil eignet sich die Nördlinger Hütte, und im Zentrum des Gebiets liegt die Eppzirler Alm, die einfache Unterkunft und Verpflegung bietet. Der Freiungen-Höhenweg vom Solsteinhaus zur Nördlinger Hütte bietet eine für Geübte sehr lohnende Überschreitung. Sonst kommen als Übergänge die Eppzirler Scharte und der Ursprungsattel in Betracht. Die Ehnbach- und die Schloßbachklamm, die beide bei Zirl ins Inntal münden, zählen zu den eindrucksvollsten Teilen des Gebiets, sind aber nur für Geübte zu begehen.

● **476** **Seefelder Spitze,** 2220 m

Erster ausgeprägter Gipfel in dem von N auf die Reither Spitze emporziehenden Kamm, also dem westl. Begrenzungskamm des Eppzirler Tales. Vom Seefelder Joch her im Sommer und Winter leicht ersteiglich. Gipfelkreuz.

● **477** **Von Seefeld über Roßhütte und Seefelder Jöchl**

Unschwierig, von der Roßhütte 1½ Std. Zur Roßhütte Standseilbahn (1970), von der Roßhütte auf das Seefelder Joch Kabinenseilbahn.

Von Seefeld wie in R 161 oder 162 auf die Roßhütte. Nun über den breiten Rücken ostw. empor auf das Seefelder Jöchl, 2074 m, Jochkreuz, Aussichtspunkt. Von hier auf neuem, gesichertem Weg nach S auf den Vorgipfel und über einen schrofigen Sattel hinüber auf den Hauptgipfel.

● 478 Ostflanke aus dem Eppzirler Tal
Leicht, jedoch Trittsicherheit erforderlich; Orientierung nicht immer einfach. Von Eppzirl 2 Std.

Von der Alm am Fahrweg ¼ Std. talaus, dann links hinein in das Wimmertal. (Hierher auch R 186). Bis in den Talgrund und bei den letzten Lärchen rechts hinaus. Man trifft auf einen Steig, der die vielen Rinnen in der O-Flanke der Seefelder Spitze gegen das Seefelder Jöchl hinaus quert. (Von diesem Steig kann man nicht gerade in das Eppzirler Tal absteigen.) Vom Steig auf halbem Wege zwischen Jöchl und Gipfel links hinauf auf den Kamm und wie in R 477 zum Gipfel.

● 479 Übergang zur Reither Spitze
Beschr. H. Klier, 1971. **III—** (stellenweise). Abwechslungsreiche Kletterei, teilweise brüchig. 2—3 Std.

Führe: Vom Gipfel fast durchwegs genau auf der Gratschneide über mehrere Felsköpfe (Vorsicht im Abstieg!) an den Steilaufschwung der Reither Spitze. Am Fuß der senkrechten Türme südw., bis sich eine Schuttrinne öffnet. Durch diese empor bis an die Rippen des N-Grates. Über diese (oder mühsam durch die begleitende Schuttrinne) empor in das letzte Schartl unter dem Gipfelaufbau. Hier setzt der N-Grat senkrecht an. Etwa 4 m links der Kantenschneide vermittelt eine senkrechte, aber gutgriffige Wandeinbuchtung, die sich oben zu einer Rinne erweitert, den Durchstieg. 2 SL gerade empor zum Gipfel.

● 480 Reither Spitze, 2373 m

Aussichtsberg am SW-Eck der Erlspitzgruppe, durch Weganlagen von Reith, Seefeld und Eppzirl sowie über den Freiungen-Höhenweg vom Solsteinhaus leicht erreichbar. Nördlinger Hütte, 2238 m, knapp unter dem Gipfel. Gipfelkreuz.

● 481 Normalanstieg
Leicht, von der Hütte 20 Min.

Von Reith, Seefeld oder Gießenbach über die Nördlinger Hütte (R 170). Wie in R 171—175 auf die Hütte. Von hier auf gutem Steig nordw. über den Grat auf den Gipfel.

Die Erlspitzgruppe von Osten.

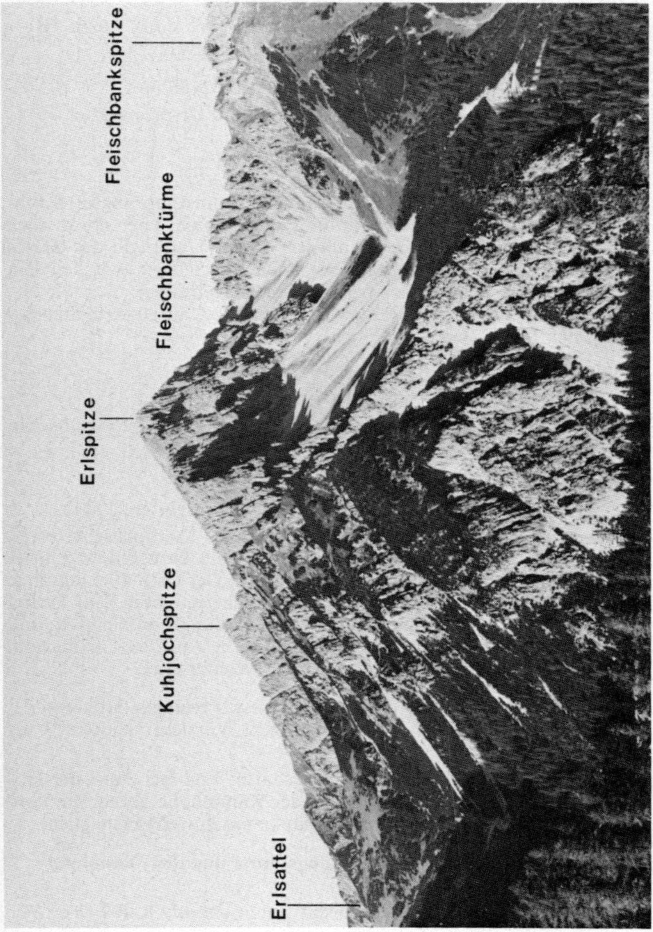
Fleischbankspitze
Fleischbanktürme
Erlspitze
Kuhljochspitze
Erlsattel

● 482 **Westwand**
H. Baldauf, G. Heinze, F. Riedel, W. Völk, 1926. **III—**, 2 Std. Siehe 11. Aufl. 1978, S. 132 (R 341).

● 485 **Ursprungtürme,** höchster Punkt 2180 m

Schroffe Felstürme zwischen Reither Spitze und Ursprungsattel.

● 486 **Hauptturm**
III. Von der Scharte 20 Min.

Zugang: Von der Nördlinger Hütte auf dem zum Ursprungsattel führenden Steig etwa 10 Min. bis in die innere Mulde. Hier nördl. vom Steig ab und aufwärts zum W-Fuß der Türme. Unterhalb des Grates beginnt eine plattige Rinne, durch die man in die Scharte zwischen dem Hauptturm und einem südl. vorgelagerten Zacken steigt.
Führe: Aus dieser Scharte nordw. über brüchige, ausgesetzte Steilstufen auf den Hauptturm.

● 487 **Südzacken**
III. Von der Scharte 10 Min.

Führe: Von der in R 486 erwähnten Scharte steigt man südw. über ein Plattenband und einige steile Absätze auf den Gipfel.

● 490 **Die Freiungen.**
Westgipfel 2325 m, **Mittelgipfel** 2322 m, **Ostgipfel** 2302 m

Auf einem mächtigen, vom Ursprungsattel zur Kuhljochscharte reichenden Sockel aufgesetzte Zackenreihe, die mit schroffen, zerklüfteten Wänden nach N ins Eppzirler Tal abfällt. Der Östl. Freiungspitze ist nördl. eine vom Massiv durch eine Schlucht getrennte Schichttafel vorgebaut, die in einer kühnen Zinne, dem „Freiungzahn“, gipfelt, und nach N mit 400 m hoher Plattenwand abstürzt. Auf den Freiungzahn führen nur äußerst schwierige, aber schöne Kletterwege.

● 491 **Überschreitung von Ost nach West, Freiungen-Höhenweg**
Nur für Geübte, Seilsicherungen. Vorsicht geboten! 3 bis 4 Std.

Wie in R 405 oder 405a zur Kuhljochscharte. Von hier führt der Höhenweg stets wenig unterhalb (südl.) der Kammhöhe gegen W. Vom Weg aus sind alle Gipfel über die S-Flanke unschwierig ersteiglich.

● 492 **Von Eppzirl auf die Freiungscharte und den Westgipfel**
II, 3 Std.

Führe: Von Eppzirl empor gegen das Sunntigköpfl, R 402. Von der

Karmulde aber gegen links zur auffälligen Haneburgernadel; an dieser vorbei und über die zwischen den Wänden eingelagerte Kargasse mühsam empor auf die Freiungscharte. Westwärts an den felsigen Aufschwung und durch eine enge Steilrinne empor auf die begrünte Schulter wenig südwestl. des Gipfels.

● 493 Nordwände der Westlichen und Mittleren Freiungen
Auf versch. Wegen durchstiegen: H. Gebhart, W. Hummel, L. Netzer, 1919. NO-Grat der Mittl. Freiung H. Nußbaumer, E. Mayer, 1912. Ohne Bericht.

● 494 Ostgipfel-Nordwand
E. Hensler, H. Nußbaumer, 1913. Beschr. E. Solleder, 1925. **V—**, 3 Std. Kaum begangen.

Übersicht: Da der Freiungzahn vorgelagert ist, sieht man vom Tal aus nur den oberen plattigen Teil der N-Wand. Westl. des Plattenabsturzes zieht ein breites, rasendurchsetztes Schuttfeld empor, das weiter oben zur Geröllrinne wird und links einbiegend zu einem flachen Sattel führt.
Zugang: Der E in die eigentliche N-Wand befindet sich beim Sattel südl. des freistehenden Turmes.
Führe: Über plattige Felsen etwas rechts aufwärts, in eine Geröllnische. Von hier in einem Riß senkrecht empor zu einem Schartel. Nun ohne Schwierigkeiten ein Geröllband rechts aufwärts zu einer Terrasse und dieser folgend nach links zu einem markanten Wandpfeiler. Um diesen herum und östl. zwischen Wand und Pfeiler einen Kamin hinan bis zur Pfeilerscharte. Einen schwierigen Riß weiter zu gut gestuftem Fels. Etwas westl. zu einem Band, das in gleicher Richtung schön gestuft zu gutem Stand an die Gipfelwand heranführt. An gutgriffigem Riß 5 m empor, ausgesetzter Quergang nach links in eine kurze, breite Rinne. 2 m höher umgeht man links den Überhang, quert oberhalb von diesem nach rechts in einen engen Kamin, den ein massiver Felspfeiler bildet. Auf dem Pfeilerkopf guter Stand. Hier senkrecht 3 m empor, mit Seilzug nach links in einen tieferen Riß und aufwärts nach rechts zu gutem Stand, senkrecht über dem Pfeiler. (Für den Nachfolgenden empfiehlt es sich, die Schlußwand vom Pfeilerkopf direkt zu erklettern.) Durch eine kurze Rinne gelangt man nun leicht zum Gipfel.

● 495 Ostgipfel-Ostwand
E. Solleder, H. Zallinger, 1925. **IV.** Kaum begangen. 3 Std., s. 11. Aufl. 1978, S. 134.

● 500 **Freiungzahn,** etwa 2100 m

Eine riesige, glatte, schon von der Eppzirler Alm gut auszumachende, nach oben spitz zulaufende Plattentafel nördl. unter den Freiungen. Hier finden sich die schwersten Klettereien der Erlspitzgruppe.

● 501 **Nordwand, „Dornröschenweg"**

F. Sint, A. Meßner, 1983, **V**+ und V (3 SL), IV. Zeit d. Erstbeg. 3 Std. Unterer Teil schon früher beg. (3 H vorh.). Keine H geschlagen, KK mittlerer Größe günstig. Nur bei sehr trockenen Verhältnissen zu empfehlen.

Übersicht: s. S.143.
Führe: s. Skizze S. 141.

● 502 **Nordwandriß**

H. Klier, W. Purtscheller, 1946 (B. u. H. 1950, S. 206). **VI** (60 m), sonst V. Extreme Rißkletterei. Schönste und schwierigste Felsfahrt der Erlspitzgruppe. Nötigste H stecken. Selten begangen. Wandhöhe 350 m. 5—7 Std.

Übersicht: s. Abb. S. 143.
Zugang: In der Gipfelfallinie über Schrofen gerade 30 m empor bis zur Gedenktafel für Harti und Messerer. Hier E.
Führe: s. Skizze S. 141. Über eine kurze Wandstelle gerade, dann nach rechts empor auf einen Absatz in Höhe des großen Klemmblocks rechts in der Schlucht. 5 m steigende Querung nach links und auf einer Rampe nach rechts zu Stand. Nun 4 m nach links hinaus, aber nicht bis zu dem schwarzen Einriß am großen Pfeiler links, sondern gleich gerade empor über einen kleinen Pfeiler (V, H) und nach rechts über eine nasse Wandstelle auf die große, nach rechts ziehende Rampe. Man folgt ihr bis zu ihrem höchsten Punkt (70 m, V—). Nach links und durch eine kurze Verschneidung zu Stand am Fuß des Plattenrisses, der von hier in gerader Linie emporzieht. 30 m gerade im Riß (VI, 1 H), bis er sich zu einer kaminartigen Nische erweitert. Hier Stand bei 2 H. Weiter 40 m stets im Riß, einen Überhang überwindend, bis an sein Ende zu gutem Stand. (Schwierigste SL, VI, 2 H). Von hier hält man sich schräg links empor. Über eine Wandstelle gelangt man in einen Riß, nach 30 m ausgesetzter Quergang bei H (V) um ein Eck nach links an den Fuß der überhängenden Verschneidung von R 503. Nun stets in der Verschneidung 90 m empor (stellenweise V+, H) bis zum höchsten Punkt. (H. u. W. K.)

● 503 **Nordwand**

P. Gastl, W. Purtscheller, 1942. **VI—**, 5 Std. Selten beg.

Übersicht: s. Abb. S. 143.

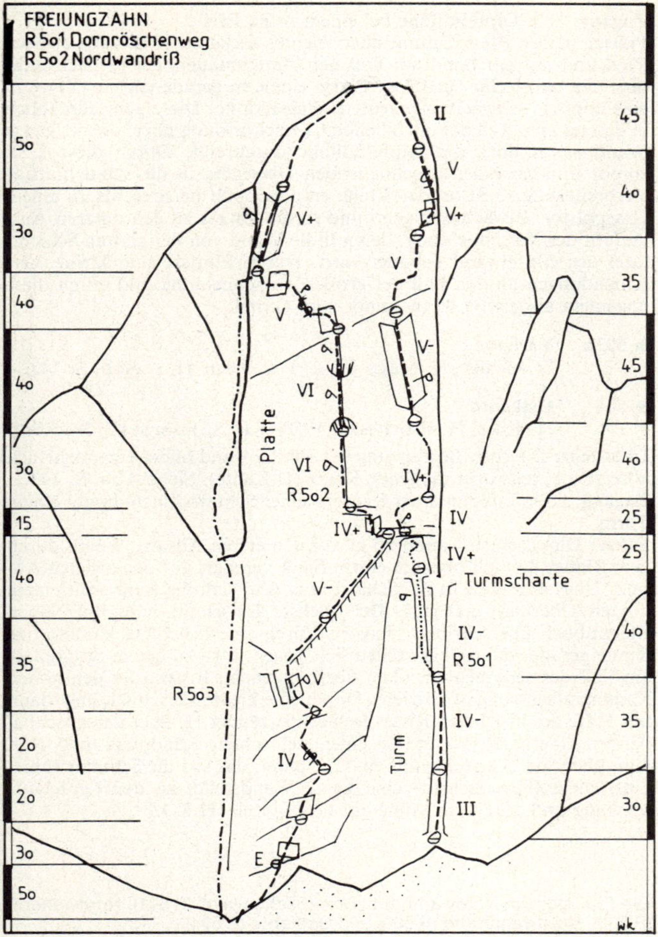
FREIUNGZAHN
R 5o1 Dornröschenweg
R 5o2 Nordwandriß
Platte
R 5o2
R 5o3
Turmscharte
R 5o1
Turm
E
II
V
V+
V
V-
IV+
IV
IV+
IV-
IV-
III
V+
V
VI
VI
IV+
V-
V
IV
5o
3o
4o
4o
3o
15
4o
35
2o
2o
3o
5o
45
4o
35
45
4o
25
25
4o
35
3o
wk

Zugang: E in Gipfelfallinie bei einem roten Pfeil.
Führe: In der Pfeilrichtung über leichtes Gelände 30 m zum zweiten Pfeil und auf ein Band am Fuß der Plattenmauer. Etwas nach links über die senkrechte, grifflose Platte einige m gerade empor (VI—) in eine anfangs schwach angedeutete Wasserrinne. Diese geht allmählich in den unteren Teil der auffallenden Verschneidung über, die die ganze Wand etwas links der Gipfelfalllinie durchreißt. Durch diese 2 SL empor und über den abschließenden Überhang in die schluchtartige Verbreiterung. 3 SL in der Rinne empor, dann nach rechts zu einem Graspolster. Etwas absteigend und rechts hinaus zu den unteren Ausläufern der Verschneidung, deren linke Wand von der glatten Schichttafel der Gipfelwand gebildet wird. Durch Einrisse und kleine Verschneidungen an den Fuß der großen Verschneidung und durch diese ungemein ausgesetzt 90 m empor zum Gipfel.

● 503 a Variante
S. Jöchler, R. Mayr. **VI—**, V+, keine H, s. Abb. S. 143.

● 504 Ostkante
H. Klier, H. Prochaska, 1950. **V** (1 SL), sonst IV; 3—5 Std.

Übersicht: Die östl. Begrenzung der Plattenwand bildet eine mehrfach absetzende, teils überhängende Kante (O-Kante). Siehe Abb. S. 143.
Zugang: E am Fußpunkt der Kante in einer Schuttschlucht hinter einem Turm.
Führe: Durch einen Kamin 50 m auf den ersten Absatz. Weiter durch eine Rinne, die sich oben zu einem Spalt verengt, auf den zweiten Absatz. Über ein Gratl in ein Schartl, aus dem sich die Kante mit einem kurzen Überhang aufbaut. Der nächste Einschnitt wird über einen Klemmbock überschritten. Jenseits durch eine brüchige, kaminartige Rinne gerade, dann über steilen Fels gegen links zu einem Standplatz am Fuß des senkrechten, oben überhängenden Risses, der den hohen Kantenaufschwung durchzieht. Durch eine kleine Verschneidung, dann mit Hilfe des brüchigen Risses (schlechtsitzender H) über den abschließenden Überhang (V) und zu einem schlechten Standplatz links (H). Nun über das Eck rechts auf ein Grasband, das auf die Schulter führt. Über diese (Spreizschritt, eine kurze Wandstelle) an den Gipfelaufschwung und durch die Rinne auf den Gipfel. (H.K.)

Die Freiungzahn-Nordwand mit „Dornröschenweg" (R 501), Nordwandriß (R 502), Nordwandführe (R 503) und Ostkante (R 504).

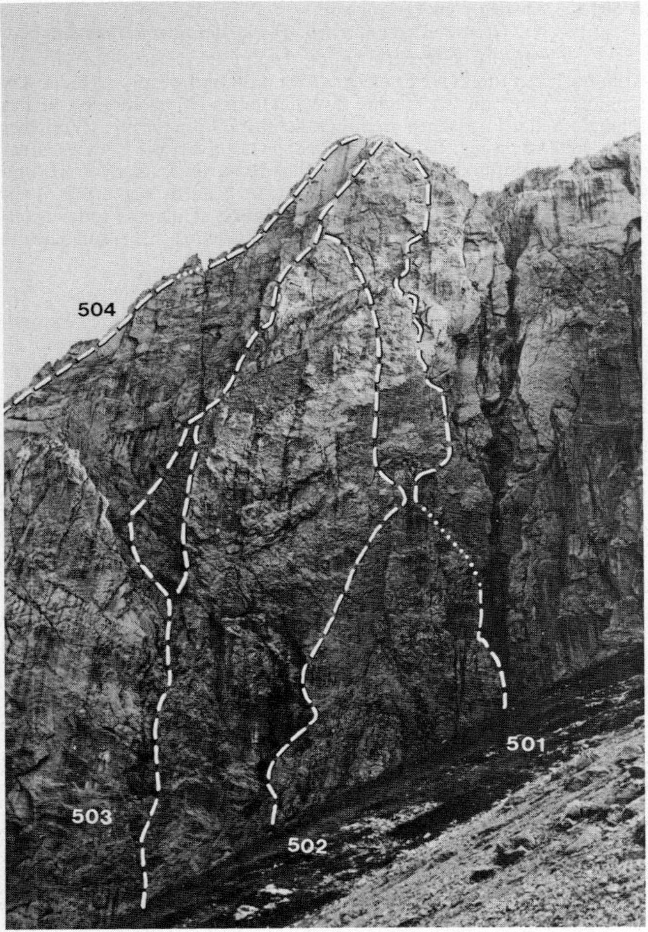
504
501
503
502

● 505 A Abstieg vom Freiungzahn
III, 60-m-Seil erforderlich. Bis in die oberste Karzunge 40 Min. bis 1 Std.

Vom höchsten Punkt wenige Meter über das Gratl westw. AH und Abseilblock. Über die senkrechte S-Wand hinab 30 m abseilen in das schmale Schartl zwischen Freiungzahn und Gipfelmassiv. (Von hier führt ein Durchstieg, Gastl/Purtscheller-Führe, auf die Östl. Freiungspitze.) Nun durch die schmale Schlucht 30 m westl. über Schutt, und jenseits 30 m empor in ein zweites, ähnliches Schartl. Von hier steil abwärts, zuletzt durch einen kaminartigen Einriß stemmend (oder nochmals kurz abseilen, H) in eine von den Kotzenreisen heraufziehende Karzunge.

● 510 Kuhljochspitze, 2293 m

Erste Ersteigung: J. Pock, Griensteidl, 1886. Schön geformte Felspyramide, die mit steiler Plattenwand nach N abfällt, während sie nach S einen bis ins Inntal reichenden Kamm entsendet, der Schloßbachklamm und Ehnbachklamm scheidet. Durch die N-Wand führt eine Reihe von Kletterwegen, die wegen der Brüchigkeit des Gesteins und häufiger Nässe nur selten begangen werden. Der Gipfel wird in der AV-Karte und auch sonst häufig als „Kuhlochspitze“ bezeichnet. Gipfelbuch.

● 511 Normalweg über den Westgrat
I (eine Stelle), Steigspuren, bez. ½ Std. von der Kuhljochscharte.

Wie in R 405 od. 405 a auf die Kuhljochscharte. Über einen kurzen grünen Hang nach links aufwärts und um den ersten Aufschwung links auf einem Band herum. Durch die breite grasige Rinne empor auf einen Absatz. Das folgende kurze Wandl wird gerade oder durch den Kamin links erklettert. Nun immer in der Nähe des Grates zum Gipfel.

● 511 A Normalweg im Abstieg
I, 20 Min.

Westw. kurz über den Grat, dann in der SW-Flanke über die kurze schrofige Steilstufe (I) und weiter den deutlichen Steigspuren folgend hinab in die Kuhljochscharte.

● 513 Südgrat vom Kreuzjöchl
II, 1 Std.

Führe: Wie in R 405 od. 405 a auf das Kreuzjöchl. Der gerade E über das senkrechte Wandl zu einem Köpfl ist sehr schwierig (IV). Leichter gelangt man auf den Grat, wenn man unter den Felsen gegen W geht, bis eine breite Rinne emporzieht. Über den ersten Gratkopf in eine Scharte. Nun stets über kurze Gratstufen und Rasenstücke zum Gipfel.

● 514 Ostgrat von der Eppzirler Scharte
II, 1½—2 Std.

Wie in R 526 auf die Kirchlspitze. Nun über den begrünten Grat westw. hinab und über zwei runde Köpfe in die Scharte, in der die schmale Schneide ansetzt. Von hier in teils ausgesetzter, anregender Kletterei an der Schneide empor, einmal in die N-Seite ausweichend, auf den Gipfel.

● 515 Nordwand, Östlicher Durchstieg
L. Albrecht, R. Hrdlovics, 1939. **IV,** 4 Std. Kaum beg.

Übersicht: s. Abb. S. 147.
Zugang: E etwa 35 m links der großen, im östl. Teil der N-Wand herabziehenden Schlucht bei einer kegelförmigen Verschneidung.
Führe: Durch diese empor, dann stets nahe der Schluchtbegrenzungskante empor in eine Höhle. Weiter empor auf ein Köpfl, Schuttplatzl. 5 m links absteigend und querend in eine Schlucht, dann links empor (schwierige Stelle) und in die große, zwischen Haupt- und Vorgipfel herabziehende Schlucht. Durch diese empor (ungemein brüchig) oder vorher links auf den O-Grat.

● 516 Nordwand, Gastl/Purtscheller-Führe
P. Gastl, W. Purtscheller, 1940. **V—.** Kaum begangen. 4—5 Std.

Übersicht: Etwa 30 m links (östl.) der von der großen Wandhöhle herabziehenden Rinne durchreißt ein weiteres Rinnensystem die Wand, in dem nach etwa 2 SL ein großer Klemmblock und eine überdachte Höhle auffallen. Siehe Abb. S. 147.
Zugang: E über Schrofen 20 m links der großen Dreieckplatte; im Frühsommer schneebedeckt.
Führe: Über diese wenige Meter in den Grund der ausgewaschenen Rinne. In dieser, teils stemmend, empor in eine feuchte Nische rechts; Standplatz. Aus der Nische überhängend (kleines Loch, Sicherungsmöglichkeit) heraus in den Schluß der Rinne und über eine kleingriffige Wandstelle an den Beginn der erdigen Steilrinne, die in den Grund der weit überdachten Höhle führt. Von hier an der östl. Begrenzungswand über glatten, wasserüberronnenen Fels steigende Querung hinaus auf den großen Klemmblock. Ausgesetzte Querung 3 m nach rechts (wieder mit Blick zur Wand) in einer Reihe von Steilrinnen und Rissen, die nach 2 SL auf die große Terrasse führen. Über diese gerade hinweg an den

Wandaufbau; 1 SL leichter, dann immer schwerer werdend gerade empor, zuletzt unter den Überhängen Querung nach links auf den Kopf eines angelehnten Pfeilers. Etwas nach rechts 2 m gerade empor (H), dann ausgesetzte steigende Querung nach links unter der überhängenden Wand auf einen abschüssigen Platz. (Schwierigste Stelle; hier nachkommen lassen.) Nun wenig links, bis man immer mehr gerade nach oben durchkommt in eine nach rechts emporziehende Rinne. Durch diese wenige Meter an den Beginn einer etwas links emporziehenden kaminartigen Verschneidung; durch diese, meist an der linken Wand, empor auf ein Gratl. Dieses begrenzt die zwischen dem Haupt- und Vorgipfel emporziehende Schlucht nördl. und wird bis auf einem Absatz verfolgt. Von dort kann man in die brüchige Schlucht hineinsteigen und durch diese oder vorher links auf den O-Grat und zum Gipfel. Schöner ist die Erkletterung des senkrecht ansetzenden, kleingriffigen Aufschwungs des Vorgipfels; zuletzt unmittelbar an der Kante über der N-Wand auf den Vorgipfel, der dem Hauptgipfel nur etwa 10 m vorgelagert ist.

● **517** **Gerade Nordwand**

E. Solleder, H. v. Zallinger, 1925. **V** (einige Passagen). Brüchig, selten begangen. Wandhöhe 250 m. 4—6 Std.

Übersicht: s. Abb. S. 147.

Zugang: E an der linken Seite der auffallenden stumpfen, dreieckigen Platte, die in der Fallinie des Gipfels der Wand vorgebaut ist. (Vom Kar aus gesehen, zieht eine überhängende Steilschlucht von der Dreieckplatte zu einer großen Höhle, deren rechte, westl. Begrenzungswand erreicht werden muß.)

Führe: Auf diesen Plattenkopf hinauf, dann über eine 4 m hohe, meist nasse Wandstelle in die erwähnte Steilschlucht. Wenige m weiter nochmals über eine Stufe und in den Grund der Rinne (Kessel). Rechts über teils bemoosten Fels empor in die auffallende schwarze Nische. Aus dieser rechts heraus und 2 m waagrecht nach rechts in eine rißartige Steilrinne. Durch diese empor bis auf das Eck in Höhe der großen Höhle. An der Mitte der westl. Begrenzungswand aufwärts und durch eine seichte Steilrinne empor auf ein Köpfl (40 m). Auf einem Schuttband 4 m westl. querend, dann 2 m aufwärts und ausgesetzter Quergang nach links an die Kante zurück, zuletzt 5 m gerade empor auf ein brü-

Die Kuhljochspitze von Norden mit Östlichem Durchstieg (R 515), Gastl/Purtscheller-Führe (R 516), Gerader Nordwand (R 517) und Schiefem Riß (R 518).

Kuhljochspitze
515
516
517
518

chiges Köpfl. Leicht steigender Quergang 10 m nach links und über eine glatte Wandstelle abwärts (2 m) in eine erdige Nische. Etwas unterhalb Ringhaken. Von hier seilt man sich 8 m in die Hauptschlucht hinein ab. Von ihr und auf einer schrägen Terrasse links ansteigend 100 m leichter empor, bis rechts ein tief ausgeschnittener, vom Kar als Verschneidung sichtbarer Kamin die Schlußwand durchzieht. Quergang in den Kamin, die ersten 10 m empor (V), dann 70 m weiter, immer im Kamin bleibend, zu einem großen Block am Ende desselben, dann über eine Wandstelle und 4 m hohen Kamin zum Vorgipfel.
Ausstiegsvariante: Vor der Schlußwand nach links zu R 493.

● 518 **Nordwand, Schiefer Riß**

H. Klier, W. Purtscheller, 1946. **V—** (2 Stellen), sonst IV+. Brüchig, wenig H. Sicherung z.T. problematisch. Gelegentlich begangen. Wandhöhe 250 m. 3 Std.

Übersicht: s. Abb. S. 147. Durch den westl. Teil der plattigen N-Wand zieht vom Kar bis zum Gipfel in einer schrägen Linie ein Riß von rechts unten nach links oben.
Zugang: E in einer glattgewaschenen Wasserrinne.
Führe: In ihr 30 m empor bis zur ersten Erweiterung, Stand. Nun links um ein ausgesetztes kleingriffiges Eck (V—) an den Beginn der Rißreihe. Sodann in teils ausgesetzter Rißkletterei oder in kleinen Kaminen empor bis ans Ende des Risses auf den Absatz unterhalb des Vorgipfels. Rechts haltend hinein in den schluchtartigen Kessel und durch einen der Rißkamine auf den Gipfel.

● 519 **Westwand**

E. Hensler, 1913. Beschr. E. Solleder, 1925. **II,** 2 Std. s. 11. Aufl. 1978, S. 138, R 356.

● 525 **Kirchlspitze,** 2161 m

Erste Ersteigung H. Delago, O. Melzer, A. Mignon, 1894 (Mitt. 1895, S. 239). Doppelgipflige Erhebung zwischen Kuhljochspitze und Eppzirler Scharte, die mit hoher Steilwand gegen N abfällt.

● 526 **Normalweg von der Eppzirler Scharte**

II, 1 Std.

Wie in R 403 auf die Eppzirler Scharte.
Nun westw. durch eine steile Schuttrinne empor auf das fast ebene „Schnöllplatzl", 2131 m. Über den Boden bis an den westl. Rand, von dem eine kurze Steilrinne in die Scharte zwischen Schnöllplatzl und Kirchlspitze hinabführt. Jenseits empor und über einen Grasrücken an den Gipfelaufschwung der Kirchlspitze, der über den steilen Grashang gerade erstiegen wird.

● 527 A Abstieg nach Südosten
II (eine Stelle)

Vom Gipfel nordw. über den grasigen Grat bis zu einem Abbruch, diesen hinab (II) in ein Schartl. Von hier durch eine Schotterrinne, bis sie überhängend abbricht. Links ausweichend über einen Grasrücken hinunter auf den Freiungen-Höhenweg. (R. Walcher)

● 528 Nordwand
E. Mayer, K. v. Mittelstädt, 1909. 3. Beg. H. Klier, R. Hrdlovics, 1943. **IV** (2 SL), sonst III+. Kurze, luftige abwechslungsreiche Kletterei, relativ fester Fels. Gelegentlich begangen. Nötige H stecken, gute Sicherungsmöglichkeiten. Ges. Wandhöhe 300 m, schwieriger Teil 200 m. 2 bis 3 Std.

Übersicht: s. Abb. S. 151.
Zugang: Wie R 403 auf die Eppzirler Scharte. Jenseits quert man westw. auf Steigspuren durch die steilen, gefurchten Hänge bis unter die wenig auffallende Nordwand der Kirchlspitze (etwa 250 m). Zur Terrasse am Fuß der von einer großen Platte gebildeten Gipfelwand zieht eine dunkle Schlucht empor. Etwas links der Gipfelfallinie führen zwei steile, meist schneerfüllte Schluchten links und rechts eines Vorbaues empor, die sich nach etwa 100 m beim Kopf dieses Vorbaus vereinigen. Ein Gratl trennt am Ende beide Schluchten. Wo dieses an die Wand stößt, ist ein kennzeichnendes Felsfenster. Durch dieses auf eine Schutterrasse; von dort rechts absteigend zu einem Schotterband (bei zwei Sanduhren). Hier E.
Führe: Über eine Wandstelle in einen Kamin, durch ihn empor und durch eine Rinne weiter, bis sie sich in 3 Kamine teilt. Durch den rechten auf die Schutterrasse unter der Gipfelwand. Hier an den Fuß der auffälligen Verschneidung an der rechten Seite der Gipfelwand (roter SH). In der Verschneidung sind zwei Risse. Anfangs im linken, dann öfter zwischen beiden wechselnd (mehrere H) zu schlechtem Stand (2 H) unter einem Überhang im linken Riß. Weiter im rechten steil empor, dann 3 m ausgesetzt über eine Rippe zurück in den linken Riß und durch ihn zum Gipfel. (H. K. u. R. Walcher)

● 530 Die Türme und Nadeln der Erlspitzgruppe

Außer durch die riesigen Schichtplatten des Freiungzahnes und der Kuhljoch-N-Wand erhält diese Gruppe vor allem durch die Vielzahl und Vielgestalt ihrer Türme und Nadeln ihr Gepräge. Die Verwitterung hat hier zwischen den steil gestellten Kalk-, Rauhwacken- oder Hauptdolomitschichten die weichen Mergel herausgefressen, so daß zuerst

Kalktafeln, bei weiterer Auswitterung die Nadeln entstanden. Die Berechtigung, diese Nadeln und die Wege, die auf sie gefunden wurden, in den Führer aufzunehmen, wird jeder einsehen, der einen Blick in die Gipfelbücher getan hat, die sich auf ihnen meist vorfinden: sowohl die Namen der Begeher, als auch die Zahl der Besteigungen werden ihn überraschen. Zeiten werden auf Grund der großen Unterschiede nicht angegeben.

● **531** **Freiungnadel**
H. Klier, 1946. **VI** (mehrere Stellen).

Ungemein schlanke, vorn etwa 60 m hohe Felsnadel in einer Schlucht westl. unterhalb der Freiungscharte. Man erreicht sie vom Sunntigköpfl (R 402) zuerst durch die Schuttreisen gerade empor, sodann durch Schrofenrinnen gerade empor zu der auffallenden Nadel etwa 100 m westl. des Freiungkopfes. Von der Einschartung südl. der Nadel über brüchigen Fels nach rechts auf eine Schulter, über der die O-Kante mehrfach überhängend ansetzt. Ungemein ausgesetzt und brüchig immer genau an der Kante empor zum Gipfel. (H.K.)

● **532** **Freiungkopf, Nordostkante und Grat**
W. Purtscheller u. T. Kirchner, 1946. **IV+**.

Der Freiungkopf ist der große Kegel, dessen N-Grat nicht fern der Haneburgernadel (R 534) ansetzt. Der Durchstieg vollzieht sich meist gerade an der langen Schneide.

● **533** **Lungauer Nadel**
V.

Eigenartige, früher gern bestiegene Felsgestalt östl. unterhalb der Freiungscharte.

● **534** **Haneburgernadel**
J. Tomasi u. Gef., 1920. **V—**.

Säulenartiger, schlanker Felsbau mit Gipfelfähnchen, der völlig freistehend im Kar nördl. unterhalb der Freiungscharte aufragt. Westl. steht ein kleiner Vorzacken; man steigt durch eine Rinne in die Scharte westl. von diesem, umgeht ihn nördl. und gelangt so in die kleine Scharte, an der die W-Kante der Nadel ansetzt. Über diese zuerst gerade empor, später linkshaltend und immer leichter werdend in die N-Seite und über diese zum Gipfel.

Die Nordwand der Kirchlspitze.

528

● 535 Kuhljochturm

L. Albrecht, F. Tutzer, 1936. **IV.**

Großer, spitz zulaufender Felsturm in der SO-Flanke der Kuhljochspitze. Wie in R 405 oder 405a in die große Schlucht etwas rechts der Falllinie der Kuhljochspitze. In dieser etwa 80 m empor zum Ansatz der N-Kante und über diese, überhängenden Wandstufen ausweichend, drei SL zum Gipfel.

Durch die eisgefüllte Schlucht und ein Felstor kann man hinter den Turm und über Wandstellen in die westl. Scharte gelangen. Von hier in kleingriffigem Fels über die W-Wand gerade zum Gipfel. Schwerer, aber interessanter als die N-Kante.

Abstieg: Abseilen in die westl. Scharte, dann durch die Schlucht abklettern.

● 536 Risserturm

Erstersteigung L. Gerold u. Gef., 1920. Wuchtiger Felsturm im O-Hang der Eppzirler Scharte, westl. über der Verzweigung der Wege R 403 und R 405 aufragend.

● 537 Westwand

Weg der Erstersteiger. **V,** Höhe etwa 20 m.

Durch die Rückwand (W-Wand) des Turmes zieht ein kantiger Riß senkrecht empor (eine Stelle V, H), nach einer halben SL Erweiterung, Standplatz. Durch die Rinne empor auf das Gratschartl, dann links ausgesetzt über die Türmchen auf die höchste Erhebung.

● 538 Ostwand

W. Laichner, E. Pertl, 1947. **A1/V+.** Höhe etwa 40 m. H fehlen z.T.

Der Anstieg folgt dem markanten Riß, der die glatte O-Wand (die dem Kar zugekehrte Wand) durchzieht.

● 539 A Abstieg

Abseilen über die glatte NO-Wand (20 m).

● 540 Südwestnadel

Auf der anderen Seite der Schutthalde, dem Risserturm (R 536) gegenüber, aber etwas tiefer, ragt die SW-Nadel, die sich von vorn (S) völlig unnahbar darstellt. Gipfelfähnchen. **IV.**

Man steigt zuerst über die Felsen des Massivs, das durch eine Steilrinne von der Nadel getrennt ist, schwierig bis auf eine auffallende, vorspringende Felsnase empor. Von hier in weitem Spreizschritt ungemein luftig zur Nadel selbst hinüber, und durch einen Riß auf den Kopf des angelehnten Pfeilers, und gerade zum Gipfel.

● 541 Rainerturm
K. Rainer, H. Maier, 1938. Ausgesetzt, brüchiger, kleingriffiger Fels. **IV +.**

Bizarre Felsgestalt südl. des Erlturmes, mit einer Gedenktafel für eine hier tödlich abgestürzte französische Bergsteigerin. Der Aufstieg vollzieht sich über die NO-Kante, deren Ansatz man über brüchige Schrofen erreicht.

● 542 Tribulaunernadel
DAG Tribulauner, 1920. **IV.**

Spitze Felsfigur in der Schutthalde nordwestl. unter der zweiten Erlscharte. Von dieser, oder von der Eppzirler Scharte (R 403) zu erreichen. Der Aufstieg vollzieht sich in der brüchigen Rißverschneidung, die der Erlspitze zugewandt ist.

● 543 Auckenthalerturm
M. Auckenthaler, 1928. Gipfelbuch. **V +.**

Übersicht: Ungemein kühner, mit einem Fähnchen geschmückter Felsturm, der mit schmalerem Hals auf einem der von der NW-Flanke der Erlspitze herabziehenden Zackengrat aufsitzt. Am besten vom Weg zur Eppzirler Alm (R 403) zu sehen und zu erreichen. Siehe auch Abb. S. 155.
Führe: Man verfolgt die Schutthalde, die westl. neben dem erwähnten Grat emporzieht, bis zum Fußpunkt des Turmes, und steigt dann durch eine Rinne, später durch einen Kamin an die NO-Seite; abschüssiger Fels. Nun abwärts, bis ein Quergang in die NW-Wand des Turmes möglich ist, zu einem ausgesetzten Standplatz (H). Hier setzt die W-Kante des Turmes überhängend an (V +, sehr ausgesetzt), sodann etwas nach rechts in die glatte S-Wand (H). Senkrecht empor an die Kante, dann immer links haltend in einer Schleife zum Gipfel.

● 544 Oberißnadel
IV +.

Zugang: Zierliche, zweigeteilte Felsgestalt rechts unter dem „Jöchl“, das man wie in R 562 beschrieben, erreicht.
Führe: Man ersteigt den kleinen, plumpen Zacken an der S-Seite; sodann weiter Spreizschritt zur Nadel; an senkrechter, brüchiger Wand gerade zum Gipfel. AH.

● 545 Franz-Tutzer-Turm
L. Albrecht, F. Tutzer, 1936. **IV**, brüchig.

Führe: Vom „Jöchl" aus (R 562) gewahrt man schräg links oben an der NO-Wand der Erlspitze einen eckigen Felsturm. Rechts von ihm zieht eine Schuttreise weit in die Wand hinauf. Man folgt ihr, bis man von oben her über Schrofen, zuletzt über eine brüchige Schneide, an den eigentlichen Gipfelaufbau gelangt. Querganghaken; Seilquergang 3 m nach links; sodann durch einen Riß zum Gipfel.

● 550 Erlturm, 2181 m

Erste Ersteigung F. Hörtnagl, Gebrüder Beyrer, 1896. Plumper Felsturm westl. der engen Erlscharte; die höchste Erhebung der Zackenreihe zwischen Eppzirler und Erlscharte.

● 551 Vom Solsteinhaus über die Erlscharte
II, von der Scharte 20 Min.

Wie in R 403 in die von der Eppzirler Scharte herabziehenden Schuttreisen. Wo der Weg in kleinen Kehren rechts empor zu zwei kleinen Felszacken führt, zweigt man rechts ab und steigt mühsam durch die breite Schuttgasse unter den Felsen der Erlspitze zur Erlscharte empor. (Von hier kann man in nordwestl. Richtung nach Eppzirl absteigen.) Wenige m nördl. der Scharte zieht eine schluchtartige Steilrinne auf ein Schartl empor, von dem man über ein Gratl zum Gipfelaufbau hinaufsteigt; über ein Schuttband gelangt man nun im Bogen nach rechts auf den Turm.

● 552 Zugang von der Eppzirler Scharte zur Erlscharte
Unschwierig, weglos. ½ Std.

Von der Eppzirler Scharte nördl. um die ersten Felszacken herum über Gras und Schrofen auf einen kleinen Sattel. Jenseits hinab in eine Schuttreise, die von der Scharte westl. des Erlturms herabzieht. (Links unten steht die spitze Tribulaunernadel. Der Erlturm ist der breite, plumpe, der Erlspitze vorgebaute Turm.) Auf diese Scharte empor, dann südl. des Erlturmes, oberhalb des fingerförmigen Rainerturms vorbei (II), und links über die Schuttzunge auf die Erlscharte. Der Rainerturm kann auch unschwierig, aber mit Höhenverlust, unterhalb umgangen werden.

Der Auckenthalerturm.

543

● 553 Von Südwesten
II, 40 Min. E.

Wie in R 552 in die Scharte westl. des Turmes. Von hier durch gelbbrüchige Steilrinnen und über eine senkrechte Wandstelle (gerade Erkletterung III+) auf ein Gratl; über dieses auf den Absatz westl. des Gipfels und unschwierig auf den höchsten Punkt.

● 554 Sonstige Anstiege

Daneben wurde eine Reihe anderer Durchstiege ausgeführt, so von der Erlscharte gerade über die O-Wand, durch den S-Kamin (Luis Netzer u. Gef., 1917), Nordwand (R. Schiendl, E. Brunner, 1947, V+). Vgl. Tourenbuch Solsteinhaus.

● 560 Erlspitze, 2404 m

Erste touristische Ersteigung A. Lieber und Sohn, 1886. Von drei langen, gezackten Graten getragener, pyramidenförmiger Gipfel am SO-Eck der Gruppe, deren höchster Berg die Erlspitze ist. Über einen in der S-Flanke ausgeprägten Rücken führt der Normalweg mit gesicherter Steiganlage.

● 561 Normalweg vom Solsteinhaus
Bez. Steig, Seilsicherungen. 1—1½ Std.

Hinter der Hütte (Ww.) über den steilen Grashang rechts haltend empor (Bez.), dann über die weniger steilen Weideböden nordw. bis an den Latschenbestand. Durch ausgeschlagene Gassen auf den nun deutlicher ausgeprägten Grat und über diesen in vielen Kehren (Seilsicherungen) aussichtsreich empor. Knapp unterhalb des Gipfels erblickt man in einer Steilschlucht rechts die Gipfelstürmernadel. Über eine Steilstufe auf den Gipfel.

● 562 Ostgrat vom „Jöchl“
II. Vom Solsteinhaus 2—2½ Std., brüchig.

Vom Solsteinhaus zur Erlalm und nordw. auf einem Steiglein über die Weideböden fast eben zu einem Gedenkstein. Dahinter abwärts und nach wenigen Schritten zu einer Wegverzweigung. Man benützt den linken, oberen Steig, der unter den Felsen entlang nach N, und schließlich über einen steilen, sandigen Hang und durch einen Latschenbestand auf das „Jöchl“ führt. Man kann auch schon vorher nach links gegen den Grat ansteigen. Über den langgestreckten Grat, in dem die Schluchten der NO-Wand Scharten bilden, gerade oder etwas in die S-Flanke ausweichend empor, bis man knapp unter dem Gipfel auf R 561 trifft.

● 563 Erster Gratturm des Ostgrates, Nordwand

E. Brunner, R. Schiendl, 1947. **V—**. Wandhöhe 250 m. 3 Std.

Übersicht: Durch den rechten Teil der steilen Wand zieht eine auffallende Verschneidung fast bis zum Gipfel; diese vermittelt den Durchstieg.
Zugang: Wie in R 562 in das Kar unter den Abbrüchen des Erlspitz-Ostgrates.
Führe: Über den Vorbau in den Grund der Verschneidung. 4 SL gerade empor (H), dann weiter 15 m nach links zu einer Kante, über welche man, gerade emporkletternd, eine Scharte erreicht (2 SL). Von hier 3 SL teilweise durch Risse und unterbrochene Verschneidungen, mit mehreren Überhängen, zum Gipfel.

● 564 Nordostwand, Östlicher Durchstieg

L. Albrecht, F. Tutzer, 1935. **V** (einige Stellen), sonst IV. 2 Std.

Übersicht: s. S. 158.
Zugang: Wie in R 562 auf das „Jöchl“. Jenseits hinab und in der großen Schlucht etwa 300 m westl. gegen den O-Grat empor. Dieser bricht mit steiler Wand ins Kar ab. E im rechten hintersten Karwinkel.
Führe: Über Schrofen an den Fuß einer eigenartigen Verschneidung, die in mehreren Absätzen brüchig emporleitet. Abschließend über einen kleinen Überhang in eine Rinne und durch diese auf den O-Grat.

● 565 Nordostwand

III, 3 Std. E.

Übersicht: s. S. 158.
Zugang: Wie in R 562 über das Jöchl ins Oberißkar.
Führe: Durch eine breite Rinne, die aus einer Karmulde etwa 100 m links der Fallinie des Gipfels emporzieht, bis zu ihrer Gabelung. Man benützt den rechten Ast und hält sich zu einer Scharte, die ein gegen NO ziehender Grat mit der Wand bildet. Von hier ab nach rechts querend über Rinnen und Schrofen in eine Rinne, die von der auffallend schlanken Gipfelstürmernadel herabzieht. Durch diese Rinne empor und durch einen Kamin rechts an ihr vorbei und zu ihrem S-Fuß. Nun über die rechte Begrenzungswand oder leichter durch eine der beiden Schluchten empor zum Gipfel.

● 567 Gerade Nordostwand

R. Hechtel, L. Platiel, 1938. **V—** (eine Stelle), sonst IV+. Teilweise brüchig, 2—3 Std.

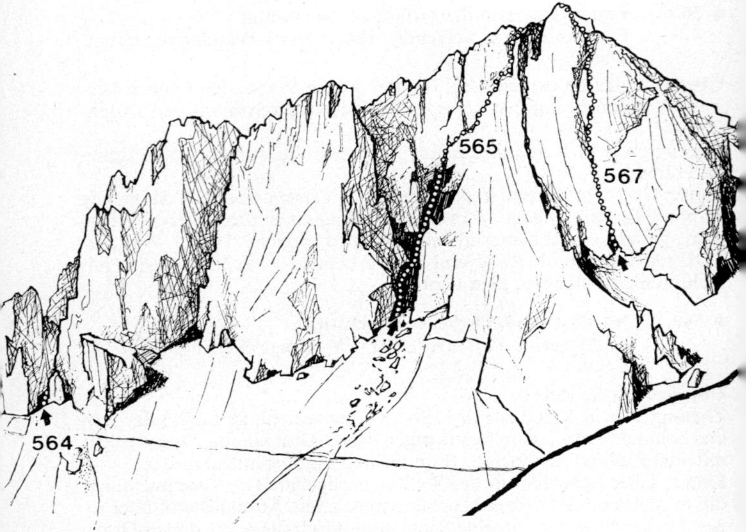

Die Nordostwandrouten an der Erlspitze.

Übersicht: Etwas rechts der Gipfelfallinie durchziehen zwei lange auffallende Kaminreihen die NO-Wand. (Die linke weist in ihrem unteren Teil mehrere brüchige Wülste auf.) Die schmälere rechte Kaminreihe vermittelt den Durchstieg durch den unteren Wandteil. Siehe Skizze S. 158.

Zugang: Vom Oberiß-Jöchl kommend quert man auf dem Schäfersteig das Kar bis zum Fußpunkt des am weitesten herabreichenden Felsvorbaus. Hinter diesem mühsam durch den Schutt empor an den Wandfuß.

Führe: In schöner Stemmarbeit durch die rechte Kaminreihe etwa 3 SL empor bis unter einen brüchigen 5 m hohen Überhang (H). Oberhalb dieses Überhangs verläßt man die Kaminreihe nach rechts über ein Plattenwandl. Rechts um das Eck auf einen Schuttplatz. Durch die folgende Kaminreihe 2 SL empor auf ein Schartl. Jenseits kurz hinab in eine Schlucht. Entweder gleich links an die linke Schluchtbegrenzung, oder 60 m durch die Schlucht empor, bis eine splitterige Rippe durch

die linke Begrenzungswand emporleitet. Nach 1 SL durch die Einrisse zur Rechten empor auf eine Einschartung. Von hier über Schutt zum Gipfel.
Daneben wurde eine ganze Reihe von „NO-Durchstiegen" begangen, die alle die verschiedenen Steilrinnen und Kaminreihen zwischen der Gipfelstürmernadel und dem N-Grat benützen.

● **568 A** **Abstieg über den Nordgrat**
II. ½—¾ Std. auf die Schneekluppenscharte.

Man beginnt den Abstieg etwa 10 m nördl. des Gipfels. Über die Schrofen und den Schutt des schwach ausgeprägten Grates abwärts. Den letzten Felsstock vor der Scharte umgeht man links (Eppzirler Seite) und gelangt so in die Scharte, an der die Fleischbanktürme ansetzen.

● **569** **Nordwestwand**
K. Hagspiel, K. Schuster, A. Frank, 1913. **IV+.** 3 Std. s. ä. A.

● **570** **Westgrat von der Erlscharte**
III, bez., 1 Std. von der Scharte, lohnend.

Zugang: Wie in R 551 vom Solsteinhaus oder wie in R 552 von der Eppzirler Scharte zur Erlscharte.
Führe: Etwa 10 m nordw. absteigend, dann über Schrofen in eine versteckte Rinne. In ihr aufwärts, nach wenigen m wird ein mächtiger Klemmblock von hinten erklommen, man quert dann von links auf brüchigen Leisten wieder in die Rinne hinein (III), und weiter bis auf den begrünten Grat. Über die interessanten Felsabsätze des Grates gerade empor oder leichter in den Hängen der S-Flanke unterhalb des Grates auf den Gipfel.

● **575** **Gipfelstürmernadel,** etwa 2360 m

Erste Ersteigung: L. Netzer, H. Berghammer, 1919. Ungemein schlanke Felsnadel in einer Schlucht in der NO-Wand der Erlspitze, knapp unterhalb des Gipfels. Am südl. Fußpunkt 50 m, am nördl. 80 m hoch. Häufig bestiegen. Gipfelbuch. Lit. Wiedmann, S. 42.

● **576** **Westwand.**
Weg der Erstersteiger. **V,** 1 Std.

Übersicht: s. Abb. S. 161.
Führe: Vom Solsteinhaus auf R 561 bis dorthin, wo gegen NO eine Schlucht hinabzieht, in der die auffallende Nadel steht. Durch die bis in den Hochsommer eiserfüllte Schlucht schwierig abwärts an den Fuß der

Nadel. (Hierher auch durch die NO-Wand, R 565). Vom Ringhaken mit Seilzug links abwärts querend in den überhängenden Riß, den der angelehnte Pfeiler mit der Nadel bildet. Durch diesen auf den Pfeilerkopf (H). Von hier über die W-Wand gerade, zuletzt etwas rechts haltend, in teils ausgesetzter Kletterei zum Gipfel.

● 577 Sonstige Anstiege

Auch über die **Unmittelbare Südkante** (H. Buhl, H. Pietensteiner, 1947, VI—, jetzt durchwegs A1), durch den Riß der **Ostwand** (R. Schiendl, E. Jaitler, 1947, VI) und über die **Nordkante** (R. Schiendl, H. Buhl, 1947, VI) wurden bereits Durchstiege ausgeführt. Vgl. Abb. S. 161.

● 580 Fleischbankgrat, höchster Turm 2210 m

Vom Fußpunkt des N-Grates der Erlspitze (Schneekluppenscharte) zieht sich eine schroffe, braungefärbte Turmreihe gegen N bis zum Oberißsattel, 2130 m, die sog. Fleischbanktürme, deren Überschreitung schwierig, aber sehr anregend ist. Nördl. des Oberißsattels erhebt sich die Fleischbankspitze, 2200 m, die nördl. flach absinkt zur weiten Samstagkarscharte.

● 581 Überschreitung der Fleischbanktürme von Süd nach Nord III, 1½ Std.

Am besten von der Erlspitze über den N-Grat absteigend zur Schneekluppenscharte (R 568 A). Die Türme und Türmchen stehen auf einem Sockel, der besonders ins Oberißkar weit und schroff abfällt. Am lohnendsten ist die Bergfahrt, wenn man die Türme gerade überklettert. Die Umgehungen an der O-Seite sind leicht. Über die letzten Türmchen, die aus dem grasigen Rücken hervorragen, zum Oberißsattel und über einen begrünten Schrofengrat auf die Fleischbankspitze.

● 582 Vom Solsteinhaus auf die Fleischbankspitze
Unschwierig, 2 Std.

Wie in R 562 auf das „Jöchl", und auf Steigspuren im weiten Bogen durch das Oberißkar. Über einen von der Fleischbankspitze nach NO ziehenden, begrünten Schrofengrat auf den Gipfel.

Die Gipfelstürmernadel mit Westwandroute (R 576) und Südkante (R 577).

577
576

● 585 Samstagkarspitze, 2195 m, und **Maderkarlspitze,** 2173 m

Nördl. der als Frühjahrsziel der Skifahrer bekannten Samstagkarscharte erhebt sich die Samstagkarspitze, 2195 m, und noch weiter nördl. in dem allmählich absinkenden Rücken, die Maderkarlspitze, 2173 m. Beide Gipfel sind touristisch kaum von Bedeutung.

● 586 Von Eppzirl
Teilweise weglos, 1½ Std.

Von der Alm auf Steigspuren genau östl. in der Nähe des vom Samstagkar herabziehenden Grabens, bis ein schwach ausgeprägtes Steiglein hoch oben nach links auf eine begrünte Schulter zieht. Von hier über die Grashänge zum Gipfel.

● 587 Übergang zur Samstagkarspitze und Fleischbankspitze
I, 1 Std.

Der Übergang vollzieht sich fast stets auf dem breiten, mit eigenartig hell gefärbten Felspartien durchsetzten Rücken. Schuttbedeckte Platten und Felsstufen.

● 590 Ehnbachklamm

Der Ehnbach (alte AV-Karte: Ienbach) entspringt als Erlbach auf dem Erlsattel beim Solsteinhaus und bricht durch die wilde Ehnbachklamm nordöstl. von Zirl bei der Rußhütte ins Inntal hinaus. Westl. über der Schlucht steht auf einem Felskopf weithin sichtbar das Kalvarienberg-Kirchlein. Durch eine schon vom Tal sichtbare gelbe Platte, nördl. dem Kirchlein genau gegenüber, führen schwierige Übungsklettereien. Sie ähneln im Charakter und in der Felsbeschaffenheit den Touren an Martinswand und Hechenberg. Ebenso wie diese sind sie rasch trocken, leicht zugänglich und für Frühjahr und Herbst zu empfehlen.
Zugang: Von der nördl. Umfahrungsstraße Zirl (Richtung Seefeld) beim Schild „Weinhof" rechts ab, nach der Abzweigung sogleich links; hier Parkmöglichkeit bei einem Brunnen. Auf der Sackgasse weiter zum Bach, über Stiege links hinab, durch die Unterführung und über den Bach. Jenseits auf dem Weg in die Klamm, zuletzt auf Steiglein zum Fuß der Felsenplatte.
Übersicht: Die Platte durchzieht genau in der Mitte in ganzer Länge ein feiner Riß, der „Jungmannschaftsriß" (R 594). Gleich links davon verläuft eine Verschneidung, in der unteren Hälfte als kantige Doppelverschneidung, oben als gelber, geschweifter Kamin ausgebildet, (R 593). Links davon zieht eine kürzere Verschneidung empor, die sich oben zum Riß verengt, dem „Direkten Havlaĉek" (R 592). Die „Bruchpolka" (R 591) führt noch weiter links zunächst

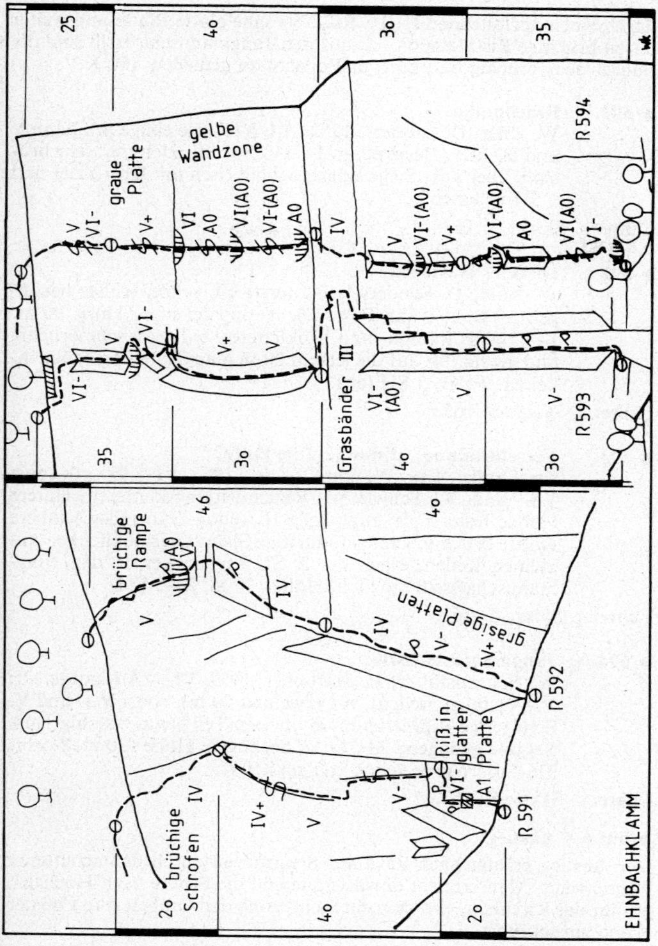
EHNBACHKLAMM
R 591
R 592
R 593
R 594
brüchige Schrofen
brüchige Rampe
Riß in glatter Platte
grasige Platten
Grasbänder
graue Platte
gelbe Wandzone
VI-(A0)
VI(A0)
A1
A0

durch einen auffallenden feinen Riß über eine glatte Platte und weiter durch brüchige Risse empor. Bis auf den Jungmannschaftsriß sind die Führen sehr brüchig und nur mit Vorsicht zu genießen. (W.K.)

● 591 Bruchpolka

W. Klier, D. Sanders, 1982. **A1/VI—** (je einige m), dann V und leichter. Höhe 80 m. 1—1½ Std. Rißkletterei, sehr brüchig, aber gute Sicherungsmöglichkeiten mit KK. 2 ZH und 1 SH belassen.

Führe: s. Skizze S. 163.

● 592 Direkter Havlaĉek

W. Klier, D. Sanders, 1982 (erste SL schon früher begangen). **VI/A0** (eine Passage), V und leichter. Höhe 90 m. 1—½ Std. Platten- und Rißkletterei, teilweise sehr brüchig und grasig, bis auf die letzten 20 m gute Sicherungsmöglichkeiten. 3 ZH, 3 SH (alt).

Führe: s. Skizze S. 163.

● 593 Verschneidung, „Brauchen Sie Hilfe?"

Erste vollst. Beg. W. und C. Klier, 1981. **VI—** (30 m), sonst V+ und V. Schwierige Verschneidungskletterei. Untere Hälfte fester Fels, zahlreiche H (schon früher beg.), obere Hälfte brüchig, keine H, dürftige Sicherungsmöglichkeit mit kleinen Keilen. Nach der 2. SL Ausweichen in den Jungmannschaftsriß möglich. Höhe 130 m, 2—3 Std.

Führe: s. Skizze S. 163.

● 594 Jungmannschaftsriß

W. Spitzenstätter, H. Aufischer, 1959. **VI—/A1,** aufgeteilt: VI— (einige Stellen), A1 (zweimal 20 m), sonst V+ und V. Schwierige Rißkletterei, im unteren Teil etwas brüchig, gute SH und genügend ZH. Öfter begangen. Höhe 130 m, 2½ bis 3½ Std. Wurde schon frei geklettert.

Führe: s. Skizze S. 163.

● 595 A Abstieg

Der Abstieg erfolgt nach links auf Steigspuren durch den schütteren Föhrenwald. Man erreicht abwärts querend die Straße nach Hochzirl, auf ihr das Kirchlein, von dem ein Steig durch den Graben zum Fuß der Wand zurückführt.

II. Die Inntalkette

● 600 Die südlichste Karwendelkette wird im Schrifttum meist als Inntal- oder Solsteinkette, von den Bewohnern der Stadt Innsbruck und der umliegenden Ortschaften als Nordkette bezeichnet.
Sie zieht vom Erlsattel bis zum Brandjoch genau ostw., wendet sich von da bis zum Stempeljoch ein wenig nach NO, zuletzt bis zu ihrem Ende bei den Zunterköpfen über dem Halltal etwas gegen SO. Die höchste Erhebung der Kette ist der Kleine Solstein mit 2641 m.
Im westlichsten Teil stürzen gewaltige Wandfluchten bis zu 900 m tief gegen N ab. Vom Hinteren Brandjoch an zweigen mehrere kleine Kämme nach N ab, deren Gipfel häufig keinen leichten Anstieg aufweisen.

● 601 *Talstützpunkte* sind die Orte im Inntal: Zirl, Innsbruck und Hall, sowie die Hst. Kranebitten und Hochzirl an der Mittenwaldbahn. Der Bereich der Nordkette weist eine große Anzahl von Hütten und Almwirtschaften sowie ein außerordentlich vielfältiges und gut gepflegtes Wegenetz (besonders an den S-Hängen) auf. Nicht zuletzt wegen der Nordkettenbahn wird dieses Gebiet von Bergwanderern gern besucht.

● 602 Als *Übergänge* kommen vor allem der Erlsattel, 1804 m, der Frau-Hitt-Sattel, 2234 m, die Abstiege vom Hafelekar nach N, der Goetheweg, die Arzler Scharte und das Kreuzjöchl in Betracht. Das Stempeljoch verbindet das Gleiersch-Samertal mit dem Halltal; es stellt den Berührungspunkt der Inntalkette mit der Zweiten Karwendelkette dar.

● 603 Die schönsten *Höhenwanderungen* sind die Übergänge zwischen Solsteinhaus und Seegrube an der Nord- (Gipfelstürmerweg) und Südseite, sowie der Goetheweg vom Hafelekar in die Pfeis.
An lohnenden Gratüberschreitungen sind zu nennen: die Sattelspitzüberschreitung (Hafelekar — Frau-Hitt-Sattel), die Überschreitung Brandjoch — Solstein (in beiden Richtungen etwa 6—7 Std. vom Solsteinhaus zum Frau-Hitt-Sattel); diese beiden kann ein sehr zügiger Geher auch verbinden; die Steinkarumrahmung und die sehr selten ausgeführte Überschreitung der N-Grate von Hippenspitze und Hinterem Brandjoch.

● 604 Eine Anzahl lohnender *Klettereien* der mittleren und oberen Schwierigkeitsgrade finden sich an den Grubreisentürmen und der Kumpfkarspitze. Die großen Nordwände im Westteil der Kette bieten schwierige, durchwegs selten begangene, sehr lange Klettereien. Die ex-

tremen Kletterwege an Martinswand und Hechenberg erfreuen sich als Trainingsfahrten wachsender Beliebtheit.
Auch im Winter werden Teile der Kette (Gr. Solstein, Hafelekar-Gebiet, Stempeljoch) häufig besucht.

● 605 **Martinswand,** höchster Punkt 1330 m

Das Felsmassiv von Martinswand und Hechenberg ist den Solsteinen südl. vorgelagert und erhebt sich mit gewaltigen Südabstürzen aus dem Inntal. Die Martinswand ragt fast unmittelbar über dem Inn und der alten Zirler Bundesstraße beim Kloster Martinsbühel auf. Sie ist von beiden Wänden die tiefer gelegene und leichter zugängliche. Durch die Wand führt eine Reihe extremer Felswege. Der Auckenthalerweg, die Direkte und der Ostriß werden sehr häufig begangen und sind besonders im Frühling und Frühsommer von den Innsbrucker Kletterern als Trainingsmöglichkeit geschätzt. In diesen drei Führen wurden 1982 massive SH einbetoniert. Die drei anderen Routen werden seltener begangen; Westriß und Fiedler-Flunger-Führe weisen längere technische Passagen und brüchigen Fels auf.
Nach Regenfällen ist die Wand bald trocken. Begehungen sind fast das ganze Jahr über unter normalen Bedingungen möglich. Der Abstieg an der Ostseite („Innsbrucker Abstieg") ist bez. und wurde in den letzten Jahren stark ausgetreten, ist daher kaum noch zu verfehlen.
Lit. Boulder 1/81.

● 606 **Von Zirl auf die Martinswand** (P. 1330)
II (stellenweise). Trittsicherheit und Orientierungsgabe erforderlich. Im Aufstieg kaum begangen. 2 Std.

Von Zirl wie in R 18 bis zur Abzweigung des Weges von der Brunntalstraße. Nun diesem über zwei Rinnen hinweg folgend, bis nach etwa 3 Min. vor dem ebenen Wegstück ein unbezeichneter Steig links emporführt. Zuerst steil durch Wald, dann über schrofiges Gelände führt der Steig der steilen Talrinne zu, bis er diese nach rechts verläßt und auf eine waldige Schulter führt. Nun fast eben durch lichten Wald (nicht nach links abzweigen), zuletzt einmal fallend, durch das schrofendurchsetzte Gelände hoch über dem S-Absturz in eine grasdurchsetzte Steilschlucht, zu deren Ende man emporsteigt, worauf man den großen, ebenen Kopf (P. 1330) betritt.

● 607 A **Zirler Abstieg**
II (stellenweise), schwer zu finden, heute nur noch selten begangen. Vorsicht in der grasigen Schlucht; sie bricht unten in eine hohe Wand ab. 1—1½ Std.

Zur Waldkuppe der Martinswand. Nun westwärts zur grasdurchsetzten Steilschlucht (größte Vorsicht!). Man hält sich nahe ihrer westl. Begrenzung, damit man (nach etwa 100 m) auf den schwach ausgeprägten Steig trifft. Weiter wie R 606, in umgekehrter Richtung.

● 608 A Innsbrucker Abstieg

Bez. Ungefährlicher und kürzer als R 607 A, ¾—1 Std.

Der Abstieg ist etwa vom höchsten Punkt der Wand (Ausstieg der Direkten Martinswand) an gut ausgeprägt. Er führt über der Wand durch den schütteren Föhrenwald zunächst kurz eben ostw., dann steil bergab in Richtung auf die Lawinengalerie der Mittenwaldbahn. In Höhe der Galerie wendet sich der Steig südw. und führt in Kehren hinab auf die Bundesstraße 1, die man etwa 400 m östlich des kleinen Parkplatzes erreicht. Dieser Abstieg ist der jetzt übliche.

● 609 Südwandriß, Auckenthalerweg

M. Auckenthaler, H. Frenademetz, 1932. 1. Alleinbeg. Franz Helmut. (ÖAZ 1933, S. 63). **VI—/A0,** aufgeteilt: 1 Stelle VI—, 3 Stellen A0, sonst im schwierigen Teil fast durchwegs V+ und V. Die A0-Stellen frei geklettert sind VI und VI+ (im Schlußüberhang). Technisch anspruchsvolle Rißkletterei. Massive SH, ZH reichlich (sitzen z.T. schlecht), sehr häufig begangen. Schlüsselstelle am Ende der Schwierigkeiten (Schlußüberhang). Gesamte Wandhöhe von der Straße 600 m, Kletterlänge 280 m, schwieriger Teil 140 m. 2—4 Std.

Übersicht: s. Abb. S. 169.

Zugang: An der alten Bundesstraße Innsbruck — Zirl ist nahe bei Kilometerstein 9,6 ein kleiner Parkplatz. (Gegenüber zweigt ein mit einer Schranke versperrter Weg ab.) Man verläßt ihn nach rechts aufwärts und gelangt auf Steigspuren durch den Wald an den Fuß des Vorbaues. (Von hier ab bez.) Über die Schrofen zuerst steil links empor, dann über grasige Bänder und Wandstellen weit gegen rechts an den östl. Fußpunkt des Pfeilers (stellenweise I).

Führe: s. Skizze S. 168 und Abb. S. 169. Vom Ende der Schwierigkeiten über brüchige Schrofen etwa 30 m ziemlich gerade hinauf zum ersten Baum. Nun 50 m kaum ansteigend nach links ums Eck zu einem weiteren Baum. 15 m rechts hinauf, dann wieder nach links an die Kante. Ein Stück gerade empor. Hier muß man achtgeben, daß man den Beginn der langen Querung nach rechts findet (kleine Nische mit einem Baum). Nun immer den Steigspuren folgend teils eben, teils aufwärts nach O, bis man auf die Bez. von R 608 A trifft.

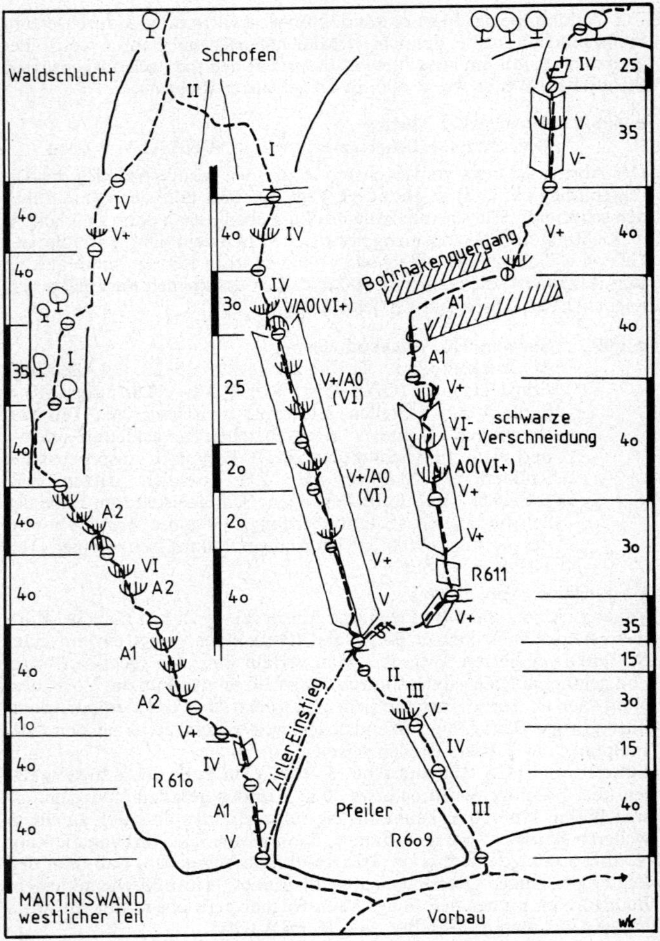
Waldschlucht
Schrofen
II
I
IV
V+
V
I
V
A2
VI
A2
A1
A2
V+
IV
R 61o
A1
V
4o
4o
35
4o
4o
4o
4o
1o
4o
4o
IV
IV
V/A0(VI+)
V+/A0
(VI)
V+/A0
(VI)
V+
V
4o
3o
25
2o
2o
4o
Zirler Einstieg
Pfeiler
R6o9
II
III
V-
IV
III
IV
V
V-
V+
Bohrhakenquergang
A1
A1
V+
VI-
VI
A0(VI+)
V+
V+
R611
V+
schwarze
Verschneidung
25
35
4o
4o
4o
3o
35
15
3o
15
4o
MARTINSWAND
westlicher Teil
Vorbau
wk

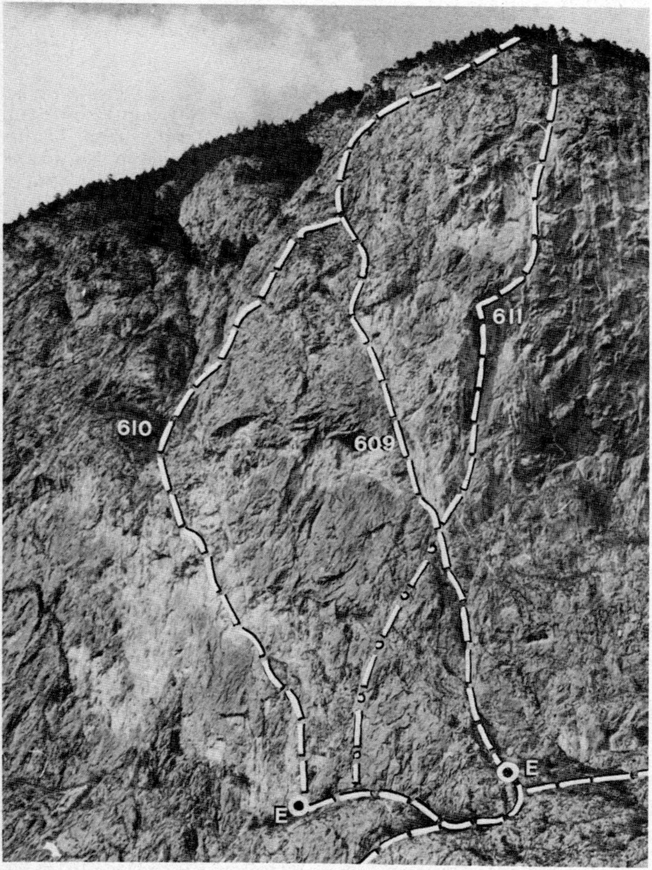

Martinswand, linker Teil, mit Auckenthalerweg (R 609), Westriß (R 610) und Direktem Anstieg (R 611).

● 609a **Zirler Einstieg**
Kaum beg. Siehe Skizze S. 168.

● 610 **Westriß**
H. Köchler, H. Wagner, 1969. **A2/VI**, aufgeteilt: einige Stellen A2 und VI, mehrere Passagen V+ und V sowie A1 und A0, kaum leichter. Riß- und Wandkletterei, häufig künstlich, brüchiger Fels, relativ selten begangen. Notwendige H stecken, z.T. schlecht, Kletterlänge 370 m. 6—9 Std.

Übersicht: s. Abb. S. 169.
Zugang: Man folgt dem Weg zum E der Auckenthalerführe. Kurz vor dem E (etwa 30 m) quert man auf einem schmalen Band nach links um den Pfeiler bis zu einem baumgestandenen Platz. Nach schräg rechts zieht der „Zirler Einstieg" des Auckenthalerweges empor. Gerade hinauf, zunächst der breiten grasbewachsenen Verschneidung folgend, führt der W-Riß (wenige m rechts der großen Höhle).
Führe: s. Skizze S. 168 und Abb. S. 169.

● 611 **Direkte Martinswand** (Toni-Egger-Gedächtnisführe)
W. Spitzenstätter, R. Troier, 1959. 1. Winterbegehung W. Spitzenstätter, R. Troier, Jan. 1961. 1. Alleinbegehung K. Schoißwohl, 1961. **VI—/A1.** 1 SL VI— und A0, 30 m A1, 140 m V+ und V. Die schwarze Verschneidung frei geklettert ist VI+. Elegante, teilweise sehr ausgesetzte Wand- und Verschneidungskletterei, dank häufiger Beg. kaum noch brüchig. H reichlich, Wandbuch. Seit 1982 massive SH. Kletterlänge 350 m, schwieriger Teil 220 m. 4—7 Std.

Übersicht: Die „Direkte" folgt dem Auckenthalerweg bis zum Beginn der Rißreihe. Dort biegt sie nach rechts aus, erreicht nach 2 SL die schon vom Tal gut sichtbare schwarze Verschneidung, quert von deren Ende fast eine SL an glatter Wand mittels Bohrhaken nach rechts und gewinnt durch eine weitere Verschneidung den höchsten Punkt der Wand. Siehe Abb. S. 169.
Zugang: Wie R 609.
Führe: s. Skizze S. 168 und Abb. S. 169.

● 612 **Schwarzenlander/Sint-Führe**
E. Schwarzenlander, S. Sint, 1974 (Bgst. 1/81). **VI/A1** (je eine Passage, sonst VI—, kaum leichter. A1 frei VI+. Extreme Freikletterei. Nötige H stecken. Kletterlänge 190 m bis zur Einmündung in den Fiedler/Flunger-Weg. Ges. Kletterlänge 300 m. Ges. Kletterzeit 6—8 Std.

Übersicht: Die Führe bildet mit den letzten 4 SL des Fiedler/Flunger-Weges einen geraden Durchstieg durch den O-Teil der Wand. Der Anstieg folgt einer Verschneidung, die etwa in Fallinie des mächtigen Daches im oberen Wandteil verläuft, und vereinigt sich rechts unter diesem Dach mit dem Fiedler/Flunger-Weg. Siehe Abb. S. 173.
Zugang: Wie R 609. Vom E. des Auckenthalerweges ostw. in die bewaldete Mulde von R 613. Aus ihr quert man westw. hinaus unter die große Verschneidung.
Führe: s. Skizze S. 172 und Abb. S. 173.
Abstieg: Um die obere hakentechnische Hälfte von R 613 zu vermeiden, wird häufig durch deren unteren Teil zum E von R 614 abgeseilt und der weitere Anstieg durch den O-Riß bewerkstelligt.

● 613 Fiedler/Flunger-Weg

J. Fiedler, K. Flunger, 1962. **VI/A3:** mehrere Passagen VI und VI—, 2 Stellen A3, einige Passagen A2 und A1, selten leichter. Extreme Wand- und Verschneidungskletterei, teilweise brüchig und gefährlich, relativ selten begangen. Nötige H stecken. Kletterlänge etwa 300 m, 6—9 Std.

Übersicht: Im östl. Teil der Martinswand ist unter den senkrechten Wänden eine kleine, baumbestandene Mulde eingelagert. Aus dieser Mulde zieht rechts der O-Riß (R 614) gerade empor; schräg nach links zieht die Fiedler/Flunger-Führe. Die Führe folgt einer markanten Verschneidungsreihe bis unter das große Dach im oberen Wandteil und überwindet dieses an der rechten Seite. Siehe Abb. S. 173.
Zugang: Wie R 609. Vom Fußpunkt des Auckenthalerweges quert man auf- und absteigend in die Mulde und an den Beginn des an ihrer W-Seite emporziehenden Rißsystems.
Führe: s. Skizze S. 172 und Abb. S. 173.

● 614 Ostriß

K. Schoißwohl, W. Spitzenstätter, 1963. 1. Alleinbeg. R. Schiestl. **VI—** (eine Stelle), sonst durchwegs V+ und V. Freie, sehr elegante Rißkletterei, durch häufige Begehungen kaum noch brüchig. Nötige H stecken (außer in der Schlüsselstelle). Nach dem Auckenthalerweg die beliebteste Kletterei an der Martinswand. Kletterlänge 150 m. 1½—3 Std.

Übersicht: Aus der in R 613 erwähnten Mulde unter dem O-Teil der Wand zieht ein markanter Riß gerade empor. Siehe Abb. S. 173.
Zugang: Wie bei R 613 in die bewaldete Mulde. Am besten steigt man seilfrei in der nach links führenden Verschneidung (II) etwa 20 m an und quert dann auf breitem Band nach rechts bis zu SH.

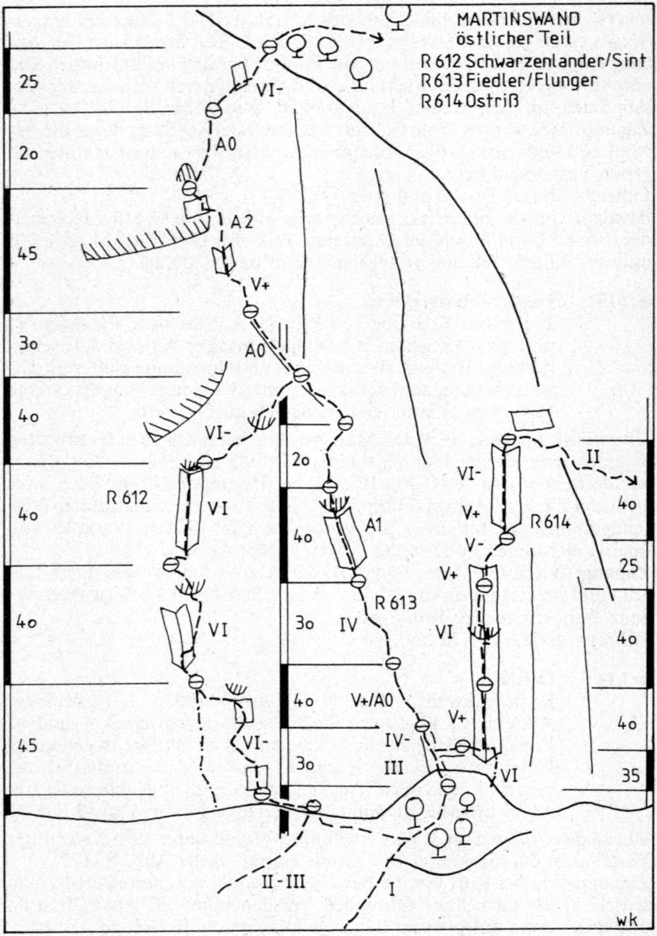

MARTINSWAND
östlicher Teil
R 612 Schwarzenlander/Sint
R 613 Fiedler/Flunger
R 614 Ostriß
25
2o
45
3o
4o
4o
4o
45
VI-
A0
A2
V+
A0
VI-
R 612
VI
VI
VI-
2o
4o
3o
4o
3o
A1
R 613
IV
V+/A0
IV-
III
II-III
I
VI-
V+
V-
V+
VI
V+
VI
R 614
II
4o
25
4o
4o
35
wk

Martinswand, rechter Teil, mit Schwarzlander/Sint-Führe (R 612), Fiedler/ Flunger-Weg (R 613) und Ostriß (R 614).

Der direkte E in Fallinie des Risses ist VI und wird kaum begangen. **Führe:** s. Skizze S. 172.

● 615 A Abstieg für R 614
II.

Zunächst über steile Schrofen schräg nach O absteigen, bis man auf Steigspuren trifft, die fast eben durch den Wald weiter nach O führen und dann auf den Abstiegsweg von den anderen Routen treffen (die erste Felsrinne, auf die man trifft, wird überquert!).

● 620 Hechenberg, 1941 m

Östlichste Erhebung in dem der Inntalkette vorgelagerten Massiv, eine bewaldete Kuppe mit Gipfelkreuz, die nach S gegen das Inntal mit mächtiger Steilwand abfält. Durch sie führt eine Reihe extremer Felswege, die durchwegs länger, brüchiger und z.T. gefährlicher als die Anstiege an der Martinswand sind. Auch wegen des mühsameren Zu- und Abstieges werden sie wesentlich seltener begangen.

● 621 Normalweg von der Magdeburger Hütte
Bez. Steig, 1 Std.

Von der Magdeburger Hütte südl. am Teich vorbei zum begrünten Kamm, der vom höchsten Punkt des Hechenberges, P. 1941 m, eigentlich „Latte“ genannt, herunterzieht. Durch Waldbestand auf das Kirchbergerköpfl in halber Höhe (hier Beginn der Skiabfahrt gegen SW) und weiter zur Latte. Bis hierher Steigspuren. Nun über Latschenhänge und schrofige Zonen in südöstl. Richtung, absteigend zum eigentlichen Hechenberg, P. 1931.

● 622 A Abstieg zur Haltestelle Kranebitten
Bez. Jagdsteig. Etwas schwer zu finden. Besonders beachten, daß man nicht zu weit von der Grathöhe abkommt. 2 Std.

Von der Kuppe etwas nordöstl., bald aber streng östl. über steile Grashänge und durch Steilrinnen mit kleinen Abbrüchen abwärts, bis man auf den Steig trifft, der in südöstl. Richtung auf das Gratl hinausführt, das in mehreren Köpfln und Absätzen die S-Wand östl. begrenzt. Schließlich tritt man in weniger steiles Waldgelände ein, durch das im

Die Routen durch die Hechenberg-Südwand: Westlicher Weg (R 623), Südverschneidung (R 624), Südpfeiler (R 625), Gerade Südwand (R 626) und Spitzenstätter/Schoißwohl-Variante (R 627).

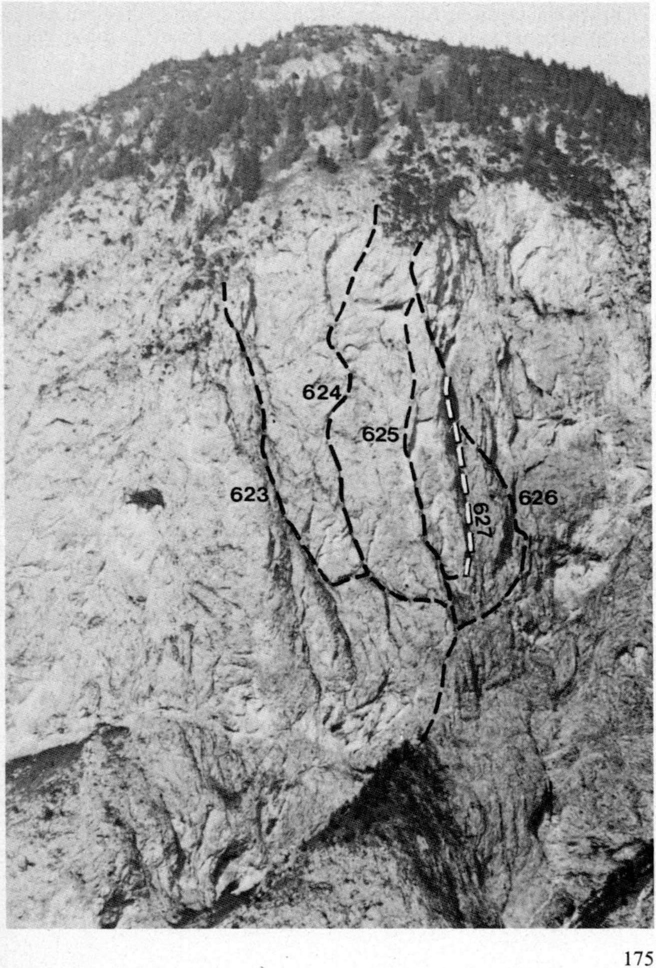
624
625
623
627
626

Zickzack ein Jagdsteig führt, der zuletzt nach O dort in die Kranebitter Klamm einlenkt, wo sie aus der Schlucht in das breite Bachbett übergeht.

● 623 Südwand, Westlicher Weg
M. Auckenthaler, H. Schmidhuber, 1933 (Mitt. 1933, S. 236). **V** (E), sonst IV. Brüchig, viel Vegetation, selten begangen. Wandhöhe etwa 400 m, 5 Std.

Übersicht: In der Gipfelfallinie ist an die Wand ein bewaldeter Felskegel angebaut (nicht zu verwechseln mit dem östl. oder dem westl. ähnlichen Kegel), den man am besten von seiner W-Seite ersteigt. Die Führe verläuft durch die Wand links des über dem Kegel ansetzenden Pfeilers. Siehe Abb. S. 175.
Zugang: Von Kranebitten zunächst auf Steig, dann weglos durch den schrofigen Wald steil über den Felskegel hinauf und von den letzten Bäumen über ein kurzes Gratl zum eigentlichen Wandfuß. 1—1½ Std.
Führe: Vom Wandfuß 35 m im linken Teil des Pfeilers (V, 1 H) bis auf eine kleine Schulter. Rechtshaltend aufwärts 30 m zu einem Felsköpfl. (Bis hierher verlaufen alle Routen gemeinsam). Von hier 1 SL brüchig gerade empor zu einem grasdurchsetzten Band (Ringhaken). Auf dem Band 75 m nach links, um eine Kante (H) herum in den Grund der Riesenverschneidung. In dieser zuerst lange gerade empor, über Wandstufen, später links haltend zur Kuppe.

● 624 Südverschneidung
P. Brandstätter, R. Schiestl, 1977 (Alp. 2/78). **V+** (1 Stelle), sonst V und IV (Bew. d. Erstbeg.). Freie Kletterei. Wandhöhe 350 m. 4 Std.

Übersicht: s. Abb. S. 175.
Zugang: Wie auf R 623 bis zur Mitte des großen Quergangs.
Führe: Von der Mitte des Grasbandes durch eine auffallende Verschneidung gerade empor (IV und V), bis sie sich unter einem großen, sichelförmigen Überhang in einem gelben Riß verliert (3 SL). Durch den Riß 20 m hinauf zu 3 H. unter dem mächtigen Überhang. Quergang 10 m horizontal nach rechts, dann gerade hinauf auf ein Band (45 m, V, 1 Stelle V+). Vom rechten Ende des Bandes über eine glatte Platte (1 H) auf eine schräg nach links ziehende Rampe und auf ihr zu einem Band mit Latschen (20 m, V, dann III). Auf dem Band nach links zu einer gelben Verschneidung und durch sie 40 m gerade hinauf (IV+). An der rechten Verschneidungswand über glatte Platten zu Stand in einer Nische (1 H am Stand, V und IV). Aus der Nische durch einen kurzen Riß gerade hinauf und über eine schräg nach rechts zie-

hende Rampe in leichteres Gelände (50 m, IV und III). (P. Brandstätter)

● 625 Südpfeiler

M. Bachmann, K. Stöger, 1949. 1. Allein-, zugl. Winterbeg. K. Schoißwohl, 21.2.1962. **VI/A0** (80 m), sonst VI— und V, nur im unteren Teil leichter. Wandhöhe 400 m (11 SL). 5 bis 7 Std. Extreme Riß- und Verschneidungskletterei, teilweise brüchig, im unteren Teil grasdurchsetzt. Nötige ZH stecken, gute SH. Öfter begangen.

Übersicht: s. Abb. S. 175.
Zugang: Wie auf R 623 3 SL empor und über den grasdurchsetzten Fels weiter bis an den Fuß der großen Verschneidung in der Mitte des breiten S-Pfeilers. Hier Stand.
Führe: Durch die auffallende senkrechte Verschneidung 40 m empor (VI/A0, einige H). Nicht durch den Riß knapp links! Dem anschließenden Riß folgend (V+, 1 H, brüchig), zuletzt aus der Verschneidung nach links auf kleiner Rampe einige Meter zu Stand. Nun links ums Eck und im folgenden brüchigen Riß empor (40 m, VI/A0, einige H). Weiter im Riß an den Fuß der zweiten großen Verschneidung (VI—, V, einige H), hier 5 m nach links zu Stand. Über Platten zu einem Riß hinauf, durch ihn (V—, 1 H), dann nach rechts zurück in den Verschneidungsgrund, in ihm empor (1 Stelle VI) bis zu Schlingenstand. Von hier kurz nach rechts zu Ringhaken (A0), im Riß an der Kante einige Meter empor (alter HK), dann Quergang nach links in die Verschneidung, gerade hinauf zu Ringhaken, von hier nach rechts ums Eck und zu Stand an der Kante (1 SH). Hier trifft man auf R 626. Kurz an der Kante empor, dann nach links hinaus und in dem schräg nach rechts oben ziehenden Riß (VI— und V, einige H) zu den Latschen. (W. K.)

● 626 Gerade Südwand

M. Auckenthaler, Dr. Kiechl, 1934. 1. Winterbeg. W. Gruber, H. Klier, 31.1.1947. **VI—** (einige Stellen), sonst häufig V+ und V. Etwas verwickelte Routenführung, oft brüchiger, grasdurchsetzter Fels. H ausreichend. Gelegentlich begangen. Wandhöhe etwa 400 m. 6—8 Std.

Übersicht: s. Abb. S. 175.
Zugang: Wie auf R 623 bis auf das Felsköpfl am Ende der 2. SL.
Führe: Von diesem weiter schräg unter der immer stärker abdrängenden Pfeilerwand aufwärts, bis bei einem H eine 30 m lange auf- und absteigende Querung (V+) beginnt, die nach rechts auf ein schmales Band führt. Nun auf das nächste Band hinauf. Über eine weißlichgelbe

Wandstelle zunächst linkshaltend (VI—, 3 H), dann nach rechts empor zu Stand. Von hier Querung nach rechts zu engem Kamin, durch ihn empor zu Sand auf Felskopf (V). Etwas links davon durch eine flache Verschneidung (V+, H) empor, Quergang nach links gegen die Kante und um die Ecke herum (V+, H) und kurz empor zu Stand. Über grasdurchsetzten Fels stets links haltend empor, um eine Kante in eine kleine Verschneidung, nach wenigen Metern links zu Stand (V). Von hier 30 m Quergang nach links (H) in die Riesenverschneidung, in ihr kurz empor zu gutem Standplatz auf abgesprengten Blöcken. In der Verschneidung (VI—, einige H) empor, bis man auf einem Blockband 5 m links zu Stand gelangt. Kurz links und in dem hier ansetzenden Riß empor bis unter das Dach. Querung an der abschüssigen Platte nach links an die Kante (V+). Einige Meter an der Kante empor, weiter knapp rechts in der fast senkrechten Grasrinne, dann schräg links empor zu Stand (V). Weiter an der Kante und über eine Wandstelle gerade empor (V). Nun einem Riß folgend schräg rechts empor (VI—, einige H) zu den Latschen, Ende der Schwierigkeiten. Weiter durch Latschengestrüpp zum Gipfel. (W.K.)

● 627 Variante Spitzenstätter/Schoißwohl

K. Schoißwohl, W. Spitzenstätter, 1963. **VI+** und VI (Bew. d. Erstbeg.). Extreme freie Wandkletterei. 6 Std. Sehr selten wiederholt.

Zugang: Wie in R 623 auf das Felsköpfl.

Führe: Die Variante führt gerade weiter über grasdurchsetzten brüchigen Fels, zuerst leicht links, wo nach etwa 20 m links die alte S-Wandführe abzweigt. Hier schräg rechts hinauf. Nach 40 m (IV) Stand. Hier zweigt der S-Pfeiler-Weg (VI) nach links ab. Wir aber queren etwa 4 m (fast waagrecht) nach rechts, dann weiter gerade hinauf (VI). Nach etwa 10 m kommt man zu einer 6 m hohen Platte. An der Platte links vorbei mit 6 H (VI+). Immer noch gerade aufwärts bis zum Fuß der Riesenverschneidung (Stand). Von hier einen 4-m-Quergang nach rechts zu Stand (1 H). Weiter 35 m rechts haltend hinauf zu schlechtem Stand (2 H, V) am Fuß einer kleinen Verschneidung. In der Verschneidung 40 m hinauf zu schlechtem Stand unter Blockübergängen. Nach links ausweichend über brüchige Überhänge (1 H, VI—) 40 m hinauf und von rechts kommend in die Riesenverschneidung zu einem Rastplatz. Hier mündet ebenfalls von rechts (fast waagrecht) die „Auckenthaler/Kiechl-Route“ ein. Weiter wie in R 626. (Beschr. d. Erstbeg.)

● 630 Großer Solstein, 2540 m

Runde Felskuppe, westl. Eckpfeiler der Kette. Über die verschiedenen

Steiganlagen ist der Gipfel vom Solsteinhaus und von der Magdeburger Hütte her leicht zu erreichen. Durch die N-Wand führen schwierigste Anstiege. Aussichtsberg; zählt zu den meistbesuchten Gipfeln der Kette. Im Frühjahr beliebter Skiberg. Im Hochwinter lawinengefährlich. Gipfelkreuz und -buch.

● **631 Vom Solsteinhaus**
Bez. Steig. 2 Std.

Vom Solsteinhaus etwa 100 m in nördl. Richtung zur Erlalm und östl. über die grasige Senke zum Latschenhang (Ww.). Hier beginnt der Steig (nicht mit dem Schützensteig R 408 zu verwechseln), und führt ziemlich steil über den Latschenhang empor auf den nach SW streichenden Rücken. In Kehren durch die Latschenzone, später über Grasböden und Schuttfelder, immer deutlich markiert, zum Gipfel.

● **631 A Abstieg zum Solsteinhaus**
1½ Std.

Über den freien Rücken gegen SW abwärts, dem gut bez. Steig folgend in Kehren durch die Latschenzone und nach rechts zum Erlsattel. Weiter auf bez. Weg zum Haus.

● **633 Von der Neuen Magdeburger Hütte durch das Wörgltal**
Bez. Steig. 2½ Std.

Von der Hütte an der Kapelle vorbei gegen NO, bis man, die Umzäunung übersteigend, zu einem Ww. und dem Beginn des bez. Zirler Schützensteiges (R 408) trifft. Diesem folgt man wenige Min. aufwärts, bis rechts ein Weg abzweigt (Ww.), der durch Hochwald, zuletzt durch Krummholzbestände nördl. in das Wörgltal hineinführt. Im Grund des riesigen Kessels gabelt sich der Weg: Man kann gegen links auf den das Tal links (westl.) begrenzenden Rücken ansteigen und über diesen gerade zum Gipfel; oder steil empor und ostw. auf den fast ebenen, grasigen Rücken, über den man den Hochsattel zwischen den Solsteinen erreicht. Auf Steigspuren über den O-Grat zum Gipfel.

● **634 Von der Neuen Magdeburger Hütte über den Höttinger Schützensteig**
Bez. Steig. Trittsicherheit erforderlich. Interessanter als R 633. 2½—3 Std.

Wie in R 633 an der Kapelle vorbei auf Steigspuren etwa 100 Schritte in östl. Richtung zu einer Wegtafel. Hier ist der Steig deutlicher bez. und führt nordöstl. ansteigend zur „Gelben Wand“ empor. Hier beginnt der eigentliche „Höttinger Schützensteig“, der in nordöstl. Richtung unter den Steilwänden hinaufzieht (Seilsicherungen), bis er auf einem begrünten Steilhang, nach W umbiegend, den in R 633 erwähnten ebenen, grasigen Rücken (Kaserkopf) erreicht. Wie in R 633 zum Gipfel.

● 635 Nordpfeiler

W. Purtscheller, E. Streng, 1945. **VI—** (1 SL), mehrere Passagen V+ und V, dazwischen häufig leichter. Großzügige Kletterei, teils brüchig und steinschlaggefährdet. ZH stecken, SH fehlen teils, KK mittlerer Größe vorteilhaft. Gelegentlich begangen. Über 500 m auf den Pfeilerkopf, schwieriger Teil 350 m. 6—8 Std. zum Gipfel.

Übersicht: Die breite Kuppe des Großen Solsteins stürzt nach N 900 m ins Kar ab. Die untere Wandhälfte ist ein wilder, durch Pfeiler und Schluchten gegliederter Abbruch, nach oben legt sich die Wand stark zurück. Etwa in Gipfelfallinie baut sich der Nordpfeiler auf, östl. und westl. von Steilschluchten begrenzt. Der Anstieg folgt dem Pfeiler an seiner rechten Seite bis auf den Pfeilerkopf. Siehe Abb. S. 181.
Zugang: Dieser Weg war früher als N-Wand-Weg eine beliebte Wanderung, die unter den N-Abstürzen der Solsteine bis ins Frau-Hitt-Kar führte (vgl. R 410 u. 410a). Er ist jetzt teilweise verfallen und nur noch als Zugang vom Solsteinhaus zu den N-Wand-Führen in Gebrauch. Vom Solsteinhaus nordw. zur Erlalm. Vom Kreuz rechts haltend zu den Latschen, wo man auf ein schwach ausgeprägtes Steiglein trifft. Immer leicht fallend unter den Felsen zu einer großen Quelle („Jagerwasserle", Wildfütterung). Weiter abwärts den Steigspuren folgend über zwei große Gräben (bis in den Hochsommer mit Firn gefüllt) und weiter rechts haltend immer möglichst hoch unterhalb der Felsen bis unter die N-Abstürze des Gr. Solsteins. Immer auf das schwache Steiglein achtend unter den düsteren Wandabstürzen des Gr. Solsteins ostw. E wenige Meter westlich des tiefsten Punktes des Pfeilers, bei einer ganz allein stehenden Lärche.
Führe: s. Skizze S. 182.
1. SL: Durch die Rinne, die bei einer Nische überhängend ansetzt, hinauf (V), rechts an die Kante (H) und gerade empor auf ein breites Band (40 m). **2. SL:** Man folgt dem Band nach rechts bis in die große Verschneidung. In ihr etwa 20 m empor (V), bis man nach rechts in eine brüchige Nische ansteigen kann (40 m). **3. SL:** Quergang nach rechts, nach 3 m kurz absteigen, dann weiter nach rechts bis an die Kante

Der Große Solstein von Norden mit Nordpfeiler (R 635), Nordverschneidung (R 636), „Ritt zum Galgenbaum" (R 637) und Alter Nordwandführe (R 638, ungefährer Verlauf).

638
637
636
635
a

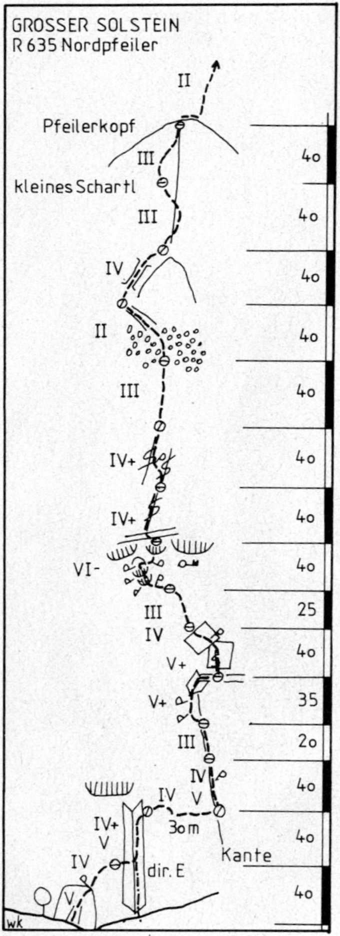

(30 m, IV+). **4. SL:** An der Pfeilerkante empor (40 m, zuerst V, H, dann IV). **5. SL:** Noch 20 m weiter an den Fuß des steilen Aufschwungs. **6. SL:** Gleich nach links an die Kante, an ihr den H folgend zur kleinen, markanten Verschneidung empor. Durch sie (3 m) und auf dem Band nach rechts zu Stand (35 m, V+). **7. SL:** Hier setzt ein senkrechter Riß an. Man folgt ihm (V+, dann IV) auf einen Absatz (H). Dann links über eine Platte (IV+, H) zu gutem Stand (40 m). **8. SL:** Noch 25 m leicht hinauf an den Fuß der überhängenden Wandzone (H). **9. SL:** Man folgt dem Riß, der schwach ausgeprägt nach links bis unter die Überhänge empor führt, 20 m bis zu seinem Ende in einer nassen, brüchigen Nische. Quergang 5 m nach rechts, dann gerade unter den großen Überhang hinauf, der von rechts nach links überwunden wird (40 m, VI—, schwierigste SL, mehrere H). **10. SL:** An den nächsten Steilaufschwung heran und links zum Beginn eines Rißsystems. Durch dieses empor (40 m, IV+). **11. SL:** Weiter durch die Risse, nach wenigen Metern in den linken (H); weiter gerade empor auf einen Absatz (40 m, IV+). **12. SL:** - Über mehrere Felsstufen empor auf einen schuttbe-

deckten Absatz (40 m, III). **13. SL:** Der folgende Steilaufschwung wird links umgangen. Man geht auf einem Band nach links an den Beginn einer tiefen Rinne (40 m, II). **14. SL:** Durch die Rinne hinauf (IV) und nach rechts an die Pfeilerkante (40 m). **15.—16. SL:** An der Kante (III) bis auf den Pfeilerkopf. Ende der Schwierigkeiten. Man steigt einige Meter ab, hält sich zunächst in der breiten Rinne (etwa 150 m II), verläßt sie zuletzt nach rechts und steigt nun gerade über durchwegs unschwieriges, schuttbedecktes Gelände, immer ein wenig rechts haltend, zum Gipfel. (W.K.)

● 635a Direkter Einstieg zum Nordpfeiler

H. Klier, H. Prochaska, 1950. **VI—** (10 m), sonst V. Anstrengender und schwieriger als der übliche E.

Übersicht: s. Abb. S. 181.
Der N-Pfeiler bildet links mit der glattgeschliffenen Plattenwand eine Verschneidung.
Zugang: E durch einen Spalt 1 m rechts der Verschneidung.
Führe: Durch diesen empor und nach links in die Verschneidung; erster Standplatz etwa 6 m unter dem Überhang (H). Weiter zum Überhang und gerade über diesen empor. Sodann in der ungemein glatten Verschneidung (VI—) 10 m auf einen Standplatz (H). 1 m gerade empor, dann gegen links und wieder in den Grund der Verschneidung. Hier mündet von rechts her R 635 ein. (H. K.)

● 636 Nordverschneidung

E. u. O. Streng, 1945. **VI—** (2 Stellen), V+ und V, selten leichter. Schwierige Freikletterei, länger und ernster als R 635, Hauptschwierigkeiten am Beginn und im oberen Wandteil. Kaum begangen, jedoch großartige Kletterei in fast durchgehend festem Fels. 2 ZH, 4 SH; einige H und Keile nötig. Wandhöhe 900 m, schwieriger Teil über 500 m, Kletterlänge über 600 m. 6—9 Std. zum Gipfel.

Übersicht: Nur wenig links des N-Pfeilers zieht eine auffallende Verschneidung gerade empor, deren rechte Wand vollkommen glatt ist. Die linke Verschneidungswand bildet eine steile, mehrfach gestufte Rampe. Der Durchstieg hält sich zunächst an diese Verschneidung, im oberen Teil der Wand folgt er einer Reihe von Rissen und Kaminen und erreicht von links einen Pfeilerkopf etwas östl. und fast 100 m über dem Pfeilerkopf von R 635. Siehe Abb. S. 181.
Zugang: Wie bei R 635 unter die N-Wand. Der E befindet sich etwa 80 m links (östl.) des Baumes am N-Pfeiler-Einstieg.
Führe: Zunächst 15 m in der Verschneidung empor, dann nach rechts in eine Nische zu H. Von hier Quergang unter einem Dach (VI—, H)

nach links zurück in die Verschneidung zu H. Der folgende Überhang wird etwas links umgangen (V). Dann zurück in die Verschneidung zu Schuttplatz, Stand. Sodann 3 SL (teils nach links ausweichend) bis zu einem tiefen Kamin im Verschneidungsgrund. Er wird gerade erklettert (30 m, V). Danach kurz links auf eine begrünte Schulter (H). Die senkrechte Wandstufe wird durch den Riß, der 10 m rechts ansetzt, erklettert (V +). Gerade weiter und durch Risse und an der Gratkante bis unter den großen Wandabbruch, der von mehreren Rissen und Verschneidungen durchzogen wird. 1 SL gerade empor zu Stand bei H. (Rechts in der Wand Verhauerhaken!) Weiter gerade empor zu dem schwarzen, tief ausgeprägten Doppelriß. Durch ihn (V +, eine Stelle VI—) und den anschließenden Kamin gerade weiter (V) und nach 3 SL auf ein Schartl; links das gewaltige Amphitheater der NO-Wand-Schlucht. Auf einem latschenbewachsenen Band 30 m nach links an den Fuß einer tief eingerissenen Verschneidung. Zuerst 10 m durch einen Kamin an ihren Fuß, dann immer genau in der Verschneidung (teilweise V +) 40 m empor in ein kleines Schartl hinter dem Pfeilerkopf. Ende der Schwierigkeiten. Zunächst noch über einige Wandstufen (II), dann im leichten Schrofengelände stets gerade bis auf den Solsteingipfel. (H.K. u. W.K.)

● **637** **Östlicher Nordpfeiler, „Der Ritt zum Galgenbaum"**
L. Rieser, R. Schiestl, 1980. **V +** (zwei Passagen), V und IV (200 m), sonst leichter. Schöne Kletterei in teils festem, teils brüchigem Fels. Wandhöhe (schwieriger Teil) 550 m. Keine ZH. Zeit der Erstbeg. 5 Std. Siehe Abb. S. 181.

Übersicht: Östl. des N-Pfeilers (R 635 u. 636) durchzieht eine wilde Steilschlucht die N-Wand. Sie wird östl. von einem markanten, plattigen Pfeiler begleitet. Die Führe hält sich durchwegs an ihn.
Zugang: Wie R 635 unter die N-Wand und zum Pfeilerfuß queren.
Führe: Vom E über Platten etwa 100 m gerade hinauf, sodann mittels zweier Verschneidungssysteme weitere 100 m empor, steigender Quergang nach rechts zur Pfeilerkante. Nun weitere 100 m gerade, teils rechts haltend an der schwach ausgeprägten Kante höher, bis sich diese plötzlich in einen scharfen Grat verwandelt. Diesen nun 50 m entlang, bis man vor mehreren Steilaufschwüngen verdutzt stehenbleibt. Jetzt nach rechts in die Rinne hinunterqueren und in dieser (Vorsicht bei gefrorenem Altschnee!) 100 m bis zum flacheren Gipfelaufbau. Diesen 50 m hinauf zum Gipfelplateau. (L. Rieser)

● 638 Alte Nordwand
K. Aichner, A. Hampel, K. Schuster, 1919. 1. Winterbeg. W. Haim, F. Kuen, 30.—31.12.1963. **V—** (einige Stellen im unteren Wandteil), sonst IV+, oft leichter. Kaum begangen. 4—6 Std.

Übersicht: Die Führe verläuft im äußerst linken Teil der N-Wand.
Zugang: Wie R 635. E bei einem kurzen Plattengrat etwa 150 m westl. der zwischen beiden Solsteinen herabziehenden Schlucht.
Führe: Wenige m über dem E beginnen zwei Risse; man benützt zuerst den linken, sodann den rechten. Über eine Platte in einen seichten Kamin; von dessen Ende rechts in eine Rinne. Sobald diese ungangbar wird, Quergang nach rechts in die nächste Rinne. Dieser folgt man bis unter gewaltige schwarze Überhänge. Unter diesen nach rechts hinaus und über eine kurze Wandstelle in eine gut gangbare Rinne, die auf ein schräg links aufwärtsziehendes Schuttfeld führt. Von hier kann man links haltend, später gerade, über Wandln und geneigteren Fels auf die Grathöhe östl. des Gr. Solsteins emporsteigen.
Oder schöner: Dem Schuttfeld folgend, bis es schmäler und der Durchstieg nach oben möglich wird. Gegen rechts zu einer tief eingerissenen Schlucht; an ihrer linken Begrenzung einige SL empor zu einem Schuttband. Nun 10 m links aufwärts; die darüberliegende kurze Wandstufe überkletternd auf ein Band; auf diesem schräg rechts abwärts zu einem schrägen Riß; dieser geht in eine Plattenwand über. Von ihrem Ende leichter zum Grat östl. des Gipfels.

● 639 Südostwand
Es handelt sich um die Wandabbrüche unterhalb des Schützensteiges, der vom Hechenberg oder auch vom Tal aus gut

sichtbar ist. Zwei Führen von A. Orgler (1982) durch die zwei V-förmig auseinanderlaufenden rißartigen Vertiefungen. Brüchig und grasig. **V—** (stellenweise).

● 645 Kleiner Solstein, 2637 m

Höchster Gipfel der Inntalkette, der mit großartiger Wandflucht nach N abbricht. Aussichtsreich, durch eine Steiganlage vom Gr. Solstein für Geübte unschwierig ersteigbar. Am Normalweg lohnend; durch die N-Wand führen schwierige und langwierige Anstiege. Gipfelkreuz.

● 646 Normalweg von Westen

Bez. Steiganlage. Trittsicherheit erforderlich. Lohnend. 3 Std. vom Solsteinhaus oder von der Magdeburger Hütte.

Zugänge: Vom Solsteinhaus wie in R 631 auf den Großen Solstein. Nun ostw. über den Rücken auf den breiten Hochsattel zwischen den beiden Solsteinen absteigen. Hierher gelangt man von der Neuen Magdeburger Hütte auf R 633 oder 634.

Führe: Nun leicht fallend über die Grasböden, zuletzt durch Schrofen südl. der Grathöhe auf gut bez. Steig. Eine steile Felsrippe wird südl. auf schmalem Band (Seilsicherung) umgangen, worauf man in die große Scharte westl. des Kl. Solsteins gelangt. Von hier über Schutt und schrofiges Gelände aufwärts zum W-Teil des Gipfelgrates. Nun immer nahe der Schneide zum höchsten Punkt.

● 647 Südgrat

K. u. J. Hagspiel, 1917. **IV** (E), sonst III. Kaum beg.; 3 Std. E. Siehe 11. Aufl. 1978, S. 173, R 413.

● 648 Ostgrat vom Gamswartsattel

III—. Vor allem bei der Überschreitung von der Hohen Warte her begangen. 1 Std.

Führe: Zum Gamswartsattel wie in R 661. Von hier ab folgt man am besten der interessanten, fast ebenen Gratschneide (prächtige Tiefblicke nach N), die mit einem Reitgratl an den O-Grat des Kl. Solsteins ansetzt. Auf diesem teilweise ausgesetzt, aber sehr anregend empor. Nach Überkletterung eines Felskopfes steht man vor einem Steilaufschwung, dessen gerade, gegen links steigende Erkletterung sehr schwierig (IV +) ist. Umgehung ist durch Steigspuren links gewiesen. Über den letzten Gratteil gerade empor zum Gipfel.

● 650 Übersicht über die Nordwand

Die N-Wand des Kl. Solsteins fällt in zwei Abbrüchen 800—900 m tief ab. Dazwischen ist eine große, abschüssige Terrasse eingelagert, die auch von der Scharte zwischen den Solsteinen zugänglich ist (R 656). Die verschiedenen Anstiege auf die Terrasse ergäben in Verbindung mit jenen durch die Gipfelwand lange, großzügige Kletterfahrten, die jedoch äußerst selten ausgeführt werden. Der *Zugang* zu R 651—654, die auf die Terrasse führen, erfolgt wie bei R 635.

● 651 Gerade Nordwand auf die Terrasse

H. Klier, H. Prochaska, 1950. **V** (1 SL), sonst IV. Schöne, abwechslungsreiche Plattenkletterei in festem Fels. Wandhöhe 600 m. 3—5 Std.

Führe: E bei einem kleinen, vorgebauten Wandpfeiler in der Mitte der oberen Mulde des Kares „In der wilden Iß". (Rechts zieht eine plattige Rißrampe empor, links ist eine kleine Schlucht eingerissen, die zur Scharte hinter dem auffallenden latschen- und baumgekrönten Felskopf, R 654, hinaufführt.) Über den Pfeiler 2 SL gerade empor auf den Pfeilerkopf und über ein Gratl an die Wand. Nun 3 SL leichter empor gegen ein seichtes, schwarzes Kaminl; unterhalb Standplatz. Etwas links über senkrechten Fels auf ein Band und 10 m nach links. Weiter in eine rißartige Steilrinne und 20 m empor; unter den Überhängen links heraus über Platten auf einen Absatz. Rechts haltend 50 m über die zerrissene Plattenrampe empor, zum Schluß durch eine begrünte Steilrinne (bandartig) rechts 10 m auf ein Köpfl. Rechts über die Plattenkante ausgesetzt empor auf eine weniger steile, plattige Wandzone. Mehrere SL rechts haltend in Richtung auf den gezackten Grat (auffallendes Felsloch) auf eine Schulter; Steinmann. Über den mächtigen Plattenschuß 100 m gerade empor an den Fuß der gelb-schwarzen, überhängenden Wand. Ihre rechte untere Begrenzung bildet eine steil nach rechts emporziehende Rißrampe. E an der Stelle, wo sie mit überhängendem Riß auf dem breiten Schuttband ansetzt (Steinmann). Durch den stark überhängenden Riß empor, dann rechts aufwärts dem Einriß folgend und um ein abdrängendes Eck auf einen Standplatz (V); Sicherungsblock. Weiter rechts durch einen gerade noch schliefbaren Spalt und über die Rampe an den unteren Rand der N-Wand-Terrasse (H.K.)

● 652 Alter Nordwandweg

K. Grissemann, E. Spötl, 1899. **IV**, 3 Std. Dieser Anstieg hat heute kaum noch Bedeutung; s. ä. A.

● 653 Schluchtweg auf die Nordwandterrasse

V (stellenweise). 3 Std. Ohne Bericht.

● 654 Nordnordostwand auf die Terrasse

H. Kneißl, E. Pertl, B. Pfeiffer, W. Purtscheller, 1945. **V** (stellenweise), sonst IV. Schöne Wandkletterei in festem Fels. 4—5 Std.

Zugang: In R 651 ist ein latschen- und baumgekrönter Felskopf erwähnt. E, wo die Felsen dieses Kopfes pfeilerartig in das Kar „In der wilden Iß" vorstoßen.
Führe: Über Kanten und durch plattige Steilrinnen mehrere SL gegen links und gerade empor, zuletzt in latschendurchsetztem Fels auf den Kopf. Jenseits wenige Meter in die Scharte hinab und in steilem, plattigem Fels (V) längere Zeit empor, bis man in das auffällige, mehrteilige Riß-und Rinnensystem gelangt, das zu einem Rastplatz leitet (Büchse). 2 SL gerade empor durch die Risse (IV +), bis man links oben einen abgesprengten Turm gewahrt. Etwa 20 m unter dem von ihm gebildeten Schartl quert man fast waagrecht gegen links, bis man wieder gerade nach oben durchkommt; der Weiterweg verläuft halbwegs zwischen den Steilwänden rechts und den gewaltigen Abstürzen links; kleine Bänder und kurze Wandstellen vermitteln immer wieder ein Durchkommen durch die allmählich gegen O weisende Wand. Zuletzt etwas abwärts auf eine breite, schutt- oder schneebedeckte Plattenrampe, die steil auf die N-Wand-Terrasse emporführt.

● 655 Nordostwand

L. Ambach, E. Geisler, L. Gerold, 1920. **V**— (stellenweise). 6—10 Std.

Zugang: Östl. des in R 651 erwähnten, latschengekrönten Felskopfes ist ein Hochkar („Knappenkar") eingelagert, das vom O-Teil des Kares „In der wilden Iß" durch eine von kurzen Schluchten durchrissene Felszone getrennt ist, so daß man nur von O her über einen latschenbestandenen Absatz ins Kar gelangt. E an der W-Seite des Kares.
Führe: Über Platten zu einem von zwei Überhängen gesperrten Kamin. Über eine plattige Wandstufe, dann Quergang links zu einem Felsköpfl (Steinmann). 70 m nach links empor zu einem Schuttloch, von dem man eine von einer Wasserrinne durchzogene Plattenwand einsieht. Rechts davon durch einen Kamin 40 m empor, dann links auf ein Schuttband. Nun rechts über brüchigen Fels 40 m aufwärts auf eine Kanzel (Steinmann). Weiter rechts zu einem Kamin, der sich in zwei Risse teilt. Im rechten Riß empor zwischen der Wand und einem vorgebauten Turm. Quergang nach rechts und durch eine Steilrinne 25 m empor auf glatten Fels. Über diesen 50 m empor, dann rechts in einen Kamin, den man nach 20 m nach links verläßt. Von hier auf den Grat östl. des Gipfels.

● 656 Von der Nordwandterrasse in die Scharte zwischen den Solsteinen

II. Auch als Zugang zur Terrasse gut geeignet. 1 Std. Siehe Abb. S. 191.

Man quert ganz an den rechten, oberen Rand der Terrasse hinaus, von dem man über brüchige Schrofen in die bis in den Hochsommer schneeerfüllte Schlucht queren kann. Durch diese (je nach den Verhältnissen steinschlaggefährdet) auf die Scharte zwischen Gr. und Kl. Solstein empor.

● 657 Gipfelwand, Alte Nordwand

K. Grissemann, E. Spötl, 1899. **V—** (stellenweise), sonst IV. Sehr brüchig. 2—4 Std.

Übersicht: s. Abb. S. 191.
Führe: E in der Fallinie des Gipfels. Über schräge Platten links aufwärts zu einem blockerfüllten Kamin, der auf ein kleines Schartl leitet. Auf brüchigem Band 10 m nach rechts, sodann durch eine Plattenrinne 20 m empor. Auf gutem Band nach rechts, dann über plattigen Fels an den Fuß eines Wandgürtels. Über einen Überhang etwa 15 m gerade empor und auf schmalem Band wenige Meter nach links zu einem H. Den anschließenden Überhang gerade empor (8 m), dann auf sehr schmalem Band nach links zu einem Schuttband, das zu einem Kamin leitet, der gerade zum Gipfel führt.

● 658 Nordpfeiler der Gipfelwand

M. Rebitsch, M. Grisenti, 1939. **V+** (eine Stelle), sonst V. 3 Std. Kaum begangen.

Übersicht: Die Führe hält sich im allgemeinen etwas rechts des scharf vorspringenden, im unteren Teil flacheren, oben sich steil aufschwingenden Pfeilers. Vgl. Abb. S. 191.
Zugang: E über der weit vorspringenden Schulter unter dem Pfeiler.
Führe: Von einem Steinmann nach links zu einem Köpfl an den hier ansetzenden Grat. Über flacheren Fels, im allgemeinen links haltend, aufwärts in eine Steilrinne und links hinauf querend zum Beginn des hier steil aufstrebenden Pfeilers. Durch einen auffallenden, anfangs schwach ausgeprägten Riß empor (schwierigste Stelle, V+) und links zu einem Köpfl (Steinmann). Über leichteren Fels zu einem Band. Einige Meter aufwärts und über gutgriffigen Fels Querung direkt an die Pfeilerkante. Über sehr griffigen Fels gerade hinauf, dann links zu einer großen Höhle. Von hier quert man nach links, über leichteren Fels aufwärts bis zu einem grünen Moosfleck. (Nicht in die große Schlucht hinein.) Einige Meter höher dann leicht fallender Quergang nach rechts

und über Risse und Wandstellen zum Pfeilerkopf (Steinmann). Unschwierig zum Gipfel.

● 660 Hohe Warte, 2596 m

Erste Ersteigung: Hermann von Barth, 1870. Abgerundete Felsschneide im Grat zwischen Kl. Solstein und den Brandjöchern; entsendet nach S einen langen, gestuften Grat, der zu den beliebtesten Touren der Inntalkette zählt. Gipfelbuch.

● 661 Normalweg vom Gamswartsattel über den Westgrat

Bez. Steig, nur für Geübte, 3½—4 Std. von der Aspachhütte oder von der Seegrube.

Von der Aspachhütte (R 210) nordw. auf gutem Steig über den vom S-Grat der Hohen Warte herabziehenden Rücken in vielen Kehren empor, später gerade zu einem Gedenkstein. (Hierher auch von der Seegrube (R 215) auf gutem Steig stets querend unter den Sattelspitzen und dem Brandjoch-S-Grat vorbei.) Etwas oberhalb führt ein Jagdsteig rechts ins Schneekar, ein anderer links unter den SW-Abstürzen der Hohen Warte westw. übers Gamsangerl. Dem letztgenannten Steig folgt man bis in die seichte Rinne, die vom Gamswartsattel nach S zieht. Auf schwachen Steigspuren in Kehren nordw., den Felsstufen ausweichend, bis knapp unter die Kammhöhe. Hier wendet man sich nach O und steigt etwas unterhalb oder viel aussichtsreicher gerade auf der anfangs fast ebenen Gratschneide zum Steilaufschwung des Berges, der über die plattigen und schuttbedeckten Schrofen südl. des Grates erstiegen wird.

● 662 Von Norden auf den Gamswartsattel

H. Diechtl, O. Melzer, 1899. **III.** Aus dem Hippenkar 2 bis 3 Std., s. ä. A.

● 663 Übergang zum Kleinen Solstein

III— (am Solstein-O-Grat). 1—1½ Std.

Führe: Über Schrofenhänge links des W-Grates hinab, dann quer auf den Gamswartsattel hinüber. Weiter wie in R 648.

Kleiner Solstein, Hohe Warte und Hinteres Brandjoch von Westen. Eingezeichnet sind am Solstein die Alte Nordwandführe (R 657) und die Nordpfeilerroute (R 658) sowie am Brandjoch die Führe durch die Nordwestschlucht (R 680).

657
656
658
Terrasse
Hohe Warte
Hint. Brandjoch
680

● 664 **Südwestgrat**
III. 1½—2 Std. Früher häufig, jetzt kaum noch begangen. Zustieg wie R 665.

● 665 **Südgrat**
F. Rabl, O. Sehrig, P. Waitz, 1902, **IV** (zwei Passagen), sonst III und häufig II. Beliebte Gratkletterei, fester Fels. Grathöhe 400 m. 2 Std. E.

Zugang: Von der Aspachhütte nordw. empor und über den grünen Rücken bis an den untersten Felsabsatz des S-Grates.
Führe: Über plattigen Fels etwas nach rechts hinaus und über eine kurze, aber senkrechte Wandstelle (IV) auf leichteres, grasdurchsetztes Gelände. Über einige kleine Grataufschwünge hinweg und an den Fuß einer 20 m hohen Wandstelle. Man überwindet sie etwas links der Kante (IV, H). Weiter stets gerade am Grat oder wenig westl. zum Gipfel. (W.K.)

● 666 **Südwand**
II, 2 St., E; s. 11. Aufl. 1978, S. 178, R 426.

● 667 **Südostflanke**
H. Delago, 1895 (Mitt. 1895, S. 239), **II.** Steinschlaggefährdet, kaum beg. 2 Std. aus dem Schneekar. Siehe ä. A.

● 668 **Nordwand**
E. Spötl, 1900 (ÖAZ, 1901, S. 298). **V** (eine Stelle), sonst IV—. 2—3 Std. E. Früher öfter, jetzt kaum noch begangen. Wandhöhe etwa 300 m.

Zugang: Auf R 410 vom Solsteinhaus ins Hippenkar.
Führe: Durch die N-Wand der Hohen Warte zieht eine Schlucht, die unten in Wänden abbricht und östl. von einem ausgeprägten Grat begrenzt wird. Man ersteigt diesen Grat von einer östl. eingerissenen Schlucht. Zuerst über einen brüchigen Felssporn in der Schluchtrinne 30 m empor, dann rechts über steile Schrofen auf ein auffallendes Band, das in einer Nische beginnt und rechts durch die Wände hinaus auf den oben erwähnten ausgeprägten Grat leitet. Einmal bricht das Band nahezu gänzlich ab (V); sodann noch etwa 30 m nach rechts, dann gerade empor über Wandstufen und Rinnen auf den Grat. Über diesen steil aufwärts, bis er an einer Wand endet. Oberhalb der Wand zu einem auffallenden Turm, der rechts umgangen wird. Weiter stets rechts haltend zum Gipfel.

● **669** **Ostgrat** (Übergang von der Hinteren Brandjochspitze)
III—, vgl. R 678.

Führe: Man hält sich von der Einsattelung stets am Grat bis zum Gipfel.

● **675** **Hintere Brandjochspitze,** 2596 m

Steiler Felsgipfel nördl. über dem Schneekar, von der Vorderen Brandjochspitze durch eine tiefe Scharte getrennt; entsendet einen mächtigen Zweiggrat nach N, der die Hippenspitze trägt und Hippenkar (westl.) und Frau-Hitt-Kar (östl.) trennt („Hippengrat").

● **676** **Normalweg von Osten, Übergang von der Vorderen Brandjochspitze**
I. 20 Min. — ½ Std.

Von der Vorderen Brandjochspitze westl. über schotterige Schrofen in die Scharte hinab. Jenseits über Schrofen wenig links des Grataufschwunges auf den steilen Gipfel empor.

● **676 A** **Normalweg im Abstieg, Übergang auf die Vordere Brandjochspitze**

Südl. des Grataufschwungs über Schrofen in die Scharte und aus ihr jenseits kurz hinauf zum Gipfel des Vorderen Brandjochs.

● **678** **Übergang zur Hohen Warte, Westgrat im Abstieg**
III—. 1—1½ Std., vgl. auch R 669.

Führe: Vom Gipfel westw. gerade über den Grat abwärts, bis ein kleiner Abbruch ein Ausweichen in die N-Flanke mit folgender Querung (ausgesetzt) nötig macht. Wieder über den Grat bis zu einem eigenartig geformten, etwas nach S gestellten Zacken, der nach N mit steiler Wand abfällt; diesen quert man an seiner S-Seite auf schmalem Band und erreicht so die tiefste Einsenkung zwischen den beiden Gipfeln. Nun stets gerade am O-Grat auf die Hohe Warte.

● **679** **Nordgrat**
H. Diechtl, H. Grissemann, O. Melzer, E. Spötl, 1899. **IV** (stellenweise). Kaum begangen. Grathöhe 300 m. 1½ Std.

Zugang: Vom Solsteinhaus auf R 691 auf die Hippenspitze und südw. kurz absteigen in den Sattel am Fuß des Brandjoch-N-Grats (Stellen II).
Führe: Vom Sattel südw., bis sich der Grat als Steilwand aufschwingt. Durch einen etwa 20 m hohen, senkrechten Riß, oder durch eine Wandeinbuchtung westl. (Felstor) auf leichtere Gratstufen und über diese zum Gipfel.

● 680 **Nordwestschlucht**
A. Engl, E. Spötl, 1899. **II** bis **IV** je nach den Eisverhältnissen. Wird kaum noch beg. 3 Std. E. Siehe Abb. S. 191 bzw. 11. Aufl. 1978, S. 179.

● 681 **Vordere Brandjochspitze,** 2558 m

Erste touristische Ersteigung L. v. Pfaundler, 1859, zweite Ersteigung Julius Pock, 1867. Schöner Felskegel hoch über dem Inntal; entsendet nach S einen langen, als leichtere Gratfahrt berühmten Felskamm, der das Schneekar (westl.) von der weiten Mulde des Höttinger Grabens (östl.) scheidet. Durch den gesicherten Julius-Pock-Steig ist der Gipfel vom Frau-Hitt-Sattel aus für Geübte leicht zugänglich gemacht. Gipfelkreuz.

● 682 **Normalweg über den Ostgrat (Julius-Pock-Weg)**
Weg des Erstersteigers. **I,** Seilsicherungen, bez. 1—1½ Std. vom Frau-Hitt-Sattel.

Wie in R 410—412 oder R 414 auf den Frau-Hitt-Sattel. Knapp unterhalb der tiefsten Einsenkung zweigt westl. der bez. und gesicherte „Julius-Pock-Weg" (benannt nach dem Erstersteiger mehrerer Gipfel der Inntalkette) ab. Einige Kehren leiten auf den O-Grat, dem man bis zu den Felsen folgt. Hier wird er zur steilen Schneide; durch künstlichen Ausbau und Drahtseile ist die Begehung des letzten Teiles des Grates, von dem man mitunter in die N-Flanke ausweicht, möglich.

● 682 A **Im Abstieg**

Stets dem bez. Steig folgend ostw. hinab zum Sattel.

● 684 **Südgrat**
H. Schwaiger, C. Santner, 1894. **III—** (eine Stelle), mehrere Stellen II, oft leichter. Lohnende, häufig begangene Gratkletterei. Grathöhe vom Brandjochkreuz 300 m. 2 Std. E.

Von der Höttinger Alm (R 234) in südwestl. Richtung über die zahlreichen Rinnen auf den Achselboden; nördl. über den Rücken empor, bis man auf einen Steig trifft, der westw. über zwei Gräben auf einen Rücken führt, über den man auf den Brandjochboden, 1967 m, gelangt. Hierher auch von der Seegrube (R 412) westw. bis in Fallinie des Frau-Hitt-Sattels; hier zwei Kehren empor und wieder links ab in südwestl. Richtung über zahlreiche Gräben und Rinnen fast eben auf den Brandjochboden. Nun gemeinsam über den begrünten Rücken nordw. empor auf das Brandjochkreuz, 2262 m. Weiter über einige Gratköpfe und von einem Zacken durch einen Kamin hinab in die Scharte vor dem ersten Steilaufschwung. Nun auf breitem, plattigen Band in die SO-Flanke und schräg aufwärts, bis man durch eine Steilrinne (III—) (oben glatt, kaminartig) wieder auf die Grathöhe gelangt. Über den Grat klettert man nun in westl. Richtung weiter, über ein Schartl spreizend und über die folgenden Zacken am besten gerade hinweg. Der letzte Aufschwung kann gerade überklettert oder westseitig umgangen werden. (W.K.)

● **685** **Südwand**

K.-R. Konrad, G. Niederegger, 1982. **III** (mehrere Passagen), häufig leichter. Wandhöhe etwa 250 m. 2 Std. Lohnende Kletterei, meist fester Fels.

Übersicht: Vom südl. Vorgipfel des Brandjochs (P. 2495) fällt eine 250 m hohe Wand ins Schneekar ab. Sie wird oben von einem markanten Kamin durchrissen, der unten von senkrechten Abbrüchen unterbrochen wird und in einem Rinnensystem im unteren Wandteil ausläuft. Die Route hält sich im unteren Teil links dieser Linie. Dabei umgeht sie die Abbrüche im Bogen und gelangt oberhalb in den großen Kamin.
Zugang: Aus dem obersten Winkel des Schneekars in die Rinne, die schräg rechts zum Brandjoch-S-Grat emporführt. Vom untersten Teil der Rinne linkshaltend über brüchige Felsen auf das große Band, das den untersten Wandteil waagrecht quert. (Oder zunächst rechts der Rinne ansteigen und dann queren.) Der E befindet sich am Schnittpunkt des Rinnensystems mit dem großen Band.
Führe: Hinter einer riesigen glatten Felsplatte führt ein etwa 15 m langer Kamin nach links (westl.) empor. Man steigt in etwa gleicher Richtung weiter zu einer Wandstufe und über diese hinweg (III) auf ein waagrechtes Band. Dieses wird etwa 20 m nach links verfolgt. Hier führt eine tief eingerissene Rinne nach rechts empor und schwach ansteigend auf leichterem Gelände weiter, bis man den Felskessel mit dem Auslauf des Kamins, der über den oberen Wandteil leitet, erblickt. Über glatte Platten ausgesetzt, aber nicht schwierig, in 15 m-Quergang zu diesem Kessel. Von hier aus führt der 80 m lange Kamin, zuerst senkrecht (III), dann etwas weniger steil empor und aus der Wand heraus. Weiter über den obersten Teil des S-Grates zum Gipfel. (Beschr. d. Erstbeg.)

● **686 A** **Abstieg ins Schneekar**

O. Ampferer, 1895 (im Aufstieg). **III.** Kaum begangen. 1 Std.

Von der Scharte zwischen Hinterer und Vorderer Brandjochspitze durch eine Steilrinne hinab bis oberhalb eines hohen Abbruches. Auf Bändern westw. und über eine Wandstufe in eine zweite Rinne, die als enger, glatter Kamin ins Schneekar mündet. Leichter, wenn man oberhalb des Kamines östl. quert und dann absteigt.

● 687 Übergang zum Hinteren Brandjoch
I. 20 Min. — ½ Std., vgl. R. 676.

● 690 Hippenspitze, 2362 m

Erste Ersteigung A. Lieber mit A. Hochrainer, 1890. Auf geschwungener Schneide aufsitzender Felskopf; höchste Erhebung in dem von der Hinteren Brandjochspitze nach N ziehenden Grat. Selten erstiegener Gipfel. Gipfelsteinmann mit Buch.

● 691 Normalweg von Westen durch das Hippenkar
I (im obersten Teil), teils weglos. Vom Solsteinhaus 3 bis 4 Std.

Vom Solsteinhaus auf dem Gipfelstürmerweg (R 410) bis auf den begrünten Rücken, der von der Hippenspitze gegen NW herabzieht. Auf ihm erreicht man unter Überwindung einer schrofigen Steilstufe eine Schuttrinne, durch die man zum Gipfelgrat ansteigt. (W.K.)

● 691 A Normalweg im Abstieg
2 Std. zum Solsteinhaus.

Vom Gipfel kurz über den Grat nach N, aus einer flachen Scharte durch Schotterrinne auf den schon von oben sichtbaren Grasrücken hinab.

● 693 Von Osten aus dem Frau-Hitt-Kar
III. Kaum begangen. 2 Std.

Führe: Vom Kar über steile, teils grasdurchsetzte Felsen in der Mitte des breiten Wandabfalles empor zu einer Rinne, die rechts der Gipfelfallinie hinaufzieht. Durch diese fast genau zum Gipfel empor.

● 694 Von Südosten vom Frau-Hitt-Sattel
II. Mühsam, gefährlich, 2½—3 Std.

Vom Sattel etwa 20 Min. auf dem Julius-Pock-Weg (R 682) empor. Bevor der Grat steiler wird, quert man in die NO-Flanke der Vorderen Brandjochspitze und nimmt eine Reihe von schuttbedeckten Bändern auf, die über einige Rinnen hinweg auf- und absteigend in brüchigem Gelände auf den Hippengrat hinüberleiten, den man unterhalb des Steilaufschwunges erreicht. Von hier unter Umgehung einiger Zacken nordw. auf den Gipfel. (W.K.)

● 695 Nordostgrat

A. Kasseroler, P. Visiol, R. Mayr, 1920. **V—** (eine Stelle), IV (mehrere Passagen), sonst III. Lange, selten begangene Gratkletterei, brüchig und steinschlaggefährlich. Grathöhe ca. 500 m. 4—5 Std. E.

Übersicht: s. Abb. S. 199.

Zugang: Aus dem Frau-Hitt-Kar auf dem Gipfelstürmerweg (R 410 und 410a), hierher von der Möslalm durch das Kleinkristental, 2 Std. zum E, um den Fuß des NO-Grates herum und an der N-Seite über einen steilen Hang (bis hierher zieht ein lärchenbestandener Rücken herauf), dann über Schrofen auf ein Köpfl, das einen verdorrten Baum trägt. Hier E.

Führe: Stets der Gratschneide folgend über mehrere Stufen hinauf. Wo der Grat scharf wird und nach W mit überhängender Wand abbricht, Umgehung an der W-Seite auf schmalem Band zu einem Schuttplatz mit Felstor. Links davon über den großen Block und in einer Linksschleife zum Grat zurück. Einige scharfe Zacken in einem flachen Gratstück werden an ihrer O-Seite begangen. Danach 50 m linkshaltend über Schrofen auf ein Gratl; weiter über eine Rampe nach rechts in die Scharte am Fuß des großen Gratturms. Zunächst Quergang 20 m nach rechts; sodann durch einen seichten Kamin 20 m gerade empor. Nun links an die Kante und gerade an ihr empor (V—, H) auf den Gratturm. Dieser Kantenaufschwung kann vermutlich in der W-Seite umgangen werden. Über den schmalen Grat zu einem Abbruch, 12 m über die Kante abseilen und über den Grat auf den nächsten Turm. Von diesem durch einen brüchigen Kamin rechts hinab; leichter zum nächsten Turm und zum Gipfel. (W.K.)

● 696 Übergang zur Hinteren Brandjochspitze

IV (stellenweise). 2 Std. Siehe R 679.

● 700 **Frau Hitt,** 2269 m

Angeblich 1580 von Johann Georg Ernstinger erstmals erstiegen, im 19. Jh. mehrfach von unbekannten Bergsteigern; belegt C. J. Kernreuter, 1890. Sagenumwobener Felsturm am Frau-Hitt-Sattel, auf den eine Reihe von kurzen, schwierigen Anstiegen führt.

● 701 Von Westen

III (eine Stelle), sonst II. Normalweg, ¼ Std.

Führe: Vom W-Fuß des Turmes über ein Gratl und eine steile Felsstufe. Durch einen kurzen Kamin zur „Schulter" südl. des Gipfels. Über ein ausgebauchtes, glattgescheuertes Wandl empor und über gutgestuften Fels zum Gipfel.

● 702 Von Osten

III. Etwas schwieriger als R 701. ¼ Std.

Führe: Vom Sattel nördl. um den Turm herum. Über eine Wandstelle an den O-Fuß und über ein schräg ansteigendes, ausgesetztes Band („Wendeltreppe") auf die Schulter und wie in R 701 zum Gipfel.

● 703 Nordwand

H. Aufischer, W. Spitzenstätter, 1961. **A1/VI—.** Selten wiederholt. ¾ Std.

Führe: E in der Höhle in der Mitte der N-Wand. 15 m überhängend (5 H) empor, dann links haltend und in freier Kletterei etwas rechts bis zum Gipfel.

● 704 Sonstige Anstiege

Daneben wurde eine Reihe von Varianten im IV. und V. Grad (S-Kante, NO-Kante usw.) begangen.

● 710 Westliche Sattelspitze, 2339 m

Südwestlicher der beiden Felsgipfel zwischen Frau-Hitt-Sattel und Langem Sattel, der mit kurzer Steilwand gegen SO und NW abfällt. Die Überschreitung der beiden Sattelspitzen von O nach W (R 723) ist nunmehr als Klettersteig ausgebaut.

● 711 Normalweg über die Westseite

II (stellenweise), Steigspuren. ½ Std. vom Frau-Hitt-Sattel.

Führe: Vom Sattel auf einem eigenartigen, einmal durchbrochenen Band nordseitig um die Frau Hitt herum und über den begrünten Kamm an den Beginn einer gutgriffigen, schluchtartigen Steilrinne. Durch diese, dann über Blockwerk, zuletzt gerade über den Grat zum Gipfel.

● 712 Südwand

H. Ficker u. Gef., 1897. **III—.** Kaum noch begangen. 1½ Std. E.

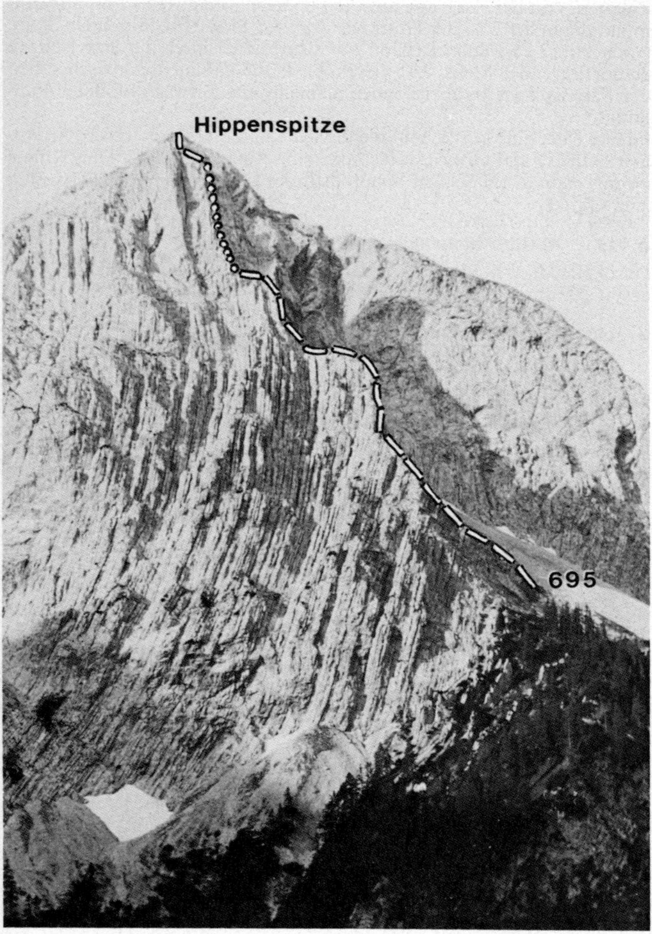
Hippenspitze
695

Zugang: Von der Seegrube auf dem obersten Steig westw. bis zur Einmündung in den von der Höttinger Alm zur Frau Hitt führenden Steig. Noch kurze Zeit empor, dann auf dem ostw. unter die Sattelspitzen emporführenden Steig. Auf diesem bis in die Fallinie der zwischen beiden Sattelspitzen herabziehenden Schlucht und aufwärts an deren Fußpunkt.
Führe: Über eine kurze, senkrechte Stelle in die Schlucht (im Frühsommer Schnee) und aufwärts, bis links eine Rinne abzweigt. Durch diese gelangt man in ein Schartl knapp östl. des Gipfels und über Felsstufen zum Gipfel.

● 713 Andere Südwandwege

Durch die kurze Steilwand wurden mehrere Anstiege des II. bis IV. Grades ausgeführt.

● 714 Nordwestwand
O. Schintelholzer, R. Willeit, 1908 (Jb. Karwendler 1911, S. 35)

● 716 **Östliche Sattelspitze,** 2369 m

Erste Ersteigung Julius Pock, 1867. Höhere und steilere der Sattelspitzen, vom W-Gipfel durch eine tiefe Einschartung getrennt, mit breitem Grashang zum Langen Sattel. Schwierige, selten begangene N-Anstiege. Klettersteig zum Frau-Hitt-Sattel.

● 717 Von Osten über den Langen Sattel
Bez. Steig. Von der Seegrube oder von der Hafelekar-Bergstation 2 Std.

Vom Berghotel Seegrube auf dem oberen Steig an der Bergstation des kleinen Skilifts vorbei westw., bis nach etwa ½ Std. nordw. ein Steig abzweigt, der in vielen Kehren durch „Die Kemach" emporführt gegen den O-Teil des Langen Sattels, den man bei einem kleinen Blechhüttl erreicht. (Abzweigung bei P. 1934 genau nördl. der Höttinger Alm). Oder von der Hafelekar-Bergstation auf bez. Steig über Seegrubenscharte, Seegrubenspitze und dann auf- und absteigend durch die S-Flanke des Kemacher auf den Langen Sattel. Von hier über die breite Fläche des Sattels westw. und über einen Grasrücken auf die Östl. Sattelspitze.

● 718 Von Norden über den Langen Sattel
II (stellenweise). 3½ Std. von der Möslalm.

Von der Möslalm durch das Kleinkristental einwärts bis auf die flache

Wiese im innersten Talboden („Beim Stock“). Das Steiglein, dessen Anfang schwer zu finden ist, führt zwischen der steilen, von Plattenwänden begleiteten Schotterrinne im N und der Kumpfkarreise im S (vgl. AV-Karte) im Zickzack durch die Latschen ins *Kumpfkar* empor. Vorsicht: Nicht zu weit rechts in eine der Schluchten, die den Felsgürtel durchziehen (Gemswechsel)! Vom weiten Karboden nördl. um die Felsrippe herum, die Kumpfkar und Sattelkar trennt, in das letztgenannte. Von seinem S-Rand durch eine plattige Felsrinne, später nach rechts über Schrofen auf den weiten, begrünten Sattel und wie in R 717 zum Gipfel.

● 719 Nordwand

E. Bozzoni, T. Braun, H. Niederegger, 1948. **IV.** Wandhöhe 400 m. 4 Std. Kaum beg.

Zugang: Vom Frau-Hitt-Sattel das Kar nördl. hinab, und über Wiesen bis fast an den tiefsten Punkt der durch glatte Platten gegliederten N-Wand westl. des N-Grates. Am Fuße der Wand in Fallinie des nördl. Vorgipfels der Östl. Sattelspitze ist eine auffallende glatte Platte, in der man eine feine Rippe erkennt.

Führe: In der rechten Begrenzungswand dieser Rippe 1 SL durch einen Riß auf den Kopf der Rippe. Die anschließende kleingriffige Wand über eine Verschneidung gerade hinauf. Die folgenden Risse mehrere SL empor zu einer weiteren grauen Platte. 20 m Quergang nach rechts in einen Kamin, diesen gerade hinauf und über gutgriffigen, gestuften Fels die Gipfelwand gerade hinauf. Über den sich zurücklegenden Grat vom Vorbau zum Hauptgipfel.

● 720 Nordwestpfeiler

G. Potisk, O. Wiedmann, 1959. **VI—** (eine Stelle), größtenteils IV, selten leichter. Ernste Wandkletterei, im oberen Teil stellenweise sehr brüchig. Kaum begangen. Ges. Wandhöhe 450 m. 5 Std. E.

Übersicht: Die NW-Wand wird im W von der Ecke, hinter der sich die W-Wand befindet, im O von einem Schluchtsystem begrenzt. Sie wird im unteren Teil von einer plattigen, ziemlich unübersichtlichen Steilwand gebildet, die nach oben hin in einen schwach ausgeprägten Pfeiler übergeht.

Zugang: Vom Frau-Hitt-Sattel (R 412) hinab und rechts um die Ecke an den Fuß der NW-Wand. 1½ Std. von der Seegrube.

Führe: Vom Geröll unschwierig auf einen Grasfleck. Weiter knapp rechts des unten überhängend ansetzenden Pfeilers über eine Plattenwand 100 m gerade empor. Zuerst durch Rinnen leicht, dann schwierig in einer offenen Verschneidung links aufwärts zur Pfeilerkante. Man umklettert die Kante nach links und gelangt über eine Platte (IV) nach links in die Verschneidung der linken Pfeilerseite. Über abdrängenden Fels (IV) etwa 10 m von der Pfeilerkante links aufwärts. In der folgenden Rinne rechts aufwärts. Durch Rinnen und über Platten gerade empor bis zum zweiten Pfeileraufschwung. An seiner rechten Seite in einer Verschneidung (IV) kurz empor auf einen Absatz. 5 m vor dem Ende der Verschneidung in der glatten Wand nach links zu einem Riß; durch ihn auf leichteres Gelände. Den gratartigen Pfeiler empor zum nächsten Aufschwung. In einer rechts aufwärts ziehenden Erdrinne (IV) empor. Von ihrem Ende nach links durch einen brüchigen, blockerfüllten Riß (V) auf einen Absatz. Über eine Wandstelle und nach rechts an die Kante hinaus. Rechts der Pfeilerkante durch eine 30 m hohe seichte Rinne (IV) und nach rechts in die Gratscharte. Von nun stets am Grat oder knapp daneben, bis man zuletzt nach rechts auf leichteres Gelände queren kann.

● 721 Nordgrat
IV—. 4 Std. E. Kaum beg.

Zugang: Über den Langen Sattel durch das Sattelkar, oder über den Frau-Hitt-Sattel durch das Frau-Hitt-Kar zum Fußpunkt des Grates. Dieser baut sich senkrecht auf.
Führe: Durch eine plattige Rinne zu einer Gratrippe, die ein kühn geformter Felsblock überragt. Von hier Quergang ostw. zum N-Grat, der sich mit mehreren Plattenköpfen aufbaut. Über die Gratschneide oder teilweise in die Flanken ausweichend zum Gipfel.

● 722 Westkante
V (stellenweise), IV. ½ Std.

Führe: Von der in R 723 erwähnten, östlichen, schmalen Scharte zwischen den beiden Gipfeln über die steile Kante 1 SL gerade in senkrechtem, aber gutgriffigem Fels empor, dann rechts haltend durch einen eigenartigen Kamin in die Scharte hinter dem ersten Gratturm. Weiter über die Kante ausgesetzt empor, dann über die Zackenreihe zum Gipfelkamm.

● 723 Sattelspitzüberschreitung, Übergang zur Westlichen Sattelspitze und zum Frau-Hitt-Sattel
III— (einige Stellen), meist leichter. Aussichtsreiche, lohnende, häufig ausgeführte Gratkletterei. 1—1½ Std.

Führe: Vom höchsten Punkt streicht ein grasiger Kamm gegen SW, an dem eine zuerst breite, steile Schuttrinne ansetzt, die nördl. des Hauptkammes hinabzieht. Sie wird unten immer schmäler und bricht schließlich mit zwei kleinen Absätzen auf einen kleinen Schuttfleck ab. (Links oberhalb die erste schmale Scharte.) Von diesem Schuttfleck an der ersten Scharte vorbei westw. zu einer kurzen Steilrinne, die zur zweiten schmalen Scharte emporführt. Von dieser auf die S-Seite 2 m absteigen, dann auf Steigspuren westw. zum Steilaufschwung. 4 m rechts der Kante steigt man durch einen gutgriffigen Riß, der sich weiter oben zur Rinne verbreitert, an und gelangt über einen Zackengrat zum Gipfelaufschwung des Westgipfels, den man gerade ersteigt. Von diesem zuerst gerade über den Grat über Blockwerk hinab; in halber Höhe des Abstieges steigt man nordw. in eine gutgriffige schluchtartige Steilrinne und durch diese auf den Graskamm hinab. Die Frau Hitt umgeht man nördl., worauf man zum Sattel gelangt. (W.K.)

● **725** **Kemacher,** 2482 m

Mit breiter S-Flanke über dem Höttinger Graben aufragender Gipfel, der gegen N einen mächtigen Zweiggrat entsendet, der das Kumpfkar vom Steinkar scheidet und Kumpfkarspitze, Raggenkopf, Widderzähne und Widdersberg trägt. Oft wird die Steinkarumrahmung (R 765) auch von hier aus durchgeführt. Klettersteig vom Hafelekar über die Kaminspitzen.

● **726** **Von Westen**

Steig, zuletzt weglos. Von der Seegrube 2 Std., vom Langen Sattel ½—¾ Std.

Wie in R 717 auf den Langen Sattel. Hierher auch von der Höttinger Alm in 1½—2 Std. Nun entweder über den Grat, wobei zwei kleine Schartln im oberen Teil des W-Grates Vorsicht erfordern, oder das letzte Gratstück auf Steigspuren in der S-Flanke umgehend zum Gipfel.

● **727** **Von der Bergstation Hafelekar**

I (am Gipfelaufschwung), sonst Steig. 1½ Std.

Von der Bergstation auf bez. Steig westw. über Seegrubenspitze und durch die S-Flanke der Kaminspitzen auf- und absteigend bis auf den vom Kemacher nach S streichenden begrünten Kamm. Über diesen gerade zum Gipfel.

● **728** **Nordgrat**

IV (eine Stelle), IV— (2 Stellen, im Abstieg), sonst III. Abwechslungsreiche, teils ausgesetzte Kletterei, fast durchwegs an der Gratschneide. Meist fester Fels. Öfter begangen. Grathöhe 180 m, Kletterlänge etwa 500 m. 2—3 Std. E.

Übersicht: s. Abb. S. 205.

Führe: Von der Kumpfkarscharte (hierher s. R. 731 ff.) gerade empor auf den ersten Aufschwung, der von der Scharte wie ein Turm erscheint (III+, H). Kurz südw. zu einem 15 m hohen Abbruch, der frei abgeklettert wird: Man hält sich zunächst westw. (gegen das Kumpfkar zu) bis auf eine kleine Plattform, von der man ostw. in die Scharte am Grat absteigt. (IV—). Weiter stets auf der Grathöhe, bis man zu dem zweiten, 20 m hohen Abbruch gelangt. Man steigt hier vom Gratkopf über gestuften Fels nach W bis in etwa halbe Höhe ab, quert dann kurz ostw. und steigt durch einen seichten, gutgriffigen Riß (IV—) in die Scharte ab. Der folgende Steilaufschwung wird bis zu einem H direkt erklettert. Dann nach links ums Eck und nach einigen Metern wieder gegen die Grathöhe ansteigen (IV). Weiter stets am Grat, zuletzt über ein Reitgratl an den eigentlichen Gipfelaufbau. Über Schrofen rechtshaltend zum Gipfel. (W.K.)

● 730 Kumpfkarspitze, 2375 m

Höchste Erhebung in dem vom Kemacher nach N ziehenden Felsgrat, der aus zahlreichen, senkrecht aufgestellten Schichttafeln gebaut ist, die sich am Grat als Zacken und enge Scharten ausprägen, während sie in den Wänden Rinnen und Rippen bilden. Die Erhebung knapp nördl. der Kumpfkarspitze heißt Raggenkopf, 2282 m, durch eine Stange gekennzeichnet. Die nördl. in einem flachen Gratstück aufragenden Zacken werden Widderzähne genannt. Die Kumpfkarspitze ist von keiner Seite leicht zugänglich; auch die Zugänge zu den einzelnen Touren sind eher umständlich. Sie wird daher selten besucht. Nur der S-Grat (im Auf- und Abstieg) und der N-Grat (im Zuge der Steinkarumrahmung, R 765) werden gelegentlich begangen. Beide Grate sowie die W-Wand (R 744) bieten schöne, abwechslungsreiche Klettereien der mittleren Schwierigkeitsgrade. Die SO-Wand von H. Frenademetz u. Gef. (R 740) ist eine der schwersten Klettereien in der Inntalkette. Buch.

● 731 Zugänge zur Kumpfkarscharte, 2315 m

Die Scharte ist der tiefste Punkt zwischen Kumpfkarspitze und Kemacher, unmittelbar am Fußpunkt des Kemacher-N-Grates (R 728).

● 732 Vom Hafelekar über die Steinkarscharte, 2396 m

Teilweise weglos, mühsam. 1½ Std. vom Hafelekar. Günstigster Zugang zur Kumpfkarspitze. Siehe Abb. S. 205.

Vom Hafelekar auf dem bez. Steig auf die Seegrubenspitze und durch die S-Flanke der Kaminspitzen auf- und absteigend bis unter den S-Hang des Kemacher. Von dem Punkt, an dem man das Gipfelkreuz des Kemacher erstmals sieht, steigt man gerade in die Steinkarscharte,

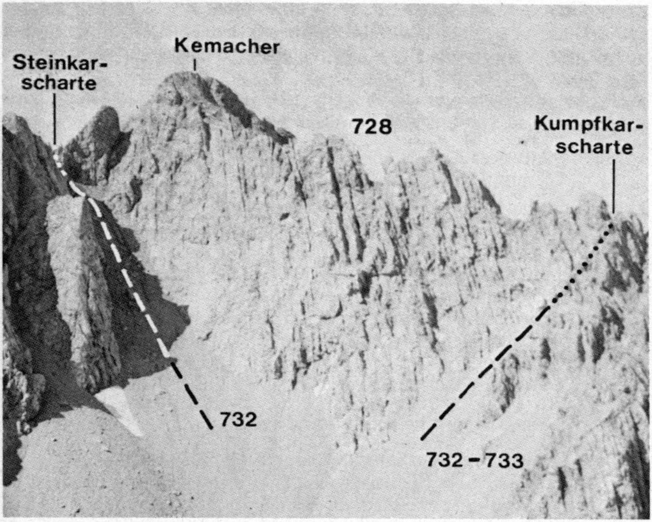

Kemacher, Kumpfkar- und Steinkarscharte von Osten.

2396 m, eine enge Einschartung unmittelbar östl. unter dem Kemacher, an. Über steilen Schutt hinab ins Steinkar und knapp unter den Felsen nordw. unter die Kumpfkarscharte queren. Hier über Schotter etwas mühsam hinauf in die Scharte.

● **733** **Vom Hafelekar über die Grubreisenscharte,** 2150 m
I (beim Übergang über die Grubreisenscharte), teilweise weglos, mühsam und steinschlaggefährlich. 2 bis 2½ Std.

Von der Bergstation über die ebene Gratfläche nordw. hinüber zum Beginn des Steiges, der in ausgesprengten Kehren durch die Steilflanke ins Tunigskar hinabführt. (Im Frühsommer im untersten Teil steile Schneefelder.) Nun im Bogen durch das obere Tunigskar bis knapp vor den Fußpunkt des Südturm-S-Grates (links eine rostrote, unleserliche Gedenktafel). Hier wendet man sich nach links und steigt durch eine

breite schutterfüllte Steilrinne zur Grubreisenscharte auf (Steinschlaggefahr!). Aus der Scharte durch eine steile brüchige Rinne hinunter ins Steinkar. Im Bogen durch das Kar, zuletzt steil empor auf die Kumpfkarscharte.
In das Steinkar gelangt man auch von der Möslalm: auf R 416 bis zum Angerhüttl und von hier südw. weglos empor in das Kar.

● 734 Aus dem Kumpfkar

J. und Fr. Nieberl, 1910. **IV** (einige Stellen), 2 Std.

Zugang: In das Kumpfkar gelangt man entweder von der Möslalm wie in R 718 oder vom Langen Sattel durch eine Felsrinne nach N absteigend (II).
Führe: Unter den W-Abstürzen der Kumpfkarspitze südw. An einer Schlucht mit einem auffallenden großen Felstor vorbei, dann durch die nächstfolgende Schlucht in festem Fels aufwärts. Wo die Schlucht in eine überhängende Steilrinne übergeht, rechts hinaus und über einige brüchige Rippen querend bis auf eine feste Rippe, über die man auf die Schrofen unterhalb der Scharte und weiter zu dieser steigt.

● 735 Anstiege auf die Kumpfkarspitze

● 736 Von der Kumpfkarscharte durch die Südwestflanke

III— (einige Stellen), meist II. Leichtester Anstieg auf die Kumpfkarspitze, jedoch weniger lohnend als der S-Grat. 1½ Std.

Führe: Von der Scharte auf Steigspuren durch die W-Flanke bis zum ersten Turm des S-Grates. Man steigt von der Scharte vor dem ersten, scharfen Gratzacken gegen W durch die Flanke ab, bis man die tief eingeschnittene S-Schlucht erreicht, durch die man direkt zum Gipfel ansteigen kann. (W.K.)

● 736 A Abstieg

Vom Gipfel wenige Meter westw. hinab bis zu der Stelle, an der die S-Schlucht ansetzt. Stets in ihr hinunter, einige Steilstufen überwindend. Wo die Rinne am engsten wird, über Felsen nach links aufwärts zum Ansatz des S-Grates. Man kann auch weiter absteigen (Abseilstelle 20 m, H) und weiter unten nach links gegen den Steig zur Kumpfkarscharte ansteigen.

● 738 Südgrat

III +. Kurze, sehr nette Gratkletterei in festem Gestein. Die einzige häufiger begangene Route an der Kumpfkarspitze. 1—1½ Std. E.

Zugang: Von der Kumpfkarscharte auf dem Steiglein in der W-Flanke, zuletzt über Schrofen hinauf zum felsigen Ansatz des S-Grates.
Führe: Der erste spitzige Gratzacken wird links umgangen. Gleich zurück auf den Grat und über zahlreiche kleine Türme und Zacken stets gerade am Grat. Der vorletzte Gratturm, der nach S mit glatter Wand abbricht, wird an seiner W-Seite erstiegen. Weiter kurz am Grat zum Gipfel. (W.K.)

● 738 A Abstieg

Der S-Grat ist auch für den Abstieg von der Kumpfkarspitze gut geeignet, nur wenig schwieriger als R 736. Am Anfang und am Ende je einmal nach W ausweichen, sonst immer gerade am Grat.

● 740 Südostwand

H. Bischofer, T. Fritz, H. Frenademetz, H. Kogler, 1933. **VI** (15 m), V— (60 m), sonst III und IV. Kurze, extreme Kaminkletterei. 1 ZH, im schwierigsten Teil keine H. Klemmkeile z.T. günstig. Wandhöhe etwa 300 m, schwieriger Teil 180 m. 3 Std. auf den S-Grat.

Übersicht: Der südöstl. Eckpfeiler der O-Wand fällt mit einer prallen, gelben Wand weit ins Steinkar ab. Diese wird von einem tiefen Kamin durchrissen, durch den der Anstieg erfolgt. Siehe Abb. S. 209.
Führe: Aus dem Kar kurz über Schrofen an eine steile, grasige Rampe, die nach links zum Kamin emporführt. Über die Rampe (IV) 40 m hinauf auf ein Köpfl links über dem Ansatz des Kamins. Nun an einem Riß 5 m gerade hinauf zu Ringhaken, von ihm fallender Quergang (V—) an glatter Wand in den Kamin und in ihm 30 m (V—) zu Stand auf einem Platzl, über dem sich der Kamin eng und überhängend aufschwingt. Weiter 1 SL im Kamin (VI, Schlüsselstelle, keine H), zuletzt nach rechts auf einen Schotterplatz. Von hier leichter. Nach links durch eine Rinne auf den Grat, stets sehr brüchig, und über ihn in die O-Flanke der Kumpfkarspitze. Durch sie über Schrofen auf den S-Grat, den man vor Beginn der Kletterschwierigkeiten erreicht. Es dürfte auch möglich sein, durch die Flanke unschwierig ins Steinkar abzusteigen. (W.K.)

● 741 Ostwand, Alter Weg

E. Klement, L. Schärmer, R. Walch, 1908. **IV—**, 1½ Std. E. Wird kaum begangen.

Übersicht: Diese Route führt lediglich durch den obersten Teil der O-Wand. Die von vielen parallelen Rinnen durchzogene breite, geneigte O- und NO-Flanke wurde auf verschiedenen Wegen durchstiegen (teilweise IV).

Führe: Von der Scharte südl. des Gipfelmassivs durch eine Rinne 150 m ostw. hinab, bis ein Gemswechsel eine Querung nach N möglich macht. Von seinem Ende gleichlaufend weiter über plattigen Fels zum Fußpunkt eines Kamins. Durch diesen und über Wandstellen empor zu zwei gleichlaufenden Rissen, die zu einer Gratscharte emporziehen; erst im linken, dann im rechten empor zum Grat und über diesen zum Gipfel.

● 742 Nordgrat, Überschreitung der Widderzähne und des Raggenkopfes

1. teilweise Überschreitung O. Ampferer, W. Hammer, 1895. **III,** häufig auch II und leichter. Abwechslungsreiche, schöne Gratkletterei in festem Fels. Grathöhe 270 m, 2 bis 3 Std. vom Fußpunkt des Grates.

Übersicht: s. Abb. S. 211.
Zugang: Aus dem Kumpfkar (hierher wie R 718), indem man von dem Steig gleich oberhalb der Latschen nach links durch eine Rinne zum Beginn des N-Grates ansteigt; oder aus dem Steinkar durch eine Steilschlucht, die aus der steilen, von Plattenwänden gesäumten Reise nach links emporführt. Die Reise durchschneidet das ganze Massiv von W nach O knapp südl. des Widdersberges; s. auch R 743.
Führe: Über den Grat unschwierig bis auf das ebene Stück, aus dem die Widderzähne aufragen. Sie werden durchwegs gerade überklettert. Hinter der letzten Einschartung steigt der Grat steil zum Raggenkopf an. Immer gerade am Grat auf den Raggenkopf und weiter zum Kumpfkar-Gipfel. (W.K.)

● 743 Direkter Einstieg zum Nordgrat

H. und W. Klier, R. Walcher, 1980. **V—** (1 SL), sonst IV+. Brüchige Riß- und Kaminkletterei, bedeutend ernster als der übrige N-Grat. 1 ZH. Einige H und Keile günstig. Höhe 100 m, 1½ Std.

Übersicht: Von der Scharte ziehen zwei Einrisse durch die Wand hinauf. Der Anstieg vollzieht sich im linken.
Zugang: Die steile Schuttreise, die den Widdersberg vom Kumpfkar-N-Grat trennt, ist beiderseits von steilen Plattenwänden gesäumt. Man steigt entweder vom inneren Kleinkristental („Beim Stock") oder vom Mannltal (Angerhütte) durch die von weitem sichtbare Reise bis auf die Scharte an.

Die Südostwand der Kumpfkarspitze.

740

Führe: 1. SL: Zunächst im Riß gerade empor (nicht in dem nach links ziehenden tiefen Kamin) und über eine kleingriffige Wandstelle (IV+) empor auf ein Schotterplatzl (40 m). **2. SL:** In dem nach rechts ziehenden Kamin oder über die brüchige Platte rechts davon an den Beginn des sehr engen Kamins (H). Durch ihn auf ein Köpfl (40 m, V—). **3. SL:** Etwas rechts durch einen glatten Riß auf leichteres Gelände (20 m, IV+). Weiter gerade unschwierig zum N-Grat. (W.K.)

● 744 Westwand

K. Kuppelwieser, K. Mayr, 1947. **V—** (10 m), IV (mehrere Passagen), sonst durchwegs III und II. Schöne Kletterei in meist festem, eigenartig geformtem Karrenfels. Selten begangen. 1 SH, natürliche Sicherungen, KK mittlerer Größe. Wandhöhe 400 m, 3—4 Std.

Übersicht: Etwa in Gipfelfallinie ist im ersten Drittel der Wand eine schwarze Nische über einem auffallenden Grasfleck eingebettet. An ihr orientiert sich der Anstieg, der durchwegs etwa in der Fallinie verläuft. Siehe Abb. S. 211.
Zugang: Wie in R 718 ins Kumpfkar. Von der Möslalm 2 Std. Auch über den Langen Sattel ist der Zugang möglich, vgl. R 734, II, ½ Std. vom Langen Sattel.
Führe: Vom Wandfuß etwa 150 m durch Rinnen, Kamine und über Wandstellen gerade zur Nische empor (III). Einige Meter unterhalb der Nische quert man 10 m nach rechts in einen flachen, von senkrechten Rippen durchzogenen Kamin. Durch ihn (IV) in ein kleines Schartl zu H. Man quert nach rechts in eine Rinne, verfolgt sie bis zum Ansatz eines scharf eingeschnittenen Kamins. Durch ihn (IV) und durch die anschließende Rinne, bis man an ihrem Ende zur Linken ein sehr enges Schartl erreicht. Man steigt durch das Schartl nach links und danach gleich rechts gegen die Gratkante an, folgt der Gratkante und gelangt an eine Steilstufe, die in der Mitte von einem feinen, verschneidungsartigen Riß durchzogen wird. Einige Meter im Riß empor (V—), bis man nach links hinaussteigen kann. Über eine Wandstelle auf leichteres Gelände. Weiter am Grat empor. Man erreicht den N-Grat der Kumpfkarspitze knapp nördl. des Hauptgipfels. (W.K.)

● 750 Kumpfkarturm, etwa 2330 m

Erste Ersteigung K. Rainer, Regensburger. Kleine Felsnadel mit einer

Die Westwand der Kumpfkarspitze mit Nordgrat (R 742) und Westwandführe (R 744).

Kumpfkar-
scharte
Kumpfkarspitze
Falscher Kumpfkart.
Kumpfkarturm
Raggenkopf
744
744
742
Widderzähne
742
742

rundlichen Gratschulter nach W; knapp westl. unterhalb am Beginn des Kumpfkar-S-Grates aufragend. Sehr selten bestiegen.

● **751** **Normalweg**
IV +, 1 Std. E.

Zugang: Vom Beginn des Kumpfkar-S-Grates (R 738) 60 m links abwärts, dann wieder linkshaltend empor zum Turm.
Führe: Vom Fuß des Turmes spreizt man 15 m hoch zu einem überhängenden Block. Von dort 10 m Quergang nach links hinaus zum W-Grat des Turmes. Über diesen zum Gipfel.

● **751a** **Variante**
H. und O. Schmidhuber, 1938, IV.

Führe: Links der Kante Quergang 20 m nach links (IV), dann 1 SL gerade empor auf den Grat und weiter zum Gipfel.

● **752** **Falscher Kumpfkarturm,** etwa 2350 m

Schmale Felsschneide westl. über dem Ausgang der S-Schlucht. Beschr. W. Klier, 1981. Siehe Abb. S. 213.

● **753** **Nordgrat**
III +, teilweise brüchig, ½ Std.

Übersicht: s. Abb. S. 213.
Führe: Der aus vier Türmen bestehende N-Grat setzt etwa bei der Mitte der S-Schlucht an. Der erste kleine Turm wird links umgangen, der zweite rechts, der dritte wieder links (etwas brüchig). Zuletzt von links in einem brüchigen Riß (III +) zum Gipfel mit Steinmann.

● **755** **Widdersberg,** 1958 m

Begrünter Kopf am nördl. Gratausläufer des von der Kumpfkarspitze nach N ziehenden Grates; von den Widderzähnen durch eine von steilen Plattenwänden eingeschlossene Einschartung getrennt. Vgl. R 743.

● **756** **Von der Möslalm**
Großteils Steig, 1½—2 Std.

Südw. ins Kleinkristental, bis etwa ½ Std. innerhalb der Möslalm links ein Steiglein abzweigt und emporführt auf den vom Widdersberg nach NW ziehenden Rücken. Über diesen, zuletzt pfadlos, auf den Gipfel.

Der Nordgrat zum Falschen Kumpfkarturm (R 753).

753
Südschlucht

● 760 Kaminspitzen

Westgipfel 2445 m, Mittelgipfel 2435 m, Ostgipfel 2432 m,
Östlichste Kaminspitze 2379 m

Erste Ersteigung des O-Gipfels: Hermann v. Barth, 1870. Felsige Zackenreihe, die sich zwischen der Steinkarscharte und der Seegrubenscharte im Hauptkamm erhebt. Überschreitung im Zug der Steinkarumrahmung (R 765). Von der Östlichsten Kaminspitze zweigt nördl. der zerrissene Grubreisengrat ab, der die Grubreisentürme trägt, und das Steinkar (westl.) vom Tunigskar (östl.) trennt. Der neue Klettersteig führt über W-, Mittel- und O-Gipfel. Abstiegsmöglichkeit aus der Scharte zwischen Mittl. und Westl. Kaminspitze.

● 761 Ostgipfel von der Seegrubenscharte

I (im obersten Teil), sonst Steig. ½ Std. von der Scharte.

Von der Bergstation auf dem bez. Steig wie in R 816 zur Seegrubenscharte. Diese kann man auch von der Seegrube und dem bez. Steig zum Frau-Hitt-Sattel aus erreichen. Von der Scharte auf dem schwachen Steiglein zuerst eben am S-Hang, dann steil rechts empor auf eine Schulter, und schließlich über Schrofen auf die Kammhöhe. Auf dieser und über ein kurzes, schmales Gratstück auf den O-Gipfel.

● 762 Ostgrat auf den Ostgipfel

II. ¾—1 Std.

Von der Seegrubenscharte nordw. durch eine steile Schuttrinne rechts des Grates empor auf das kleine Schartl westl. der Östlichsten Kaminspitze. Der erste Block in dem zum O-Gipfel ziehenden Grat wird nordseitig, die weiteren in den Schrofen der S-Seite umgangen, wobei jedoch vor tieferem Absteigen abzuraten ist. Von einer Schulter führt sodann ein Reitgratl auf einen vorgebauten Felskopf (Steinmann). Von hier gerade absteigend durch eine Rinne und nach etwa 30 m Querung zur folgenden Scharte. Von hier nördl. wenige Meter absteigend, dann gerade empor auf die Grathöhe. Über die folgenden Zacken gerade hinweg und über das schmale Gratstück wie in R 761 zum Gipfel.

● 763 A Abstieg nach Süden

I. 40 Min. zur Seegrube.

Von der Scharte zwischen O- und Mittelgipfel durch eine steile Rinne südw. hinab. Im unteren Teil der Rinne hält man sich östl. und erreicht so den begrünten Kamm westl. der Seegrube, auf dem weiter unten die Bergstation des kleinen Skilifts steht.

● 764 Übergang über Mittel- und Westgipfel zum Kemacher

II (einige Stellen). 1—1½ Std.

Der Übergang über einen Gratkopf zum Mittelgipfel wird durch den Kammverlauf und Steigspuren gewiesen. Vom Mittelgipfel steigt man wenige Meter westw. ab, dann 5 m in die S-Flanke und um ein Felseck in eine Scharte im Kammverlauf. Über einige Zacken gerade hinweg; von einer Kuppe ist der gerade Abstieg schwierig, die Stelle kann aber in der S-Flanke umgangen werden. Ebenso weicht man dem Steilaufschwung vor dem W-Gipfel in die S-Seite aus. Im Grat zum Kemacher erhebt sich ein an seiner O-Seite begrünter Zacken; von ihm ist der gerade Abstieg wiederum schwierig; man kann den Abbruch umgehen, indem man auf der S-Seite kurze Zeit auf eine Schulter absteigt; 30 m unterhalb des höchsten Punktes quert man auf schmalem Band zur Scharte, von der man unschwierig zum Kemacher ansteigt.

• 765 Steinkarumrahmung

1. Winterbeg. K. Rainer, H. Eberharter, 1948. **IV** (mehrere Passagen), häufig III, auch leichter. Großzügige Gratkletterei in meist festem Gestein. Am lohnendsten für geübte Kletterer, die alles seilfrei gehen können (6—7 Std.). Relativ häufig, in einigen Teilstücken sehr häufig begangen. Leicht zu finden. Gesamte Gratlänge etwa 4 km. 8—11 Std.

Verlauf: Seegrubenscharte — Östlichste Kaminspitze — Grubreisengrat über Grubreisenscharte — Nordturmscharte — Nordturm-S-Grat — Abstieg über Nordturm-NW-Grat ins Steinkar — Kumpfkar-N-Grat — Abstieg über Kumpfkar-S-Grat — Kemacher-N-Grat — Überschreitung der Kaminspitzen von W nach O — Seegrubenscharte. Auch in umgekehrter Richtung begangen.

Führe: Wie in R 816 von der Bergstation Hafelekar zur Seegrubenscharte und wie in R 761 in die kleine Scharte westl. der Östlichsten Kaminspitze und über Schrofen wenige Meter auf diese empor. Hier setzt der Grubreisengrat an.

Nordw. stets unmittelbar über den Grat abwärts, bis vor einer tiefen Scharte ein großer, gelber Abbruch zum Ausweichen zwingt. Über ein begrüntes Gratl an der W-Seite abwärts. Von diesem führt rechts (nördl.) eine brüchige Rinne hinab, der man kurze Zeit folgt, bis man über brüchige Schrofen wieder auf den Grat queren kann.

Ein splitteriges, schwierig aussehendes Gratstück ersteigt man zuerst rechts der Kante, bis man unter einem spitzen Zacken auf die W-Seite hinüberwechseln kann. Nun wieder auf der Grathöhe; einige große Zacken vor der Südturmscharte kann man gerade überklettern (IV+), oder vor den zwei letzten an der O-Seite absteigen, worauf man die Südturmscharte erreicht.

Weiter wie in R 804 über den S-Grat auf den Grubreisen-Nordturm.

Vom Gipfel des Turmes über den NW-Grat (R 806) hinab bis an den ersten Abbruch, über den man an der W-Seite abklettert. Jenseits kurz ansteigen und stets gerade am Grat weiter hinab und schließlich über den untersten, latschenbewachsenen Teil des NW-Grates ins nördlichste Steinkar.
Vom blockerfüllten Karboden nordwestl. über die Reisen hinaus an den Fuß der Kumpfkar-O-Wände. Nördl. der auffälligen Parallelrinne steigt man ein und hält sich über eine Reihe von Rinnen und Rippen stets streng rechts. Um den vorgebauten Felssporn nördl. herum und durch ein sehr schmales Schartl in die NO-Schlucht, die auf den Grat unmittelbar am nördl. Ansatzpunkt der Widderzähne führt, wobei man aus der Schlucht durch eine Rinne rechts heraussteigt.
Nun über den Kumpfkar-N-Grat (R 742), die Widderzähne und den Raggenkopf überschreitend auf den Kumpfkar-Gipfel.
Abstieg über den S-Grat (s. R. 739 A), wobei man am Anfang und am Schluß westl. ausweicht; vom Ende der Felsen auf einem Steiglein in der W-Flanke zur Kumpfkarscharte.
Über den N-Grat (R 728) auf den Kemacher. Von diesem ostw. hinab in die Steinkarscharte, wobei man einen Felskopf rechts umgeht. Nun über die Kaminspitzen (R 764) ostw. zurück in die Seegrubenscharte (H.K. und W.K.).

● 770 Grubreisengrat

Von der Östlichsten Kaminspitze (P. 2379 m) zweigt nach N eine schmale, teils felsige, teils begrünte Schneide ab: der *Grubreisengrat.* Er senkt sich auf die *Grubreisenscharte* (etwa 2150 m), dem einzigen Übergang vom Tunigskar ins Steinkar, und gliedert sich nördl. davon in ein unübersichtliches Felsmassiv auf, dem unter vielen kleinen Zacken und Türmen die drei größeren *Grubreisentürme* entragen: *Südturm,* 2255 m, *Melzerturm,* 2223 m, und *Nordturm,* 2260 m. Ein Turm im NO-Grat des Melzerturms wurde von den Erstbegehern seiner N-Wand *„Jungmannschaftsturm"* getauft. Vom Nordturm wendet sich der Grat allmählich nach NW und sinkt gegen das untere Steinkar ab. Zwischen den Türmen ist eine kleine schuttbedeckte Hochfläche eingelagert, von der die Normalanstiege auf die Türme ausgehen.
Man gelangt dorthin vom Fuß des Südturm-S-Grates durch eine steile Schuttrinne und über eine Scharte. Diese Scharte wurde im bisherigen Führerwerk und auch sonst als „Grubreisenscharte" bezeichnet, was zu Verwechslungen mit der eigentlichen Grubreisenscharte (s.o.) führte. Die Autoren schlagen deshalb für diese, zwischen Südturm und dem westl. vorbeiziehenden Grubreisengrat eingelagerte Scharte den Namen *Südturmscharte,* für die am Fußpunkt des Nordturm-S-Grates gelegene

den Namen *Nordturmscharte* vor (vgl. Kärtchen S. 219). Zwischen der Südturmscharte und dem eigentlichen Gipfelaufbau des Südturms ist eine weitere kleine Scharte eingelagert, die nach S steil abbricht. Dies ist für den Abstieg von Bedeutung (vgl. R. 773 A).
Von W erscheinen die Grubreisentürme als zackengekrönte, aus senkrecht gestellten Schichten zusammengefügte Wandflucht, über welche die Gipfel nur unmerklich aufragen. Von O sind die Türme deutlicher zu unterscheiden.
Die Grubreisentürme bieten eine Reihe schöner, kurzer, schon früh im Jahr begehbarer Touren, die bei den Innsbrucker Kletterern recht beliebt sind. Hier ist insbesondere der Südturm-S-Grat zu nennen, in zweiter Linie die Südturm-O-Verschneidung (R 778), der Melzerturm-WGrat (R 786) und der NW- und S-Grat des Nordturmes. Durch den raschen, einfachen Zugang vom Hafelekar (insbesondere zu den Touren am Südturm) sind die Grubreisentürme bei zweifelhaftem Wetter lohnende Ziele. Der Fels ist meist fest und rauh, mit gelegentlichen brüchigen Passagen.

● 771 Grubreisen-Südturm, 2255 m

L. Purtscheller mit A. Hochrainer, 1890. Stumpfer Felskopf, der vom Grubreisengrat östl. abgerückt ist. Er fällt mit steiler, zerfurchter O- und SO-Wand ins Tunigskar ab. Der markante S-Grat ist die beliebteste Führe im Bereich des Hafelekars. Gipfelkreuz, Gipfelbuch.

● 772 Vom Hafelekar über die Südturmscharte

Weg der Erstersteiger. **I** (einige Meter am Gipfelaufbau), teilweise weglos, bis in den Sommer steile Schneerinnen, im Aufstieg zur Südturmscharte steinschlaggefährdet. 1½ Std. vom Hafelekar.

Von der Bergstation über die ebene Gratfläche nordw. hinüber zum Beginn des Steiges, der in ausgesprengten Kehren (bez.) durch die Steilflanke ins Tunigskar hinabführt. Wo die Felsflanke in das Kar übergeht, auf einem Steig nach links und im Bogen durch das obere Tunigskar an den Fußpunkt des Südturm-S-Grates. Durch die links (westl.) davon herabziehende Steilrinne aufwärts (Vorsicht wegen Steinschlaggefahr!) auf die Südturmscharte. Gleich hinter der Scharte wendet man sich ostw. und steigt nach etwa 30 m durch eine Rinne nach rechts in ein Schartl und von diesem über kleingestuften Fels (I), zuletzt über einen kurzen Grat zum Gipfel. (W.K.)

● 773 A Abstieg vom Grubreisen-Südturm

Vom Gipfel nordwestw. über steile, kleingestufte Schrofen hinab in das

Schartl an seinem Fuß. Nun nicht gleich links in die erste Rinne, sondern kurz weiter nordw. durch eine Rinne absteigen, sodann auf einem Steig nach links zur Südturmscharte und aus ihr durch die große Rinne steil südw. hinab an den Fußpunkt des S-Grates.

● 774 Südgrat

V—/A0 (zwei Passagen), stellenweise IV, oft leichter. Die 2 Stellen A0 frei geklettert sind VI—. Nette, häufig begangene Gratkletterei, im Frühjahr bald schneefrei. Nötige ZH und SH stecken. Grathöhe 150 m, Kletterlänge 260 m. 2 Std. E.

Übersicht: Rechts der Schotterrinne steigt zur Südturmscharte in mehreren Stufen der S-Grat aus dem Kar auf. Der Anstieg hält sich im wesentlichen an die Gratkante. Siehe Abb. S. 221 und Skizze S. 218.

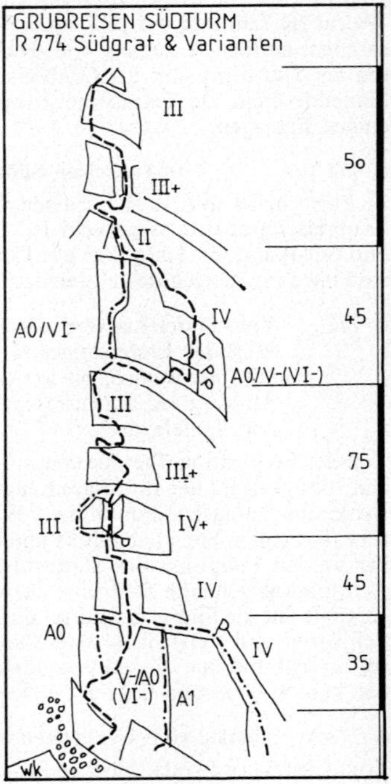

Führe: E am Fußpunkt des Grates (Gedenktafel). Zunächst über Schrofen etwa 20 m (II) empor und nach links an die Gratkante in ein kleines Schartl am Fuß der Steilstufe. Nun schräg rechts aufwärts über ein senkrechtes, abdrängendes Wandstück, das oben von einem feinen Riß durchzogen wird (V—/A0, 4 H), in eine kurze Steilrinne; aus ihr nach links auf die Grathöhe zurück (Akademikerriß). Gerade weiter durch einen kurzen Kamin, aus ihm nach links und dem Grat folgend über mehrere Stufen bis unter den prallen, gelben Abbruch, den ein breiter Riß durchzieht (vgl. R. 775d). Kurz rechts über den Schutt abwärts bis zu einem SH. Hier über eine kurze Wandstelle (V—/A0,

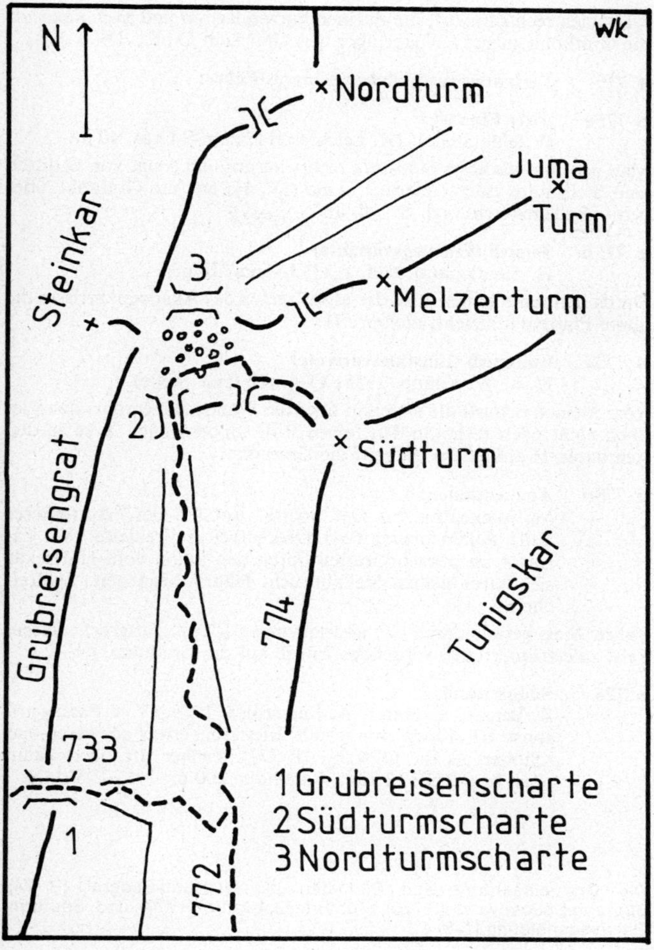
Wk
N
Nordturm
Juma
Turm
Steinkar
3
Melzerturm
2
Südturm
Grubreisengrat
Tunigskar
774
733
1
772
1 Grubreisenscharte
2 Südturmscharte
3 Nordturmscharte

3 H) nach rechts hinauf, durch einen kurzen Kamin und nach links auf die Grathöhe zurück. Weiter über den Grat zum Gipfel. (W.K.)

● 775 Varianten zur üblichen Südgrat-Führe:

● 775a Alter Einstieg

IV (eine Stelle), III. Leichtester E zum S-Grat. 40 m.

Man geht um die erste Steilstufe rechts herum und steigt von O durch eine Steilrinne, zuletzt plattige Stelle (IV, H) auf die Grathöhe über dem Akademikerriß (vgl. R 774) an.

● 775b Saniriß (Einstiegsvariante)

H. Sannicolo u. Gef. **A 1/VI—** (ca. 20 m).

Durch den senkrechten Riß, der etwas rechts des Akademikerrisses die glatte Platte durchzieht, mehrere H.

● 775c Knappriß (Einstiegsvariante)

H. u. W. Knapp, 1958. **VI—/A 0** (eine Stelle).

Vom kleinen Schartl die ersten m über die Wandstelle empor, dann jedoch nicht nach rechts in den feinen Riß, sondern nach links zu den sichtbaren H anklettern und auf die Grathöhe.

● 775d Auckenthalerriß

M. Auckenthaler u. Gef. oder R. Rossi u. Gef.? **A 1** (unterer Teil), A 0/V (oberer Teil). Oberer Teil frei geklettert VI. Variante im oberen Gratteil durch den schon vom Hafelekar sichtbaren gelben Steilabbruch. Häufig begangen. Zahlreiche H.

Führe: Stets gerade durch den abdrängenden Riß in glattgescheuertem Fels, zuletzt im breiter werdenden Einriß auf die Grathöhe. (W.K.)

● 776 Südostwand

E. Berger, K. Huter, A. Kasseroler, 1919. **IV** (2 Passagen), sonst III. Kurze, anregende Kletterei, etwas schwerer und schöner als die O-Wand (R 777). Früher oft, jetzt kaum noch beg. 2 SH, 2 ZH. Wandhöhe 200 m. 1½—2 Std. E.

Die Grubreisentürme von Südosten mit Südturm-Südgrat (R 774), Südturm-Südostwand (R 776), Südturm-Ostwand (R 777) und Südturm-Ostverschneidung (778).

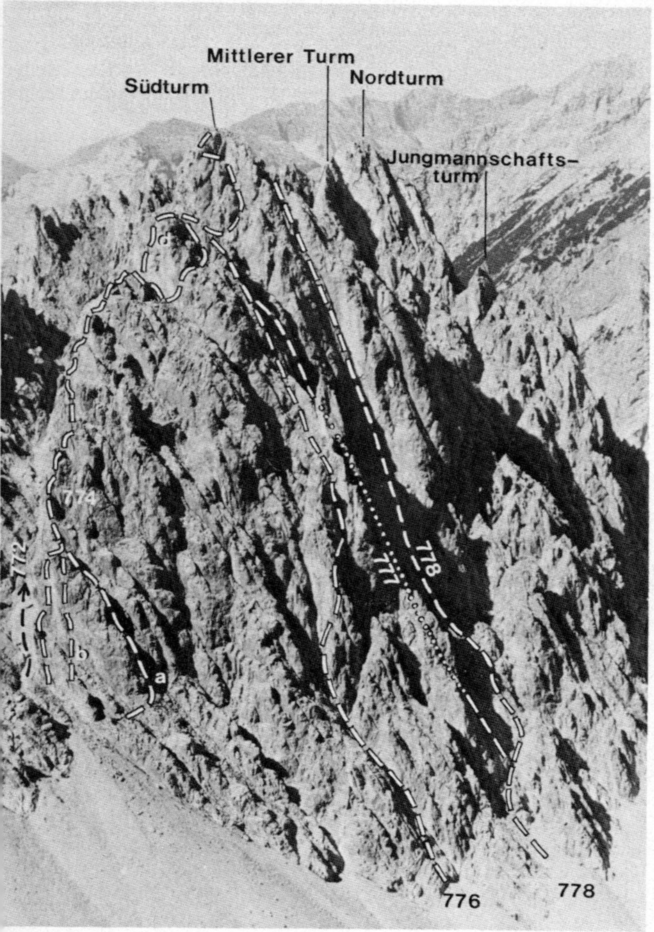
Mittlerer Turm
Südturm
Nordturm
Jungmannschafts-
turm
774
772
777
778
a
b
776
778

Übersicht: Die zwischen S-Grat und der markanten O-Verschneidung gelegene Wand wird von zahlreichen parallelen Rinnen und Rippen durchzogen. Etwa in halber Wandhöhe ragt ein auffallend spitzer Zakken aus der Wand. Die SO-Wand-Führe hält sich an eine Kaminreihe links des Zackens; die O-Wand-Führe (R 777) verläuft knapp rechts (nördl.) von ihm. Siehe Abb. S. 221.
Zugang: Vom Fuß des S-Grates über Schotter am Wandfuß abwärts, bis der Steig knapp an der Wand verläuft.
Führe: Durch eine ausgewaschene Rinne (II) empor, bis nach etwa 80 m rechts ein Riß abzweigt. In ihn hinauf; bevor er fein und überhängend wird, quert man nach rechts ansteigend um ein Eck, an einem tiefen Kamin vorbei zu Ringhaken. Von hier über die Platte nach rechts aufwärts (IV, 2 H) bis in den großen Kamin unterhalb des erwähnten spitzen Zackens. Gerade im Kamin, weiter über Platten und durch Rinnen (eine Stelle IV, H), bis man, stets etwas rechts haltend, den S-Grat erreicht. Auf ihm zum Gipfel. (W.K.)

● **777** **Ostwand**
A. Putzer, 1919. **IV** (eine Stelle), sonst III. Kurze Schrofen- und Rinnenkletterei, selten beg. Meist fester Fels. Keine H. Wandhöhe 200 m. 1½ Std.

Übersicht: s. R 776 und Abb. S. 221.
Zugang: Am Wandfuß nach N queren, bis bei zwei freistehenden Felszacken links oben in der Wand die gelbe Verschneidung (R 778) sichtbar wird. Über Schrofen (stellenweise II) an den Beginn der Rinne, die links parallel zur Verschneidung emporführt.
Führe: Stets in der Rinne, die teilweise als Kamin ausgebildet ist, hinauf, bis der Kamin nach einem engen Schluf glatt und überhängend wird. Hier Quergang nach links in den nächsten Kamin, der etwas links über einen gutgriffigen Überhang (IV) überwunden wird. Sobald als möglich wieder nach rechts in den Hauptkamin zurück, in ihm auf den S-Grat und in 1 SL zum Gipfel. (W.K.)

● **778** **Ostverschneidung**
M. Bachmann, E. Waldhof, 1943. **VI—/A0** (10 m), sonst V—. Schöne, kurze Verschneidungskletterei, fester Fels. Nötige H stecken. Kletterlänge 150 m. 1½—2 Std.

Übersicht: Schon vom Hafelekar aus fällt im nördl. Teil der O-Wand eine gelb gefärbte, nach S gerichtete, schmale Plattenwand auf. Diese bildet mit den nach O gerichteten, geneigten grauen Felsen eine Verschneidung, welche die obere Hälfte der Wand durchzieht. Siehe Abb. S. 221.

Zugang: Vom Wandfuß bei einem auffallenden, freistehenden Zacken über Schrofen gegen rechts zu einer Schotterterrasse ansteigen, wo die eigentliche Verschneidung ansetzt (stellenweise II).
Führe: 1. SL: In der geneigten Verschneidung hinauf bis zu unbequemem Stand unter Überhang (40 m, V—, mehrere H). **2. SL:** Nun 10 m über die senkrechte bis überhängende Verschneidung (VI—/A0, 5 H) und weiter 20 m (V—) bis auf ein kleines Podest, Stand mit 2 H. **3. und 4. SL:** Weiter in der sich zurücklegenden Verschneidung (V—, dann IV) und schließlich durch eine Rinne (III) direkt zum Gipfel. (W.K.)

● 779 Nordostwand
H. Sannicolo, Gamper, 1961. **VI** (teilweise). 2—3 Std. E. Ohne nähere Angaben.

● 785 Grubreisen-Melzerturm, 2223 m

Erste Ersteigung F. Miller, O. Melzer, 1899. Schmale gezackte Felsschneide mit schmalem W- und gestuftem NO-Grat, etwas östl. zwischen Nord- und Südturm abgerückt. Benannt nach dem Bergsteiger und Fotografen Otto Melzer, der mit Emil Spötl am 6.10.1901 in der Praxmarerkar-N-Wand (Melzerwand) tödlich verunglückte. Bis auf den W-Grat sind die Anstiege brüchig und nicht empfehlenswert.

● 786 Westgrat, „Melzerweg“
Weg der Erstersteiger. **IV—** (eine Stelle), sonst III. Hübsche, kurze Kletterei an scharfer Gratschneide, zuletzt brüchig. Gelegentlich begangen. 1 ZH, natürliche Sicherungen. Kantenhöhe 50 m, Kletterlänge 80 m. 30—40 Min.

Führe: Von der Nordturmscharte (s. Kärtchen S. 219.) eben etwa 20 m ostw. an den Fuß eines engen Kamins, durch ihn (III) in die Scharte zwischen einem vorgelagerten Zacken und dem Melzerturm-W-Grat. Aus der Scharte nach links hinauf und um die Kante (IV—), weiter stets an der Kante auf den S-Zacken (Abseilschlingen) und über die schmale Schneide hinüber zum höchsten Punkt. (W.K.)

● 787 A Abstieg

Vom S-Zacken durch die S-Wand 40 m bis in die Scharte abseilen; oder 2 mal 20 m an der Kante entlang (zweiter Abseilzacken genau über der Scharte).

● 788 Ampfererkamin (Nordwestkamin)
O. Ampferer, E. Beyrer, Th. Mayer, 1899. **IV.** Brüchig, 2 H. Höhe 60 m. ¾ Std.

Von der Nordturmscharte auf brüchigen Bändern in der NW-Seite an den Fuß eines Kamins queren, der zum Gratfenster im W-Grat hinaufzieht. Stets im brüchigen Kamin bis auf den Grat. (W.K.)

● 789 **Westwand**
H. Frenademetz, T. Tiefenbrunner. Ohne näheren Bericht.

● 790 **Nordwand**
S. Huber, K. Kirchner, 1963. **VI** (lt. Erstbeg.), Zeit d. Erstbeg. 7 Std.

Zugang: Die N-Wand des Melzerturmes wird in ihrer rechten Begrenzung von einer Verschneidung durchzogen. E rechts von dieser.
Führe: Durch eine Rinne empor; nach 1 SL Querung nach links in die Verschneidung (VI, H). Die Verschneidung gerade hinauf bis unter ein Dach (Stand). Links unter dem Dach heraus (VI, H.) und durch den folgenden Riß zum Gipfel (VI).

● 791 **Südostkamin**
J. Hechenbleikner, Liebenwein, v. Martin, 1906. **IV.** Im oberen Teil brüchig, Höhe 80 m. ¾ Std.

Führe: Aus dem Schartl am Fuß des W-Grates durch eine Rinne kurz absteigen. Bevor sie abbricht, quert man auf brüchigem Band nach links in den tiefen Kamin. Stets im Kamin empor zum Gratfenster im W-Grat. (W.K.)

● 795 **Grubreisen-Jungmannschaftsturm,** etwa 2150 m

Der Melzerturm entsendet nach NO einen Zackengrat, dessen letzte Erhebung der „Jungmannschaftsturm" ist. Er bricht mit einer 100 m hohen schrägen Plattenwand nach N ab.

● 796 **Nordwand**
S. Huber, H. Zechel, 1963. **V+** (lt. Erstbeg.), Zeit d. Erstbeg. 5 Std.

Zugang: Von der Südturmscharte in die Schlucht zwischen Nordturm und Melzerturm. (Man sieht den glatten Wandabbruch von der W-Seite.)
Führe: Die Wand wird in Gipfelfallinie von einem auffallenden Riß durchzogen. Durch den Riß vollzieht sich der Anstieg.

● 797 A **Abstieg**

Abseilen vom Schartl unter dem Gipfel (durch eine Verschneidung) in die Schlucht nach N (AH).

● 800 Grubreisen-Nordturm, 2260 m

Erste Ersteigung Otto Ampferer, 1894. Mächtiger Felsturm nördl. der zwei anderen Türme; höchste Erhebung in dem von der Östlichen Kaminspitze nach N ziehenden Grubreisengrat. Fällt mit steilem NW-Grat ins Steinkar ab. Schöne Klettereien im III. Grad.

● 801 Normalweg durch die Südwand

Weg des Erstbesteigers. **III+** (5 m), sonst II. Am Gipfelturm ausgesetzt, Wandhöhe etwa 120 m; ¾—1 Std. von der Nordturmscharte.

Zugang: Von der Scharte in der zwischen Nordturm und Melzerturm hinabziehenden Schlucht etwa 60 m hinab, bis man über eine steile Wandstufe zum Beginn der auffälligen brüchigen Steilrinne gelangt, die schräg rechts zur Scharte südl. des Nordturmes emporführt. Durch die teils kaminartige Steilrinne in die enge Scharte (hierher auch auf R 801).

Führe: Nun knapp rechts neben der Gratkante einige Meter gerade empor (III+); weiter rechts haltend über gestuften Fels hinauf; Quergang nach rechts (hinter einem abgesprengten Block vorbei) auf die SO-Seite und hinauf zum Gipfel. (W.K.)

● 801 A Abstieg auf dem Normalweg

Vom Gipfel kurz gegen SO auf ein Band absteigen, auf dem man nach rechts (westw.) quert (ausgesetzt, hinter dem Block vorbei); nach SW absteigen, über die Steilstufe (III+) in die Scharte des SW-Grates und durch die gut sichtbare Rinne in die Schlucht zwischen Melzerturm und Nordturm, durch sie aufwärts in die Südturmscharte.

● 803 Südgrat

III+. Etwas schwieriger, aber schöner als R 801. ¾—1 Std. von der Nordturmscharte. Siehe Abb. S. 227.

Übersicht: Der S-Grat ist der scharfe, wenig ansteigende Zackengrat, der direkt an der Nordturmscharte ansetzt und in leichtem Bogen an die enge Scharte knapp südl. am Nordturm-Gipfelaufbau heranführt.

Führe: Stets gerade am Grat überklettert man eine Reihe von Zacken, teils ausgesetzt, bis in die erwähnte Scharte. Weiter wie R 801. (W.K.)

● 804 Westwand

K. Huter, A. Kasseroler, Reich, 1914. **IV** (stellenweise), sonst III. Kaum begangen. 1½ Std. E.

Zugang: Wie R 733 ins Steinkar und kurz nach N an den Wandfuß queren.

Führe: E rechts der Gipfelfallinie im mittleren Steinkar. Gerade empor über den Wandvorbau, dann Querung nach rechts in einen großen Kamin. Durch diesen bis an sein oberes Ende, dann Querung links und über die Wand zu einem Schuttfeld, das bis in den Sommer hinein schneebedeckt bleibt. Von hier links haltend zum Gipfel.

● 805 Nordwestgrat

J. Hechenbleikner, R. Kaltenbrunner, 1902. **III+** (einige Passagen), häufig auch leichter. Lohnende Gratkletterei in festem Fels, auch im Abstieg im Zuge der Steinkar-Umrahmung (R 765) gelegentlich begangen. Gesamte Grathöhe 460 m, oberer Teil etwa 200 m. 3 Std. vom Fußpunkt des Grates. Siehe Abb. S. 227.

Zugang: Wie R 733 ins Steinkar und nordw. an den Gratansatz.
Führe: Zunächst über den latschenbestandenen, später schrofigen Rücken (brüchig), dann stets auf dem felsigen Grat bis an einen Gratturm, der nach N mit einer auffallend glatten Platte abbricht. (Man kann ihn auf der rechten [westl.] Seite erklettern: Aus dem Schartl kurz nach rechts aufwärts ums Eck, Quergang 10 m auf einem Band, dann über glattes Wandl [IV—] auf den Turm. Abstieg nach O.) Ihn und den folgenden Turm umgeht man an der O-Seite und gelangt an den steilen Grataufschwung. Hierher — lohnender — auch aus dem Steinkar über Schrofen und durch eine steile Rinne (Steigspuren). Stets gerade über den Grat in schöner Kletterei. Der letzte Steilaufschwung wird aus einer kleinen Scharte etwas rechts durch einen Riß (III+) überwunden. (W.K.)

● 806 Nordostkamin

H. Kasper, 1925. Auf anderem Weg durch die O-Wand: J. Öfner u. Gef. 1909. **IV—**, 1—2 Std.

Führe: An der Verschneidung der O-Wand des N-Turmes mit einer fast senkrechten, nach N gerichteten Plattentafel zieht ein Kamin empor, der in der letzten Scharte nördl. des Gipfels endet. Über den brüchigen Schrofenvorbau zum Kamin, der mit einer Verschneidung ansetzt. Bald erweitert er sich aber zu einem schönen Stemmkamin, wobei einige Klemmblöcke überklettert werden müssen. Das Mittelstück (bei einem Grasfleck) ist meist naß und weist zwei Überhänge auf; sodann steil zur Scharte. Von hier über den Grat zum Gipfel.

Die Grubreisentürme von Westen mit Nordturm-Nordwestgrat (R 805), Südgrat (R 803) und den beiden Westwandrouten „Pro Senectute“ I (R 811) und II (R 812).

Südturm
Melzerturm
Nordturm
805
803
812
811
805

● 810 Grubreisengrat-Westwand

Der Grubreisengrat fällt nach W mit einer vielfach gegliederten Wand ins Steinkar ab. Etwas links (nördl.) der Mitte des Gratverlaufs zwischen Grubreisenscharte und dem Steilaufschwung des Nordturm-N-Grates, genau unterhalb der zwischen den Türmen eingelagerten kleinen Schotterfläche, bemerkt man einen beiderseits von Schluchten begrenzten, nach oben spitz zulaufenden Wandteil, durch den zwei Routen führen.

● 811 Westwand, „Pro Senectute I"

D. Grepl, W. Klier, 1981. **VI—** (eine Stelle), V (50 m), sonst IV. Wandhöhe 200 m, Zeit der Erstbeg. 3 Std. Kurze, ausgesetzte Wandkletterei, meist fester Fels. 2 ZH in der Schlüssel-SL; gute Möglichkeiten für KK.

Übersicht: s. Abb. S. 227.
Zugang: Wie in R 733 über die Grubreisenscharte ins Steinkar und gleich nach rechts (nordw.) unter den Felsen auf Steigspuren bis unter die dreieckige Wand queren. E etwas nördl. der Wandmitte bei Steinmann.
Führe: s. Skizze S. 229 und Abb. S. 227.
Vom Ende der Schwierigkeiten aus dem brüchigen Kamin nach links etwa 30 m hinauf in ein enges Schartl. Hier jenseits wieder etwa 30 m absteigen und nach rechts über gestuften Fels (II) neben dem Zackengrat hinauf zur Schotterfläche zwischen den Türmen. (W.K.)

● 812 Westwand, „Pro Senectute II"

D. Grepl, W. Klier, 1982. **V+** (eine Passage), V— und IV, oft leichter. Wandhöhe 220 m, Zeit der Erstbeg. 3 Std. Geradere Linienführung, aber brüchiger und weniger lohnend als P.S.I. 1 ZH belassen, gute Möglichkeiten für KK.

Übersicht und Zugang: s. Abb. S. 227.
Führe: s. Skizze S. 229 und Abb. S. 227. Vom höchsten Punkt kurz jenseits über Schrofen absteigen und wie in R 811 neben dem scharfen Zackengrat auf die Schotterfläche. (W.K.)

● 815 Seegrubenspitze, 2350 m

Erste Ersteigung Julius Pock, 1867. Steiler Felskopf zwischen der Seegrubenscharte und dem ebenen Gratstück, auf dem die Wetterwarte steht.

● 816 Von der Bergstation Hafelekar

I (stellenweise), bez. Steig. 20 Min.—½ Std.

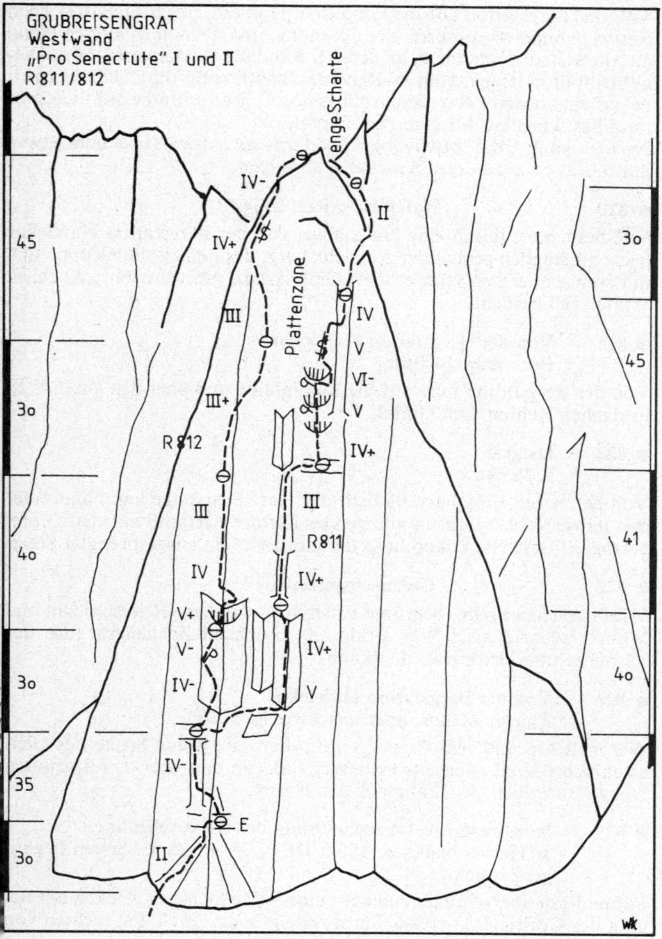
GRUBREISENGRAT
Westwand
„Pro Senectute" I und II
R 811/812
enge Scharte
Plattenzone
R 812
R 811
IV-
IV+
III
III+
IV
V+
V-
II
V
VI-
E
45
3o
4o
35
41
wk

Von der Bergstation auf die Grathöhe. Nun auf einem Steig fast eben westw., immer etwas nördl. der Grathöhe, und über einen kurzen Hang auf die kleine Hochfläche, an deren S-Rand die Wetterwarte steht. Diese bleibt links liegen; vom W-Rand des Sattels rechs durch eine Felsrinne auf ein Schartl. Von diesem etwas nördl. der Grathöhe auf Steigspuren über schrofige Absätze zum Gipfel.
Jenseits kann man unschwierig über den gezackten Grat oder etwas nördl. davon zur Seegrubenscharte absteigen.

● 820 **Hafelekarspitze,** 2334 m

Viel besuchter, durch eine Steiganlage von der Bergstation Hafelekar leicht zugänglich gemachter Aussichtsberg, dessen begrünte Kuppe sich nur wenig über den Grat erhebt. Gipfelkreuz, Mietfernrohr. Auch im Winter viel besucht.

● 821 **Von der Bergstation Hafelekar**
Bez. Weg, ¼ Std.

Von der Bergstation kurz auf die Kammhöhe und über den guten Weg in flachen Kehren zum Gipfel.

● 822 **Ostgrat**
I, ½ Std.

Von der ersten Einschartung östl. der Hafelekarspitze kann man über den teilweise bez. Grat in anregender leichter Kletterei auf den Gipfel gelangen. Daneben knapp links der Grathöhe ein ausgesprengter Steig.

● 825 **Gleierschspitze,** 2317 m

Von S gesehen breite, begrünte Erhebung zwischen Gleierschjöchl und Mühlkarscharte; nach NW strahlt ein brüchiger Zackengrat aus, der schwierig überklettert werden kann.

● 826 **Von der Bergstation Hafelekar**
Zuletzt weglos, aber unschwierig. 1 Std.

Wie in R 418 auf dem Goetheweg in die weite grüne Senke des Gleierschjöchls hinab. Jenseits vom Weg links ab und über den begrünten Hang in nordöstl. Richtung auf den Gipfel.

● 827 **Nordwestgrat, Überschreitung der Gleierschzähne**
J. Hechenbleikner, 1902. **III+**, 3—4 Std. E. Selten begangen, brüchig.

Führe: Man überschreitet zunächst eine Reihe kleinerer Zacken am Beginn des Grates. Den ersten Turm ersteigt man durch den rechten von zwei Kaminen. Der Turm bricht nach S überhängend zur Scharte ab. Man steigt an der W-Seite ab, bis man kurz in die Scharte emporsteigen kann. Den zweiten Turm ersteigt man über die W-Seite, der Abstieg erfolgt ebenfalls nach W. Den folgenden Zacken umgeht man östl. Der dritte Turm wird direkt überklettert. Den nächsten Zacken umgeht man westl., die folgenden bis zum Gipfel werden dann direkt überschritten.

● 830 **Mannlspitze,** 2364 m

Erstersteigung: Pfaundler, Hörmann, Enzensperg, Trentinaglia, 1859. Nach N gerichteter Felskamm westl. des weiten Durchbruchs der Arzler Scharte, zu der er steil abfällt. In dem langen nach N verlaufenden Zweiggrat erheben sich die Roßzähne, höchster 2362 m, zwischen Mannlspitze und Mannlscharte, 2314 m; sodann nördl. der Scharte das Gleierschtaler Brandjoch, wo sich der immer breiter werdende Kamm gegen W wendet und mit dem Hauptkamm das Mannltal bildet. Unterhalb des Gipfels Gedenkstein der DAG Alpeiner.

● 831 Von der Bergstation Hafelekar

Zuletzt weglos, aber unschwierig. 1½ Std.

Wie in R 418 auf dem Goetheweg in die Einschartung östl. der Gleierschspitze, wo der Weg auf die N-Seite übertritt. Gerade über den dazwischen liegenden Rücken oder quer durch die N-Flanke in die weite Mühlkarscharte, und über den begrünten Kamm allmählich in nördl. Richtung auf den Gipfel.

● 832A Abstieg durch die Ostflanke

II, ½ Std.

Führe: Vom höchsten Punkt einige Meter nordw. hinab in ein Schartl. Von hier zieht eine brüchige Felsrinne nach NO durch die Flanke hinunter. Man folgt ihr bis dorthin, wo sie auffallend nach rechts abbiegt. Diesem Bogen nach rechts folgt man etwa 50 m abwärts. Dort ist zur Linken ein auffallendes V-förmiges Schartl, durch das man in eine weitere kurze Rinne hinübersteigt, die nach etwa 20 m ins Kar leitet. (H.K.)

● 833 Nordgrat, Überschreitung der Roßzähne

H. Diechtl, H. Tumler, 1898. **III.** 2 Std. Sehr brüchig.

Führe: Von der Mannlscharte (R 418) gerade über den ersten Turm. Über einen plattigen Grat auf den zweiten, und über brüchigen Fels in die folgende Scharte; auch der dritte wird gerade über die Wand erstiegen; sodann leichter zum Gipfel.

● 835 **Gleierschtaler Brandjoch**

Nördliches, 2372 m, Südliches, 2374 m

Erstersteigung: Pfaundler, Hörmann, Enzensperg, Trentinaglia, 1859. Steile Erhebung nördl. der Mannlscharte, die mit kurzem, senkrechtem Wandl nach NO und N abfällt. Vom nördl. Gipfel zieht ein breiter Kamm nach W *(Niederbrandjoch,* 2181 m), der das Mannltal nördl. begrenzt und gegen N ins Samer Tal mit breiter, brüchiger Wand abfällt.

● 836 **Von der Mannlscharte**

Weg der Erstersteiger. **I.** ½ Std.

Von der Mannlscharte an der O-Seite des steilen, vorgebauten Gratturmes etwa 70 m eben über Schutt nordw., bis eine flache, schrofige Steilrinne auf die Reisen herabzieht. Durch die Rinne empor, bis man rechts heraus über steile Schrofenhänge zum S-Gipfel emporsteigen kann.

● 837 A **Abstieg zur Pfeishütte**

Unschwierig, weglos. ¾ Std.

Vom S-Gipfel nordw. hinab in die Scharte zwischen den beiden Gipfeln und ostw. über anfangs steilen Schutt auf die Böden oberhalb der Pfeishütte.

● 838 **Nordostwand**

V (stellenweise). 4 Std.

Führe: E bei dem am weitesten ins Kar vorstoßenden Felssporn. Über brüchige Felsen in einen Riß und durch diesen auf ein Felsköpfl. Weiter über leichtere Felsen zum Wandaufbau. Bei einem Steinmann zuerst gerade hinauf, dann von links nach rechts zu gutem Stand. Quergang nach links in einen Riß, und durch diesen zuerst gegen rechts, dann links haltend auf ein Köpfl. Weiter rechts haltend auf eine Schulter (Steinmann). Quergang nach rechts, sodann gerade hinauf durch einen Riß (schwerste Stelle) ungefähr 2 SL zu einem weiteren Steinmann. Kurzer Quergang nach rechts und durch einen 15 m hohen Riß zum Ende der Steilwand. Über leichtere Felsen gerade zum Gipfel.

● 839 **Nordostwand, Geroldweg**

L. Gerold, R. Meirer, 1929.

Die Route verläuft durch das „Hüttenwandl" rechts von R 838.

● 840 **Nordwand**

E. Spötl, 1900. **V** (stellenweise). 2 Std. E. Siehe ä. A.

● 845 **Rumer Spitze,** 2453 m

Erstersteigung: Julius Pock, 1867. Schön geformter Felsgipfel; letzte ausgeprägte Erhebung der Inntalkette im O. Fällt mit plattiger Wand nach N ab, und entsendet nach W einen scharfen Grat, der häufig begangen wird. Großes Gipfelkreuz; Gipfelbuch.

● 846 **Westgrat**

II (einige Stellen). Bez., Steigspuren. 1 Std. von der Arzler Scharte.

Von der Arzler Scharte (hierher wie in R 256 oder 418) über einen Vorkopf ostw. empor, bis sich der Grat schärfer ausprägt. Nun in anregender Kletterei meist gerade auf der Schneide, nur selten in eine der Flanken ausweichend, zum Gipfel. Einigen Kletterstellen am Grat kann man auf Steigspuren in den Flanken ausweichen.

● 847 **Südflanke**

I (einige Stellen), weglos, sehr mühsam. Von der Rumer Alm 3½—4 Std.

Von der Rumer Alm (R 242) 50 m ostw. eben hinüber in den Graben, der vom Gipfelaufschwung der Rumer Spitze in einer Flucht bis zur Alm herabzieht. Dieser Lawinengraben vermittelt den geradesten Anstieg auf die Rumer Spitze. Man hält sich dabei immer in der breitesten Furche der sich höher oben mehrmals gabelnden Schuttreise und gelangt schließlich auf die weiten Gamsänger am Fuß des Gipfelaufschwunges. Etwas mühsam, bei Sonneneinstrahlung sehr heiß. Aus den Gamsängern steigt man zu dem von der Rumer Spitze nach S ziehenden Rücken. Über diesen in den Sattel unterhalb des Gipfelaufbaus. Linkshaltend gelangt man nun über steile, schrofendurchsetzte Hänge zum Gipfel.

● 848 **Von Osten**

II. Vom Kreuzjöchl 1 Std.

Vom Kreuzjöchl (R 259) über den steilen Rücken auf Steigspuren empor, zuletzt westw. auf einen schotterigen Sattel. Nun nach rechts in eine steile Schuttrinne und in dieser empor, bis man rechts an die Rippe hinausqueren kann. Über diese steil zum Gipfel.

● 848 A **Abstieg nach Osten**

II, ¾ Std.

Beim Abstieg darf man vom schotterigen Sattel und später vom Rücken nicht gegen die Pfeis absteigen, sondern hält sich solange ostw., bis das Gelände übersichtlich und leicht begehbar wird.

● 850 **Ostwand**
E. Allwein, 1927 (Jb. AAVM, 1926/27, S. 35). **IV** (stellenweise), 2—3 Std. E., s. 11. Aufl. 1978, S. 202.

● 851 **Nordwand**
IV (stellenweise). 1½ Std. Siehe 11. Aufl. 1978, S. 202.

● 855 **Rumer Nadel,** 1492 m

Schlanker Felsturm im weiten Graben der Rumer Mur zwischen Rumer Alm und Vintlalm. Auch „Langer Stein" genannt (AV-Karte).

● 856 **Nordseite**
IV (eine Stelle), sonst III, etwa 40 m.

Zugang: Den E erreicht man am besten von der Rumer Alm her. Man folgt dem Weg zur Vintlalm etwa 500 m. Dort führt der Weg durch einen kleinen Graben (Waldstück) etwas steiler aufwärts. Etwa 100 m, nachdem er wieder auf waldfreies Gelände austritt, zweigt vom Pfad rechts ein kleiner (am Anfang schwer erkennbarer) Steig ab, der waagrecht durch das Gelände hinüberführt zum Ausbruch der Rumer Mur. Der Steig führt in Kehren etwa 50 Höhenmeter abwärts und quert dann waagrecht durch die steilen Grashänge an den Fuß der Nadel, die schon von weitem sichtbar ist. Gedenktafeln für zwei abgestürzte Bergsteiger.
Führe: E an dem Schartl (nordseitig), das die Nadel mit dem Hang bildet. Gerade empor auf den Vorbau. Nun etwas rechts haltend durch Einrisse empor auf eine kleine Kanzel im W-Grat (SH). Nun über einen Überhang (IV—) links haltend empor und auf den höchsten Punkt. (H.K. u. W.K.)

● 857 A **Abstieg**
Abseilen (H am Gipfel).

● 858 **Südwand**

Die etwa 80 m hohe, glatte S-Wand wurde 1961 mit BH erstiegen.

● 860 **Thaurer-Joch-Spitze,** 2309 m

Erstbesteigung (touristisch): Ludwig Purtscheller, 1890. Breiter, teilweise begrünter Felsstock östl. des Kreuzjöchls, von dem der lohnendste Aufstieg emporführt.

● 861 **Vom Kreuzjöchl**
I, 1 Std.

Vom Jöchl ostw. und über die S-Flanke auf den Gipfel.

● 862 Vom Stempeljoch

I (Stellen), 1 Std. Steigspuren, meist unschwierig.

Am Endpunkt der letzten großen Schleife westl. unter dem Stempeljoch (R 419) zweigt ein Steiglein ab und führt ansteigend, zuletzt quer durch die Schutthalden gegen den Hauptgrat. Man trachtet diesen möglichst nahe dem Gipfel zu erreichen.

● 863 Von der Thaurer Alm über die Südflanke

I, 2 Std.

Von der Thaurer Alm (R 248) auf dem Weg zur Rumer Alm westl. in wenigen Min. auf den Sattel hinter dem Thaurer Roßkopf (P. 1572). (Von hier leicht in wenigen Min. südl. über eine Kuppe auf den *Thaurer Roßkopf.*) Nördl. zweigt im Sattel ein Steiglein ab, das ziemlich steil über die anfangs bewaldeten, später von Wandln durchzogenen S-Hänge der Thaurer-Joch-Spitze zum Gipfel führt.

● 864 Übergang zur Pfeiser Spitze

II, Seilsicherungen, etwas brüchig, Anfang der Bez. schwer zu finden. ½ Std.

Man folgt dem schmaler werdenden Kamm nordöstl. bis zu den ersten Felszacken. Unter einer auffallend schlanken Nadel steigt man über ein V-förmiges, kleines Schartl auf die S-Seite; einige Meter queren, dann gegen N ansteigen in ein Schartl. Jenseits 10 m absteigen zu Markierung; ihr folgend zum Gipfel.

● 865 Pfeiser Spitzen, höchste Erhebung 2345 m

Mehrere turmartige Erhebungen. Die südl. steht im Hauptkamm, die nördl., etwas niedrigere, ist gegen N vorgeschoben, und sendet einen Grat nach N zum Stempeljoch, wo die Inntalkette mit der Gleiersch-Halltal-Kette zusammenhängt. Vom Stempeljoch fällt vor allem die schroffe N-Wand der nördl. Pfeiser Spitze ins Auge.

● 866 Vom Stempeljoch

II, Seilsicherungen, ¾ Std. Blau bez.

Von der Jochhöhe auf schwach ausgeprägtem Steig südl. über Schutt ansteigend an die Felsen unterhalb der breiten Scharte südwestl. der Pfeiser Spitze. Über die Schrofen auf die Scharte, sodann auf die S-Seite, zuletzt über den Grat zum Gipfel.

● 867 Übergang zur Nördlichen Pfeiser Spitze

IV, 10 Min.

Führe: Der Übergang vollzieht sich unmittelbar auf dem schmalen, brüchigen, zerscharteten Gratl. Durch einen riesigen, frischen Ausbruch an der W-Seite ist die Erkletterung des letzten, schmalen Aufbaus nur mittels eines sehr schwierigen, ausgesetzten Spreizschrittes möglich.

● 868 Nordwand

J. Hechenbleikner, 1904. **IV+**. 1 Std. vom Stempeljoch.

Führe: Vom Joch über die Gratzacken gerade oder südwestl. ausweichend an den Steilabbruch und gerade über diesen empor auf den kleinen Vorgipfel und über das Gratl auf die Gipfelschneide.

● 870 Lattenspitze, 2340 m, **Wildangerspitze,** 2153 m

Von der Pfeiser Spitze zieht sich der Kamm über mehrere Zacken und Erhebungen hinweg ostw. und senkt sich hinter der Wildangerspitze zum Törl (Torsattel, 1773 m) ab. In diesem Kamm treten westl. die Lattenspitze, östl. die Wildangerspitze stärker hervor, dazwischen die „Drei Dutten", höchster 2156 m. Der Kamm ist an seiner S-Seite begrünt, gegen N aber fällt er mit überaus brüchigen Steilwänden in die Stempelreisen ab.

● 871 Vom Törl auf die Wildangerspitze

Unschwierig. 1 Std.

Wie in R 47 auf das Törl, den Übergang ins Halltal. Von hier an einem Kreuz vorbei in nordwestl. Richtung und auf Steigspuren über den Grat aufwärts zum sog. Distelbödele. Über dieses hinweg und westw. zum Gipfel.

● 872 Übergang zur Pfeiser Spitze

II. Sicherungen, etwas brüchig. Blau bez. 1 Std.

Westw. meist etwas südl. des Kammverlaufes über die oder an den Drei Dutten vorbei auf die Lattenspitze. Quer über die steilen, nach S abfallenden Grashänge in Höhe der eingeschnittenen Scharten in die Einschartung östl. der Pfeiser Spitze und gegen S auf deren S-Gipfel.

● 875 Zunterköpfe, 1966 m und 1905 m

Thaurer Zunterkopf, 1905 m, südöstl. über dem Törl. Auf dem gegen W ziehenden Rücken 200 Höhenmeter tiefer die Kaisersäule (Vgl. R 47).
Hoher Zunterkopf, auch **Haller Zunterkopf,** 1966 m, steilste und die am weitesten östl. gelegene Erhebung in dem vom Törl gegen O ziehenden Zunterkamm, der mit der zweiten Karwendelkette das Halltal bildet.

● **876** **Vom Törl**
Bez. Steig, 1 Std.

Vom Törl (R 47) führt ein Steig fast stets auf der Kammhöhe gegen O über den Thaurer Zunterkopf zum Hohen Zunterkopf.

● **877 A** **Abstieg vom Hohen Zunterkopf ins Halltal**
I, 1 Std.

Über den Kamm ostw. hinab über eine brüchige, felsige Unterbrechung, auf den Hochmahdkopf, 1738 m. Von hier auf besserem Steig erst etwas nördl., dann links über den steilen, felsdurchsetzten Hang, zuletzt in vielen kleinen Kehren nordw. hinab nach St. Magdalena.

III. Die Gleiersch-Halltal-Kette

● **880** Zwischen Inntalkette und Hauptkamm erhebt sich, diesem an Höhe und Länge kaum unterlegen, die Zweite Karwendelkette oder Gleiersch-Halltal-Kette. Sie streicht vom Krapfen (wo Hinterau- und Gleierschtal sich vereinigen) in gerader Linie 26 km gegen O bis zur Ausmündung des Vomper Baches in das Inntal.
Fast alle Gipfel entsenden nach S kurze Grate. Dazwischen sind Hochkare eingeschlossen, von denen oft kein gerader Abstieg ins Tal möglich ist. Die zwei größten dieser Grate sind der Barthgrat, der von der Nördl. Jägerkarspitze nach SW strahlt und den Katzenkopf trägt, und der von der Hinteren Bachofenspitze nach S verlaufende Grat, dem Roßkopf und Stempeljochspitze entragen, und der am Stempeljoch mit der Inntalkette zusammentrifft.
Gegen N bricht die gesamte Kette mit einer steilen, sehr geschlossenen und bis zu 1100 m hohen (Gr. Bettelwurf) Wandflucht ab. Diese gewaltige Kalkmauer erreicht ihre größte Steilheit an der Praxmarerkarspitze. Höchste Erhebung der Kette ist der Große Bettelwurf mit 2725 m. Die einzige Unterbrechung, zugleich den besten Übergang, bildet das Lafatscher Joch, 2085 m. Ein möglicher Übergang für geübte Geher ist im westl. Teil die Jägerkarscharte, 2285 m, die Samer Tal und Hinterautal verbindet.

● **881** Wichtigster Tourenstützpunkt ist der Halleranger (AV-Hütte und Almwirtschaft), sowohl für den Bergwanderer als auch für den Kletterer. Für den W-Teil kommt die Möslalm in Frage, für die S-Seite des Mittelteiles die Pfeishütte. Stützpunkte an der S-Seite im O-Teil sind St. Magdalena im Halltal, Bettelwurfhütte, Winklerhütte, Walder Alm und Hinterhornalm.

● **882** Die schönste Höhenwanderung im Bereich der Zweiten Kette ist zweifellos der Übergang zwischen Pfeis, Halleranger und Bettelwurfhütte (in beliebiger Reihenfolge und Richtung). Die Übergänge zwischen den Gipfeln der Kette bleiben meist dem geübten Felsgeher vorbehalten. Die Überschreitung der Kette vom Stempel- oder Lafatscherjoch bis zum Katzenkopf ist selbst für zügige Geher eine Gewaltleistung. Der mittlere Felsgeher, der lange Anstiege nicht scheut, wird an den Graten der S-Seite einige lohnende Anstiege finden. Die früher häufig begangenen mittelschweren Anstiege am Kl. Lafatscher und an der Speckkarspitze werden kaum mehr gemacht. Im Bereich der Jägerkarspitzen findet sich eine Reihe sehr selten begangener Klettereien der mittleren bis oberen Grade. Bei weitem das schönste Klettergebiet befindet sich in unmittelbarer Umgebung des Hallerangers. Die N-Seiten von Lafatscher, Speckkarspitze, Bettelwurf und Fallbachkarspitzen sowie das Speckkar-Nordwesteck weisen eine große Zahl prächtiger Felswege auf, die fast durchwegs den oberen Schwierigkeiten zuzuzählen sind. Die weitere Nordwandflucht im W ist als brüchig und sehr gefährlich verschrien und wird nur äußerst selten besucht.
1. Winterüberschreitung der Kette (von O nach W) P. Aschenbrenner, W. Mariner, Jan. 1938.

● **883** **Hoher Gleiersch,** 2491 m

Erste Ersteigung Pfaundler, Hörmann, Enzensperg, Trentinaglia, 1859. Westl. Eckpfeiler der Gleiersch-Halltal-Kette, der mit mächtiger Wand gegen N ins Niederautal abstürzt. Die Ersteigung des aussichtsreichen Gipfels über den wenig steilen SW-Hang oder aus dem Rigelkar ist leicht. Die N-Anstiege werden durchwegs äußerst selten begangen.

● **884** **Von der Möslalm durch das Rigelkar**
I, 3—4 Std.

Von der Alm auf dem Weg kurz talaus, bis rechts bei einem Ww. (Hoher Gleiersch) ein zunächst schwach ausgeprägter Steig beginnt. Im Wald, nach etwa 100 m, Wegverzweigung. Hier rechts, ostw., weiter. Der anfangs schmale, später besser werdende Steig zieht in vielen weiten Kehren ins Rigelkar hinauf. Wenig über der Hochwaldgrenze zweigt westl. ein Steiglein ab (in der ersten latschenbestandenen Karmulde), das auf den S-Grat des Hochgleiersch hinaufleitet, den man knapp oberhalb des Unteren Sagkopfes erreicht. Der Steig wendet sich mehr in den SW-Hang, und kehrt erst nördl. des Oberen Sagkopfes, 2132 m, wieder zum Grat zurück, über den man den Gipfel erreicht.

● **885** **Westgrat**
I. Kürzester Anstieg von Scharnitz, 5 Std.

Wie in R 201 von Scharnitz in das Gleierschtal bis oberhalb des Krapfens, wo der nach W auslaufende Rücken des Berges in die Gleierschklamm absetzt. Hier zweigt in einem kleinen Graben links ein Steig ab, der in einen Schlag emporführt; durch diesen, dann durch Latschenbestände hinauf zum Fußpunkt des W-Grates (Bluetsgraben-Senke). Nun fast stets gerade auf der Grathöhe zum Gipfel.

● 886 Südwestflanke

I. Empfehlenswerter Anstieg. 5 Std. von Scharnitz.

Ins Gleierschtal. Kurz vor der Abzweigung des Weges zur Oberbrunnalm führt links eine Fahrstraße empor, der man folgt. Sie endet nach etwa einer Wegstunde. Nun einige Meter nach rechts abwärts und auf schwach ausgeprägtem Steig zu einem ausgetrockneten Bachbett. Nun rechts davon etwa 1 Std. bergauf, wobei man mehrere kleine Felsstufen überwindet. Man hat nun den Latschengürtel durchquert und erblickt weiter oben bereits den Vorgipfel des Hohen Gleiersch, den man nach insgesamt 4 Std. erreicht. Nun folgt der aussichtsreiche Aufstieg über den W-Rücken zum Hauptgipfel.

● 887 Nordwestwand

G. Haber, O. Herzog, 1931. **III.** Schöne Felsfahrt. Wandhöhe 900 m. 6 Std.

Übersicht: Die mächtigen N-Abstürze des Hohen Gleiersch werden durch eine vom Gipfel nach NNO ausstrahlende, am Punkt 1600 fußende Kante in eine NO- und eine N-Wand gegliedert. Die N-Wand selbst wird wieder gegliedert in eine östl. gelegene, am Gipfel mündende Schlucht, eine diese zur Rechten begrenzende Kante, die sich in breiten Steilwänden unterhalb des Gleiersch-W-Grates verliert, und in eine breite, riesige Wandeinbuchtung westl. der Kante. In der Einbuchtung zieht schräg nach links aufwärts eine schluchtartige große Rinne, die am oberen schulterartigen flachen Stück der vorerwähnten Kante endigt. Der Durchstieg bewegt sich in der Einbuchtung unter allgemeiner Führung der Rinne bis zu deren Ende, überschreitet hier die Schulter, um schließlich zwischen der Schlucht und Steilkante nahe dem Gipfel zum W-Grat zu führen.

Zugang: Der E wird teilweise pfadlos vom Krapfen (R 201) her erreicht. Er befindet sich rechts (westl.) des überhängenden Abbruchs des Abflusses der Wandeinbuchtung. Man erreicht diese Rinne knapp oberhalb ihres Abbruches.

Führe: Durch die Rinne in einen Firnkessel, dann rechts auf einer Rippe hoch. In der nun stark verbreiterten, schrofigen Wandeinbuchtung, die fast überall gangbar ist (Spuren eines alten Treibersteiges zum W-

Grat), in ihrem östl. Teil empor. Man hält sich links der eingangs erwähnten Rinne (ihre Benützung selbst ist durch Steinschlag gefährdet) nach links aufwärts zur Schulter der Wandkante. Von dieser unter den oberhalb befindlichen Überhängen nach links queren zu einer kleinen Parallelrippe. Von ihr auf dem obersten, gut gangbaren Band 30 m links in eine kurze Rinne. 5 m in ihr empor, dann 10 m schräg links, zuletzt über eine Platte (III) in eine Schlucht, die unmittelbar unterhalb abbricht. In ihrer westl. Begrenzungswand (eine Stelle III) zum Hauptgrat knapp westl. des Gipfels.

● 888 Nordwand

L. Gerold, L. Spiesberger, 1928. **IV**. 6 Std.

Zugang: Auf R 291 ungefähr 1 Std., bis der Reitweg links abbiegt. Von hier auf kleinem Jägersteig rechts bis zum N-Pfeiler. An der Waldgrenze unter brüchigem Felsrücken zu einem latschenbestandenen Schuttkopf (Steinmann).
Führe: Einige SL Abstieg zu einer steilen Plattenschlucht. In dieser 10 m empor. Quergang nach rechts in eine Rinne, in ihr rechts hinauf zu einem Kopf (Steinmann); 5 m Abstieg in die Parallelschlucht. An ihrer rechten Seite ein Spalt 10 m hinauf zu einem Loch. 2 m rechts zu einer Kante, senkrecht zu einem Köpfl. An der rechten Seite der Schlucht in der Fallinie eines großen Loches empor zu einem Geröllkessel. Links über steile Wandstellen und eine Kante, an dieser empor zu einem Kopf (Steinmann). Quergang nach rechts über plattige Wandstellen zu einem Kopf. Auf einem Band einige m rechts, dann senkrecht zu einem Geröllkessel. Über mäßig steile Wände aufwärts, bis ein Quergang rechts in die Schlucht ausführbar wird. In dieser aufwärts, Quergang nach rechts (IV) zu einem grasdurchsetzten Band. Über dieses auf einen Latschenkopf. Über den Felsrücken zur Gipfelwand des Vorgipfels (Steinmann). Quergang nach rechts unter die Wand bis ganz an die Kante; links über Platten und Kamine zu einem Kopf. Quergang rechts in die Fallinie des Gipfels, auf Schuttbändern in eine Gratscharte und von hier zum Gipfel.

● 889 Nordpfeiler

T. Braun, M. Delaplace, H. Niederegger, 1952. **V** (einige Stellen) und IV bis zum Pfeilerkopf, dann III und II. Wandhöhe 750 m. Keine H vorh., selten begangen. 4—6 Std.

Zugang: Von Scharnitz durch das Hinterautal bis zum Jagdhaus Hubertus. Von diesem durch Wald den in steilen Serpentinen hinaufführenden Weg empor. Wo dieser nach links zur Hinterödalm abbiegt, gelangt man durch den Wald gerade weiter in das große Kar unterhalb der

Wandflucht der Rigelkarspitze. Von hier nach rechts, wo die Latschen in einem steilen Schuttkegel unmittelbar zum N-Pfeiler hinaufreichen. **Führe:** E am Fuß des Pfeilers bei kleinem vorgelagertem Latschenkopf. Am breiten Pfeilerfuß etwa 100 m gerade über Schrofen (II), bis diese in plattigen Fels übergehen. Schräg rechts empor (III) in eine schon von unten sichtbare kaminartige Rinne. Die zwei Überhänge der Rinne werden links in den Platten umgangen (IV—). Nun leichter bis etwa 30 m unter die schon von weitem sichtbaren Höhlen im gelben Abbruch (III, II). Nun nach links über Schrofen zur großen Schulter. Weiter etwa 30 m schräg links und auf einem Schuttband rechtshaltend empor. Leicht links bis unter die überhängende brüchige Wand (III+). Unter den Überhängen waagrecht nach rechts an einer brüchigen Nische (IV) vorbei und auf die Schuttschulter oberhalb des überhängenden Pfeileraufschwungs. Schräg rechts um die Pfeilerkante und gerade empor auf einen kleinen Absatz (IV—, 40 m). Schräg rechts in den auffallenden Rißkamin und durch diesen 2 SL (IV, V—, IV+) auf geneigtere Schrofen. Über diese 70 m (II) bis zum nächsten senkrechten Aufschwung. Etwas rechts der Kante über eine senkrechte Wandstelle in den auffallenden Kamin und durch diesen über zwei Überhänge in eine Rinne (50 m, durchwegs V). Linkshaltend zum Grat (III) und über diesen zum Pfeilerkopf. Nun am besten immer am Grat (II, III, teilweise ausgesetzt und brüchig) bis zum letzten Turm unterhalb des Gipfels. Diesen links umgehend, dann gerade empor zum O-Grat, oder hinter dem Turm direkt zum Gipfel. (S. Jöchler)

● 890 Nordwand, Östlicher Durchstieg

K. Heitner, M. Kötterl, A. Simon, R. Steinberger, 1933. **V+** (stellenweise), sonst V— und IV. 7—9 Std.

Übersicht: Der Hochgleiersch entsendet gegen das Hinterautal zwei wilde Grate, die mit mehrere 100 m hohen Wänden ins Wasserfallkar abbrechen. Diese Grate bilden zwischen sich eine riesige Schlucht, die in der Gipfelwand beginnt und zuletzt ebenfalls mit fast lotrechter Wand ins Kar abbricht.

Zugang: Beim Jagdhaus Hubertus über die Isar und auf gutem Jagdsteig durch Hochwald ins Kar. Rechts haltend auf bewaldetem Rücken (P. 1600) und von hier westl. hinab ins Wasserfallkar und an den Fuß der Wand. 3½ Std. von Scharnitz.

Führe: Zuerst einige SL auf ein breites Geröllband. Hier bricht oberhalb eine plattige Rinne überhängend ab; diese ist die Fortsetzung der riesigen Schlucht, die in der Gipfelwand beginnt und zwischen den beiden N-Wand-Graten herabzieht. Westl. der Rinne 10 m empor und nach links in die Rinne; durch diese empor zu kleinem Stand. Nun neben der Rinne zu höhlenartigem Loch (H, V—) und nach links oben an die Kante (V+). Noch einige Meter links, dann hinauf zu einer kurzen, sehr brüchigen Rippe mit schlechtem Stand. Über einen Überhang, dann nach links aufwärts in eine Gufel. Rechts durch einen Kamin heraus und in die Hauptschlucht. Durch diese empor zu einer senkrechten Wand. Hier nach links auf den Grat und immer links der Schlucht empor bis zu einem sperrenden Wandgürtel. Unter ihm links durch, bis man nach rechts über ihn hinweg wieder in die Schlucht gelangt. Eine kurzes Stück unschwierig empor; bei der Teilung rechts haltend, bis man den die Schlucht trennenden Grat links ansteigend erreicht. Über den Grat zu einem engen Kamin, und bis zu seinem Ende. Nun ausgesetzt durch den glatten Riß rechts (V+) oder gerade über die Wand zu einem engen Kamin und zu gutem Stand. Eine überhängende Wandstelle (V) leitet auf Platten, sodann Quergang um einen auffallenden Turm herum nach links auf Schrofen. Über Schutt nach links zu einem Gratl und über dieses in eine Scharte, von der man nach links den Gipfel erreicht.

● **891** **Nordostwand**
J. Hechenbleikner, 1902. **IV.** 5 Std., s. ä. A.

● **895** **Äußere Rigelkarspitze,** 2406 m

Erste Ersteigung O. Ampferer, W. Hammer, 1895. Schroffer Felsbau über dem Inneren Rigelkar, im Verbindungsgrat zwischen Hohem Gleiersch und Nördl. Jägerkarspitze. Zur östl. sich erhebenden Inneren Rigelkarspitze zieht ein wild zerrissener Grat.

● **896** **Aus dem Rigelkar**
Weg der Erstersteiger. **II.** Von der Möslalm 3—4 Std.

Wie in R 884 ins mittlere Gleierscher Rigelkar empor. Unter der Schutthalde, die von der Einschartung zwischen Hohem Gleiersch und Äußerer Rigelkarspitze herabzieht, verliert sich der Steig. Nun mühsam über Schutt empor gegen die Scharte. 30 m unterhalb jedoch nach rechts und durch schräge Kamine und über Schrofen auf den Grat und durch dessen Blockwerk und Zacken gerade zum Gipfel.

● **897** **Übergang zur Inneren Rigelkarspitze**
O.P. Maier, R. Mair, 1911 (ÖAZ 1913, S. 37ff.) **IV.** Abwechslungsreiche Gratkletterei, brüchig, 3 Std.

Führe: Vom Gipfel zuerst unschwierig über den Grat zu einem 40 m hohen Abbruch. Einige Meter, ehe man ihn erreicht, ziehen Rippen und Kamine durch die S-Wand hinab; man benützt den am weitesten östl. gelegenen. Nach etwa 2 SL läuft der Kamin in einen schuttbedeckten Grat aus. Über ein stellenweise unterbrochenes Band ostw. in die Scharte unter dem Abbruch. Von der engen Einschartung 6 m südw. hinab zu einem natürlichen Felstunnel, durch den man kriechend auf die N-Seite gelangt. Nun östl. der Öffnung durch eine Schneerinne an der N-Seite empor in eine Scharte zwischen einer Nadel und einem Gratturm (Klemmblock). Jenseits durch einen Kamin hinab in eine breite Schneerinne, und durch diese hinauf in die letzte ausgeprägte Gratscharte. Hier baut sich nun der Grat in einer 50 m hohen Steilwand auf; zuerst gerade empor zu einer kleinen Kanzel, dann Quergang nach links und durch den ersten Kamin auf den Turm. Nun über den Grat selbst weiter, wobei man einen schlanken Turm an der S-Seite umgeht, und unschwierig auf den Gipfel der Inneren Rigelkarspitze.

● **898** **Übergang zum Hohen Gleiersch**
III (bis zur Scharte), dann I. 1½—2 Std.

Über die Türmchen und Blöcke des Grates abwärts, dann links haltend über Schrofen und durch Kamine auf die Schuttzunge, die man 30 m unterhalb der tiefsten Einschartung zwischen den beiden Gipfeln erreicht. Über den Schutt auf die Scharte empor, und westw. über Schutt und Schrofen auf den Hohen Gleiersch.

● **899** **Nordwand**
J. Hechenbleikner, 1902. Ohne Bericht.

● **900** **Innere Rigelkarspitze,** 2437 m

Erste Ersteigung O. Ampferer und W. Hammer, 1896. Schroffer Felsbau im Hauptgrat zwischen Hohem Gleiersch und Nördl. Jägerkarspitze, der mit gelber Steilwand 600 m nach N ins „Weite Tal" abbricht.

● **901** **Aus dem Rigelkar**
Weg der Erstersteiger. **I.** Von der Möslalm 3—4 Std.

Wie in R 884 ins Gleierscher Rigelkar und hinein ins innerste Kar. Vom höchsten Schuttboden durch eine lange Rinne, die die S-Wand des Gipfels durchzieht, empor. Sie verengt sich oben zum Kamin, durch den man unschwer den Gipfel erreicht.

● **902** **Nordwand**
O.P. Maier, R. Mair, 1911. **V** (stellenweise), sonst IV+. Brüchiges Gestein. Wandhöhe 600 m. 4—5 Std., s. ä. A.

● **903** **Übergang zur Nördlichen Jägerkarspitze**
II. Brüchig. 1 Std.

Über den schmalen Grat ostw.; einige Türme werden umgangen; weiter stets auf dem allmählich breiter werdenden plattigen Grat auf die Nördl. Jägerkarspitze. Schöne Tiefblicke nach N.

● 905 **Katzenkopf**, 2530 m

Erste Ersteigung Hermann v. Barth, 1870 („Aus den Nördl. Kalkalpen", S. 447). Hoch über dem Samer Tal aufragende, eckige Felsschneide; die ausgeprägte Erhebung im W-Grat wird Kl. Katzenkopf genannt (P. 2362 m). Die vom Gr. Katzenkopf ostw. zur Mittl. Jägerkarspitze ziehende Gratschneide wird nach ihrem Erstersteiger „Barthgrat" genannt und ist als solcher berühmt. Von allen Seiten nur mühselig und teilweise weglos zu ersteigen; selten besuchter Gipfel.

● 906 **Von Südosten durch das Kar „In den Flecken"**
I, im oberen Teil weglos, mühsam. Von der Möslalm 4 Std.; s. Abb. S. 247.

Von der Möslalm auf dem Weg zur Pfeis, bis man ½ Std. nach der Abzweigung zum Mannltal den talartigen Ausgang des Jägerkares erreicht. Man geht etwa 200 Schritte weiter, bis an einer nicht gekennzeichneten Stelle linkerhand der Steig emporführt. Man steigt auf dem teilweise schwach ausgeprägten Steig durch den mit Latschen bewachsenen Graben an. Nach einer weiteren ½ Std. zweigt in einer kleinen Geröllmulde unterhalb des eigentlichen Jägerkares links ein Jagdsteig ab, der die Senke quert. Er führt gegen den von der Südl. Jägerkarspitze nach SO streichenden Grat, den er an der „Porten", einem natürlichen Felsentor, überwindet. Nun auf Steigspuren, aber meist weglos, über die weiten Brandstellen schräg ansteigend und zuletzt über den Latschen in das Kar „In den Flecken" queren, das gegen das Tal zu mit ungangbaren Wänden abbricht (Vorsicht beim Abstieg!). Aus dem Kar über die meist begrünten Hänge westw. ansteigend, mehrere tiefe Rinnen überqueren und an den Steilaufbau des Gipfels heran. Nahe der westlichsten, ausgeprägten Rinne über den grasdurchsetzten Schrofenhang der SO-Flanke auf den Gipfel. (W.K.)

● 906 A **Abstieg auf dem Normalweg**
I, 3 Std.

Vom Gipfel zunächst gerade südw. über begrünte Schrofen hinab, bis sich bei einer Einsattelung der S-Grat deutlich abzeichnet. Nun links (ostw.) weglos hinab, wobei die tiefen Rinnen der SO-Flanke nach und nach gequert werden. Danach quert man absteigend das Kar „In den Flecken" und erreicht die begrünten S-Hänge der Jägerkarspitzen. Man quert die Hänge oberhalb der Latschen, quert fallend weiter ostw.

(Richtung Jägerkar) die weiten Brandhänge, bis man zuletzt auf einen grünen Boden gelangt (Steinmann), von dem man ostw. absteigend durch die „Porten" den Jagdsteig erreicht. (W.K.)

● 908 Südwestgrat

II (einige Passagen), I und Gehgelände. Teils brüchiges Schrofengelände. Nur geübten Gehern anzuraten. 4—5 Std. von der Möslalm. Sehr selten beg. Siehe Abb. S. 247.

Von der Möslalm auf dem Weg kurz talaus, bis rechts bei einem Ww. (R 884, Hoher Gleiersch) ein zunächst schwach ausgeprägter Steig beginnt. Auf ihm in vielen Kehren durch den Wald empor und bis in das untere Rigelkar, aus dem man über der Waldgrenze nach rechts auf den SW-Grat hinausquert. (Der anscheinend früher übliche Weg, der gerade über den breiten Rücken „Beim Stangl" von SO an den Felsaufschwung des Grates führte, ist von Latschen völlig überwuchert und sehr mühsam.) Der erste Gratturm wird gerade überklettert. Hinab in die Scharte vor dem Kl. Katzenkopf, über eine Plattenstelle und Schutt auf diesen. Man steigt links des Grates durch die brüchige SO-Flanke bis in Höhe der nächsten Scharte ab und quert in diese zurück. Weiter gerade am Grat zum Hauptgipfel. (W.K.)

● 909 Nordwand

J. Färber, R. Gebhart, 1912. **V—** (stellenweise). 1—1½ Std.

Übersicht: Vom obersten begrünten Kopf im Rigelkar sieht man eine auffallende Schlucht, aus der nach etwa 3 SL ein Band links aufwärts gegen den Gipfel zieht.

Führe: Zuerst in der Schlucht (Schnee), dann an ihrer rechten Seitenwand aufwärts. Über eine blaugesprenkelte Rippe und einen kleinen Überhang wieder in die Schlucht. Über das hier ansetzende Band bis zu seinem Ende. Nach links empor zu einer großen Schlucht und an deren westl. Begrenzung zum Grat, der zum Gipfel leitet.

● 910 Barthgrat, Übergang zur Mittleren Jägerkarspitze

H. v. Barth, 1870 (Lit. s. o. und ÖAZ 1911, S. 209). **III.** Ausgesetzte, lohnende Gratkletterei, festes Gestein. 2 bis 3 Std.

Übersicht: s. Abb. S. 247.

Führe: Über eine flache Erhebung gerade, sodann an einem gezackten Teil auf Bändern knapp unterhalb der Grathöhe ostw., und in die erste Scharte ungefähr in der Mitte des Grates hinab. Etwas rechts des Grates in plattigem Fels auf den Steilaufschwung, dann leichter an der S-Seite unterhalb des Grates in eine zweite kleinere Scharte. Jenseits über eine gelbe Wandstelle empor, dann über den Grat zur ausgesetzten „Schneide". Über diese und hinab in eine große Gratscharte. Den folgenden Turm ersteigt man über steile, aber feste Felsen. Weiter am schönsten gerade über den Grat, zuletzt über Schrofen auf die Mittl. Jägerkarspitze.

● **915** **Südliche Jägerkarspitze,** 2579 m

Erste Ersteigung Enzensperg, Hörmann, Pfaundler, Trentinaglia, 1859. Breiter Felsklotz südl. des Jägerkar-Hauptgipfels; eigentlich höchste Graterhebung in dem vom Hauptgipfel nach S ziehenden Grat, der das Kar „In den Flecken" (westl.) vom Jägerkar (östl.) trennt.

● **916** **Von der Möslalm durch das Kar „In den Flecken"**
I, teilweise weglos, nur für Geübte. Von der Möslalm 4 Std., s. Abb. S. 247.

Von der Möslalm wie in R 906 bis in das Kar „In den Flecken". Man steigt am O-Rand des Kares an und gelangt so über freie Hänge an den Gipfelaufbau. Über unschwierig gangbare Schrofen steigt man links einer tief eingerissenen Schuttrinne aufwärts, ohne den Grat zu berühren. Man wendet sich zuletzt etwas links und steigt gerade über den nach S weisenden Schrofenhang zum Gipfel.

● **917** **Ostwand**
R. Braun, H. Plangger, 1928. **V** (eine Stelle), sonst IV. Höhe etwa 400 m. 4 Std.

Führe: Durch eine ausgeprägte, nach links emporziehende Rinne etwa 3 SL aufwärts zu einem auffälligen Felssporn. Quergang nach rechts und durch einen Riß auf ein Köpfl. Von hier schräg rechts um eine Kante herum, dann gerade aufwärts. Immer etwas rechts haltend durch Risse und Kamine und über Wandstellen zu einem Schuttband. Über einen Überhang links hinaus und nach weiteren 2 SL zum Gipfel.

● **918** **Übergang zur Mittleren Jägerkarspitze**
I, ½ Std.

Von der Südl. Jägerkarspitze entlang dem Grat oder noch leichter in die W-Seite ausweichend in die Scharte südl. des Mittelgipfels. Diesen ersteigt man gerade über den Schrofenhang.

Katzenkopf mit Normalanstieg (R 906) und Südwestgrat (R 908), Barthgrat (R 910) und Jägerkarspitzen mit Normalanstieg (R 916).

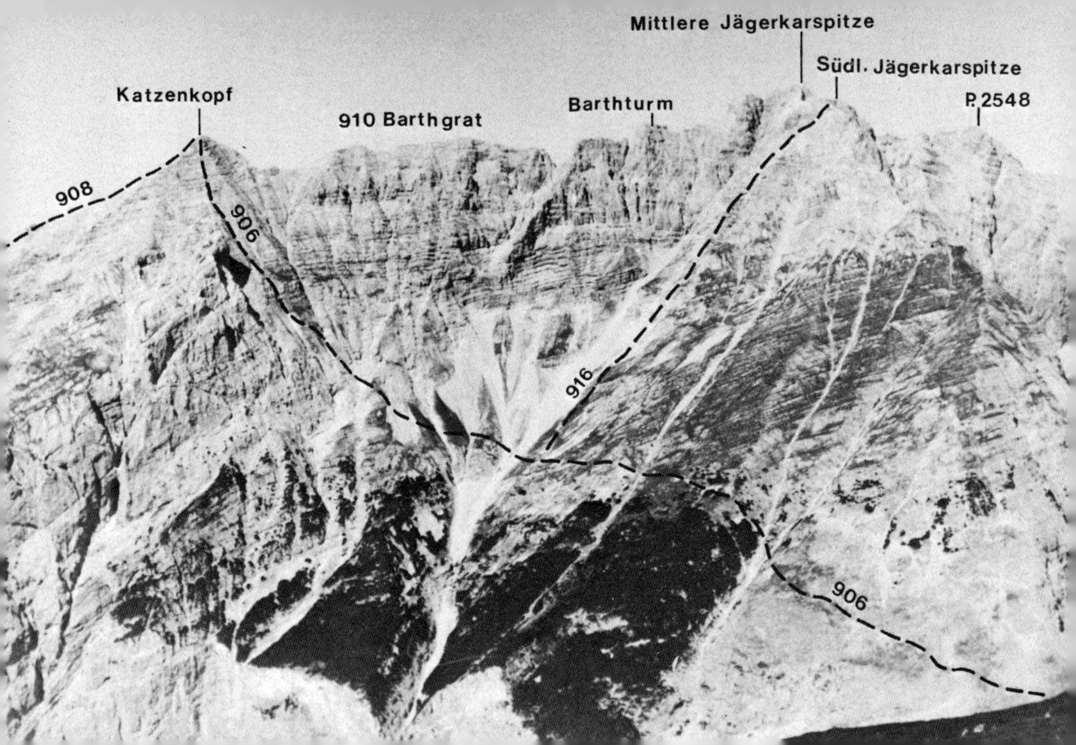
Mittlere Jägerkarspitze
Südl. Jägerkarspitze
Katzenkopf
Barthturm
P. 2548
910 Barthgrat
908
906
916
906

● 920 Mittlere Jägerkarspitze, 2604 m

Erste Ersteigung Enzensperg, Hörmann, Pfaundler, Trentinaglia, 1859. Höchster Gipfel des zum Hauptgrat quergestellten Jägerkar-Kammes; von ihm strahlt der Barthgrat, der die Katzenköpfe trägt, nach W aus (der erste Felskopf westl. heißt Barthturm); ein kurzes Gratstück nach N zur Nördl. Jägerkarspitze stellt die Verbindung mit der Hauptkette dar; nach O fällt der Gipfel mit 400 m hoher Wand ins Jägerkar ab. Sehr selten bestiegen.

● 921 Von der Möslalm durch das Rigelkar
I. 4 Std.

Wie in R 884 ins untere Rigelkar. Sodann nicht westw., sondern ostw. durch das Kar hinauf und in dessen innersten Winkel. Hier sieht man eine zweifach abgesetzte Rinne, die von der Scharte zwischen Mittl. und Nördl. Jägerkarspitze ins Rigelkar herabzieht. Durch diese Rinne auf die Scharte, wobei der untere Absatz rechts umgangen wird. Von hier in südl. Richtung unschwierig zur Mittl. Jägerkarspitze empor.

● 922 Durch das Kar „In den Flecken" und über den Südgipfel
Siehe R 916 und 918. Länger und schwieriger als R 921.

● 923 Über die Jägerkarscharte und den Nordgipfel
Siehe R 927 und 937. Länger und schwieriger als R 921.

● 924 Ostwand, Weg Öfner/Alber
J. Alber, J. Öfner, 1908. **V** (eine Stelle), sonst IV+. 3 Std. E, s. ä. A. und R 926.

● 925 Ostkante
K. Mayer, H. Ohnmacht, 1949. **V** (stellenweise), sonst IV+. 4 Std., s. ä. A.

● 926 Gerade Ostwand
G. Haber, O. Herzog, 1931. **IV.** 320 m Wandhöhe. 4 Std.

Übersicht: In der Fallinie des Jägerkarspitz-Mittelgipfels durchzieht die O-Abstürze ins Jägerkar eine mächtige, rechtwinklige Wandverschneidung. Sie bezeichnet die allgemeine Durchstiegsrichtung dieses Weges. Der alte Weg R 924 dagegen hält sich weiter rechts (nördl.) im Wandwinkel zwischen Mittelgipfel-O-Wand und N-Gipfel-S-Wand.
Zugang: Durchs Jägerkar zum E, der etwas links der Fallinie der Wandverschneidung liegt.
Führe: Bis hoch hinauf stets etwas links der Verschneidung über anfangs leichteres Geschröf, bald aber schwieriger werdende Platten.

Dort, wo ein senkrechter Wandgürtel durchzieht, geht die Verschneidung in einen schon von unten auffallenden langen Kamin über. Sein brüchiger, zum Teil sehr enger Spalt wird über mehrere Überhänge hinweg sehr schwierig erklettert. Nach 2 SL erweitert und teilt er sich. Man verfolgt den linken, rinnenartigen, nur sehr wenig ausgeprägten Ast und kommt alsbald wieder auf leichteres Gelände, das dann unmittelbar zum Gipfel führt.

● 927 **Übergang zur Nördlichen Jägerkarspitze**
II. ½ Std.

Nordw. hinab in die Scharte zwischen den beiden Gipfeln. Jenseits über teils sehr brüchige Steilstufen empor zur Nördl. Jägerkarspitze.

● 930 **Barthturm,** 2511 m

Erste Ersteigung H. v. Barth (s. R 905). Im Barthgrat westl. der Mittl. Jägerkarspitze aufragender Felsklotz. Selten beg. Siehe Abb. S. 247.

● 931 **Südostkante**
K. Mayer, R. Schiendl, 1947. **IV.** Kantenhöhe 250 m. 2 Std.

Zugang: Wie in R 906 in das Kar „In den Flecken" und zum Wandfuß.
Führe: Die Wand wird unten von mehreren Rinnen und Kaminen durchzogen; man wählt diejenige, welche in der Fallinie der ungefähr 150 m unter dem Gipfel platt abbrechenden Kante emporzieht. Über die Kaminstellen empor zu einem Schartl unter dem plattigen Abbruch, bei einem 3 m hohen schwarzen Riß. Nun immer gerade an der Kante empor bis zum Gipfel.

● 935 **Nördliche Jägerkarspitze,** 2596 m

Erste Ersteigung Hermann v. Barth, 1870. Schöner, breit gebauter Felsgipfel, der im Hauptgrat der Kette steht; von hier zweigt der Grat der Jägerkarspitzen südl. vom Kammverlauf ab; nach N fällt der Gipfel mit 700 m hoher Steilwand gegen den Hirschkopf und das Wetzsteinkarl ab. Großartige Tiefblicke. Selten begangen.

● 936 **Von der Möslalm durch das Rigelkar**
II (letzter Teil), sonst I. 4 Std.

Wie in R 925 in die Scharte zwischen Nord- und Mittelgipfel. Dann nordw. über brüchige Schrofen zum Gipfel.

● 937 **Ostgrat. Von der Jägerkarscharte über den Hinterödkopf**
III. Schöne Gratkletterei. Grathöhe von der Scharte 400 m. 2—3 Std.

Zugang: Wie in R 906 ins Jägerkar. Vom obersten Kar gegen die tiefste Einschartung der Jägerkarscharte empor. Vor Erreichen der Grathöhe quert man westw. über Grasflecken unter den ersten Gratzacken durch.
Führe: Man ersteigt den Grat erst östl. der ersten tiefen Scharte. Bis zum Hinterödkopf ist der Aufstieg unschwierig. Weiter über den immer schmäler werdenden Grat. Vor dem großen Turm (P. 2548) auf dem breiten Schotterband nach S und durch eine Rinne hinauf. Durch Kamine und über Bänder erreicht man die nächste Scharte; den folgenden Turm umgeht man auf einem breiten Band in der S-Seite. Nunmehr baut sich der N-Gipfel mit plattiger Steilwand auf, die über mehrere Absätze an der S-Seite erklettert wird. (D. Anhauer).

● 938 Nordwand
V (stellenweise), sonst IV. 4 Std. E.

Zugang: Von der Hinterödalm (R 291) durch einen Graben südwestl. empor und um die Hinterödkopf-N-Kante herum unter die N-Wand. E in Fallinie der O-Ecke des langgestreckten Schuttfeldes, das mitten in die Wand eingelagert ist.
Führe: Über ein nach rechts aufwärtsziehendes Band zu einem kurzen, glatten Kamin, durch den man unter einen gelben Überhang gelangt. Über diesen aufwärts (V), dann scharf rechts eine steile, brüchige Rinne querend, und ausgesetzt um eine Ecke herum. Von hier aufwärts zum Schuttfeld. Von der westl. (!) Ecke des Schuttfeldes über die flache Rinne hinüber und auf die östl. Begrenzungskante einer Schlucht, die vom Gipfel herunterzieht. Bei günstigen Schneeverhältnissen durch die Schlucht, sonst an ihrer östl. Begrenzung empor zum Gipfel. Durch die Schlußwand führten L. Gerold und L. Spiesberger 1928 einen geraden Durchstieg aus: Zuerst durch eine nach links emporziehende Rinne 2 SL aufwärts, dann Querung in die Gipfelfallinie und über Wandstellen gerade zum Gipfel.

● 939 Südostwand
G. Haber, O. Herzog, 1931. **V +**, 4 Std.

Übersicht: Vom O-Grat der Nördl. Jägerkarspitze zieht in südöstl. Richtung eine Schlucht herunter, die weiter unten senkrecht und überhängend abbricht. Diese Abbrüche, die Schlucht und die dieselbe links begrenzende, am Gipfel mündende Rippe bezeichnen den Aufstieg. E im obersten westl. Winkel des Jägerkars, wohin ein steiler Firnkegel führt.
Führe: Vor dem Ende des Firnkegels befindet sich eine breite Querkluft im Firn. Unterhalb derselben betritt man die Felsen und trachtet eine 30 m schräg rechts oberhalb befindliche Rinne zu erreichen. Oberhalb

ein versteckter, von unten nicht sichtbarer Kamin, durch den man einen Absatz erreicht. 8 m jenseits ein Schartl, von dem man gerade hochklettert zu einem Band. Auf diesem nach rechts bis zu einer Ecke. 4 m schräg aufwärts, dann über einen Überhang in eine Verschneidung. Sie wird 6 m verfolgt bis zu einem weiteren Überhang. Unter diesem Quergang nach rechts zu einer Kante. Sie führt nach kurzer Zeit zu einer Wandrinne. Rechts ist eine auffallende Schlucht, die unterhalb abbricht. Nach 20 m endet die Wandrippe. Links zieht eine große (eingangs erwähnte) Hauptschlucht herunter, die knapp unterhalb an senkrechten Abstürzen endet. Ein kurzes Stück rechts der Schlucht hoch, bis es möglich ist, sie ohne große Schwierigkeiten zu überschreiten. Weiter links der Schlucht, höher oben über eine deutlich ausgeprägte Rippe gerade zum Gipfel.

● 940 Weg der Jugend — Südwand des P. 2548 im Ostgrat der Nördlichen Jägerkarspitze

W. Lang, A. Wendt, 1977 (Bgst. 3/78, dort Abb.) **VI—/A0** (je 2 Stellen), sonst V und leichter. Schöne Freikletterei, fester Fels, gute Standplätze. SH und 16 ZH belassen. 3 mittl. Keile günstig. Wandhöhe 350 m, Kletterlänge 440 m, schwieriger Teil etwa 170 m. 4 Std. E. (Angaben d. Erstbegeher).

Übersicht: Dort, wo das Geröll am Fuß der Wand den tiefsten Punkt erreicht, befindet sich eine geräumige Nische. Etwa 40 m links davon ist eine schräge, längliche Einbuchtung. Der Einstieg ist etwas links von dieser. Der Anstieg erreicht nach 2 SL (eine kurze Abseilstelle) den 1. Pfeilerkopf oberhalb dieser Einbuchtung. In etwa 100 m Höhe ab Einstieg beginnt in der senkrechten Verlängerung des 1. Pfeilerkopfes der große Linksquergang. Dieser endet am Beginn einer Kaminreihe, welche links ansteigend in den markanten Kamin in Gipfelfallinie leitet. Siehe Abb. S. 253.
Zugang: Von der Möslalm (R 201) ins Samer Tal und wie in R 906 ins untere und weiter ins eigentliche Jägerkar.
Führe: Beschr. s. 11. Aufl. 1978, S. 218. Skizze S. 253. (W. Lang).

● 941 A Abstieg

½ Std.

Östl. hinab zum Geröllband. Dem Grat zur Jägerkarscharte folgend, dabei oft Grattürmen in die schrofige S-Flanke ausweichend zu einem Grasrücken. Dieser leitet noch vor der tiefsten Grateinsenkung westl. hinab ins Jägerkar, das man etwas unterhalb der S-Wände erreicht (W. Lang)

● 945 **Hinterödkopf,** 2450 m

Erste Ersteigung Otto Ampferer und Wilhelm Hammer, 1898. Markantes Felseck im Grat zwischen Nördl. Jägerkarspitze und Jägerkarscharte; fällt nach N mit 500 m hoher Kante zum Hinterödjöchl ab.

● 946 **Aus der Jägerkarscharte über den Ostgrat**

III. Beschreibung s. R 937.

● 947 **Südwand**

O. Herzog, L. Steinauer, 1930. **V—** (stellenweise), sonst IV. Wandhöhe ca. 200 m.

Übersicht: Die Wand wird in Gipfelfallinie von einem auffälligen System von Rissen und Verschneidungen durchzogen; diese reichen jedoch nicht bis zum Wandfuß, sondern endigen in einem überhängenden Abbruch. Links der Fallinie des Rißsystems zieht eine Rißreihe schräg rechts durch die Steilwand empor.

Führe: Zuerst durch eine gutgriffige Rinne aufwärts; über einen Überhang gerade empor, dann über eine kleingriffige Platte nach rechts auf eine Rippe. Hier setzt eine Verschneidung an, die sich in gelben Überhängen verliert; in den Grund der Verschneidung hinab, dann 15 m empor (V—) zu einem gelben Überhang. Quergang nach links zu gutem Stand; durch die Rinne gerade empor; weiter oben verengt sie sich zu einem schönen Stemmkamin (100 m über dem Kar). Nun über glatte Platten schräg rechts bis zu einem großen gelben Dach. Über dieses auf den nun weniger geneigten Plattenschuß und rechts haltend bis unter die Gipfelwand. Diese wird etwas links durch einen steilen Riß erklettert, dann über Platten zum Gipfel. (Beschr. K. Mayer, W. Kohla, 1948.)

● 948 **Nordostwand**

E. Clement, F. Schösser, G. Seidl, 1908. **IV—,** Wandhöhe 500 m, 4—5 Std. E., s. ä. A.

● 949 **Nordkante**

O. Herzog, G. Haber, 1928. (22 Jb. Bayerland.)

● 950 **Jägerkarlspitze,** 2470 m

Erste Besteigung nicht bekannt. Allseits mit steilen Wänden abfallender Felskopf zwischen Jägerkarscharte und Praxmarerkarspitzen, von

P. 2548 im Ostgrat der Nördlichen Jägerkarspitze mit dem „Weg der Jugend" (R 940).

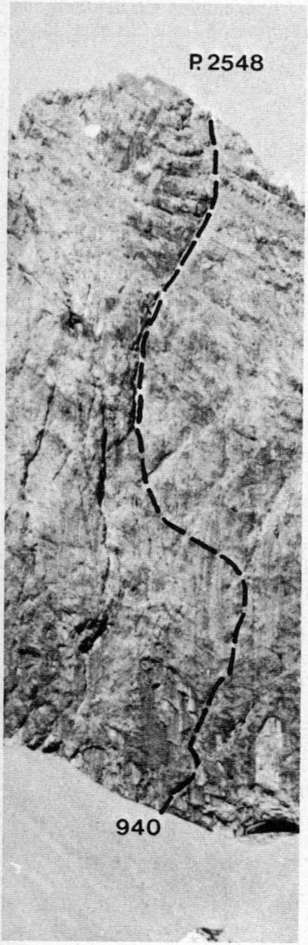

P. 2548
940

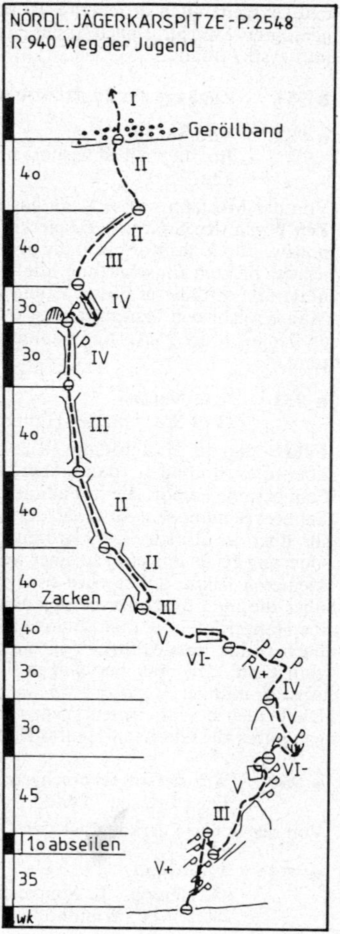

NÖRDL. JÄGERKARSPITZE - P. 2548
R 940 Weg der Jugend
I
Geröllband
II
4o
II
4o
III
IV
3o
3o
IV
III
4o
II
4o
II
4o
Zacken
III
4o
V
VI-
3o
V+
IV
V
3o
VI-
V
45
III
1o abseilen
V+
35
wk

den letztgenannten bedeutend überragt. Entsendet einen deutlich ausgeprägten Zweiggrat nach S, der Jägerkar (westl.) und das enge Jägerkarl (östl.) trennt.

● 951 Zugänge zur Jägerkarscharte

● 952 Von Süden

Im oberen Teil weglos, unschwierig, 3½ Std. von der Möslalm.

Von der Möslalm wie in R 906 ins untere Jägerkar. Nun zuerst einige Zeit gegen den S-Grat der Jägerkarlspitze (rechterhand) empor, dann nordw. durch das Kar bis in die oberste Mulde. Von hier steigt man unter der tiefsten Einschartung, die nicht berührt wird (kein Übergang), unter drei östl. dieser Einschartung stehenden Grattürmen ostw. durch. Man erreicht den Hauptgrat erst östl. der Türme, an derselben Stelle, an der auch der N-Anstieg mündet; 200 m östl. der tiefsten Einschartung.

● 953 Von Norden

II. 3 Std. von der Hinterödalm.

Führe: Von der Hinterödalm (R 291 aus dem Hinterautal) zuerst südw. über die Almböden, dann über die Schutthalden gegen die große Schneerinne empor, die in Fallinie der Scharte herabzieht. Je nach den Schneeverhältnissen entweder durch die Rinne selbst, oder rechts von ihr über schuttbedeckte Schrofen und Bänder aufwärts. Höher oben Querung gegen links (O) zu einer westl. der Hauptrinne herabziehenden kleineren Rinne. Diese wird östl. von einer niederen Rippe begrenzt, über die man unschwer emporsteigen kann. Schließlich nach links in die Hauptrinne, der man solange folgt (etwa 40 m), bis ein Schuttband nach rechts hinaufführt. Von diesem über brüchige Schrofen empor zum Grat, den man bei einigen Türmchen erreicht, wo auch der S-Anstieg mündet.
Die beiden beschriebenen Wege stellen zusammen den einzigen Übergang über die Gleiersch-Halltal-Kette westl. des Lafatscher Joches dar.

● 954 Aus der Jägerkarscharte über den Westgrat

Unschwierig, ½ Std.

Von der Scharte gerade über den Grat zum Gipfel.

● 955 Westwand

O. Herzog, L. Steinauer, 1930 (Jb. Bayerland 1922, S. 44 ff.). **IV**, Wandhöhe 300 m, 3 Std. Siehe Abb. S. 257.

Führe: Von der obersten Karmulde des Jägerkares (hierher wie in R 952) über Schutthänge hinauf gegen eine brüchige, ausgeprägte Rinne. Dieser folgt man bis zu einer Höhle; aus dieser nach links über eine Platte hinweg zu einem Geröllfleck. Von hier ab in festem Gestein durch Risse und Kamine zum Gipfel.

● 956 Südwand

O. Herzog, G. Haber, 1931. Ohne Bericht.

● 957 Südgrat

H. Moschitz, G. Pfeifer, 1919 (ÖAZ 1923). **IV—** (einige Stellen). Grathöhe 550 m. Gelegentlich begangen. 3 Std. E.

Übersicht: Der untere Gratteil ist in seiner ganzen Länge durch eine plattige Rinne gespalten. Siehe Abb. S. 257.
Zugang: Wie in R 906 ins untere Jägerkar und empor an den Fuß des S-Grates. Durch die Rinne auf die Grathöhe.
Führe: Gerade über den Grat weiter bis zu einem gelben Überhang unter dem Gipfel. Über den steilen Grat auf ein kleines Vorköpfl, das von der Gipfelwand durch eine Scharte getrennt ist. Man steigt 2 m zum Wandfuß ab und quert nach rechts aufwärts. Sodann über eine 4 m hohe Plattenwand auf einen angelehnten Pfeiler. Vom Kopf 2 m über die Platte empor in einen Riß; dieser leitet zum Gipfelgrat empor.

● 958 Südostwand

O. Herzog, G. Haber, 1931. **IV**, Wandhöhe etwa 300 m, 3 Std., s. ä. A.

Auch etwas weiter rechts, durch die O-Wand, fand Otto Herzog einen Durchstieg. (Otto Herzog u. Gef., 1930.)

● 959 Von Osten aus dem Jägerkarl

II. 5 Std. von der Möslalm.

Wie in R 906 in das untere Jägerkar und an den Fuß des S-Grates. Hier zweigt ein Jagdsteig rechts ab und führt ostw. um ein Felseck herum zum Ausgang des Jägerkarls. Nordw. hinein in das allseits von Wänden umschlossene Jägerkarl. Zwischen der Jägerkarlspitze und dem westl. Vorgipfel der Westl. Praxmarerkarspitze zieht eine enge Schlucht von knapp unterhalb des Grates bis ins Kar hinab. Durch diese Schlucht empor bis in eine Schuttzone, die sich quer durch den ganzen S-Hang zieht; sodann über die Schrofen der SO-Flanke zum Gipfel.

● 960 Übergang zur Nördlichen Jägerkarspitze

III (stellenweise). 3 Std.

Unschwierig in die S-Seite hinunter, zuerst rechts der auffallenden Schlucht, die man bald überquert und bis auf den Wiesenfleck links davon; weiter am Grat zur Übergangsstelle (Jägerkarscharte); dann im S-Hang unter den Gratzacken durch und weiter wie in R 937. (D. Anhauer).

● 965 Westliche Praxmarerkarspitze, 2642 m

Zentraler Gipfel der Gleierschkette; hier erreicht diese ihre größte Steilheit und Geschlossenheit. Vom Hauptgipfel zieht ein ausgeprägter Grat nach S, der das weite Praxmarerkar (östl.) vom steilen Gamskarl trennt; zwischen diesem und dem Jägerkarl streicht vom westl. Vorgipfel (P. 2618) ein weiterer Grat nach SW. Die N-Anstiege sind als schwierige, gefährliche Klettereien mehr berüchtigt als berühmt und werden sehr selten begangen.

● 966 Südwestgrat

J. Gruber, H. Netsch, 1919. **III** (stellenweise). Von der Möslalm 5½ Std.

Übersicht: s. Abb. S. 257.
Führe: Wie in R 959 in das untere Jägerkarl. Die westl. Rippe des SW-Grates fällt mit einer Steilstufe gegen das Jägerkarl ab; man muß daher den Kamm unterhalb dieser erreichen. (Ein ausgesetzter, aber durchgehender Gamswechsel [II], der höher oben auf den Kamm hinaus leitet, ist schwer zu finden.) Auf der westl. Rippe des SW-Grates durch die obersten Latschenbestände, später über steile, grasdurchsetzte Schrofenhänge auf den ausgeprägten Kopf P. 2302, wo die zwei Rippen sich zu einem schmalen Grat vereinigen. Über ihn empor zu einem großen Aufschwung, der gerade erklettert wird; man gelangt auf ein frei aufragendes Gratstück. Abstieg in die breite Einschartung über die O-Flanke. Den folgenden Aufschwung empor; hier stößt der Grat an das Bergmassiv. Über Schrofen auf den westl. Vorgipfel, weiter ostw. über den Grat (oder etwas südl. davon) auf den Hauptgipfel.

Die mittlere Gleiersch-Halltal-Kette von Westen: Jägerkarlspitze mit Westwandführe (R 955) und Südgrat (R 957), Westliche Praxmarerkarspitze mit Südwestgrat (R 966) und Südgrat (R 968), Kaskarspitze mit Südgrat (R 988), Sonntagkarspitze mit Südgrat (R 997) und Hintere Bachofenspitze.

Jägerkarlspitze
Westliche Praxmarerkarspitze
Kaskarspitze
Sonntagkarspitze
Hintere Bachofenspitze
955
957
966
968
988
997

● 967 A **Abstieg durch das Gamskarl**

II. 2½ Std. ins Samer Tal. Vor allem bei Firnlage sehr rascher Abstiegsweg.

Wie in R 970 auf den westl. Vorgipfel. Über den schrofendurchsetzten Steilhang gegen SW hinab und stets links haltend um ein Felseck. Nun südostw. hinunter in die flache Gratsenke, mit der der SW-Grat (R 966) ans Bergmassiv stößt. Wenige Schritte über den Grat abwärts, dann nordostw. in die kurze Steilstufe hineinqueren, zuletzt gerade hinunter ins Gamskarl. In ihm hinab, bis man gegen rechts auf den Rücken ansteigen kann. Nun wie R 968 (umgekehrte Richtung) durch das Jägerkarl ins Jägerkar und ins Samer Tal. (H.K., 1950)

● 968 **Südgrat**

II (stellenweise). Z.T. schwer zu finden. 5—6 Std. von der Möslalm. Siehe Abb. S. 257.

Wie in R 966 auf die westl. Rippe des SW-Grates. Auf deutlichen Gamswechseln quert man den breiten Rücken des SW-Grates ostw. und steigt dann etwas ins Gamskarl ab. Ostw. über dieses hinweg und über einen teilweise begrünten Hang auf den von der Westl. Praxmarerkarspitze herabziehenden Grat. Stets auf seiner Höhe bis zu einem Steilabbruch, den man westl. umgeht, dann wieder fast stets genau am Grat zum Gipfel.

● 969 **Von der Pfeis über die Östliche Praxmarerkarspitze**

II. 4—5 Std.

Wie in R 976 auf den O-Gipfel. Übergang zum W-Gipfel wie in R 977.

● 970 **Übergang zur Jägerkarlspitze**

III (stellenweise). 1½ Std.

Von der Westl. Praxmarerkarspitze westw. über den Grat, mit unbedeutenden Ausweichungen in die S-Flanke, auf den westl. Vorgipfel. Über den Schrofenhang etwas südl. des Grates hinab, später gerade über den gezackten Grat und durch ein kurzes Stemmkaminl zu einer Scharte; südl. ein auffallendes Felstor. Jenseits über gelbbrüchiges Gestein hinauf auf eine turmartige Graterhebung. Nun etwas südl. des zerrissenen Grates in eine Scharte vor der Jägerkarlspitze. Aus dieser meist gerade über den Grat aufwärts zum Gipfel.

● 971 **Nordwand, Alter Weg**

P. Diem, H. Schneider, K. Schüle, H. Theato, 1921 (Alpenfreund, Sept. 1922, S. 142.). **V—** (stellenweise). Früher gelegentlich, jetzt kaum noch beg. Wandhöhe 700 m. 6 Std.

Übersicht: s. Abb. S. 261.
Führe: Wie in R 973 zur großen Wandterrasse über dem Einstiegspfeiler. Von dem schon von unten sichtbaren Schuttfeld, an dessen oberes rechtes Ende man geht, durch einen 40 m hohen Kamin zu einem Köpfl. 10 m Quergang nach rechts, dann in weniger steilem Gelände gerade aufwärts zu einem weiteren Schuttfeld unter der gelben Schlußwand des westl. Vorgipfels. Auf einem großen Band nach links gegen die Schlucht, die zwischen O- und W-Gipfel herabzieht. Neben der Schlucht steil zum W-Gipfel.

● 971a Variante

Von der zweiten Terrasse kann man auch gegen rechts auf den Grat unterhalb des westl. Vorgipfels aussteigen. Siehe hierzu auch dieAbb. S. 261.

● 972 Nordwand, Braun/Niederegger-Führe
T. Braun, H. Niederegger, 1952. **V+**.

Übersicht: s. Abb. S. 261.
Führe: Von der in R 973 genannten großen Höhle 40 m nach rechts in einen äußerst brüchigen und anstrengenden Riß, der in einen Kamin mündet. Diesen 40 m empor. Die Schüle/Diem-Führe hält sich von hier nach rechts, während diese Variante gerade über steile Risse und Wandstellen (150 m) emporführt und in die Schlucht mündet, wo sie die Schüle/Diem-Führe kreuzt. Weiter unmittelbar an der Kante der gelben, senkrechten Wandflucht des Vorgipfels über ausgesetzten brüchigen Fels hinauf.

● 973 Gerade Nordwand
M. Auckenthaler, H. Frenademetz, 1931 (ÖAZ 1931, S. 254). **VI—** (stellenweise), V+. Wandhöhe 700 m. Selten wiederholt. 6—8 Std.

Übersicht: s. Abb. S. 261.
Führe: Etwas rechts der Fallinie des W-Gipfels in der Wand ein auffallender 60 m hoher Pfeiler vorgelagert, der den E vermittelt. Zuerst östl. empor, die Pfeilerkante rechts überquerend, durch einen Riß auf den Pfeilerkopf. Über eine brüchige Wandstelle schräg rechts ansteigend und über einen Überhang gerade hinauf (H). Sodann durch einen Riß auf ein rechts aufwärts leitendes Band (H). Dieses 15 m verfolgend, hierauf gerade empor; es folgt eine Querung nach links in eine Verschneidung. Über eine Platte schräg hinauf in einen Riß, der links aufwärts auf ein Köpfl leitet. In brüchigem Fels waagrecht nach links, Abbruchstelle (H). Nun schräg links abwärts und über eine Rampe zu ei-

nem Stand. Über einen Überhang gerade hinauf auf ein Band, dieses nach links verfolgend und schließlich gerade empor auf eine Terrasse. Nun nicht nach rechts hinaus, sondern schwach links ansteigend zu einer großen, von rotgelben, morschen Überhängen überdachten Höhle; hier gerade aufwärts auf ein Band. Auf sehr brüchiger Rippe 20 m hoch, unter einem Überhang nach links zu einem schlechten Stand. Weiter gerade empor über eine Platte zu einem großen Überhang (H), der unmittelbar überklettert wird, dann um eine Rippe rechts herum zu einem Riß. Von hier über den abschließenden Überhang auf ein Köpfl. An einer Platte links vorbei, dann in brüchigem Fels aufwärts in eine Steilrinne. In dieser empor und über einen Überhang zu gutem Stand. Nun über Wandstellen und durch Kamine immer schwach links ansteigend in steinschlaggefährdetem Gelände zu der großen Wandeinsenkung in der Fallinie der Einschartung zwischen O- und W-Gipfel. Die vom W-Gipfel herabziehende Schlucht wird bis knapp unter dem Gipfel verfolgt; sodann beliebig zum Gipfel weiter.

● 975 Östliche Praxmarerkarspitze, 2636 m

Ausgeprägte Felsgestalt, vom W-Gipfel durch eine Scharte getrennt, von der eine Schlucht nach SO zieht, sowie die in R 973 erwähnte nach N. Im östl. Teil der N-Wand verunglückten am 6.10.1901 O. Melzer und E. Spötl beim Versuch einer Erstbegehung; dieser Wandteil wird „Melzerwand“ genannt (R 980). Die N-Wand-Führe von Auckenthaler und Schmidhuber ist eine der gefürchtetsten Karwendeltouren (vgl. H. Buhl, 8000 drüber und drunter, „Der sterbende Berg“).

● 976 Von der Pfeis durch das Praxmarerkar
II. 4 Std.

Von der Pfeishütte 100 m ostw. in den Graben, dann auf dem Fahrsträßchen nach Scharnitz ungefähr 10 Min. talaus bis dorthin, wo vom Sonntagkar ein (meist trockenes) Bachbett herunterzieht. Hier wendet sich das Sträßchen gegen W. Es steigt ein paar Meter an zu einer Kuppe. Hier zweigt rechts ein nicht sehr deutlich ausgeprägtes Steiglein ab (bez.). Auf diesem Steig im Zickzack über Schutthalden und durch Latschenhänge empor gegen den S-Grat der Sonntagkarspitze (an einer Stelle Drahtseilsicherung). Dort, wo der Steig die Grathöhe erreicht (die Stelle, wo man zum ersten Mal hinuntersieht in das weite Kaskar),

Die Westliche Praxmarerkarspitze mit Alter Nordwandführe (R 971 und R 971 a), Braun/Niederegger-Führe (R 972), Gerader Nordwand (R 973). Links die Auckenthaler/Schmidhuber-Führe (R 979) durch die Nordwand der Östlichen Praxmarerkarspitze.

972
971
971a
972
973
979

ist eine Wegverzweigung. Rechts führen Steigspuren fast eben hinein ins Kaskar, der Weg zum Praxmarerkar führt ziemlich steil etwa 60 Höhenmeter hinunter in die weite Karmulde. Man durchquert diese in südwestl. Richtung. Auf einem Steig in Höhe der Latschengrenze geht man westw. um den untersten begrünten Teil des S-Grates der Kaskarspitze herum ins Praxmarerkar. Auf der ganzen Wegstrecke, sowie aus dem Kar ist ein Absteigen nach S ins Samer Tal nicht durchführbar; wichtig für den Abstieg. Nun über die weite Karmulde nordw.; aus dem obersten Kar führt ein breites, auffallendes Schuttband von O nach W durch den vom Grat abfallenden Schrofenhang empor; man erreicht den Grat westl. der Praxmarerkarköpfe. Über Schutt und Schrofen auf den Gipfel.
Aus dem unteren Praxmarerkar kann man auch gegen den S-Grat ansteigen; über diesen wie in R 968 auf den W-Gipfel.

● 977 Übergang zum Westgipfel
II. 20 Min.—½ Std.

Zuerst über den Grat westw. hinab; vor der Scharte über die schuttbedeckten Platten des SW-Hanges solange abwärts, bis man unschwierig nach W in die Scharte queren kann. Jenseits über den Grat oder die schuttbedeckten Schrofen der linken Flanke auf den W-Gipfel.

● 978 Südostschlucht
E. Franzelin, C. Grissemann, 1897. **IV+** (eine Stelle), sonst IV. 2 Std. E, s. ä. A.

● 979 Nordwand
M. Auckenthaler, H. Schmidhuber, 1935. Beschr. K. Rainer, 1942 (2. Beg.). **VI** und VI— (mehrere Passagen). Außerordentlich brüchig und steinschlaggefährdet. Wandhöhe 550 m. Äußerst selten begangen, zuletzt 1965 durch K. Schoißwohl und F. Sint (6. Beg.). 8—10 Std.

Übersicht: Am Fuß der Wand ist ein etwa 200 m hoher pfeilerartiger Vorbau erkennbar, der beiderseits von steilem wasserüberronnenem Fels begrenzt wird. Der Aufstieg vollzieht sich über die rechte Pfeilerseite, vom Pfeilerkopf weiter über die darüberliegende gelbe, geschlossene Wand. E an der rechten Seite des Pfeilers. Siehe Abb. S. 261.
Führe: Von rechts nach links in glattem Fels empor, der nach unten geschichtet ist. Vom Pfeilerkopf etwas rechts absteigend zur gelben Hauptwand. Schräg links über eine kurze Wandstelle in einen seichten Riß (VI—) und zu einer schmalen Leiste (H, schlechter Standplatz). Über eine Wandstelle in splitterigem Fels von links nach rechts empor

(H), eine kurze Schleife um einen Wulst herum, dann in schwarzem gutgriffigen Fels empor zu einem schmalen Band; Standplatz. Ein glatter, überhängender Felsgürtel macht ein gerades Emporklettern unmöglich; man folgt dem schmalen Band teilweise kriechend ungefähr 60 m nach rechts, bis sich ein seichter kletterbarer Riß auftut, über dem eine schwarze, teilweise wasserüberronnene Verschneidung ansetzt. Durch diesen Riß unter einen Überhang (H) und unter diesem kurzer Quergang nach links (VI—) zu kleinem Standplatz. Über die folgende Wandstelle gerade hinauf (VI—), dann auf einer Leiste nach rechts unter die erwähnte überhängende Verschneidung (VI, nasser Fels). Durch diese in freier Kletterei empor und weiter auf das erste breite Schuttband. Über Stufen und Geröll schräg rechts aufwärts zum zweiten Band. Unter der rötlich gelben Gipfelwand steigt man soweit nach rechts, bis eine gut gestufte, von Absätzen unterbrochene Rippe (V—), in der sich Kamine und Risse auftun, zum Gipfel emporführt.

● 980 **Nordwand, „Melzerwand“**
IV. Früher öfter, jetzt kaum begangen. Wandhöhe 400 m. 4 Std. E.

Übersicht: Der Durchstieg vollzieht sich nicht durch die eigentliche N-Wand des O-Gipfels, sondern durch die von dem fast ebenen Gratstück zwischen den Praxmarerkarköpfen, P. 2503 und der Östl. Praxmarerkarspitze gegen N abstürzende Wand. Siehe Abb. S. 265.
Zugang: E etwa 200 m östl. des Punktes (P. 2104), wo der Zaigergrat (P. 2029) an die Wand stößt. Hierher vom Lafatsch-Hochleger oder von der Hinterödalm.
Führe: Über einen Überhang empor, dann schräg rechts über eine 6 m hohe plattige Wandstufe. Nunmehr stets schräg rechts auf schuttbedeckten Bändern aufwärts zu den großen Schuttfleck, der etwa 150 m über dem Wandfuß eingelagert ist. Vom westl. Eck des Schuttfeldes durch einen unten überhängenden Riß (Klemmblock) empor. Der weitere Anstieg vollzieht sich in einer senkrecht vom Ansatz des Zaigergrates (P. 2104) emporziehenden Linie. Über brüchige Wandstellen und Kamine gelangt man zu einem weiten, glattgewaschenen Kamin, der in einer Nische unter einem Überhang endet. Rechts davon über die ausgesetzte Wand empor, bis sie sich zurücklegt. Über leichteres Gelände erreicht man den Grat zwischen den Praxmarerköpfen und der Östl. Praxmarerkarspitze.

● 985 **Kaskarspitze,** 2580 m

Erste Ersteigung Hermann v. Barth, 1870. Aus dem Kammverlauf mit kühner Spitze aufragender Berg, der gegen N mit über 600 m hoher

Wand auf die Grubachreisen abfällt, während er nach S einen Grat entsendet, der Praxmarerkar (westl.) und Kaskar (östl.) trennt. Gipfelbuch; Totengedenkbuch des alpinen Klubs „Karwendler".

● 986 Von der Pfeis durch das Kaskar
II. Steigspuren, bez., 3 Std.

Wie in R 976 von der Pfeishütte bis zum Eingang in das Kaskar. Nun aber nicht der Markierung nach absteigend, sondern den Steigspuren an der O-Seite folgend bis in die NO-Ecke des Kares. Von hier erreicht man über Bänder und Schotterterrassen die Scharte im Hauptgrat unterhalb (östl.) des Gipfels. Über Blockwerk gerade auf den Gipfel.

● 986 A Abstieg
II, 2—2½ Std.

Beim Abstieg ist darauf zu achten, daß man den Steig am Ausgang des Kaskars, der links emporführt, nicht verfehlt; das Kar bricht mit ungangbaren Wänden ins Samer Tal ab.

● 988 Südgrat
O. Ampferer, W. Hammer, 1895, **IV** (eine Stelle), sonst III. Grathöhe etwa 600 m. 2½ Std. (mit Seil).

Übersicht: s. Abb. S. 257.
Zugang: Wie in R 976 in das Kaskar und über das Kar westw. an den begrünten, vom S-Grat herabziehenden Kamm. Auf Steigspuren (bez.) über den Rücken empor bis an den ersten Steilaufschwung.
Führe: Über den ersten Aufschwung an der W-Seite 5 m gerade empor, dann gegen rechts an die Kante hinaus, und rechts von ihr auf den ersten Absatz. Der zweite, kleinere Aufschwung wird mittels Steigbaum oder frei (IV), der dritte durch einen Riß links, die folgenden gerade überwunden, ebenso die Felsköpfe vor dem Gipfel. Nur ein vom Gratverlauf westl. abgerückter, gelbbrüchiger Turm wird in einer Einschartung links liegengelassen. In der Einschartung wenige Meter unter dem Gipfel Gedenktafel für P. Fankhauser und H. Buhl. (H.K.)

● 989 Nordwand
E. Clement, J. Öfner, F. Schösser, 1909. Auf anderem Weg W. Benheser, H. Delago, O.P. Maier, 1911. **IV.** Ungemein brüchig. Wandhöhe 600 m. Kaum begangen. 4—5 Std.

Kaskarspitze, Praxmarerkarköpfe und Östliche Praxmarerkarspitze mit der Melzerwand (R 980).

Kaskarspitze
Praxmarerkarköpfe
Östl. Praxmarerkarspitze
980

Zugang: Vom Lafatsch-Hochleger (R 291) südw. empor auf Steigspuren unter die Wandabstürze (hier Sonntagkarspitze-N-Wand). Man quert unter den Wänden nach W, bis man ungefähr in Fallinie der Kaskarspitze (etwas westl.) auf eine in den Schutt vorgebaute Rampe trifft, die den E vermittelt.
Führe: In der linken oberen Ecke der von der Rampe gebildeten Einbuchtung über ein gelbbrüchiges Band 1 SL nach links empor auf die Rampe. Einige Meter gerade aufwärts, dann auf einem schrägen Plattenband nach rechts und westw. um eine Ecke zu einem Kamin, der nach 15 m auf eine Schartl leitet. Über plattige Felsen gerade empor, dann über ein steiles Plattenband unter einem Wasserfall nach links aufwärts. Vom Ende dieses einen Bandes auf einem weiteren Plattenband über dem Wasserfall nach rechts. Nun weniger steil links der großen Rinne über leichte Schrofen bis unter gelbe Wände. Nun rechts über die Rinne hinüber, und gerade empor über schotterige Schrofen, zuletzt durch einen Kamin auf den Hauptgrat westl. des Gipfels, den man bei der Scharte erreicht. Über den Grat westw. und durch den langen, brüchigen Kamin etwas südl. der Grathöhe oder in den Felsen seiner Begrenzung zum Gipfel.

● 990 **Übergang zur Praxmarerkarspitze**
L. Gerold, F. Stolz, 1898. **III**+ (am ersten Steilabbruch von der Kaskarspitze), sonst III. Ausgesetzt. 1½—2 Std.

Führe: Vom Gipfel gerade über den Grat westw. hinab. Ein langer, ungemein brüchiger Kamin durchzieht den Steilabbruch wenige Meter südl. des Grates. Nun entweder über die Schrofen zwischen Grat und Kamin, oder durch den brüchigen Schluf, oder südw. über den Kamin hinweg und durch die SW-Seite seiner südl. Begrenzungsrippe über Felsvorsprünge ausgesetzt hinab und wieder auf den Grat unterhalb des Abbruchs. Der nächste Felsstock wird durch ein kurzes, steiles Kaminl an der S-Seite (gegen W gerichtet) überwunden. Nun fast eben zu den *Praxmarerköpfen* (2503 und 2508 m), wo einmal aus einem Schartl eine kurze Wandstelle erklettert werden muß, und man sodann kurz auf die N-Seite übertritt. Weiter über den Grat auf den O-Gipfel.

● 995 **Sonntagkarspitze,** 2575 m

Breite Felspyramide, die steil über dem Lafatsch-Hochleger aufragt; nach S entsendet sie einen Grat, der Kaskar (westl.) und Sonntagkar (östl.) scheidet. Schöne Rundsicht.

● 996 **Von der Pfeis durch das Sonntagkar**
Unschwierig, weglos, 2—3 Std.

Von der Hütte ostw. in den Graben, dann auf dem Weg nach Scharnitz etwa 400 m talauswärts; rechts auf einem Schafsteig (nicht verwechseln mit dem etwas tiefer gegen links ins Kaskar hinaufführenden Steig), in nordöstl. Richtung empor und über die teilweise bewachsenen Hänge in die hinterste Karmulde. Von hier über ein breites Schuttband links aufwärts zum Hauptgrat und über diesen westw. zum Gipfel.

● 997 Südgrat
Unschwierig, 2½ Std. Vgl. Abb. S. 257.

Wie in R 996 in das untere Sonntagkar und links empor auf den S-Grat. Über die Schrofen des Grates nordw. zum Gipfel, wobei man die kleinen Felsstufen gerade überklettern kann (II), oder sie unschwierig links (westl.) umgeht.

● 998 Nordwand
J. Hechenbleikner, 1904. **V** (stellenweise), IV+. Kaum begangen. Wandhöhe 700 m. 5—6 Std. E.

Zugang: Vom Lafatsch-Hochleger (R 291) südw. auf Steigspuren an den Fuß der Wand. E in Gipfelfallinie, wo durch die ganze Wand eine etwas geneigte Zone gegen rechts steil emporführt.
Führe: Zuerst über die plattige, teils grasdurchsetzte Steilwand gerade empor, dann über schuttbedeckten Fels im Zickzack. Nun stets in einer schwach ausgeprägten Rinne empor, zuletzt über Schrofen gerade zum Gipfel.

● 999 Übergang zur Kaskarspitze
III. 1 Std.

Führe: Meist genau über den Grat abwärts, wobei kleine Abbrüche durch Kamine knapp neben dem Grat umgangen werden; über Schuttbänder kehrt man stets gleich zum Grat zurück. Von der tiefsten Einsenkung stets über den O-Grat auf die Kaskarspitze.

● 1000 **Hintere Bachofenspitze,** 2668 m

Breite, auf wenig steilen Graten aufgebaute Erhebung, die mit mächtiger N-Wand zum Kl. Gschnierkopf abfällt, und nach S einen großen Zweiggrat entsendet, der Bachofenkar (östl.) und Sonntagkar (westl.) scheidet und den Roßkopf sowie die beiden Stempeljochspitzen trägt, und sich beim Stempeljoch mit der Inntalkette berührt. Gipfelbuch.

● 1001 Aus dem Bachofenkar
I. Vom Wilde-Bande-Steig 3—3½ Std.

Wie in R 1036 in das Bachofenkar und durch das große Schuttfeld rechts haltend aufwärts. Zwischen Hinterer und Vorderer Bachofenspitze zieht eine Schlucht bis ins Kar. Durch diese steigt man zum Hauptgrat und über ihn westw. zum Gipfel.

● **1002** **Von der Pfeis aus dem Sonntagkar**
I. 3 Std. von der Pfeis.

Wie in R 996 von der Pfeishütte in das Sonntagkar. Man steigt in die hinterste, nordöstl. Karmulde empor, aus der man über plattige Schrofen den Verbindungsgrat zwischen Hinterer Bachofenspitze und Roßkopf nahe der tiefsten Einschartung erreicht. Nun nordw. über den meist schuttbedeckten Gratrücken auf den Gipfel.

● **1003** **Nordwand**
J. Hechenbleikner, 1902. **V—** (stellenweise). Kaum begangen. Wandhöhe 750 m. 5—6 Std. E.

Zugang: Vom Lafatsch-Hochleger (R 291) südw. empor an den Fuß der Wände und gegen links empor in den kleinen Sattel, den der Kl. Gschnierkopf, P. 1898, mit der N-Wand bildet.
Führe: Über einen anfangs begrünten Grat empor, bis dieser mit einem plattigen Überhang endet. Unter diesem Überhang quert man durch und gelangt über Platten zu einem Riß; durch diesen empor auf gestuften Fels. Gerade empor zu einer in gelbbrüchigem Fels eingelagerten Steilrinne. Aus dieser nach links gerade zum Gipfel.

● **1004** **Übergang zur Sonntagkarspitze**
O. Ampferer, 1890. **III.** 1½ Sd.

Führe: Der anfangs schmalen Schneide weicht man in der S-Seite aus; über kleine Wandstufen abwärts, dann auf breiten Bändern wiederum auf den Grat. Nun über mehrere Stufen gerade abwärts in eine Scharte und über Schutt und Schrofen auf den Gipfel der Sonntagkarspitze.

● **1010** **Roßkopf,** 2668 m

Steile Felszinne im Hintergrund des Halltales, die sich im Zweigkamm zwischen Hinterer Bachofenspitze und den Stempeljochspitzen erhebt. Der Roßkopf gehört zu den schönsten Gipfelgestalten des Karwendels; seine N-Wand fällt steil ins Bachofenkar ab; der Verbindungsgrat zum Hauptkamm ist schmal und zerschartet. Gipfelbuch. Zur Übersicht s. Abb. S. 269.

Kleiner Solstein, Stempeljochspitzen, Roßkopf und Hintere Bachofenspitze von Osten.

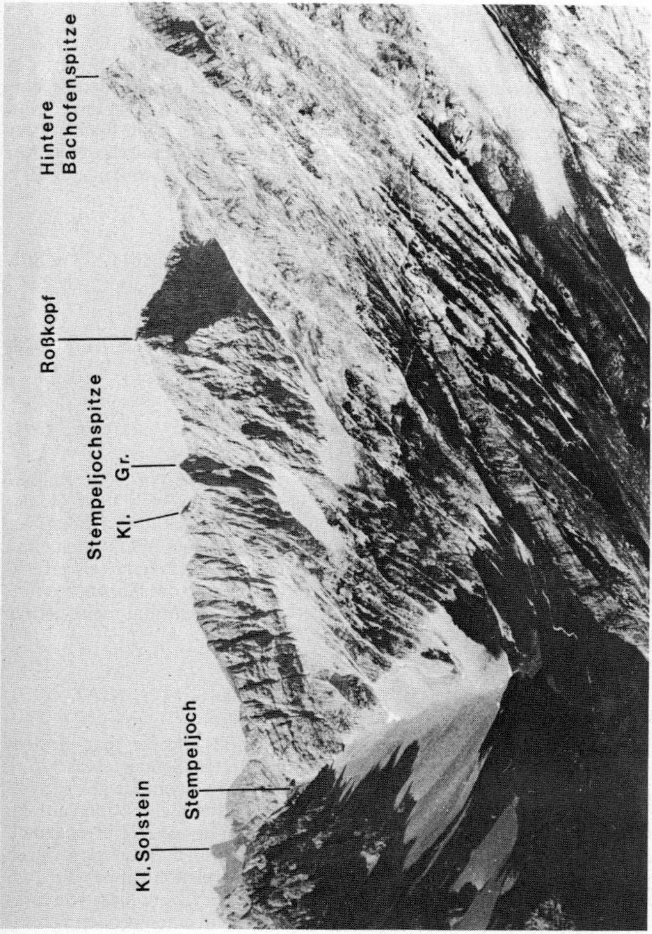
Hintere Bachofenspitze
Roßkopf
Stempeljochspitze
Gr.
Kl.
Stempeljoch
Kl. Solstein

● 1011 Von der Pfeis durch das Sonntagkar

II. Leichtester Anstieg. 3—4 Std. von der Pfeis.

Wie in R 996 von der Pfeishütte in das mittlere Sonntagkar. Von hier in nordöstl. Richtung aufwärts gegen die Wandstufe, mit der der Verbindungsgrat Roßkopf — Hintere Bachofenspitze ins Kar absetzt. Nun über Schrofen gegen den NW-Grat des Roßkopfes, dem man bis zur Scharte vor dem Grat gerade folgt. Die Scharte wird durch tiefen Abstieg westl. in einer Kluft umgangen (gerader Abstieg und Aufstieg III); sodann über Schrofen zum Gipfel.

● 1012 Von der Pfeis über die Stempeljochspitzen

III. Schöner, aber schwieriger als R 1011. 3½ Std. Siehe R 1021 und R 1029.

● 1013 Südsüdostwand

K. Hagspül u. Gef., 1929. **II,** 2—3 Std. E, s. 11. Aufl. 1978, S. 236, R 596.

● 1014 Südostgrat

H. Ficker, K. Forcher-Mayr, R. Kreisel, J. Pircher, 1897. **III—** (stellenweise), 2—3 Std. E.

Führe: Der SO-Grat ist der Trennungsgrat zwischen Vorderem Kälberkarl und Bachofenkar. Der Fußpunkt des Grates wird vom Wilde-Bande-Steig erreicht, den man auf der Höhe des Grates verläßt. Der Grat setzt mit einer hohen Steilstufe ab; diese umgeht man, indem man aus dem Vorderen Kälberkarl durch eine hohe, auffallend gelbgefärbte, brüchige Steilrinne in die Einschartung oberhalb des Abbruches hinaufsteigt. Von der engen Scharte in nordwestl. Richtung meist gerade am Grat empor zum Gipfel.

● 1015 Nordwand

E. Berger, K. Huter, A. Kasseroler, 1919 (ÖAZ 1920, S. 170). **V.** Wandhöhe 350 m. 4—5 Std.

Führe: E im Bachofenkar rechts der Fallinie des Gipfels; man erreicht die Wand über die Randkluft des vorgelagerten Schneefeldes. 20 m über eine brüchige Wand schräg rechts empor zu einem kleinen, geröllbedeckten Platz. Über Platten nach links und durch eine Rinne auf ein Köpfl. Kurzer Quergang nach rechts zu einer 6 m hohen Rißverschneidung, die auf ein Geröllband leitet. Nun schwach rechts aufwärts durch eine seichte Rinne auf eine von der Wand vortretende Rippe, die im S von einer 15 m hohen Plattenwand überhöht wird. Über diese von links nach rechts empor, dann 20 m gerade aufwärts in einen großen Schuttkessel. Aus diesem durch einen Riß auf den Kopf einer Rampe. Auf schmalem Band nach links unterhalb eines großen gelben Turmes und zur nächsten östl. gelegenen Gratrippe. An dieser empor, sodann in eine steile Plattenrinne, die in einem Kamin unter der Gipfelwand endet. Durch brüchige Kamine und unter mehrmaligen Querungen nach links erreicht man einen Kamin, der von einer moosigen Grotte überdacht wird. Auf moosigen und schmierigen Tritten an der östl. Begrenzungswand hinaus und über eine schmale Leiste zu einem Schichtkopf. Von hier über eine steile Rippe 35 m zum Gipfel.

● **1016** **Nordgrat**
H. Frenademetz, T. Tiefenbrunner, 1931.

Der Anstieg verläuft über den schwach ausgeprägten Grat, der ins Bachofenkar hinabzieht.

● **1017** **Übergang zur Hinteren Bachofenspitze**
II. 1½ Std.

Der gerade Abstieg und Aufstieg über die erste Scharte nördl. des Gipfels ist schwierig. Man kann sie in der W-Seite umgehen, indem man durch die Schrofen, dann durch eine Kluft ziemlich tief ab- und jenseits wieder die Grathöhe ansteigt. Von hier ab folgt man über die tiefste Einsenkung des Verbindungsgrates dem schuttbedeckten Kamm zur Hinteren Bachofenspitze.

● **1020** **Stempeljochspitzen**
Große 2543 m, Kleine 2529 m

Aus breitem felsigen Unterbau nur wenig aufragende Gipfel, die Kl. Stempeljochspitze der runde Kopf südl., die Gr. Stempeljochspitze die Felspyramide nördl., die nach O und NW mit steilen Kanten abfällt. Siehe Abb. S. 269. Schöne Fernsicht. Winterersteigung unschwierig, aber lawinengefährdet.

● **1021** **Vom Stempeljoch**
I. 1 Std. Übergang von der Kl. zur Gr. Stempeljochspitze 10 Min.

Vom Stempeljoch (R 419) über den breiten begrünten Rücken und kleine Schuttbänke auf den aussichtsreichen Gipfel; der Übergang zur Gr. Stempeljochspitze vollzieht sich gerade über den breiten Kamm.

● **1022 A** **Westwand, Fickerrinne**
H. Ficker, 1897. **II.** Im Abstieg 1 Std.

Aus der tiefsten Einsattelung zwischen beiden Gipfeln zieht eine anfangs breite, später schmäler und steiler werdende Rinne ins Sonntagkar hinab, die sich gut für den Abstieg eignet.

● 1023 **Westwand, Herzogrinne**
O., C. und W. Herzog, 1931. **II** (stellenweise). Im Abstieg 1 Std.

Gleichlaufend zur Fickerrinne zieht weiter nördl. die Herzogrinne durch die W-Wand, die sich gut für den Auf- und Abstieg eignet. Sie ist in ihrem Mittelteil sehr schmal und steil und endet in der kleinen Einsenkung wenige m südl. der Gr. Stempeljochspitze.

● 1024 **Nordwestkante**
H. Frenademetz, T. Tiefenbrunner, 1931. **VI—** (2 SL), danach III. Wandhöhe 300 m. 3 Std.

Übersicht: Der von der Gr. Stempeljochspitze nach W streichende Grat fällt in seinem unteren Teil als Steilkante ins Kar ab.
Zugang: Über den Schrofenvorbau aufwärts zum Beginn der Gratkante.
Führe: An der Kantenschneide 2 m empor, dann Querung nach rechts in eine Rißverschneidung. Durch diese empor zu einem überhängenden Riß, der links aufwärts an die Kante führt. (Bis hierher VI—, 70 m über dem E.) Nun über die Kante, die sich mehr und mehr zurücklegt, zum Gipfel.

● 1025 **Nordwestwand**
K. Rainer, H. Franz, 1937. **VI—** (1 SL), V. Wandhöhe 300 m. 4 Std.

Zugang: E ungefähr 30 m links von der NW-Kante (Steinmann).
Führe: Ein seichter Riß zieht von rechts nach links unter gewaltige Wülste. Über einen Überhang (H), sodann dem gut griffigen Riß weiter folgend auf ein Band. (Bis hierher teilweise VI—.) Auf dem Band nach links in eine Nische (H), von hier 5 m abseilen in eine Verschneidung und durch diese in eine kaminartige Rinne. In dieser 50 m aufwärts (Steinmann), dann über eine brüchige Wandstelle rechts empor in eine Rinne; durch diese und über die folgenden brüchigen Absätze zum Gipfel.

● 1026 **Nordwand**
O., C. und W. Herzog, 1931. **IV** und leichter, Wandhöhe 200 m, 3 Std.

Führe: Der Durchstieg durch die N-Wand bewegt sich im unteren Teil in einer teilweise überdachten Rinne, die von links her gewonnen wird. In der dadurch erreichten Gipfelwand über leichteren Fels zum Gipfel.

● 1027 Direkte Nordwand
H. Gamper, G. Kirchmeyer, 1964. **VI** und V (3 SL), sonst IV. 3 Std.

Übersicht: Vom Fuß der N-Wand zieht eine steile, bis in den Sommer mit Schnee gefüllte Rinne von rechts nach links empor. Die Rinne wird links von einem Felssporn und rechts von der N-Wand begrenzt.
Führe: In ihr empor bis ein Steilwandl den Weiterweg versperrt. Nun rechts haltend über brüchigen Fels und eine kurze Verschneidung auf ein Köpfl. Über eine glatte Plattenwand zu einer Nische und durch eine abdrängende Verschneidung auf ein Band (bis hierher VI). Diesem Band folgt nach wenigen Metern ein weiteres. Von diesem, bei einem Standhaken 40 m gerade empor bis zu einem Überhang, der durch einen Riß erklettert wird (V). Nun durch Risse und Verschneidungen (IV), schließlich über den Grat, immer leichter werdend, zum Gipfel.

● 1028 Ostkante
H. Frenademetz, W. Mariner, 1935 (ÖAZ 1936, S. 277). **VI—** (eine Stelle), V—. Wandhöhe 250 m. 4 Std.

Übersicht: Vom Gipfel der Gr. Stempeljochspitze fällt gegen O eine auffallende, steile Kante ab, die sich im unteren Drittel in eine überhängende Wand verliert. Der Durchstieg bewegt sich in der Gipfelfallinie durch die 120 m hohe Einstiegswand, erreicht dann über mäßig geneigte Platten den Fußpunkt der Kante, und führt über diese unmittelbar zum Gipfel.
Zugang: Vom Wilde-Bande-Steig steigt man über Geröll und Gras zum E hinauf.
Führe: Über brüchigen Fels und einen Überhang klettert man in die auffallend große, nasse Höhle 20 m über dem E. Nun aus dem Höhlengrund ein eigenartiger, nach unten offener Quergang nach außen, rechts, um eine Kante herum, dann über eine brüchige, überhängende Wandstelle zu gutem Stand am Beginn des schon von unten deutlich sichtbaren Risses (bis hierher VI—). Nun den Riß, der steil rechts durch die Plattenwand in anfangs sehr brüchigem, bald aber fester werdendem Gestein, mehrmals überhängend, emporzieht, aufwärts, bis leichte Platten zum Fuß der Kante führen. Einige Meter links der Kante durch einen Riß 20 m gerade empor und über das abschließende Dach zu gutem Stand. Nun immer in der folgenden Verschneidung weiter, die gerade an die Kantenschneide führt. Im weiteren leitet nun der feste Fels der Steilkante gerade zum Gipfelsteinmann.

● 1029 Übergang zum Roßkopf
III. 1 Std.

Von der Gr. Stempeljochspitze nordw. über plattige Felsen immer in der Nähe des Grates in die folgende Scharte. Die nächsten Zacken werden teils überklettert, teils an ihrer O-Seite umgangen. Sodann über den steilen, grasdurchsetzten Schrofenhang nordw. hinauf zum Gipfel.

● **1035** **Vordere Bachofenspitze,** 2662 m

Doppelhöckerige Erhebung im Verbindungsgrat zwischen Hinterer Bachofenspitze und Gr. Lafatscher, die mit über 700 m hoher N-Wand ins Kl. Gschnierkar abfällt. Die höhere, westl. Kuppe trägt ein trigonometr. Zeichen.

● **1036** **Südostflanke**
I. Vom Wilde-Bande-Steig 2½—3 Std.

Vom Wilde-Bande-Steig (R 419) auf halbem Weg zwischen Stempeljoch und Lafatscher Joch bei dem kleinen Bach nordwestl. ab in das Bachofenkar. Nach einiger Zeit ist ein Emporkommen rechts gegen die Mulde zwischen Gr. Lafatscher und Vord. Bachofenspitze möglich. Von dieser Mulde aus über die steile, meist schuttbedeckte SO-Flanke zum Gipfel.

● **1037** **Von Osten aus dem Oberen Bachofenkar**
II. Vom Wilde-Bande-Steig 3 Std.

Wie in R 1036 ins Bachofenkar, jedoch höher hinauf als dort. Zwischen der Hint. und der Vord. Bachofenspitze zieht eine Schlucht herab; durch diese aufwärts, bis man ein Stück unterhalb der Grathöhe über Schutt ostw. zu einer Rinne queren kann. Durch diese erreicht man den Hauptgrat knapp unter dem Gipfel.

● **1038** **Nordwand, Alter Weg**
E. Clement, F. Schösser, 1909. **IV+** (2 SL), sonst III. 4 Std. E, s. ä. A. und Abb. S. 283.

● **1039** **Gerade Nordwand**
K. Hagspül, L. Ambach, 1921. **IV—** (stellenweise). Wandhöhe 750 m. Kaum begangen. 5—7 Std.

Zugang: Vom Lafatsch-Hochleger über den begrünten Kamm, der von der Hint. Bachofenspitze nach N zieht, in den Geröllkessel. E in Gipfelfallinie.
Führe: Etwa 100 m westl. des Gipfels zieht von einer Scharte des Hauptkammes eine Schlucht nach N; an ihrem Fußpunkt Schneekegel. Über diesen empor zu einem Plattenband, das links des Schluchtausganges beginnend, schräg östl. aufwärts zieht. Nach etwa 50 m hört es

auf; man klettert um eine Kante herum und erreicht über glatte Platten rechts aufwärts, eine Schrofenrinne durchsteigend, eine Plattform. In der Gipfelfallinie weiter, bis ein mächtiger Plattengürtel den Weiterweg versperrt. Links ansteigend zu einem versteckten, 20 m hohen Kamin; einer seiner Überhänge wird mit Steigbaum überwunden. In festem Gestein gerade aufwärts, dann nach rechts der erwähnten Schlucht zu; Plattenschüsse, Wassertümpel (3 Std. E). Nun wieder nach links empor zur Gipfelwand. Der E in sie befindet sich bei einer gelben, wasserüberronnenen Höhle. man steigt rechts über brüchige Bänder und Wandabsätze empor, dann nach links über senkrechte Felsen und Kamine zu einer vom Gipfel herabziehenden Kante; einige Meter rechts über kleingriffige, schotterige Platten zum Gipfel.

● 1040 Übergang zur Hinteren Bachofenspitze
II. 1 Std.

Der Übergang vollzieht sich fast stets gerade über die Schrofen des Grates, mit geringen Abweichungen nach S.

● 1045 Großer Lafatscher, 2695 m

Erste Ersteigung J. Pock, C. Wechner, H. Schupfer, 1867. Felsberg am O-Eck der Gleierschkette, von S leicht ersteiglich, während seine N-Wand 800 m ins Gr. Gschnierkar abstürzt.

● 1046 Von Süden aus dem Lafatscherkar
Unschwierig, weglos. 3 Std. vom Wilde-Bande-Steig.

Vom Wilde-Bande-Steig (R 419) wenige Min. vor seiner Einmündung in den Weg zum Lafatscher Joch nach Überschreitung des kleinen, vom Lafatscherkar herabziehenden Grabens nordw. ab und empor in das wenig ausgeprägte Lafatscher Kar. Aus dessen oberem Teil schräg westw. ansteigend auf die gewölbte S-Flanke des Berges und über diese unschwierig zum Gipfel.

● 1047 Aus dem Bachofenkar
I. Mühsam. 3 Std.

Wie in R 1036 in das Bachofenkar. Aus seinem untersten Teil nordw. über den breiten Hang und über Schutt mühsam zum Gipfel.

● 1048 Nordwand
E. Clement, F. Schösser, G. Seidl, 1909. **V** (im oberen Teil), sonst IV. Kaum beg. Wandhöhe 800 m. 5—7 Std.

Zugang: Vom Hallerangerhaus über den Gr. Gschnierkopf ins Gr. Gschnierkar.

Führe: 200 m unterhalb des Sattels zwischen Gschnierkopf und Kl. Lafatscher zieht ein breites Plattenband von links nach rechts aufwärts, das man durch einen Kamin an der rechten Flanke des Bandabfalles erreicht. Über das Band zu einem kleinen Geröllfleck; links über schwarze Felsen zu einem Felsloch; durch dieses hindurch und einige Schritte nach rechts zu einem nach links emporziehenden Kamin; dann über Schrofen zu einem schräg rechts ansteigenden Band und über zwei Abbrüche des Bandes in eine steile Mulde (Wasserfall). Links des Wassers empor, dann Quergang rechts und über Schrofen zur großen Terrasse in Wandmitte. Von einem Schneefleck am oberen Rand des Schuttfeldes durch einen Riß auf ein Band, das nach links gegen den mächtigen roten Turm hinanzieht; 3 SL aufwärts, dann auf ein 40 m höher liegendes Band. Gegen rechts auf ein breites Schuttband unter den gelbroten Wänden. Rechts des roten Turmes sind zwei Felslöcher, zu denen schluchtartige Kamine emporziehen. Über die unterste Stufe ziemlich weit rechts empor (V) und 50 m über eine Wand auf ein Band, das steil nach links über die Überhänge emporzieht. Auf diesem aufwärts, an einem überwölbten Kamin vorbei und Querung in die Schlucht rechts des roten Turmes. Durch die Schlucht und ein kleines Felsloch auf leichteres Gelände und schräg rechts zum Hauptgrat und zum Gipfel.

● 1049 Übergang zur Vorderen Bachofenspitze
O. Ampferer, C. Forcher-Mayr, 1892. **III—**, 1½ Std.

Der Übergang erfolgt am besten gerade über den Grat; anregende, teils ausgesetzte Kletterei.

● 1055 Kleiner Lafatscher, 2635 m

Die eindrucksvollste Berggestalt im Bereich des Hallerangerhauses. Siehe Abb. S. 279 und S. 283. Mit mächtigen Flanken westl. des Lafatscher Joches aufragender Gipfel. Vom Joch aus ist er in leichter Kletterei zu ersteigen. Gegen N entsendet er einen gezackten Grat zu einem Vorgipfel (P. 2493, **Lafatscher Roßkopf),** von dem gewaltige Plattenwände gegen NO und gegen N ins Kohlerkarl abstürzen. Die Gerade NO-Verschneidung und der N-Pfeiler gehören zu den schönsten schwierigen Kletterfahrten im Bereich des Hallerangerhauses.

● 1056 Von Südosten vom Lafatscher Joch
I (im obersten Teil), teils Steigspuren, 1½ Std.

Von der Jochhöhe (s. R 419) über den nach NW hinaufziehenden Kamm, der sich oben zum Grat verschmälert, zuletzt in leichter Kletterei (I) zum Gipfel.

● 1057 A Nordostgrat im Abstieg

III—. Kürzester Abstieg zum Lafatscher Joch. Vom Lafatscher Roßkopf (Vorgipfel) unschwierig. 1 Std.

Führe: Entweder genau an der Schneide, oder leichter an der W-Seite hinab zur Einsattelung vor dem Lafatscher Roßkopf (gelbliches Gestein). Auch vom Lafatscher Joch aus auffallend. Von hier eine kurze, unschwierige Rinne südw. ins Geröll.

● 1058 Zugang vom Lafatscher Joch zu den Nordostwand-Einstiegen

I, teils Steigspuren. 50 Min. Von St. Magdalena 2½—3 Std.

Von der Jochhöhe nördl. in einigen Min. hinab in die weite Schuttmulde. Aus dieser führt der Weg zum Hallerangerhaus eben heraus. Knapp hinter der Ruine einer alten Steinhütte beginnt der Weg zu fallen. Von dort noch etwa 40 m auf dem Weg, dann links ab (Steinmann) und über Grasböden mit vielen kleinen Mulden immer leicht links haltend (Steinmanndln) an den grasigen Steilabfall. Etwa 50 m gerade hinab, dann wieder links haltend über latschendurchsetzte Schrofen abwärts. Als Richtpunkt dient der nordöstl. Fußpunkt der gewaltigen Plattentafel der Kl.-Lafatscher-NO-Wand. Zuletzt über steile Schrofen an der O-Begrenzung der tiefen Rinne hinab an den Fußpunkt der Riesentafel. Über Schutt in 5 Min. empor zu den E von R 1059 —1065.

● 1059 Nordostkante

S. Huber, S. Strickner, 1966. **VI/A2** (einige Stellen), meist leichter. 650 Höhenmeter zum Lafatscher Roßkopf. Kaum begangen. 3—5 Std.

Führe: E direkt an der Kante, unter einer Verschneidung. Links der Verschneidung hinauf (2 H) bis zu einer Nische mit Ringhaken. Von der Nische nach rechts heraus (VI) zu zwei schlechten H (A2) und dann 15 m der Verschneidung folgend zu gutem Stand (VI). Man verfolgt nun die Rampe links der Kante 40 m. Nun direkt zur Kante, die man nach 10 m wieder nach links verläßt. Dann rechtshaltend zum Stand. Nun nach links unter die große Verschneidung. Dann verfolgt man das Rinnensystem, das von links nach rechts wieder zur Kante zurückführt. Stand 10 m links der Kante (IV und V). 3 m Quergang nach links zu einer seichten Verschneidung. 10 m hinauf (VI—, 3 H), dann linkshaltend zum nächsten H (Zwischenstand empfehlenswert). 15 m (A2) hinauf, dann Quergang nach links und gerade hoch zu Stand. Linkshaltend in eine Rinne, die sich oben zum Kamin schließt. Bis zu ihrem Ende und noch 2 SL leichter zum Ende der Schwierigkeiten und leicht zum Gipfel. (S. Huber)

● 1060 Nordostwand-Schichttafel — „Der letzte Mohikaner"
H. Zak, A. Orgler, 1982. **VII+** (eine Stelle), VI+ und VI, selten leichter, ein Seilquergang. (Bew. d. Erstbeg.) Wandhöhe 250 m (7 SL), Zeit der Erstbeg. 8 Std. Extreme Freikletterei, die Erstbeg. verwendeten zur Sicherung fast ausschließlich KK. 1 ZH und 2 SH belassen.

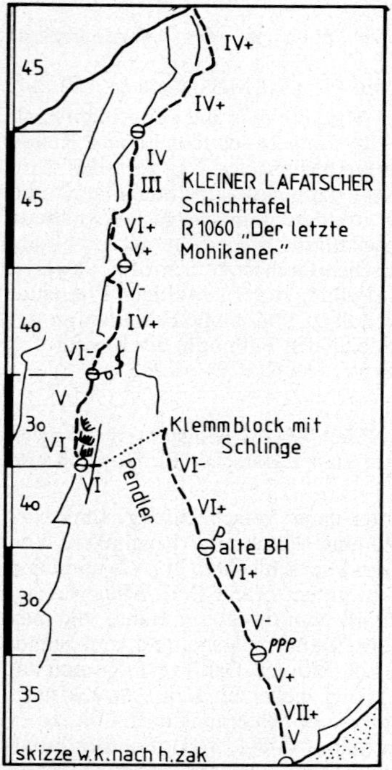

Übersicht: Die Führe folgt zunächst der alten BH-Leiter (entfernt) im linken Drittel der großen Plattentafel; nach 3 SL an feinen Rißspuren Pendelquergang (an Klemmblock mit roter Schlinge) nach links in die Rampe, die bis auf leichtes Gelände emporzieht. Siehe Abb. S. 279.

Zugang: E bei altem H, an dem ein Bund rostiger BH hängt.

Führe: s. Skizze S. 278. (H. Zak, A. Orgler)

Der Kleine Lafatscher von Osten mit Nordostkante (R 1059), „Der letzte Mohikaner" (R 1060), „Sturmwind" (R 1063), Gerader Nordostverschneidung (R 1061), Alter Nordostverschneidung (R 1062), Nordostwand (R 1064), Nordnordostpfeiler (R 1065) und Nordpfeiler (Lafatscher Pfeiler, R 1069).

1059
1063
1062
1069
1064
1061
1060
1065

● 1061 Gerade Nordostverschneidung
M. Auckenthaler, E. Pirker, 1930 (Tb. Hallerangerhaus). 1. Alleinbeg. A. Kretz, 1942. 1. Winterbeg. F. Oppurg, B. Hollaus, 24.12.1972. **VI—** (100 m), sonst IV. Wandhöhe zum Ausstieg 370 m. 4—6 Std. Beliebteste Klettertour im Halleranger („Pause-Tour"), optisch eindrucksvoll, gerade Linienführung, meist fester Fels. SH und ZH vorhanden.

Übersicht: s. Abb. S. 279.
Zugang: Vom Weg Hallerangerhaus — Lafatscher Joch auf Steigspuren oder auf R 1058 vom Lafatscher Joch. E beim Schuttfleck am Fußpunkt der Verschneidung, die durch die glatte Schichttafel mit der NO-Wand gebildet wird.
Führe: Immer am Grund der Verschneidung aufwärts bis zu markantem Stemmkamin, durch ihn (IV+, H) empor und nach 40 m zu Stand am Beginn des senkrechten Verschneidungsrisses. Nun 40 m (VI—, 3 H, einige morsche HK) im Riß zu Stand. Danach etwa 50 m (V+ und VI—, einige H), zuletzt etwas brüchig zu Stand auf Geröllplatz bei Wandbuch. Mit 40-m-Seil Zwischenstand nötig! Von hier nach rechts in ein Schartl, aus ihm durch Riß und über eine Rampe rechtshaltend zu Stand unter kleinem Überhang (H). Über ihn (IV), noch kurz rechts und durch eine Rinne auf leichteres Gelände. (W.K.)

● 1062 Alte Nordostverschneidung
V. Weber, R. Fick, 1926. **IV+** (einige Stellen). Umgeht den schwierigen Teil von R 1061 rechts. Oft begangen. 4 Std.

Übersicht: s. Abb. S. 279.
Führe: Wie in R 1061 empor an den Beginn des markanten Stemmkamins. Von seinem Ende schräg rechts aufwärts zu einem nach links ansteigenden Band, das von einem Überhang unterbrochen ist und zur Verschneidung zurückführt. Durch eine kaminartige Rinne rechts empor bis zu einem Überhang, der links umgangen wird. Von hier aufwärts zum großen Schuttfleck, weiter zum NO-Grat und über diesen zum Gipfel.

● 1063 Nordwandplatte — „Sturmwind"
S. Jöchler, R. Mayr, 1983. **VI+** und VI (Stellen), sonst durchwegs VI— und V+. Wandhöhe 250 m, 4—6 Std.

Übersicht: Der Anstieg verläuft durch die schmale Verschneidung in der großen Platte links des Auckenthalerweges. Siehe Abb. S. 279 und S. 283.
Zugang: Wie in R 1061 über die erste Steilstufe bis unter den großen Überhang. Hier E bei 2 SH.

Führe: Kurzer Quergang nach links um die Kante und im wasserzerfressenen, senkrechten Riß, der nach 20 m in die erwähnte Verschneidung übergeht, 45 m empor (V+, Stellen VI—, H) zu Stand etwas rechts des Verschneidungswinkels (SH, BH). Weitere 45 m in der Verschneidung (V+, eine Stelle VI—) zu gutem Stand (SH). Im Kamin weiter, bis er sich unter Überhängen schließt (H). Über wasserzerfressenen, überhängenden Fels schräg links aufwärts (H, VI, VI+) zu einer ganz kleinen Nische (H) und über die überhängende Wandstelle (VI, VI+) in die Fortsetzung der Verschneidung. In ihr etwa 50—60 m weiter, bis sie in einen Riß übergeht (V+ mit Stellen VI— und VI). Durch den Riß (V+, eine Stelle VI—, 2 H), bis er links unter dem Abschlußüberhang endet. Über diesen (VI, 2 H) auf den Grat. (S. Jöchler)

● 1064 Nordostwand

H. und B. Weithas, H. Egger, F. Brettia. 1925. **IV** (einige Stellen im oberen Teil), sonst III. Teilweise etwas brüchig. Selten begangen. Einige H stecken. Wandhöhe zum Ausstieg etwa 500 m. 4 Std.

Übersicht: s. Abb. S. 279.
Führe: Die Führe hält sich stets in der Mitte der breiten Rampe rechts der großen Verschneidung empor bis unter die Steilstufe im oberen Drittel. Hier etwas rechts durch eine auffallende Kaminreihe hinauf in ein Schartl in dem vom Ende der Verschneidung nordw. ziehenden Zackengrat. Die direkte Überkletterung der ersten 2 Zacken ist teilweise V und sehr ausgesetzt. Man kann sie auf der W-Seite in leichterem Gelände umgehen. Sodann wieder zum Grat ansteigen und an das Massiv des Berges heran, wo man auf R 1061 und 1062 trifft. Man hält sich nach rechts, überwindet einen Überhang (IV, H) und gelangt zum Ausstieg auf den NO-Grat. Ende der Schwierigkeiten. Über den Grat nach rechts empor auf den Lafatscher Roßkopf. (W.K.)

● 1065 Nordnordostpfeiler

S. Huber, S. Lessiak, 1966 (Tb. Hallerangerhaus). **VI—** (15 m), sonst IV. 2—4 Std.

Übersicht: Die Führe benützt den mehrmals abgesetzten Pfeiler, der die NO-Wand (rechts der Verschneidung) von der N-Wand trennt, und mündet schließlich in die NO-Wand-Führe (R 1064). Beschr. s. Tb. Hallerangerhaus. Vgl. Abb. S. 279.

● 1066 A Kurzer Abstieg auf das Lafatscher Joch für R 1059—1065

II (eine Stelle). ½—¾ Std.

Am Ausstieg von R 1059 beginnt ein anfangs deutlich ausgeprägter

Steig. Man quert auf ihm die Schotterflanke nach S bis an die erste Schlucht. Hier kurz nach rechts ansteigen und auf nur teilweise deutlichen Steigspuren (einige Steinmänner) bis vor das große Kar (Jochreisen) queren. Hier steigt man nach links neben einer auffallend glatten, geneigten Platte und einem Felsentor ins Kar ab (II). (W.K.)

● **1067** **Nordwand, Alter Weg**
Jankowski, A. Ruech, Wolfgang. **IV+** (stellenweise). Heute kaum mehr begangen. 4—7 Std.

Übersicht: s. Abb. S. 283.
Führe: E in der Mitte des Wandfußes. Über plattige Wandstufen und Bänder nach rechts empor zum Fußpunkt des großen Kamins, den eine riesige, angelehnte Schichttafel mit der Wand bildet. 4 SL, teils im Kamin, teils an der Wand außen nach rechts empor. Vom Ende des Kamins verschiedene Durchstiege. Ursprünglicher Weg: Hinauf zur großen, schon von unten sichtbaren Höhle. Von hier 200 m nach links, einige Türme überkletternd. Sodann über eine teils überhängende Wandstelle gerade empor, und weiter zum Gipfelgrat und zum Gipfel.

● **1068** **Nordwand, Haklführe**
Gebrüder Hakl, 1940. **VI** (stellenweise). Wandhöhe 500 m. 8 Std. Beschr. der Erstbeg. s. 11. Aufl. S. 246 (R 883), sowie Abb. S. 283.

● **1069** **Nordpfeiler, Lafatscher Pfeiler**
K. Gombocz, E. Kienpointner, 1946 (Tb. Hallerangerhaus). 1. Winterbeg. F. Oppurg u. Gef. **VI—** (zwei Passagen), V+ und V (mehrere Stellen), vielfach IV. Eine der großartigsten unter den schweren Felsfahrten vom Halleranger, abwechslungsreich, mit äußerst originellen Kletterstellen. Fast durchwegs fester Fels. ZH vorhanden. Sortiment von Klemmkeilen empfehlenswert; im oberen, leichteren Wandteil stecken (bis auf einen) keine H. Ges. Wandhöhe auf den Lafatscher Roßkopf 500 m, Kletterhöhe auf den Pfeilerkopf etwa 370 m. 5—8 Std.

Übersicht: Die N-Wand wird in der Fallinie des nordöstl. Vorgipfels (Lafatscher Roßkopf) von einer großen Schlucht durchrissen, die bei-

Kleiner Lafatscher mit Gerader Nordostverschneidung (R 1061), „Sturmwind" (R 1063), Alter Nordwandführe (R 1067), Haklführe (R 1068), Nordpfeiler (Lafatscher Pfeiler, R 1069) und Nordwestpfeiler (R 1070). Rechts die Vordere Bachofenspitze mit der Alten Nordwandführe (R 1038).

Lafatscher Roßkopf
Lafatscher
Kl.
Gr.
Vordere
Bachofenspitze
1063
1061
1068
1067
1069
1070
1038
Gr.
Gschnierkopf
Kohlerkarl
Gr. Gschnierkar

derseits von auffallenden Pfeilerköpfen über glatten Plattenwänden begrenzt wird. Die Route führt ziemlich gerade auf den westl. Pfeilerkopf. Siehe Abb. S. 279 und S. 283.

Zugang: Vom Hallerangerhaus auf dem Weg talaus bis zum Zaun der Kohleralm. Links ab und am Wiesenrand entlang, bis man auf einem nur teilweise ausgeprägten Steig steil durch eine Latschengasse auf den Wiesenboden des Kohlerkarls zu Füßen der N-Wand ansteigen kann.

Führe: E in einer rechteckigen Wandeinbuchtung, 40 m rechts (westl.) der schwarzen, wasserüberronnenen Felsen. Aus dieser Einbuchtung führt linker Hand ein übermannsbreiter Einriß empor; auf seinem Grund fein geschichteter splittriger Fels. Durch den Einriß 20 m (IV+) empor zu H, dann etwas rechts haltend 15 m (V) auf ein Felsköpfl (H). Von hier etwa 5 m gerade empor, dann rechts über eine glatte Wandstelle (V+, H) an den Fuß der großen senkrechen Verschneidung, Stand, H. (Nicht verwechseln mit der großen Verschneidung links.) Durch die Verschneidung heikel, zuletzt sehr ausgesetzt (VI—, 3 H) 30 m empor und nach links heraus. Weiter gerade (IV+) an den Fußpunkt der schwarzen, wasserüberronnenen Verschneidung. Vom Ringhaken Hangelquergang 3 m rechts hinaus um die Kante und über eine glatte, etwas überhängende Wandstelle (VI—/A0, 3 H) hinauf. 30 m empor auf ein Felsköpfl. Etwa 10 m höher ein weiteres Köpfl. Von diesem rechts hinaus und von einem Felszapfen über den wasserüberronnenen Überhang (V+, H) empor in die kaminartige Höhle. Aus dieser nach etwa 8 m überhängend und abdrängend (V+) rechts ums Eck heraus (große Sanduhr als Sicherungsmöglichkeit) in eine Steilrinne. Durch diese empor in den kleinen Schluchtkessel unterhalb des großen Felsentores. Man klettert unter dem Felsentor durch. Nach 30 m überhängend heraus (V+, 3 H) und durch die anschließende kaminartige Rinne (IV) hinauf zu einem Schuttplatz. Von hier knapp 100 m links haltend in leichtem Gelände an den Fuß des zweiten großen Wandaufschwungs auf eine schotterige Schulter. Von dieser 3 m links absteigen, an einem kleinen angelehnten Pfeiler empor (IV) und von hier, stets nach links haltend, am linken Rand der großen, unter der senkrechten schwarzen Wand emporziehenden Rampe (IV und IV+), schließlich durch eine anfangs sehr glatte Riß- und Kaminreihe (V—) gerade hinauf zu einer zweiten Schotterschulter, über der sich die Schlußwand aufbaut (insges. etwa 160 m, 4 bis 5 SL). Einige Meter rechts unterhalb des höchsten Punktes dieser Schulter durch einen geraden Riß (V, H) empor und durch die anschließende Rinne (IV) auf leichteres Gelände und zum Pfeilerkopf. Nun entweder weit nach links hinausqueren und über Schotter und Schrofen auf den Lafatscher Roßkopf ansteigen. Oder vom Pfeilerkopf gerade über Schutt an den nächsten Steilaufschwung heran, der etwas links überwunden werden kann (IV, brüchig). Weiter auf die darüberliegenden Schutt- und Schrofenhänge und hinauf zum Schartl im NO-Grat, von dem man jenseits (südw.) unschwierig in das Kar („Jochreisen“) absteigen kann, das zum Lafatscher Joch hinableitet. (H.K. u. W.K.)

● **1070 Nordwestpfeiler**

S. Jöchler, M. Messner, 1982. **VI—** (eine Stelle), V+ (mehrere Passagen), sonst V und IV. Wandhöhe 600 m auf den Pfeilerkopf, 5—6 Std. (Ang. d. Erstbeg.). Durchwegs fester Fels.

Übersicht: Der NW-Pfeiler erhebt sich rechts des N-Pfeilers aus dem großen Gschnierkar. Der obere senkrechte Teil ist ausgeprägt, der untere verliert sich in einem breiten Rücken. Etwas links der Stelle, wo die Felsen am weitesten ins Kar hinabreichen, zieht ein breiter, von mehreren Höhlen durchsetzter Riß empor. (Gegenüber eine kleine alleinstehende Lärche). Hier E. Siehe Abb. S. 283.

Zugang: s. R 1069.

Führe: Rechts des Risses über weiße Platten etwa 60 m empor (IV+). Den Riß links überschreitend und immer leicht linkshaltend in Richtung auf den obersten, senkrechten Pfeileraufschwung über Rampen und kurze Wandstellen empor. Zuletzt durch eine Rinne in eine Scharte hinter einem markanten Felskopf (etwa 350 m vom E, III und IV). Von der Scharte gerade zum senkrechten Aufschwung. Über eine schwach ausgeprägte Kante, bis man nach links in eine kurze Verschneidung kommt, die auf einen kleinen Absatz unter einem schon vom Felskopf aus sichtbaren gelben Überhang führt (V—, V, 50 m). Durch den Riß rechts am Überhang vorbei, zuletzt leicht überhängend in wasserzerfressenem Fels auf einen Absatz (V+, 20 m). Weiter über die etwas stärker geneigte Kante oder etwas rechts von dieser etwa 80 m bis zum gelben, überhängenden Kantenaufschwung (V—, V). Knapp links der Kante durch die kurze Verschneidung unter einen Überhang, diesen mittels einer glatten Platte links überwindend (V+) und durch einen kurzen Riß zu gutem Stand (2 SH) unter einer weiteren gelben Verschneidung. Etwas links vom SH 3 m überhängend empor (VI—); weiter links und bis wenige m unter eine Höhle empor. Ausgesetzt schräg rechts in einen plattigen Riß und über diesen (V+) in einen Kamin. Diesen etwa 60 m empor (V, V+, V), bis er als Rinne ausläuft. Über den kurzen Grat leicht zum Pfeilerkopf (Steinmann). Zuletzt über ein waagrechtes Gratl zu den Schrofen und über diese und eine kurze Wandstufe beliebig zum Hauptgrat oder Gipfel des Kl. Lafatschers. (S. Jöchler).

● **1071** **Übergang zum Großen Lafatscher**
H. Delago, B. Kerscher, 1894 (Mitt. 1894, S. 134). **III—** (stellenweise). 1—1½ Std.

Führe: Zuerst über den Grat hinab bis zum Steilaufschwung des Gr. Lafatschers (II). Eine nach N hinabziehende Rinne wird überquert; nun über einen Felskopf und durch brüchigen Fels zu einem steilen Gratstück. Vom Schuttfleck am Fußpunkt des brüchigen Steilaufschwunges (gerade Erkletterung durch den Riß, IV +) rechts 20 m leicht fallend in die N-Wand hinein bis in eine kaminartige Rinne. Durch diese bzw. ihre rechte Begrenzung 20 m empor, dann Quergang nach links und wieder auf den Grat. Von diesem aus unter einem großen Felskopf Querung in die Wand gegen S oberhalb der oben erwähnten Rinne. Nun durch eine flache Mulde auf den Gipfel.

● **1075** **Speckkarspitze,** 2621 m

Erstersteigung M. V. Lipold, 1843. Schön geformter, steiler Felsgipfel östl. über dem Lafatscher Joch. Fällt mit plattiger Wand nach N ab, und entsendet nach NW einen Grat, der in P. 2248 m eine Erhebung aufwirft („Nordwesteck"), vgl. R 1082. Der Gipfel ist auf guten Wegen, die durch das kleine, zwischen SW- und NW-Grat eingelagerte Kar führen, leicht ersteiglich; gute Fernsicht. Siehe Abb. S. 287.

● **1076** **Vom Lafatscher Joch durch die Nordwestflanke**
S. Kernreuter, 1890. Bez. Steig, zuletzt über Schrofen. Auch für wenig Geübte lohnender Anstieg.

● **1076a** **Vom Hallerangerhaus**
2½ Std., 850 m Höhendifferenz.

Vom Hallerangerhaus auf dem Weg zum Lafatscher Joch südw. empor bis über die Steilstufe oberhalb des Durchschlages; „Nördl. Jochkreuz". 50 m weiter vom Weg links (östl.) ab (Ww.), und auf einem Steig im Zickzack empor in das kleine, zwischen SW- und NW-Grat eingelagerte Kar. Im oberen Teil links haltend empor gegen die Höhe des NW-Grates und stets unterhalb des Grates, zuletzt durch kleine Felsrinnen und Schrofen (brüchig) in der Flanke zum Gipfel.

● **1076b** **Von der Bettelwurfhütte**
2½ Std., 550 m Höhendifferenz.

Von der Hütte auf dem Weg zum Lafatscher Joch westw., bis dieser in

Blick vom Reps auf die Speckkarspitze und den Halleranger.

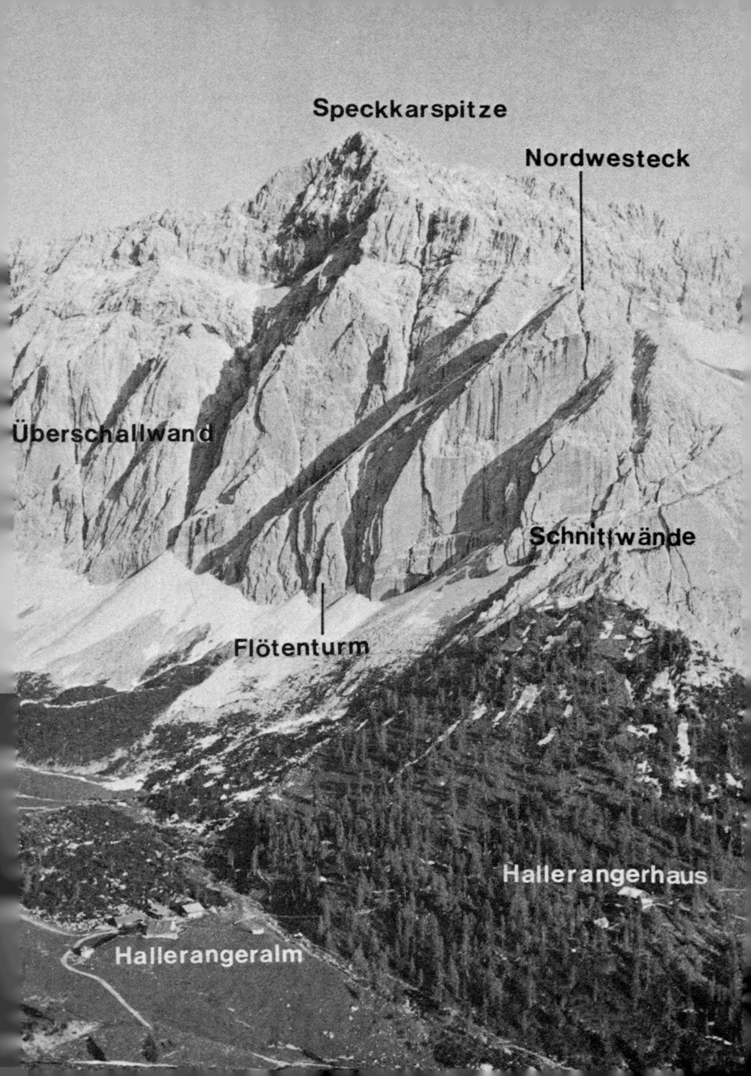
Speckkarspitze
Nordwesteck
Überschallwand
Schnittwände
Flötenturm
Hallerangerhaus
Hallerangeralm

den breiten Jochausschnitt einbiegt. Hier nordw. ab (Ww.) auf gutem Steig über den breiten, vom SW-Grat auslaufenden Rücken in das kleine Kar, und wie in R 1076a zum Gipfel.

● 1076 A Abstieg auf dem Normalweg
½ Std. zum Lafatscher Joch.

Vom Gipfel nordw. hinab und auf dem bez. Steig stets etwas links des NW-Grates gegen die schuttbedeckte Gratschulter. Weiter westw. in Kehren hinab zum Lafatscher Joch.

● 1079 Südwestgrat
Weg des Erstersteigers. **I.** Teilweise Steigspuren. Hübsche Gratkletterei. 550 m Höhendifferenz vom Joch. 1½ Std.

Von der südl. Jochhöhe des Lafatscher Joches ostw. empor über Rasen- und Schutthänge auf den ersten ausgeprägten Kopf; dann weiter immer auf der schmalen Grathöhe, einmal auf einen steilen Felskopf durch einen Kamin, und zum Gipfel.

● 1080 Südostflanke
I. Weglos, nur für Geübte. 550 m Höhendifferenz. Von der Bettelwurfhütte 2 Std.

Auf dem Weg zum Lafatscher Joch westw. etwa ½ Std., bis man östl. der Gipfelfallinie das Kl. Speckkar (P. 2155) betritt. In nordwestl. Richtung an den Gipfelaufbau und über Rasenbänder und Schrofen zum Gipfel.

● 1081 Kletterführen

Allgemeine Übersicht: Im NW ist der Speckkarspitze ein Felsstock vorgelagert, der mit glatten, senkrechten Plattenwänden nach N und mit einer geschlossenen, vertikal geschichteten Wand nach W abfällt: das Nordwesteck, P. 2248 der AV-Karte. An seinen rechten unteren Teil (von N gesehen) ist die Riesenplatte der Schnitlwände angelehnt (R 1091). Siehe Abb. S. 287. Die N-Wand der Speckkarspitze ist eine nahezu 2 km breite und bis zu 600 m hohe, stark gegliederte Wandflucht, die sich bis zum Überschalljoch hinzieht. Knapp östl. des Hauptgipfels durchreißt eine tiefe Schlucht die Wand bis zu ihrem Fuß, teilt sie in einen westl. und einen östl. Abschnitt. Der alte Nordwandweg (R 1111) orientiert sich an dieser Schlucht.
Der westl. Wandteil, für den die Autoren den Namen *Hallerangerwand* (Abb. S. 303) vorschlagen, erscheint von der Hallerangerhütte aus als die eigentliche Gipfelwand. Sie spitzt sich nach oben keilförmig zu einem Pfeilerkopf zu. Eine breite Felsenrampe zieht in gleichmäßiger

Steigung von links unten durch die ganze Hallerangerwand bis auf die breite Kuppe des Nordwestecks (R 1101). Die Routen durch diese Wand beginnen an den Plattenwänden unterhalb der Rampe, überqueren diese, setzten sich durch den oberen Wandteil fort und treffen am Pfeilerkopf zusammen (R 1102 und 1103). Der Weiterweg zum Hauptgipfel kann auf verschiedene Weise erfolgen (R 1104).
Der östl. Wandteil, für den wir den Namen *Überschallwand* (Abb. S. 305) vorschlagen, ist in sich nochmals stark gegliedert. Die Durchstiege sind aber mit Hilfe der Abb. auf S. 305 vom Weg zum Überschalljoch aus gut auszumachen (R 1111—1115).
Die N-Wand-Führen an der Speckkarspitze sind durchwegs schöne Anstiege, die jedoch mit Ausnahme von R 1102 selten begangen werden. Es ist ratsam, stets ein Sortiment von H und Klemmkeilen mitzunehmen, besonders für die Standplätze. Der Fels ist meist gut, man muß aber, v. a. im obersten Wandteil, mit brüchigen Passagen rechnen.

● 1082 **Nordwesteck,** 2278 m

Das Nordwesteck bietet eine Reihe kurzer, extremer Klettereien, die in der Schwierigkeit und Felsqualität mit den schweren Kaiserklettereien zu vergleichen sind (R 1083—1096).

● 1083 **Westwand, „Pechverschneidung“**

H. Zak, A. Orgler, 1982 (unterer Teil schon früher beg.). **VII** (eine Stelle), VII— (eine Stelle), sonst VI, kaum leichter (Bew. d. Erstbeg.). 3—5 Std. E, etwa 200 m auf das große Band, schwieriger Teil etwa 100 m. Extreme Freikletterei, teilweise brüchig. SH belassen, im unteren Teil alte ZH.

Übersicht: Es handelt sich um die auffallende Verschneidung im südlichsten Teil der W-Wand, etwa 50 m rechts der Strengführe (R 1084).
Zugang: Vom Weg über Schotter.
Führe: E in Fallinie der Verschneidung in Steilrinne. Durch sie 70 m (IV und III) empor, bis sie senkrecht wird. Nun 5 m nach links zum eigentlichen Beginn der Verschneidung. In ihr 3 SL (VII, VII— und VI) auf das große Band. Abstieg nach rechts möglich. Oder nach links bis auf den Grat ansteigen (vgl. R 1084). (H. Zak, A. Orgler)

● 1084 **Westwand, südlicher Durchstieg**

E. Streng, W. Purtscheller, E. Pertl, 1945. **V—** (einige Stellen), IV+ und IV; im unteren Teil durchwegs leichter. Wandhöhe 450 m, schwieriger Teil 100 m. 3 Std. Wandkletterei, teils etwas brüchig. H ausreichend. Öfter begangen.

Übersicht: s. Abb. S. 293.

Führe: Über den gestuften Vorbau etwa in Fallinie der S-förmigen Schwächezone, die den schwierigen Wandteil durchzieht, zunächst etwas links-, dann rechtshaltend durch Rinnen und über Bänder bis zum Beginn eines Risses am höchsten Punkt des Vorbaus (hierher II und III). Durch den Riß (V—, mehrere H) 20 m empor zu Stand. Quergang 5 m nach links in einen auffallenden, breiten, etwas brüchigen Riß, der wiederum 20 m empor auf etwas leichteres Gelände führt. Unterhalb der Überhänge eine kurze SL rechts empor zu Stand (H). Hier etwas unterhalb über eine glatte geneigte Platte Quergang nach rechts in eine Steilrinne, Ende der Schwierigkeiten. Nach links empor auf den großen Absatz in Wandmitte. Nun beliebig durch Kamine und Rinnen (II) empor auf das NW-Eck. Man steigt noch etwa 20 Min. bergan bis auf das Jöchl, wo man auf den Normalweg zur Speckkarspitze trifft. Oder Abstieg nach N (R 1090A). (W.K.)

● **1084a Variante Spitzenstätter/Schoißwohl**

W. Spitzenstätter, K. Schoißwohl, 1963. **VI+** (20 m), VI— (eine Stelle). Bew. der Erstbeg. Die Variante wurde bisher (1983) nicht wiederholt. 3 SL. 2 Std.

Wie R 1084 über den Vorbau und die erste SL (20 m, V—) zum schlechten Standplatz bei H. Von diesem Stand zunächst empor (VI—), sodann 25 m über eine Rippe (V) auf einen schlechten Standplatz. Nun gerade empor zur Schlüsselstelle. 20 m hohe freie Wandstelle mit Überhängen (VI+). Man gelangt in eine Wasserrinne, in dieser Stand. Nun in 1 SL rechts haltend auf leichteres Gelände. (Beschr. d. Erstbeg.)

● **1085 Gerade Westwand, „Buhldurchschlag"**

H. Buhl, L. Vigl, 1947. 1. Alleinbeg. Michael Larcher, 1978. 1. Winterbeg. F. Oppurg, B. Hollaus 26.12.1972. **VI/A0** (30 m VI, 2 Stellen A0), VI— und V. Die A0-Stellen frei VI+, ein Teil der Passagen VI und VI— auch A0 möglich. Wandhöhe 500 m, schwieriger Teil 180 m. 3 bis 5 Std. Extreme, anstrengende Wand- und Rinnenkletterei, ausgesetzt, fester Fels. Öfter begangen. Nötige H vorhanden.

Übersicht: Eine deutlich sichtbare, ausgewaschene Doppelrinne durchzieht die linke Hälfte der W-Wand in ganzer Höhe. Der Durchstieg hält sich stets an diese Rinne. Siehe Abb. S. 293 und S. 295.
Zugang: Wo der Weg vom Hallerangerhaus erstmals an die Felsen kommt, steigt man über die gestuften Felsen des Vorbaus etwa 80 m (II) hinauf zum Beginn der senkrechten Wandzone, wo die erwähnte Rinne ansetzt.

Führe: **1. SL:** 20 m (IV+) in der verschneidungsartigen Rinne auf ein Band unter den ersten Überhang. Er wird etwas rechts in einem feinen Riß (VI— oder A0, 3 H) überwunden. Weiter in der Rinne auf das nächste Band zu Sicherungszacken (40 m). **2. SL:** Gerade 20 m empor (V—) zu Stand unter Überhang. **3. SL:** Der Überhang wird zunächst an H überwunden, weiter im Riß, nach 20 m auf ein kleines Platzl, Möglichkeit zu Zwischenstand (H). Über den folgenden Überhang (H) und etwas rechts der Hauptrinne empor, bis man wieder nach links in sie zurücksteigen kann. Weiter gerade bis zu Stand etwas links auf einem Band (40 m, VI und A0). **4. SL:** Weiter gerade in der linken, glatten, teils kaminartigen Rinne, wobei ein Überhang links an der Platte umgangen wird, und nach 40 m zu Stand beim Wandbuch (anfangs VI—, dann V). **5. SL:** Weiter gerade im Kamin bis auf das breite, begrünte Band (40 m, IV). Ende der Hauptschwierigkeiten.
Abstieg s. R 1090A (W.K.)

● 1086 Westwand, nördlicher Durchstieg

F. Sint, A. Meßner, 1977 (Tb. Hallerangerhaus). **V+** (2 Passagen), sonst V und IV. Schwieriger Teil etwa 200 m. 3 Std. Nötige ZH stecken, keine SH. KK sehr günstig. Schöne Kletterei, meist fester Fels. Bis 1983 kaum wiederholt.

Übersicht: s. Abb. S. 293 und 295.
Zugang: Vom Weg über Schrofen.
Führe: E 10 m rechts der Schlucht, die den Burattipfeiler (R 1092) von der Hauptwand trennt. Über Schrofen 50 m gerade hinauf zum Beginn der Schwierigkeiten. Zunächst durch eine flache Rinne auf ein Köpfl. Durch die folgende Verschneidung 10 m hinauf, dann an einer Hangelleiste Quergang auf glatter Platte nach links zu einem Absatz (2 H im Quergang). Noch 1 m nach links (H), dann gerade hinauf zu Stand. Durch die folgende Verschneidung (an der rechten Wandseite ein Riß), dann über einen gutgriffigen Pfeiler rechts eines Kamins hinauf auf die Terrasse. Man quert nach links in eine Rißverschneidung, die bei einem Latschenfleck ansetzt; durch sie hinauf zu Stand. Durch die folgende Verschneidung gerade hinauf (V, H), aus ihr rechts um ein Eck und durch die folgende Verschneidung (V+, 2 H) gerade weiter zu Stand. Durch die anschließende Rinne auf leichteres Gelände. Vom breiten Schotterband entweder weiter ansteigen, oder kurzer Abstieg nach N (R 1090A). (W.K.)

● 1090 A Kurzer Abstieg für R 1083—1086

IV (eine Stelle), sonst II, ½—¾ Std. auf den Grassattel. Vgl. Abb. S. 293 und 295.

Führe: Auf dem oberen Schotterband (nach dem Ende der Schwierigkeiten) nach links queren bis zur tiefen Schlucht gegenüber dem Pfeilerkopf der Schnitlwände (Burattipfeiler). Über den Schotter hinter der Plattentafel kurz nach O ansteigen, jenseits auf dem Band weiter queren, zuletzt auf schmaler Rampe etwas absteigend, bis man am Ende des Bandes über eine Unterbrechungsstelle (IV, H) und einen kurzen Kamin auf das untere breite Band absteigen kann. Weiter wie R 1098 A. (W.K.)

● 1091 Schnitlwände

Dem Nordwesteck ist nördl. eine große Schichttafel vorgelagert, die an der W-Seite durch eine tiefe Schlucht vom Hauptmassiv getrennt ist, an der O-Seite aber mit ihm zusammenhängt. Der Pfeilerkopf befindet sich etwa auf der Höhe des großen Bandes, auf dem die Schwierigkeiten von R 1083 bis R 1086 enden. Die Schnitlwände sind von der Stelle, wo der vom Lafatscher Joch kommende Weg vom Schotter in die Vegetation übertritt, gut einzusehen, jedoch nicht vom Hallerangerhaus. Siehe auch Abb. S. 287, S. 293 und 295.

● 1092 Nordwestpfeiler, „Burattipfeiler"

K. Pittracher, H. Buratti, 1958. **VI—/A0** (1 SL im linken E), sonst V+ und V. Kletterlänge zum Pfeilerkopf etwa 200 m, 2—3 Std. E. Schöne Kaminkletterei, fester Fels (meist). SH und nötige ZH stecken, KK günstig. Öfter beg.

Übersicht: s. R 1080 und Abb. S. 293 und S. 295.
Zugang: Vom Weg, kurz über den nördl. der Schnitlwände emporziehenden Wiesen- und Schotterhang empor.
Führe: *Linker Einstieg* (Originaleinstieg): E links von einem angelehnten Pfeilerchen; etwa 100 m östl. oberhalb des Weges Hallerangerhaus — Lafatscher Joch. Zunächst den unterbrochenen schrägen Kamin nach rechts empor (H), Quergang nach rechts und auf den Kopf des angelehnten Pfeilers. Von hier durch eine leicht überhängende Rißverschneidung (mehrere H, VI—/A0) zu einer kleinen und weiter zu einer großen Höhle. Nun 3 m den schweren Kamin empor zum abschließenden Block, den man rechts auf der Kante umgeht. 35 m aufwärts und links haltend zu einer kaminartigen Verschneidung.

Speckkarspitze-Nordwesteck mit „Burattipfeiler" (R 1092), Westwand, nördlicher Durchstieg (R 1086), „Buhldurchschlag" (R 1085), Westwand, südlicher Durchstieg (R 1084) sowie der Abstiegsroute für diese Anstiege (R 1090 A).

1090 A
1086
1092
a
1084
1085

Rechter Einstieg: Über Schrofen nach rechts an den Fußpunkt des Pfeilers. Zunächst an seiner rechten Kante, dann nach links in den Riß zu H. Etwa 50 m im Riß empor (V—, 1 H) bis zu Geröllplatz und auf den unteren Pfeilerkopf. Kurz absteigen und etwa 10 m nach links queren (1 Stelle IV +, H) bis unter die lange, kaminartige Verschneidung.
Gemeinsamer Weiterweg: Durch sie ausgesetzt 40 m hinauf (V +) bis unter das Dach. Rechts herausstemmen (H) und gerade empor zum Beginn des langen Kamins. Durch diesen 100 m empor, bis er am Pfeilerkopf endet. Nach O der Rampe entlang, bis man über die tiefe Spalte kommt, dann am Grat beliebig auf das Nordwesteck und weiter auf die Speckkarspitze.
Abstieg: s. R. 1098 A. (W.K.)

● **1093** **Nordwand, „Jungmannschaftsriß“**
B. Hollaus, J. Prantner, 1976. 1. Winterbeg. B. Hollaus, F. Oppurg. **VI—** (eine Passage), V+ und V (lt. Erstbeg.). Kletterlänge etwa 180 m, 3—4 Std. Anspruchsvolle, teils brüchige Kamin- und Rißkletterei, bei Nässe problematisch. Bis 1982 etwa 8 Wiederholungen.

Übersicht: s. Abb. S. 295.
Zugang: wie R 1092.
Führe: E wie Originaleinstieg von R 1092, etwa 40 m über dem Weg bei ausgedorrtem Baumstamm. **1. SL:** Etwa 1 m breiter Stemmkamin, 50 m V (4 ZH) bis in eine Nische. 2 SH. **2. SL:** Aus der Nische herausspreizend auf eine glatte schräge Platte unter einen großen Überhang. Diesem ausweichend über die Platte nach links zum Beginn eines markanten 15 cm breiten Risses. Durch diesen bis zu gutem Stand (35 m, 2 H, V und IV). **3. SL:** Über senkrechte Wandstelle 6 m hinauf auf eine schmale nach links oben ziehende Leiste. Über diese Leiste auf einen großen Pfeilerkopf (V und IV, 3 H). **4. SL:** Beginn des auffallenden Risses im Verschneidungsgrund. Durch ihn etwa 40 m empor bis unter den Überhang. In der Mitte kurz in den linken Parallelriß wechseln (V +, 3 H, 5 HK, Wandbuch). **5. SL:** Unter dem Überhang rechts herauspiazen, bis der Riß wieder senkrecht wird. HK am Anfang des senkrechten Risses. Durch den Riß empor, bis er sich zurücklegt. Weiter zu Stand knapp unter dem Pfeilerkopf (VI— und IV). Weiter wie R 1092. (B. Hollaus)

Speckkarspitze-Nordwesteck von Nordwesten mit den Routen „Born to be Wild“ (R 1096), „Wunderland“ (R 1095), „Tschechenplatte“ (R 1094), „Jungmannschaftsriß“ (R 1093), „Burattipfeiler“ (R 1092), Westwand, nördlicher Durchstieg (R 1086) und „Buhldurchschlag“ (R 1085).

1090
1094
1095
1096
1093
a
1092
1086
1085

● 1094 **Nordwand „Tschechenplatte“**
J. Novak, P. Krupka, J. Doubal, 1979 (Alp. 2/80); 1. freie Beg. H. Zak, 1982. **VII+** (2 Stellen), sonst VII und VI. Künstl. Bew. siehe Skizze. Extreme, kurze Wandkletterei. Kletterlänge etwa 160 m. 4—5 Std. Für Wh. ca. 10 H verschiedener Größe, 2 Sätze Stopper und Hexentric nötig. Bis 1982 etwa 5 Wh.

Übersicht: s. Abb. S. 295 und S. 297.
Führe: s. Skizze S. 298.

● 1095 **Nordwand, „Wunderland“**
A. Orgler, F. Larcher, 1982. **VIII—** (1 Stelle), VII und VI (lt. Erstbeg.) Kletterlänge 120 m, Zeit d. Erstbeg. 6 Std. Bis 1983 keine Wh.

Übersicht: s. Abb. S. 295 und S. 297.
Führe: s. Skizze S. 298.

● 1096 **Nordwand, „Born to be Wild“**
A. Orgler, M. Schell, M. Orgler, 1981. (Alp. 1 / 82) **VIII** (2 Stellen), VII und VI (lt. Erstbeg.) Kletterlänge 125 m, bis 1983 keine Wh.

Übersicht: s. Abb. S. 295 und S. 297.
Führe: s. Skizze S. 298.

● **1098 A** **Abstieg vom Pfeilerkopf** (für R 1092—1096)
IV—.

Das abwärtsziehende Geröllband verfolgen, eine kleine Wandstufe erklettern und weiter, bis man über einen 15 m hohen Abbruch (H, IV—) zum Sattel an den Schnitlwänden abklettern kann. Oder abseilen.

Die Nordwand des Speckkarspitze-Nordwestecks mit Abschnitten der Routen „Tschechenplatte“ (R 1094), „Wunderland“ (R 1095) und „Born to be Wild“ (R 1096).

1096
1095
1094

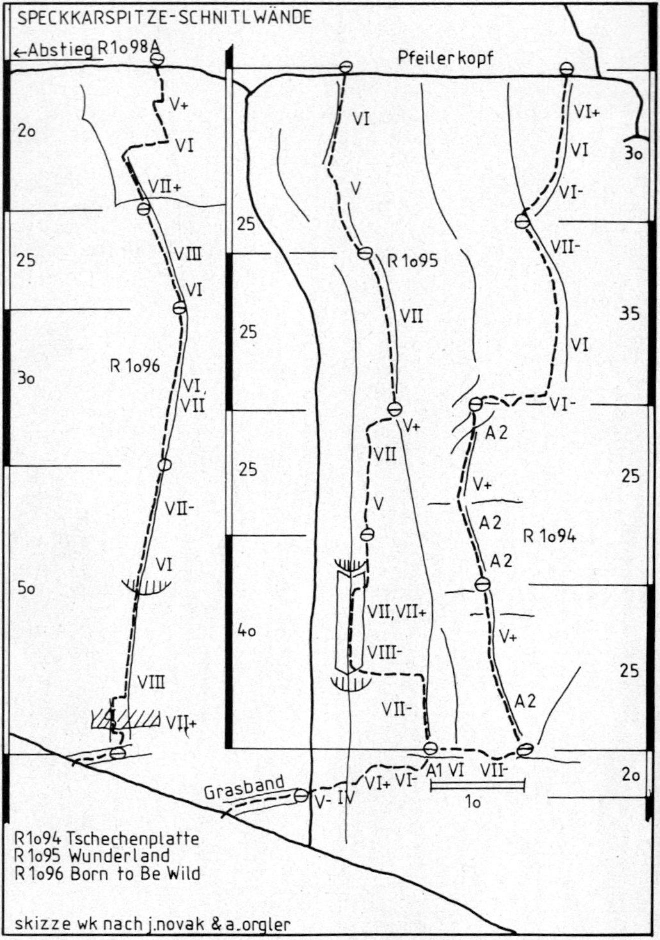
SPECKKARSPITZE-SCHNITLWÄNDE
←Abstieg R1o98A
Pfeilerkopf
R 1o95
R 1o96
R 1o94
Grasband
R1o94 Tschechenplatte
R 1o95 Wunderland
R 1o96 Born to Be Wild
skizze wk nach j.novak & a.orgler

• 1100 Nordwand, westlicher Teil (Hallerangerwand)

• 1101 Über die große Rampe

II. Dieser Weg ist fast nur für Begeher der R 1102 und 1103 von Interesse; die Rampe kann zum Kennenlernen der Verhältnisse in der Wand oder als Fluchtweg nach den ersten SL dienen. Siehe Abb. S. 303. Im Aufstieg 3 Std. vom Hallerangerhaus zum Hauptgipfel.

Vom Hallerangerhaus über die Weideböden empor in Richtung auf das Überschalljoch, dann über die Schuttreise zum Fußpunkt der riesigen Plattenrampe, die schräg nach rechts emporzieht und am Nordwesteck endet. Man erreicht den NW-Grat dort, wo er an den Gipfelaufbau anschließt. Über diesen zum Gipfel empor.

• 1102 Rechter Durchstieg, Route Gombocz/Vigl („Direkte")

K. Gombocz, L. Vigl, 1946. 1. Alleinbeg. H. Buhl, 1947. 1. Winterbeg. F. Kuen, W. Haim, H. Zlabinger, 1963. **VI—** (10 m), sonst überwiegend V+ und V. Schöne Kamin- und Rißkletterei in meist festem Gestein. Nötige H vorhanden. Zusätzliche Keile für Standsicherungen günstig. Öfter begangen. Gesamte Wandhöhe 650 m, Kletterhöhe auf den Pfeilerkopf etwa 400 m. 5—7 Std.

Übersicht: s. Abb. S. 303.
Zugang: vom Hallerangerhaus durch Wald und über die Schotterreise auf Steigspuren, ½ Std.
Führe: s. Skizze S. 301. Weiterweg vom Pfeilerkopf ist in R 1104 beschrieben. (W.K.)

• 1102a Variante im oberen Wandteil

(Wandfoto im Hallerangerhaus). Ohne Bericht. Siehe Abb. S. 303.

• 1103 Linker Durchstieg, Route Kuen/Haim („Östlicher Durchstieg")

F. Kuen, W. Haim, 1964. 1949 wurde die N-Wand auf ähnlichem Weg von G. Bamberger und R. Klocker begangen. **VI—** (einige Passagen), sonst V+ und V, selten leichter. Riß-, Kamin- und Verschneidungskletterei, etwas schwerer und brüchiger als R 1083, dennoch empfehlenswert. Nötige ZH stecken, einige H und Keile für Standsicherungen günstig. Wandhöhe 650 m, Kletterhöhe auf den Pfeilerkopf etwa 400 m. 5—7 Std.

Übersicht: s. Abb. S. 303.
Zugang: wie R 1102.
Führe: s. Skizze S. 301. Weiterweg vom Pfeilerkopf ist in R 1104 beschrieben. (W.K.)

● 1104 Ausstiegsmöglichkeiten für R 1102 und 1103

Die Erstbegeher Gombocz und Vigl querten vom Pfeilerkopf nach links gegen die große Schlucht und erreichten über glattgescheuerte Platten den O-Grat der Speckkarspitze (vermutlich etwa III; Bericht im Tb. Hallerangerhaus).
Weiters ist es möglich, über die breiten Schotterbänder nach rechts zu queren und hier durch eine tief eingerissene Rinne die Schulter im obersten NW-Grat zu erreichen. Es dürfte auch möglich sein, ganz nach W auf den NW-Grat hinauszuqueren.

● 1104a Direkter Ausstieg

Beschr. nach W. Klier, M. Strobl, 1981. **VI** (eine Stelle), sonst V und IV. In der Linienführung logische Fortsetzung für R 1102 und 1103, aber wegen starker Brüchigkeit kaum zu empfehlen. Vor der letzten SL ist es nochmals möglich, nach rechts auf leichtes Gelände zu queren. 1 ZH; H und Keile notwendig. Höhe des Grataufschwungs 130 m. 1½—2 Std.

Vom Pfeilerkopf folgt man zunächst dem stark gestuften, breiten Grat (I und II), stets auf oder knapp neben der Grathöhe bis zu einem neuerlichen Steilaufschwung. Über eine senkrechte Wandstelle (brüchig) nach links hinaus zu H (V), weiter rechts haltend und dann gerade, meist direkt auf der Kante (IV) insgesamt 90 m auf einen Schotterabsatz und zu weiterem Steilaufschwung. Von hier kann man (40 m, III) nach rechts hinausqueren. Oder gerade empor über splittrige Platte (V), Quergang 3 m nach rechts in die überhängende Rißverschneidung, durch sie (VI, brüchig) gerade bis auf den Gratkopf knapp unterhalb des Hauptgipfels und zum Steig von R 1076. (W.K.)

Nordwand, Östlicher Teil (Überschallwand)

● 1110 Route Jöchler/Weidner

S. Jöchler, K. Weidner, 1980. **V+** (eine Stelle), sonst V und IV (lt. Erstbeg.) Wandhöhe etwa 500 m. 4—5 Std.

Übersicht: Die Führe leitet über den ausgeprägten Pfeiler links der Gipfelschlucht, die in der Fallinie des höchsten Punktes herabzieht. Siehe Abb. S. 303.

1116
1114
1113
1111
1112
1115

weiter (überhängend, H) in einem Riß auf leichteres Gelände, dann einige Meter nach rechts in eine gelbe Nische (H). Senkrecht einer Rampe folgend hinauf zu gutem Blockstand. Weiter in einer Verschneidung, die einen Überhang aufweist, auf einen großen Schuttplatz (2 SL). Von hier mäßig schwierig auf den Grat und über diesen zum Gipfel. (Beschr. d. Erstbeg.)

● **1113 Tacitusführe**

M. Kienpointner, H. Klier, 1978. **V—** (stellenweise) und IV. Ges. Wandhöhe 500 m, 4—5 Std.

Übersicht: Am Fuß der Überschallwand, etwa 200 m westl. des Joches, befindet sich ein bis in den Hochsommer schneegefüllter Trichter. Von ihm nehmen mehrere Rißsysteme ihren Anfang. Links (ostw.) empor zieht an der für diese Gegend charakteristischen Plattenwand eine Folge von Schichtkopfbändern, über die die Karl-Binder-Gedächtnisführe emporleitet (R 1115). Gerade empor leitet die Kuen-Haim-Dobrovz-Führe (R 1114). Halbrechts durch den auffallenden Riß führt die „Tacitusführe". Noch etwas weiter rechts ist an die Wand ein auffallender, etwa 60 m hoher Pfeiler angelehnt; zwischen seinem Kopf und der Wand liegt ein gewaltiger Klemmblock. Siehe Abb. S. 305.
Zugang: Man geht bis in den Grund des Wandtrichters hinauf. Vom Schnee an der linken Schluchtbegrenzung gerade empor etwa 20 m zu einem SH. Hier sieht man deutlich den vom Schluchtfuß halbrechts hinausführenden, etwa 100 m langen Einriß. (Achtung: Dieser Einriß darf nicht mit dem Riß verwechselt werden, den der oben erwähnte angelehnte Pfeiler mit der Wand bildet).
Führe: Zunächst 25 m leichter empor an den senkrechten Ansatzpunkt des Risses. Nun insgesamt 80 m (V—, 2 H) durch den teilweise ausgesetzten Riß, bis er sich zu einer rinnenartigen Rampe verbreitert. Zweiter Stand auf einem breiten Köpfl. Nun 1 m absteigen und durch die Fortsetzung der Rinne weiter rechts haltend empor, bis sich links ein Riß öffnet (etwas heikel). Durch diesen 10 m auf ein Köpfl, Stand links unter dem Köpfl. Von hier Quergang 3 m waagrecht nach links an feinen Schuppen bis zum Einriß und durch die Rinne eineinhalb SL empor in einen kleinen Geröllkessel bei einem Schartl. Von hier baut sich die Wand noch einmal senkrecht auf. Man benützt den linken der beiden Risse und klettert 1 SL links haltend durch diesen empor zu einem Standplatz (V—). Von hier entschieden rechts über die große Rampe, wobei man sich zunächst links in der Rißverschneidung hält, während man in der zweiten SL einen Riß etwa in der Rampenmitte erklettert. Man erreicht so ein Köpfl; Ende der Schwierigkeiten. Von hier leicht rechts haltend (II) empor auf den Grat. (H.K.)

● 1114 Kuen-Haim-Dobrovz-Führe

F. Kuen, W. Haim, F. Dobrovz, 1969. **VI—** (stellenweise) und V+ (lt. Erstbeg.). Großzügige Felsfahrt. Alle nötigen H belassen. Wandhöhe etwa 500 m. Zeit der Erstbeg. 8 Std.

Übersicht: s. R 1113 und Abb. S. 305. Anstieg über den schwach ausgeprägten Pfeiler rechts des Kamins mit dem großen Klemmblock.
Führe: Zu Beginn links des Pfeilers, dann rechts davon zu gutem Stand (IV). Nun weiterhin rechts in Richtung einer schwarzen Nische, dann links zum Pfeilerkopf in die Scharte. Quergang nach rechts zu einer Unterbrechungsstelle (Überhang, V—) und weiter durch einen Kamin zu Stand (H). Nun rechts hinauf über eine abdrängende Wandstufe in eine Rinne, dieser folgend bis zu einer Nische und von da 10 m nach links zu großem Standplatz. Durch den senkrechten Riß in der folgenden Platte (H) gelangt man an den Beginn des Schrofengeländes unterhalb der Gipfelwand. 1 SL rechts aufwärts zu einem Felskopf. Nun nach links durch einen Riß aufwärts (VI—, H) zu einer sehr brüchigen Stelle, dann weiter rechts empor auf einer steilen Rampe bis zu deren Ende (Stand). Von hier gelangt man über eine Unterbrechungsstelle (etwa 5 m, sehr ausgesetzt) zur oberen Rampe, dieser folgend 20 m rechts aufwärts und in Gipfelfallinie zu einer schwarzen Höhle (Stand, H). Nun eine halbe SL halbrechts und anschließend einen teilweise überhängenden Kamin empor zu Stand (VI—). 3 SL links zum höchsten Punkt der Wand. Im weiteren folgt man dem schon von unten sichtbaren Grat zum Gipfel. (Beschr. d. Erstbeg.)

● 1115 Karl-Binder-Gedächtnisführe

F. Kuen, W. Haim, 1971. 1. Winterbeg. W. Haim, F. Oppurg, 27.2.1977. **IV+**, 4—5 Std.

Übersicht: s. R 1113 und Abb. S. 305. Durch die Plattenwand links des Trichters zieht rechtshaltend ein 60 m hoher, auffälliger Riß empor. Er vermittelt den Aufstieg.
Führe: Dem 60-m-Riß folgend zu gutem Stand (H). Einige Meter nach rechts aufwärts in eine steile Rinne und zu gutem Stand. Der Rinne folgend und durch eine Verschneidung links aufwärts zu Stand. Etwa 3 m gerade empor, dann rechts über eine Unterbrechungsstelle (H) und Quergang schräg rechts aufwärts. Zuletzt gerade nach oben zu Blockstand, dann 20 m gerade hinauf in leichtes Gelände. Die Route hält sich nun links aufwärts, aber nicht in den Grund des breiten Kamins, sondern über die sehr ausgesetzte Kante, die links von diesem zu einer Scharte führt. Dieses Schartl ist vom vorherigen Stand aus sichtbar. Durch einen Kamin und ein Rißsystem weiter zu einem Köpfl, 2 m nach links hinab zu einem Riß und durch diesen hinauf zu einer abschüssigen

Rampe. Über diese nach rechts zu Stand (H). Gerade hoch (gutgriffig) zu Stand (H). Sehr ausgesetzt gerade empor zum Ende der Hauptschwierigkeiten. 1 SL gerade hinauf, dann linkshaltend zu einer Scharte (Steinmann). Hier setzt ein Grat an, dem man folgt (III—IV), bis der Weiterweg durch einen Überhang versperrt wird. Nun 40 m nach rechts über eine schottrige Rampe hinab zu Köpfl. Über die 40 m hohe Wand gerade hinauf (H). Weiter 1 SL rechts aufwärts (leicht) zu einem Grat. Von hier über Schrofen zum Hauptgrat. Über ihn in ½ Std. zum Gipfel. (Beschr. d. Erstbeg.)

● 1116 Anstieg zum Verbindungsgrat Speckkarspitze — Kleiner Bettelwurf von Norden

II, 2—3 Std. Vermutlich auch als Abstiegsweg für R 1110 bis 1115 geeignet. S. Abb. S. 305.

Von den Weideböden unter dem Überschalljoch sieht man über dem Kar einen muldenartigen Einbruch, der oben Geröllfelder aufweist, zur tiefsten Einsattelung im Verbindungsgrat Speckkarspitze — Kl. Bettelwurf emporziehen. Durch diesen führt der Anstieg empor.

● 1120 Flötenturm

S. Jöchler, M. Messner, 1980. Etwa 100 m hohe, schmale Schichttafel am Fuß der Speckkar-N-Wand, wenig rechts des E der Route Gombocz/Vigl (R 802). Kurze, lohnende Klettereien. Gipfelbuch. Siehe Abb. S. 287 und S. 303.

● 1121 Ostkante

Weg der Erstersteiger. **V+** (2 Stellen), sonst V. 100 m (3 SL), 1—1½ Std. SH vorh., 1 ZH. Meist fester Fels. Bis 1982 eine Wh.

Führe: E an der linken Kante (etwas rechts SH). Über diese 10 m empor (V, IV+), Quergang nach rechts und gerade zu Stand am Fuß der Verschneidung, die wieder zur linken Kante zurückführt. (SH, 30 m). Durch die Verschneidung auf ein Köpfl (V, V+, V—) und über ein senkrechtes Wandl (V) auf einen Absatz und zu Stand unmittelbar an der linken Kante (SH, 40 m). Hart links der Kante 7 m empor (V+), rechts um diese herum und bald wieder links auf die ausgesetzte Kante zurück (lose Blöcke). Über den Schlußüberhang (V, H) und die sich zurücklegende Kante zum Gipfel. (S. Jöchler u. W.K.)

● 1122 Westkante

S. Jöchler, G. Valtingojer, 1981. **V+** (einige Stellen), V. 100 m, 1½ Std. SH vorh.

Zugang: Die schmale W-Seite des Turmes bricht unten überhängend ab und wird rechts von einem Kamin begrenzt. Durch die Rinne in die höhlenartige Erweiterung; hier E (SH).

Führe: Den brüchigen Höhlenüberhang rechts umgehend und 25 m durch den etwas brüchigen Kamin bis einige Meter unter den riesigen gelben Überhang (IV+). Links um die Kante, anfangs leicht fallender Quergang nach links (V—) und über eine Wandstelle (V) empor zu schlechtem Stand. (SH, 45 m). Über einen wasserzerfressenen Riß bis unter den breiten Überhang und Hangelquerung nach rechts in die Scharte (V). Über kurze Absätze (IV—) an der Kante empor, zuletzt über einen 6 m hohen senkrechten Aufschwung direkt an der rechten Kante (V+) zu gutem Stand (SH, 45 m). Die 20 m hohe Gipfelwand wird direkt an der anfangs leicht überhängenden rechten Kante (V+, H) in schöner, ausgesetzter Freikletterei überwunden. (S. Jöchler)

● **1123 A** **Abstieg**

45 m abseilen, dann **III** und II, sehr brüchig. AH an der W-Seite des Gipfelblocks.

Abseilen anfangs über die W-Kante, dann über die überhängende S-Wand in die Rinne zwischen Turm und Wandmassiv. Dann durch die brüchige Rinne (II, III) hinab zum Fuß des Turmes.

● **1125** **Kleiner Bettelwurf,** 2649 m

Erste Ersteigung Carl Gsaller, 1878. Eigenartig geformte Erhebung im W-Grat des Gr. Bettelwurfs, fällt mit 900 m hoher Wand nach N ab und entsendet nach S einen Grat, auf dessen unterem breiten Rücken die Bettelwurfhütte steht. Durchwegs nur auf schwierigen Anstiegen erreichbar. Gipfelbuch des Alpinen Klub Edelweiß, Hall 1919.

● **1126** **Von der Bettelwurfhütte über den Großen Bettelwurf**

Weg des Erstersteigers. **I** und Seilsicherung. 2½—3 Std.

Wie in R 1136 von der Bettelwurfhütte auf den Gr. Bettelwurf. Von der W-Ecke des Gipfelgrates südwestw. durch einen steilen Kamin hinab auf die schotterigen Schrofen der SW-Flanke und durch diese unterhalb der Kammhöhe in die Fallinie der Scharte zwischen Gr. und Kl. Bettelwurf. Auf einem Schuttband nordw. in die Scharte. Den ersten Abbruch des O-Grates des Kl. Bettelwurfs umgeht man an der S-Seite, sodann meist auf der Grathöhe zum Gipfel.

● **1127** **Südgrat**

H. Delago, 1894. **III—**. 2½ Std.

Führe: Von der Bettelwurfhütte über den begrünten Rücken empor an den Fuß der Felsen. Der erste Gratabbruch wird an der W-Seite über schotterige Platten umgangen, die folgenden Gratabsätze am besten gerade überklettert. Zuletzt über Schutt zum Gipfel.

● **1128** **Südwestflanke**

Klettersteig („naturbelassen"), früher III. Weg versandet, für Abstieg ungünstig. Kleine Bez. 1½ Std. von der Bettelwurfhütte.

Hinter der Hütte steigt man auf klein bez. Trittspuren nach N über einen Grasrücken steil bis zu den ersten Felsbändern empor. Bei ca. 2300 m führt ein Drahtseil durch eine kurze, steile Rinne, dann leitet nach einem Stück Schotterband ein weiteres Seil eine Verschneidung hinauf. Über einen steilen Schotterpfad erreicht man ein Querband durch die S-Wand, das nach O durchschritten unterhalb des Sattels zwischen Kl. und Gr. Bettelwurf endet. Nun schwenkt man nach W und steigt über Felsstufen und grobes Geröll (keine Steine auslösen, da darunter Querband) zum Gipfel. (P. Einmayr)

● **1129** **Westgrat, Übergang von der Speckkarspitze**

A. Siegl, mit J. Steinbacher, 1887. **III** (eine Stelle). 3 Std.

Führe: Von der Speckkarspitze durch eine lange, brüchige Kluft ostw. hinab und weiter über den Grat, unter Umgehung einiger Zacken an der S-Seite, bis zur tiefsten Einsenkung. Weiter bis an einen 5 m hohen Aufschwung, auf den Zacken hinauf und jenseits etwas an der N-Seite haltend ausgesetzt hinab, bis man in die scharf eingeschnittene Scharte eiqueren kann, die man überspreizt. Ostw. über den Grat weiter bis zu einem steilen Turm, der durch einen brüchigen, teils überhängenden Kamin (III) erklettert wird. Jenseits in die Scharte vor dem Kl. Bettelwurf und von hier durch einen steilen Kamin in festem Fels auf den Gipfelgrat und zum Gipfel.

● **1130** **Nordwand**

E. Clement, 1909. **IV** (einige Stellen), sonst III. Wandhöhe 900 m. Kaum begangen. 6—8 Std.

Zugang: Vom Hallerangerhaus ostw. zum Überschalljoch und hinab in das oberste Vomper Loch, bis der Weg aus dem Wald heraus und auf freies Gelände tritt. E bei der großen, von links nach rechts emporziehenden Plattenterrasse.
Führe: Von hier gegen eine zerschartete Felsrippe rechts oben in der Wand, die auf einem kleinen Latschenfleck ansetzt. Auf dieser Rippe oder etwas links empor, bis sie hoch oben scharf links abbiegt (Felsköpfl, Steinmann). Auf schmalem Band schräg rechts, dann links hinan und über griffigen Fels auf eine plattige Schutterrasse. Schräg auf-

wärts auf ein Schuttband unter den gelben Wänden und nach rechts zu einem Felskopf, den man über eine plattige Wandstelle erreicht. Um eine Ecke herum und jenseits auf dem Band noch etwa 15 m weiter. Über die Steilstufe erst gerade, dann links empor auf ein nach rechts ziehendes Schuttband. Dieses geht in eine Rinne über, der man, an einer links emporziehenden Rinne vorbei, bis zu ihrem Ende folgt. Über die steilen Felsen zuerst gerade, dann links haltend in die linke Begrenzungswand einer Rinne, an der man emporklettert, bis man die Rinne überquert. Jenseits schräg nach links über steile Plattentafeln weiter auf das unterste Köpfl einer nach rechts abziehenden Rippe. Diese geht in ein Band über, von dessen Ende man auf eine höhere, nach rechts ansteigende Rippe gelangt. Diese mündet bei einem auffallenden Felsköpfl in ein schräges Schuttfeld ein. Von hier über ein steiles Band gegen links empor in die zweite Scharte westl. des Gipfels, von der man in wenigen Min. den Gipfel erreicht.

● **1135** **Großer Bettelwurf,** 2725 m

Erste Ersteigung wahrscheinlich Prof. L. v. Barth, 1855. Zweite Ersteigung Hermann v. Barth, 1870. Zählt mit seinem eindrucksvollen, breit hingelagerten Gipfelbau, der das Inntal um 2000 m überragt, zu den schönsten Felsgestalten des Karwendels und ist durch seine Höhe und vorgeschobene Stellung ein Aussichtsberg von Rang. Dieser höchste Gipfel der Gleiersch-Halltal-Kette fällt gegen N mit riesiger, 1200 m hoher Wand ins Vomper Loch ab; vom kühn geschwungenen Gipfelgrat ziehen zwei Zweiggrate nach S, und zwar westl. der sog. Eisengattergrat, über den der Steig führt, und östl. ein Grat, in dem sich die Fallbachkarspitze erhebt und dem über der Wechselscharte der Halltaler Zunterkopf vorgelagert ist. Gipfelkreuz und -buch.

● **1136** **Südflanke, Eisengattergrat**

I, ausgiebig gesicherter Klettersteig im obersten Teil. Von der Bettelwurfhütte 2 Std. von der Halltalstraße 4—5 Std.

Von der Hütte auf dem Steig ostw. in den Graben, wo der Steig aus dem Halltal heraufführt. Hier ansteigend in südöstl. Richtung auf den Gratrücken und nordw. empor zu den Felsen. Die mit Drahtseilen gesicherte Steiganlage führt nun meist rechts einer schräg herabziehenden Rinne zum Gipfelgrat hinauf; wenige Schritte ostw. auf den höchsten Punkt.

● **1137** **Osteck-Südgrat** (Wechsel-Osteck)

III +, bei Umgehung der letzten Grataufschwünge II. Grathöhe 970 m. Von der Halltalstraße 6 Std., von der Fallbachkarspitze 2 Std. Großzügiger, besonders im Herbst empfehlenswerter Anstieg auf den Bettelwurf für Geübte (im Hochsommer sehr heiß).

Zugang: Von der Halltalstraße (Ladhütte Bettelwurfeck) wie in R 1146 in die Wechselscharte und über den S-Grat auf die Fallbachkarspitze.
Führe: Nun über den gezackten, stellenweise scharf zugespitzten N-Grat hinüber an den Bergkörper des Bettelwurfs, wobei zwei Türme im splitterigen Fels der O-Flanke umgangen werden. Ein Abbruch kann direkt an der Kante, oder etwas westl. davon abgeklettert werden. Über schotteriges Gelände an den ersten Felsaufschwung des Osteck-S-Grates heran. Man kann ihn über prachtvollen Fels etwa 30 m rechts der Kante über Platten und durch einen Einriß ersteigen. Nach 25 m links haltend an die Kante zurück. Den nächsten Aufschwung umgeht man wieder rechts (senkrechte Wandstelle, gutgriffig). Dann über den Grat etwa 2 SL hinauf. Nun links über die Schrofenrinne queren und über brüchiges Gestein an den Fuß der großen, weißen, gerillten Platte, die schon von der Fallbachkarspitze aus gut sichtbar ist. Man quert am Unterrand der Platte gegen links hinaus, bis wenige Meter vor die Kante. Von einem guten Standplatz senkrecht über steilen, aber gutgriffigen Fels etwa 30 m empor an die Gratschneide. Über diese nach rechts und nun immer auf der Grathöhe bleibend auf das Osteck des Bettelwurfs.
(Vom ersten Felsaufschwung des S-Grates kann man auch in die brüchigen Schrofenrinnen nach links hinausqueren und umgeht damit den ganzen Aufschwung. Man erreicht schließlich den S-Grat wieder kurz unterhalb des Ostecks. Der direkte Anstieg ist aber wesentlich schöner und auch ungefährlicher.)

● 1138 Gerade Nordwand

E. Koch, F. Stoll, 1926. 1. Winterbeg. E. Knapp, W. Larcher, K. Wagner, 1961. **V—** (einige Stellen im unteren Wandteil), sonst IV. Wandhöhe 1100 m. Selten begangen. 7 bis 8 Std.

Übersicht: Der Anstieg bewegt sich fast durchwegs in Gipfelfallinie; über dem 300 m hohen steilen Wandgürtel am Wandfuß ist knapp links der Geraden ein Schrofenkessel in die Wände eingelagert. An seinem westl. Rand fällt ein begrüntes Köpfl auf. Dieser Kessel stürzt steil in eine Schlucht ab; diese beginnt 100 m über dem Karboden und zieht von W nach O in die Wand hinein. Zu ihrem Abbruch zieht eine weißgewaschene Plattenrampe steil nach links hinauf.
Zugang: Der E befindet sich bei dem Lawinenkegel unterhalb der Schlucht.

Führe: Über diesen hinauf, die Randkluft nach rechts hin überschreitend, in eine kurze Rinne und auf die Höhe der Plattenrampe. Hart an der senkrechten Bergwand über die abgescheuerten Platten links aufwärts zum Schluchtabbruch empor. Durch eine 3 m hohe brüchige Verschneidung zum Beginn der Schlucht (große Wasserbecken). 60 m im Schluchtgrund aufwärts. Nun wird in der rechten nördl. Schluchtwand ein etwa 130 m hoher, tief eingeschnittener Kamin sichtbar. Dieser bildet die weitere Fortsetzung des Weges. Der Schluchtgrund wird verlassen. Etwa 40 m über plattiges Gestein aufwärts auf ein Band und über dieses nach rechts in den Kamingrund. Der Kamin ist im unteren Teil von mehreren Absätzen unterbrochen, oben sind mehrere Klemmblöcke, zuletzt erreicht man einen kleinen Geröllkessel. Ein 8 m hoher glatter Riß bildet das Schlußstück dieses Schlundes. Damit ist die rechte unterste Ecke des Schrofenkessels erreicht. Von hier zieht als Fortsetzung des Kamins eine große Rinne, von vielen Steilabsätzen unterbrochen, aufwärts zum Gipfelgrat. Als weitere Anstiegslinie dient die westl. Begrenzungsrippe dieser Rinne. (Nach ungefähr 60 m ist das begrünte Köpfl erreicht.) Immer auf der Rippe bleibend gerade aufwärts bis zu den gelben Wänden des Gipfelgrates. Die Rinne wird nun nach links hin überschritten. Östl. der Rinne, etwas links haltend, aufwärts zum Gipfelgrat 40 m westl. des Gipfels.

● **1139** **Alte Nordwand**

O. Melzer, M. Peer, 1896. **IV.** Langwierig, schwer zu finden. Vom Lochhüttl 9 Std., s. 11. Aufl. 1978, S. 260 (R 918).

● **1140** **Von Norden aus dem Bockkarl**

III (stellenweise). Langwierig und mühsam. Vom Jagdhaus „In der Au" 8 Std., s. 11. Aufl. 1978, S. 260 (R 916).

● **1145** **Fallbachkarspitze (Wechselspitze),** 2324 m

Erste Ersteigung O. Ampferer, W. Hammer, 1894. Steile Erhebung in dem vom Gr. Bettelwurf nach S zur Wechselscharte ziehenden Zackengrat; von verschiedenen Seiten — aber nirgends leicht — ersteiglich. Gipfelkreuz, Gipfelbuch.

● **1146** **Südgrat**

Weg der Erstersteiger. Wegänderung O. Ampferer, 1899. **II.** Von der Halltalstraße 3½ Std., von der Wechselscharte 3 Std. Siehe auch R 1137.

Von Hall durch das Halltal zur Bettelwurfreise (R 276). Auf dem Steig

in vielen kleinen Kehren empor; wo dieser links in die Felsen führt, steigt man ostw. unmittelbar am Wandfuß der N-Wände des Halltaler Zunterkopfes, durch die immer schmäler werdende Schuttgasse auf die *Wechselscharte,* 1760 m, eine schmale Einschartung.
Den mühsamen Anstieg über die Schuttgasse kann man vermeiden, indem man wie in R 1161 von der Winklerhütte zum Halltaler Zunterkopf ansteigt. Von dort auf gutem Steig unschwierig mit etwas Höhenverlust in die Wechselscharte.
Nordw. über die steile Wand („Nagelwand“, Drahtseilsicherungen) zuerst kurz rechts, dann linkshaltend, empor und nach rechts auf einen Latschenhang. Über diesen aufwärts und nach Ende des Bewuchses auf den nun deutlicher hervortretenden S-Grat. Meist genau auf der Grathöhe empor gegen den letzten Aufschwung, der durch eine steile Rinne an der O-Seite erstiegen wird. Oder, schöner, jedoch ausgesetzt (III—) gerade über den plattigen Grat zum Gipfel.

● **1147** **Von der Bettelwurfhütte und über den Nordgrat**
III. Von der Hütte 2 Std.

Von der Hütte ostw. auf dem Steig in den ersten weiten Graben und hinauf auf den Eisengattergrat. Von hier pfadlos ostw. durch das Bettelwurfkarl über einzelne Grasflecken und plattige Rinnen. Von der O-Seite des Kares empor zur tiefsten Scharte zwischen Fallbachkarspitze und Gr. Bettelwurf. Nun südw. über den scharfen Grat empor, wobei man dem Steilabbruch in der O-Flanke ausweicht, zum Gipfel.

● **1148** **Westwand,** aus der Lawinenschlucht
E. Habel, E. Siller, 1923. **IV+.** 6—8 Std. Wandhöhe 700 m.

Zugang: Von der Bettelwurfreise hält man gerade auf die Wasserschlucht zu, an der man einsteigt.
Führe: Vom E quert man dem Wasser entlang 5 m über die plattige Wand hinauf, verläßt den Wasserfall nach links hin und quert auf ein schiefes Geröllband unter einem Überhang (etwa 12 m), der bis in halbe Höhe von einem Kamin durchrissen ist. Diesen empor, von seinem Ende nach rechts über eine Plattenrippe (H) in die Wasserschlucht. In derselben wechselweise links und rechts empor in einen Plattenkessel (Wasserfall). Links des Falles quert man einige Meter nach außen und erreicht so einen kurzen, senkrechten Riß, der auf ein Plattenband führt (IV+). Auf diesem Querung nach rechts zur Wasserrinne. In dieser weiter bis zu einem zweiten Schluchtkessel; rechts oberhalb erblickt man den Gipfel. Der Kessel wird nach links hin, zu einem mächtigen, schon vom Kar aus sichtbaren Kamin (etwa 3 SL) durchklettert. Vom

Kamin Querung nach rechts in die Wand, die vom zweiten Kessel heraufzieht; ganz rechts erreicht man eine kaminartige Rinne, die man, durch die Latschen links haltend, bis zur eigentlichen W-Wand verfolgt. Unmittelbar unter dem Hauptgipfel ansteigend, dann nach links querend, bald nach rechts ausweichend, steigt man zuletzt einige SL gerade aufwärts bis zum überhängenden Wandabbruch. Man quert hier nach links, und erreicht zuletzt, sich nach rechts haltend, den Hauptgipfel.

● 1149 Ostwand
E. Clement, S. Zangerle, M. Blaschke, 1909 (ÖAZ 1909, S. 207). **III+**. 8 Std.

Zugang: Durch die Schlucht des Fallbaches bis zum großen Wasserfall, über eine Felsrampe rechts in das Hochkar. Durch die mit Schnee erfüllte Schlucht weit empor bis 200 m unter den großen, gelben Turm. Nun nach links in die Mulde des Fallbachkares, weiter links bis unter die O-Wand.
Führe: Durch die Wand gerade empor zum Gipfel.

● 1150 Unmittelbarer Anstieg ins Fallbachkar
H. Delago, im Abstieg, 1891. **IV**. Schwer zu finden. Von Hall 7 Std. Siehe 11. Aufl. 1978, S. 263, R 654.

● 1151 Über die Wechselscharte ins Fallbachkar
III (stellenweise). Von Hall 6—7 Std.

Wie in R 1146 von Hall über die Bettelwurfreise auf die Wechselscharte. Von hier zwei Wege ins Fallbachkar:
a) Etwas leichter: Von der Scharte ostw. 30 m absteigen, dann über ein Band nordw. zu einem Klamml. Durch dieses empor und hinüberwechseln zu einem zweiten Klamml, durch das man auf den latschenbestandenen Steilhang oberhalb der Fallbachkarschlucht gelangt. Über diesen aufwärts und auf einem Gamswechsel nordw. ins Kar.
b) Etwas kürzer: Von der Scharte gleich nordw. mit Hilfe von Eisenstiften über die steile Wand empor, dann gegen rechts auf einen Latschenhang. Über diesen empor, dann in die östl. Begrenzungsrinne, die schräg rechts auf ein Schartl leitet, von dem der in a) erwähnte Gamswechsel ins Fallbachkar führt.

● 1152 Übergang zum Großen Bettelwurf
Vgl. R 1126.

● 1160 Halltaler Zunterkopf, 1855 m

Auch Hüttenspitze genannt (AV-Karte 5/2). Steiler Felskegel, der mit senkrechter Wand (Winklerwand) nach N zur Wechselscharte abfällt und durch diese vom S-Grat des Gr. Bettelwurfs abgetrennt ist. An seinem SW-Fuß liegt die Winklerhütte (Alpensöhnehütte).

● **1161** **Normalweg von Süden**
I. Bez. Steig. 1 Std.

Von der Hütte (R 265) in nordöstl. Richtung über den bewaldeten Rücken empor zu den „Vogelböden"; auf der Höhe des Rückens Steigspuren (P. 1552). Sodann gerade empor über den S-Hang und über schrofiges Gelände nach rechts zum Gipfel.

● **1162** **Winklerwand, Schluchtweg**
K. Gombocz, E. Kienpointner, 1947. **VI—**. 5 Std.

Führe: Den oberen Wandteil durchreißt eine auffallende Schlucht. E in ihrer Fallinie. (2 SL glatte Wand, VI—.) Über leichteren Fels steigt man ungefähr 3 SL zu einer auffallenden Nische hinauf. Diese verläßt man nach links, sodann 4 m empor (H), worauf man 3 m nach rechts quert. Über eine glatte Wandstelle zu einem Überhang (H), und über diesen in einen ausgewaschenen Kamin. Durch diesen erreicht man das untere Ende der Schlucht (Schotterplatzl). Durch die Schlucht, immer leichter, zum Ausstieg.

● **1165** **Fallbachkartürme,** höchster Turm 2548 m

Erste Ersteigung Prof. Migotti, 1878. Wilde Zackenreihe im Grat zwischen Gr. Bettelwurf und Hoher Fürleg, die das schwer zugängliche Fallbachkar nördl. im Bogen umrahmen. Die Fallbachkarscharte scheidet sie von dem der Hohen Fürleg nordwestl. vorgebauten Walderkampturm. Durch die 1100 m hohe Nordwand wurden in neuerer Zeit schwierige Anstiege gefunden.

● **1166** **Überschreitung von Westen nach Osten**
O. Ampferer, W. Hammer (Mitt. 1910, S. 256). **II,** bei Überschreitung des Walderkampturmes III—. Empfehlenswerter ist die Überschreitung von O nach W. 3—4 Std.

Vom Bettelwurf-O-Eck durch die Rinnen in der NO-Flanke hinab auf die Höhe der kleinen Scharte, mit der der Grat am Bergmassiv des Gr. Bettelwurfs ansetzt, und die man nordostw. querend erreicht. Weiter über den Grat zu einem Abbruch; man erreicht die Einschartung entweder durch Abseilen oder durch eine Steilrinne in der S-Flanke. Über den scharfen Grat ostw.; einem plumpen Felsklotz umgeht man auf Bändern in der S-Seite. Sodann ostw. auf den ersten Turm. Nun durch einen steilen Kamin knapp nördl. des Grates hinab, dann Querung auf Bändern in der N-Seite und nach rechts in die Scharte. Von dieser wiederum ohne Schwierigkeiten auf den Mittelturm. Über den Grat weiter in die nächste Scharte; leichter hierher auf Bändern in der S-Flanke. Gerade am Grat auf den dritten Turm; jenseits hinab und über ein ebenes Gratstück in die breite Fallbachkarscharte. Aus dieser baut sich der erste Steilaufschwung des Walderkampturmes auf. Nordwestl. durch eine breite schuttbedeckte Rinne 30 m abwärts und unter der gelben Steilwand des Turmes über Platten und Schrofen in südöstl. Richtung querend bis in die breite Felsrinne, die zur Scharte zwischen dem Turm und der Hohen Fürleg hinaufzieht. Der Aufstieg auf den Turm von W ist nach einer kurzen Querung in die N-Flanke leicht möglich. (Mitt. D. Anhauer). Von der Scharte ausgesetzt südl. der Gratkante empor auf den Grat und über diesen auf den Gipfel der Hohen Fürleg.

● **1167** **Nordwand, Westliche Route**

F. Kuen, W. Haim, 1968 (Alp. 4/1971). **VI** (einige Stellen im unteren Wandteil), oberer Teil III und IV. Großzügige Freikletterei. 45 H belassen, Mitnahme von 10 H empfohlen. Bis 1980 5 Wiederholungen. Wandhöhe 1000 m, schwieriger Teil 600 m. 8—10 Std.

Zugang: Vom Halleranger über das Überschalljoch so weit hinunter, bis der Steig wieder leicht ansteigt. Hier verläßt man diesen nach rechts (nach der Bettelwurf-N-Wand) in das Schuttkar, das vor der markanten Plattenwand eingelagert ist. Der E befindet sich links der Wand bei einem Felskopf mit einer Latschenkrone.

Führe: Durch den bei dem Felskopf ansetzenden Kamin 1 SL zu gutem Stand (IV). Weiter über eine Rampe nach rechts zu Stand. Rechts um die Kante (etwas brüchig) und gerade empor (H), dann links haltend zu gutem Stand (V+). Durch eine schräge Verschneidung 10 m zu einer Platte. Diese wird links aufwärts überklettert, einige Meter gerade hinauf zu Stand am Beginn einer Verschneidung. Durch diese zu weiterem Stand (V+). Die Rinne weiter empor zu gutem Stand, dann gerade hinauf zu einem Köpfl (H). Von hier 6 m Quergang nach links in eine Verschneidung, einige Meter empor, dann nach rechts zu Stand hinaus (IV). Eine SL (III) in einer Rechts-Links-Schleife zu gutem Stand. Durch den folgenden Kamin 20 m zu H hinauf. Nun nicht gerade weiter, sondern rechts über Platten (IV—) zu gutem Stand. Weiter schräg rechts aufwärts zu einer Verschneidung, die man nach rechts verläßt, um die Kante zu erreichen (H). Diese in freier Kletterei (VI) zu Stand hinauf. In der folgenden Verschneidung hinauf und etwas nach links zu Stand. Nun in einer Links-Rechts-Schleife zu schlechtem Stand (IV)

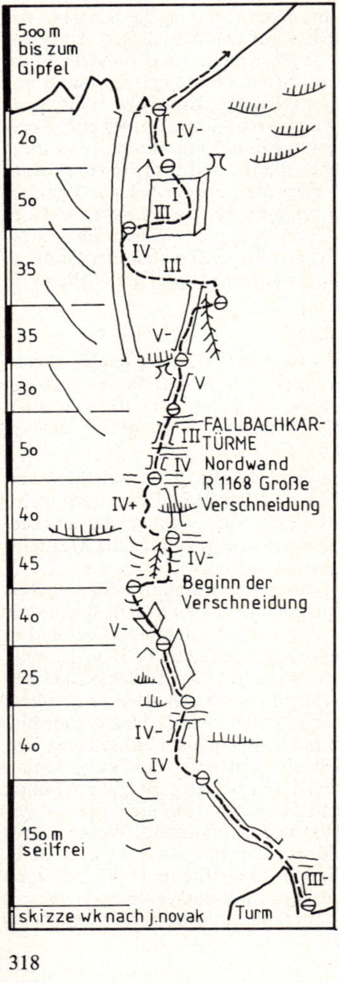

rechts der großen Verschneidung unter dem gelben Wandteil. Von hier eine SL waagrechter Kletterquergang (H, VI) nach rechts zu Stand unter einem Kamin. Zuerst durch den Kamin, anschließend über eine Rampe zu Stand. Von hier folgt man einer Verschneidung etwas nach rechts, dann nach links (immer in der Verschneidung bleibend) empor (fester Fels, IV+). Die sich senkrecht aufrichtende Verschneidung bis zu ihrem Ende, guter Stand. Hier über die graue, senkrechte Gipfelwand hinauf (VI—) auf den Wandkopf, den man nach 2 SL erreicht (III). Ende der Hauptschwierigkeiten. Nun folgt man dem Grat, der immer steiler wird (II—III), bis zum Gipfel der Fallbachkartürme.

• 1168 Nordwand, Große Verschneidung

J. Doubal, P. Krupka, 1979 (Alp. 2/80). **V** (einige Passagen), oft leichter. Meist fester Fels; 30 H, alle entfernt, KK zur Sicherung günstig. Zeit der Erstbeg. 9 Std. Wandhöhe 1000 m.

Übersicht: Die Route verläuft im linken (östl.) Wandteil, im

unteren Teil durch die sehr markante, 350 m hohe Verschneidung.
Führe: s. Skizze S. 318. (J. Doubal)

• 1169 Nordwand, Östliche Route
W. Haim, R. Hinteregger, 1978. **IV** (im unteren Teil), dann II und III. Wandhöhe 1100 m. 7—9 Std.

Zugang: Vom ebenen Platz oberhalb des Lochhüttls quert man das Schuttkar bis zum höchsten Punkt des Waldes, der hier fast bis an die Wand reicht. Hier sieht man eine auffallende Schlucht, die von rechts unten nach links oben zieht. Sie dient zur Orientierung.
Führe: An der Kante links der Schlucht etwa 25 m empor, anschließend rechts in die Schlucht, Stand. Durch den anschließenden, teils senkrechten Kamin (H) 2 SL empor (IV). In einer Rechtsschleife zum Ende der Schlucht und hinauf auf die linke Kante (4 SL). 1 SL halblinks empor zu einer Scharte. Von dort 40 m Quergang in den Grund der großen Schlucht. An ihrer linken Kante etwa 10 SL aufwärts (stellenweise IV) und abschließend durch eine 40 m hohe brüchige Verschneidung auf den latschenbestandenen Pfeilerkopf (einzelne Bäume). Von hier stets rechtshaltend über Wandstufen und Kamine und Rinnen empor zum Gipfelgrat (II und III). (W. Haim)

• 1170 A Abstieg von den Fallbachkartürmen

Vom Gipfel der Türme weiter über den Grat zum Gr. Bettelwurf, von hier mark. Weg oder durch das Fallbachkar direkt Richtung Halltal.

• 1171 Übergang vom Großen Bettelwurf zur Hohen Fürleg durch das Fallbachkar
III— (stellenweise). 2—3 Std.

Führe: Vom O-Eck in die erste Scharte südl. (III—), und durch eine Rinne hinab in den NW-Teil des Fallbachkares. Nun quert man das von Felsstufen durchsetzte Kar gegen die SW-Flanke der Hohen Fürleg und gelangt durch diese Flanke auf den Gipfel.

• 1175 Hohe Fürleg, 2571 m

Ersterst. Carl Gsaller, 1880. Steile Erhebung im Gratverlauf nahe der etwas niedrigeren Walderkampspitze; entsendet nach NW zur Fallbachkarscharte einen Grat, in dem sich der Walderkampturm erhebt. Kreuz und Buch.

• 1176 Südwestflanke, aus dem Fallbachkar
Weg des Erstersteigers. **III.** Von Hall 7 Std.

Zugang: Wie in R 1151 ins Fallbachkar.

Führe: Nun aufwärts in die oberste östl. Karmulde und schräg rechts empor über den plattigen Fels der Flanke auf den Gipfel.

● 1177 Westgrat
H. Ficker, Graf, 1899. **IV.** Von der Scharte 1 Std.

Von der Fallbachkarscharte unter Umgehung des Walderkampturmes wie in R 1171 über den Grat zum Gipfel.

● 1178 Übergang zur Walderkampspitze
I (2 Stellen), Steigspuren, häufig beg., ¼ Std.

Der Übergang zu der um wenige m niedrigeren Spitze erfolgt gerade über die gestufte Gratverbindung.

● 1179 Walderkampturm
O. Ampferer, W. Hammer, 1898. **III—** (stellenweise). ¾ Std. Vgl. R 1166.

Führe: Der Turm steht im NW-Grat der Hohen Fürleg. Von der Hohen Fürleg über die Platten der SW-Flanke oder ausgesetzt über den brüchigen NW-Grat in die Scharte südöstl. des Turmes; oder durch Plattenrinnen gerade aus dem Fallbachkar in diese Scharte. Von hier nördl. des Grates durch einen steilen Kamin, zuletzt über den Grat selbst auf den höchsten Punkt des Turmes.

● 1185 Walderkampspitze, 2565 m

Erste Ersteigung durch Geometer, 1853. Felskuppe im Hauptkamm, der von hier über die Traten und den Hundskopf ostw. abfällt auf den begrünten Rücken des Walderkammes. Nördl. des O-Gipfels der Bockkarlturm. Kreuz am O-Gipfel.

● 1186 Ostgrat, von der Hinterhornalm
I., Steig, gesichert, Steinmandln, häufig beg., 3—4 Std.

Wie in R 55 zur Hinterhornalm, 1524 m. Von hier nordw. durch Latschen und über Schutthänge bis unter Felsabsätze. Nun auf Steigspuren über Rinnen westw. querend und hinauf zu dem steilen Hang, der von der breiten Mannl-und-Weibele-Scharte gegen S zieht. Durch eine tiefe Steilrinne unter den Felsen gelangt man in die Scharte. (Hierher auch wie R 1201.) In südwestl. Richtung zu einer grasigen Schrofenrinne und durch diese auf die wenig geneigte Gratstufe (Traten), die auch über den SO-Hang erreicht werden kann. Nun westw. über den Grat und über Schrofen auf den ersten Aufschwung, von dem ab der Grat scharf und zerrissen wird, so daß man mitunter zum Ausweichen in die S-Seite genötigt wird.

● 1187 Südflanke

IV (stellenweise). Kaum lohnend. 6 Std. von Gnadenwald.

Zugang: Von der Kirche von St. Martin im Gnadenwald auf einem Alpsteig empor zur Wantlalm, 1252 m. In nordöstl. Richtung weiter zum S-Abfall des Gipfels. Vier Latschenzungen ziehen hier in die Wand empor; man wählt die dritte, von W her gezählt.

Führe: Nun stets über latschendurchsetzte Schrofen und durch kleine Rinnen sich östl. haltend empor gegen die tiefste Scharte des Gipfelgrates, die man über eine plattige Wand erreicht. Über den Grat zum Gipfel.

● 1188 Von Norden

V+ (stellenweise), V. Kaum begangen. 7—9 Std. vom Jagdhaus in der Au.

Zugang: Vom Jagdhaus südwestw. auf Steigspuren in das schmale, zwischen Walderkampspitze und Bettelwurf eingelagerte Bockkarl.

Führe: E in einem Riß in hoher, plattiger Wand neben dem O-Absturz des Gr. Bettelwurfs. Ein Klemmblock im oberen Teil des Risses wird rechts umgangen (sehr ausgesetzt). Von seinem Ende immer links haltend über Wandstellen und Bänder in eine schluchtartige Rinne, die man bald wieder verläßt. Links über eine Rippe auf eine Terrasse. Auf dieser setzt eine Steilwand ab, die von zwei Kaminen durchzogen ist. Durch den westl. stemmend bis an sein Ende; von hier auf schmalem Band 4 m nach links zum Bandabbruch. Seilwurf auf den 2 m höheren Block und Pendler auf eine Felsrippe, die in den östl. Kamin hinüberführt. Durch diesen auf eine weitere Terrasse. Über Felsstufen auf ein breites Band, das 15 m nach links zu der Rinne führt, die zwischen Hoher Fürleg und Walderkampspitze mündet. Die Rinne ist sehr steinschlaggefährdet; man klettert deshalb neben ihr, sodann schräg über Schrofen. Zuletzt durch einen Kamin auf den Gipfel.

● 1189 Bockkarlturm, 2502 m

E. Beyrer, L. Höß, 1902. **IV.** Sehr selten erstiegen. Gipfelbuch des AKE Hall, 1919. 1 Std. vom Hauptgrat.

Übersicht: Vom O-Gipfel der Walderkampspitze zweigt nördl. ein Grat ab, der den Turm trägt.

Führe: Man umgeht die brüchigen Zacken des Verbindungsgrates und gelangt durch eine Schuttrinne in die Scharte südl. des Turmes. An glatter Wand gerade empor, dann rechts in einen Kamin, der unten überhängt; er verbreitert sich bald und leitet gerade zum Gipfel.

● 1195 Hundskopf, 2243 m

Auch Walder Zunterkopf oder Tratenspitze genannt. Letzte Felskuppe der Halltalkette im O, östl. der breiten Mannl-und-Weibele-Scharte. Trigonometrischer Punkt. Gipfelbuch.

● 1196 Ostgrat
Bez. und gesicherter Steig. 2 Std. von der Hinterhornalm.

Von der Alm auf Steig direkt nordw. über die Rasenhänge empor. Mühsam durch den Latschengürtel und über einen steilen Hang zu einem grünen Rücken. Man folgt stets dem bez. Steig, der teils auf dem Grat, teils westl. davon über einen Vorgipfel (P. 2008) zum Gipfel führt. Die Felspassagen alle gesichert. (Henriette Klier)

● 1197 Felix-Kuen-Weg
Gesicherter Klettersteig. Benannt nach dem Tiroler Bergsteiger Felix Kuen. 2 Std.

Der Steig leitet vom O-Grat-Weg aus in die N-Flanke des Hundskopfs und zuletzt von W auf den Gipfel.

● 1198 Südwand
H. Delago, O.P. Maier, 1911. **III.** Selten begangen. 1½ Std.

Führe: E in der Fallinie des Gipfels. Zunächst durch eine flache Rinne und einen Kamin etwas östl. haltend empor. Sodann rechts um eine Rippe in eine Schlucht und durch diese empor zur flachen Gipfelwand und zum Gipfel.

● 1199 Gerade Südwand
V. Ohne Bericht.

● 1200 Westwand

Kurzer Klettersteig, bez., 20 Min. aus der Mannl- und Weibele-Scharte (R 1201).

● 1201 Durch die Nordflanke zur Mannl-und-Weibele-Scharte
I, Seilsicherungen. Von der Hinterhornalm 2 Std.

Wie in R 1196 auf den O-Grat. Hier trifft man vor den Felsen auf ein Steiglein, das durch die N-Flanke des Walder Zunterkopfes, teilweise mit Drahtseilen gesichert, unschwierig auf die Mannl-und-Weibele-Scharte leitet.

IV. Die Hinterautal-Vomper-Kette (Hauptkamm)

● **1210** Hinterautal und Vomper Loch, die am Überschalljoch zusammentreffen, begrenzen im S den dritten Karwendelkamm oder Karwendel-Hauptkamm, die mächtigste, mit fast 40 km längste und mit der Birkkarspitze (2749 m) höchste Kette des Gebirges.
Der Hauptkamm entsendet nach S eine Reihe von Graten: Spitzhüttengrat (Seekarspitze), Birkköpfe (Mittl. Ödkarspitze), Heißenkopfgrat (Kaltwasserkarspitze), Sonnenspitzgrat, dann als größten den von der Grubenkarspitze ausstrahlenden Roßlochkamm, schließlich den vom Hochglück nach S ziehenden Grat, der Kaiserkopf und Huderbankspitze trägt. Gegen N ziehen nur im W-Teil Zweigkämme (Kl. Seekarspitze, Hochalmkreuz), während von der Moserkarspitze weg eine beinah ungegliederte Kalkmauer mehrere Kilometer gegen O verläuft, aus der nur der Grubenkarpfeiler hervortritt. Der mächtigste Teil dieser Mauer sind die Laliderer Wände, die geschlossenste Wandflucht der Nördl. Kalkalpen. Erst von der Eiskarlspitze ostw. ist der Kamm wieder stärker gegliedert. Bei der Lamsenspitze wendet er sich in südöstl. Richtung und sinkt allmählich über Hochnißl und Fiechter Spitze zum Ausgang des Stallentales bei Stans ab. Der Hauptkamm weist nur drei Übergänge auf, die erst mit künstlichen Hilfsmitteln erschlossen worden sind: Schlauchkarsattel, 2635 m (R 1302), und Lamsscharte, 2270 m (R 431) sowie den gleich daneben gelegenen Lamstunnel (R 432). Daneben kommen für den geübten Bergsteiger die Breitgrieskarscharte (R 1263), die Moserkarscharten und die Hochglückscharten (R 1366 und 1587) in Betracht. Stützpunkt für Touren am Roßlochkamm ist der Halleranger; die übrigen Fahrten an der S-Seite erfordern durchwegs lange Anmarschwege. Stützpunkt für alle Besteigungen im W-Teil des Hauptkamms ist das Karwendelhaus; die Falkenhütte dient als Ausgangspunkt für die N-Anstiege zwischen Moserkarspitze und Grubenkarspitze; für das Spritzkargebiet kommt die Eng in Betracht. Die Touren im O-Teil werden von der Lamsenjochhütte aus unternommen. Von Hochtouristen häufig besuchte Gipfel sind Birkkar-, Ödkar- und Kaltwasserkarspitzen im Bereich des Schlauchkarsattels sowie Lamsenspitze und Hochnißl. Eine Fülle von Zielen für den extremen Kletterer bieten die Laliderer Wände und die Grubenkar-N-Seite (R 1440ff.). Die Herzogkante auf die Laliderer Spitze ist eine der schönsten langen, mittelschweren Touren im Karwendel (R 1444). Im Bereich der Lamsenjochhütte gibt es eine ganze Reihe von kürzeren, meist schwierigen Kletterrouten an der Lamsenspitze, Rotwandlspitze, Mitterkarlspitze und am Lamsenhüttenturm (R 1680ff.).

1. Gesamtüberschreitung des Hauptkammes Gustav Haber, 12.—17.9.1930 (Tb. Lamsenjochhütte). 1. Winterüberschreitung des östl. Teiles G. Maier, H. Niederberger, 14.—18.4.1960. 1. Winterüberschreitung des westl. Teiles (Pleisenspitze — Ödkarspitze) Toni Kinshofer, Anderl Mannhardt, 26.—29.12.1960. 1. Winter-Gesamtüberschreitung Josl Knoll, Klaus Gürtler, Franz Sint, 4.—10.3.1969.

● **1211** **Pleisenspitze,** 2567 m

Westl. Eckpfeiler des Karwendel-Hauptkammes, der mit steiler Wand gegen N ins Karwendeltal abbricht, während er nach S zwei breite Grate entsendet, die das Vorderkar einschließen. Von Scharnitz aus unschwierig, aber mühsam; der unmittelbare Übergang zur Larchetkarspitze ist schwierig. Vgl. R 295f. Erstersteigung: M. V. Lipold, 1843.

● **1212** **Von Scharnitz über die Pleisenhütte**
Bez. Steig, 5 Std.

Von Scharnitz wie in R 296 zur Pleisenhütte, von hier einem Steiglein folgend (in der Nähe interessante Höhlen) durch die Latschen das Vorderkar querend gegen den Hinteren Pleisengrat, über dessen breiten Gratrücken man den ohne Schwierigkeiten Gipfel erreicht. 2 Std. von der Hütte.

● **1213** **Von Scharnitz auf anderem Weg**
Siehe 11. Aufl. 1978, S. 271 (R 675).

● **1214** **Von der Larchetalm über die Nordflanke**
III— (stellenweise). 5 Std.

Führe: Von der Alm auf Jagdsteig südl. ins untere Larchetkar. Hier wendet sich der Steig ostw.; man steigt pfadlos gerade weiter über eine Felsstufe ins obere Kar. Schräg von rechts zieht eine schneegefüllte Schlucht herab, gegen die man ansteigt; in ihr empor bis unter den Schlußüberhang, dann über schuttbedeckte Bänder und Schrofen gegen rechts zu dem weit vorspringenden Vorbau unter der N-Wand. Zwischen diesem Vorbau und dem N-Grat ist ein kleines Kar eingebettet; dieses wird gegen W gequert, ebenso wird der N-Grat unter dem senkrechten Aufschwung überschritten. Sodann über Schrofen zum Hauptgrat und über diesen zum Gipfel.

● **1215** **Nordwand**
H. Jach, K. Ibscher, A. Schuster, 1913. **IV.** Wandhöhe etwa 250 m.

Zugang: Wie in R 1214 zum Vorbau. E 30 m rechts von einem fallen-

den Riß, der westl. von wasserüberronnenen Platten begrenzt wird und zur großen, vom Gipfel herabziehenden Schlucht zieht.
Führe: Über steile Platten und schmale Bänder links gegen die Schlucht empor, dann mittels Steigbaum in sie hinein. In oder neben der Schlucht aufwärts, zuletzt in einer Rinne 100 m empor und nordöstl. zum Gipfel.

● 1216 **Nordwestgrat**
K. Hagspül, K. Fink, 1920. **IV**, 4 Std. E; s. 9. Aufl. 1969.

● 1217 **Ostgrat**
K. Hagspül, E. Geisler, 1921. **IV+** (stellenweise). 2 Std. E.

Zugang: Von der Larchetalm in 3½ Std. schwierig (aus dem Mitterkar von S her leichter) auf den Sattel zwischen P. 2456 und einem westl. befindlichen Gratkopf. Nach Überschreitung des Kopfes, der vom Karwendeltal aus gesehen eine prächtige Pyramide bildet, gelangt man in wenigen Min. zu einer Scharte, bei der sich der O-Grat aufbaut (Steinmann).
Führe: Zuerst 25 m über leichten Fels empor bis zur nahezu senkrechten Gratkante. Einige Meter rechts ein senkrechter, 8 m hoher Spalt, der von einer abgesprengten Platte gebildet wird. Durch diesen empor, und nach ¼ Std. wieder auf die Grathöhe. Nun folgt man der Grathöhe über mehrere Aufschwünge, bis man einen Turm erreicht, der nach W hin etwa 20 m zu einer schmalen Scharte abbricht. Zuerst einige Meter auf seiner SW-Kante, dann über einen Plattenschuß abwärts zu einem Gratfenster, von dem man die erwähnte Scharte erreicht. Jenseits derselben gerade empor, dann etwas gegen rechts zum Gipfel.

● 1220 **Vorderer Pleisengrat und Boßmannturm,** 2314 m

Der Vordere Pleisengrat, der sich vom Gipfel in südwestl. Richtung zur Pleisenhütte zieht, wird durch eine Scharte unterbrochen und ist hier schmal und zerrissen, wird aber dann auf der Gratschneide sanfter und mündet oberhalb der Pleisenhütte als sanfter Buckel. Dieser Buckel stürzt nach SO und NW ins Vorderkar und ins Karwendeltal ab. An den südöstl. Abstürzen wurden Anstiege eröffnet, die sich durch festen Fels und günstige Lage auszeichnen.

● 1222 **Südostpfeiler, „Direkter“**
E. Böhnel, D. Arnold, 1964. **VI—**, 160 m, 5½ Std.

Übersicht: s. Abb. S. 327.
Führe: E am Weg zum Boßmannturm, bei dem am weitesten vorspringenden Pfeilerfuß. Links führt eine Rinne aufs erste Band. Man klet-

tert zum gut sichtbaren ersten H. Über eine Schuppe hinweg (H) und rechts in einen Riß. Diesen empor zu Stand auf dem ersten Band. Im Sinne des Anstieges rechts eine gelbe senkrechte Wandstufe empor (H). Stand auf einem Schuttfleck. Diesen, rechts haltend, überqueren. Eine gutgriffige Wandstufe empor (frei), und Stand auf breitem Band. Dieses links abwärts zu einem Pfeilerkopf. Auf diesem und den H folgend zu weißer Schlinge; über dieser Stand (2 SH). Rechts zu Ringhaken, gerade empor in Rinne. Diese am Ende links verlassend zu Stand. Bei großem Ringhaken gerade empor. Rechts halten über gelbe Platte zu überhängendem Riß, diesen und den nachfolgenden Aufschwung frei überwindend zum Gipfel. (Beschr. d. Erstbeg.)

● 1223 Ostriß

E. Böhnel, A. Biedlingmaier, 1964. **VI—**, 160 m, 7 Std. (Zeit d. Erstbeg.). Guter Fels.

Übersicht: s. Abb. S. 327.
Zugang: E in Fallinie des 80 m links der Pfeilerführe (R 1222) emporziehenden Risses (kurzer Kamin am E).
Führe: Am Anfang des kurzen Kamins links auf die Kante empor und über Schuttfleck zu einem Riß, der einen Wulst durchschneidet (H). Diesen Riß und folgende 4 m gerade empor, dann zuerst links und wieder rechts zu Stand auf grasigem Fels. Gerade empor durch kaminartige Verschneidung (H) unter gelben Überhang. Diesen rechts überwindend über Platte zu Stand in gelbem Loch. Dieses links verlassend empor (H) und in steiler Rinne bis unter Überhang, diesen frei überkletternd und schwierig nach rechts querend (brüchig) in schrofige Rinne. Diese rechtshaltend empor. Über breites grasiges Band rechts haltend zu geneigter Platte. Stand. Hier gerade empor, frei, schwierig und etwas brüchig zu H. Querung nach rechts in kurzen Kamin; diesen empor und rechts zu Stand. Latschenbusch. Über Schrofen zum Gipfel. (Beschr. d. Erstbeg.)

● 1224 A Abstieg

Über den grasigen Gratrücken nach SW zur Hütte. Will man beide Routen an einem Tag machen, so kann man sich links des O-Risses durch Kaminreihe abseilen. Auf dem Gipfel in Richtung Grat zu kompaktem Pfeiler (Gemsenstandplatz). Die grasige Rinne abwärts, durch die folgenden Kamine vollzieht sich der Abstieg. Letzte Abseilstelle überhängend.

Vorderer Pleisengrat mit Südostpfeiler (R 1222) und Ostriß (R 1223). Rechts der Boßmannturm mit der Südostwandführe (R 1226).

Boßmannturm
Vorderer Pleisengrat
1226
1223
1222

● 1225 Boßmannturm

Dieser Turm ist durch einen Felssturz erst in jüngerer Zeit entstanden und wurde nach einer deutschen Bergsteigerin benannt. Der Turm steht bei der in R 1220 genannten Scharte. Mehere Anstiege. Informationen beim Hüttenwirt der Pleisenhütte, Toni Gaugg.

● 1226 Südostwand

K. Pittracher, Amort, 1961. 1. Winterbeg. K. Pittracher, W. Spitzenstätter, 1962. **V+**.

Übersicht: s. Abb. S. 327.

Führe: Der Anstieg vollzieht sich durch einen Riß in der SO-Wand.

● 1230 Larchetkarspitze, 2541 m

Erstersteigung: Hermann von Barth, 1870. Auf breitem Fundament mit steilen Kanten aufgesetzter, spitzer Felsgipfel östl. der Pleisenspitze. Sie entsendet je einen langen Grat nach N und S; das Gestein ist sehr brüchig. Der beste Anstieg erfolgt von Scharnitz durch das Mitterkar.

● 1231 Von Scharnitz durch das Mitterkar

1. Beg. von der Scharte O. Ampferer, W. Hammer, 1899. **III—** (am Gipfelaufschwung), sonst leicht, aber mühsam. 6 Std.

Führe: Wie in R 1212 in das untere Vorderkar; ostw. über den untersten Teil des von der Pleisenspitze nach S ziehenden Rückens in das Mitterkar. Nun nordw. über die festen Schutthalden in den rechten oberen Teil des Kares empor, von dem eine gelbbrüchige Rinne nach rechts hinaufzieht zu der tiefeingeschnittenen Scharte unmittelbar am südl. Abbruch des Gipfels. Jenseits wenige Meter etwas rechts haltend empor auf ein Band, das schmal und ansteigend durch die ganze Flanke an den O-Grat führt. Über diesen zum Gipfel.

● 1232 Von Scharnitz durch das Hinterkar

Schwieriger, aber kürzer und abwechslungsreicher als R 1231. Genaue Schwierigkeitsangaben fehlen.

Zugang: Von Scharnitz auf dem Weg ins Hinterautal (R 281), bis etwa ½ Std. nach der Abzweigung der Fahrstraße ins Gleierschtal von links herab der Kohlergraben (Hinterkarbach) einmündet (betoniertes Bachbett mit Steg). Vor dem Steg links ab über eine Steilstufe links des Grabens und über dem Grund des Grabens aufwärts. Auf der östl. Grabenseite auf Steigspuren hinauf zum Jagdsteig, dem man bis etwas über die Quelle am Karausgang folgt.

Führe: Man steigt einige Meter zur Quelle ab, dann durch den steilen, latschendurchsetzten Karausgang hinauf in das weite Hinterkar (hierher auch von der Pleisenhütte wie in R 428). An seiner linken Seite aufwärts, bis man ganz oben nach links in die Scharte südl. des Gipfels steigen kann. (Südl. davon ein Gratturm.) Von hier wie in R 1231 zum Gipfel.

● 1233 **Von der Larchetalm durch das Große Riedlkar**
III— (am Gipfelaufschwung), 5 Std. Zugang leicht, aber mühsam.

Zugang: Von der Alm südl. auf dem Jagdsteig ins untere Larchetkar, durch das er in Kehren emporzieht, dann ostw. um den nördl. Ausläufer der Larchetkarspitze herum und fast eben weiter in das Gr. Riedlkar. Über Schuttfelder an die Schrofen, die den unteren vom oberen Karboden trennen, und die in ihrem östl. Teil durchstiegen werden. Durch die steilen Schuttfelder des oberen Karbodens mühsam empor in die Riedlkarscharte. Von hier westw. über den ziemlich festen Schutt im Bogen zur Scharte südl. der Larchetkarspitze.
Führe: Von hier wie in R 1231 zum Gipfel.

● 1234 **Nordwestwand**
IV, 2—3 Std. E; s. 11. Aufl. 1978, S. 276 (R 684).

● 1235 **Nordgrat**
K. Hagspül, L. Ambach, 1920. **IV**, 2 Std. E.

Zugang: Wie in R 1214 in das Larchetkar und durch dieses an den Fuß der Wände.
Führe: Über Schuttbänder nach links zu einem gratdurchsetzten Kamm, auf den der N-Grat mit gelber Steilkante absetzt. Auf den ersten Gratturm gerade empor, dann leichter zum ersten senkrechten Grataufbau, den man links durch einen Kamin erklettert. Über den Grat aufwärts bis unter den zweiten Gratkopf; einige Meter unter diesem links durch einen Kamin 20 m hinab. Quergang nach links, dann abwärts zu einem Schartl und weiter durch einen Kamin abwärts in eine Schuttrinne; durch diese hinunter, bis nach links ein Kamin in ein Schartl emporzieht. Rechts aufwärts auf den Gipfel des vierten Gratkopfes; weiter über den Grat zum Hauptkamm und über diesen zum Gipfel.

● 1236 **Südgrat**
K. Hagspül, A. Frischauf, 1922. **IV**, 3 Std.

Führe: Über Schutt und Schrofen zum Ansatz des Felsgrates, der, immer schmäler werdend, in mächtiger Wandflucht nach O und W abstürzt. Eine schmale, kaum einen halben Meter breite und etwa 8 m lange Gratmauer wird überklettert, worauf sich der Grat wieder verbreitert. In schöner Kletterei auf ihm empor bis zum höchsten Gratkopf, dem Gauggturm, 2489 m. Siehe auch R 1240. Durch einen Plattengürtel schwierig empor und in unschwieriger Kletterei zum Gratkopf (Steinmann). Nun jenseits hinunter in eine Scharte, von der man einen zweiten, etwas niedrigeren Kopf erreicht, von dem sich der Grat steil nach N senkt (Abseilstelle), um sich dann wieder allmählich zu erheben. Über den brüchigen Grat, einen Turm östl. umgehend, in ein Schartl und gerade zum Gipfel.

● **1237** **Südwand**
K. Pittracher, H. Buratti, 1958. 1. Winterbeg. M. Heiß, K. Pittracher, 10.3.1962. **IV**, 1½ Std. E.

Übersicht: Die Larchetkarspitze fällt nach S mit einer brüchigen Wand ab. Durch diese führt der Anstieg. E in Gipfelfallinie.
Führe: Zuerst über gelben, sehr brüchigen Fels zu gutem Stand unter einem gelben Riß. Weiter durch den überhängenden Riß auf weniger schwieriges Gelände und zu gutem Stand. Von hier durch einen Kamin 10 m hinauf auf einen äußerst brüchigen Vorbau im oberen Wandteil. Nun zuerst rechtshaltend hinauf zu gelbem Fels, dann nach links um eine schwach ausgeprägte Kante und über ein Geröllfeld zum Gipfel.

● **1238** **Übergang zur Pleisenspitze**
II, 2 Std.

Vom Gipfel wie in R 1231 in die Scharte südl. des Gipfels. Nun durch die gelbe Rinne jenseits (westl.) absteigend in den obersten Teil des Mitterkares. Durch einen breiten Felsbau (P. 2468), der mit senkrechter S-Kante abstürzt, wird das Mitterkar in zwei Teile geteilt. Um Höhenverlust zu vermeiden, quert man diesen Felsbau auf einem breiten Band (Gamswechsel) nach W. Man gelangt so in den westl. Teil des oberen Mitterkares, von dem man auf einen auffälligen Grasboden und weiter durch eine breite, schrofige Einkerbung auf den begrünten S-Grat gelangt. Über diesen unschwierig zum Gipfel der Pleisenspitze.

● **1240** **Gauggturm,** 2489 m

1. Ersteigung K. Hagspül, A. Frischauf, 1922. Markanter Turm im S-Grat der Larchetkarspitze, nach dem langjährigen Hüttenwirt der Pleisenhütte benannt. Gipfelsteinmann und -buch.

● **1241** **Nordgrat**
IV (eine Stelle), III+. ¾ Std. von der Gratscharte. Kürzester und leichtester Anstieg. An den Steilstellen guter Fels.

Zugang: Aus dem Mitterkar in dessen östl. obere Ecke und zwischen den Felsen des Gauggturmes und den schrägen Platten links davon einem Gamswechsel folgend leicht in die Gratscharte empor.
Führe: Über den anfangs brüchigen und scharfen Grat an den ersten Aufschwung, der durch einen 8 m hohen Riß überwunden wird (III+). Der nächste Aufschwung wird direkt an der Kante erstiegen (III+). Vom Vorgipfel hinab in eine Scharte und über die Kante (IV) oder links davon in einem versteckten Kamin (III+) zum Gipfel. (L. Raßhofer)

● 1242 A Abstieg

Im Abstieg am obersten Aufschwung abseilen.

● 1243 Überschreitung von Süden nach Norden
Siehe R 1236.

● 1244 Westwand
Ohne Bericht.

● 1250 Große Riedlkarspitze, 2582 m

1. Ersteigung Markus Vinzent Lipold, 1843. Langgestreckter Felsgrat, der mit brüchiger Wand nach N abfällt. Über die Grate ist der Gipfel unschwierig ersteiglich; infolge der langen Anmarschwege jedoch am lohnendsten in einem Gratübergang von der Pleisenspitze zur Breitgrieskarspitze oder umgekehrt.

● 1251 Von Scharnitz durch das Hinterkar
Trittsicherheit erforderlich. 6 Std. Leichtester Anstieg.

Von Scharnitz wie in R 1232 in das obere Hinterkar. Nun nicht nach links, sondern nach rechts unter den Wandeln des W-Grates durch zu einer Scharte südl. des Gipfels. Über schuttbedeckte Schrofen nordw. zum Gipfel.

● 1252 Westgrat
I. 1 Std. von der Riedlkarscharte.

Wie in R 1233 von der Larchetalm oder wie in R 1232 von Scharnitz zur Riedlkarscharte. Den ersten Gratkopf kann man südl. unschwierig umgehen; sodann durch eine Steilrinne auf die Grathöhe und immer auf dieser, einmal über einen kleinen Absatz, ostw. zum Gipfel.

● 1253 Aus dem Karwendeltal durch das Neunerkar
Mühsam, Trittsicherheit erforderlich. 5 Std.

Von der Larchetalm auf der Karwendelstraße (R 301) etwa ¾ Std. talein bis dorthin, wo die Straße den Graben verläßt und nach links ansteigt. Hier bleibt man auf der alten, verfallenen Straße in der Nähe des Baches. Nach wenigen Min. führt ein Steg auf die orographisch linke Talseite. Nun südw. auf gutem Jagdsteig in Kehren empor; nach etwa 1 Std. zweigt rechts ein Weg ab, der westw. ins Gr. Riedlkar leitet. Ins Neunerkar jedoch gerade in Kehren weiter, zuletzt steil in den weiten Karboden. An der W-Seite des Kares aufwärts, bis man über schuttbedeckte Schrofen, zuletzt durch eine Steilrinne auf die Einsattelung zwischen Gr. Riedlkarspitze und Breitgrieskarspitze gelangt. Von hier ohne Schwierigkeiten westw. zum Gipfel.

● **1254** **Nordwand**

W. Engelhardt, O. Friedrich, 1907. **III—**. Vom Karwendeltal 5 Std. Siehe 11. Aufl. 1978, S. 278 (R 691).

● **1255** **Übergang zur Larchetkarspitze**

III, 1½ Std.

Führe: Über den W-Grat abwärts bis zum letzten Gratkopf, den man besser südl. umgeht; dann quer durch das Kar ohne viel Mühe zur Scharte südl. der Larchetkarspitze. (Nicht zu verwechseln mit der Scharte südl. des Gratturmes.) Von hier wie in R 1231 zum Gipfel. Bei der Überschreitung läßt man das Gepäck in der Scharte zurück.

● **1260** **Breitgrieskarspitze,** 2588 m

Erstersteigung Hermann von Barth, 1870. Von S gesehen breiter, von N eindrucksvoller Steilkegel, der mit senkrechter O-Kante auf die weiten Karböden des Breitgrieskares und des Neunerkares absetzt. Durch das Hinterkar, Breitgrieskar oder Neunerkar auf den Blassengrat (S-Grat) für Geübte unschwierig, aber durchwegs sehr lang und mühevoll.

● **1261** **Aus dem Hinterkar**

Weg des Erstersteigers. Von Scharnitz 7 Std., von der Pleisenhütte lohnend, 2½ Std., unschwierig.

Wie in R 1232 von Scharnitz oder wie in R 428 von der Pleisenhütte in das Hinterkar und unter dem S-Grat der Gr. Riedlkarspitze in die östl. Karmulde. Vom Sattel westl. der Breitgrieskarspitze gewahrt man etwas tiefer ein Schuttband, das durch die ganze W-Flanke des Berges auf den S-Grat hinauszieht. Über dieses Band auf den sog. Blassengrat (S-Grat) und über diesen unschwierig zum Gipfel.

● **1262** **Von Scharnitz durch das Breitgrieskar**

I, 7 Std. Siehe 11. Aufl. 1978, S. 279 (R 694).

● 1263 Aus dem Karwendeltal über die Breitgrieskarscharte
C. Gsaller, 1887. **I.** Mühsam, 5 Std.

Wie in R 1253 aus dem Karwendeltal in den Karboden des Neunerkares. Nun ostw. auf Steigspuren unter den Felsköpfeln hindurchquerend. Sodann südostw. über steile Schutthänge zur weiten, von Schuttrücken gebildeten Breitgrieskarscharte. Von hier zuerst über den Rücken westw. empor, dann die Geröllfelder unter der O-Flanke des Gipfels gegen S querend, bis man unschwierig über grasdurchsetzte Schrofenhänge auf den Blassengrat ansteigen kann. (Der erste unschwierige Anstieg aus einem Schuttkessel erfordert mäßig schwierige Kletterei; weiter südl. unschwieriger.) Über den Grat wie in R 1261 und 1262 zum Gipfel. Zur Breitgrieskarscharte gelangt man auch vom Karwendelhaus durch das Marxenkar (R 1291) und über die Scharte zwischen Gr. und Kl. Seekarspitze (R 428 in umgekehrter Richtung).

● 1264 Übergang zur Großen Riedlkarspitze
Trittsicherheit erforderlich. 1—2 Std.

Vom Gipfel auf dem S-Grat abwärts, bis man unterhalb einer kleinen Steilstufe das breite Schuttband durch die ganze W-Flanke hinüberziehen sieht. Bei der Gesamtüberschreitung wird man das Gepäck an dieser Stelle deponieren. Über das Band gelangt man zum Sattel zwischen den Gipfeln, von dem sich der O-Grat der Gr. Riedlkarpitze in mehreren Stufen aufbaut. Über diesen unschwierig zum Gipfel.

● 1265 Nordwestkante
IV—, brüchig, kurz. Siehe 11. Aufl. 1978, S. 280 (R 697).

● 1266 Ostgrat
K. Hagspül, E. Geisler, 1921. **V—**, 2—3 Std. Siehe 11. Aufl. 1978, S. 280 (R 698).

● 1270 Kleine Seekarspitze, 2624 m

Erstersteigung Heinrich Schwaiger, 1883. Selbständiger, kleiner Felsgipfel genau nördl. der Gr. Seekarspitze. Gegen NW streicht ein Felsgrat zur Seekarscharte, 2455 m, über der sich westl. P. 2473 erhebt, von wo der auffallende Grat nach N zieht, der die Bockkarlspitze, 2436 m, und den Angerkopf, 2229 m, trägt, und der Neunerkar (westl.) und Bockkar und Seekarl (östl.) trennt.

● 1271 Südgrat
I, ½ Std.

Die Scharte zwischen Gr. und Kl. Seekarspitze erreicht man von W aus dem Hinterautal durch das Breitgrieskar, wobei man den von der Gr. Seekarspitze nach W ziehenden Grat früh genug umgeht; oder wie in R 1263 aus dem Karwendeltal durch das Neunerkar über die Breitgrieskarscharte, von der man östl. in 20 Min. über Schutthalden auf die genannte Scharte gelangt. (5 Std.) Nun immer in der Nähe des S-Grates, mitunter etwas westl. ausweichend zum Gipfel.

● 1272 **Aus dem Karwendeltal durch das Marxenkar**
Trittsicherheit und Orientierungsvermögen erforderlich. 5 Std. Im Abstieg schwierig zu finden.

Von der Angeralm folgt man der Straße zum Karwendelhaus (R 301) noch etwa ¼ Std., bleibt dann in der ebenen Talsohle, erreicht nach rechts das Bachbett, das man unterhalb der Klamm überschreitet. Hier trifft man auf einen Jagdsteig, der durch den Graben unter dem Steilaufschwung emporführt. Schräg rechts weiter, dann ostw. ansteigend auf einem Band über die erste Steilstufe; sodann gleich wieder rechts und steil aufwärts neben einem Graben. Dieser wird zuletzt gegen links überschritten, dann weiter ostw. auf breitem Band (Krummholz) in die unterste Mulde des Marxenkares. Nun gerade südw. empor, am N-Grat der Marxenkarspitze rechts (westl.) vorbei, durch das steiler werdende Kar aufwärts und zuletzt westw. in den Sattel zwischen Kl. und Gr. Seekarspitze. Von hier wie in R 1271 zum Gipfel.

● 1273 **Übergang zur Bockkarlspitze und zum Angerkopf**
I, 1—2 Std.

Vom Gipfel über den NW-Grat hinab zur Seekarscharte. Westw. gerade empor auf P. 2473. Von hier ist der Übergang zur Bockkarlspitze und zum Angerkopf ohne Schwierigkeiten möglich, da man meist den wenig steilen W-Hang benützen kann. Ein gerader Abstieg vom Angerkopf ins Karwendeltal, ebenso ein Abstieg durch das Bockkarl (östl.) ist nicht ratsam, und nur sehr schwierig zu finden. Man steigt besser ins Neunerkar ab und quert an dessen W-Seite, wo man auf den Jagdsteig trifft.

● 1275 **Große Seekarspitze**, 2679 m

Erstersteigung Hermann von Barth, 1870. Ebenmäßig geformte Pyramide, deren steile Flanken, mit Ausnahme der Gipfelfelsen, zu Schutt zerfallen sind. Nach N sendet sie einen Grat, in dem die Kl. Seekarspitze steht; der nach SSW verlaufende Spitzhüttengrat trägt die Spitzhüttenköpfe, Unterer 2391 m, Oberer 2499 m. Der Spitzhüttengrat umschließt mit dem vom O-Grat nach S ziehenden Grat das schwer zugängliche Kleine Ödkar.

● **1276** **Vom Karwendelhaus**
4 Std.

Vom Weg zum Schlauchkarsattel (R 1302) nach etwa ½ Std. nach rechts ab und auf einem Steig das Schlauchkar nach W querend, dann nach rechts, zuletzt in steilen Kehren auf den von der Westl. Ödkarspitze nach N ziehenden Grat, den man bei der zweiten waagrechten Gratschulter erreicht. Etwa 100 m waagrecht gegen S und über den Latschenstreifen hinüber. Nun nach W über den steilen Schrofenhang abwärts bis zu einem schmalen Schuttfeld, das von der Ausmündung einer weiter nordwestl. verlaufenden Rinne herabzieht. Von der Karmulde weglos und eben hinüber, unter dem Marxenkar-N-Grat durch, in das westl. Karbecken des Marxenkares. Durch das Kar aufwärts, zuletzt nach W in den Sattel zwischen Gr. und Kl. Seekarspitze und über den N-Grat (im letzten Teil steil und brüchig) zum Gipfel.

● **1277** **Vom Karwendeltal durch das Marxenkar**
Trittsicherheit und Orientierungsvermögen erforderlich. 5 Std.

Wie in R 1272 in den Sattel zwischen Gr. und Kl. Seekarspitze und wie in R 1276 zum Gipfel.

● **1278** **Von der Breitgrieskarscharte über die Kleine Seekarspitze**
1½ Std.

Wie in R 1263 auf die Breitgrieskarscharte. P. 2473 ostw. überschreitend oder südl. umgehend in die Seekarscharte. Von hier über den NW-Grat unschwierig auf die Kl. Seekarspitze. Südw. hinab in den Sattel und wie in R 1276 über den N-Grat zum Gipfel.

● **1279** **Vom Hinterautal durch das Breitgrieskar**
Mühsam, 5—6 Std. Siehe 11. Aufl. 1978, S. 282 (R 705).

● **1280** **Übergang zur Breitgrieskarspitze**
II (stellenweise), sonst I. 1½ Std.

Über den N-Grat hinab in den Sattel zwischen Gr. und Kl. Seekarspitze, dann über die Schuttfelder westw. auf die Breitgrieskarscharte. Über den Rücken einige Zeit gegen W empor, dann südl. über die Schuttfelder in einen Schuttkessel, aus dem man über steile, grasdurchsetzte Schrofen (II) auf den Blassengrat steigen kann; weiter südl. leichter. Über den Grat nordw. zum Gipfel.

● **1281** **Südgrat**
Siehe hierzu R 1287.

● 1285 Spitzhüttenköpfe
Unterer, 2391 m, Oberer, 2499 m

Erste tour. Ersteigung O. Ampferer, W. Hammer, 1896. Ausgeprägte Erhebungen in dem von der Gr. Seekarspitze nach S streichenden Spitzhüttengrat, dessen schroffe Felsmauer das Breitgrieskar (westl.) vom Kl. Ödkar (östl.) scheidet.

● 1286 Über die Westflanke
III, von Scharnitz 7—8 Std.

Zugang: Von Scharnitz ins Hinterautal und empor in das Breitgrieskar. Vom mittleren Karboden ostw. an die Felsen des Spitzhüttengrates.
Führe: Über gelbe, teils brüchige Schrofen in eine Scharte südl. des Ob. Spitzhüttenkopfes. Nordw. in schöner Kletterei zum S-Gipfel, sodann, sich meist in der O-Flanke haltend, hinab in die folgende tiefe Scharte, in der ein Felsturm steht, und jenseits wieder an der O-Seite unterhalb des Grates auf den Ob. Spitzhüttenkopf.

● 1287 Gesamter Spitzhüttengrat (S-Grat der Gr. Seekarspitze)
J. Hechenbleikner, 1902. **IV** (stellenweise). Vom Hinterautal 6—9 Std. Aussichtsreiche, lohnende Grattour.

Zugang: Von Scharnitz ins Hinterautal bis zur talähnlichen Ausmündung des Ödkarbaches, etwa 1½ Std. vom Krapfen; oder vom Hallerangerhaus hinab zum Jagdhaus „Im Kasten" und von hier ½ Std. talaus zum Ödkarbachgraben. Rechts und links des Grabens wenige Min. aufwärts an den Steilaufschwung. Hier beginnt am W-Rand des Grabens ein Jagdsteig (nicht mit dem in R 1288 beschriebenen verwechseln), der zuerst westl., dann nordwestl. hinaufführt auf die großen Hänge südl. des Unteren Spitzhüttenkopfes, der zuletzt über Schrofen erstiegen wird.
Führe: Nun in anregender Kletterei nordw. über den Grat, über zwei Vorköpfe gerade hinweg, und in die Scharte südl. des Ob. Spitzenhüttenkopfes, den man wie in R 1286 ersteigt. Von hier steigt man über den plattigen Steilgrat nach N ab in die tiefste Scharte vor der Gr. Seekarspitze, wobei man den letzten, 10 m hohen Abbruch durch Abseilen überwindet. Von der Scharte stets gerade über den S-Grat aufwärts zur Gr. Seekarspitze.

● 1288 Aus dem Kleinen Ödkar
Weg der Erstersteiger. **III,** vom Hinterautal 5 Std.

Zugang: Wie in R 1287 von Scharnitz oder vom Hallerangerhaus (kürzer) zur Mündung des Ödkarbaches in das Hinterautal. Hier nordw. von der Straße ab und auf der orographisch linken Seite des Grabens

über den steilen Abhang, zuletzt durch eine steile Schuttrinne empor und dann abwärts in einen Schuttkessel unter den ersten Abbrüchen des Gr. Ödkares. Hier links ab und durch die immer enger werdende Talmulde abwärts bis vor ein Klamml. Vor diesem bei einer Gufel rechts hinauf auf den Rücken, der Kl. und Gr. Ödkar scheidet.
Führe: Gerade aufwärts an den Fuß der Steilwände unter gelben Platten, dann nach links über eine steile, schrofige Rampe auf einen Latschenfleck; kurzer Quergang zu einer schluchtartigen Rinne und in ihrem Grund auf einen Latschenrücken. Gerade aufwärts den Schrofen entlang zur Latschengrenze, dann scharf links zur obersten Latscheninsel im Kar. Von hier westw. hinauf zur Scharte südl. des Ob. Spitzhüttenkopfes und wie in R 1286 zum Gipfel.

● 1290 Marxenkarpitze, 2637 m

Schwächer ausgeprägter Gipfel im Hauptkamm zwischen Gr. Seekarspitze und Westl. Ödkarspitze, der nach N einen Grat ins Marxenkar sendet. Lohnend vor allem als Übergang zur Gr. Seekarspitze.

● 1291 Vom Karwendelhaus durch das Marxenkar
3—4 Std.

Vom Weg zum Schlauchkarsattel wie in R 1302 ab und über den von der Westl. Ödkarspitze nach N streichenden Grat empor. Nun immer am Gratrücken in südl. Richtung aufwärts, später rechts unter den Felsen ansteigend in die oberste, östl. Karmulde des Marxenkares und über Geröll in den weiten Sattel zwischen Westl. Ödkarspitze und einem Gratkopf (P. 2572) östl. der tiefsten Einsattelung im O-Grat der Marxenkarspitze. Den Kopf kann man überschreiten oder schon früher nördl. umgehen, worauf man in den weiten, von eigenartigen Felsböden gebildeten Sattel östl. der Marxenkarspitze gelangt. Nun über einen steilen Schutthang auf den N-Grat und über ihn zum Gipfel.

● 1292 Aus dem Hinterautal durch das Große Ödkar
I, 5 Std. Trittsicherheit und Orientierungsvermögen erforderlich. Siehe 11. Aufl. 1978, S. 284 (R 711).

● 1293 Nordgrat
IV— (stellenweise), 2 Std. E. Siehe 9. Aufl. 1969.

● 1294 Übergang zur Großen Seekarspitze
II, 2 Std.

Über den anfangs gut gestuften W-Grat abwärts, am besten immer genau auf der Gratschneide; ein frischer, gelber, 3 m hoher Abbruch des schmalen Grates erfordert etwas ausgesetzte Kletterei (II). Die folgenden Gratköpfe werden bis auf die zwei letzten gerade überklettert; die zwei letzten umgeht man nördl., worauf man in die tiefste Einsattelung vor der Gr. Seekarspitze gelangt. Über den O-Grat ziemlich gerade aufwärts, nur zuletzt nach S ausweichend, über den zersplitterten Fels zum Gipfel.

● 1300 Ödkarspitzen

Westgipfel 2711 m, Mittelgipfel 2743 m, Ostgipfel 2739 m

Erstersteigung durch Geometer, 1853 (Lit. Erschl. d. Ostalpen I). Hoher, dreigipfeliger Kamm, der lange als die höchste Erhebung des Gebirges galt; fällt mit mächtiger N-Wand 800 m ins Schlauchkar ab. Die Westl. Ödkarspitze sendet einen ausgeprägten Grat nach N, die Mittl. Ödkarspitze, die ein Trigonometer-Zeichen trägt, sendet den langen Gratrücken der Birkköpfe (2581 m, 2599 m, 2575 m) nach S. Die aussichtsreichen Gipfel sind durch gute Steiganlagen aus dem Schlauchkar vom Schlauchkarsattel und über den N-Grat von W her erreichbar.

● 1301 Vom Karwendelhaus über den Nordgrat in das Marxenkar und auf die Westliche Ödkarspitze

3—4 Std.

Vom Karwendelhaus auf dem Weg zum Schlauchkarsattel nach etwa 20 Min. auf Steig westl. ab und durch das Kar an den steilen Rücken des Ödkar-N-Grates. Auf diesen empor und auf der Kammhöhe südw., bis der Steig nach rechts unter den Felsen aufwärtsführt. Zuletzt über Schuttfelder und gestufte Schrofen, stets links haltend, gegen den W-Grat der Westl. Ödkarspitze und über diesen zum Gipfel. Besonders als Abstieg nach der Ersteigung und Überschreitung der drei Gipfel vom Schlauchkarsattel aus empfehlenswert; dabei hält man sich vom unteren Teil des Westl. Ödkarspitz-W-Grates rechts abwärts, bis man unter den Felsen auf den deutlich ausgeprägten Steig trifft.

● 1302 Vom Karwendelhaus durch das Schlauchkar über den Schlauchkarsattel auf den Ostgipfel

Trittsicherheit erforderlich, 3—3½ Std. Nach schneereichen Wintern ist der steile Hang unterhalb des Schlauchkarsattels häufig vereist, Mitnahme von Steigeisen und Pickel günstig.

Vom Haus auf dem Weg zum Hochalmsatel wenige Schritte ostw., bis rechts (Ww.) der Weg ins Schlauchkar abzweigt. Hier führt er über den Steilhang in Kehren empor (Seilsicherungen) und verläuft nach etwa 100 m fast eben durch die W-Hänge des Hochalmkreuzes ins Schlauchkar. Durch dieses im Zickzack aufwärts, zuerst nach SO, unter dem

Schlauchkarkopf allmählich gegen SW wendend zur tiefsten, scharf ausgeprägten Einschartung etwa 50 m westl. der Scharte, in der das Birkkarhüttl steht. (Zu diesem auf der S-Seite.) Von hier westw. (gut bez.) auf dem allmählich ansteigendem Grat, wobei zwei ausgesetztere Gratstücke mit Drahtseilen gesichert sind, auf den O-Gipfel (Östl. Ödkarspitze). Drahtseile unter Umständen schadhaft.

● 1303 Übergang zum Mittel- und Westgipfel
Eine kurze Steilstufe, ½ Std.

Auf dem Steig über die schuttbedeckten Schrofen des SW-Hanges; sodann über eine etwa 3 m hohe Steilstufe in die Scharte. Von hier am Grat oder etwas südl. davon auf den Mittelgipfel. (Gipfelbuch.)
Der Übergang zum W-Gipfel vollzieht sich, mit einigen unbedeutenden Ausweichungen in die S-Flanke, gerade über die Gratschneide. (Steinmann, Gipfelbuch.)

● 1304 Aus dem Hinterautal durch das Birkkar auf den Ostgipfel
Trittsicherheit erforderlich, Seilsicherungen. Kasten — Schlauchkarsattel 4 Std., von dort zum O-Gipfel ¾ Std.

Vom Jagdhaus „Im Kasten“ (vom Hallerangerhaus ¾ Std., von Scharnitz auf R 281 in 3½ Std.) wenige Min. talauswärts, bis rechts der Weg zum Schlauchkarsattel abzweigt. An der O-Seite des Schuttstromes führt der Steig nordw. durch den Wald aufwärts, leitet stets über dem Birkkarbach talein, überschreitet den ins Östl. Birkkar hinaufziehenden Graben; sodann in vielen Kehren über die Steilstufen aufwärts in die Karmulde des Westl. Birkkares, die man bei einem latschenbestandenen Kopf erreicht. In den Grund der Mulde, dann rechts haltend im Zickzack unter die Schrofen und über diese mit Hilfe von Seilsicherungen zum Schlauchkarsattel. Von hier wie in R 1302 zum Gipfel.

● 1305 Aus dem Hinterautal durch das Große Ödkar auf den Westgipfel
I, schwer zu finden, 5 Std. Siehe 11. Aufl. 1978, S. 286 (R 718).

● 1306 A Abstieg über die Birkköpfe ins Hinterautal
III (stellenweise), sonst II, 5—6 Std. Kaum begangen.

Führe: Von der Mittl. Ödkarspitze ohne Schwierigkeiten abwärts in genau südl. Richtung zur ersten Einsattelung, von der die Birkköpfe nach S streichen. Auf den nördl. Kopf (2581 m) gerade hinauf; beim Übergang zum zweiten Kopf (2583 m) muß eine Wandstelle und ein etwa 10 m hoher Kamin überwunden werden; die folgende Scharte wird am besten durch die W-Flanke erreicht. Der Aufstieg zum Hauptkopf (2599 m) erfolgt wieder gerade über den Grat; absteigend gelangt man über schuttbedeckte Schrofen an den Fuß des südl. Birkkopfes (2575 m). Nun quert man in die O-Flanke und erreicht in festem Gestein einen etwa 10 m hohen Kamin, der durchklettert wird, worauf man unschwierig zum Gipfel gelangt. Hier wendet sich der Grat gegen SW; über die steilen Schrofen steigt man stets nahe dem Grat abwärts, bis man unter einem kleinen Köpfl das Felsgelände verläßt und leicht zum Tratenköpfl, 2127 m, gelangt. Von hier auf Jagdsteigen entweder westw. abwärts zum Ödkarbach und auf einem Steig talaus; oder ostw. etwas länger in vielen Kehren hinab zur Ausmündung des Birkkarbaches in das Hinterautal.

● 1307 Nordgrat der Westlichen Ödkarspitze
V, IV+ (stellenweise), sonst III. Vom Rücken 3 Std.

Zugang: Vom Karwendelhaus wie in R 1301 auf den Gratrücken des N-Grates, der Schlauchkar und Marxenkar trennt. Auf der Grathöhe südw. bis an den auffallenden Steilaufschwung.
Führe: Man quert auf Schuttbändern in die O-Flanke und steigt dann gegen eine kleine Scharte an. Einige Meter zurück; nach einem Quergang nach rechts 40 m durch die Steilwand empor. Auf schmalem Schuttband wieder nach W zurück zur Gratkante; etwas östl. derselben empor zu einer 4 m hohen Wandstelle, die überwunden wird (IV+, V). Von hier ab am Grat ohne wesentliche Schwierigkeiten zum Gipfel.

● 1308 Nordwand der Westlichen Ödkarspitze
L. Gerold u. Gef. **V+** (stellenweise), 6 Std.; s. 9. Aufl. 1969.

● 1309 Nordwand der Mittleren Ödkarspitze
Haff, Euringer, 1904. **IV** (2 Stellen), sonst II, 6—8 Std. Kaum begangen.

Führe: Der unterste senkreche Wandgürtel wird durch einen schrägen, 60 m hohen Kamin, der von rechts nach links emporzieht, und über eine 30 m hohe Wandstelle (IV—) überwunden. Man erreicht so einen kleinen Kessel, aus dem man nun leichter schräg links aufwärts auf die erste Schulter gelangt. Von hier schräg empor auf schuttbedeckten Bändern und durch Rinnen zur oberen Schulter. Weiter schräg links aufwärts, zuletzt durch eine Rinne zu einer Höhle, die schon von unten als schwarzgelber Fleck sichtbar ist. Über eine glatte Platte zum Überhang und über diesen sehr ausgesetzt (IV+) hinauf. Nun auf steilen Bändern (wie in der ganzen Wand immer von rechts unten nach links oben) in die Scharte zwischen O- und Mittelgipfel.

● 1310 Nordwand der Östlichen Ödkarspitze
L. Gerold, J. Plangger, W. Benigust, 1924. **IV**, 6 Std.; s. 11. Aufl. 1978, S. 287f. (R 723).

● 1311 Übergang zur Marxenkarspitze
1 Std.

Über den schuttbedeckten W-Grat steigt man ohne Schwierigkeiten abwärts in die Einsattelung östl. des Gratkopfes (P. 2572) vor dem tiefsten Punkt im Verbindungsgrat. Den Kopf übersteigt man am besten gerade und gelangt so in den weiten Sattel, der von eigenartig zerrissenen Felsböden gebildet wird. Nun über einen steilen Schutthang empor gegen den N-Grat und über diesen zum Gipfel.

● 1315 Birkkarspitze, 2749 m

Erste tour. Ersteigung Hermann von Barth, 1870. Höchster Gipfel des Hauptkammes und des ganzen Gebirges. Schön geformte Felspyramide mit umfassender Aussicht. Nach N und O fällt die Birkkarspitze mit steilen Wänden auf vorgebaute Schultern ab; von der N-Schulter zieht ein breiter Gratrücken über den Schlauchkarkopf zum Hochalmkreuz hinab. Ein scharfer Grat streicht vom Gipfel nach S und trennt das Birkkar in eine westl. und östl. Karmulde. Über den W-Grat führt eine Steiganlage vom Schlauchkarsattel zum Gipfel; der Sattel wiederum ist durch Steiganlagen vom Karwendelhaus und vom Hinterautal leicht erreichbar. Einer der lohnendsten Gipfel des Gebirges. Siehe Abb. S. 343. Wenig östl. des Schlauchkarsattels befindet sich ein Unterstandshüttchen (Birkkarhütte).

● 1316 Vom Karwendelhaus über den Schlauchkarsattel
Trittsicherheit erforderlich. Nach schneereichen Wintern ist der steile Hang unterhalb des Schlauchkarsattels häufig vereist. 3 Std.

Wie in R 1302 auf bez. Weg zum Schlauchkarsattel und in die Scharte (östl.), in der das Birkkarhüttl steht. Genau am Fußpunkt der Felsen setzt der gesicherte Steig an, der zuerst nächst dem W-Grat, später mehr in der SW-Flanke über teils plattiges, teils schrofiges Gestein zum Gipfel emporführt.

● 1317 Aus dem Hinterautal über den Schlauchkarsattel
Bez., 4—5 Std.

Vom Hallerangerhaus oder von Scharnitz zum Jagdhaus im Kasten. Von hier wie in R 1304 auf den Schlauchkarsattel und wie in R 1316 zum Gipfel.

● 1318 Zugänge zur Nordschulter und Ostschulter durch die Ost- oder Nordostflanken
II (stellenweise), aus dem Kaltwasserkarl 4 Std.

Die von den Schulter zwischen Birkkarspitze und Schlauchkarkopf (O-Flanke) und von der Gratstrecke Birkkarspitze — Hochjöchl (NO-Flanke) in das Kaltwasserkarl abfallenden, im Durchschnitt nicht sehr steilen Wände sind von vielen Steilrinnen durchfurcht, die immer wieder breite Querbänder verbinden. Durch diese Flanken kann man auf verschiedene Weise vom Kl. Ahornboden bzw. vom Kaltwasserkarl gegen das Hochjöchl, gegen die O-Schulter der Birkkarspitze, gegen die N-Schulter und gegen den Schlauchkarkopf ansteigen. Der Durchstieg bewegt sich am besten vom nordwestl. Fußpunkt der Wand von rechts nach links oben bis zu den unter der Gipfelwand eingebetteten Geröllfeldern (meist schneebedeckt). Von hier nach links zum Hochjöchl, nach rechts (westl.) zur N-Schulter und weiter zum Schlauchkarsattel; geradeaus durch die Gipfelwand, R 1319.

● 1319 Nordgrat von der Nordschulter
IV (stellenweise), 1 Std. Lohnend im Zuge einer Gesamtüberschreitung: Hochalmkreuz — Schlauchkarkopf — Birkkarspitze.

Führe: Von der N-Schulter an den Aufschwung; zuerst östl. der Kante empor und über eine kleingriffige, etwa 10 m hohe Wandstelle. Weiter durch eine Rinne zu einem Geröllfleck und durch einen 6 m hohen Stemmkamin (Klemmblock) zu einem Felskopf. Nun durch eine Rinne westl. der Gratkante zum Gipfel.

● 1320 Nordostwand
E. und H. Gmelin, 1909. **IV**, 1—2 Std.; s. 9. Aufl. 1969.

● 1321 Ostgrat
J. Hechenbleikner, 1902. **V—**, 1 Std.

Übersicht: Der O-Grat der Birkkarspitze setzt mit einer fast senkrechten Steilstufe auf die O-Schulter (P. 2611) ab.
Zugang: Die O-Schulter erreicht man auf R 1318, Weg zur Kaltwasserkarspitze, oder vom Hochjöchl über das Schuttfeld südl. des Grates.
Führe: E bei einigen kleinen Felstürmen wenige Meter nördl. der Schulter. Hier über senkrechte, kleingriffige Wandstellen (H) empor und

Blick vom Hohljoch (R 413) auf den mittleren Hauptkamm.

Unbenannter Gipfel
Kaltwasserkarspitze
Rauhkarlspitze
Birkkarspitze
Falkenhütte
Spielisjoch

nach links zur Gratschneide. Diese verbreitert sich bald, und man erreicht über schuttbedeckte Platten den Gipfel.

● **1322** **Südostwand**
R. Hechtel, A. Höger, 1940. **V** (stellenweise), 2—3 Std.; s. 11. Aufl. 1978, S. 289f. (R 731).

● **1323** **Übergang Birkkar- und Ödkarspitzen**
Trittsicherheit erforderlich.

Ausdauernde Bergsteiger verbinden die Besteigung der Birkkarspitze (durchs Schlauchkar) mit dem Übergang über die drei Ödkarspitzen bis zur Marxenkarspitze.

● **1324 A** **Abstieg über den Brendelsteig**
2 Std.

Durchs Marxenkar (Brendelsteig) auf dem horizontal verlaufenden Ödkar-N-Grat, bis man dem Karwendelhaus westl. gegenüber steht. Man quert waagrecht absteigend die O-Hänge des Ödkar-N-Grates (bis oberhalb der Wasserfälle), gelangt dann in die untere Mulde des Schlauchkars und erreicht den Steig Karwendelhaus—Birkkarspitze. Der Abstieg aus dem Marxenkar ins Karwendeltal ist schwer zu finden.

● **1330** **Hochalmkreuz,** 2192 m, und **Schlauchkarkopf,** 2502 m

Erhebungen in dem von der Birkkarspitze nach N, bzw. später nach NW streichenden Zweiggrat. Das Hochalmkreuz ist Aussichtspunkt über dem Karwendelhaus; der Schlauchkarkopf im Zuge einer Gesamtüberschreitung des Grates vom Karwendelhaus zur Birkkarspitze lohnend. Gipfelkreuz auf dem Hochalmkreuz.

● **1331** **Vom Karwendelhaus auf das Hochalmkreuz**
Steiganlage, 1 Std.

Wie in R 1302 vom Karwendelhaus auf bez. und gesichertem Weg ins Schlauchkar. Nach etwa ½ Std. zweigt links ein Steig ab, der in vielen Kehren über die W-Hänge emporführt und zuletzt über Schutt und Schrofen den schwach ausgeprägten Kopf erreicht.

● **1332** **Über den Grat zum Hochalmkreuz und zum Schlauchkarkopf**
II (stellenweise), mitunter sehr brüchig, 2½—3 Std.

Zuerst dem gesicherten Steig ins Schlauchkar bis auf die Grathöhe folgend, dann links ab steil über den brüchigen Grat oder etwas westl. auf ein Schuttfeld. Durch eine brüchige Steilrinne wieder auf die Grathöhe und zum Hochalmkreuz. Weiter gerade über den sanft ansteigenden Grat zum Aufschwung des Schlauchkarkopfes. Hier wird der Grat besonders brüchig und erfordert Vorsicht. Vom Schlauchkarkopf kann man unschwierig zur N-Schulter gelangen und von dort zum Weg Karwendelhaus—Schlauchkarsattel.

• 1333 Aus dem Kaltwasserkarl auf den Schlauchkarkopf
II (stellenweise), Orientierungsvermögen erforderlich. Siehe 9. Aufl. 1969.

• 1335 Hochjöchl, 2411 m

Der weite Sattel zwischen der Birkkarspitze und der Kaltwasserkarspitze mit drei Einschartungen (westl. 2435 m; mittl., Hochjöchl, 2411 m; östl. 2517 m unter dem Aufschwung des NW-Grates der Kaltwasserkarspitze) und zwei markanten Gratköpfen (2473 m westl., und 2552 m östl. des Hochjöchls). Hochalpiner Übergang vom Kaltwasserkarl (Kl. Ahornboden) ins Östl. Birkkar (Hinterautal). Siehe Abb. S. 348.

• 1336 Vom Karwendelhaus
Trittsicherheit und Gewandtheit im Queren von steilen Schrofenhängen und Schneefeldern erforderlich. 3—4 Std.

Wie in R 1302 auf bez. Steig ins Schlauchkar. Etwa 150 m unter dem Schlauchkarsattel zweigt man vom Steig nach links ab zur N-Schulter (unter dem Steilabfall des Birkkarspitz-N-Grates). Von hier über steile Schrofenhänge und Schneefelder durch die ganze NO-Flanke der Birkkarspitze fast eben zur O-Schulter, P. 2611. Nun auf Steigspuren durch das steile Kar südw. hinab, dann ostw. gegen die erste Einschartung. Der folgende Kopf wird südl. durch die Schrofen ohne Höhenverlust umgangen, worauf man ins Hochjöchl gelangt.

• 1337 Aus dem Kaltwasserkarl über die Nordwestflanke
III— (stellenweise), vom Kl. Ahornboden 3—4 Std.; siehe 9. Aufl. 1969.

• 1338 Aus dem Hinterautal durch das Östl. Birkkar
3—4 Std.

Vom Jagdhaus im Kasten im Hinterautal gelangt man auf R 1304 in den Talgrund und bis zum Fußpunkt des S-Grates der Birkkarspitze. Wenige Min. nach der Überschreitung des Baches verläßt man den Steig und erreicht nach rechts Steigspuren bei dem Graben. Nun immer in nordöstl. Richtung, bald wieder weglos (viele kleine Steinmänner), auf die Geröllfelder des Östl. Birkkares und über diese zum Hochjöchl.

● 1340 Kaltwasserkarspitze, 2733 m

Erste tour. Ersteigung Hermann von Barth, 1870. Kühner Gipfel mit Steilwand nach N zum Kl. Ahornboden, sowie mit steilen Kanten nach NW und O. Nach S entsendet die Kaltwasserkarspitze einen Zweiggrat, der die Sägezähne (höchster 2657 m) und den Gr. Heißenkopf, 2435 m, trägt. Südl. vorgelagert ist der Kl. Heißenkopf, 2027 m. Weite Rundsicht. Die Ersteigung ist auf keinem Wege leicht; vor allem die steilen Abstiege erfordern Übung und Schwindelfreiheit. Siehe Abb. S. 343 und S. 348.

● 1341 Vom Karwendelhaus
II, 5 Std.

Wie in R 1336 durch das Schlauchkar über die N- und O-Schulter der Birkkarspitze auf das Hochjöchl. Den von hier aus früher üblichen Weg (s. ä. A.), der einen Abstieg von etwa 300 m in den obersten Karboden des Östl. Birkkares vorsah, um den von P. 2552 herabziehenden Felssporn zu umgehen und dann wieder über den S-Grat hinaufzusteigen, macht man nicht mehr. Vielmehr steigt man vom Hochjöchl den Grat aufwärts, folgt einem Felsband etwa 20 m nach rechts und steigt wieder gerade hinauf (splitterig) zu P. 2552. Etwas absteigend, dann eben zum Gipfelaufbau der Kaltwasserkarspitze. Nun entweder rechts haltend zur nördlichsten (linken) von drei Rinnen und durch diese zum S-Grat, über den man den Gipfel erreicht, oder über Felsabsätze in der NW-Flanke; zuletzt durch kurze Kamine und Rinnen unter den Gipfelaufbau, unter der abschließenden Wand nach links querend an die NW-Kante und über diese zum Gipfel.

● 1343 Aus dem Hinterautal durch das Östliche Birkkar
II, 6—6½ Std.

Wie in R 1338 aufs Hochjöchl und wie in R 1342 zum Gipfel. Oder vor Erreichen des Hochjöchls rechts ab und wie in R 1341 zum Gipfel; etwas leichter und kürzer.

● 1344 Südgrat, Überschreitung des Großen Heißenkopfes und der Sägezähne
II, vom Hinterautal 6 Std.

Vom Jagdhaus Im Kasten zur Kastenalm und auf dem Weg ins Roßloch etwa ¼ Std. taleinwärts, wo vor Erreichen des Bachbettes des Moserkarbaches links der Weg ins Moserkar abzweigt. Nach einigen Kehren zweigt von diesem Weg wiederum westl. ein Steiglein ab, das über den Hang in vielen Kehren emporführt in den Sattel zwischen Kl. und Gr. Heißenkopf. (Von hier kann man unschwer in wenigen Min. gegen

SW die Kuppe des Kl. Heißenkopfes, 2027 m, erreichen.) Durch Latschen steigt man auf die Höhe des südl. Seitengrates empor; über den breiten Rücken, zuletzt über Schutt und Platten nordw. auf den Gr. Heißenkopf, 2435 m. Weiter immer nahe der Gratschneide zu den Sägezähnen, deren erster überklettert wird, während man die zwei folgenden an der O-Seite umgeht. Weiter gerade am Grat zum Gipfel der Kaltwasserkarspitze.
Bergsteiger, die vom Karwendelhaus aus den S-Grat begehen wollen, steigen vom Schlauchkarsattel durch das Westl. Birkkar abwärts, bis der Steig den Bach unterhalb des Wasserfalles überschreitet. Nach wenigen Schritten führt ein Steiglein östl. empor, das sodann den ganzen W-Hang des Gr. Heißenkopfes in südl. Richtung quert und auf den Sattel zwischen Gr. und Kl. Heißenkopf führt. Von hier wie oben zum Gipfel.

● 1345 Aus dem Rauhkarl und über den Südgrat
II, vom obersten Karboden 1 Std.; s. 11. Aufl. 1978, S. 293.

● 1346 Aus dem Rauhkarl durch den „Grauen Kamin“ (SO-Flanke und O-Grat)
III, 1—2 Std.; wichtig für den Übergang von der Rauhkarlspitze.

Führe: Von der tiefsten Einschartung zwischen Rauhkarl- und Kaltwasserkarspitze (westl. eine weitere schmale Scharte) durch eine schluchtartige Steilrinne etwa 4 SL hinab; oder vom Rauhkarl gegen diese Scharte ansteigend bis auf etwa 4 SL. Von hier quert man westw. unter den wild zerklüfteten Felsen über Schutt leicht ansteigend etwa 80 m bis zum Fußpunkt des auffallenden, im Mittelteil überhängenden „Grauen Kamins“; etwa 30 m westl. eines parallel emporziehenden, gelben Risses. Über eine kleine Felsstufe empor an den Ansatzpunkt des Kamins, durch den man in schöner Stemmarbeit emporkommt, bis er sich als Steilrinne zurücklegt. (Hier AH für den Abstieg). Nun der Steilrinne folgend oder rechts daneben auf eine ausgeprägte Schulter im O-Grat und über diesen mit unwesentlichen Abweichungen in die S-Flanke auf den Gipfel.

● 1346 A Im Abstieg
III.

Im Abstieg klettert man am O-Grat ziemlich lange abwärts bis zu der auffallenden, zerrissenen Schulter; nun durch die Steilrinne in der SO-Flanke abwärts zum Beginn des „Grauen Kamins“ und durch diesen stemmend oder sich abseilend hinab auf das Schuttfeld.

● **1348** **Nordwand**
L. Distel, A. Schulze, 1904. **IV**, 5—6 Std.; Wandhöhe 900 m; s. 11. Aufl. 1978, S. 294 (R 745).

● **1349** **Nordgrat**
W. v. Bernuth, 1913. **IV+** (eine Stelle), III. 5 Std.

Übersicht: s. Abb. S. 349.
Führe: E in die östl. N-Wand-Schlucht und durch sie empor. Von ihrem obersten Ende zieht ein Rinnensystem schräg links zum Grat empor, der hier noch mehr nach NO gewandt ist. Man erreicht ihn durch diese Rinnen und verfolgt ihn bis zum ersten Turm. Dieser wird östl. durch brüchigen Fels umgangen; ebenso der folgende Steilaufschwung links in einer Steilrinne. Sodann auf dem Grat selbst bis zu einer gelben Wand, die durch den linken von zwei feinen Rissen erklettert wird. Weiter immer am oder knapp neben dem Grat empor zum letzten Turm, der an seiner N-Seite durch einen überhängenden Riß erklettert wird (IV+). Sodann zum O-Grat und über diesen zum Gipfel.

● **1350** **Nordostwand**
O. Herzog, G. Haber, 1923. **V—** (stellenweise), 6—8 Std.

Übersicht: Unter der NO-Wand der Kaltwasserkarspitze und der NW-Wand der Rauhkarlspitze sind mächtige Firnfelder eingelagert, die durch eine größere Felsstufe unterbrochen sind und im Kl. Ahornboden fußen. Rechts von diesen Firnfeldern befindet sich unter dem N-Grat der Kaltwasserkarspitze ein großer Latschenkegel. Siehe Abb. S. 349.
Zugang: Diesen Kegel hinauf, bis man nach links auf einem leicht fallenden Gamswechsel auf die Firnfelder knapp oberhalb des Abbruches hereinqueren kann. Über das Firnfeld, bis es in einem mächtigen Kessel endet, der von steilen Wänden begrenzt wird und in dessen Hintergrund ein Wasserfall herabkommt. Rechts oberhalb wird er von einer kurzen, wenig ausgeprägten Wandkante begrenzt.
Führe: Über den gleich rechts liegenden, abgespaltenen, brüchigen Zahn, dann in teilweise festem Fels rechts der Kante zu einem großen, terrassenartigen Band. Hier nicht links, sondern gerade weiter (rechts der Kante) zu einer großen, teilweise begrünten Terrasse (Quelle). Richtungspunkt ist nun eine in den Schrofen oberhalb der Terrasse befindli-

Die Kaltwasserkarspitze (links) mit dem Nordgrat (R 1349) und der Nordostwandführe (R 1350).

Birkkarspitze
Hochjöchl
1350
1349

che, große, dunkel gefärbte, nischenartige Felspartie. Die Terrasse nach rechts hinauf, dann gerade zu den kleinen dunklen Felsen. Unter ihnen nach links, dann wieder schwach rechts haltend über Bänder und Schrofen zu einer vom O-Grat herabziehenden Schlucht. Diese Schlucht bricht überhängend auf ein Firnfeld ab. Der Abbruch kann erklettert werden. Besser und leichter jedoch quert man auf Bändern zum N-Grat, den man ein kurzes Stück benützt. Schließlich wieder auf leicht fallenden Bändern nach links. Entweder duch die erwähnte Schlucht oder bereits vorher über Wandstellen zwischen N-Grat und Schlucht zum O-Grat und über diesen zum Gipfel.

● **1351** **Übergang zur Birkkarspitze**
II, 2 Std.

Zuerst über den steilen NW-Grat einige Meter abwärts, dann südw. auf ein Schuttfeld; nun immer über kurze Steilstufen auf kleine Geröllbänder, von denen wieder ein Durchstieg nach unten möglich ist. So erreicht man den ersten Sattel, folgt den Steigspuren über den Vorkopf und durch dessen Rinnen und Bänder auf das Hochjöchl. Den nächsten Kopf umgeht man auf den Schrofen der S-Seite, und erreicht sodann über das steile Schuttfeld die O-Schulter der Birkkarspitze und, den Schrofenhang (Schneefelder) gegen NW querend, die N-Schulter. Von hier über die Schnee- und Schutthänge empor zum Schlauchkarsattel und wie in R 1316 zum Gipfel.
Vom Hochjöchl aus kann man auch über den Schutt, zuletzt über gut ausgeprägte, schuttbedeckte Bänder gegen den S-Grat ansteigen. Jenseits einmal 50 m absteigend, dann quer durch die SW-Flanke zum Schlauchkarsattel oder durch eine Rinne gerade zum Gipfel.

● **1355** **Rauhkarlspitze,** 2619 m

Erste tour. Ersteigung H. Camelly, 1881. Eigenartig stumpfer Gipfel mit zwei fast gleich hohen Gipfelkuppen (westl. 2618 m, östl. 2619 m), von der Kaltwasserkarspitze durch eine tiefe, schmale Scharte getrennt; entsendet einen kurzen Grat nach S; im O-Grat erheben sich zwei Gratköpfe, gegen N stürzt eine breite Wand zum Kl. Ahornboden ab.

● **1356** **Aus dem Hinterautal durch das Rauhkarl** (SW-Flanke)
II, vom Kasten 5 Std.

Wie in R 1368 vom Jagdhaus im Kasten durch das Unt. Moserkar in das Rauhkarl. Man geht bis in die nordwestl. Mulde des Kares empor und steigt von dort ostw. gegen den kurzen S-Grat an, bleibt jedoch in der SW-Flanke des Berges, wo schuttbedeckte Querbänder immer wieder zu einer Durchstiegsmöglichkeit durch die ungemein brüchigen

Wandstellen leiten. Im oberen Teil etwas nach links, dann gerade zum Gipfelgrat.

● 1357 Über die Westliche Moserkarscharte (SO-Flanke)
I, vom Kl. Ahornboden 6 Std. Orientierungsvermögen erforderlich.

Wie in R 1366 vom Kl. Ahornboden zur Westl. Moserkarscharte. Man quert nun über den Schutt westw. und gelangt so unter Umgehung der Steilstufen des O-Grates an die weniger geneigten Schutt- und Schrofenhänge der SO-Flanke. Über diese gerade empor an die Grathöhe des O-Grates und über diesen zum Gipfelgrat.

● 1358 Ostflanke und Ostgrat
III— (stellenweise). 6 Std. vom Kl. Ahornboden.

Zugang: Wie in R 1367 auf die Ladizer Flecken. Nun jedoch nicht hinauf zur Westl. Moserkarscharte, sondern in westl. Richtung etwa 200 m unter der Scharte gegen eine auffallende, die O-Flanke durchreißende Rinne.
Führe: In dieser Rinne oder in den Felsen der Begrenzungswände empor auf die Grathöhe des O-Grates und über diesen zum Gipfel.

● 1359 Nordwestwand
O. Herzog, G. Haber, 1923. **IV+**, 6 Std. Wandhöhe etwa 900 m. S. ä. A.

● 1360 Übergang zur Kaltwasserkarspitze
III, 2 Std.

Führe: Man steigt vom Gipfel, indem man sich unterhalb der Grathöhe des W-Grates hält, gegen die schluchtartige Rinne ab, die von der tiefsten Scharte zwischen Rauhkarl- und Kaltwasserkarspitze nach S zieht. Über ungemein brüchige, senkrechte Wandstellen und kleine Schuttbänder gelangt man durch die SW-Flanke im Zickzack abwärts und erreicht die Rinne etwa eine SL südl. unterhalb der Scharte. Nun noch etwa 100 m durch die Rinne abwärts, bis man am Fuß der Felsen etwa 80 m queren kann. Man erreicht so den Fußpunkt des „Grauen Kamins"; durch diesen wie in R 1346 zum Gipfel.

● 1365 Unbenannter Gipfel P. 2526

Ausgeprägter Felsgipfel zwischen der Westl. und der Östl. Moserkarscharte, der mit gelbbrüchiger Wand gegen die Ladizer Flecken abfällt; nach S entsendet er einen Grat, der das Rauhkarl vom Oberen Moserkar scheidet. Die beiden Moserkarscharten sind die einzigen leichteren

Übergänge im Mittelteil des Hauptkammes von der Birkkar- bis zur Eiskarlspitze.
Vom untersten Gratkopf im O-Grat der Rauhkarlspitze zieht ein breiter Rücken gegen NO, der in seinem unteren, latschenbestandenen Teil einen Kopf bildet (Sauißköpfl, 1936 m). In einem weiten Bogen dehnen sich vom Fußpunkt der N-Wand des Unbenannten Gipfels bis gegen diesen Rücken steile, auffallend üppige Grashänge, die sogenannten *„Ladizer Flecken"*. Diese kann man sowohl vom Kl. Ahornboden, als auch (etwas schwieriger) von der Falkenhütte erreichen, und von diesen wiederum kann man sowohl zur Westl. als auch zur Östl. Moserkarscharte ansteigen.

● 1366 Vom Kleinen Ahornboden zur Westlichen Moserkarscharte
I, 4 Std. Siehe Abb. S. 353.

Vom Sauißköpfl ziehen teilweise bewachsene Sandreisen hinab bis gegen den S-Rand des Kl. Ahornbodens. Über diese südw. empor; einen Jagdsteig, der nicht benützt werden darf, überquerend, später etwas nach links auf die Schulter empor. Nun schräg links haltend empor über die steilen, teils schotterigen Grashänge (Ladizer Flecken) über zwei Rinnen hinweg gegen die westl., höher gelegene der beiden Scharten. Über die immer steiler werdenden, aber gut gestuften Schrofen, manchmal auf Steigspuren, zur Westl. Moserkarscharte.

● 1367 Von der Falkenhütte zur Östlichen Moserkarscharte
II, 2—3 Std. Orientierungsvermögen erforderlich. Siehe Abb. S. 353.

Von der Falkenhütte steigt man zum Spielißjoch ab; westwärts zweigt nach wenigen Schritten links ein kleiner Steig ab, der in den weiten Geröllkessel der Ladizer Reisen hineinführt. Auf Gamswechseln (Steinmanndln) quert man den großen Kessel ohne Höhenverluste und steigt zuletzt gegen den von zwei Wasserrinnen durchzogenen Felsgürtel an, wo das Kar in Fallinie der Scharte am weitesten emporreicht. Etwa 20 m nordwestl. dieses Punktes zieht ein Grasband rechts in die Schrofen, dem man etwa 50 m folgt, bis ein Durchkommen nach oben über die steilen, schrofigen Grashänge leichter möglich ist. Von einem kantigen Block auf dem höheren Grasband wieder etwa 50 m nach links,

Die Moserkarspitze mit der Nordwandführe (R 1378). Rechts daneben der Unbenannte Gipfel P. 2526 mit den Nordwandanstiegen über die Östliche (R 1367) und die Westliche Moserkarscharte (R 1366).

Moserkarspitze
Unbenannter Gipfel
Östl. Moserkarscharte
Westl. Moserkar-
scharte
1366
1367
1378

dann durch steiles Gelände gerade empor, bis man nach links die großen Rasenhänge der Ladizer Flecken erreicht. Am besten, weil steinschlagsicher, über den breiten grünen Rücken empor, der auf ein kleines Köpfl leitet. Nun nach links über abschüssige Schuttbänder an den Beginn der von der Östl. Moserkarscharte herabziehenden schluchtartigen Rinne. Der unterste Absatz wird rechts umgangen; dann in der Rinne, zuletzt über die Schrofen links davon in die Scharte.
Von den Ladizer Flecken kann man auch wie in R 1366 zur westl. Scharte ansteigen.

● **1368** **Aus dem Hinterautal auf die Moserkarscharten**
4 Std.

Vom Jagdhaus im Kasten zur Kastenalm und taleinwärts auf gutem Weg ins Roßloch. Vor Erreichen des Moserkarbaches zweigt links der Jagdsteig ins Moserkar ab. Zuerst in Kehren empor, dann nordw. über den Graben talein. Nach Überschreitung des Baches noch ein Stück rechts empor zum Eingang des Kühkarls. Hier links (westw.) ab und eben hinüber zur Steilstufe, die das Obere Moserkar vom Unteren trennt. Über die Steilstufe empor und vom Fußpunkt des S-Grates entweder links hinauf ins Rauhkarl zur Westl. Moserkarscharte, oder rechts hinauf ins Obere Moserkar zur Östl. Moserkarscharte.

● **1369** **Übergang von der Östlichen zur Westlichen Moserkarscharte über P. 2526**
II, 1 Std.

Von der Östl. Moserkarscharte quert man südwestl. über den Schutt hinaus gegen den S-Grat von P. 2526, über den man ohne Schwierigkeiten den Gipfel erreicht. Man steigt sodann über den NW-Grat ab bis in eine brüchige, schmal eingeschnittene Scharte. Von hier durch eine Steilrinne in der W-Flanke 1 SL abwärts und nach links auf eine Felsschulter (südl.). Von dieser über Platten und Schutt zur Westl. Moserkarscharte.

● **1370** **Übergang zur Rauhkarlspitze**
II, 1½ Std.

Wie in R 1369 von P. 2526 zur Westl. Moserkarscharte; weiter wie in R 1357 auf die Rauhkarlspitze.

● **1375** **Moserkarspitze,** 2534 m

Erstersteigung H. v. Barth, 1870. Breite, ebenmäßig geformte Felspyramide, die nach N mit steiler Wand auf die Ladizer Flecken abfällt, während sie nach S einen Grat entsendet. Ebenso wie die Kühkarlspitze, P. 2526, und die Rauhkarlspitze vor allem im Übergang von der Nördl. Sonnenspitze zur Kaltwasserkarspitze lohnend.

● 1376 Von der Östlichen Moserkarscharte über die Westflanke
I, 1 Std.

Wie in R 1367 von der Falkenhütte, oder wie in R 1366 vom Kl. Ahornboden zur Östl. Moserkarscharte. Von hier zuerst über Schutt, dann über die gutgestuften Felsen der W-Flanke gerade auf den Gipfel.

● 1377 Von Süden
I, 5 Std. aus dem Hinterautal.

Wie in R 1368 vom Jagdhaus im Kasten in das Ob. Moserkar. Noch ziemlich tief unter der Östl. Moserkarscharte kann man über die Schrofen unschwierig zum S-Grat ansteigen. Über diesen zum Gipfel.

● 1378 Nordwand
O. Herzog und Geschwister, 1911. **IV,** 5—6 Std. vom Kl. Ahornboden. Vgl. 11. Aufl. 1978, S. 300 (R 761).

Führe: s. Abb. S. 353.

● 1379 Übergang zum Unbenannten Gipfel P. 2526
1 Std.

Vom Gipfel wenige Meter nach S, dann über die schrofige W-Flanke gerade abwärts in eine Mulde unterhalb der Östl. Moserkarscharte, von der man über Schutt den S-Grat des Unbenannten Gipfels und über diesen den höchsten Punkt erreicht.

● 1380 Scharte zwischen Kühkarlspitze und Moserkarspitze von Norden
R. Rossi, O. Schmidhuber, P. Ehlers, 1928 (35. Jb. AAKI, 1928, S. 43). **IV.** Gerader Durchstieg aus den Ladizer Reisen.

● 1385 **Kühkarlspitze,** 2465 m

Mehrzackiger Gipfel zwischen Moserkarspitze und Nördl. Sonnenspitze, von der letztgenannten bedeutend überragt; fällt nach N mit steiler Wand in die Ladizer Reisen ab; ein zerklüfteter Grat streicht in die Scharte westl. der Sonnenspitze.

● 1386 Von Süden
5 Std. aus dem Hinterautal

Vom Jagdhaus im Kasten wie in R 1368 auf dem Steig ins Moserkar, bis östl. das Kühkarl einmündet. Durch dieses in nordöstl. Richtung aufwärts. Der von der Kühkarlspitze nach S vorgebaute Felsrücken trennt das Kar in eine östl. und eine westl. Hälfte. Von beiden Karmulden kann man über die schuttbedeckten Schrofen unschwierig zum Gipfel ansteigen.

● 1387 **Von der Westlichen Moserkarscharte**
2 Std.

Unter Umgehung (mühsam) oder Überkletterung der S-Grate des Unbenannten Gipfels und der Moserkarspitze gelangt man in die westl. Mulde des Kühkarls. Von hier über den SW-Hang zum Gipfel.

● 1388 **Nordwand**
O. Herzog, 1912. **IV**, 5 Std.; s. 11. Aufl. 1978, S. 303 (R 766).

● 1389 **Ostgrat**
M. Pfeffer, 1929. **IV**, 1—2 Std.

Führe: Von der tiefsten Scharte westl. der Sonnenspitze folgt man immer fast genau dem wild zerklüfteten Grat; im letzten Teil unschwierig über den plattigen Grat zum Gipfel.

● 1390 **Übergang zur Moserkarspitze**
I, 1 Std.

Vom Gipfel der Kühkarlspitze über den nach S ziehenden Felsrücken abwärts, bis man durch eine Rinne westw. in das Schuttfeld absteigt. Man quert dieses, umgeht den ersten Abbruch im O-Grat der Moserkarspitze durch eine Rinne in der S-Flanke und steigt dann über den plattigen Grat zum Gipfel.

● 1395 **Nördliche Sonnenspitze,** 2651 m

Erstersteigung H. v. Barth, 1870. Felsturm, der mit 800 m hoher N-Wand auf die Ladizer Reisen abbricht, und nach W und O mit steilen Kanten abfällt. Nach S zweigt ein mächtiger Felsgrat ab, der die höhere Südl. Sonnenspitze trägt und das Moserkar vom Roßloch und Bockkar scheidet. Die Ersteigung ist von allen Seiten schwierig.

● 1396 **Aus dem Großen Kühkarl über die Westflanke**
II (stellenweise). 1 Std. E. Vor allem im Abstieg nicht leicht zu finden.

Wie in R 1386 in die NO-Ecke des Gr. Kühkarls. Von dem kleinen Schuttboden wenige m südl. der Einsenkung zwischen Nördl. Sonnenspitze und Kühkarlspitze über den Schutt rechts haltend empor zu einer seichten, plattigen Steilrinne und durch diese etwa 30 m empor. Dann nach rechts zu einer kleinen Schuttschulter, von der man 10 m rechts eine zweite sieht. Noch einmal 10 m rechts (südl.) gelangt man zu einem kleinen, schräg nach unten eingeschnittenen Schartl (Richtpunkt für den Abstieg) und dahinter gleich in eine steil emporziehende, mehrfach abgesetzte, breite Rinne. Durch diese über mehrere Wandstellen 100 m empor auf ein abschüssiges Schuttband, das leicht ansteigend wenige m unter dem zur Südl. Sonnenspitze ziehenden Grat nordw. leitet. Nach 30 m erreicht man die kleine Scharte südl. des Gipfels. Von hier über die Schrofen links wenige Meter zum Gipfel.

● **1396 A Abstieg**
Siehe R 1399.

● **1397 Aus dem Roßloch**
IV (einzelne Stellen in der Steilrinne), III. 5—6 Std. vom Jagdhaus im Kasten.

Zugang: Von der Kastenalm auf dem Weg hinein ins hinterste Roßloch. Wo ein Graben steil gegen die Roßlochspitze emporzieht, zweigt links ein anfangs guter Steig ab, der nordw. ins Bockkar führt. Oberhalb der Steilstufe hält man sich nach links (Steigspuren) ins Sonnkar, wie der westlichste Teil des Bockkares genannt wird. Durch dieses nordw. ansteigend, zuletzt mühsam über Schutt erreicht man den Fußpunkt der auffallenden Steilrinne, die im Winkel der von der SO-Flanke des Berges mit der vom Verbindungsgrat zum S-Gipfel abfallenden Wand gebildeten Verschneidung liegt; E.
Führe: Knapp über dem E und noch einmal 20 m höher müssen die überhängenden Teile der Steilrinne durch den plattigen Fels der südl. Begrenzungswand umgangen werden. Die Rinne führt sodann leichter zu dem in R 1396 erwähnten Schartl; wie dort auf den Gipfel.

● **1398 Ostkante**
V (stellenweise). 2 Std. E.

Zugang: Wie in R 1397 aus dem Roßloch ins Sonnkar und weiter in die Einschartung zwischen Bockkarspitze und Nördl. Sonnenspitze; E.
Führe: Nun stets über den Steilgrat empor zum Gipfel, wobei nur ein hoher überhängender Aufschwung an der S-Seite umgangen wird.

● **1399 Übergang zur Kühkarlspitze**
III, 2 Std.

Führe: Vom kleinen Schartl südl. des Gipfels auf dem fallenden Schuttband, das durch die W-Flanke südw. zieht, etwa 30 m (Steinmann), dann durch eine breite, mehrfach steil abgesetzte Felsrinne 100 m hinab, bis rechts (nördl.) ein kleines, schief nach unten eingeschnittenes Schartl sichtbar wird. Durch dieses und über zwei gleich hohe, nördl. gelegene Schultern nordw. in eine plattige, breite Rinne, durch die man auf den Schutt zwischen den beiden Gipfeln absteigt. Durch die erste breite Rinne in der S-Flanke der Kühkarlspitze 50 m empor, dann auf einem Schuttband westw. gegen den S-Grat und über diesen zum Gipfel.

● **1400** **Nordkante**
O. Herzog, 1914. **V**— (eine Passage), IV+ und IV (Bew. S. Jöchler). Selten beg. 2 H in der Schlüsselstelle. 5—7 Std.

Übersicht: s. Abb. S. 359.
Führe: In Fallinie der Scharte zwischen Nördl. Sonnenspitze und Bockkarspitze zieht ein hoher, steiler Firnkegel zur Wand empor. Von seinem rechten oberen Ende über die Randkluft an die Felsen und rechts aufwärts bis über eine Felsstufe in der Fallinie der Scharte westl. des Gipfels. Etwas links der hier beginnenden Kante über brüchiges Gestein ziemlich hoch empor, dann auf die Kante selbst bis unter das oberste Drittel des Grataufschwunges. Der mehrfach überhängende Aufschwung wird teils gerade, teils in die Flanken ausweichend erklettert. Knapp unterhalb des Gipfels ist eine Querung zum O-Grat möglich.

● **1401** **Nordwand, westlicher Durchstieg**
W. Recknagel, 1905 (10. Jb. Bayerl., S. 66). **V** (stellenweise), IV+. 5—6 Std. E. Sehr steinschlaggefährdet; s. ä. A.

● **1402** **Nordwand, östlicher Durchstieg**
Hubert Peterka, 1947. **V** (stellenweise). 5—6 Std. E. Wandhöhe 800 m; obere Wandhälfte brüchiger Fels. Gelegentlich begangen.

Übersicht: Vom Gipfel der Nördl. Sonnenspitze fällt die im mittleren Teil leicht geschwungene N-Kante zu einer begrünten Schuttstufe ab. Parallel zu dieser N-Kante besitzt der eigentliche N-Absturz in seiner östl. Hälfte eine zweite Kante, deren linke Wandbildung von einer Rißreihe (im oberen Teile auffallend V-förmig geöffnet) durchzogen wird.

Die Bockkarspitze mit dem Nordwandanstieg (R 1418). Rechts davon die Nördliche Sonnenspitze mit der Nordkante (R 1400) und dem östlichen Nordwandanstieg (R 1402).

ockkar -
pitze
Nördl. Sonnenspitze
1400
1402
1418

Diese östl. Wandkante endet in einer weißgewaschenen Plattenrinne, die direkt zum Einstiegsschneefeld abbricht. Dort, wo sich diese Plattenrinne mit dem Pfeiler der östl. Wandkante vereinigt, winkelt eine Schlucht ab, die im oberen Teile rißartig verengt, zur Scharte zwischen Bockkarspitze und Nördl. Sonnenspitze emporzieht. Die Führe benützt die Einstiegsrampe zur N-Kante, führt ab dieser im Mittelteil zwischen den beiden N-Kanten aufwärts und wendet sich in halber Wandhöhe entschieden nach links in die Plattenrinne der östl. N-Wandhälfte hinaus. Durch diese Plattenrinne wird die oben V-förmige Rißreihe gewonnen, die aber schon in ihrer unteren Hälfte rechtsseitig umgangen wird. Rechts haltend wird die östl. Wandkante und darauf eine Scharte östl. des Gipfelaufbaues erreicht. Die N-Kante (Herzogweg) sowie die westl. N-Wand (Recknaglweg) werden nach den Einstiegsterrassen nicht mehr berührt. Siehe Abb. S. 359.

Führe: Vom Einstiegsschneefeld nach rechts aufwärts zum rechts ansteigenden Schuttband und zur großen Terrasse. Etwas rechts der Falllinie des Gipfels über große Platten fast senkrecht empor, dann schwach links haltend in eine schräge Rißreihe, die bei einem Kopf unter senkrechten Abbrüchen endet (Steinmann). Nun entschieden nach links in den plattigen, weißgewaschenen Grund der östl. Riesenschlucht, die von der Gipfelgratscharte, nahe der Bockkarspitze, abfällt. In ihr (Wasser) empor und über flache Platten nach rechts in die Wand des Gratpfeilers. Unmittelbar über Überhänge zu einem Riß, rechts vom wasserüberronnen, auffallenden Wulstüberhang. Ein Band nach rechts weiter, dann links in die Rißverschneidung und von ihrem Ende Quergang nach rechts an die östl. Wandkante hinaus. Über diese Wandkante direkt aufwärts zum Ausstieg in die Scharte östl. vom Gipfel und über den O-Grat zu diesem empor. (H. Peterka)

● **1403** **Nördliche Ostschlucht**
O. Herzog, 1914. Keine Angaben.

● **1405** **Südliche Sonnenspitze,** 2665 m

Erstersteigung H. v. Barth, 1870. Erste Winterersteigung E. Weber, K. Pokos, 25.12.1961. Hoher mächtiger Felskopf in dem von der Nördl. Sonnenspitze nach SW ziehenden Felsgrat.

● **1406** **Südwestgrat**
Weg des Erstersteigers. **II** (stellenweise). 6 Std. vom Hallerangerhaus.

Vom Hallerangerhaus zur Kastenalm und wie in R 1368 ins Roßloch bis zur Einmündung des Moserkares. Vor Erreichen des Kareingangs ostw. über den blockerfüllten Moserkarbach und auf Steigspuren empor gegen den Rücken, wo er sich deutlich als SW-Grat ausprägt. Man erreicht diesen Punkt gleichermaßen mühsam durch Krummholz und über Wandstufen aus dem Moserkargraben über die W-Flanke oder über die steile S-Flanke aus dem Roßloch. Der sehr bald ausgeprägte Grat geht allmählich in eine scharf gezackte, brüchige Schneide über, die gerade zum Gipfel leitet.

● **1407** **Aus dem Bockkar**
III, 3 Std.

Zugang: Wie in R 1397 durch das Roßloch ins Sonnkar an den Fuß der Steilrinne in der Nähe des N-Gipfels, und wie dort in das Schartl. An den Fußpunkt der Steilrinne gelangt man von den obersten Karböden des Bockkares unter den Ladiztürmen durchquerend.
Führe: Vom Schartl südw. über den Grat, mit kleinen Abweichungen in die O-Flanke, auf den Gipfel.

● **1408** **Nordwestwand**
H. Kremser, L. Schärmer, F. Stoll, F. Weithas, 1924 (ÖAZ, 1925, S. 94). **V**, 5 Std.

● **1409** **Übergang zur Nördlichen Sonnenspitze**
Heinrich Leberle u. Gef., 1898. **III** (stellenweise), 1—2 Std.

Immer gerade über den stellenweise brüchigen und gezackten Verbindungsgrat, später mehrmals in die O-Flanke ausweichend, zuletzt einen kaminartigen Spalt rechts umgehend, in das kleine Schartl südl. des N-Gipfels. Von hier links über die Schrofen wenige Meter zum Gipfel.

● **1415** **Bockkarspitze,** 2591 m

Erste touristische Ersteigung H. v. Barth, 1870. Felsturm östl. der Nördl. Sonnenspitze; höchster der zwischen Laliderer Spitze und Nördl. Sonnenspitze (Langer Sattel) aufragenden Zacken.

● **1416** **Ostgrat**
Weg des Erstersteigers. **II**, 5 Std. vom Kasten.

Wie in R 1397 vom Kasten durch das Roßloch in den obersten, westl. Teil des Bockkars und in die Scharte östl. des Gipfels. Zuerst kurz über Schutt, dann über plattige Gratstufen, einmal eine kleine Wandstelle überkletternd, auf die Bockkarspitze.

● **1417** **Westgrat**
IV—, ½ Std. E.

Wie in R 1397 in das oberste westl. Bockkar und in die Scharte westl. des Gipfels. Ein plattiger Felsturm wird gerade überklettert, sodann über kleingriffige, ausgesetzte Gratstufen aufwärts zum zerrissenen Gipfelgrat.

● 1418 Nordwand
O. Herzog, O. Kern, 1913 (ÖAZ 1914, S. 185 ff.) **V+** (stellenweise). 6—7 Std. E.

Übersicht: s. Abb. S. 359.
Führe: Etwa 300 m über den Ladizer Reisen beginnen in der steilen N-Wand zwei auffallende, rechtwinklige Plattenrippen, die parallel nach links emporziehen. Der Anstieg bewegt sich zuerst auf der linken Rippe, um etwa 80 m unter dem Gipfel auf die rechte überzugehen. Hinter dieser fast unmittelbar zum Gipfel.

● 1419 Übergang zur Nördlichen Sonnenspitze
IV (einige Stellen im Aufstieg durch die O-Schlucht der Nördl. Sonnenspitze), III. 1½ Std.

Führe: Vom Gipfel wenige Schritte nach W, dann über ein kleines Schuttplatzl hinab auf eine südw. streichende Rippe. Über diese solange, bis man nach rechts in eine Steilrinne queren kann, die man nach etwa 30 m nach rechts (westw.) verläßt. Über Schuttfelder und kleine Schrofenabsätze westw. an den Fußpunkt der auffallenden O-Schlucht der Nördl. Sonnenspitze und wie in R 1397 zum Gipfel.

● 1425 Ladiztürme, 2524 und 2542 m

Erste Ersteigung beider Türme O. Herzog, G. Haber, 1922. Östl. der Bockkarspitze baut sich die breite Pyramide des W-Turmes auf, der mit geschlossener N-Wand in einen Schluchtkessel abfällt, aus dem nach rechts die N-Wand-Rampe emporzieht. Östl. folgt dann die breite Felspartie des Langen Sattels, aus der kein Gipfel aufragt. Am O-Ende dieses Felsstockes, vor dem O-Turm, ist eine Einschartung sichtbar, in der die Spindlerschlucht, R 1437 und 1438 A, beginnt. Diese wird von den meisten Ersteigern der Laliderer Wände als Abstieg benutzt. Östl. erhebt sich der gezackte O-Turm, der eine mächtige Rippe nach NW ins Kar entsendet. Eine tiefe Schlucht und Scharte trennt den O-Turm von der noch weiter östl. aufragenden Ladizer Nadel, P. 2512, die die

Die Ladiztürme von Norden. Rechts die Nordwandrampe auf den Westlichen Ladizturm (R 1431), von der die Nordwandführe (R 1429) abzweigt. Links der Nordwandanstieg auf den Östlichen Ladizturm (R 1437).

Ladizturm
Östl.
Westl.
1437
1429
1431

Zackenreihe des Langen Sattels abschließt. Auch die Ladizer Nadel ist östl. von einer düsteren Schlucht vom folgenden Massiv (Laliderer Spitze) geschieden.

● **1426** **Westlicher Ladizturm**, 2524 m

● **1427** **Ringbandweg**
Weg der Erstersteiger. **III** (stellenweise), brüchig, 1 Std. E.

Führe: Vom Sattel zwischen beiden Türmen quert man unter dem O-Grat des Westl. Turmes die südl. Geröllhänge, bis sich eine kurze Rinne öffnet, die zu einem Schartel im O-Grat führt. Kurz vor dem Schartel quert man auf Gesimsen nach links, die sich bald zu einem Band verbreitern, das durch die ganze S-Wand an die W-Seite leitet (Ringband). Von hier zum Gipfel.

● **1428** **Westgrat**
O. Herzog, G. Haber, 1932. **III** (stellenweise), ¾ Std. E.

Den untersten Kopf umgeht man rechts; der weitere Anstieg verläuft teils an der Gratkante, teils rechts davon zum Ringband. Zuletzt wie in R 1427 zum Gipfel.

● **1429** **Nordwand**
A. und F. Hausstätter, 1932. **VI—** (eine Stelle), V. 5 Std. Wandhöhe 600 m.

Übersicht: s. Abb. S. 363.
Führe: E beim dritten westl. Schneekegel in Gipfelfallinie. Von der Schlucht zieht eine rampenartige, steile Plattenrinne in die Scharte zwischen Turm und Bockkarspitze. Teilweise in der Rinne selbst, teilweise rechts davon empor, bis sie sich nach etwa 7 SL zu kaminartigen Rissen verengt. Diese hinauf, dann nach rechts zu geräumigem Stand. 1 SL links zurück in die Rinne und empor in eine Nische. 4 m aufwärts, Quergang in eine Nische und nach links in die gelbe, brüchige Wand (H) durch eine kurze Verschneidung. Auf einem Band nach links und über eine Rippe auf leichteren Fels. Nun etwa 7 SL empor unter die Gipfelwand. (Richtpunkt: der auffallende Felszacken im W-Grat des Turmes.) Durch eine Steilrinne schräg links hinauf, zuletzt glatte Verschneidung (H). Unter einem großen Überhang nach links (H) und empor zu einem Stand unter hellgelber, überhängender Wand (etwa 20 m unter dem Gratturm). Von hier mittels Seilzug (Zacken etwas höher) nach rechts (VI—) auf das brüchige Band (H). Einige Meter abseilen und nach rechts auf ein Band und zu gutem Stand. Nunmehr schräg rechts hinauf und über das Gratstück zum Gipfel.

● 1430 **Nordwand auf anderem Weg**
A. und F. Hausstätter.

Die Führe überwindet die mittlere, senkrechte Wandzone in Gipfelfalllinie.

● 1431 **Nordwandrampe**
F. Hausstätter, 1935. **V** (im oberen Teil), IV. 4 Std.; s. ä. A. und Abb. S. 363.

● 1431a **Variante zur Nordwandrampe**
H. Peterka, W. End, 1949. **V**, 3—4 Std., brüchig und steinschlaggefährdet, nicht lohnend. S. ä. A.

● 1435 **Östlicher Ladizturm**, 2542 m

● 1436 **Westwand**
O. Herzog, G. Haber, 1922. **III+** (stellenweise), ¾ Std. E.

Zugang: Die W-Seite des Östl. Ladizturmes wird von einem etwa 8 m hohen seichten Kamin durchrissen. Diesen trachtet man möglichst gerade zu erreichen.
Führe: Nach seiner Durchkletterung gelangt man, sich in der Mitte der schmäler werdenden Wand haltend, auf den Gipfel.

● 1437 **Nordwand**
W. Spindler, W. Wolf, 1929 (Jb. Akad. Sekt. München 1929, S. 38). **III** (stellenweise), II, teilweise bez. und Steigspuren, heute praktisch nur noch im Abstieg begangen. 2—3 Std.

Übersicht: s. Abb. S. 363.
Führe: Vom Turm zieht eine Felsrippe herunter bis auf die Laliderer Reisen. Vom Spielißjoch zum Schneefleck östl. der Rippe, dann westw. um diese herum in ein Rinnensystem. In ihm schräg links aufwärts; das sperrende Wandl wird überklettert (H). Schräg rechts, dann in den Rinnen gerade aufwärts. Von einer in die Rippe eingeschnittenen Scharte quert man nach rechts in ein Rinnensystem, das von der tiefsten Scharte westl. des Turmes herunterzieht. 15 m unterhalb der Scharte quert man nach links um die Kante und erreicht durch eine Verschneidung und über ein Wandl die Schulter westl. des Turmes. Durch einen dort ansetzenden kleinen Kamin auf den Gipfel.

● 1438 A **Spindlerschlucht**
Bezeichnete Abseilführe durch die N-Flanke der Ladizwand. Bester Abstieg nach Durchsteigung der Touren zwischen Grubenkarspitze und Moserkarspitze, insbesondere nach al-

len Laliderer Durchstiegen, in der Dunkelheit oder bei Schlechtwetter schwer zu finden. 8 fixe Abseilstellen zwischen 15 und 20 m, Markierung zwischendurch oft nur schwer erkennbar. Für geübte Abkletterer 1½ Std., sonst 2 bis 3 Std. Freie Kletterstellen **II**, die Abseilstellen frei geklettert IV.

Im Sattel westl. des Östl. Ladizturmes steht ein auffallender runder Felsblock mit mehreren roten Mark. An diesem Felsblock setzt die Spindlerschlucht an. 5 m unterhalb des Schartls ist der erste feste AH angebracht. (Im Frühsommer sind einige der AH oft im Schnee versteckt). Nun immer den grünen und roten Mark. folgend, über Rinnen und Rippen mehrmals überraschend nach rechts um ein Eck bis hinunter vor dem letzten Abbruch der Spindlerschlucht. Hier nochmals entschieden rechts um die Ecke und im Zickzack über Bänder in die Ladizer Reisen. (Bei Dunkelheit oder schlechten Verhältnissen ist aus Sicherheitsgründen der Abstieg durch das Bockkar — s. R 1441 A — in das Hinterautal — Kasten — Scharnitz vorzuziehen, wenngleich dieser Marsch 5—6 Std. dauert.) (H.K.)

● 1440 Laliderer Spitze, 2583 m

Kühner Felsgipfel am W-Eck der Laliderer Wände, der mit 700 m hoher Steilwand auf die Laliderer Reisen abstürzt. Durch diese Wand und über die N-Kante führen einige der berühmtesten Kletterwege des Karwendels. Von S ohne Schwierigkeiten ersteigbar. Siehe Abb. S. 369. Biwakschachtel der Alpinen Ges. Gipfelstürmer (9 L.).

● 1441 Von Süden aus dem Bockkar

Teilw. Steigspuren, leichtester Anstieg, im unteren Teil bez., 5 Std. vom Kasten.

Wie in R 1397 in das Bockkar. Aus seinem mittleren Teil über schrofige Stufen und Schutt in die Scharte (2495 m) östl. des Gipfels, in der eine moderne Biwakschachtel steht. Sie wurde von der Alpinen Ges. Gipfelstürmer Innsbruck errichtet und stellt eine wichtige Übernachtungsmöglichkeit für Kletterer dar. Von hier westw. zu dem vom Gipfel nach SO ziehenden Schutthang und über diesen zum Gipfel. (H.K.)

● 1441 A Abstieg in das Roßloch

Vgl. R 1438 A.

Zunächst weglos über die weiten Böden des Bockkars abwärts. Wo dieses steiler und enger wird, halte man sich möglichst in der Mitte zwischen den felsigen Begrenzungsrücken, wo die mit Markierungsstangen zusätzlich bezeichneten Steigspuren beginnen. (W.K.)

● 1442 A Abstieg zur Falkenhütte

IV (stellenweise). 3—5 Std. Mehrere solide AH.

Vom Gipfel etwa 250 Höhenmeter südostw. hinab, unter der felsigen S-Flanke queren in das Kar unter dem Schuttsattel. Nun auf Steigspuren unter der auffälligen Ladizer Nadel und dem folgenden Felsturm (Östl. Ladizturm) südl. durch und rechts über eine kleine Felsstufe empor. Im Sattel westl. des Östl. Ladizturmes steht ein auffallender Felsblock mit roter Mark. Weiter wie R 1438 A. (H.K.)

● 1443 Nordwestflanke, „Rambokamin“

O. Herzog, 1911. **V—**, 5—6 Std. Nur mehr selten beg.

Zugang: Vom Spielißjoch zu dem steilen Schneekegel am Ausgang der westl. der Laliderer Spitze herabziehenden Schlucht empor.
Führe: Über die Randkluft zu einem 25 m langen Band und über dieses links aufwärts in einen Geröllkessel. Nun durch einen 50 m hohen Kamin (Rambokamin) zu einer großen Höhle. Unter dieser Quergang (V—) nach links über wasserüberronnene Platten. Weiter nach rechts in die Platteneinbuchtung und rechts in eine Nische. Von ihr etwas absteigend nach links, in der Einbuchtung aufwärts (H). Durch einen Kamin eine halbe SL zu einer Kanzel. Nun über eine steile Platte 10 m empor in einen eigenartigen Kamin und mehrfach überhängend empor zu Stand. Die folgende Plattentafel erfordert zuerst einen Quergang 10 m nach links (V—), dann durch einen seichten 15-m-Riß empor und nach rechts in einen weiteren Riß; dieser leitet auf ein Geröllband. Zwei je 30 m hohe Kamine werden in den Platten rechts umgangen; höher oben trachtet man jedoch in diese hineinzukommen. Durch eine Rinne zu schuttbedeckten Platten und über diese in die Scharte westl. der Laliderer Spitze. Durch die nach SW ziehende Rinne und über Schrofen zum Gipfel.

● 1444 Nordkante, „Herzogkante“

O., C. und P. Herzog, 1911 (III. Jb. Bergl., S. 72f.) 1. Winterbeg. H. Buhl, W. Gruber, 1948. **V—** (einige Stellen), häufig IV + und IV. 5—7 Std. E. Etwa 22—25 SL. Notwendige H stecken. Teilw. brüchig. Großzügige, schöne Kletterei in eindrucksvoller Umgebung. Häufig beg., eine der beliebtesten mittelschweren Fahrten des Gebirges.

Übersicht: Westl. der Laliderer Spitze ist eine tiefe Schlucht eingeschnitten, die bis ins Kar herunterzieht. Sie bildet dort einen bis in den Herbst hinein schneegefüllten Trichter. Siehe Abb. S. 369.
Zugang: Man erreicht den E vom Spielißjoch über den begrünten Rücken, später auf Steigspuren im Schutt und über den Schnee. Man

steigt über den Schnee so lange empor, bis links das erste breite, relativ steil ansteigende Band sichtbar wird. Auf diesem Band links hinaus etwa 25 m zu einem Schuttplatz, hier anseilen. (Hier führen rechts empor Rißkamine, in denen H stecken und durch die man ein höher gelegenes Band erreicht, über das man links wieder in die Originalroute queren kann.)

Führe: Günstiger steigt man durch die Rinnen und Risse links haltend an; nach 40 m in einer Ecke SH. Von dort noch einmal 20 m links haltend hinauf auf einen guten Standplatz, etwa 3 m rechts der eigentlichen Kante. Nun rechts empor durch eine auffallende Rißverschneidung, die sich nach oben aufsteilt (V—); nach 40 m Standplatz. Nach links hinauf über eine steile Plattenrampe und durch einen überhängenden Einriß nach etwa 30 m auf guten Standplatz am Fuße des auffallenden Kamins. Durch den senkrechten Kamin 20 m empor (V—), dann etwas rechts um eine Ecke, nach 40 m Stand. Weiter 4 SL immer in der Nähe der Kante oder etwas rechts davon in Einrissen und kleingriffigem, mitunter etwas splittrigem Gestein. Man gelangt auf ein Schuttplatzl. Dann weitere 4 SL in sehr schönem Gestein hinauf, jeweils gute Standplätze. Man erreicht ein flacheres Gratstück, über dieses 35 m hinüber zum nächsten Aufschwung der Kante. Weitere 3 SL über die splittrige Kante empor auf eine kleine Stufe, von der rechts des Kantenaufbaus ein Band etwa 10 m durch die Flanke führt, dann wieder empor auf die eigentliche Gratschneide. Stets am Grat mehrere SL empor bis auf einen etwa schreibtischgroßen ebenen Platz, der etwas höher liegt als das Joch beim Ladizturm drüben. (Hier führt nach rechts ein schmales Band durch die Flanke hinüber, das man bei Schlechtwettereinbruch als Fluchtweg benützen kann.) Hier setzt der letzte steile Kantenaufschwung an. Man geht etwa 2 m nach links in die N-Wand und kann von diesem Punkt aus schräg ansteigend den überhängenden Riß erreichen. Durch diesen etwa 40 m zum Standplatz (V—). Weiter an der Kante oder etwas rechts davon zum Gipfel. (H.K.)

● 1445 Nordkante, Weg Harb/Leitner

Harb, Leitner, 1943. Etwas schwieriger als die Herzogkante. Kaum beg.; s. 11. Aufl. 1978, S. 315 (R 797).

Die Laliderer Spitze von Norden mit der Herzogkante (R 1444), der Geraden Nordwandführe (R 1447), der Auckenthalerführe (R 1448), der Route „Charly Chaplin“ (R 1449) und der Nordverschneidung (R 1450).

1444
1448 a
1447
1449
1448
1450
1449
1448
1447
1446
9
N-Wand West Weg

● 1446 **Nordwand, westlicher Durchstieg**
L. Bauer, G. Gruber, 1923 („Der Berg“, 1923, S. 76). **V** (stellenweise), 6—8 Std. Beschr. s. Tb. Falkenhütte. Abb. S. 369.

● 1447 **Gerade Nordwand**
Unterer Teil: M. Rebitsch, S. Spiegl, 1946; oberer Teil: M. Rebitsch, K. Rainer, 1946; erste Gesamtbeg. H. Buhl, L. Vigl, 1947. Gerader Ausstieg: K. Rainer, E. Streng, 1949. 1. Winterbeg. R. Walter, H. Wagner, 23.—25. 1. 1964. **VI—/A0**, frei geklettert **VII.** 1. SL VI oder V+/A0, 2. SL V+, 3. SL IV, 4. SL A0 oder VII, 5. SL VI—, 6. SL V+, 7. SL Seilquergang oder VI+, 8. SL zum Turm IV, 9. SL (Turm) VI—, V+, brüchig, 10. SL VI, Rest z. T. leichteres Gelände, einige Stellen noch VI+, VI (Bew. nach R. Schiestl). 6—10 Std. Nötige H vorh., öfter beg.

Übersicht: s. Abb. S. 369.
Zugang: E befindet sich etwas rechts der Gipfelfallinie unterhalb der gelben Abbrüche.
Führe: Zuerst in unschwierigem, brüchigem Fels, dann durch zwei Verschneidungen zu einer hellen Platte unter Überhängen. Auf einer Leiste nach links und über eine glatte, meist feuchte Rampe einige Meter ansteigen und links um die Kante hinauf zu einem Band. Von hier gerade hinauf, durch eine kurze Verschneidung unter ein kleines Dach; rechts heraus und in einem Riß weiter. Links auf ansteigendem Band zu Einrissen unter einem kleinen Turm und durch diese 20 m empor zu einem weiteren Band. Von hier nach links zu kleinem Rasenfleck unter einer glatten Verschneidung. Erst in brüchigem, dann in festem Fels über einen Rißüberhang und weiter zur Rißgabelung in der Verschneidung; im rechten Riß hinauf zu schlechtem Stand unter einer eckigen gelben Platte. Von hier 2 m nach rechts, dann einen gelben Riß empor und rechts hinaus auf eine glatte Rampe unter dem großen Wandausbruch. Über diese Rampe nach links und 10 m hoch zu gutem Stand in Fallinie der Schlucht. Nun gerade hinauf durch den engen Riß auf eine abschüssige Platte. Hier folgt man nicht dem gerade weiter verlaufenden Riß, sondern geht links um die Kante zu gutem Stand. Etwas weiter oben, in einem Riß, befindet sich der Quergangshaken. Ab hier leicht fallender Seilquergang über Platten nach links zu dem breiten Einriß, den der weiße Pfeiler mit der Wand bildet. Vom Pfeilerkopf leicht rechtshaltend ansteigen zum gelben Turm, den man durch einen brüchigen Riß erklettert. Von hier rechts in die Schlucht und 2 SL empor. Ab einem auffallenden Zacken noch 40 m in der Schlucht, dann Quergang nach

rechts zu weißgescheuertem Köpfl an der rechten Schluchtseite. Rechts um die Kante schräg empor, dann 40 m fallender Rechtsquergang zu markanter Schuttschulter. (Es ist auch möglich, in der Schlucht weiterzuklettern, sie dann links über moosigen Fels [V+] zu verlassen und etwas weiter oben wieder über die Schlucht nach rechts zu klettern. Dann, auf der linken Seite des schmalen Pfeilers, gerade hinauf [IV—V], worauf die Originalführe kurz unterhalb des feuchten, gelbbraunen Überhanges erreicht wird. H. Abele, H. Dumler; 1960.) Jetzt 50 m empor zu den Einrissen rechts des rechten Pfeilers, durch die man den Pfeilerkopf erreicht. Linkshaltend über Wandstellen 1 SL ansteigen zu schmalem Pfeilerkopf knapp rechts der Schlucht unter einem feuchten, gelbbraunen Überhang. Über diesen und durch eine Verschneidung rechtshaltend auf ein Dach. Weiter rechts ansteigend in abwärtsgeschichtetem, weniger schwierigem Fels zu einer gutgriffigen Rampe, wo der direkte Ausstieg beginnt (etwa 80 m links der N-Kante). Vom Beginn der Rampe 80 m linkshaltend hinauf zu auffallendem Felskopf rechts eines gelben Turmes. Von hier gerade zum Gipfel. Die Originalroute führt vom Beginn des Direktausstiegs rechtshaltend (III—IV) zur N-Kante.

● 1448 Nordwand

M. Auckenthaler, H. Schmidhuber, 1932 (Bergst. 1936/37, S. 677 ff.). 1. Alleinbeg. H. Buhl, 1956. **VI—**, 10 Std. Großzügige, ernste Kletterei, teilw. brüchig. Gel. beg.

Übersicht: s. Abb. S. 369 und Skizze S. 373.

Zugang: E befindet sich etwa in der Mitte zwischen der Dibonarampe und der Gipfelfallinie.

Führe: In der Fallinie einer deutlich sichtbaren Rampe klettert man über einen Pfeiler auf den ersten Wandgürtel (mehrere H, VI—), dann 10 m rechts schräg empor zu einem grauen, überhängenden Wandl im Riß (H). Dann quert man links in einen Riß, durch diesen teilweise überhängend (H) empor zum zweiten Wandgürtel. Auf dem gut gangbaren Band quert man 40 m nach rechts bis zu einem Steinmann. Dann 6 m empor und danach wieder auf ein rampenartiges Band. Über dieses schräg nach links aufwärts bis zu einem Köpfl (H). Von hier mittels Seilzug auf die erwähnte, hellgraue Rampe; dann 100 m empor zu gutem Standplatz. Man folgt einem kaminartigen Riß, der teilweise überhängend ist (H), zu gutem Standplatz, dann durch eine Verschneidung (H) auf einen wie ein Band nach rechts in die Wand ziehenden, von Steinschlag hellgefärbten Plattenschuß. Über diesen nach rechts bis kurz vor die Schlucht. Sehr heikel in diese hinein und etwa 50 m in ihr hinauf. Über rißartige Überhänge an der linken Schluchtwand (V+)

empor auf ein schräg abfallendes Becken (Steinmann). Nun gerade empor (teilweise überhängend), immer links der Schlucht, meist in brüchigem Fels empor. Die letzte Höhle dient als guter Standplatz; von hier aus quert man über brüchige Felsen nach links hinaus (H), dann 30 m über nasses Gestein aufwärts, zuletzt gegen links, ein Band 30 m verfolgend und in einer rechts sich öffnenden Einfurchung leichter empor. Nun gerade zum Gipfel der Laliderer Spitze.

Varianten

Später wurden vor allem im oberen Drittel einige Varianten zum Weg der Erstersteiger gemacht, die zusammen mit R 1448 einen schöneren, aber etwas schwierigeren Durchstieg ergeben.
Wie in R 1448 empor auf den zweiten Wandgürtel. Hier wenige Meter rechts zum Fußpunkt der Verschneidung, die die hellgraue, gegen NW gewandte Steilrampe mit der Wand bildet. Durch die Verschneidung empor bis zu ihrem Ende und weiter gerade empor über senkrechten Fels, der alsbald gut gestuft wird. Nun etwas rechts haltend an den Beginn des großen, hellgefärbten Plattenschusses, der gegen die große Gipfelschlucht rechts emporzieht. Ihm folgt man aber nicht, sondern klettert von seinem Beginn gerade aufwärts zu dem auffallenden, hohen Einriß in dem Wandabschnitt zwischen der Gipfelschlucht und der Riesenverschneidung links. Durch den Riß empor, dann gegen rechts an die linke Schluchtbegrenzungskante. Nun stets an den Einrissen dieser Kanten gerade aufwärts, und ohne Berührung der brüchigen, steinschlaggefährdeten Schlucht auf den Gratkopf und zum Gipfel. (Beschr. W. Mariner)

● 1448 a „Hias Chaplin“

L. Rieser, H. Schmalzl, 1981 (Bgst. 9/82). **VI.** 850 m Wandhöhe, Zeit d. Erstbeg. 7 Std. 2 SH, 1 ZH (nicht belassen). Verbindungsweg R 1448 mit R 1449 („Charly Chaplin“).

Übersicht: s. Abb. S. 369.
Führe: s. Skizze S. 373.

● 1449 Nordwand, Großer Plattenschuß — „Charly Chaplin“

P. Brandstätter, H. Mariacher, 1977. (Alpenvereinsjahrbuch 1981 und Bgst. 11/77, 1/82). 2. Beg. L. Rieser, H. Schmalzl, 1981. **VI** (einige Passagen), V+ und V. (Bewertung der Erstbeg.), nach R. Schiestl **VI+** (4 m), VI— bis VI (2 SL), sonst VI— und V+; große Verschneidung VI (1 Stelle), sonst V— und IV. Zeit der Zweitbegeher 9½ Std. Im schwierigeren Mittelteil extreme, ausgesetzte Wandkletterei,

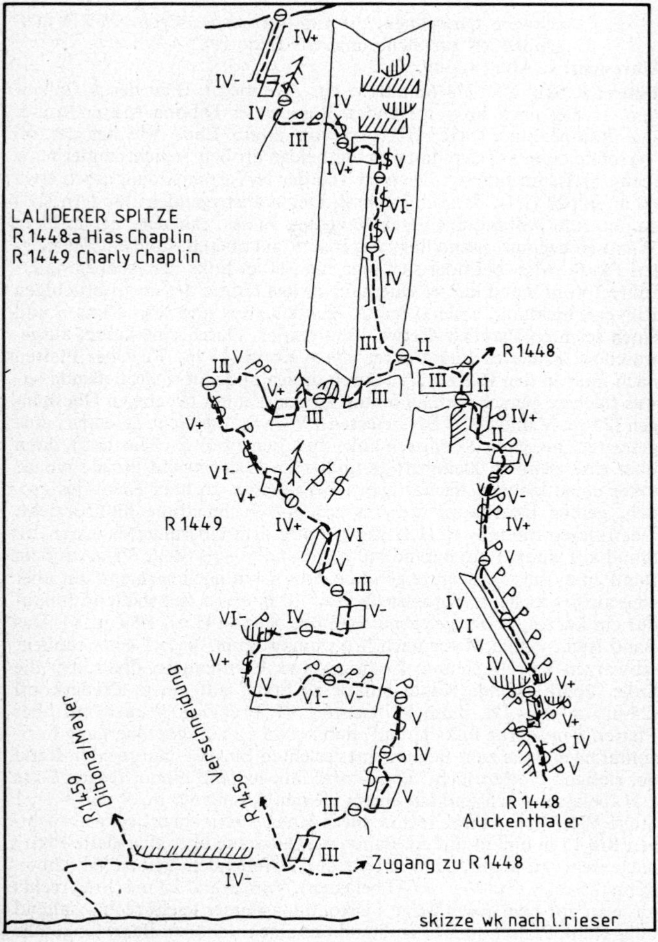

LALIDERER SPITZE
R 1448a Hias Chaplin
R 1449 Charly Chaplin
R 1448
R 1449
R 1448
Auckenthaler
R 1459 Dibona/Mayer
R 1450
Verschneidung
Zugang zu R 1448
skizze wk nach l. rieser

schwere Quergänge, die Erstbeg. verwendeten 15 ZH ausschließlich zur Sicherung. Bis Ende 1983 4 Wh.

Übersicht: s. Abb. S. 369.

Führe: s. Skizze S. 373 (mit Bew. der Zweitbeg.). E an der auffallenden, schräg nach links ziehenden Rampe der Dibona/Mayer-Route. Die Rampe hinauf (II, III) und von ihrem Ende wie bei der N-Verschneidung auf dem unteren der beiden großen Schichtbänder nach rechts (III). Im unteren, leichten Teil der N-Verschneidung noch etwa 60 m empor (III), dann auf schräg rechts ansteigenden Bändern (III) empor zum Anfang des geschwungenen Risses, mit dem der mittlere Wandteil beginnt. Stand links des Risses, am oberen Rand einer geneigten Platte. Man befindet sich hier etwa 50 m links der Auckenthalerführe. Vom Stand kurzer Quergang in den Grund der etwas brüchigen Rißverschneidung, sodann sofort rechts heraus und über Platten und einen seichten Parallelriß etwa 15 m empor. Durch eine kurze, ausgewaschene Rinne zu Stand unter einem Köpfl (25 m, V). Über Platten nach links in den Riß zurück, durch diesen und eine anschließende, etwas flachere Verschneidung hinauf zu Stand unter brüchigen Überhängen (25 m, V und IV, 2 SH belassen). Vom Stand leicht fallender, ausgesetzter Quergang 20 m nach links (hier günstig Zwischenstand), dann über eine ziemlich kleingriffige und steile Plattenwand gerade hinauf unter einen kleinen, dachartigen Überhang am rechten Rand des großen, gelben Überhangs, der bis zur N-Verschneidung hinüberzieht. Über diesen frei hinweg (1 H direkt unter dem Überhang, belassen) zu Stand auf einem Plattenband (40 m, V und V+, 1 Stelle VI). Auf dem Band zum Teil leicht ansteigend beinahe 40 m nach rechts, dann über eine ausgewaschene Plattenstufe etwa 10 m etwas linkshaltend hinauf auf ein kurzes, höher gelegenes Band zu Stand (45 m, IV und V). Das Band leicht einige Meter nach links hinauf zum Beginn einer rauhen, schwarzen Verschneidung. In dieser etwa 10 m empor, dann über die linke, überhängende Kante hinauf zu Stand auf einem Pfeilerköpfl (25 m, anfangs III, dann V, Ausstieg VI, brüchig). Vom Köpfl über Platten 8 m schräg links hinauf, dann etwa 6 m langer Quergang horizontal nach links zum Beginn eines seichten Einrisses am rechten Rand der riesigen Plattenflucht. Den Einriß linkshaltend hinauf (gegen Ende 1 H, belassen) zu Stand auf einem kleinen Absatz (40 m, V und V+, 1 Stelle VI). Vom Absatz rechts durch einen senkrechten, etwas brüchigen Riß 15 m hinauf auf ein Band und Quergang über eine glatte Platte nach rechts zu Stand, 20 m unter einer auffallenden, gelben Verschneidung (25 m, V und V+, 3 SH belassen). Vom Stand 20 m schräg rechts abseilen auf eine abschüssige Leiste, dann immer leicht rechts haltend über glatte Platten hinauf zu Stand auf einem schönen Band (ungefähr gleich hoch wie Stand vor dem Abseilen; 45 m, V und V+). Über eine schräge Rampe etwa 10 m rechts empor, auf einem Band um einen kleinen Pfeiler herum und jenseits durch eine kurze Rinne wieder hinunter. Dann über schlecht griffige, aber ziemlich flache Platten weiter rechtshaltend hinauf, über eine links ansteigende Leiste nach links zurück und hinauf in einen Kessel unter der großen Schlucht (50 m, III und IV). Den Kessel und die Schlucht 80 m leicht hinauf (II und III), bis sich die Schlucht zu einem Kamin verengt (Biwakplatz der Erstbegeher, links schöne Sanduhr). Dann den meist etwas feuchten Kamin empor zu Stand unter einer brüchigen Sperrstufe (50 m, III und III+). Über diese hinweg (1 H, belassen), nach sofort links heraus und auf einem Band in die Platten links der Schlucht zu Stand (25 m, IV+, dann III). Vom Stand noch einige Meter weiter horizontal nach links, dann über die Platten schräg links um eine Kante und gerade hinauf zu Stand auf einem Band (35 m, IV und III). Durch eine schräg rechts ansteigende Rinne noch einmal in Richtung Schlucht, am Ende der Rinne jedoch über Platten wieder nach links und zu Stand unter gelben Überhängen am oberen Rand der Platten (III+ und III). Vom Stand einige m empor auf eine Leiste, auf dieser nach links auf ein Band, das zur linken Kante führt. Über dieses etwa 40 m zur Kante hinüber (II), dahinter über Platten und durch die letzte Rinne des direkten Ausstieges der N-Verschneidung (etwa 80 m, III und IV) zum Grat, den man etwa 40 m rechts der Biwakschachtel erreicht (H. Mariacher).

● **1450** **Nordverschneidung**
M. Rebitsch, F. Lorenz, 1947. 1. Winterbeg. Gebr. A. und H. Mather, Dez. 1959 (AV-Jahrb. 1981). **VI/A0** (mehrere Passagen), V und leichter, frei geklettert VII— bis **VII** (nach R. Schiestl). Wandhöhe 700 m. 10 Std. Großzügige Verschneidungskletterei in meist festem Fels. Notwendige H vorhanden. Gute Biwakmöglichkeit. Öfter begangen.

Übersicht: s. Abb. S. 369.
Führe: Wie in R 1449 über die Rampe auf das Band und nach rechts an den Fuß der Verschneidung. Durch nicht sehr steile Einrisse und Rinnen, immer etwas rechts des Verschneidungswinkels, zu einem kleinen Köpfl (Standplatz) unter einem schmalen Pfeiler, der den Verschneidungsgrund ausfüllt; bis hierher III—IV; Beginn der extremen Schwierigkeiten. Ein kurzer, waagrechter Quergang (VI) bringt nach links in einen senkrechten Einriß; dieser führt parallel zum Verschneidungswinkel etwa 15 m empor; oberhalb des unbegehbaren Überhanges kommt man in die ausgewaschene Verschneidung zurück. Zunächst rechts aufwärts in eine schmale Höhle (Stand), dann 1 SL in der Verschneidung,

mehrfach überhängend, empor (mehrere H, VI—). Nach einem großen Überhang einige Meter über kleingriffigen Fels, schräg links empor zu abschüssigem Stand (H), sodann waagrechte Querung in die Verschneidung zu einer kleinen Höhle (H). Über den folgenden glatten Überhang (VI+) sehr anstrengend empor, sodann etwas leichter zu einer tiefen, schmalen Höhle. Über den Kaminüberhang gelangt man in eine weitere, breite Höhle (H). Idealer Biwakplatz. Vom SH rechts des Höhleneinganges über eine senkrechte Wandstelle einige Meter hinauf (H), danach Quergang nach links zu einer Nische genau über der Höhle. Dem mehrmals überhängenden Einriß (VI), der stärkere Ringhaken erfordert, folgt man zu seiner kaminartigen Erweiterung; sodann auf leichteren Fels. Guter Standplatz; Biwakmöglichkeit. Schwache 3 SL verfolgt man das breitere Rißsystem, das von brüchigen Höhlenüberhängen unterbrochen ist (VI+), bis ein breites Schuttband nach links zu einer Schulter an der Rippe führt. Steinmann; guter Biwakplatz. 2 SL in griffigem Fels die flache Rippe hinauf zu einem kleinen Köpfl; eine breite Rinne verschmälert sich rechts oberhalb; man quert die Rinne unter unbegehbarem Fels auf dem obersten Band nach rechts (ungefähr 2 SL). 5 m in einem gutgriffigen Riß empor, dann auf plattiger, ansteigender Rampe nach rechts weiter. Gerade empor über griffigen Fels, dann 20 m durch einen Riß, und nach rechts bis unter einen kurzen, brüchigen Kamin, über dem das rechte, obere Rinnensystem beginnt; auffallend gerade, schmale Einrisse. Den Kamin querend und noch etwas nach rechts, sodann gerade hinauf über kleingriffige Platten mit feinen Einrissen (V—), bis man, eine abschüssige Platte links querend, unschwierig den Beginn des überhängenden, geraden Risses erreicht (H). Den Rißüberhang sehr anstrengend (VI) hinauf (H), weiter über die folgende Wandstelle und die Fortsetzung des Risses (V+), bis der Fels sich zurücklegt. Ende der größten Schwierigkeiten. Die folgenden großgriffigen Kamine und Steilrinnen gerade durchkletternd zum Gratausstieg links des eckigen Gratvorsprunges P. 2531.

● 1450a Ausstiegsvariante List/Meinetsberger

List, Meinetsberger, 1931. **V.** Verläuft zwischen Dibona-Führe und N-Verschneidung. Ideale Verlängerung von R 1450.

● 1451 Übergang zur Bockkarspitze

II (stellenweise), 1½ Std.

Wie in R 1437 hinab zum Schuttsattel und auf den Steigspuren unter der Ladiznadel durch. Nun unter dem Östl. Ladizturm stets auf der S-Flanke (Schuttfelder, Karrenböden) bleibend westw. und westl. des

Westl. Ladizturmes empor in die Scharte zwischen diesem und der Bockkarspitze. Wie in R 1416 zum Gipfel.

● 1455 Laliderer Wand, höchster Punkt 2615 m

Von N gesehen kühne Zackenkrone, von der die gewaltigen Laliderer Wände nach N abstürzen; von S gesehen unscheinbarer Felskamm, der von der Scharte östl. der Laliderer Spitze (P. 2495, in der die Biwakschachtel — Fassungsvermögen neun Personen — steht) hinüberreicht gegen O bis zur Scharte, 2517 m, westl. der Dreizinkenspitze. Von S leicht ersteiglich; von N führen die berühmten Durchstiege Dibona/Mayer und Krebs/Schmid herauf. Siehe Abb. S. 379 und S. 383.

● 1456 A Abstieg
Siehe R 1442 A und R 1438 A (Spindlerschlucht).

● 1457 Von Süden
Vom Halleranger 6 Std.

Vom Hallerangerhaus hinab zum Jagdhaus im Kasten, dann hinein in das hinterste Roßloch, und nordw. empor in den obersten, rechten Teil des weiten Bockkares (R 1397). An einem vom westl. Eckpunkt der Laliderer Wand nach S streichenden Felsgrat östl. vorbei und aus einer Schuttmulde gegen rechts, zuletzt über steile Schrofen auf den Gipfel. Überwältigender Tiefblick.

● 1458 Übergang zur Laliderer Spitze
½ Std.

Vom Gipfel über Schrofen südwestw. hinab in eine Mulde, und gegen W leicht ansteigend auf das Felsgratl (Steinmann). Jenseits gegen rechts hinab zur Biwakschachtel, die knapp unterhalb der Scharte östl. der Laliderer Spitze steht. Über den Schutt des S-Hanges auf den Gipfel.

● 1459 Nordwand, Dibona/Mayer-Route
M. und G. Mayer, A. Dibona, L. Rizzi, 1911 (Mitt. 1912). **V/A0,** Wandhöhe etwa 800 m, 6—10 Std. Klassische Führe durch die Laliderer Wand; im oberen Teil nicht ganz leicht zu finden und sehr brüchig (Varianten bzw. Verhauer), heute nur mehr gelegentlich beg.

Übersicht: s. Abb. S. 379.
Führe: Ungefähr in Fallinie der Scharte zwischen Laliderer Spitze und Laliderer Wand zieht am Wandfuß eine breite graue Rampe von rechts nach links empor bis in die Höhe des obersten Schichtbandes. Über die Rampe auf das Band und auf diesem 40 m nach rechts. Von hier nach

links in einen nach links emporziehenden Spalt, der sich weiter oben gabelt. Durch den rechten Ast auf ein Köpfl. Vom Köpfl etwas links absteigend zu einem Plattenwulst (H). Nun Quergang nach links in den Beginn der Schlucht. Im Schluchtgrund unschwierig empor bis zum Ansatz des von der Scharte im Grat herunterziehenden Kamins. Man erreicht den Kamin über eine etwa 30 m hohe, sehr brüchige Stufe nahe dem Schluchtgrund. Den Kamin nach links überquerend um eine Ecke an die linke Begrenzungsrippe. An ihr in meist sehr brüchigem Gestein mehrere SL empor bis zu ihrem Ende bei einer kleinen Scharte in der Wand vor der Hauptscharte. Von hier zur Hauptscharte im Grat.

● **1459a Ausstiegsvariante**
V.

Von der rechten Begrenzungswand der großen Schlucht (etwa am Ende des ersten Drittels) kann man durch weniger steiles Felsgelände nach rechts emporsteigen zum oberen Rinnensystem in Fortsetzung der N-Verschneidung. Wie dort (R 1450a) zum Ausstieg links des eckigen Gratvorsprunges, P. 2351.

● **1460 Nordwand, „Alptraum"**
R. und G. Pickl, 1979 (Alp. 8/80, Tb. Falkenhütte).
VI+/A3 (je 1 SL), VI, A2 usw. Zeit der Erstbeg. 20 Std. Schwieriger Teil 18 SL. „Im Vergleich zu den klassischen Laliderertouren wesentlich schwieriger, sowohl im Technischen als auch in der Freikletterei" (R. Pickl). Nötige H stecken. Bis Ende 1983 keine Wh.

Übersicht: Von der Falkenhütte gesehen, zieht vom scheinbar höchsten Punkt der Laliderer Wand ein Pfeiler herab, der im Mittelteil der Wand in eine große, gelbe, brüchige Wandzone leitet, durch die ein ausgeprägtes Rißsystem führt. In diese gelbe Wandzone führen vom Wandfuß zwei markante Rißsysteme, deren linkes den Durchstieg vermittelt. Schon von unten ist im linken Riß der große Kamin in der 8. SL sichtbar.
Die Route gliedert sich in drei Teile: den sehr schweren unteren Teil, der völlig geschlossenen Fels aufweist und sehr hakenabweisend ist. Hier stecken die meisten H, die Standplätze sind alle gut gesichert.

1462
1461
1460
1459
1450

Möglicherweise Stellen VII—. Nach Herausbrechen einzelner Fortbewegungshaken kann das Anbringen von neuen sehr zeitraubend sein. Im Mittelteil nur Freikletterei, außer 4 ZH nur SH. Der Fels ist brüchig. KK zur Sicherung empfehlenswert. Der dritte Teil weist leichteres Gelände auf. Siehe Abb. S. 379.
Führe: s. Skizze S. 384.
Bemerkungen: E am höchsten Punkt des Vorbaus, links des Schneefeldes. 3. SL: Schwierigste SL. 5. SL: Der H vor der Querung sehr schlecht (abbinden!). 7. SL: Bei Herausbrechen von H ist es sehr schwierig, wieder neue anzubringen. 8. SL: Standplatz nach der 8. SL im Höhlengrund. Dann im Höhlengrund empor, unter dem Höhlendach hinausspreizen. Brüchig! 12. SL: Stand nach der 12. SL schlecht abzusichern, Stopper vorteilhaft. 17. SL: Querung über großem Ausbruch, sehr brüchig und ausgesetzt. (Angaben nach R. Pickl).

● **1461** **Nordwand, Schmid/Krebs-Route**
E. Krebs, T. Schmid, 1929. 1. Winterbeg. M. Bachmann, Stöger, 1951. **VI—/A0** (mehrere Passagen im unteren Wandteil), im oberen Teil IV und III. Frei geklettert **VI.** Wandhöhe 850 m, 7—12 Std. Eine der großen klassischen Wandklettereien der nördl. Kalkalpen im sechsten Grad. 50-m-Seil empfehlenswert. Wegen der Steinschlaggefahr in den oberen zwei Wanddritteln ist es nicht ratsam, daß mehrere Seilschaften zugleich diese Führe begehen. Nötige H vorhanden. Die meistbegangene Nordwandführe an den Laliderern.

Übersicht: Die Schmid/Krebs-Route führt ungefähr in Gipfelfallinie durch die Laliderer Wand, dort wo sie am höchsten ist. Ein verläßlicher Anhaltspunkt sind die zwei großen parallelen Bänder, die in etwa 150 m Wandhöhe quer durch die ganze Laliderer Wand ziehen. Etwas links der Gipfelfallinie, dort wo ein kleiner Schrofenvorbau am tiefsten in das Kar herunterreicht, setzt eine Verschneidung an, die zu diesen Bändern emporführt. Oberhalb des oberen Schichtbandes führt der große Quergang bis zu einer langen Rißreihe rechts des auffallenden Pfeilerkopfes, der etwa 400 m über dem E liegt. Vom Pfeilerkopf führen weitere Risse hinauf in eine erste kleinere Schlucht. Aus dieser steigt man nach etwa 200 m Höhe nach rechts hinüber in die zweite große Gipfelschlucht; durch diese links haltend zum Ausstieg etwa 100 m links des höchsten Punktes. Skizze in Alp. 2/84. Siehe Abb. S. 379.
Zugang: Man folgt dem Verbindungsweg Spielißjoch — Hohljoch am besten bis in die große Runse, die in der Fallinie der Dreizinken-Schlucht hinunter führt zur Lalidersalm. Durch diese Runse oder den begrünten Rücken rechts davon empor an den Wandfuß (bis in den

Hochsommer Schnee). Sodann hält man sich rechts zu dem kleinen doppelten Schrofenvorbau unmittelbar in Gipfelfallinie der Laliderer Wand. Man sieht hier die mächtige Verschneidung, die von dem oben erwähnten Doppelband in 150 m Wandhöhe herunterreicht bis an den Schrofenvorbau. Man kann jedoch nicht direkt in die Verschneidung einsteigen, sondern umgeht den untersten Steilabbruch in einem Bogen etwa 30 m links, wo man relativ leicht etwa 20 m auf das Schuttband emporsteigt. Auf diesem nach rechts zum Stand in der Verschneidung. (Nicht verwechseln mit der 15 m links befindlichen Verschneidung, die mit einer glatten Wand beginnt.)
Führe: Durch die rechte Verschneidung 40 m empor (mehrere H) zu gutem Stand. Von hier unschwierig 35 m aufwärts in den Grund der fortsetzenden Verschneidung, die mit einem Kamin beginnt. Im Kamin empor (IV+, H), dann auf abdrängendem Band rechts um die Kante (H) und wieder links über eine graue Platte an einer gelben Wand vorbei zurück in die Verschneidung zu Stand (H). Von hier (III) 15 m empor auf ein Band. (Nicht durch Verhauer-Haken rechts in der gelben Verschneidung verleiten lassen!). Auf dem Band 10 m nach links zu einer Kaminverschneidung (III). Durch diese empor auf ein Schuttplatzl (Stand). Von hier auf dem Band 10 m nach links. Durch eine kleine Verschneidung (IV) auf das obere Band. Grasdurchsetzter Fels. Durch die folgende Verschneidung (IV+) 10 m gerade empor zu Stand (H). Nun über die Platten Quergang nach rechts und weiter schräg rechts ansteigend zu Stand (etwa 20 m). Nun weiter Quergang nach rechts zum auffallenden freistehenden Turm unter der senkrechten Wand. Hinauf in den Spalt zwischen Turm und Wand und etwa 8 m Abstieg zu kleinem Stand (H). Weiter 2 m hinab auf eine schmale Felsleiste, die waagrecht nach rechts zu einem mächtigen Dachüberhang führt (H). Nun unter das Dach, und Hangelquergang (V+, 4 H) („Höhlenquergang“) 15 m nach rechts sehr ausgesetzt zu Stand am Beginn einer breiten Rinne. (Seilschlingen und H im Riß am Beginn des Höhlenquergangs stammen von Verhauern). In der Rinne 1 SL (III) empor zu einer tiefen Höhle am Höhlendach. Stand in der Höhle. Von hier 15 m waagrecht nach links in eine kleine Höhle, 7 m schräg rechts über eine schmale Platte (V+, 2 H), dann steigender Quergang nach rechts in den rechten von zwei parallelen Rissen („Krebsrisse“). Durch diesen etwa 10 m empor (mehrere H), dann Quergang in den linken Riß (35 m. Hier u. U. Stand). Nun durch diesen Riß in glattem festem Fels empor (VI, mehrere H), bis zu gutem Stand im Rißkamin. Etwas leichtere Variante: Man kann nach 8 m wieder in den rechten Riß zurückwechseln (VI—). Aus dem Rißkamin nach 3 m in leichteres Gelände. Nun 1 SL hinauf zum Beginn eines senkrechten brüchigen Risses. Durch diesen

(VI—) 50 m empor und weiter 1 SL durch den Kamin in das Schärtchen, das der Pfeilerkopf mit dem Wandkörper bildet. Vom Schärtchen einige m nach rechts und in einer kurzen Steilmulde empor zum linken von zwei Rissen. Kurzer Rißüberhang (H). Über diesen empor (V+) zu einem weiteren Überhang (IV+), sodann nach links zu Stand (H). Daraufhin steigt man einige m schräg links zur Kante ab. Um diese herum und etwa 100 m über teilweise brüchige Wandstellen und schwach ausgeprägte Risse, etwas links haltend, in freier Kletterei aufwärts (V+ u. V), bis über die senkrechte, überhängende Wandstufe unterhalb der ersten Schlucht. Nach rechts unschwierig auf ein Köpfl (Stand). Die Wandstelle überwindet man von links nach rechts aufwärts (V+, H), um in die Schlucht zu gelangen (Ende der Hauptschwierigkeiten). Die Überhänge im Grund der Schlucht werden rechts in einer Schleife umgangen (III). Gratschulter. Weiter in der rechten Schluchtwand aufwärts (II) und nach rechts zu einer Gratschulter (Stand). Hier setzt senkrecht eine Kante an. Über diese 5 m gerade empor (IV+), und weiter gerade empor, bis man nach rechts auf eine große Schulter gelangt. Wenige Meter rechts die zweite große Schlucht. Man quert fallend wenige Meter in diese. In ihr abwechselnd an der linken bzw. rechten Schluchtbegrenzung aufwärts, etwa 4 SL (I—II), sehr brüchig. Die Schlucht endet in einer kleinen Scharte. Von der Scharte schräg links ansteigend (II) etwa 3 SL bis unter den linken der gelben Gipfelaufschwünge. Nun 10 m Querung nach links in eine gelbe brüchige Rinne. Durch diese 50 m empor zum Ausstieg unter einem Klemmblock. Unter dem Klemmblock durch. Man steht dann überrascht auf der breiten Gipfelfläche. (H.K., D. Eidelpes, 1980).

● **1461a Ausstiegsvariante**

Michel Mörtel u. Gef., 1941. „Etwas schwieriger als der normale Ausstieg".

Rechts vom Ausstiegsriß zur Steilrinne (Schlucht) zieht eine Pfeilerkante empor; durch eine Reihe von Verschneidungen, dann eine plattige Seitenschlucht in Gipfelfallinie verfolgend, steigt man zuletzt in die Hauptschlucht. Aus dieser heraus und über eine Rippe zu dem Schartl, das den Laliderer-Wand-Hauptgipfel spaltet.

Die Laliderer Wand mit den Routen Schmid/Krebs (R 1461) und Erdenkäufer/ Sigl (R 1462). Links daneben die Klaus-Werner-Gedächtnisführe (R 1463) sowie die Dreizinkenspitze mit dem Nordwandanstieg durch die westliche Verschneidung und den geraden Gipfelaufbau (R 1473) und die Ha-He-Verschneidung (R 1474).

Dreizinkenspitze
Laliderer Wand
ubenkarspitze
1474
1473
1463
1462
1461

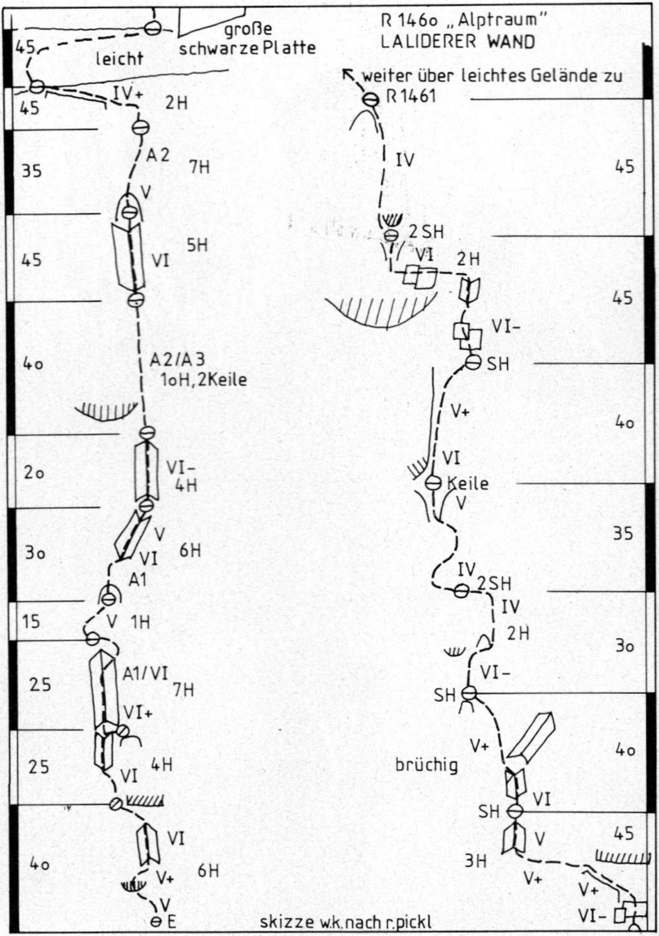
R 146o „Alptraum"
LALIDERER WAND
große schwarze Platte
leicht
45
45
IV+
2H
A2
35
7H
V
45
VI
5H
4o
A2/A3
1oH, 2Keile
2o
VI-
4H
V
3o
VI
6H
A1
15
V
1H
25
A1/VI
7H
VI+
25
4H
VI
4o
VI
V+
6H
V
E
weiter über leichtes Gelände zu R 1461
IV
45
2 SH
VI
2H
45
VI-
SH
V+
4o
VI
Keile
V
35
IV
2SH
IV
2H
3o
VI-
SH
V+
4o
brüchig
VI
SH
45
V
3H
V+
V+
VI-
skizze w.k. nach r.pickl

● 1462 Nordwand, Erdenkäufer/Sigl-Route

A. Erdenkäufer, O. Sigl, 1966. **VI+/A3**, VI, A2 (über 10 SL), dann IV und III (Bew. d. Erstbeg.), Zeit d. Erstbeg. 17 Std. 50 H, 1 HK und 2 BH verwendet, zum Großteil belassen. Im Mittelteil stark steinschlaggefährdet. Selten beg.

Übersicht: Die Führe durchzieht die helle Plattenzone links der Schmid/Krebs-Führe. Siehe Abb. S. 379 und S. 383.

Führe: Auf der Schmid/Krebs-Führe bis zum Standplatz oberhalb des Schichtbandes. Nun 35 m durch überhängenden Riß (VI/A2) zu gutem Stand. 3 m nach links und 20 m zu einem Band. Auf diesem 10 m nach links, dann rechts aufwärts in einen kleinen Kessel (IV). 25 m den Riß empor (V+) und nach 12 m zu Stand. 15 m nach rechts, dann links aufwärts zu Stand (III). 35 m äußerst schwierig zum nächsten Stand hinauf. 25 m links aufwärts, dann nach rechts zu abstehendem Schild und auf diesem nach links auf einen kleinen Pfeilerkopf (V/VI). Über eine glatte Wand (A3) 10 m empor, dann Seilquergang 8 m nach rechts zu gutem Stand auf einem Band (VI+). 3 m nach links und 20 m durch einen Riß empor und nach links zu Stand (A3). Über eine glatte Wandstelle, dann 7 m Seilquergang nach links in eine große Nische (A3). 4 m hinauf (VI), 7 m nach links und schräg aufwärts zu gutem Stand. Links aufwärts, dann im rechten Riß zu Stand. Nach 1 SL (man befindet sich nun in einem großen Kessel) eine wasserüberronnene schmale Schlucht überquerend und links haltend in einer kaminartigen Rinne zu Stand auf einem Pfeiler (V). 5 m empor (VI), dann nach rechts zu Stand zu schmalem brüchigem Band links der Schlucht (V). Quergang 15 m hangelnd nach rechts, über lehmigen Fels 4 m empor, dann kurz nach links in die Schlucht zu Stand (VI, VI+, A3). Rechts über eine überhängende Wand (VI) auf ein Band (Biwak der Erstbeg.). 10 m in der Schlucht, dann nach rechts in einer kaminartigen Rinne über Überhang zu Stand (V—VI). 1 SL zu Stand. 35 m nach rechts weiter zu gutem Stand (III). 40 m auf einem Schuttband rechts aufwärts zu Stand (III). 4 SL empor (III—IV) und dort, wo sich die Rinne gabelt, rechts aufwärts (V) zu Stand. 35 m brüchig empor (VI, A3) zu Stand. 2 m nach links und im Riß (V) empor zu Stand. Nun 6 SL aufwärts in Richtung der linken Gratscharte zum Ausstieg (III—IV). (Beschr. O. Sigl)

● 1463 Nordwand, Klaus-Werner-Gedächtnisführe

J. Ritter, G. Schweißhelm, 1976. **VI—/A1** (mehrere Stellen), V+, überwiegend V. Wandhöhe 850 m, 35 SL, Zeit für Wh. 10—12 Std. Großzügige Freikletterei in meist festem Fels (stellenweise jedoch auch Steinschlaggefahr). Alle ZH und SH bis auf jene im oberen Teil belassen. Die Führe wurde bereits frei durchklettert (Boulder 1/81). Gelegentlich beg.

Übersicht: Die Route verläuft in dem Wandteil zwischen Erdenkäufer/Sigl-Führe und Westl. Verschneidung an der Dreizinkenspitze. Im unteren Wandteil befindet sich ein markanter, halbmondförmiger Überhang, der an seinem linken Ende von einem Riß durchzogen wird. Rechts unterhalb drei übereinanderliegende Nischen. Eine Verschneidung — nach rechts etwas geneigt — vermittelt den Zustieg in diesen Wandteil. Siehe Abb. S. 383.

Führe: (s. auch Skizze S. 387. Dem Geröllfeld (im Frühsommer Schneefeld), das sich links aufwärts zur westl. Verschneidung zieht, folgen, bis man nach rechts über geneigten Fels, dann über ein brüchiges Band zu jener Verschneidung gelangen kann. In der teilweise leicht überhängenden Verschneidung 2 SL hinauf (V+, A0, 6 H). Quergang nach links aufwärts zu einer kurzen Piaz-Stelle, dann 10 m an der untersten der drei Nischen vorbei zu Stand (V). Über Platten rechts aufwärts zur mittleren markanten Nische (V, 1 H, 30 m). Gerade hinauf zu der etwas größeren, obersten Nische. Links heraus und Quergang über Platten zu Stand (IV und V, 3 H). Links aufwärts, durch einen Riß hinauf auf ein Köpfchen, gerade hinauf zum Überhang, über diesen rechtshaltend in eine Rißverschneidung und nach 10 m links heraus zu Stand (V+, A1, 30 m); 15 m rechts aufwärts, um eine Kante zu H und gerade hinauf (H) zu Stand (V, 40 m, 2 H). Über leichten Fels nach links zu einer Wasserrinne (II, 25 m). Gerade hinauf zu einem Band unter einem Kessel mit überhängenden Wänden und rechts aufwärts zu Stand (V+ und II, 35 m, 2 H). Rechts oben sind zwei Verschneidungen. Die rechte vermittelt den weiteren Durchstieg. In der Verschneidung teilweise überhängend hinauf zu Stand (VI—, A1, 7 H, 25 m). Gerade weiter, eine Rißverschneidung hinauf zu Überhang, links heraus und 10 m gerade aufwärts zu Stand (VI—, A0, 3 H, 25 m). Rechts aufwärts und gerade über Platten hinauf zu Stand auf einem Band (IV, 40 m). Rechts haltend zu einer Rinne und diese rechts aufwärts zu einer Scharte hinter einem gelben Turm (III, 2 SL). Aus der Scharte 5 m absteigen und nach rechts queren unter einen Riß (II, 10 m). Diesen in schöner Kletterei hinauf, nach rechts um ein Köpfchen, 5 m abwärts, dann wieder rechts aufwärts zu Stand neben einer Rinne (IV+, 40 m). Steinschlaggefahr! Links einen Kamin hinauf zu Stand (IV, 25 m), 5 m gerade aufwärts, dann auf schmalem Band sehr ausgesetzt nach links in eine Rinne; Stand in einer Höhle (III—IV, 40 m, 3 H). Links über einen nassen Überhang hinauf; in der anschließenden Rinne etwa 15 m aufwärts, links heraus zu Stand (V+, A1, 25 m, 2 H), links aufwärts zur Kante und an dieser hinauf (H) zu Stand (V, 40 m). Rechts abwärts in einer

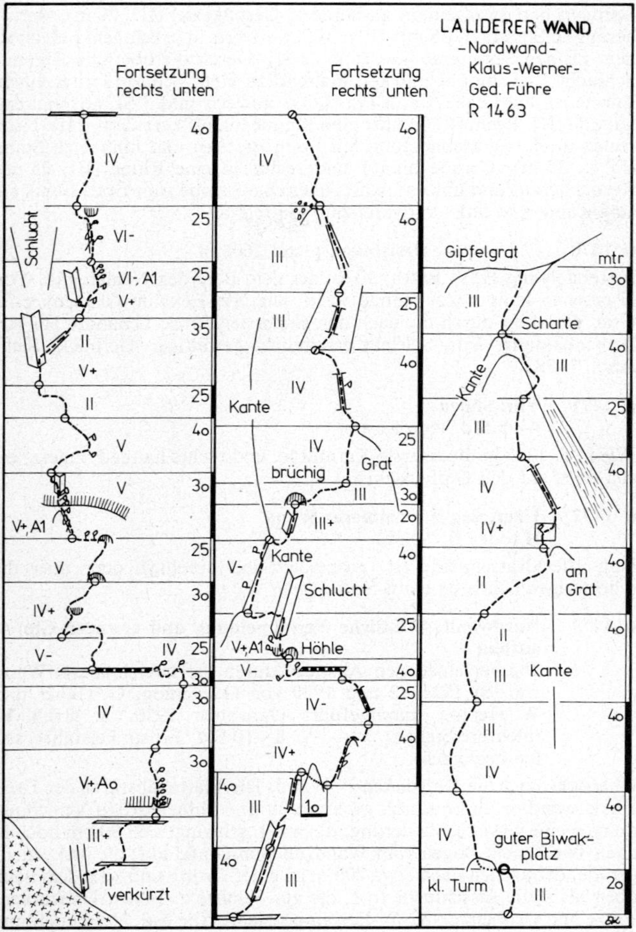
LALIDERER WAND
-Nordwand-
Klaus-Werner-
Ged. Führe
R 1463
Fortsetzung rechts unten
Fortsetzung rechts unten
Gipfelgrat
mtr
Scharte
Kante
am Grat
Kante
guter Biwakplatz
kl. Turm
Schlucht
Kante
brüchig
Grat
Kante
Schlucht
Höhle
verkürzt
IV
VI-
VI-, A1
V+
II
V+
V
V+, A1
IV+
V-
IV
V+, Ao
III+
III
III+
IV-
IV+
1o
III

Schlucht und 15 m hinauf zu Stand in Geröllkessel (III, 20 m). Rechts heraus zu Stand (II, 25 m); 20 m links aufwärts in brüchigem Fels zu einem kleinen Seitengrat (IV, 25 m, 2 H). Durch die oberhalb liegende Schlucht 3 SL hinauf und linkshaltend zu einer Scharte hinter einem Türmchen am Grat (II und IV). Links abwärts und 3 SL linkshaltend hinauf (III). Rechts 25 m über eine Rampe hinauf zum Grat (III). Nach rechts in eine Verschneidung mit losen Blöcken und hinauf zu Stand (IV+, 35 m). Gerade hinauf und rechts in eine Rinne (III, 25 m). Rechts heraus und links aufwärts über eine Rampe zum Grat. Links um eine Kante und links aufwärts zum Gipfelgrat.

● **1470** **Dreizinkenspitze,** 2602 m

Erstersteigung H. v. Barth, 1870, der dem Berg den Namen gab. Von N gesehen kühner Zackenbau westl. des NW-Ecks im Grubenkar-N-Grat. Berühmt durch die nach den Erstersteigern so benannte Ha-He-Verschneidung. Von S leicht ersteiglich, gewaltiger Tiefblick. Siehe Abb. S. 383.

● **1471** **Von Süden**
4—5 Std. vom Kasten

Wie in R 1397 in die oberste Karmulde, und rechts haltend, zuletzt gegen links auf den Gipfelzacken.

● **1472** **Übergang zur Laliderer Wand**
II (oder I), 1 Std.

Über die Gratschneide (II, ausgesetzt und brüchig), oder über die schotterigen Schrofen der S-Seite (I).

● **1473** **Nordwand, Westliche Verschneidung und Gerader Gipfelaufbau**
Die verschiedenen Anstiege durch die Dreizinken-N-Wand wurden 1921/22 und 1929 von O. Herzog, G. Haber und W. Herzog durchgeführt (Jahrbuch 1936, S. 48ff.) **VI** (mehrere Stellen), VI—, V. 8—10 Std. Ernste Felsfahrt, selten begangen.

Übersicht über die Dreizinken-N-Wand: Die Plattenabstürze der Dreizinkenwand erfahren durch zwei gewaltige, schluchtartige Verschneidungen eine gewisse Gliederung; die westl. schwingt sich 800 m hoch in nach W offenem Bogen vom Wandfuß zum Gipfel auf; die östl., mehr gerade, öffnet sich nach etwa 200 m zu einer Grotte und setzt sich nach oben als steile Eisschlucht fort, die zur Scharte zwischen Dreizinkenspitze und Grubenkar-NNW-Eck emporzieht. (Die östl. Verschneidung wurde als „Ha-He-Verschneidung“ berühmt.) Siehe Abb. S. 383.

● 1473a Westliche Verschneidung
O. Herzog, G. Haber, 1922. Siehe auch R 1473.

Führe: Die Führe bewegt sich zuerst in der Verschneidung selbst, sodann auf der Plattenrampe links von dieser. E etwa 30 m links der Falllinie des unteren Endes der großen Verschneidung. Über eine Steilplatte und einen nach O offenen Riß zu einer Kanzel (25 m); einige m absteigend, auf einem Plattenband kurz nach rechts; durch einen nach rechts hinaufziehenden Kamin (25 m) und eine anschließende Rinne zum unteren Ansatz der großen Verschneidung. 1 SL empor, nach links heraus (unter einer Höhle) zu einem guten Standplatz. Nun immer links der Verschneidung, durch einen schräg links emporziehenden Riß 30 m zu Haltepunkt. (Ein H rechts oben in den Platten stammt von einem Versuch). Nicht dorthin, sondern durch eine stark überhängende Verschneidung 30 m auf eine Kanzel. Durch eine Rinne links (östl.) einige Meter absteigend, dann durch einen feinen Riß unter einen Überhang. Unter diesem Quergang nach links (Fleischbanktraverse) und durch eine kurze, mehrfach überhängende Verschneidung auf ein Köpfl. (30 m von der Kanzel.) Nach links absteigend in einen versteckten Riß und durch diesen (VI—) zu einem breiten Band. Quergang an glatter Platte 4 m nach links in den Parallelriß, und durch diesen 20 m bis zu seinem Ende unter einem Überhang. Waagrecht nach links an eine Ecke, 3 m links absteigend, bis man oberhalb des kleinen Plattenkessels (Steinmann mit Karten) in den auf dessen rechter Seite emporziehenden Riß queren kann. Diesen verfolgt man bis unter einen Überhang (15 m). Waagrecht nach links, bis man schräg links aufwärts über Platten die große Wandmulde im ersten Wanddrittel erreicht. In dieser schräg links aufwärts, etwa 2 SL, bis wenige Meter vor den linken Begrenzungsgrat der Mulde.

● 1473b Gerader Gipfelaufbau
O. und W. Herzog, G. Haber, 1929. Siehe auch R 1473.

Führe: Die große, westl. Verschneidung wird östl. von einem Grat begrenzt. Zuerst rechts neben der Kante dieses Grates, dann durch eine Rinne auf diese selbst (60 m); sodann an ihr empor. Durch einen Spalt, der von zwei auseinandergesprengten, riesigen Blöcken gebildet wird, waagrecht nach links, dann wieder nach rechts zur Kante und sofort weiter nach rechts über Platten in eine kleine Scharte. Links durch eine Rinne, dann über zerrissenes Gelände links der Hauptkante, sodann zu einem Schartl an der Kante hinter einem auffallenden Gratturm. Nun

50 m an der Kante empor. (Von einem kleinen Schartl kann man hier über feste Plattenbänder links abwärts in die Eisschlucht queren [II]). Von einer Scharte unter einem Steilaufschwung rechts absteigend in eine Rinne; durch diese und über eine Kante oder etwas rechts davon zu einem Turm am Fuß des Gipfelaufschwunges, der das obere Ende des Begrenzungsgrates bildet. Zwei Drittel Wandhöhe; bis hierher IV. Von der Scharte (Gratansatz) 2 m links, nun 2 m durch den rechten, dann 3 m durch den linken von zwei Rissen empor; sodann schräg links in eine feine Rißreihe. Über Platten 25 m schräg links aufwärts, Plattenquergang 12 m nach links in einen Riß, in diesem 5 m empor, 4 m nach rechts, und wieder zurück in den Riß. Über einen Überhang, dann 10 m schräg rechts auf ein Plattenband, auf diesem 20 m nach rechts und auf der folgenden Plattenrampe 10 m schräg rechts aufwärts. Plattenband 12 m waagrecht nach links, 5 m durch einen Riß, dann nach rechts auf leichteres Gelände. Man erreicht die obere Hälfte der von rechts heraufkommenden, östl. Schlucht, die die Gipfelwand durchzieht, überquert aber die Schlucht gleich nach links, sodann schräg links empor in eine kleine gelbe Nische unter einer gelben Höhle. Seilquergang nach rechts, dann weiter rechts über die Schlucht, und schräg rechts aufwärts auf eine größere Wandrippe, die man bei einem kleinen Schartl erreicht. An der Rippe und links von ihr nach 50 m zum Ausstieg bei einer Scharte des O-Grates und über diesen zum Gipfel.

● 1473c Ausstiegsvariante

Schwieriger, aber gerader als der Ausstieg in R 1473.

Vom kleinen Schartl in der letzten Wandrippe, das man aus der Schlucht erreicht, nach rechts in die neben der Rinne laufende, rotgelbe, schluchtartige Steilrinne; in dieser ein kurzes Stück absteigend, bis es möglich wird, nach rechts in die Hauptschlucht zu queren. Durch diese zur Scharte einige Meter östl. des Gipfels.

● 1474 Ha-He-Verschneidung und Eisschlucht

O. Herzog, G. Haber, 1922. **VI** (mehrere Stellen), VI—; Schwierigkeit in der steinschlaggefährdeten Eisschlucht je nach Verhältnissen. 7—9 Std. Ernste, nur selten begangene Felsfahrt (bis 1980 etwa 15 Beg.).

Übersicht: s. Abb. S. 383 und S. 397.
Zugang: E im innersten Winkel zwischen den vom Grubenkar-N-Grat abstürzenden Wänden und der Dreizinken-N-Wand.
Führe: Von rechts durch die Randkluft hinein in den Grund der Verschneidung, bald durch einen kurzen Kamin oder links davon, dann meist links der Verschneidung zu einer gelben Nische (40 m). Links aus

ihr heraus, dann rechts zu einer weiteren Nische. Kurzer Quergang nach links (Spreizschritt) und wieder in die Verschneidung. Über eine Platte und durch ein Kaminstück, sodann im Riß der Verschneidung unter den großen Überhang. Er wird links umgangen, worauf man neuerdings eine Nische erreicht. Unter dem Dach links heraus, dann über einen Überhang in eine Rißverschneidung, die auf ein Band leitet. Diese verfolgt man wenige Meter, dann links einer Nische durch eine Rißverschneidung in ein Rinnensystem, dem man 1 SL folgt. 20 m Quergang waagrecht nach links und gegen rechts aufwärts in die Vorgrotte. Über eine Platte und durch eine Verschneidung in die Hauptgrotte. Unter dem Dach Quergang in einem waagrechten, nach unten offenen Kamin an den Außenrand des Grottendaches, bis man sich schräg auf ein abgedecktes Köpfl hinausseilen kann. Von hier über eine meist nasse Wandstelle (VI) in eine Verschneidung und durch sie zum Beginn der Eisschlucht.

Eisschlucht: Die Schwierigkeiten in der teilweise ungemein steilen Schlucht hängen ganz von den jeweils herrschenden Eisverhältnissen ab. Die Schlucht ist sehr steinschlaggefährdet, dürfte mitunter regelrechte Eisarbeit erfordern; sie wurde auch schon im Abstieg begangen. Im Frühsommer ist der Ausstieg aus der Eisschlucht meistens so stark überwächtet, daß es sich empfiehlt, nach links auf den Grubenkar-N-Grat hinauszuqueren (ohne Schwierigkeit) und über diesen zum Grubenkar-NW-Eck anzusteigen.

● 1480 **Grubenkarspitze,** 2661 m

Langgestreckter, N-S-gerichteter Gipfelgrat, der fast eben zum NW-Eck auf der Höhe der Dreizinkenspitze verläuft, und dann in kühnem Schwung zum Hohljoch abfällt. Von der ganzen Länge dieses Grates stürzen gegen NO gewaltige Plattenwände rund 1000 m gegen den Enger Grund ab; gegen O setzen sich die Plattenfluchten fort über die Plattenspitze bis zur Spritzkarspitze. Nach S entsendet die Grubenkarspitze den Roßlochkamm, der über die Roßlochspitze bis zur Hochkanzel südl. verläuft, hier nach W umbiegt und Brantl-, Gamskar-, Halleranger-, Sunntigerspitze und den Reps trägt, und so die südl. und östl. Umrahmung des Roßloches bildet. Dank ihrer zentralen Lage ist die Grubenkarspitze ein hervorragender Aussichtsberg auf die Ketten des Karwendelgebirges; Tiefblick in die Eng und auf den Ahornboden. Aus dem Roßloch und aus dem Vomper Loch leicht ersteiglich; durch die NO-Wand und über den N-Grat führen großzügige Kletterwege. Auch im Winter mit Ski aus dem Roßloch zu ersteigen. Den besten Überblick über den Verlauf der Kletterrouten gewinnt man aus der Eng. Siehe hierzu auch die Abb. auf S. 393.

● 1481 Aus dem Vomper Loch
Heinrich Schwaiger, 1884. 6 Std. vom Hallerangerhaus.

Vom Hallerangerhaus ostw. hinauf zum Überschalljoch und jenseits hinab durch den steilen Graben zum Lochhüttl. Nun nicht über den Bach, sondern nordw. auf bez. Steig (wichtig für den Abstieg bei Schlechtwetter!) am linken Bachufer zum Ausgang des Grubenkares. In vielen kleinen Kehren an der W-Seite des Kares empor, zuletzt pfadlos auf den weiten Karboden. In der nächsten Karmulde bei Rasenfleck eine Quelle. Weiter zu den Schrofenhängen, auf einem Schuttband nordostw. zum Hauptgrat und über diesen zum Gipfel.

● 1482 Durch das Roßloch
Bez., 7 Std. vom Halleranger.

Zunächst abwärts zum Kasten und zum Eingang des Roßlochs und auf gutem Weg ins hinterste Roßloch; weiter genau ostw. auf der orographisch linken Bachseite zu den Steilhängen des Roßlochkars. Abzweigung des Weges zu den Biwakschachteln an der Lalidererwand (bez. und Tafeln). Über mehrere Steilstufen empor zum westl. Ausläufer der Roßlochspitze. Unter den Felsen links, nordw. über steile Schuttfelder und allmählich gegen O empor zum S-Grat der Grubenkarspitze; über diesen unschwierig zum Gipfel. (H. Schulte).

● 1483 Übergang zur Dreizinkenspitze
½ Std.

Man hält sich durchwegs auf der Grathöhe; nur die tiefe Scharte zwischen NW-Eck und Dreizinkenspitze, zu der von N die Eisschlucht (R 1474) heraufzieht, wird südl. umgangen.

● 1484 Nordgrat, Grubenkarpfeiler
K. Berger, O. Melzer, E. Spötl, 1901. Vermutl. 1. Winterbeg. P. Pruckner, M. Hoffmann, A. und S. Schrank, 25. bis 28.12.1978 (Bgst. 8/79). **IV—**, 5—8 Std. Häufig begangene, großzügige Gratkletterei, deren Länge nicht unterschätzt werden darf.

Übersicht: s. Abb. S. 397 und S. 403.
Zugang: E am Ansatzpunkt des Grates am Hohljoch (vgl. R 314).
Führe: Zunächst etwa 200 m über steile, teils latschendurchsetzte Schrofen aufwärts. Hinter dem ersten Gratkopf in eine Scharte hinab; jenseits durch einen ausgesetzten Riß, dessen überhängender Teil links

Die Grubenkarspitze aus dem Enger Grund.

Plattenspitze
Grubenkarspitze
Laliderer Wand
Laliderer Spitze
Grubenkarpfeiler

umgangen wird, empor. Weiter über Grasschrofen und leichteren Fels; sodann durch einen 15 m hohen, brüchigen Kamin auf die Schulter eines Gratzackens, der von der Schulter aus westl. umgangen wird (III). Durch eine breite Rinne in die Gratscharte; links führen Grasbänder unschwierig weiter hinauf, man hält sich etwas unterhalb der Gratschneide bis an den Fuß eines Steilaufschwungs. Hier gewinnt man nach rechts ansteigend die Kante (IV—, H). Nun hinauf bis zur letzten Steilstufe: Ein schräg links hinaufziehender Riß vermittelt den Durchstieg (III+, H). Dann unschwierig auf den Gipfel des N-Pfeilers. Über die von großen Blöcken gebildete waagrechte Gratschneide zur ersten, etwa 20 m hohen Abbruchstelle des Grates. Von der eingerichteten Abseilstelle (Schlinge mit Abseilring) in die sich darunter befindende Scharte abseilen. Hier erreicht auch die Ausstiegsvariante der Dressel/Rebitsch-Führe (R 1486a) den N-Grat. Die scharfe Gratschneide entlang bis zum zweiten, etwa 15 m hohen Gratabbruch. Auf der rechten Seite (westl.) in die Scharte abklettern. Dann weiter unterhalb der Gratschneide auf der O-Seite zum Fuße des mächtigen Grataufschwunges. Über das breite Band (hier überdachter Biwakplatz) und das anschließende Schrofengelände nach links (nordöstl.) um den Aufschwung herumgehen bis zu einem kleinen Geröllplatz an der O-Seite des Grataufschwunges. In gut gestuftem Fels und durch einen kleinen Kamin gerade hoch zu einem Geröllfeld. Über dessen oberen Rand nach rechts auf den Rücken des Grataufschwunges hinauf. Von hier nicht weiter nach rechts in die Schlucht hineinqueren. Der restliche Aufstieg durch diese ist wegen extremer Brüchigkeit sehr zeitraubend! Über die Gratschneide wieder direkt weiter, bis sie nach etwa 180 Klettermetern in Schrofengelände übergeht. Über den Kammverlauf zum Gipfel.

● 1484a Variante am großen Grataufschwung

Statt den großen Grataufschwung links (nordöstl.) zu umgehen, kann man ihn über seine ausgeprägte Kante direkt ersteigen. Dies ergibt zwar insgesamt einen schöneren Routenverlauf, ist jedoch wesentlich schwieriger als die übrigen N-Grat-Abschnitte.

● 1485 Nordpfeiler-Westwand, „Olympiaweg"

J. Ritter, G. Schweißhelm, 1972. **V+** (2 Stellen), sonst V und IV. 26 SL, davon 19 bis zur Einmündung in R 1486. 8—12 Std.

Übersicht: s. Abb. S. 397.
Zugang: E 30 m links der Ha-He-Verschneidung.
Führe: 2½ SL auf einem Band nach links. Gerade durch kurze Risse,

Linksschleife, Stand (35 m, IV, 2 H). Rechts in Verschneidung, in ihr linkshaltend hinauf (35 m, IV, 1 H). Rechts in der Verschneidung 15 m hinauf, Quergang nach rechts zu Kante, darüber Stand (VI, 30 m, 3 H). Rechts durch Riß (35 m, III, eine Stelle V, 1 H). 5 m über Platte aufwärts, 3 m nach links, einige Meter gerade hinauf, schöner Quergang 15 m nach rechts und hinauf zu Stand (30 m, IV+, 1 H). Rechts durch Kamin, Linksschleife, rißartige Kaminfortsetzung, kleiner Überhang, Stand (40 m, VI, 2 H). Links durch Rinne (40 m, II und IV, 1 H) und durch Kamin (40 m III und IV). Rechtshaltend auf geneigtes Gelände und linkshaltend in Kaminreihe der Rebitschroute. (Angaben der Erstbeg.)

● 1486 Nordpfeiler-Westwand
M. Rebitsch, K. Dressel, 1945. **VI** (stellenweise), V. Wandhöhe 650 m, 9 Std. Gelegentlich beg.

Übersicht: Der Durchstieg vollzieht sich in der Fallinie des nördl. runden Gratkopfes am ersten ebenen Gratstück des Grubenkar-N-Grates, rechts des großen Verschneidungssystems. Siehe hierzu auch die Abb. S. 397.
Zugang: E bei einem Felssporn an der höchsten Stelle des Kares. (Nicht zu verwechseln mit der Karzunge rechts des Felsspornes.)
Führe: Über Schrofen an die Rampe, die der Felssporn links mit der Wand bildet. Über die Rampe auf den Spornkopf und auf ein Band. 15 m links und über eine schmale Plattenrampe links hinauf. Durch einen überhängenden Riß auf ein zweites, abschüssiges Band (Ringhaken). Auf ihm nach links zu einer breiten, flacheren Rampe. Durch die Einrisse aufwärts, dann rechts haltend unter einen sperrenden Wandgürtel. Durch einen feinen Einriß schräg links hinauf und links zu einem überhängenden schmalen Riß (H, schwierigste Stelle; links ein Parallelriß). Sodann über Rippen und Einrisse und eine Wandstelle (VI—) knapp rechts einer Schlucht gerade empor, zuletzt brüchig, bis unter gelbe Überhänge. In einer Verschneidung (H) darunter rechts hinaus und leichter auf einen Felskopf. Über festen Fels ziemlich gerade hinauf in eine Riß- und Kaminreihe (H), bis diese brüchig unter Überhängen und Verschneidung endet. Schräg rechts empor (brüchig) und 8 m rechts über leichte Felsköpfe (Steinmann), bis zwei parallele Einrisse den niederen, senkrechten Wandgürtel durchziehen. Durch den rechten aufwärts (überhängende Verschneidung), dann gerade über gestuften Fels in ein Schartl. Links davon eine flache Rinnenverschneidung empor in ein anderes Schartl, dann gerade zum höchsten Punkt des N-Pfeilers; der letzte Teil der Route folgt R 1484 zum Gipfel.

● 1486a Ausstiegsvariante der Dressel/Rebitsch-Führe

Statt die flache Rinnenverschneidung nach links zu verfolgen, durchsteigt man rechtshaltend einen steilen, aber gut gestuften Kamin, der nach etwa 40 m in einen brüchigen Grat übergeht. Auf diesem nach etwa 20 m zu einer kleinen Scharte im N-Grat, knapp rechts vom höchsten Punkt des N-Pfeilers (in diese wird bei Führe R 1484 abgeseilt). Diese Variante ist nicht schwieriger als der Originalausstieg, zeitlich aber kürzer, da man sich vom Pfeilergipfel aus die 20 m hohe Abseilstelle erspart.

● 1487 Nordpfeiler, Neue Westwand

K. Werner, C. Minameyer, 1973. **VI—** (einige Stellen), V+ und V. Wandhöhe 600 m, 6—9 Std. Bis Ende 1983 3 Wh.

Übersicht: Der Anstieg benützt schleifenförmig das gewaltige Verschneidungssystem links des markanten Westwandpfeilers (Rebitsch/Dressel). E in Fallinie der großen Verschneidung, dort wo die Karzunge am höchsten in die Wand reicht. Siehe Abb. S. 397.

Führe: Linkshaltend über Bänderzonen und kurze Wandstufen empor bis in die schon von der Hütte sichtbare große schwarze Nische (III und IV). Erst rechts empor, dann durch eine Verschneidung (V+, H). Weiterhin rechtshaltend mehrere SL bis in den Verschneidungsgrund unterhalb eines gelben senkrechten Aufschwunges, der den Anfang des oberen ausgeprägten Verschneidungssystemes darstellt. Von hier schräg links aufwärts an die Begrenzungskante und an dieser (1 Stelle V+) 2 SL empor zu Stand auf schmaler Felsleiste unterhalb eines sperrenden Wandgürtels. Vom Stand links in den Kamin und diesen 45 m hinauf (V, VI—) bis zum Beginn eines kurzen, senkrechten, bemoosten Rißkamins. Diesen empor (VI—) und weiter in einen kurzen Kamin mit Klemmblock hinein. Unter dem sich darüber befindlichen gelben Überhang Quergang nach links und gerade hinauf (H) auf ein Köpfl (1 Stelle VI—), und nach rechts zu Stand in einem Kamin. Durch diesen 50 m hinauf zum Grat. (Beschr. M. Messner)

● 1488 A Abstieg

III+ (einige Stellen), III, II und leichter. 3—4 Std. bis ins Kar.

Der Grubenkarpfeiler von Westen mit Nordgrat („Grubenkarpfeiler", R 1484), Neuer Westwand (R 1487), Rebitsch/Dressel-Führe (R 1486), „Olympiaweg" (R 1485). Am rechten Bildrand der untere Abschnitt der Ha-He-Verschneidung (R 1474) an der Dreizinkenspitze.

Nordpfeiler
1484a
1486a
1474
1484
1486
1485
1487

Wenn der N-Grat-Anstieg nicht bekannt ist, dürfte es zweckmäßiger sein, den N-Grat in Richtung Grubenkarspitze weiter zu verfolgen als zu versuchen, über diesen abzuklettern bzw. abzuseilen. Vom höchsten Punkt wie in R 1484 zum Fuß des mächtigen Grataufschwunges (II, III). Vom Gipfel des N-Pfeilers bis hierher ½—1¼ Std.
Von hier zwei Möglichkeiten: Die erste besteht darin, über die etwa 60 m hohe ausgeprägte Kante diesen Aufschwung zu erklettern. Wenn Zeitdruck herrscht, ist es empfehlenswerter, über das breite Band (hier überdachter Biwakplatz) und das anschließende Schrofengelände nach links (nordöstl.) um den Aufschwung herumzugehen bis zu einem kleinen Geröllplatz an der O-Seite des Grataufschwunges (I, II). In gut gestuftem Fels und durch einen kleinen Kamin gerade hoch zu einem Geröllfeld (III). Über dessen oberen Rand nach rechts auf den Rücken des Grataufschwunges hinauf. Von hier nicht nach rechts in die Schlucht hineinqueren: Der restliche Aufstieg durch diese ist wegen extremer Brüchigkeit sehr zeitraubend. Über die Gratschneide wieder direkt weiter (III+), bis man nach etwa 180 Klettermetern über Schrofengelände nach rechts absteigend ohne jede Schwierigkeit zur Ausstiegsscharte dieser Schlucht gelangt. Vom Gipfel des N-Pfeilers bis hierher etwa 1—2 Std. Nun in westl. Richtung steiglos (nur ganz vereinzelt sind Trittspuren vorhanden) unterhalb des Gipfelkammes der Dreizinkenspitze und der Laliderer Wand zur Biwakschachtel unterhalb der Laliderer Spitze (beim Ausstieg der Nordwandverschneidungsführe, bzw. der Dibona/Mayer-Führe). Bei Nebel, bzw. schlechter Sicht hält man sich immer eher etwas bergwärts als abwärts, da sonst leicht Gefahr besteht, die Biwakschachtel zu unterlaufen. Von der besagten Ausstiegsscharte bis hierher etwa ¾ Std.
Von der Biwakschachtel dann auf stellenweise mark. Steig weiter westl. zur Spindlerschlucht und durch diese abkletternd (II, III+), bzw. stellenweise abseilend zurück auf die N-Seite. Trotz mehrerer guter Abseilhaken und ausgiebiger Farbmark. kann bei Nebel (besonders dann, wenn dieser Abstieg unbekannt ist) die Spindlerschlucht zu einem langwierigen Unternehmen werden. Vom Pfeilergipfel bis zum Kar auf der N-Seite sind etwa 3—4 Std. zu berücksichtigen. (Beschr. K. Werner).

● **1489** **Nordostwand, Alter Weg**
H. Haff, E. Euringer, 1904. **IV+**, 6—8 Std. Selten beg.

Übersicht: Der rechte (nördl.) Felstrichter der NO-Wand (s. R. 1492) wird an seinem rechten Rand von einer von der Grathöhe herabziehenden Kante von der auf die grünen Bänder niederbrechenden Steilwand getrennt. In diese Begrenzungskante sind drei kleine Scharten eingeschnitten, deren oberste erreicht werden muß. Abb. S. 403.

Zugang: E in der Fallinie dieser Scharte auf einer Felsrippe.
Führe: Über schmale Bänder schräg links aufwärts bis zu der von der zweiten Scharte herabziehenden Rinne. Von hier auf einem Grasband nach rechts zum Fußpunkt der Kaminreihe, die zur genannten obersten Scharte führt, und in die man über einen senkrechten Abbruch einsteigt. Durch die Kamine auf die Scharte und jenseits absteigend in die große Plattenmulde. Man überquert diese auf festen Bändern in Richtung auf die auffallende Verschneidung östl. der Mulde. An der linken Kante der Verschneidung zu einer auffallenden Schulter. Waagrechter Quergang um einen Felsvorsprung und über gut gestuften Fels so lange schräg aufwärts nach rechts, bis ein Ausweichen nach links möglich ist. Nun über steile Felsen gegen den Hauptgrat, den man ¼ Std. nordwestl. des Gipfels erreicht.

● **1490** **Nordostwand, Führe Baumann/Rosenhagen („Ostwand")**
F. Baumann, A. Rosenhagen, 1981 (Alp. 1/82). **VI/A0** (1 SL), V+ und V, meist leichter (Bew. Erstbeg.) Zeit d. Erstbeg. 9 Std. Kletterlänge etwa 1000 m. 24 SH und 10 ZH belassen, einige KK und lange Schlingen günstig.

Übersicht: Die Führe verläuft zwischen Direkter und Alter NO-Wand, die im Bereich der 12. SL gekreuzt wird. Abb. Siehe Abb. S. 403.
Zugang: Von der Eng auf dem Weg zur Falkenhütte bis unter das Hohljoch. Über Gras und Geröll schräg links aufwärts zum Einstieg bei auffallendem, hellem Plattenpfeiler, Steinmann und SH. 1½ Std. von der Eng.
Führe: s. Skizze S. 401 (Angaben d. Erstbeg.).

● **1491** **Direkte Nordostwand**
F. Baumann, B. Wimmer, H. Zembsch, K. Minnermayer, 1966. **VI/A3** (lt. Erstbeg.). Zeit für Wiederholer 15 bis 20 Std. Bis auf ganz wenige H wurde das Material belassen; erst ab Spätsommer begehbar.

Übersicht: Die Wand ist im oberen Teil von zwei auffallenden Schluchten durchzogen. Zur linken Schlucht ziehen von rechts unten ein Riß und eine Kaminreihe, die nach 250 m von einer Dachzone unterbrochen werden. Siehe Abb. S. 403.
Zugang: E etwa 100 m rechts des Risses am Beginn einer schräg nach links hinaufziehenden Rampe.
Führe: Über die Rampe 90 m schräg links hinauf (II, III) zu senkrechter Wandstelle oberhalb eines überdachten Bandes. Mit Steigbaum über die Wand (VI—) und gerade weiter zu 2 H mit Abseilschlinge. Von hier schräg links hinauf zu einem Band, 3 m gerade empor und

Spreizschritt nach links (IV) auf ein zweites Band, das nach links bis zu einem Kamin verfolgt wird. Hierher kommt man auch durch eine Rißverschneidung (3 SL, VI, wasserüberronnen), die am tiefsten Punkt der Wand ansetzt. Da der Originaleinstieg durch einen Wandausbruch verändert ist, scheint dieser direkte E günstiger zu sein (F. Baumann, 1983, vgl. Abb. S. 403). Nun 15 m durch den Kamin (III), bis er sich schließt (Stand). Links heraus, gerade hinauf und rechts über den folgenden Überhang zu Stand bei Wasserlauf (25 m, VI—). Durch Riß und Kamin weiter (V), nach 25 m guter Stand. Von hier durch eine Rinne (III, Zwischenstand erforderlich) zu einem Pfeilerkopf. Waagrechter Quergang 5 m nach links und über ein Wandl (VI) zum Beginn einer kurzen Verschneidung, die überhängend auf eine Plattform führt (guter Stand). Nun schräg links hinauf, über das Dach (2 BH), einige Meter gerade weiter und nach links zu Stand (VI/A3). Weiter, den H folgend, über das Abschlußdach (1 BH, VI/A2) in eine Gufel zu gutem Stand. In der Folge 25 m durch einen Rißkamin (VI, 2 H) zu tiefer Höhle (guter Biwakplatz). Den Höhlenüberhang an seiner linken Seite überwindend in einen seichten Riß, der nach 35 m in einen tiefen Kamin übergeht (schwierigste SL, VI+, 2 BH). Weiter durch den Stemmkamin unter einen Überhang, links über ihn und den H folgend (VI/A2) nach 30 m zu Stand in einer abschüssigen Höhle (Biwakplatz). Aus der Höhle nach links abdrängend auf eine abschüssige Rampe. Sie wird 3 SL verfolgt (IV), dann durch eine Rißverschneidung (VI) zum Beginn der großen, linken Schlucht. In ihr 3 SL hinauf (III, IV), bis sie sich verengt (gute Biwakplätze). Nun über die linke Begrenzung der Schlucht 150 m gerade hinauf (III), bis sie sich verengt und leicht nach rechts abbiegt. In der Folge durch eine kurze Verschneidung (V, 2 H) und Rechtsquergang in die schneegefüllte Schlucht. Je nach Verhältnissen auf oder unter der Schneezunge 100 m hinauf und über einen Steilaufschwung (V+, 3 H) auf die linke Schluchtseite. An dieser 3 SL (IV) zum oberen Rand eines 50 Grad steilen Firnfeldes. Quergang nach rechts und durch eine brüchige Rinne (II) 50 m schräg rechts aufwärts zu einer Scharte. Auf einem Band nach rechts (II). Von hier entweder durch die etwa 250 m hohe Gipfelwand (III, IV), oder weiter nach rechts zu einem gratartigen Pfeiler und über ihn (III) in schöner Kletterei zum Gipfel.

● 1492 Nordostwand, Gebrüder-Schmid-Führe

T. und F. Schmid, 1931 (Mitt. 1931, S. 214). **V+** (unterer Teil), dann IV. Wandhöhe 1000 m. 7—9 Std. Eine der großen klassischen Fahrten des Gebirges.

Übersicht: s. auch Abb. S. 403. Die von der Grubenkarspitze nach NO

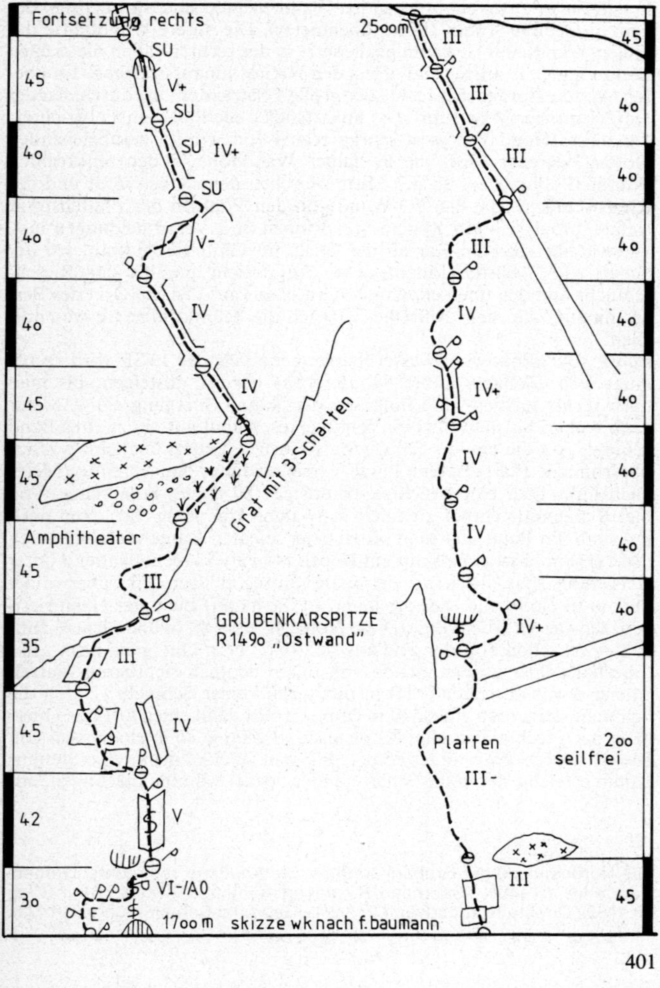
Fortsetzung rechts
SU
V+
SU
SU
IV+
SU
V-
IV
IV
Grat mit 3 Scharten
Amphitheater
III
GRUBENKARSPITZE
R149o „Ostwand"
III
IV
V
VI-/A0
E
17oo m
skizze wk nach f.baumann
45
45
4o
4o
4o
45
45
45
35
45
42
3o
25oom
III
III
III
III
IV
IV+
IV
IV
IV+
Platten
III-
III
45
4o
4o
4o
4o
4o
4o
4o
4o
2oo
seilfrei
45

in den Enger Grund abbrechenden Wandfluchten sind die höchsten des ganzen Gebirges (über 1000 Höhenmeter). Die untere Wandhälfte des linken Wandteiles ist kaum gegliedert, in der rechten fallen die grünen Bänder auf, die ansteigend gegen den N-Grat hinaufstreichen. Im oberen Wandteil prägt sich rechts der große Felstrichter aus, durch den der Haff/Euringer-Weg führt, — links (südl.) ebenfalls ein Felstrichter, der linker Hand von zwei schräg rechts vom Gipfel herabziehenden Graten begrenzt wird, die in halber Wandhöhe in den senkrechten Wandteil abbrechen. In der Mitte zwischen dem linken Grat und der Riesenschlucht, die die NO-Wand von den Wänden der Plattenspitze trennt, prägt sich ein System von Rinnen und Verschneidungen aus. Diese Reihe setzt im Kar an der Stelle (in Gipfelfallinie) an, wo der Schutt am höchsten hinaufreicht. Sie streicht parallel zur Riesenschlucht und den oben erwähnten Graten bis auf den SO-Grat des Berges hinauf. An diese Rißreihe hält sich die Schmidführe im wesentlichen.

Führe: Der senkrechte wasserüberronnene Fels der 1. SL wird rechts umgangen. Zunächst über Schutt etwas nordw. absteigen, bis man nach rechts in die Wand hinaussteigen kann. Quergang einige Meter nach rechts, bis man über ein senkrechtes Wandl auf ein zweites Band gelangt. Auf diesem links einige Meter zurück, zuletzt über eine wasserüberronnene Platte in eine kurze Verschneidung, danach einige Meter nach links über eine brüchige Wandstelle zu einem Standplatz. Von hier 8 m gerade empor zu einem schwarzen Übergang (H), dann nach links auf ein Band, das man bis zu einer seichten Rinne verfolgt; durch diese (H) in nassem Fels auf ein Köpfl. Nun etwas rechts haltend unter einen morschen Überhang, den man von rechts nach links überwindet und so in eine steile Rinne gelangt; in ihr hinauf bis unter einen riesigen, schwarzen Überhang. (Diese Höhle — etwa 80 m über dem Wandfuß — ist schon von der Eng aus sichtbar.) Nun Quergang nach links (oberhalb einer weißen, schon von unten deutlich sichtbaren Platte), zuletzt etwas absteigend (H) in den Grund einer Schlucht. Durch die Schlucht steigt man zuerst 10 m empor, führt dann einen luftigen Quergang nach rechts über eine Rippe aus und gelangt so in ein System von Rissen. Durch diese weiter empor, bis man zuletzt einen tiefen Stemmkamin erreicht, der in die Scharte hinter dem erwähnten mächtigen, ab-

Die Nordostwand der Grubenkarspitze. Die Anstiege von rechts: Grubenkarpfeiler (R 1484), Baumann/Rosenhagen-Führe (R 1490), Alter Weg (R 1489), Direkte Nordostwand (R 1491), Gebrüder-Schmid-Führe (R 1492).

1484
1490
1489
1491
1492
Orig. E.

gesprengten Turm leitet. Bis hierher V+. Von der Scharte über eine senkrechte Wandstufe gerade empor, dann steil links ansteigend auf Bändern mit schwierigen Unterbrechungen zu steilen, schuttbedeckten Stufen. Jetzt immer ein wenig links haltend durch Rinnen und über Rippen, zuletzt über einen kurzen Grat auf den Gipfel.

● **1495** **Roßlochspitze,** 2538 m

Schroffer Felsgipfel südl. der Grubenkarspitze, im Verbindungsgrat zur Hochkanzel.

● **1496** **Aus dem Roßloch über den Südgrat**
I, 6 Std. vom Hallerangerhaus.

Wie in R 1397 durch das Roßloch an den Fuß des von der Roßlochspitze herabziehenden W-Grates. Nun rechts des Grates unter den Schrofen durch zur Roßlochscharte, etwa 2350 m, zum Ansatz des S-Grates. Über einen Gratkopf, und weiter immer am Grat zum Gipfel.

● **1497** **Westgrat**
II, 1½ Std.

Vom Fußpunkt des W-Grates im obersten Roßkar (R 1397) über den anfangs sehr steilen Grat empor und über zersplitterte Gratstücke zum Gipfel.

● **1498** **Übergang zur Grubenkarspitze**
Hofmann, Riens, 1901. **IV** (stellenweise), 2 Std.

Vom Gipfel über den Grat bis zum nordöstl. Vorkopf. Von diesem klettert man über die etwa 70 m hohe, plattige Steilwand hinab zum höchsten Schuttfeld. Dieses durchquert man und umgeht so den untersten Gratabbruch des Roßloch-N-Grates. Von der tiefsten Einsattelung über den plattigen S-Grat auf den Gipfel der Grubenkarspitze.

● **1500** **Hochkanzel,** 2575 m

Erstersteigung Hermann v. Barth, 1870. Schön geformter Felsgipfel, bei dem sich der Roßloch-Kamm aus seiner südl. in westl. Richtung wendet. Nach S entsendet der Berg den kühnen Grat der Hochkanzeltürme; mit seinen Nachbargipfeln ist er durch zerklüftete Grate verbunden.

● **1501** **Aus dem Roßloch**
Weg des Erstersteigers. **III** (stellenweise), 6—7 Std. vom Halleranger, sehr mühsam.

Zugang: Wie in R 1397 durch das Roßloch in die hinterste, südl. Mulde des Roßkares. Durch den steilen hintersten Trümmerkessel empor zu der finsteren Schlucht, die von der Scharte westl. des Gipfels herabzieht.
Führe: Den untersten Abbruch umgeht man rechts und steigt dann in der steilen Rinne empor. Bei ihrer Gabelung im linken Ast aufwärts zur Scharte westl. des Gipfels und über den plattigen, teils brüchigen W-Grat zum Gipfel.

● 1502 Über die Südflanke
H. Cranz mit Führer Widmoser, 1901 (Mitt. 1902, S. 71). **III** (stellenweise). 4—5 Std. vom Halleranger. Orientierungsvermögen erforderlich, viel kürzer als R 1501.

Zugang: Vom Hallerangerhaus ostw. zum Überschalljoch und über den ersten Boden hinab. Wo der Weg ins Vomper Loch stark abfällt, zweigt links ein schlechter Steig ab, der fast eben auf ein Grasplatzl führt („Brantl", Brandruinen, Jagdhüttl).
Führe: Von hier eben über ausgehauene Stufen zu einem Felseck, dann auf Steigspuren einem Band nach über eine 30 m hohe Wand abwärts zu einer von links oben (vom Fuß der Brantlspitze) herabziehenden Schuttreise. Über diese auf einem Gamswechsel fast eben hinüber und hart am Fuß der Felsen entlang an einer kleinen Höhle vorbei an die O-Seite eines Felsspornes, der von der Brantlspitze herabzieht. An einem alten Stollen vorbei und durch einen kleinen Kamin wiederum auf ein Schuttfeld; nun gegen rechts auf eine plattige, von Bändern durchzogene Fläche und zu einer Rippe, die westl. einer tiefen Schlucht emporzieht. Immer westl. der Schlucht über vier Nebenrinnen auf Rippen aufwärts, und zuletzt in die flacher werdende Schlucht hinein und in ihr empor. Rechts von einer großen Höhle über Schrofen zur Scharte westl. des Gipfels und wie in R 1501 auf den Gipfel; oder von der großen Höhle stärker nach rechts über die steilen Schrofen gerade zum Gipfel.

● 1503 Südostgrat
O. Melzer, M. Peer, 1896. **III**, 4—5 Std. vom Lochhüttl, s. ä. A.

● 1504 Südgrat, Überschreitung der Hochkanzeltürme
E. Koch, H. Kopp, H. Kremser, Rzippa, F. Stoll, E. Wlasak. **IV**, 6 Std.

Zugang: Vom Hallerangerhaus wie bei R 1502 zu der Schuttreise am Beginn der tiefen S-Wandschlucht. Die Reise querend, über latschenbedeckte, plattige Schrofen rechts aufwärts zu einer am breiten Fuß der Hochkanzeltürme beginnenden Schuttreise. In dieser etwas abwärts in eine Schrofenrinne, die in einer Scharte zwischen erstem Turm und einem östl. gelegenen Vorbau endet.

Führe: Von der Scharte rechts der Kante auf den Scheitel des ersten Turmes. Der folgende Turm wird teils an der Kante, teils rechts davon erklettert. Dem Grat folgend bis zum Abbruch, der links abwärts umklettert wird. Aus der tiefsten Scharte steigt ungemein steil der dritte Turm auf. Zuerst gerade hinauf, dann Quergang rechts in eine Rinne. Diese hinan und über einen Überhang nach rechts hinaus auf grasdurchsetzte Schrofen. Über ein kleines Wandl nach rechts, bis man links aufwärts zum Grat klettern kann, über den man den Gipfel des Turmes erreicht. Ein scharfer Zackengrat führt zum Fuß des nächsten Turmes, der umgangen wird. Durch eine etwas überhängende Rinne rechts hinab in die Flanke und diese querend über Schrofen in die nächste Scharte. Aus dieser zuerst etwas nach rechts, dann gerade hinauf auf den fünften Turm. Links des Grates in die nächste Scharte und über Platten auf den sechsten Turm. Von hier leicht über den Grat zum Gipfel.

● 1505 Übergang zur Roßlochspitze
J. Hechenbleikner, 1901. **III** (stellenweise), 2 Std.

Führe: Vom Gipfel zuerst über den wenig steilen Grat abwärts, sodann über einen Steilabbruch hinab. Die folgenden Gratköpfe werden teils überklettert, teils östl. umgangen, worauf man die Roßlochspitze ohne weitere Schwierigkeiten ersteigt.

● 1510 Brantlspitze, 2626 m

Erstersteigung Julius Pock u. Gef. 1879. Höchster, wenig ausgeprägter Gipfel der Roßloch-Umrahmung, in dessen W-Grat zwei weitere Erhebungen aufragen, die Westl. Brantlspitze und Überschallspitze. Nach N fällt der Gipfelgrat mit steiler Wand ins Roßloch; auch die S-Flanke erhebt sich ziemlich steil über dem Überschalljoch.

● 1511 Vom Halleranger über die Gamskarlspitze
Weg der Erstersteiger. **II,** 3—4 Std. Häufig ausgesetzt. Lohnende, aussichtsreiche Bergfahrt. Siehe Abb. S. 409.

Wie in R 1521 vom Hallerangerhaus auf die Gamskarlspitze. Nun dem Grat folgend oder mit geringen Abweichungen in die S-Flanke über mehrere Scharten und Gratköpfe zum Gipfel der Brantlspitze.

● 1512 Südwand
III. 4 Std. vom Halleranger.

Zugang: Wie in R 1502 übers „Brantl" zu einer von links oben (vom Fuß der Brantlspitze) herabziehenden Schuttreise. Über diese hinauf an den Fuß der S-Wand. E etwa 100 m links der Schlucht, die knapp östl. des Gipfels endet.
Führe: Über grasige Schrofen schräg in die Schlucht empor, so daß man sie oberhalb eines Überhanges erreicht. Rechts der Schlucht mehrere SL durch seichte Kamine aufwärts, dann wieder schräg gegen die Schlucht und in sie hinein. Man folgt ihr nun bis zu einer Scharte, die am Fuß einer kurzen, nach S vorspringenden Gratrippe liegt. Über diese Rippe gerade zum Gipfel.

● 1513 **Südostflanke**
E. Hofmann, R. Hardt-Stremayr, 1929. **II,** 4 Std. vom Halleranger, s. ä. A.

● 1514 **Westgipfel, Nordwand**
R. Beck, E. Lauscher, H. Dreuerskon, 1930. **III,** 3—4 Std. Kaum begangen.

Zugang: E unterhalb des kleinen Hochkares in der NW-Flanke der Westl. Brantlspitze.
Führe: Vom linken unteren Ende des Kares durch Rinnen und Kamine zum Fuß des Wandpfeilers. Gerade empor durch Risse und über Wandstellen. Weiter fast stets in Gipfelfallinie, brüchig.

● 1515 **Übergang zur Hochkanzel**
J. Pock u. Gef., 1879. **II,** 1 Std.

Ostw. über den steilen brüchigen Grat hinab zur Scharte westl. der Hochkanzel, in die von S und N Anstiege heraufführen. Von hier über den teils plattigen, teils brüchigen Grat zum Gipfel.

● 1520 **Gamskarlspitze,** 2513 m

Erstersteigung H. v. Barth, 1870. Westl. der Gratköpfe der Brantlspitze aufragender Gipfel im Roßloch-Kamm, der mit steiler Wand gegen N abstürzt, während er von S unschwierig ersteiglich ist.

● 1521 **Normalweg**
2 Std. vom Halleranger, lohnend. Teilw. Steigspuren, am Grat Steinmanndln. Siehe Abb. S. 409.

Vom Hallerangerhaus zur Hallerangeralm und gegen das Überschalljoch aufwärts. Von diesem Weg aber bald nordw. ab und über Grashänge und Schutt etwas rechts haltend empor. Nach Querung einiger Gräben erreicht man den Hauptgrat und über diesen ostw. den Gipfel.

● **1521 A Normalweg im Abstieg**

I, 1 Std. zum Überschalljoch. Bis zum Ende der Felsen Steigspuren und Steinmänner.

Vom Gipfel kurz durch eine Rinne nach W in eine kleine Scharte absteigen. Westw. auf Steigspuren knapp neben oder auf dem Grat. Zuletzt durch die schrofige SW-Flanke schräg nach W absteigen, durch eine brüchige Rinne (I) auf die Schotterhänge und weglos abwärts zum Überschalljoch.

● **1523 Südwand des P. 2601** im Grat zur Brantlspitze

W. Haim, H. Aschaber, R. Hinteregger, 1977 (Alp. 1/78). **IV** (50 m), sonst III und II. Wandhöhe 350 m, 2—3 Std. Überraschend lohnende Kletterei. In der stark gegliederten Wand sind beliebige Varianten möglich.

Übersicht: s. Abb. S. 409.
Zugang: Vom Überschalljoch durch Latschengassen und dann über die freien Schotterhänge ostw. bergauf bis unter die S-Wand, die an ihrem tiefsten Punkt nach SW mit gelben Felsen zum Schotter abbricht.
Führe: Rechts auf einem Band ansteigend um diese Felsen herum und über schrofiges Gelände aufwärts. Man hält sich auf einer breiten Rampe rechts der vom Gipfel herunterziehenden Schlucht. Wo die Rampe enger und steiler wird (III +, 2 H), weiter gerade hinauf. Man hält sich auf den dreieckigen Gratkopf zu, der in schöner Kletterei direkt erstiegen (IV) oder links umgangen werden kann. Weiter stets gerade über den gestuften Grat zum Gipfel (Steinmann). (W. und H. Klier, 1981)

● **1524 Nordwand**

E. Gretschmann, 1921. **V** + (oberer Wandteil), V—. 5 bis 6 Std., s. 11. Aufl. 1978, S. 357 (R 843).

● **1525 Übergang zur Brantlspitze**

Siehe hierzu S. R 1511.

● **1530 Hallerangerspitzen,** höchste 2398 m

Erstersteigung Otto Ampferer, 1895. Zerscharteter Gipfelgrat westl. der Gamskarlspitze, von der westl. gelegenen Sunntigerspitze durch eine auffallende Einschartung getrennt. Fällt mit praller Wand gegen N ins Roßloch ab; nach S kurze, steile Wand.

Die Gamskarlspitze mit dem Normalanstieg (R 1521) und dem Südwandanstieg zum Punkt 2601 im Grat zur Brantlspitze (R 1523).

Gamskarlspitze
Brantlspitze
Überschalljoch
1523
1521

● 1531 **Vom Halleranger über den Sunntiger**
III (stellenweise), 2—2½ Std., ausgesetzt.

Führe: Wie in R 1541 auf die Sunntigerspitze. Nun ostw. dem Grat folgend, der bald zur schmalen, turmgekrönten Schneide wird. Der höchste Zacken wird gerade über den W-Grat erstiegen.

● 1532 **Überschreitung von Westen nach Osten**
III (stellenweise), 1 Std., ausgesetzt.

Führe: Wie in R 1531 vom Sunntiger auf die höchste Spitze, weiter über den ausgesetzten Grat bis zur Einschartung westl. der Gamskarlspitze.

● 1533 **Nordwand, westlicher Durchstieg**
L. Gerold, F. Kos, 1925 (Tb. Hallerangerhaus). **V**, 6 Std. Kaum begangen.

Führe: In der Fallinie des Gipfels zieht eine tiefe Schlucht empor, die über ein steiles Schneefeld erreicht wird. Von rechts nach links aufwärts über Schutt zu einem Felsblock; von hier noch 1 SL empor. Sehr schwerer Quergang über Platten zu einem Felsköpfl. Von da setzt ein Riß auf einem Zacken an. Zu diesem hinauf, dann in die Schlucht abseilen, wo dieselbe gangbar wird. Die Schlucht verfolgt man bis zum Ausgang. Von hier erblickt man erst den Gipfelaufbau. Man verläßt die Schlucht nach links, steigt über guten plattigen Fels zu einem Vorbau, dann Querung nach links zu einer Felsrippe. Diese verfolgt man eine Zeit lang und quert nach rechts auf einen Kopf. Von da wieder links aufwärts zu einem rißartigen Kamin, der senkrecht, etwas rechts vom Gipfel bei einer kleinen Scharte endet. Über diesen Riß 40 m hinauf zur Scharte und von da über den Grat zum Gipfel.

● 1534 **Nordwand, östlicher Durchstieg**
V. Weber, R. Fick, 1926 (Mitt. 1927, S. 47). **V—**, 5 Std., s. 11. Aufl. 1978, S. 358 (R 848).

● 1540 **Sunntigerspitze,** 2322 m

Wenig ausgeprägter Kopf im Roßlochkamm westl. der Hallerangerspitzen, fällt mit 400 m hoher Steilwand nach N ab. An der S-Seite verfallene Bergbaue mit Fundmöglichkeiten für verschiedene Mineralien wie Bleiglanz, Pyrit (Schwefelkies) u.a.

● 1541 **Vom Hallerangerhaus**
1½ Std.

Vom Hallerangerhaus zur Hallerangeralm und nordw. über den Almboden empor zum Beginn des weithin sichtbaren ausgeschlagenen Steiges, der durch die Latschenhänge nach links emporführt zum Denkmal für Otto Melzer, der in der Praxmarerkar-N-Wand 1901 verunglückte (mit E. Spötl). Von hier nordw. über freie Hänge auf die Kammhöhe und ostw. über den Kamm zur Sunntigerspitze.

● **1542** **Nordwand**
L. Gerold, F. Kos, 1925 (Tb. Hallerangerhaus). **III,** 4 Std., s. Tb. Hallerangerhaus, bzw. 11. Aufl. 1978, S. 359 (R 852).

● **1545** **Reps,** 2160 m

Runder Kopf im W-Teil des Roßlochkammes. Vermessungszeichen. Schöne Aussicht.

● **1546** **Vom Hallerangerhaus**
Steig, 1½ Std.

Wie in R 1541 auf die Kammhöhe und westw. über eine weitere Kuppe zum höchsten Punkt.

● **1547** **Nordwand**
L. Gerold, J. Mayr, 1925. **IV,** 5—7 Std., s. 11. Aufl. 1978, S. 359 oder Tb. Hallerangerhaus.

● **1550** **Plattenspitze,** 2490 m

Erstersteigung Heinrich Schwaiger mit Th. Widauer, 1887. In der AV-Karte 5/2 auch „Nudeltrog" genannt. Flacher, sich wenig über den Hauptkamm erhebender Gipfel, der mit 800 m hoher Plattenwand gegen den Enger Grund abstürzt, während er nach S einen langen Grat entsendet, der Grubenkar (westl.) und Spritzkar (östl.) trennt. Von der Plattenspitze östl. trägt der Hauptkamm den Namen Vomper Kette, da seine Gipfel nach S ins Vomper Loch abfallen.

● **1551** **Aus dem Grubenkar über den Südgrat**
Weg der Erstersteiger. **II,** 6 Std. vom Halleranger.

Wie in R 1481 über das Überschalljoch zum Lochhüttl und hinauf in die oberste Karmulde des Grubenkares. Hier quert man ostw. und erreicht über eine vom S-Grat der Plattenspitze gegen W vorspringende begrünte Rippe den S-Grat. Über den plattigen Steilgrat empor zum Gipfel, wobei einige Gratzacken östl. umgangen werden.

● **1552 A** **Abstieg durch die Westflanke**
II, ½ Std.

Es ist möglich, durch die steilen Schuttrinnen der W-Flanke sehr rasch wieder gerade ins Grubenkar abzusteigen. Im Aufstieg sehr mühsam.

● **1553** **Aus dem Spritzkar**
II, 4—5 Std. aus dem Vomper Loch. Schwer zu finden.

Vom Jagdhaus „In der Au“ (R 426) im Vomper Loch noch etwa 5 Min. westw. in das Tal, sodann das hier meist trockene Bachbett des Vomper Baches überschreitend zur Einmündung der Spritzkarklamm. Östl. der Klamm über den steilen Hang empor, sodann hoch über der Klamm durch Latschen auf schlechtem Steig taleinwärts. Platten und Rinnen überquerend zum Bach, den man überschreitet, und zu einem großen Felsblock, den man umgeht. So gelangt man in die untere Karterrasse des Spritzkares, aus deren westl. Ecke eine Rinne zum S-Grat der Plattenspitze emporzieht. Über diesen wie in R 1551 zum Gipfel. Im Abstieg schwer zu finden.

● **1554** **Alte Nordwand**
V (stellenweise), IV. 5—8 Std. E. Wandhöhe 800 m. Siehe 11. Aufl. 1978, S. 360 (R 856).

● **1555** **Westgipfel, Nordpfeiler**
M. Rutter, M. Messner, 1983. **VI+** (eine Stelle), VI und leichter. Wandhöhe 750 m, 10 Std. Als W-Gipfel wird der P. 2405 zwischen Plattenspitze und Grubenkarspitze bezeichnet.

Übersicht und Zugang: Die Grubenkarspitze-NO-Wand wird links von einer Riesenschlucht begrenzt. Der Anstieg verläuft links dieser Schlucht über einen markanten Pfeiler, der auf einer Graterhebung (Zacken) rechts des Gipfels auf dem Hauptgrat endet. Der E befindet sich am Ausgang dieser Schlucht bei einem Wasserlauf.
Führe: Vom Enger Grund über kurzen Vorbau empor zum E. Quergang nach links um eine Kante zu H. Über einen Überhang empor und in einer Rechts-Links-Schleife zum Fuß einer markanten Verschneidung. Kurz in dieser empor; 5 m Quergang nach rechts und wieder gerade empor. Links auf einen Pfeilerkopf. Vom höchsten Punkt eine senkrechte Platte hinauf, Rechtstraverse in eine Wandeinbuchtung und über einen Überhang zu Stand (Schlüsselstelle). Einen sperrenden

Die Plattenspitze von Norden. Rechts der direkte Anstieg zum Westgipfel (R 1556), links daneben die Baumann/Rosenhagen-Führe durch die Nordwand. R 1560A kennzeichnet den Verlauf des Nordwand-Abstiegs.

Westgipfel
1556
1560 A
1557
1555

Wandgürtel gerade empor zu H und schräg rechts auf eine Rampe. Diese links aufwärts, um eine Kante und dahinter rechts auf Pfeilerkopf. Man trachte sodann rechts oben die Pfeilerkante zu erreichen. Schräg rechts empor und über einen Riß gerade hinauf auf ein Band, das nach rechts, unter der Kante vorbei, bis in eine Verschneidung verfolgt wird. Durch sie empor und links eines abgespaltenen Turmes hinauf. Über brüchiges Gestein auf diesen und über eine Wandstelle auf eine steile Rampe. Links hinauf in eine riesige Wandgufel. In dieser 1 SL ganz nach links in einen versteckten Kamin; kurz hinauf zu Stand. Über eine Platte rechts heraus und auf die sich hier fortsetzende Rampe. Auf ihr in interessanter Kletterei in eine riesige Grottennische. Schwieriger Quergang nach rechts; dann gerade empor auf einen blockigen Pfeilerkopf. Entweder sehr brüchiger Abstieg nach links um eine Kante und wieder rechts empor, oder etwas schwieriger vom Pfeilerkopf über einen Überhang sofort empor auf einen kurzen Grat. Rechts schwierig eine steile Kante hinauf, Traverse nach rechts und in einer glatten Verschneidung hinauf zu Stand. Gerade hinauf und rechts in eine Rinne. Leichter empor auf einen Grat und zur Pfeilerkante. Links eine Schlucht: Quergang in diese. Einen meist feuchten Kamin empor bis unter Überhang und nach rechts auf eine schmale, äußerst brüchige Rampe. Nun eine Rinne leichter hinauf zu kurzem Grat. Wo dieser an die Wand stößt, Traverse nach links zu H, einen Kamin hinauf auf den Hauptgrat und zum Pfeilergipfel. (Messner)

● 1556 Westgipfel, Direkte Nordwand

F. Baumann, A. Rosenhagen, 1983. **V + / A 0,** meist V und leichter. Wandhöhe 750 m. Kletterlänge 27 SL. Zeit d. Erstbeg. 12 Std. 31 SH, 21 ZH belassen. Etwa ab Wandmitte ist der Fels teilweise brüchig und abwärts geschichtet.

Übersicht: Die N-Wand der Westl. Plattenspitze befindet sich unmittelbar links der Grubenkarspitz-NO-Wand, von dieser durch eine tiefe Schlucht getrennt.
Zugang: E bei Firnfeld in Gipfelfallinie. Die Route überschneidet sich möglicherweise mit R 1555.
Führe: s. Skizze S. 415. (Angaben d. Erstbeg.)

● 1557 Westgipfel, Nordwand

F. Baumann, A. Rosenhagen, 1978 (Alp. 6 / 80). **V +** (1 Stelle), IV (lt. Erstbeg.). Wandhöhe 700 m, Zeit d. Erstbeg. 10 Std. 10 SH, 4 ZH, 1 SU-Schlinge belassen.

Übersicht: s. Abb. S. 413.
Führe: s. Alp. 6 / 80.

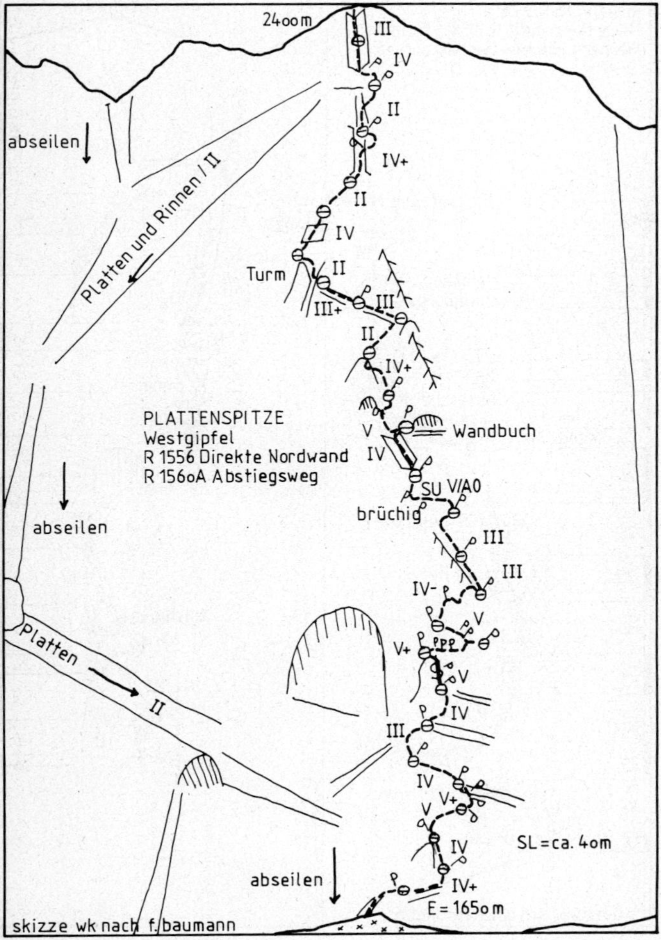
2400m
III
IV
II
IV+
II
IV
Turm
II
III+
III
II
IV+
abseilen
Platten und Rinnen / II
PLATTENSPITZE
Westgipfel
R 1556 Direkte Nordwand
R 1560A Abstiegsweg
V
Wandbuch
IV
SU V/A0
brüchig
III
III
IV-
V
V+
V
IV
III
IV
V+
V
IV
IV+
abseilen
Platten
II
SL = ca. 40m
E = 1650m
skizze wk nach f. baumann

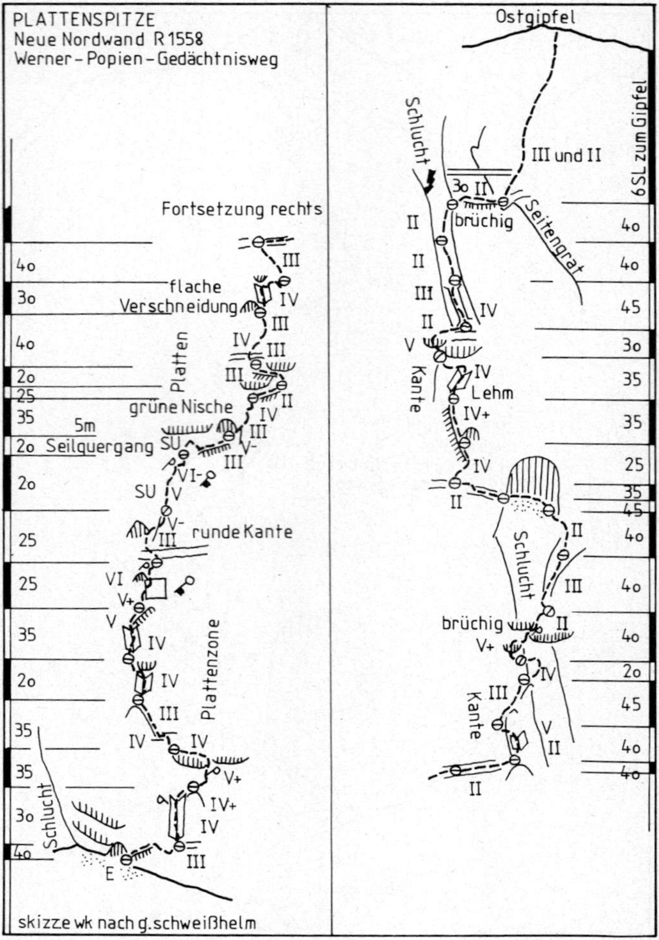
PLATTENSPITZE
Neue Nordwand R1558
Werner-Popien-Gedächtnisweg
Fortsetzung rechts
flache Verschneidung
Platten
grüne Nische
5m
Seilquergang
SU
runde Kante
Plattenzone
Schlucht
E
skizze wk nach g.schweißhelm
Ostgipfel
Schlucht
III und II
6SL zum Gipfel
brüchig
Seitengrat
Kante
Lehm
Schlucht
brüchig
Kante

● 1558 **Nordwand, Werner-Popien-Gedächtnisweg**
J. Ritter, G. Schweißhelm, 1977 (Alp. 2/78 und 4/78, Bgst. 3/78)
VI und VI— (je 1 Stelle), A0 (1 Stelle), V und leichter. Wandhöhe 800 m, Kletterlänge 1300 m. 15 Std. Schöne, großzügige, im unteren Teil sehr feste Freikletterei. Etwa 20 H notwendig. Einige Wh.

Übersicht: Die Route verläuft durch die helle Plattenflucht rechts der Spritzkarspitze und führt auf den höchsten Punkt dieses Plattenschusses. Der Gipfel der Plattenspitze ist die nächste Graterhebung 200 m weiter westlich. Im unteren Wandteil direkt durch die hellgraue Plattenwand, in Wandmitte nach rechts zu einer Schlucht, dann links aufwärts zu einer Rinne, die in Richtung Gipfel verfolgt wird. Der E wird aus dem Enger Grund über eine grasige Rampe erreicht. Er befindet sich in Wandmitte rechts einer markanten feuchten Höhle.

Führe: s. Skizze S. 416.
Beschr. s. 11. Aufl. 1978, S. 522f.

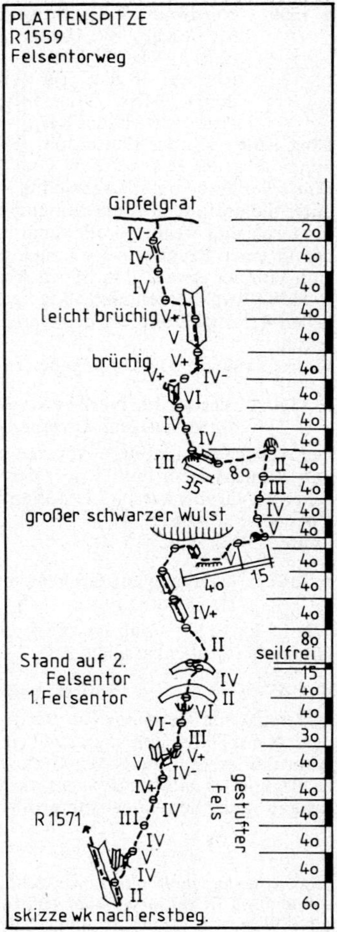

● 1559 **Nordwand, Felsentorweg**
M. Bendig, W. Haser, J. Ritter, 1982 (Bgst. 1/83). **VI** (2 SL), VI— (1 SL), V+, V und III (lt. Erstbeg.). Zeit d. Erstbeg. 18 Std., für Wiederholer 12—14 Std. Wandhöhe 800 m. Meist fester Fels, fast ausschließlich Messerhaken verwendet, kaum KK.

Übersicht: Östl. der Plattenspitz-N-Wand zieht eine große Verschneidung links aufwärts zum W-Grat der Spritzkarspitze (R 1571). Die Führe verläuft vom Verschneidungsbeginn rechts aufwärts (5 SL) bis unter die auffallenden untereinanderliegenden Felsentore. Durch diese hindurch und weiter gerade hinauf bis unter einen schwarzen Wulst, der in einer Rechtsschleife umgangen wird. Dann gerade hinauf bis zum Fuß der etwa 250 m hohen Abschlußwand, etwa 130 m östl. von R 1558 (Biwakhöhle). Nun 80 m nach links und aufwärts zu der großen hellen Verschneidung, die den Durchstieg durch die Abschlußwand vermittelt.

Führe: s. Skizze S. 417 (Angaben d. Erstbeg.)

● 1560 A **Abstieg für Nordwandbegeher**
II (Stellen) und abseilen. Beschr. F. Baumann, 1983. 2–3 Std.

Der Abstieg erfolgt durch Abseilen und Abklettern durch ein Schlucht- und Rinnensystem links (östl.) der W-Gipfel-N-Wand. Auch für Begeher der Grubenkarspitz-NO-Wand interessant.

Übersicht: s. Abb. S. 413.

Führe: s. Skizze S. 415.

● 1561 **Übergang zur Grubenkarspitze**
II, 1½ Std.

Wie in R 1552 A hinab ins obere Grubenkar und wie in R 1481 zum Gipfel der Grubenkarspitze.

● 1565 **Spritzkarspitze,** 2605 m

Erstersteigung Hermann von Barth, 1870. Kühne Gipfelgestalt, stürzt nach N mit 800 m hohen graugelben Wandfluchten ab. Bereits vom Gr. Ahornboden fällt die N-Wand mit dem „Schiefen Riß" ins Auge, der zu Beginn des Jahrhunderts als die bedeutendste Felsfahrt im Karwendel galt; auch heute noch ein großartiger Durchstieg. Über dem hinte-

Die Nordwestwand der Spritzkarspitze mit (von rechs) Nordwestverschneidung (R 1571), Gerader Nordwestwand (R 1572), Alter Nordwestwandführe (R 1573) und Nordkante (R 1574).

1571
1572
1573
1574

ren Enger Grund ragt die NW-Wand auf, durch die ebenfalls eine Reihe von Durchstiegen führt. Der Normalweg von N ist schwierig (II), der Zugang von S leichter, aber sehr mühsam.

● 1566 Von Süden durch das Spritzkar

Weg des Erstersteigers. **II,** 5 Std. vom Vomper Loch, sehr mühsam.

Wie in R 1553 zur unteren Karterrasse des Spritzkares. Von hier über eine weit herabziehende Seitenrippe nordw. empor. Zuletzt wendet man sich gegen W und steigt gerade zum Gipfel empor. Im Abstieg schwer zu finden.

● 1567 Vom Halleranger

II, 7—8 Std. vom Halleranger, lohnender als R 1566.

Wie in R 1551 auf den S-Grat der Plattenspitze und jenseits ohne Schwierigkeiten hinab ins Spritzkar; von der westl. Karmulde über Felsbänder zum Hauptgrat und über diesen ostw. zum Gipfel. Etwas weiter, aber für Geübte viel schöner ist der Übergang von der Plattenspitze über den Verbindungsgrat zur Spritzkarspitze.

● 1568 Von der Lamsenjochhütte durch die Eiskarln

II, 5—6 Std. Großzügige, aber lange Bergfahrt. Absolute Schwindelfreiheit und Trittsicherheit erforderlich.

Von der Hütte in nordwestl. Richtung zum Westl. Lamsenjoch. Nun westw. querend über die Schuttreisen, die von der Lamsen-, Mitter- und Schafkarspitze herabziehen, bis an den Aufschwung des Kaisergrates, der steil und turmgekrönt von der Schafkarspitze nach NW zieht. Knapp rechts vor seinem drittletzten Turm ersteigt man den Kaisergrat von N auf einem Grasband, und jenseits leicht absteigend erreicht man den westl. Terrassenvorbau des Hochglückkares. (Die nördl. Umgehung des Kaisergrates ist langwieriger.) Nun wenig ansteigend westw. gegen den N-Grat der Eiskarlspitze hin, der das Hochglückkar von den Eiskarln trennt. Unter einem klobigen schanzenförmigen Gratturm (P. 2122) über dem steilen Abbruch in den Talgrund führen schmale Grasbänder gegen W. E bei einem Steinmann, bei dem auffallend grünen Gamsanger unter dem senkrechten grauen Abbruch des trennenden Turmes (nicht verwechseln mit den Grasbändern, die 100 m höher gegen den Kopf des Turmes hinausziehen). Von den grünen Böden nun rechts steigend hinaus. Die Begehung ist nicht schwierig, erfordert aber höchste Schwindelfreiheit und Trittsicherheit, da man sich nun ganz knapp über dem 500 m hohen senkrechten Steilabbruch gegen das Kirchlkar befindet. Nach etwa 150 m wendet man sich einmal links, steigt kurze Zeit auf die nächsthöhere Rasenzone an, dann wieder ständig rechts, leicht steigend auf Rasen und über feste Schrofenrippen hinaus gegen die Eiskarln, deren östliche Mulde man über eine grüne Rampe erreicht. Nur wenig ansteigend auf Steigspuren in die Mitte der O-Mulde. (Dort meist mehrere Quellen an der Nahtstelle zwischen Schutt und den darunter zutage tretenden Felsplatten.) Von hier ansteigend gegen den etwas begrünten Felssporn, der die O-Mulde von der W-Mulde trennt. Höher oben bis in den Spätsommer Firnfelder. Man steigt nach rechts auf die Höhe des Sporns an, dann über seinen Rücken südw. empor bis dorthin, wo der Sporn an die vom Hauptgrat abfallenden Schrofenwände stößt. Nun gegen links über plattigen Fels und Schrofen (brüchig, ausgesetzt) zum Hauptgrat, den man westl. der tiefen Scharte zwischen Eiskarl- und Spritzkarspitze erreicht. Westw. über den schuttbedeckten Grat zum Gipfel.

● 1569 Von der Eng durch die Eiskarln
A. v. Krafft, 1896 (Mitt. 1896, S. 122). **II,** 5 Std.

Von den Almhütten der Eng südw. über die Brücke und quer über die Almböden gegen die Talfurche, die von S gegen die Eng herabführt. Am westl. Hang dieser Furche trifft man auf Steigspuren, die immer etwas rechts haltend (unter Vermeidung aller Schrofenabbrüche) emporführen gegen das „Kirchl“, den auffallenden würfelförmigen Felsblock am Vorderrand des Kirchlkares, etwa 100 m westl. der Stelle, an der der unterste Wasserfall des Eiskarlwassers über die Schrofen stürzt. Von der Alm etwa 50 Min. Von hier scharf links und ostw. auf der untersten der grünen Rampen empor bis in die latschendurchsetzte Zone. Hier wendet man sich wieder scharf rechts und kann ohne Schrofenkletterei die unterste Terrasse des Hochglückkares erreichen, die von begrünten Mulden und Kuppen gebildet wird. Nun Richtung auf den Gratturm nehmen, der Hochglückkar und Eiskarln trennt und mit grauer senkrechter Wand gegen O schaut. Als Richtpunkt kann der größte der Felsblöcke dienen, der am westl. Vorderrand des Hochglückkares liegt. Über Rasenrampen und Schrofen dorthin. Von hier gegen rechts ansteigend zum N-Grat der Eiskarlspitze und wie in R 1568 weiter zur Spritzkarspitze.

● 1569 A Abstieg
3½ Std.

Da der N-Grat bei weitem nicht so brüchig ist wie die in R 1568 erwähnten Schrofenwände, empfiehlt es sich, über den Grat bis auf den letzten vom Gipfel sichtbaren waagrechten Teil abzusteigen. Von dort gelangt man auf die in R 1579 A genannte Schutterrasse. 80-m-

Querung nach S, dann durch eine kurze Rinne (II) in die Eiskarln (P. Hübner).
Wenn man aus den Eiskarln oder von der Hochglückscharte kommt, hält man auch zunächst auf diesen größten Block zu. Nunmehr nur ganz leicht fallend in nordöstl. Richtung über den Abbrüchen dahin. (Richtpunkt die gerundete Schaufel des Sonnjochs) und über die begrünten Kuppen und Mulden bis zu den Blöcken eines Felssturzes, die auffallend weiß in den grünen Hängen liegen. In der Fallinie dieser Blöcke abwärts bis in die Latschen. Nicht zu früh nach links Richtung Kirchlblock abbiegen, da man sonst wieder in die Abbruchschrofen der Rampen gerät. (Erst in den Latschen nach links, zuletzt auf Steigspuren hinab zum „Kirchl", 20 m westl. unterhalb des Kirchls trifft man auf die Steigspuren, die zur Eng hinableiten.)

● **1571 Nordwestverschneidung**

F. Baumann, A. Rosenhagen, 1979 (Alp. 6/80). **V** (1 SL), IV. Wandhöhe 800 m. Zeit d. Erstbeg. 10 Std. (nach Vorbereitung von 18 SL). Meist fester Fels, 24 SH, 12 ZH, 2 SU-Schlingen belassen. Mehrere Wh., auch allein beg.

Übersicht: Die NW-Verschneidung befindet sich rechts (westl.) der NW-Wand und endet in einer ausgeprägten Gratscharte westl. des Gipfels.

Führe: s. Abb. S. 419.

● **1572 Gerade Nordwestwand**

H. Peterka, W. End, 1949 (ÖAZ). Gerader Gipfelausstieg Heinrich u. Henriette Klier, S. Mariner, 1962. **IV** (oberer Teil), III im unteren Teil. 4 Std. E. Im mittleren Teil fester Fels. Öfter begangen.

Übersicht: Den Durchstieg bildet im unteren Teil ein Pfeiler, der dort ansetzt, wo auch der alte NW-Wand-Weg (Schrofenrampe) von den Rasenflächen am Fuß der Wand in Felsengelände hinaufführt, etwas rechts der Gipfelfallinie. Hier E. Siehe Abb. S. 419.

Führe: Über Gras und Schrofen die Pfeilerkante empor (II), dann durch einen schräg nach links aufwärts ziehenden Kamin (III). Die nächste Steilstufe umgeht man auf einem Grasband nach links (II). Gerade hinauf zu einem Absatz (Steinmann), dann rechtshaltend auf einen zweiten Absatz (Steinmann, II und III). Über die Pfeilerkante zu einem gelben Wandl hinauf, darunter Rechtsquergang (H) und durch den mittleren von drei dicht nebeneinanderliegenden Rissen hinauf (III +). Dann nach links in eine helle Plattenrinne und durch diese auf einen weiteren Absatz (II, Steinmann). Nach links in eine Rinne hinein und diese hinauf. Wo sie senkrecht wird, auf schmalem Band nach links an die Kante (nicht zu hoch in der Rinne: Verhauerhaken!) und weiter links ansteigend bis unter eine große Wandeinbuchtung (III). Ein weiterer Linksquergang führt in eine gutgriffige, breite Rinne, die anfangs bequem, dann steiler hinaufführt (II, IV). Die Steilheit zwingt bald zum Ausweichen nach links. Nach zwei senkrechten Wandstellen (IV, 3 H) steht man am Beginn des Kamins, der in 2 SL zum Ausstieg knapp rechts des Gipfels führt (IV—). (E. Hofmann)

● **1573** **Alte Nordwestwand**
J. Enzensperger, H. Leberle, 1896 (Mitt. 1897, S. 121). **III**, 4 Std. E. Beschr. s. 11. Aufl. 1978, S. 366 (R 865).

Übersicht: s. R 1572 und Abb. S. 419.

● **1574** **Nordkante**
L. Bauer, G. Gruber, 1924 („Der Berg", 1924, S. 364f.), 1. Winterbeg. G. Maier, H. Niederberger, 12./13.3.1960. **V+**, 10—12 Std. Die Führe dürfte im wesentlichen (bis auf die ersten 2 SL) mit R 1575 übereinstimmen. (Angabe S. Jöchler). Beschr. s. 11. Aufl. 1978, S. 366.

Übersicht: s. Abb. S. 419.
Führe: s. Abb. S. 419 und S. 427.

● **1575** **Nordpfeilerriß**
F. Sint, H. Rott, 1980 (Alp. 1/81). **VI—** (2 Stellen), V—, häufig leichter (lt. Erstbeg.). Wandhöhe (schwieriger Teil) etwa 600 m, Zeit der Erstbeg. 6 Std. Bis auf 2 SL relativ fest. 1 SH, 2 ZH belassen, weitere H und KK nötig, wichtig: 11er Hexentric für Stand nach der 2. SL. **Hinweis:** Die Querung auf dem überaus steilen Grasband nach rechts (2. SL) ist unschön und gefährlich, da keine Zwischensicherung möglich. Von einer Begehung mit Reibungskletterschuhen muß dringend abgeraten werden. (Sint).

Übersicht: s. Abb. S. 427.
Führe: s. Skizze S. 425.

● **1576** **Nordpfeiler**
F. Baumann, A. Rosenhagen, 1981 (Alp. 1/82). **VI—/A0** (1 SL), V+ und V, oft leichter (Bew. d. Erstbeg.). Schwieriger Teil etwa 500 Klettermeter, 9 SH, 13 ZH belassen, außerdem KK verwendet. Zeit der Erstbeg. 8 Std.

Übersicht: Die Route verläuft zwischen N-Pfeiler-Riß und Direkter N-Wand vom höchsten Punkt des grasigen Wandvorbaus direkt zum Gipfel. Siehe Abb. S. 427.

Zugang: Von der Eng links Richtung Lamsenhütte und vor dem Beginn der Steigung rechtshaltend ins Kirchlkar (auffallender, großer Felsblock). Schräg rechts empor zu einer Schulter in Fallinie des Pfeilers und etwa 150 m gerade empor (II) zum großen Grasband. E an der Pfeilerkante bei Riß.
Führe: s. Skizze S. 425. (Angaben d. Erstbeg.).

● 1577 **Direkte Nordwand**
F. Sint, F. Rutzinger, T. Gstötter, 1980 (Alp. 1/81). **VI—** (1 Stelle), V+ und V, häufig leichter (lt. Erstbeg.). Wandhöhe (schwieriger Teil) etwa 600 m, Zeit der Erstbeg. 6½ Std. 1 SH und 2 ZH belassen, einige H und KK nötig. Relativ fester Fels, Schlüssel-SL allerdings „etwas brüchig und nicht ungefährlich" (Sint).
Übersicht: s. Abb. S. 427.
Führe: s. Skizze S. 425. (Angaben d. Erstbeg.)

● 1578 **Nordostwand, Schiefer Riß**
O. Bauriedel, A. Holzer, 1902 (Bergsteiger, 1934/35, I., S. 541 ff.) **V—** (1 SL und einige Stellen), IV (5 SL), sonst III und leichter. Ges. Wandhöhe 900 m, bis P. 2342 600 m. 6—8 Std. zum Gipfel. Einer der großen klassischen Durchstiege des Karwendels. Herrlicher fester Kletterfels. Im oberen Teil sehr ausgesetzt. Die Durchsteigung empfiehlt sich vor allem nach längerer Schönwetterperiode, da die oberen SL und der Ausstiegskamin in nassem Zustand sehr heikel sind. Sehr empfehlenswert. Öfter begangen.

Übersicht: Über der begrünten Mulde des Kirchlkars bauen sich die Plattenmauern der Spritzkar-NO-Wand und der Eiskarlabbrüche auf. Die rechte Begrenzung dieser Wand bildet der N-Pfeiler. Mitten durch die graue Plattenflucht verläuft schräg von rechts unten nach links oben ein Riß, weiter links versperren gelbe Mauern jeden Durchstieg. Das unterste Viertel der Wand wird (vom Hochglückkar bis in die NW-Wand) von einem auffallenden grünen Band durchzogen. Dieses Band gilt es zu erreichen. Sodann vermittelt der Schiefe Riß den Durchstieg zum nördl. Vorgipfel der Spritzkarspitze, P. 2342, von dort über den schrofigen N-Grat auf den Hauptgipfel. Siehe Abb. S. 427.

Zugang: E unmittelbar am Fußpunkt des N-Pfeilers bei der kleinen begrünten Schulter (Latschen). Man erreicht diese am besten vom „Kirchl" (R 1566) über die begrünten Schutthänge an den Wandfuß und etwa 300 m rechts (westw.) hinaus an das begrünte Eck. Dort setzt

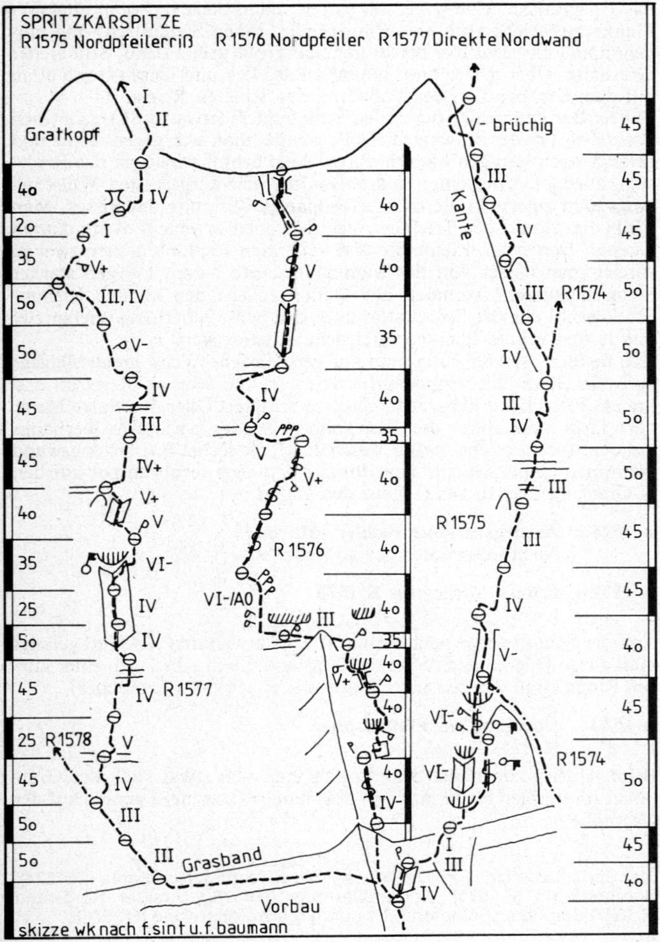
SPRITZKARSPITZE
R 1575 Nordpfeilerriß
R 1576 Nordpfeiler
R 1577 Direkte Nordwand
Gratkopf
Kante
V- brüchig
R 1574
R 1575
R 1576
R 1577
R 1578
VI-/A0
Grasband
Vorbau
skizze wk nach f. sint u. f. baumann

das Felsgratl an. Zuerst gerade empor, dann nach rechts in die NW-Flanke ausweichend in eine Rinnenreihe. Einen Steilaufschwung umgeht man links. Darüber betritt man das große grüne Band. Sehr steiler Grashang. Über diesen links hinauf an das Eck und jenseits etwa 80 m auf dem Grasband an den Fußpunkt des Schiefen Risses.
Führe: Der Durchstieg durch den Schiefen Riß (etwa 15 SL) ergibt sich von selbst (an der schwarzen Höhle wendet man sich gegen rechts und gelangt nach wenigen Metern durch einen Schluf wieder in das Rißsystem zurück). Über einen abdrängenden, sehr ausgesetzten Wulst gelangt man zuletzt in die trichterförmige Erweiterung des Risses. Man bleibt im Grund des Trichters, der sich oben zu einem Stemmkamin verengt. Den ersten Klemmblock ersteigt man von hinten, zum zweiten spreizt man besser von der Kaminaußenseite heran. (Wegen starker Steinschlaggefahr kommen alle Gefährten auf den zweiten Klemmblock nach, ehe der Seilschaftsführer den Schlußüberhang überspreizt und in den Schutt-Trichter unter dem Ausstieg steigt.)
Aus diesem Trichter kann man auf verschiedene Weise heraussteigen; entweder 30 m links empor auf ein Schartl und über ein Reitgratl und um ein Felseck auf die grasdurchsetzte Schulter. Oder nur einige Meter nach links, dann durch die Risse knapp links des brüchigen Überhangs auf den Ausstiegsrand empor. Auch durch die rechte Begrenzungswand kann man emporsteigen. Vom Rißausstieg nach rechts empor auf den N-Grat und über diesen (II) auf den Gipfel.

● **1578a** **Zustiegsvariante Jöchler / Messner**
Nicht lohnend; brüchig. Siehe Abb. S. 427.

● **1579A** **Kurzer Abstieg für R 1578**
I.

Von der Schutterrasse nach dem in R 1578 erwähnten Reitgratl gelangt man durch Queren nach S (etwa 80 m) und durch Abstieg in einer kurzen Rinne (I) in die Eiskarln. Weiter wie R 1569A. (P. Hübner)

● **1580** **Übergang zur Plattenspitze**
II, 1½—2 Std.

Beim Abstieg zur ersten Scharte hält man sich etwas südl. der Grathöhe. Im übrigen bleibt man auf dem langen Grat meist gerade auf der Grathöhe.

Die Spritzkarspitze von Norden mit (von rechts) Nordkante (R 1574), Nordpfeilerriß (R 1575), Nordpfeilerroute (R 1576), Direkter Nordwand (R 1577) und dem „Schiefen Riß“ durch die Nordostwand (R 1578).

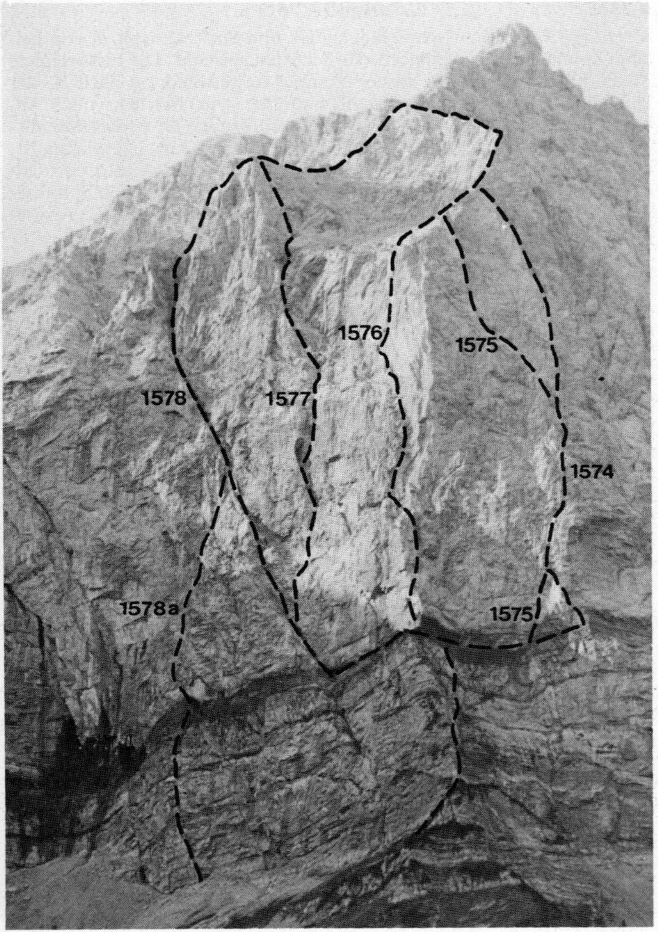
1576
1575
1578
1577
1574
1578a
1575

• 1585 **Eiskarlspitze,** 2613 m

Mächtiger Felsbau zwischen Hochglück und Spritzkarlspitze, von beiden Gipfeln durch tief eingerissene Scharten getrennt. Die Eiskarlspitze ist die höchste Erhebung in der Vomper Kette. Steilgrat nach N, der Hochglückkar und Eiskarln trennt, und über dem eindrucksvollen Abbruch ins Kirchlkar eine klobige, schanzenförmige Graterhebung ausbildet (P. 2122), die als Richtpunkt für die Eiskarl-Anstiege wichtig ist. Der Zweiggrat, der nach S streicht, trennt Spritzkar (westl.) und Ödkarl (östl.) und trägt vor seinem Abfall ins Vomper Loch den Spitzkarkopf, 2374 m, in der Karte als Spitzkarlspitze verzeichnet. Alle Anstiege auf die Eiskarlspitze erfordern einen geübten Bergsteiger.

• 1586 **Von S durch das Ödkarl**

III— (stellenweise). 5 Std. vom Jagdhaus „In der Au". Mühsam, und schwer zu finden.

Zugang: Vom Jagdhaus „In der Au" auf dem rechten Bachufer talauswärts bis zur Wegverzweigung; hier links über den Bach und auf dem Weg ins Zwerchloch (R 426) zur Triefenden Wand empor. Bald darauf in einem Graben links empor durch den Wald auf einen Jägersteig, der bis unter die Abstürze des S-Grates des Spitzkarkopfes führt; man nennt diesen Platz „Im Ödkarl Brennten", siehe AV-Karte 5/2. Nun auf Steigspuren durch Latschen etwa 200 m rechts hinab, dann über Rinnen (teilweise alte Drahtseile) und durch Krummholz aufwärts ins Ödkarl.

Führe: Aus dem höchsten Karboden westw. über Schrofen und Bänder empor auf den S-Grat. Von dessen Höhe zuerst eben, dann am steiler werdenden Grat ausgesetzt nach N, zuletzt über einen Plattenaufschwung und die Gratschneide zum Hauptgrat, den man wenige Min. östl. des Gipfels erreicht.

• 1587 **Vom Lamsenjoch über die Westliche Hochglückscharte**

II (stellenweise). 4—5 Std. Am Grat ausgesetzt und brüchig.

Wie in R 1568 von der Lamsenjochhütte über den Kaisergrat auf die unteren Terrassen des Hochglückkares. Über die Schuttfelder und Karrenböden hinauf in die höchste Karmulde und durch eine meist schneeerfüllte, immer schmäler werdende Rinne zur Westl. Hochglückscharte. Zwischen der Westl. und der Östl. Hochglückscharte ragt ein scharf zugehauener, fast rechteckiger Turm auf. Im Anstieg ist die Westl. Hochglückscharte (der tiefste Einschnitt im Gratverlauf Hochglück—Eiskarlspitze) nicht zu verfehlen. Die fast gleich hohe linke Einschartung (Östl. Hochglückscharte) fällt mit einer steileren und brüchigeren Rinne ins Kar ab. Beide Rinnen sind meist bis in den Spätsommer hinein mit Firn ausgefüllt. Westw. über zwei mächtige Gratköpfe, wobei man meist in der S-Flanke bleibt. Über ein langes Gratstück an den steileren plattigen Gipfelaufbau. Vor dem letzten Aufschwung quert man 5 m in die N-Flanke, und durch eine Rinne auf den Hauptgrat zurück und über dessen schmale Schneide zum Gipfel.

● **1588 A Abstieg in das Hochglückkar**
Ohne Zeit- und Schwierigkeitsangaben.

Beim Abstieg von der Eiskarlspitze ins Hochglückkar darf man sich von den Einschartungen zwischen den Gratköpfen westl. der Westl. Hochglückscharte nicht täuschen lassen. Diese brechen unten unbegehbar ins Hochglückkar ab. Man überklettert die erste Gratzackenreihe, in die sich der Eiskarl-O-Grat in seinem untersten Teil auflöst, unmittelbar, den zweiten geschlossenen Gratkopf umgeht man unschwierig in der S-Flanke, wobei man schließlich unmittelbar in die Westl. Hochglückscharte hineinqueren kann (die Drahtseilsicherungen einer alten Anlage etwa 50 m unterhalb läßt man unberücksichtigt). Man kann aus der Einschartung bereits den ganzen Abstieg durch die Steilrinne bis zum Schnee (etwa 10—20 m) übersehen.

● **1589 Von der Eng über die Westliche Hochglückscharte**
E. Platz, 1894. **II** (stellenweise). 4½ Std.

Wie in R 1569 von der Eng in das Hochglückkar. Nun gerade empor in südl. Richtung auf die oberen Schuttfelder und Karrenböden und wie in R 1587 zum Gipfel.

● **1590 Durch die Eiskarln über den Nordwestgrat**
III, 5 Std.

Zugang: Wie in R 1568 von der Lamsenjochhütte oder wie in R 1569 von der Eng durch die Eiskarln auf den Hauptgrat zwischen Eiskarl- und Spritzkarspitze.
Führe: Nun ostw. über die tiefste Gratscharte zum Steilaufschwung des NW-Grates der Eiskarlspitze. Knapp neben dem Grat durch einen auffallenden, langen Kamin über den Steilaufschwung und auf die Grathöhe. Über den schmalen Grat empor, einen Zacken an der N-Seite umgehend, zum Gipfel.

● **1591 Nordgrat**
O. Ampferer, H. v. Ficker, 1899. **IV** (2 Stellen), sonst II, 6 Std. von der Eng. Wenig lohnend, selten begangen.

Zugang: Wie in R 1568 von der Lamsenjochhütte oder wie in R 1569 von der Eng auf die unteren Terrassen des Hochglückkares.

Führe: Nun aber etwas höher gegen den klobigen Turm (P. 2122) zu, mit dem der N-Grat abbricht. Über plattige Felsen zur Scharte südl. des Turmes. Nun südw. sehr ausgesetzt über die Steilkante empor, bis diese ungangbar wird. Links des Grates durch einen steilen, im oberen Teil plattigen Kamin empor und oberhalb wieder auf den Grat selbst zurück. Von hier bis zum Gipfel weist der Grat nur noch einen Abbruch auf, der östl. umgangen werden kann (allerdings sehr brüchig und unangenehm), aber auch gerade (IV) erkletterbar ist. Man quert in der O-Wand des senkrecht emporschießenden Grates eine Einbuchtung und gelangt zu 2 H. Vom zweiten H aus gerade hinauf zum Grat.

● **1592** **Nordwand aus dem Östlichen Eiskarl**
E. Allwein, E. Scherer, 1924. **IV,** 3 Std., s.ä.A.

● **1593** **Südgrat und Übergang zum Spitzkarkopf**
Siehe hierzu R. 1602.

● **1594** **Übergang zur Spritzkarspitze**
III, 1 Std.

Führe: Über den NW-Grat unter Umgehung eines Zackens an der N-Seite gerade hinab bis vor den Steilabbruch, und durch den langen Kamin in die tiefste Scharte zwischen den beiden Gipfeln. Von hier ohne Schwierigkeiten über den schuttbedeckten Grat zum Gipfel.

● **1600** **Spitzkarkopf,** 2374 m

Spitze Erhebung in dem von der Eiskarlspitze nach S streichenden Grat. „Spitzkarlspitze“ der AV-Karte 5/2.

● **1601** **Über den östl. Südgrat**
E. Clement, 1908. **III,** vom Jagdhaus „In der Au“ 4 Std.

Zugang: Wie in R 1586 auf dem Jagdsteig zum Punkt „Im Ödkarl-Brennten“.
Führe: Von hier aufwärts zu den Felsen des S-Grates, der über mehrere Gratköpfe emporzieht und das Spitzkarl östl. begrenzt. Über einen Gamswechsel aufwärts zu einem Plattenaufschwung, der links umgangen wird. Unter dem zweiten plattigen Aufschwung auf gutem Band links, dann durch Latschen wieder auf den Grat. Über die zerrissene Schneide weiter, einmal nach links ausweichend, bis in die Scharte vor dem letzten Gratkopf, P. 2248. Von hier rechts in die O-Flanke und durch diese, eine seichte Verschneidung benützend, auf den Gipfel.

Hochglück, Eiskarlspitze und Spritzkarspitze von Osten.

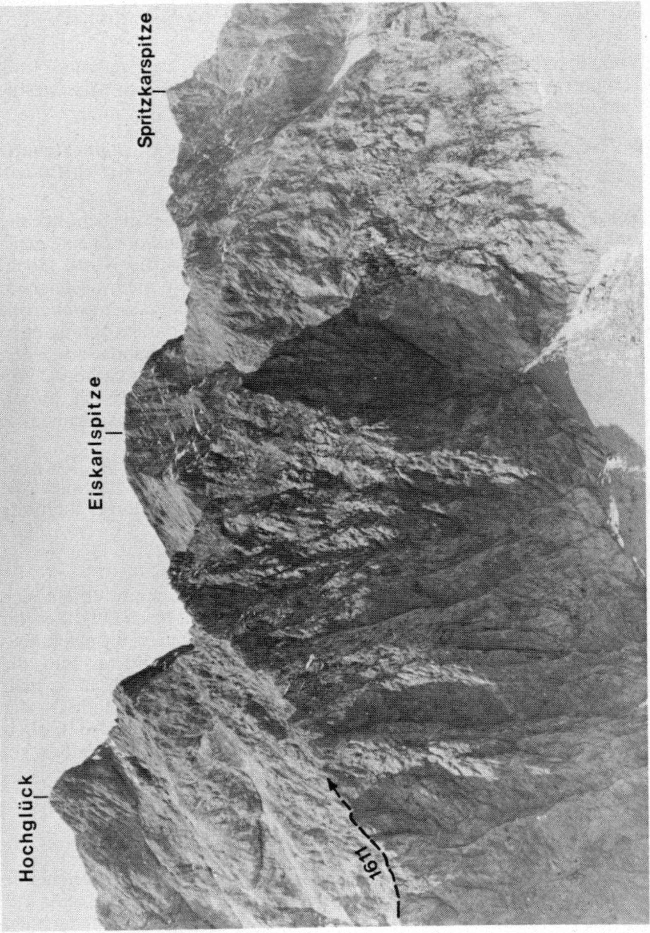
Hochglück
Eiskarlspitze
Spritzkarspitze
1911

● 1602 Übergang zur Eiskarlspitze (S-Grat der Eiskarlspitze)
II, 1—2 Std.

Vom Spitzkarkopf immer auf der Grathöhe unschwierig empor zum Hauptgrat und über dessen schmale Schneide in wenigen Min. westw. zum Gipfel.

● 1603 Übergang von der Eng über die Westliche Hochglückscharte
III (stellenweise), 7 Std., mühsam, und schwer zu finden, nur sehr Geübten anzuraten.

Von der Eng wie in R 1569 in das Hochglückkar. Über die Schuttfelder und Karrenböden hinauf in die höchste Karmulde und durch eine meist schnee-erfüllte, immer schmäler werdende Rinne in die Westl. Hochglückscharte. (Siehe auch R 1587.) Von der Scharte nicht absteigend, sondern auf dem Grat gegen die Eiskarlspitze empor, über zwei große Gratköpfe auf ein langes, fast ebenes Gratstück. Von hier schräg links hinab in das Ödkarl und westw. über Schrofen und Bänder zur Höhe des S-Grates. Von hier über den Grat südw. zum Spitzkarkopf. Von hier kann man auch, etwas absteigend, westw. in das Spritzkar absteigen, aus dem man über den S-Grat der Plattenspitze ins Grubenkar übergehen kann; bester Übergang zum Hallerangerhaus.
Der gerade Abstieg aus dem obersten Ödkarl ins Vomper Loch ist schwer zu finden; man hält sich an der W-Seite des Kares und sucht die Steigspuren anzutreffen. Dann wie in R 1586 in umgekehrter Richtung abwärts ins Vomper Loch.

● 1605 Hochglück, 2572 m

Zwischen der Hochglückscharte und der Schafkarscharte erhebt sich auf langen Graten der schmale Felsbau des Gipfels. Nach N fällt er mit kurzer Steilwand ins Hochglückkar ab, während er nach S einen mächtigen Zweiggrat aussendet, der den Kaiserkopf, 2505 m, und die Huderbankspitze, 2318 m, trägt. Auch von seinem NO-Grat streicht halben Weges zur Schafkarscharte ein langer Grat nach SO, der Schneepfanne (westl.) und Schafkar (östl.) trennt. Von den Einheimischen wird der Berg sowohl „das“ als auch „der“ Hochglück genannt. Überschreitung des gesamten S-Grates s. R 1633.

● 1606 Aus dem Vomper Loch durch das Ödkarl
III, 5—6 Std. vom Jagdhaus „In der Au“, mühsam.

Zugang: Wie in R 1586 in das oberste Ödkarl.
Führe: Aus der NO-Ecke durch die am höchsten hinaufreichende Schuttzunge zu einer Rinne und in dieser kurze Zeit empor. Rechts aus der Rinne heraus und lange Querung zu den zusammenhängenden

Rasenflecken über der untersten Steilwand. Nun über die hohen Schrofenhänge empor zum Hauptgrat westl. des Gipfelaufschwunges und über diesen zum Gipfel.

● **1607** **Von N über die Westliche Hochglückscharte**
II, von der Lamsenjochhütte oder vom Whs. In der Eng 5 Std.

Wie in R 1587 zur Westl. Hochglückscharte, da man die brüchige Steilrinne der O-Scharte besser vermeidet. Den zwischen den beiden Scharten stehenden Turm kann man gerade überklettern (III); leichter, aber langwieriger von der Scharte auf der S-Seite abwärts querend in eine Rinne und durch diese und den anschließenden Kamin abwärts in die gelbe Steilrinne, die von der Östl. Hochglückscharte nach S zieht; durch diese Rinne in die O-Scharte. Von hier durch eine rote Rinne auf die Grathöhe und auf dieser bis an den Gipfelaufschwung. Nun links in die N-Seite und durch eine Schuttrinne auf den Gipfel.

● **1608** **Durch die Schneepfanne über die Südostflanke**
E. Spötl, K. Grissemann, E. Franzelin, 1901. **III+**, 5 Std. vom Jagdhaus „Im Zwerchloch"; s.ä.A.

● **1609** **Durch die Schneepfanne und über den Südgrat**
O. Ampferer, W. Hammer, 1896. **III,** 5 Std. vom Zwerchloch, s.ä.A.

● **1610** **Zugänge zur Schafkarscharte**

● **1610 a** **Von Süden**
I, 4 Std. vom Jagdhaus „Im Zwerchloch".

Vom Jagdhaus „Im Zwerchloch" (R 426) auf dem Jagdsteig nordw. Wo rechter Hand das Lamskar einmündet, folgt man dem nach links ins Schafkar emporführenden Steig. Nach kurzem Anstieg über die „Schafkarstiege" quert man den Steilabfall des Schafkares gegen W und steigt am W-Rand des Kares durch eine plattige Felsrinne empor und erreicht durch Latschen das Kar. Weiter bis in den obersten Teil des Kares und über Schutt und Schrofen auf die wild ausgezackte Scharte.

● **1610 b** **Von der Eng über die Westflanke**
III—, 3—4 Std.

Zugang: Wie in R 1569 von der Eng in das Hochglückkar. In Fallinie der Scharte über die am höchsten hinaufreichende Schneezunge zu E unter einem auffallend Zacken in einen Kamin (Klemmblock).

Führe: Durch diesen hinauf zu einem ausgesetzen Band; einige Meter höher läuft ein weiteres Band schräg empor zu einem weiß gefärbten Felskopf; zu diesem empor und über ihn hinweg in eine steile Rinne, in die man über einen 6 m hohen Abbruch einsteigt. In Grathöhe sodann Quergang zu einer Scharte, von der man über den zerrissenen Grat die tiefste Einschartung der Schafkarscharte erreicht.

● 1610 c Von der Lamsenjochhütte über die Lamsscharte und die Mitterkarlscharte
IV, 2—3 Std.

Zugang: Von der Hütte empor zur Lamsscharte (R 431); jenseits hinab, dann westw. querend in die W-Ecke des Lamskares.
Führe: Von hier durch einen steilen Kamin empor zur Mitterkarlscharte, der tiefsten Einschartung zwischen Mitterspitze und Mitterkarlspitze (südl.). Jenseits über einen etwa 15 m hohen Abbruch schwierig hinab und über einen weiteren Abbruch in eine geröllerfüllte Rinne. Durch die Steilschlucht über mehrere kleine Abbrüche hinab; ehe sie vollends ungangbar abbricht, steigt man ausgesetzt links hinaus in eine kleinere Rinne. Durch diese abwärts bis zu ihrem Abbruch ins Kar und links heraus; sodann über Wandstellen und Bänder zu einem Felssporn hinab, über den man ins Schafkar absteigt. Nun westw. über den Schutt hinüber zur Schafkarscharte.

● 1611 Nordostgrat von der Schafkarscharte
J. Enzensperger, H. Leberle, 1896. **IV**, 2 Std.

Führe: Der NO-Grat fällt mit etwa 70 m hoher, gelber Steilwand in die Schafkarscharte ab. Man erklettert den Abbruch teils gerade an der Kante, teils rechts von dieser. Von hier über den fast ebenen, aber zerrissenen Grat zum Gipfel.

● 1612 Nordflanke
M. Krause mit G. Fütterer, 1895. Keine näheren Angaben.

● 1613 Nordgrat
Knebel, M. Moser, 1910. **IV**, 3—4 Std.

Zugang: Vom Hochglück-W-Grat zieht ein Zweiggrat nach N ins Hochglückkar, der die oberen Karmulden scheidet. Aus der östl. Karmulde steigt man gegen den Beginn des Grates unter einem Steilabbruch bei einer tiefen Höhle an, wobei man den untersten Gratabsatz umgeht. E einige m rechts der Höhle bei einem schwarzen Loch.
Führe: Gleich oberhalb über ein schmales, brüchiges Band 30 m unter großen Überhängen empor (IV). Von seinem Ende 15 m ostw. durch

einen Kamin und 20 m nach links auf gutem Band zu einem Schartl. 25 m schräg rechts, dann links haltend gegen den ersten Gratturm empor. Über den brüchigen Grat zu einer Steilkante und über diese empor zum Vereinigungspunkt mit dem Hauptgrat. Über diesen ostw. zum Gipfel.

● **1614 A Abstieg ins Ödkarl**
Klammer, Nieberl, 1907 (ÖAZ 1908, S. 127). Langwierig und schwer zu finden.

● **1615 Übergang zur Eiskarlspitze**
III, 1—2 Std.

Führe: Zuerst durch eine Schuttrinne auf der N-Seite abwärts, dann auf der Grathöhe selbst bis zum Steilabbruch über der Östl. Hochglückscharte, und durch die rote Rinne seitlich hinab in die Scharte. Den zwischen den zwei Scharten stehenden Turm gerade überklettern (III), oder leichter südl. durch die gelbe Rinne abwärts und durch einen Kamin auf die Westl. Hochglückscharte. Nun wie in R 1587 auf die Eiskarlspitze.

● **1620** **Kaiserkopf,** 2505 m

Erstersteigung Heinrich Schwaiger mit F. Widauer, 1886. Steiler Felsturm im S-Grat der Hochglückspitze, der durchwegs nur schwierig ersteiglich ist. Am besten im Zuge einer Gesamtüberschreitung des ganzen S-Grates des Hochglücks. S. R 1633.

● **1621 Vom Zwerchloch durch die Schneepfanne**
III, 5 Std.

Führe: Vom Jagdhaus „Im Zwerchloch" durch die Schneepfanne auf den S-Grat des Hochglücks in eine Scharte nördl. der tiefsten Einsenkung; dies ist besonders für den Abstieg wichtig. Nun auf den plattigen, zunächst fast ebenen N-Grat des Kaiserkopfes. Der Grat wird immer schmäler; über einige Felsköpfe gelangt man zu einem Steilaufschwung, den man gerade überklettern oder auf der W-Seite umgehen kann. Auf der schmalen Schneide zu einem weiteren Aufschwung; auf gutem Band in die O-Wand hinab, aber bald wieder emporkletternd über eine Wandstelle, dann durch kurze Kamine und über Wandstellen zum Gipfel.

● **1622 Westwand**
IV, 3 Std.

Zugang: Wie in R 1586 ins Ödkarl und durch die Karmulde rechts auf-

wärts zu einem begrünten Felskopf am Fuß der W-Wand. Rechts unter diesem vorbei und über ein steiles Schneefeld zum Beginn zweier Rinnen.
Führe: Durch die rechte Rinne aufwärts, bis sie ganz flach wird, dann rechts empor zu zwei Schichtbändern, die die Wand bis zum Gipfel durchziehen. Über das obere bis knapp vor die Gipfelwand. Nun rechts über eine Wandstelle bis etwa 8 m unter den abschließenden Überhang. Querung nach rechts in einen Kamin, der auf einen Grat leitet, über den man den Gipfel erreicht.

● **1623** **Südostgrat**
O. Herzog u. Gef., 1929 (22. Jb. Bayerland; siehe dort).

● **1624** **Übergang vom Hochglück**
Weg der Erstersteiger; **III,** 1 Std.

Vom Gipfel des Hochglücks über den breiten Grat südw. zur tiefsten Einschartung. Nun wie in R 1621 über den N-Grat zum Gipfel.

● **1630** **Huderbankspitze,** 2318 m

Erstersteigung B. Lergetporer mit L. Lindner, 1880. Kühne Felszinne am S-Eck des Hochglück-S-Grates, hoch über dem Vomper Loch. Die Anstiege auf diesen schön geformten Gipfel sind durchwegs schwierig; die Überschreitung des ganzen S-Grates bis zum Hochglück zählt zu den klassischen Grattouren des Karwendelgebirges.

● **1631** **Aus dem Vomper Loch über die Huderbank**
Weg der Erstersteiger. **II,** 3—4 Std. vom Jagdhaus „Im Zwerchloch".

Vom Jagdhaus „Im Zwerchloch" (R 426) überschreitet man den Zwerchbach und folgt dem Steig (R 426) über die „Katzenleiter". Gleich nach den Stufen auf einem Jagdsteig rechts ab. Diesem folgt man wenige Min., worauf man neuerdings auf einem kaum sichtbaren Steiglein rechts abzweigt. Nun immer südl. der Huderbankklamm in Kehren über den schmalen Rücken empor, zuletzt durch Latschen auf einen freien, aussichtsreichen Eckpunkt (Huderbank, 1940 m). Nordw. auf Steigspuren an den Fuß der Felsen. Durch eine breite, plattige Einbuchtung empor, dann schräg rechts über steile Absätze auf flachere Hänge. Nun links über eine plattige Abdachung, sodann gerade empor durch einen glatten, im unteren Teil gelben Kamin. Über plattige Schrofen gerade, dann nach rechts über einen kleinen Sattel in eine Schuttrinne, die unterhalb steil abbricht. Durch diese Rinne zur Grathöhe und über steile Absätze zum Gipfel.

● 1632 Nordostwand aus der Schneepfanne
O. Herzog, G. Haber, 1929; auf anderem Weg F. Reuter, 1908. **IV**, 8—10 Std. vom „Zwerchloch“; s.ä.A.

● 1633 Gesamter Südgrat vom Vomper Loch über Huderbankspitze und Kaiserkopf bis zum Hochglück
E. Platz, H. Kranzfelder, 1895. **III**, 8—10 Std. Eine der großzügigsten Gratklettereien des Gebirges.

Führe: Wie in R 1631 aus dem Vomper Loch auf die Huderbankspitze. Weiter über den zunächst nordwestw. verlaufenden Grat. Wo er sich nordw. wendet, steigt man an der W-Seite zu grünen Flecken ab und quert nordw. gegen die tiefste Gratsenke. Man steigt aber nicht ganz zu dieser auf, sondern gewinnt durch eine Grasrinne hinter dem mächtigen, folgenden Turm einen schon von weitem sichtbaren grünen Fleck. Über diesen zum S-Grat des Kaiserkopfes. (Hierher kürzer, wenn man gerade zur tiefsten Gratsenke absteigt, und den großen Gratturm westl. umgeht. Schwieriger.) Nun an der O-Seite über einen Plattenschuß abwärts (III). Über steile Schrofen und ein Wandl weiter abwärts bis an die gelben Gipfelwände des Kaiserkopfes. Durch einen steilen Kamin empor in eine breite Plattenrinne, die den ganzen Gipfelaufbau durchzieht. In dieser aufwärts zu einer Scharte neben dem Grat und nach links über eine steile Platte auf den Gipfel. Weiter wie R 1624.

● 1634 A Abstieg
4—6 Std.

Am besten in die Eng oder zur Lamsenjochhütte.

● 1640 Barthspitze, 2461 m

Ersteigung A. v. Krafft, 1895. Lange Zeit unbenannter, dann zu Ehren des Erschließers des Gebirges, Hermann von Barth, so benannter Gipfel. Dunkler Felsgipfel im Grat zwischen Schafkarscharte und Schafkarspitze. Die Ersteigung ist von allen Seiten schwierig.

● 1641 Südwestgrat
E. Spötl, H. Grissemann, 1899. **III**, 1 Std.

Zugang: Wie in R 1610 auf die Schafkarscharte.
Führe: Von hier durch eine Rinne knapp unterhalb des Grates auf die N-Seite empor; später auf die S-Seite des Kammes übertretend und über ein die Platten durchziehendes Grasband zum Gipfel.

● 1642 Südwand
IV, 1—1½ Std. E. Siehe 11. Aufl. 1978, S. 378 (R 898).

● 1643 **Nordwand**
Erstbegehung umstritten. **IV,** von der Lamsenjochhütte 6 Std.

Zugang: Wie in R 1568 von der Lamsenjochhütte über den Kaisergrat in den östlichsten Teil des Hochglückkares nordwestl. unter der Schafkarspitze. (Hierher auch von der Eng, R 1569.) Durch die erste große Schuttrinne westl. des Kaisergrates zu den Felsen empor.
Führe: Am Ende der Rinne auffallender Kamin. Rechts des Kamines über steile Schrofen auf ein breites Schuttfeld, das, immer schmäler werdend, rechts in die Wand emporführt. Über eine brüchige Wand in die Nähe eines riesigen Felsgrabens, der vom Gipfel herabzieht. Über eine senkrechte Wandstelle gerade empor in eine Scharte und jenseits in den Graben hinab und durch diesen und die folgenden Kamine empor. Zuletzt nach links über eine schmale Plattenleiste und durch einen Kamin zum Gipfel.

● 1644 **Übergang zum Hochglück**
IV, 4—5 Std.

Führe: Über ein Grasband durch die plattige S-Seite, dann durch eine mit dem Grat gleichlaufende Rinne an der N-Seite hinab zur Schafkarscharte. Von hier wie in R 1611 auf den Hochglück.

● 1650 **Schafkarspitze,** 2505 m

Erstersteigung Hermann v. Barth, 1870. Markanter Felsgipfel, der mit mächtigem Strebepfeiler von W aufsteigt, mit steiler Wand ins Schafkar abfällt, und nach NW den gezackten Kaisergrat aussendet.

● 1651 **Vom Lamsenjoch über Lamsscharte und Mitterkarlscharte**
III, 3 Std. Etwas verwickelt; lohnender ist der Übergang über die Lamsen- und Mitterspitze.

Zugang: Wie in R 1610 in die Mitterkarlscharte.
Führe: Aus der Scharte nordw. über den Grat gegen die Mitterspitze; in die Schafkarseite (O-Seite) ausweichend, gelangt man nach Querung einer glatten Wandstelle in die Einsenkung zwischen Schafkar- und Mitterspitze. Weiter auf einem breiten Schuttband hoch über dem Schafkar, dann über brüchige Hänge schräg aufwärts stets am S-Abfall des Grates. Auf einer Felsbrücke über einen Einschnitt; dann eine brüchige Runse queren und über eine Steilstufe zum Grat, der unschwierig zum Gipfel leitet.

● 1652 **Aus dem Schafkar**
Weg des Erstersteigers. **III,** 1½ Std. E.

Führe: Aus dem obersten Schafkar (R 1610) in die nordöstl. Karmulde und über steile Felsabsätze auf ein in die Wand eingelagertes Schuttfeld in Fallinie der Einsenkung zwischen Schafkar- und Mitterspitze. Zu dieser Einsenkung zieht ein steiler Einschnitt gerade empor, durch den der Anstieg führt. Man erreicht so die brüchigen Hänge unter dem O-Grat. Wie in R 1651 zum Gipfel.

● **1653** **Aus dem Schafkar durch die Südflanke**
E. Platz, A. v. Krafft, 1895 (Mitt. 1895, S. 210). **III,** 2 Std. E; s. 11. Aufl. 1978, S. 379 (R 903).

● **1654** **Südwestwand**
E. Gretschmann, 1919 (4—9 Jb. Akad. Sekt. München)

● **1655** **Nordwand** zum Nordgrat
O. Ampferer, W. Hammer, 1896. **III,** 3 Std. von der Lamsenjochhütte.

Zugang: Von der Hütte in nordwestl. Richtung zum Westl. Lamsenjoch, dann links aufwärts gegen die Schutthänge unter der N-Wand der Mitterspitze. Über diese zu einer dunklen Schlucht, durch die Schutt- oder Firnzungen hoch in die Felsen hinaufreichen.
Führe: Unterhalb über die festen Felsen der rechten Begrenzung empor und rechts haltend über Platten und Kamine auf den oberen Teil des N-Grates. Über den steilen Grat (Kaisergrat, R 1656) zum Gipfel.

● **1656** **Nordgrat, Kaisergrat**
Knebel, Puchta, 1907. **IV+** (stellenweise), und leichter. 3—4 Std.

Tiefer und schwieriger als R 1655 auf den N-Grat (Kaisergrat) und über diesen mit geringen Abweichungen zum Gipfel.

● **1657** **Nordwestwand**
J. Rinshofer u. Gef., 1920. **III,** 3—4 Std. von der Lamsenjochhütte, s.ä.A.

● **1658** **Übergang zur Barthspitze**
L. Purtscheller, O. P. Maier, 1914. **III,** 1 Std.

Zugang: Über den W-Grat unschwierig hinab bis oberhalb der ersten Einschartung.
Führe: Der folgende Gratturm wird hart an der Kante erstiegen (ausgesetzt). Jenseits in die Scharte hinab; von hier auf schmalem Band an der N-Seite 6 m Querung zu einem Riß, durch den man wieder auf die Grathöhe gelangt. Nun immer gerade am Grat zum Gipfel.

● **1660** **Mitterspitze,** 2496 m

Zerschartete Gratschneide im Verbindungsgrat Schafkarspitze — Lamsenspitze. Von N wenig auffallend; nach S entsendet sie einen langen Grat, der die Mitterkarlspitze trägt und Schafkar (westl.) und Lamskar (östl.) scheidet.

● **1661** **Vom Lamsenjoch über die Mitterkarlscharte**
III, 2½ Std.

Führe: Wie in R 1610c über die Lamsscharte und die Mitterkarlscharte zur Grateinsenkung zwischen Schafkar- und Mitterspitze. Von hier ostw. über den gezackten Grat zum Gipfel.

● **1662** **Über die Lamsenspitze**
II, 2½ Std. Lohnender als R 1661, besonders in Verbindung mit dem Übergang zur Schafkarspitze.

Wie in R 1681 auf die Lamsenspitze. Von hier meist etwas unterhalb des Grates westw. und über den Zackengrat auf den Gipfel der Mitterspitze.

● **1663** **Nordwand**
J. Pruscha, G. Rieder, 1947 (auf anderer Route). **IV,** vom Lamsenjoch 3—4 Std.

Führe: Wie in R 1655 in die Felsen rechts der Schluchtrinne. Nun nicht nach rechts, sondern links empor zur Mitterspitze.

● **1664** **Übergang zur Schafkarspitze**
II, ¾ Std.

Über den gezackten Grat westw. in die tiefste Einsenkung. Südw. absteigend auf das breite Schuttband hoch über dem Schafkar und wie in R 1651 zum Gipfel.

● **1670** **Mitterkarlspitze,** 2418 m

Felskopf im S-Grat der Mitterkarspitze, der nach O mit auffallend plattigen Wänden ins Mitterkar abfällt.

● **1671** **Südgrat**
III, 2—3 Std. von der Lamsenjochhütte.

Zugang: Von der Lamsscharte durch das Kar absteigend erreicht man über die breite Gras- und Schutt-Terrasse unter der O-Wand den Fuß des S-Grates, der mit felsiger Schneide absetzt.
Führe: Direkt am Grat (III) oder die steilen, grasdurchsetzten Schrofenhänge links davon (unschwierig) zum Gipfel.

● 1672 A Abstieg nach Süden
I, ½ Std.

Abstieg über die Schrofenhänge westl. des S-Grates bis auf die Höhe von dessen unterstem Felsaufschwung; hier quert man eben hinüber an den Fuß des S-Grates und ins Mitterkar.

● 1673 Von der Mitterkarlscharte
III, 2½ Std. von der Lamsenjochhütte.

Führe: Wie in R 1260c auf die Mitterkarlscharte und über den N-Grat zum Gipfel. Auch als Übergang zur Mitterspitze.

● 1674 Alte Ostwand
E. Gretschmann, 1919 (4—9 Jb. Akad. Sekt. München). **IV,** 1 Std. E

Führe: Durch die steile Mauer zieht eine in Gipfelfallinie beginnende Steilrampe von rechts unten nach links oben zu einer kleinen Terrasse empor. 40 m auf der Rampe aufwärts; an einem 5 m hohen Zacken Quergang links in eine Schlucht, die sich nach 20 m gabelt. Im rechten Ast über zwei Überhänge bis zu seinem Ende. Nun gerade empor und durch die von links nach rechts emporziehende Kaminreihe zum Grat knapp unterhalb des Gipfels.

● 1675 Neue Ostwand, „Ypsilon"
H. Baumgartner, H. Eller, 1951 (Tb. Lamsenjochhütte). 1. Alleinbeg. J. Santer 1960. **VI—** (10 m), **A 0** (einige Stellen), V+ und V. Kletterlänge 140 m, 3 Std. E. Nötige H vorhanden. Kurze, sehr lohnende Riß- und Plattenkletterei, fester Fels. Öfter begangen.

Übersicht: Durch den senkrechten, teils überhängenden Plattenschuß der Mitterkarlspitz-O-Wand zieht ein auffallender, Y-förmiger Riß. Der Anstieg erfolgt durch seinen linken Ast.
Führe: Über den Vorbau empor bis an den Beginn des Risses (II). **1. SL:** Im Riß bis zu seiner Gabelung (H). Von hier nach links über den Überhang und im Riß weiter zu Stand (40 m, V+). **2. SL:** Über das folgende glatte Wandl 10 m (VI—) empor zu gutem Stand. **3. SL:** 5 m weiter empor (H) und kurze Querung nach links, dann in dem hier ansetzenden Riß über einen Überhang (H) 5 m empor. Weiter im Riß bis zu einem Ringhaken unter einem Überhang. Hier Quergang 2 m nach rechts und im seichten Riß auf ein Köpfl. Vom Köpfl nach links und im Riß kurz empor zu Stand (40 m, V+, A 0, mehrere H). **4. SL:** Weiter im Riß bis zu seinem Ende. Über die grifflose Platte nach rechts auf ein Band (Sicherungsmöglichkeit). Links über die kleingriffige Platte

empor zu einem kleinen, überdachten Riß. Quergang auf der glatten Platte nach links auf ein Band und kurz hinauf zu Standplatz (40 m, V+). Ende der Schwierigkeiten. (Achtung: Zu Beginn des Quergangs nicht bis zum obersten rostigen H anklettern!). Man steigt über grasdurchsetztes, leichtes Gelände rechts haltend zum Gipfel. (W. K.)

● **1676** **Ostwandverschneidung**
K. Wallenta, A. Brettner, 1957 (Tb. Lamsenjochhütte). Ohne Beschr. Vermutlich links von R 1675.

● **1680** **Lamsenspitze,** 2508 m

Erstersteigung M. V. Lipold, 1843. Beherrschender Gipfel über den Lamsenjöchern, der nach O und N mit steilen Wänden abfällt, durch die z. T. anspruchsvolle Kletterwege führen. Der Normalweg über die S-Flanke ist eine der beliebtesten Touren von der Lamsenjochhütte. Schöne Aussicht über Karwendel und Achenseegebiet sowie nach S über das Inntal. Gipfelkreuz und -buch. Siehe Abb. S. 445 und S. 449.

● **1681** **Über die Südflanke**
I (einige Stellen), gesicherter Steig, bez., 2 Std. von der Lamsenjochhütte. Heute üblicher Anstieg. Durch die S-Flanke wurde außerdem eine ganze Reihe von Anstiegen begangen, die nur noch von historischem Interesse sind: Barthkamin (H. v. Barth, s. 11. Aufl. 1978, S. 382), C. Gsaller und Lergetporer, 1878, E. Platz, 1894.

Wie in R 431 zur Lamsscharte, 2270 m. Jenseits kurz hinab (auch diagonaler Abkürzer) zum deutlich ausgetretenen Schuttsteig; er führt unter den S-Wänden nach W zu einer Rinne („Turnerrinne"; durch diese führte früher der Normalanstieg). Über einige Schrofen leicht in die Rinne und den ab hier durchgehenden neuen Drahtseilsicherungen folgend wieder aus ihr heraus auf die die Rinne südl. begleitende Rippe. Die Sicherungen führen auf das Schuttplateau unter dem Gipfel, wo in einer großen Serpentine ein Steig zum Kreuz führt. (H. Schulte)

● **1681 A** **Abstieg über den Normalweg**
I (drahtseilgesichert). Steinschlaggefährdet im unteren Wandgürtel. ½ Std. zur Lamsscharte.

Vom Vorgipfel (geborstener Holzschaft eines alten Kreuzes) an der S-Seite ab- und wieder ansteigend am Grat zum Hauptgipfel (Kreuz und Buch). Vom Hauptgipfel auf bez. Steig kurz westw. queren, dann nach SW auf ein Schnee- bzw. Schotterfeld (Vorsicht, keine Steine lostreten!), von dessen Unterrand ein gesicherter Steig durch den unteren Wandgürtel zum Wandfuß leitet. Nun nach links kurz hinüber zur Lamsscharte. (W. K.)

● 1683 Südostkante

J. Färber, F. Honig, 1907 (12. Jb. Bayerland, S. 63). **IV+**, 1½—2 Std. E. Im oberen Teil sehr brüchig. Selten beg.

Übersicht: s. Abb. S. 445.
Führe: Im untersten Steilabbruch der SO-Kante sind zwei übereinanderliegende Kamine eingerissen. Durch diese je 1 SL empor. Über dem zweiten Kamin durch eine Rißverschneidung auf den Grat und über diesen zum Vorgipfel und weiter zum Hauptgipfel.

● 1684 Ostwand, linker Teil

O. Bauriedl, A. Holzer, 1904. Auf dem jetzt üblichen Weg: Hübel, Dessauer, 1906. Im oberen Teil der stark gegliederten O-Wand wurden im Lauf der Zeit zahlreiche Varianten begangen (vgl. Tb. Lamsenjochhütte I). **III+**, 2 Std. Wandhöhe etwa 350 m. Im oberen Teil brüchig, früher öfter, jetzt nur noch selten beg.

Übersicht: s. Abb. S. 445.
Führe: E im linken Drittel der Wand bei einem kleinen Schneefleck. Plattiger Quergang nach rechts in einen glatten Kamin, der durch eine vorgebaute Felspartie gebildet wird. Durch den Kamin auf ein Band und über dieses nach rechts ansteigend in eine Plattenrinne. Von hier durch die am weitesten links liegende Rinne 20 m empor. Querung rechts in eine begrünte Rinne, und in dieser aufwärts bis in eine Scharte in ihrer rechten Begrenzungsrippe. Nun auf einem Band schräg rechts aufwärts; von ihm über eine steile Felsrippe und durch einen engen Kamin zur Schutterrasse in der Mitte der Wand. Von der Mitte der oberen Begrenzungswand (links von einem gelben Felspfeiler im Winkel, den dieser mit der Wand bildet) bis zum Fuß einer senkrechten Wand empor. Schräg links hinaus über eine Felsrippe und ausgesetzte Querung nach links auf einen kleinen Sandfleck unter der Wandstufe, mit der die vom Vorgipfel herabziehende Schlucht abbricht. Der Abbruch wird links umgangen, dann Querung rechts in die Schlucht und durch diese zum Vorgipfel.

● 1685 Ostwand, Knebel/Puchta-Führe

Knebel, Puchta, 1910 (Tb. Lamsenjochhütte I). **IV+** (3 SL), im oberen Teil III. 3 Std. auf den Vorgipfel. 6 SL bis zum NO-Grat. Anspruchsvolle Kamin- und Rißkletterei, brüchig, kaum H vorhanden. Selten beg.

Übersicht: s. Abb. S. 449.
Führe: s. Skizze S. 447. (W.K.)

● 1686 Ostwand, Schwarzer Riß mit direktem Einstieg (auch „Direkte Ostwand")

K. Rainer, W. Richter, 1934. Der eigentl. Schwarze Riß (vgl. Übersicht) wurde bereits früher, in Verbindung mit dem Knebel / Puchta-Kamin bzw. dem Frankenländerweg, begangen (Tb. Lamsenjochhütte). **A1 / VI—**, 60 m A1 und A0, einige Stellen VI—, 60 m V, sonst leichter. Im unteren Teil techn. Rißkletterei, im Schwarzen Riß anstrengende Kaminkletterei, H ausreichend, Sortiment von KK günstig. Befinden sich Seilschaften an der NO-Kante, ist der Kamin steinschlaggefährdet! Kletterlänge zum Vorgipfel etwa 400 m, schwieriger Teil 180 m. Bis zum Ende der Schwierigkeiten gutes Gestein. An der NO-Kante empfiehlt es sich, seilfrei zu gehen (nur einzelne Stellen II und III—). Direkter E und H-K-Variante werden öfter begangen. 4—5 Std. bis zum Gipfel.

Übersicht: Der rechte Teil der Ostwand zwischen Knebel / Puchta-Kamin und NO-Kante wird von einer grauen, kompakten Plattenwand gebildet, in deren Mitte ein auffallend langer, gerader Kamin, der „Schwarze Riß", eingeschnitten ist. Der direkte E folgt einem feinen Riß, der in drei Absätzen etwas rechts der Fallinie vom Wandfuß zum Beginn des Kamins emporleitet. Siehe Abb. S. 449.
Führe: s. Skizze S. 447. (W.K.)

● 1687 Einstiegsvarianten zum Schwarzen Riß

Übersicht: Die K-H-Variante (R 1687 a) folgt einem Diagonalriß, der von links her den Ansatz des Kamins erreicht. Die Variante Hitthaler / Kaspurz (R 1687 b) umgeht die 1. SL des direkten Einstiegs von links her. Der Parallelriß (R 1687 c) folgt einem Rißsystem etwas rechts des Dir. Einstiegs und quert etwa auf Höhe des Kaminansatzes nach links zu diesem. Außerdem ist es möglich (nicht mehr begangen), aus der Knebel / Puchta-Führe absteigend den Kaminbeginn zu erreichen. Der Kamin endet nach 80 m in einer Schlucht, aus der man nach links auf das Köpfl nach der 3. SL der Knebel / Puchta-Führe gelangt. Siehe Abb. S. 449.

Die Ostwand der Lamsenspitze, linker Teil, mit Südostkante (R 1683) und der Hübel/Dessauer-Führe (R 1684).

1683
1684

● **1687a** **H-K-Variante**
S. Kurz, K. Hofer, 1956 (Tb. Lamsenjochhütte II). **VI—** (eine Stelle), sonst V+. Lohnender als der Direkte Einstieg, 80 m, 1 Std.

E etwa 20 m rechts der Knebel/Puchta-Führe, 5 m senkrecht empor zu auffallendem schrägem Riß. Durch diesen etwa 20 m zu kleinem Überhang (H). Darüber rechts weiter (H) zum zweiten Überhang (H). Über diesen gerade empor zu Schlingenstand, 50 m, SH. Nun links empor (H) zum großen Überhang, der Schlüsselstelle. Im Überhang 2 m nach rechts, dann gerade 20 m durch einen Riß empor, aus diesem nach rechts zum Beginn des Schwarzen Risses. (Beschr. d. Erstbeg.)

● **1687b** **Variante Hitthaler/Kaspurz**
H. Hitthaler, W. Kaspurz, 1960 (Tb. Lamsenjochhütte II). **V+**, 1 SL.

E 20 m rechts der H-K-Variante. 8 m durch einen Riß gerade empor, dann weiter über den überhängenden Wulst (H). Sodann leicht rechts schräg empor, bis der Riß endet (H). Nun Quergang nach rechts, dann leichter etwa 4 m gerade empor zu gut gangbarem Band, welches nach rechts zur Direkten O-Wand leitet (H). (Beschr. d. Erstbeg.)

● **1687c** **Parallelriß**
J. Santer, M. Langer, 1957 (Tb. Lamsenjochhütte II). **VI—**. 3 SL. 1 Std.

E 10 m rechts der Direkten O-Wand (Rainer/Richter). **1. SL:** 10 m schräg über Platten zu einem Band, dort anseilen. Vom Band 3 m absteigen unter eine überhängende Scharte, welche man an einem S-förmigen Riß (H) umgeht. Dann Querung 6 m nach rechts zu 5 m hohem kaminähnlichem Riß. Gerade empor zu Stand, SH, 40 m. **2. SL:** Nun über Platten (H) gerade hinauf, dann Quergang 3 m (H) nach rechts, dann gerade empor zu überhängender Rißverschneidung (Schlüsselstelle). Gerade empor zu gutem Stand. **3. SL:** 40 m Querung nach links zum Schwarzen Riß. (Beschr. d. Erstbeg.)

● **1688** **Nordostkante**
A. Deye, K. Friedl, 1912. **IV** (am E), sonst III und leichter. Kantenhöhe 300 m. 2—2½ Std. E. Schlechte Standplätze. Kletterer an der Kante gefährden solche in der O-Wand! Mäßig lohnend, jedoch häufig begangen, da im Gebiet der Lamsenhütte die Auswahl an mittelschweren Klettereien gering ist.

Übersicht: s. Abb. S. 449 und S. 452.

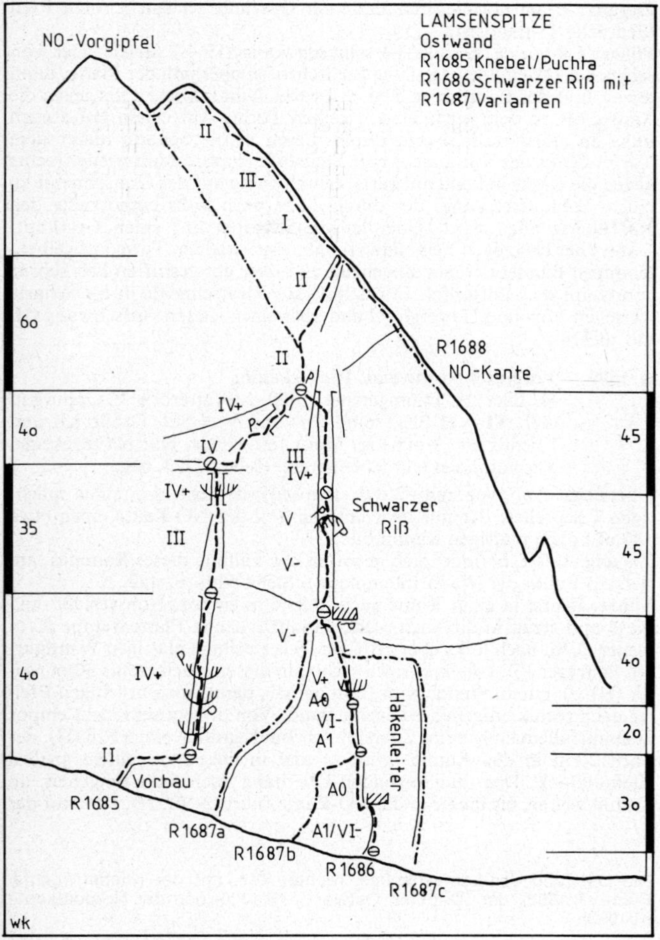

LAMSENSPITZE
Ostwand
R1685 Knebel/Puchta
R1686 Schwarzer Riß mit
R1687 Varianten
NO-Vorgipfel
R1688
NO-Kante
Schwarzer
Riß
Hakenleiter
Vorbau
R1685
R1687a
R1687b
R1686
R1687c
6o
4o
35
4o
45
45
4o
2o
3o
wk

Zugang: E am nördlichsten Ende der O-Wand bei einem roten Pfeil (deutliche Trittspuren).
Führe: Über eine Wandstelle sehr schwierig (IV+) gerade oder von rechts her (IV) in die begrünten Steilschrofen oberhalb der Platte, dann etwas links der Kante etwa 3 SL aufwärts. Nun schräg rechts gegen die Kante, bis zu dem auffallenden gelben Turm. Auf einem Band nach links zu einem Kamin und durch diesen in die Scharte hinter dem Turm. Links der Kante über eine Steilstufe empor, dann wieder rechts gegen die Kante haltend aufwärts. Unschwierig auf der Gratschneide zu einem Steilaufschwung, der durch einen nach links emporziehenden Riß überwunden wird. Über leichte Schrofen auf einen Gratkopf. Dann über brüchigen Fels südw. hinab, einen kleinen Turm auf gelben, lehmigen Bändern rechts umgehend und über gut gestuften Fels schräg rechts auf den Vorgipfel. Etwas links der Gratschneide in die Scharte zwischen Vor- und Hauptgipfel und über einen letzten Aufschwung (II) auf diesen.

● **1689** **Vorgipfel-Nordwand, Pfeilerkamin**
H. Eller, H. Baumgartner, 1950, 1. Winterbeg. F. Oppurg u. Gef. **VI—** (1 SL), sonst V+ und V, 4 Std. Große KK und Friends Nr. 3 günstig. Meist fester Fels. Nur bei trockenen Verhältnissen empfehlenswert. Gelegentlich beg.

Übersicht: Am Weg zum Westl. Lamsenjoch sieht man einen mächtigen Felspfeiler, der mit dem unteren Teil der NO-Kante einen etwa 140 m hohen plattigen Kamin bildet.
Zugang: Der E befindet sich genau in der Fallinie dieses Kamines, am tiefsten Punkt der Wand (Steinmann). Siehe Abb. S. 452.
Führe: Zuerst in einer Rinne nach links 6 m empor. Nun verläßt man diese und steigt in die nach rechts hinaufziehende Plattenrampe 30 m weiter. 1 SL nach links über griffigen Fels zu einem plattigen Wandgürtel. Schräger Riß von links nach rechts; in diesem nach rechts 30 m weiter (H), zu gutem Stand. Nun 10 m empor, dann einen brüchigen Pfeiler nach rechts umgehen zu einem Band. Von diesem senkrecht empor zum auffallenden Kamin. Zuerst links vom Kamin in einen Riß (H), der nach 20 m in den Kamin mündet, und in diesem zu einem großen Klemmblock. Den nun folgenden Überhang nach links umgehen, im Kamin weiter, bis dieser in die NO-Kante führt (3 SL, H). Nun auf der

Die Ostwand der Lamsenspitze, rechter Teil, mit der Knebel/Puchta-Führe (R 1685), der „Direkten Ostwand" (R 1686) und der Nordostkante (R 1688).

1688
1685
1686
a
b
c

Kante 2 SL zu gelbem Turm. Weiter auf R 1688, s. Skizze S. 450.

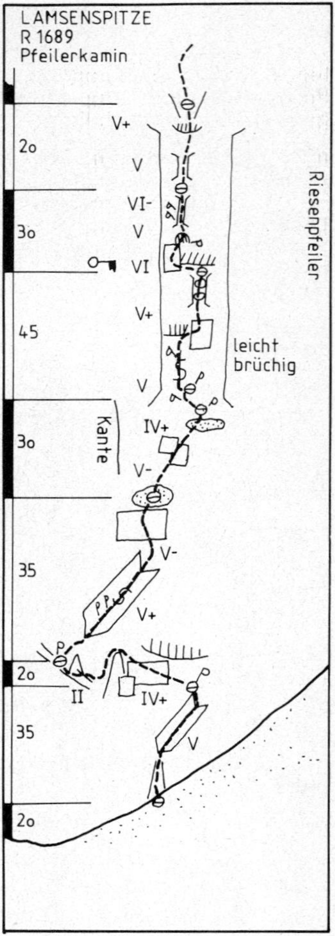

● **1689a** **Einstiegsvariante** Siehe Abb. S. 452.

● **1690** **Vorgipfel-Nordwand, Pfeilerroute**
A. Nitzlader, A. Maurer, 1965 (Tb. Lamsenjochhütte II); 1. Winterbeg. F. Oppurg, B. Hollaus, 1973. **VI—/A2,** V+, A1, z.T. techn. Kletterei unter Verwendung von HK und BH. Wandhöhe zum Vorgipfel etwa 300 m. Einige Wh. Die Route hängt fast durchwegs über, jed. guter Fels. Spezial-H und HK nötig.

Übersicht: s. Abb. S. 452.
Zugang: Beim Aufstieg zum Lamsenkar verläßt man etwa 200 m vor Erreichen der Lamsen-O-Wand-Felsen den Steig in nördl. Richtung (roter Pfeil). Auf einem schwach ausgeprägten Steig erreicht man das von der Vorgipfel-N-Wand herabziehende Kar. Ungefähr in der Mitte der Wand ragt ein plattiger gelber Pfeiler auf.
Führe: Der E ist durch einen

roten Punkt bez. Durch feinen Riß an der rechten Begrenzungskante des Pfeilers etwa 100 m empor (HK), bis man auf eine Rampe nach links queren kann (guter Stand). Weiter einige m nach links (Kriechband). Von hier gerade empor (BH). Nach etwa 30 m Schlingenstand. Von hier an der linken Begrenzungskante des Pfeilers gerade zum Vorgipfel empor. (Beschr. d. Erstbeg.)

● 1691 Gerade Nordwand zum Vorgipfel
R. Lanznaster, T. Braun, 1947 (Tb. Lamsenjochhütte I). **V +**, ernste Freikletterei, stellenweise brüchig. 5 Std. E.

Übersicht: s. Abb. S. 452.
Zugang: : E links der großen Überhänge etwa 30 m rechts eines gelben Pfeilers.
Führe: Über gutgestuften Fels in eine Verschneidung; 15 m empor, sodann Kriechquergang (VI + , H) zu einer Rippe; diese empor zu einem Kamin links einer Kulisse. Über Wandstellen rechts haltend zu einem Riß (H), diesen 20 m empor unter schwarze Platten, 10 m nach rechts, 10 m über einen überhängenden Pfeiler. Sodann rechtshaltend 40 m zu einem auffallenden Kamin (H), diesen 3 SL mehrfach überhängend aufwärts; bei der Gabelung benützt man den linken Ast (H), der auf einen brüchigen Pfeiler leitet. Linkshaltend 15 m, dann 4 m links hinunter und über einen Überhang zur letzten NO-Grat-Scharte, und über diese zum Gipfel.

● 1692 Hauptgipfel, Nordwand
E. Diehl, H. Leberle, 1896. **IV**, 3 Std.

Übersicht: s. Abb. S. 452.
Zugang: Vom Weg zum Westl. Lamsenjoch bei der Quelle links ab und über den Grashang zum Wandfuß. E etwa 100 m links eines vorspringenden begrünten Felskopfes, wo der Schutt am weitesten in die Wand hinaufreicht.
Führe: Über ein Band schräg rechts empor zu einem kleinen Geröllfleck. Von hier 20 m waagrecht nach rechts, dann durch einen Riß links aufwärts und über ein breites Plattenband nach links zu einem Felsköpfl. Etwas absteigend nach links zu einer Steilrinne und in ihr 20 m empor. Sodann an ihrer rechten Begrenzung 40 m über Platten aufwärts und wieder nach links in die Rinne zurück. Von ihrem Ende brüchiger Quergang nach links in einen Kamin, der zum Gipfel leitet.

● 1693 Nordwand, Schluchtweg
O. Schmidhuber, S. Koller. **V** (1 SL), IV. 3—4 Std.

Übersicht: s. Abb. S. 452.

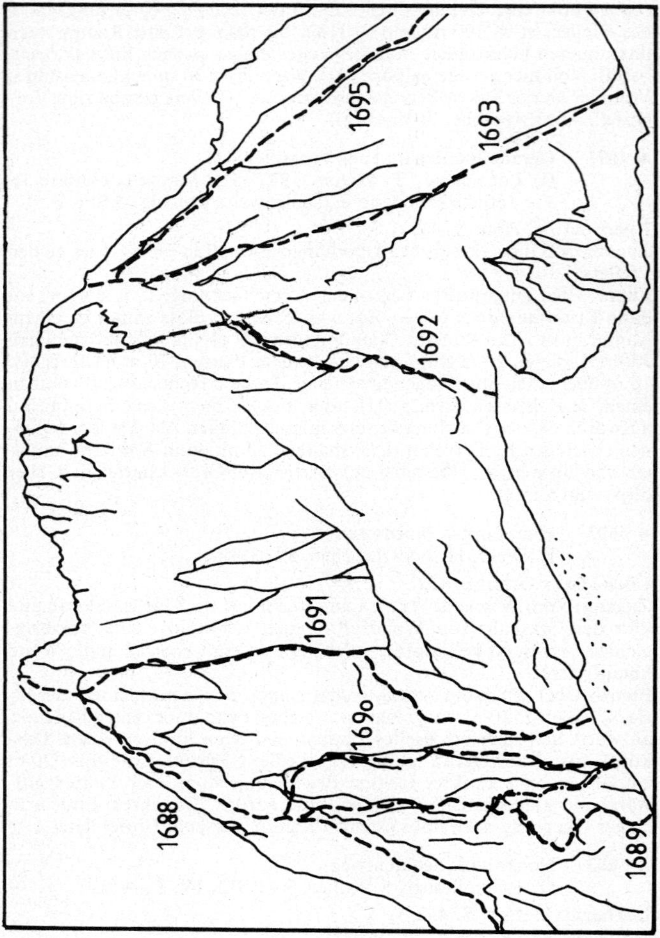
1695
1693
1692
1691
1690
1688
1689

Zugang: E an der Schlucht unmittelbar in Gipfelfallinie.
Führe: Durch diese Schlucht empor. Der Mittelteil oft schneegefüllt. Vom Ende der Schlucht nach links empor zu einem brüchigen Überhang (V), und über diesen gerade hinweg und unmittelbar zum Gipfel.

● 1694 Nordwand, Weithasführe
H. und B. Weithas, 1919. Ohne Schwierigkeitsangabe. 3—4 Std., brüchig; s. 11. Aufl. 1978, S. 388.

● 1695 Nordwestwand
H. Delago u. Gef., 1909, im Abstieg. **IV** (stellenweise), III, 4 Std., s. 11. Aufl. 1978, S. 390. Siehe Abb. S. 452.

● 1696 Übergang zur Mitterspitze
I, ½ Std.

Meist etwas südl. der Grathöhe hinab zur Einsenkung zwischen den beiden Gipfeln und jenseits ebenso auf die Mitterspitze empor.

● 1700 Lamsenhüttenturm, 2216 m

Ersteersteigung Joh. Hotter, 1906. Spitze Erhebung im Felsgrat zwischen Lamsscharte und Lamstunnel, die mit gelben Steilwänden nach NO abstürzt. Durch sie führt eine Reihe teils sehr schwieriger Klettereien. Kleines Gipfelkreuz, Gipfelbuch (Gedenken an den 1981 tödlich verunglückten Franz Oppurg).

● 1701 Von Südwesten
III, von der Lamsenjochhütte 1½ Std. Meist im Abstieg begangen.

Führe: Durch den Lamstunnel (R 1741) auf die S-Seite des Hüttenturmes und über die Schrofen der SW-Flanke zum Gipfel.

● 1702 A Abstieg
Abseilstelle 20 m und **II.**

Vom Gipfel abseilen 20 m nach SW, dann Querung der blockigen Scharte zum scharfen, nach NW ziehenden Grat. Man quert seine SW-Seite etwa 50 m nach NW, bis man leicht zum Steig, der Lamsentunnel und Lamsscharte verbindet, absteigen kann.

● 1704 Alte Nordwand
T. Baumgartner, P. Molzer, 1930. **V+**, 3—4 Std. Kaum noch begangen.

Die Nordwandführen an der Lamsenspitze. Übersicht.

Übersicht: s. Abb. S. 455.
Zugang: Auf dem Lamstunnelsteig (R 1255), bis er scharf nach links unter den Wänden abbiegt. E bei einem Schneekegel etwas rechts der Gipfelfallinie.
Führe: Durch eine seichte Rinne etwas nach links, dann rechts über einen Überhang (V+) zu festem Fels. Gerade hinauf über Wandstellen bis zu einem gelben, die Wand quer durchziehenden Überhang. Über ein breites Band nach rechts, leicht abwärts um einen Vorsprung herum zu einem schwarzen, von unten gut sichtbaren Kamin; durch ihn 60 m empor und auf ein begrüntes Köpfl. Nun über ein schmales, unterbrochenes Band aufwärts nach rechts zu einer dunklen, moosigen Höhle. Senkrecht hinauf (V+) durch den Kamin zu einem Klemmblock und durch einen engen Schluf auf den Gipfelgrat. Über diesen erreicht man ausgesetzt den Gipfel.

● 1705 Gerade Nordwand

H. Buhl, L. Vigl, 1947 (Tb. Lamsenjochhütte I). **A1/VI—,** 20 m A1, 1 Stelle A0, einige Stellen VI—, sonst V+ und V. Wandhöhe etwa 200 m, 3—4 Std. E. Abwechslungsreiche Riß- und Wandkletterei, eine der lohnendsten im Bereich des Lamsenjochs. Alle nötigen H vorhanden. Teilweise brüchig. Häufig begangen. 1. freie Begehung Michael Larcher, 1982.

Übersicht: s. Abb. S. 455 und 458.
Führe: s. Skizze S. 457.

● 1706 Nordostkante, Gelbe Kante

H. Buhl, R. Schiendl, 1947 (Tb. Lamsenjochhütte I). **A2/VI.** Kantenhöhe 200 m. 4—5 Std. E. Vorwiegend technische Kletterei, H z. T. schlecht, nur noch wenig begangen.

Übersicht: s. Abb. S. 455 und 458.
Zugang: E gerade unter dem gelben Abbruch, etwa 20 m links des N-Wand-Einstieges.
Führe: 40 m in einer Verschneidung empor, über den abschließenden Überhang in flacheres Gelände. Nach 30 m zu einer gelben, brüchigen Wandstelle. (Oder noch 30 m weiter links einsteigen und durch die große Rinne und das anschließende leichtere Gelände hierher). Über diese durch einen versteckten Riß 20 m hinauf, bis sich der Fels steil aufbaut.

Der Lamsenhüttenturm von Nordosten mit der Alten Nordwandführe (R 1704), der Geraden Nordwandführe (R 1705) und der Nordostkante (R 1706).

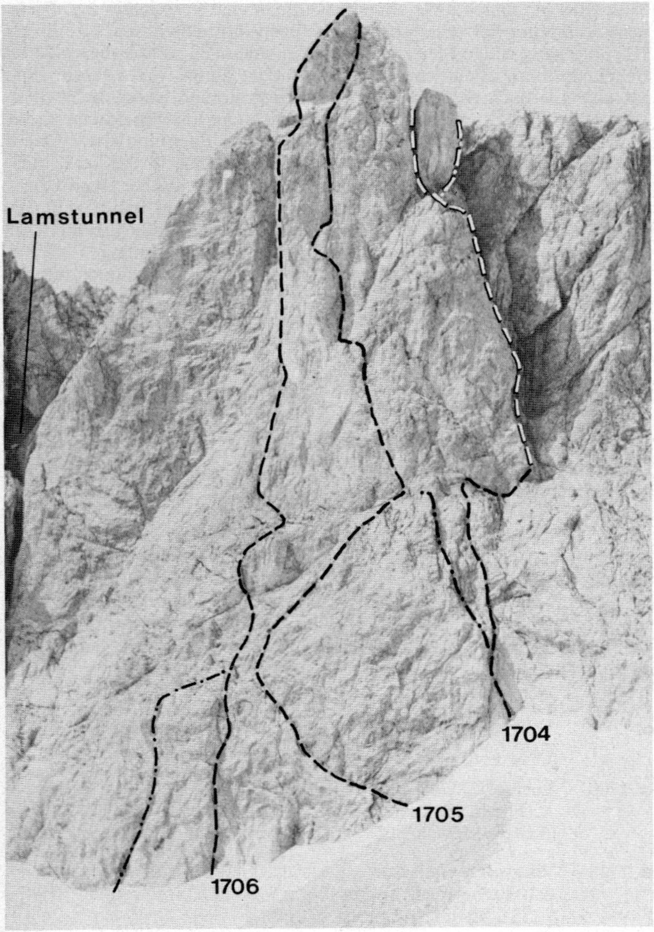
Lamstunnel
1704
1705
1706

10 m Quergang nach links um eine Kante in eine Verschneidung. Diese zieht 50 m zum tiefsten Punkt des gelben Abbruchs hinauf. In ihr zu SH, Quergang einige Meter nach links in einen Riß, durch diesen 20 m mehrfach überhängend empor zu Stand (H). Einige Meter gerade hinauf auf eine nach rechts aufwärts ziehende Rampe (roter, bemooster Fels). Über die Rampe in eine überhängende Verschneidung, diese 10 m hinauf (H), kurzer Quergang nach rechts über eine glatte Platte zu Standplatz im weißen Fleck. Nun wieder zurück in die Verschneidung, 10 m hinauf zu einem angelehnten Türmchen. Über einen Überhang nach rechts in den von unten deutlich sichtbaren feinen Riß, der die graue Platte unterhalb der Kante durchzieht. In ihm luftig empor zu einer abgesprengten Platte und auf ihren Kopf (Standschlingen). Diese Platte ist 1983 samt Standplatz abgebrochen. Heikler Seilquergang zu Stand hinter der Kante, schwerste Stelle (Mitt. F. Baumann). Nun rechts der Platte über eine glatte Wandstelle hinauf zur Kante (H) und an dieser über mehrere Überhänge nach 40 m zum Gipfel.

● 1707 Nordostwand

R. Rossi, P. Ehlers, O. Schmidhuber, 1927. Auf anderem Weg E. Kühlemann, H. Schäffler, R. Steiner, 1924. **VI** (stellenweise), V, 4 Std. Kaum Wh.

Übersicht: Die NO-Wand befindet sich zwischen der Gelben Kante und dem Lamstunnel. Siehe Abb. S. 458.
Zugang: E bei einem Schneefleck in Gipfelfallinie.
Führe: Durch einen Riß 30 m empor, dann über steile Felsen gerade empor unter eine gelbe Wand. Auf einem Band quert man nach rechts und um eine Kante in einen Kamin. Durch diesen 60 m hinauf auf ein Felsköpfl (schon von unten gut sichtbar). Dann rechts aufwärts zu einem tief eingerissenen, schluchtartigen Kamin. Durch ihn (zwei Klemmblöcke) auf eine Scharte unter dem Gipfelblock und dann gerade über die Kante zum Gipfel.

● 1708 Von Osten

J. Kruckenhauser, 1914. **V—**, 3 Std. Kaum noch begangen. Siehe 11. Aufl. 1978, S. 390 und Abb. S. 458.

● 1709 Vorgipfel, Ostkante

A. Fluch, L. Brankowsky, 1947 (ÖAZ 1948, S. 170 f.) **V—** (1 Stelle), IV, 4 Std.

● 1710 Vorgipfel, Ostflanke

A. Fluch, L. Brankowsky, 1946 („Gebirgsfreund“, 1947, S. 13). Nähere Angaben s. dort.

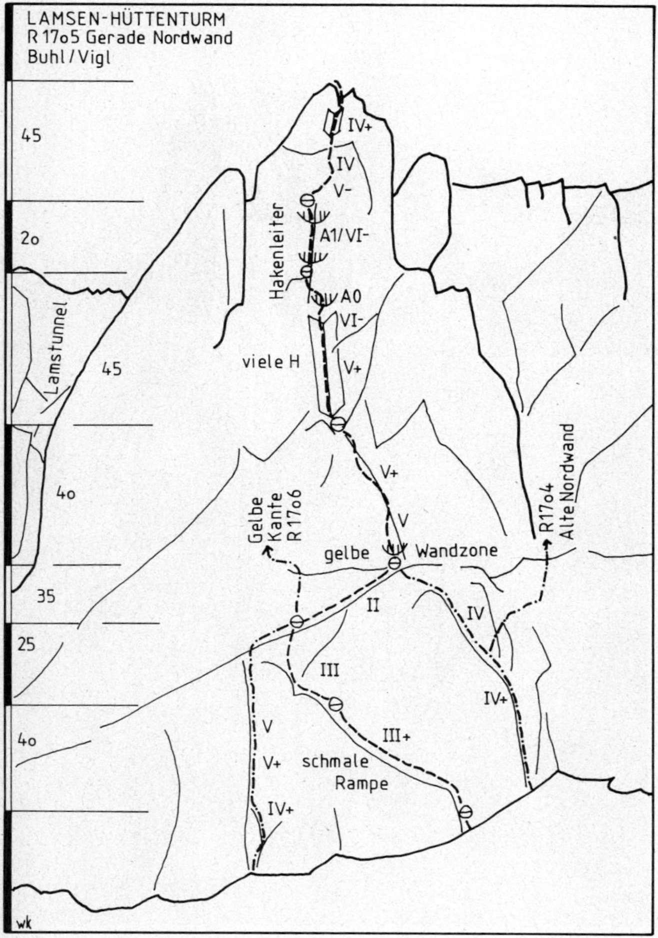
LAMSEN-HÜTTENTURM
R 17o5 Gerade Nordwand
Buhl / Vigl
45
2o
45
4o
35
25
4o
Lamstunnel
IV+
IV
V-
Hakenleiter
A1/VI-
A0
VI-
viele H
V+
V+
V
Gelbe Kante R 17o6
gelbe Wandzone
R 17o4 Alte Nordwand
II
IV
III
IV+
III+
V
V+
schmale Rampe
IV+
wk

Lamstunnel
1741
1708
1707
1706
1705

● 1715 **Rotwandlspitze,** 2321 m

Zweigipfliger Gratkopf in dem vom Lamstunnel nach SO zum Hochnißl ziehenden Kamm, der mit rotgelber Steilwand nach NO abstürzt. Durch diese führen einige interessante Anstiege. Zur Übersicht s. Abb. S. 461 und 463.

● 1716 **Von Südosten**
I, 1½ Std. von der Lamsenjochhütte.

Wie in R 305 zur Lamsscharte und auf dem Steig zum Hochnißl bis auf den Gipfel (O-Gipfel). Oder über den Lamstunnelsteig (R 1741).

● 1717 A **Abstieg vom Westgipfel** (für R 1719—1721)
I, 20 Min. zum Steig.

Vom W-Gipfel steigt man über Schrofen und steile Grashänge ohne besondere Schwierigkeiten zum obengenannten Steig ab.

● 1718 **Alte Nordwand**
A. Seyfried, 1878. **III,** 2 Std. Siehe 11. Aufl. 1978, S. 395.

● 1719 **Westgipfel-Nordwand, „Rechte Baumgartner"**
H. Baumgartner, L. Brankowsky, 1946 (Tb. Lamsenjochhütte). **A1/VI—** (eine Passage), V und V—. Kletterlänge 320 m. 4—5 Std. Etwas verwickelte Linienführung, teilweise brüchig. Gelegentlich begangen. Nötige H stecken, in der Schlüssel-SL ist Vorsicht geboten.

Übersicht: s. Abb. S. 461.
Zugang: E etwa 70 m links (südl.) des Lamstunnelsteigs am tiefsten Punkt der Wand.
Führe: 1. SL: Rechts einer Rißverschneidung über Platten hinauf zu markantem dunklem Block und auf Felsschuppe (IV, 40 m). **2. SL:** Etwas links durch einen Riß (V, 3 H) und leichter weiter gerade empor (40 m). **3. SL:** Noch 30 m (III) über gestuftes Gelände zu Stand unter den gelben Überhängen, die die Schlüssel-SL markieren. (Rostbrauner Fleck, der schon von der Hütte aus sichtbar ist.) **4. SL:** 8 m gerade im Riß empor (einige H), dann heikler Quergang nach rechts um ein Eck bis unter überhängendes Wandl. Hier an den H empor und zu Stand (A1/VI—, 20 m). **5. SL:** Nun einer Rampe folgend nach schräg rechts empor (35 m, IV—). **6. SL:** Kurz in einem Riß linker Hand empor

Der Lamsenhüttenturm von Südosten mit (von rechts) Gerader Nordwandführe (R 1705), Nordostkante (R 1706) und Nordostwandführe (R 1707).

(1 H, V—), Querung nach links, kurz absteigen und immer weiter dem teils abschüssigen, brüchigen Band folgend nach links queren (45 m, IV und III). **7. SL:** Weiter der Rampe folgend queren, an einem Riß vorbei zu Stand auf Felsschuppe (30 m, IV). **8. SL:** Durch einen Riß mit kleinem Dachüberhang (V—, 1 H) und über die Steilrampe rechtshaltend empor (40 m, IV und III). **9. SL:** Gerade empor. Leichter werdend in die kleine Scharte westl. des Westgipfels (40 m, III). (W.K.)

● **1720** **Westgipfel-Nordostwand, „Rieserdachl"**
M. Langer, K. Hofer, 1959 (Tb. Lamsenjochhütte II). **VI+** (5. und 6. SL), VI— (4. SL), lt. Erstbeg., die 10 HK und einige 30—40 cm lange H verwendeten. Wandhöhe etwa 200 m. Technische Passagen brüchig, riskant. Bis 1982 10 Wh.

Führe: E in Fallinie des Gipfels (Eisenhaken). Von da etwas rechts zu einer Felsrippe, Stand. Nun 40 m gerade empor (2 H) zu Schotterband; Querung nach links (H) bis zu griffarmer Platte, diese empor bis unter das Dach (SH). Quergang nach rechts zu gelbem überhängendem Riß. Diesen empor (2 HK). Dann über das kleine Dach (HK) zu einer Verschneidung, die von einem Dach abgeschlossen wird (HK). Über dieses Dach empor. Nach 6 m Schlingenstand. Dann verfolgt man den schräg links ziehenden Riß bis zu einer Rampe (Stand, H). Von dort etwa 30 m empor (sehr brüchig, 2 H) zu Stand. Von hier verfolgt man die rechte Baumgartner / Brankowsky-Führe (R 1719) zum Gipfel. (Beschr. d. Erstbeg.)

● **1721** **Westgipfel-Nordostwand, „Linke Baumgartner"**
H. Baumgartner, L. Brankowsky, 1947 (Tb. Lamsenjochhütte). **V** (2 Stellen), IV+. 5 Std. Gelegentlich begangen.

Übersicht: Siehe Abb. S. 461.
Zugang: In den Überhängen in Gipfelfallinie ist ein großer, gelber, dreieckiger Fleck (Spitze nach unten) sichtbar. E in der Fallinie dieser Spitze in einem Schuttwinkel.
Führe: 8 m durch einen Riß, dann durch einen Kamin empor. Dann 30 m über leichteren Fels aufwärts zu einem gebogenen Riß und durch einen kurzen Kamin auf ein steiles Schotterband unter dem gelben

Die Rotwandlspitze von Nordosten, rechter Wandteil, mit „Rechter Baumgartner" (R 1719), „Rieserdachl" (R 1720), „Linker Baumgartner" (R 1721) und „Ypsilon" (R 1722).

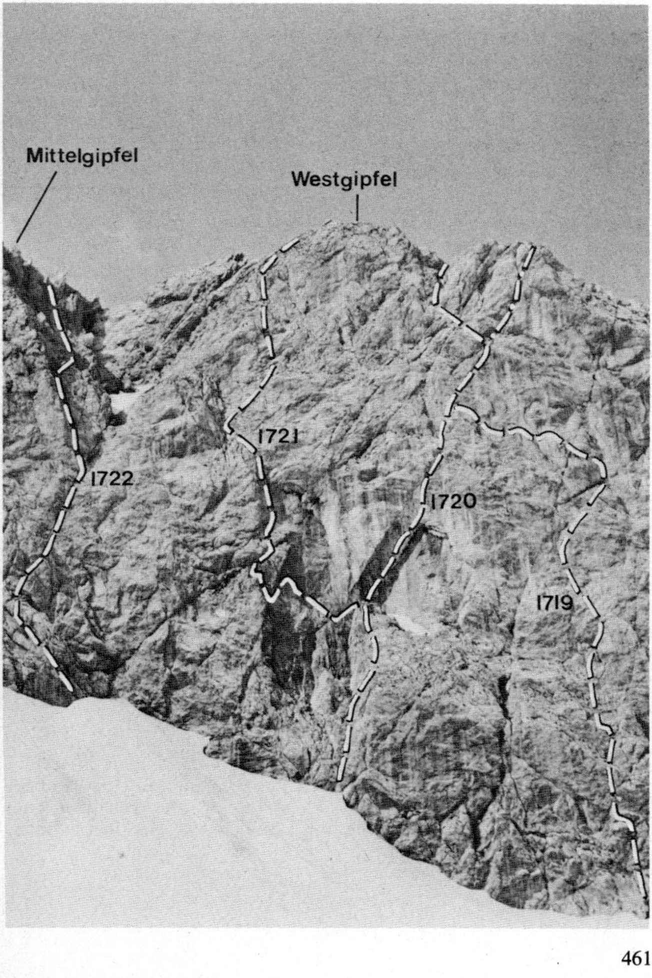
Mittelgipfel
Westgipfel
1721
1722
1720
1719

Fleck. Es folgt eine steigende Querung nach links unter steilem Plattendach; eine Hangelleiste bringt in den Winkel des Risses (H). Sodann 3 m absteigend zu einem Zacken, und durch einen Riß zu einem Standplatz. Über eine kurze Rampe rechts hinauf, eine 6 m hohe Wandstelle überwindend, sodann Quergang rechts aufwärts zu einem Kamin. Durch diesen 30 m empor, 20 m über eine Steilrampe zu Stand. 3 m links von zwei Rissen, dann im rechten empor und durch einen kurzen Kamin in eine seichte Höhle. Querung über Platten rechts aufwärts; über eine 40 m Steilrampe und eine Wandstelle gelangt man auf leichteres Gelände und über dieses zum Gipfel.

● 1722 **Nordwand, „Ypsilon"**
K. Waroschitz, H. Lippert, 1950 (Tb. Lamsenjochhüte II)
VI— (eine Stelle), sonst IV+ (lt. Erstbeg.) Wandhöhe etwa 200 m, 4—5 Std. Steinschlaggefährlich, nicht mehr beg.

Übersicht: Zwischen Mittl. und Westl. Rotwandlspitze befindet sich eine Scharte. In Fallinie dieser Scharte durchzieht den mittleren Teil der Wand ein feiner Riß, der sich oben gabelt (Y). Siehe Abb. S. 461.
Zugang: E 10 m links der Fallinie des Risses.
Führe: Durch einen 25 m hohen ausgewaschenen Kamin auf die Rampe, welche die ganze Mittl. Rotwandlspitze von rechts unten nach links oben durchzieht. Diese überquert man und steigt über gutgestuften Fels rechts haltend über eine steile, plattige Rampe zu Standplatz auf einem Köpfl. Von hier senkrecht 5 m empor (H), dann heikler, plattiger Quergang nach links über den oben erwähnten Riß hinaus zu H. Von hier etwas ansteigend zurück in den Riß und in ihm 6 m senkrecht empor (H) bis unter einen Überhang (langer Eishaken erforderlich). Den Überhang umgeht man rechts, anschließend 2 m empor zu Stand. Weiter durch den 25 m hohen Kamin und nach 4 SL zum Grat etwas links der tiefsten Einschartung zwischen den zwei Rotwandlspitzen. (Beschr. d. Erstbeg.)

● 1723 **Ostgipfel-Nordwand, „Rechte Waroschitz"**
Siehe Abb. S. 463.

● 1724 **Ostgipfel-Nordwand, „Buhldachl"**
H. Buhl, L. Vigl, 1947 (Tb. Lamsenjochhütte). 1. Alleinbeg. M. Langer, 1959. **A0/VI,** 4—5 Std. Der Dachüberhang wurde von den Erstbeg. mit Eishaken und HK überwunden. Gelegentlich beg.

Ostgipfel
Mittelgipfel
1725
1724
1723

Übersicht: s. Abb. S. 463.
Führe: Über den Vorbau hinauf zur Platte. Nun durch den erwähnten Riß 2 SL empor unter die Überdachung (H). 10 m unter ihr Pendelquerung nach rechts über die glatte Platte; von hier empor zu einem gelben Zapfen (H). Weiter links hinauf über einen Überhang unmittelbar unter das Dach, nach rechts hinaus und in den darüber ansetzenden Riß (H); nach 10 m Standplatz (Grasfleck). Um eine Kante nach rechts auf eine Platte und über diese in den oben beginnenden feinen Riß; diesen aufwärts, mehrfach überhängend (H), bis man nach links auf den gut sichtbaren Fleck gelangt (H); nach 5 m (VI) Standplatz. Im überhängenden Riß 10 m empor und auf eine schräge Rampe; auf dieser 10 m nach rechts bis zu einem feinen Riß. Durch die folgenden brüchigen Felsen links haltend nach 3 SL zum Gipfel. (Beschr. d. Erstbeg.)

● **1725 Ostgipfel-Nordwand, „Linke Waroschitz"**
K. Waroschitz, Schnabl, 1936. **IV** (2 SL), IV— und III. 2—3 Std. Lohnend, eine der beliebtesten mittelschweren Touren im Lamsengebiet.

Übersicht: s. Abb. S. 463.
Führe: Vom Schotterband gerade aufwärts bis etwa 50 m unter das markante Dach, das nach rechts hinaus zieht (I und II). Hier E bei H. **1. SL:** Über gutgriffige Platten (III) aufwärts bis zu schon vom Stand aus sichtbarem Überhang. Über diesen hinweg (IV, H) und zu Stand bei großem Klemmblock (25 m). **2. SL:** Den hier ansetzenden Kamin 5 m absteigen (Achtung, nicht zu weit!), dann ausgesetzt um die markante Felsnase herum (IV—, H), weiter 5 m absteigen in gutgriffigem Kamin, dann ausgesetzte Querung nach links (30 m). **3. SL:** Gerade aufwärts, zunächst leicht, dann in schwierigere Verschneidung übergehend (IV, 2 H). Oberhalb Stand (35 m). **4. SL:** Über ein griffarmes Wandl nach links auf die Kante hinaus und an dieser, teils grasdurchsetzt, aufwärts (40 m, III). **5. SL:** Leichter gerade empor zum Ausstieg (30 m, II). (M. Cammerlander)

● **1730 Steinkarlspitze,** 2460 m

Steiles Felshorn im Gratverlauf zwischen Rotwandlspitze und Hochnißl, das mit steiler Wand gegen NO abfällt. Lit.: NKA, S. 333.

● **1731 Normalweg**
I, Drahtseilsicherungen. 2 Std. von der Lamsenjochhütte.

Wie in R 1741 durch den Lamstunnel (oder über die Lamsscharte, R 1681) auf die Grathöhe und auf gesichertem Steig südostw. über die Rotwandlspitze (R 1716) auf die Steinkarlspitze.

● 1732 Von Schwaz über den Hochnißl

I, 7 Std. Gesichert.

Wie in R 1742 von Schwaz auf den Hochnißl. Nun abwärts in die Scharte zwischen den beiden Gipfeln und jenseits durch einen Kamin (künstl. Stufen, Eisenklammern) zum Gipfel.

● 1733 Alte Nordwand

K. Wechselberger, G. Demharter, 1908. **IV**, 3—5 Std., s. 11. Aufl. 1978, S. 397.

● 1734 Gerade Nordwand

H. Baumgartner, H. Eller, H. Lippert, H. Riegler, 1950. **V** (1 Stelle), V—. 4—6 Std. Durch Felsstürze kaum noch begehbar.

Übersicht: Der untere Teil der Wand wird von einem Riß, der von links unten nach rechts oben zieht, durchbrochen. Über dem Riß ein großer gelber Überhang. E am Anfang des Risses, wo das Kar am höchsten in die Wand reicht (Steinmann).

Führe: Über eine Platte in den Riß queren und diesen bis zum Ende verfolgen (H). Etwa 4 SL. Der Riß, teilweise eine glatte Rinne, wird zweimal von kleinen Überhängen unterbrochen, die umklettert werden. Am Ende des Risses 10 m nach links auf eine Rampe queren (oberhalb gelbe überhängende Wandstelle) und auf der Rampe bis zu einem Riß weiter. Im Riß etwa 25 m weiter klettern und dann nach links in einen Kamin queren, der nach 1 SL auf einem Köpfl endet. Von hier 10 m nach rechts bis zu H. Am H 6 m abseilen auf eine glatte Platte und über diese weiter empor zu einer steilen Wandstelle, durch die ein Riß zieht (H). Durch diesen 30-m-Riß auf die große Rampe, die die ganze Wandflucht von rechts unten nach links oben durchzieht. Über die Rampe nun 30 m weiter und dann nach rechts in der Wand 6 m empor. Nun Querung auf einem kleinen Band und nach links in leichteren Fels (brüchig). Direkt weiter zum Gipfel, etwa 10 SL.

● 1740 Hochnißl, 2546 m

Auch: Hochnißlspitze. Östl. Eckpfeiler des Hauptkammes, der sich von hier über einige niedrigere Gipfel nach O absenkt zum Vomper Loch und ins Inntal, das er um 2000 m überragt. Die breite Felspyramide ist ein berühmter Aussichtsberg, der durch eine gesicherte und gut ausgebaute Steiganlage von der Lamsenjochhütte unschwierig, von Schwaz ebenfalls unschwierig, aber etwas mühsam ersteiglich ist. Nach N fällt er mit steiler Wand ins oberste Stallental ab; nach SW entsendet er einen Zweigkamm, der neben kleineren Gratköpfen im S hoch über dem Vomper Loch die Sunnschartspitze, 1982 m, trägt.

● 1741 Von der Lamsenjochhütte durch den Lamstunnel (Überschreitung der Rotwandlspitze und Steinkarlspitze)
I, bez., gesicherter Steig. 3 Std. Sehr lohnend, häufig begangen. Der Lamstunnel ist im Frühsommer oft noch mit Schnee gefüllt und nicht begehbar. Sicherungen in mäßigem Zustand (1983).

Von der Hütte einige Zeit westwärts empor in Richtung Lamsscharte, dann auf einem Steig (Hochnißlsteig) links ab über die Reisen an den Fuß der steil aufstrebenden Wand. Über diese im Zickzack mit Hilfe von Klammern, Drahtseilen und künstlichen Stufen ausgesetzt empor; Trittsicherheit und Schwindelfreiheit notwendig; ansonsten den Weg über die Lamsscharte (westl.) wählen. Zuletzt durch den Lamstunnel, einen natürlichen Felstunnel, auf die SW-Seite des Grates, wo man auf den von der Lamsscharte heranführenden Steig trifft. Vom Ausgang des Tunnels in südöstl. Richtung, immer etwas unterhalb der Kammhöhe, zuletzt in einigen Kehren empor auf die Rotwandlspitze. Dann abwärts in die Einsenkung und jenseits wieder stets nahe der Kammhöhe an den Steilaufbau der Steinkarlspitze, die man nördl. umgehen oder mit Hilfe von Drahtseilen gerade ersteigen kann. Durch einen langen, gut gesicherten Kamin hinab in die Scharte und jenseits, eine Ausweichung in die S-Flanke ausgenommen, gerade empor auf den Gipfel.

● 1742 Aus dem Inntal über den Niedernißl
6 Std. von Vomp.

Von Schwaz nach Vomp und wie in R 65 hinauf zum Ghs. Karwendelrast, 1¼ Std. Etwa 20 Min. westw. auf dem Weg ins Vomper Loch (Zwerchloch), dann auf dem rechts abzweigenden Steig aufwärts über zwei Gräben zur Tawald-Jagdhütte, 1280 m, 1¼ Std. Hinter der Hütte durch Wald und Latschen in vielen kleinen Kehren empor, dann rechts haltend durch den Graben in den Kessel unter den Niedernißltürmen, 1820 m, 1¾ Std.; rechts Wegverzweigung zum Sattel zwischen Oberem und Unterem Bärenkopf. Hier links aufwärts und in westl. Richtung über steilere Stufen zum begrünten Sattel etwas nördl. vom „Niedernißl", P. 2067. Nun in vielen kleinen Kehren nordw. hinauf zum Hauptgrat und über diesen westw. auf den Gipfel.

● 1743 Alte Nordwand
J. Hechenbleikner, 1902; gerader Ausstieg: H. Eckmüller, Berberich, 1928. **IV**+ (im ger. Ausstieg), IV, 3—4 Std. E.

Führe: E bei dem begrünten, teilweise mit Lärchen bestandenen Felssporn etwas links der Gipfelfallinie. Von hier über Schrofen gerade empor zu einer aus losen Blöcken bestehenden Rippe, die zum Geröll der ersten Schutterrasse emporführt. Über diese rechts aufwärts und hinter einen Felsvorsprung. Über plattige Felsen gerade aufwärts zur zweiten Terrasse. Rechts haltend zu einem schwarzen Fleck und scharf rechts in eine Rinne, die rechts unter die Gipfelwand emporzieht. In ihr aufwärts, bis sie unter der Wand verläuft, und noch etwa 80 m über brüchigen Fels. Noch vor dem Steilaufschwung zieht ein schwach angedeutetes Band nach rechts und bricht bei einem Vorsprung ab. 3 m weiter in eine Nische und durch eine Verschneidung auf ein schwach ausgeprägtes Felsköpfl. Weiter nach rechts um eine Ecke in einen splitterigen Kamin, der zum Grat leitet. Über diesen in wenigen Min. zum Gipfel. Oder von der zweiten Terrasse über eine steile Rippe unterhalb eines Überhanges 35 m aufwärts, dann links unter einen Überhang und über steile Platten empor zu einem kleinen Absatz. Durch die vom Hauptgrat knapp östl. herabziehende gelbe Rinne steigt man, mehrmals ausweichend, bis zu ihrem Ende und zum Gipfel.

● **1744** **Nordwand, Habtmannführe**
Habtmann, A. Kasseroler, Mendl, 1912. **IV+**, 4 Std., s.ä.A.

● **1745** **Direkte Nordwand**
K. Waroschitz, B. Schnabl, 1937 (Tb. Lamsenjochhütte II). **V** (eine Stelle), sonst IV+ (lt. Erstbeg.). Wandhöhe 800 m. 5 Std. Gelegentlich beg.

Übersicht: In Gipfelfallinie der Hochnißl-N-Wand ist ein Schneefleck eingelagert. Rechts davon befindet sich ein begrünter Felssporn, auf diesem ein auffälliger großer Block. Etwas links davon beginnt der Riß, der den ganzen unteren Plattengürtel durchzieht.

Führe: E etwa 10 m rechts des erwähnten Risses (Steinmann in Wandnische). Man quert nach links in den Riß (10 m) und klettert 20 m in ihm empor zu SH. Nun 12 m nach rechts bis zu einer griffarmen Platte. Nach Überwindung derselben nach links in eine Rinne, die auf ein Köpfl führt (Stand). Nun Querung nach links (12 m). Die folgende glatte Wandstelle (Schlüsselstelle) wird überklettert (V, H) und der anschließende schräg nach links ziehende Riß bis zu seinem Ende verfolgt. Um eine Felsnadel in einen 5 m hohen Kamin zu gutem Stand. 1 SL über Platten zuerst nach links, dann gerade empor zu Stand. 1 SL nach rechts, dann gerade über glatte Platten empor. Nun durch den nach rechts ziehenden Riß 12 m empor; schwierige Querung nach links. Nun gerade empor zur Großen Terrasse. Von hier über leichte Felsen immer links haltend bis unter den Gipfelaufbau. Über diesen direkt (brüchig) zum Gipfel. (Beschr. d. Erstbeg.)

● **1745 a** **Variante**
H. Eller, L. Brankowsky, 1958 (Tb. Lamsenjochhütte II).

Ausstieg westl. des Gipfels: Vom Ausstieg der Route Waroschitz / Schnabl zur Verschneidung und durch die Schlucht zum Grat.

● **1746** **Nordwand, Route Kandler / Hoflehner**
Beschr. fehlt. (4. Beg. B. Jenewein, H. Mariacher, 1980).

● **1747** **Südwestgrat,** Überschreitung der Sunnschartspitze
O. Melzer, E. Spötl, 1899. **III** (stellenweise); 7—8 Std. von Schwaz.

Wie in R 61 von Vomp auf dem Weg ins Zwerchloch (R 426) bis zur Melansalm. Von hier in nordwestl. Richtung pfadlos durch Wald, später durch Latschenhänge mühsam empor, zuletzt über den nach SO ziehenden Rücken über Steilstufen zur *Sunnschartspitze,* 1982 m. Der Abbruch zur Sunnscharte wird westl. umgangen (III), sodann über den langen Grat über mehrere Köpfe unschwierig zum Gipfel.

● **1748** **Westwand**
E. Clement, 1908. **III,** 2—3 Std.

Führe: Der Durchstieg folgt im wesentlichen der auffallenden Rippe, die durch die W-Wand herabzieht und einen plattigen Abbruch aufweist.

● **1749** **Übergang zur Lamsenspitze**
I; teilw. gesicherter, bez. Klettersteig.

R 1741 in umgekehrter Richtung; dann wie R 1681 auf die Lamsenspitze.

● **1755** **Niedernißltürme,** höchster Turm 2288 m

Auch: Nißltürme. Erstersteigung E. Platz, H. Kranzfelder, 1895. Im Verbindungsgrat zwischen Hochnißl und Schneekopf / Mittagspitze aufragende steile Felstürme, die durch eine Scharte in eine westl. und eine östl. Gruppe geschieden sind. Die höchste Erhebung ist ein gelber, auf breitem Sockel aufgebauter Turm in der westl. Gruppe.

● **1756** **Überschreitung vom Schneekopf zum Hochnißl**
Weg der Erstersteiger; auf anderen Wegen: O. Melzer, J. Tumler, 1898, J. Ostler u. Gef., 1902. **IV** und III, je nach Umgehungen. 4—6 Std.

Führe: Über den Grat westw. hinab, dann etwas nördl. ausweichend über eine Wandstufe in eine Scharte, in der die Niedernißltürme mit steilem Aufschwung ansetzen. In der N-Seite Querung zuerst über grasdurchsetzten Fels bis in eine breite Rinne und durch diese 10 m empor auf die Grathöhe. Dieser folgt man bis zu einer Reihe von quergestellten Türmen; eine Scharte zwischen ihnen durchqueren und auf der S-Seite des Grates bis zu einem Turm (die folgende Gratstrecke kann bis zu einer auffallenden dünnen Nadel unschwierig südl. umgangen werden. Bei der stilreinen Überschreitung jedoch über Platten und durch einen steilen Riß an der N-Seite auf den Turm. Über den scharfen Grat weiter bis zu einer dünnen Nadel, von der der Abstieg ziemlich verwickelt ist: Durch einen Riß an der O-Seite hinab, dann auf der N-Seite auf schmalem Band bis an die W-Kante und an dieser durch einen Riß hinab in die nächste Einschartung. Der folgende doppelgipflige Turm wird über schwierige Platten erklettert; jenseits gerade hinab in die Scharte. Nun Querung unter den folgenden Zacken an der S-Seite, bis eine 60 m lange, gelbe Rinne hinaufführt in die Scharte westl. der Zackenreihe. Von hier über einen kleinen Überhang in eine Rinne, weiter in eine 2 m westl. emporziehende Rinne; durch diese auf den Gipfel des höchsten (drittletzten) Turmes. Der Abstieg von diesem erfolgt durch eine Rinne südl. des auffallenden, gelben Einrisses. Die zwei letzten Türme werden gerade am Grat überschritten. Von der letzten Scharte vor dem Hochnißl schräg aufwärts zum Hochnißlsteig und über diesen zum Gipfel.

● 1757 A Abstieg nach Norden
Dumontel, Nicolay, Schmidkunz, 1909. **II,** 2 Std. ins Stallental.

Von der in R 1756 bezeichneten Scharte zwischen Schneekopf und den Niedernißltürmen kann man durch eine meist schneegefüllte Schlucht ins obere Stallental absteigen.

● 1758 Nordwand
Beschr. A. Roilo, K. Schupfer, 1925. **IV,** 4—5 Std.

Zugang: E in der Fallinie des Gipfels, der vom Tal aus als vorspringender Pfeiler etwa 200 m östl. vom Hochnißl sichtbar ist.
Führe: Über Schrofen gelangt man auf verschiedenen Wegen zur großen Schutterrasse unter der etwa 200 m hohen Gipfelwand. Über meist wasserüberronnene Platten, kleingriffig und ausgesetzt, und eine sehr schwierige Wandstufe erreicht man eine Schlucht, die man bis zu ihrem Ende verfolgt.

● 1759 Nordpfeiler des höchsten Turmes
K. Waroschitz, F. Wallenta, 1936. Ohne Beschr.

● 1760 Vom Niedernißl auf den höchsten Turm
III, 2 Std.

Führe: Wie in R 1742 auf den Niedernißl. Von hier gerade empor zur Scharte westl. des doppelgipfeligen Turmes, und zwar durch die linke von zwei dort emporziehenden Rinnen auf einen Grasfleck; Querung ostw. in die von der Scharte herabziehende Schlucht, durch diese zur Scharte und wie in R 1756 auf den höchsten Turm.

● 1765 Schneekopf, 2313 m

Felskopf zwischen Mittagspitze und den Niedernißltürmen, von diesen durch eine tief eingerissene Scharte getrennt. Fällt mit breiter Wand nach N ab und entsendet nach S einen Kamm mit dem Oberen und Unteren Bärenkopf.

● 1766 Südgrat, Überschreitung des Oberen Bärenkopfes
I, 6—7 Std. vom Inntal.

Wie in R 1742 zur Wegverzweigung im Kessel unter den Niedernißltürmen. Auf dem rechts emporführenden Steig nordw., dann südostw. waagrecht durch die Hänge auf den Sattel zwischen Unt. und Ob. Bärenkopf. (Von hier südw. ohne Schwierigkeiten in wenigen Min. auf den Unt. Bärenkopf, 1938 m, Aussichtspunkt.) Nordw. über den von Stufen unterbrochenen Rücken auf den Ob. Bärenkopf und über den S-Grat, zuletzt in die O-Flanke ausweichend, auf den Schneekopf.

● 1767 Nordwand, „Bergerweg"
E. Berger, A. Kasseroler, 1919. **IV**, 400 m Wandhöhe, 3 Std. E.

Führe: Über die rechte Begrenzungsrippe der firnerfüllten Schlucht, die zwischen Mittagspitze und Schneekopf-N-Wand herabzieht, hinauf bis zum Fuß einer steilen, etwa 40 m hohen Plattenwand. Anfangs gerade empor, dann auf schmalem Band nach rechts, bis die Neigung der Felsen den Anstieg schräg links aufwärts erlaubt. Sodann um eine Ecke nach rechts und gerade zu einem Schuttband hinauf. Von hier rechts aufwärts gegen eine mit rotgelbem Lehm erfüllte Schlucht. An der rechts liegenden Rippe empor, bis sie sich an den obersten Teil der N-Wand anlegt. Nun auf Bändern nach links und in geradem Anstieg zum Gipfel.

● 1770 Mittagspitze, 2333 m

Felsgipfel zwischen Schneekopf und Fiechter Spitze, von dieser durch die Mittagscharte getrennt. Entsendet nach N einen Grat, der sich zu einem Rücken verbreitert und ins Stallental absetzt.

● 1771 Von Süden über die Mittagscharte
I, 3 Std. von Tawald-Jagdhütte.

Wie in R 1742 zur Tawald-Jagdhütte. Von der Hütte nordw. nicht über den Rücken, sondern etwas rechts in den Graben aufwärts und nach rechts empor auf den vom Unt. Bärenkopf nach S ziehenden Rücken. Unter den Felsen des Kopfes auf Steigspuren ostw. durch bis in den sog. Schneetalgraben. In diesem gerade empor zu den Felswänden auf die schluchtartige Rinne zu, die von der Mittagscharte herabzieht. Durch diese auf die Scharte, die durch einen kleinen Felszacken gekennzeichnet ist. Nun westw. über Schrofen auf den Gipfel. (Zum Ob. Schneetalgraben kann man auch vom Ghs. Karwendelrast auf einem Steig gerade ansteigen.)

● 1772 Nordwand
J. Hechenbleikner, R. Steiner, 1902. **III,** 4—5 Std. von der Lamsenjochhütte.

Zugang: Vom oberen Stallental zu der großen, zwischen Schneekopf und Mittagspitze herabziehenden Schuttreise.
Führe: Über diese aufwärts und durch eine ausgewaschene Rinne bis zu ihrem Ende. Von hier auf einem breiten Plattenband links ansteigend zu der obersten der auffallenden grünen Terrassen. Auf dieser ostw. zu dem von der Mittagspitze herabziehenden Grat. Zuerst auf diesem, dann mehr in der NO-Flanke gerade zum Gipfel.

● 1773 Übergang zum Schneekopf
II, ¾ Std.

Über den erst etwas breiteren Grat, einige Zacken umgehend abwärts. Ehe er zur Schneide wird, links in die S-Flanke, den Steilabbruch umgehend, dann wieder zum Grat und auf ihm zum Schneekopf.

● 1775 Fiechter Spitze, 2298 m

Letzter ausgeprägter Gipfel des Hauptkammes, von dem er sich östl. über das Vomper Joch ins Inntal absenkt.

● 1776 Über das Vomper Joch
I (im letzten Aufschwung), sonst gut bez. Steig. 3—4 Std. vom Vomper Berg. Schöne Aussicht. Vgl. auch R 321.

Vom Vomper Berg zunächst auf breitem Forstweg, später auf Steig (verschiedene Wege möglich) zur Waldhorbalm. Nordw. durch den Wald, später über den freien Rücken dem Steig folgend empor auf das Vomper Joch (AV-Karte: Hirschkopf), 1913 m, einer grasigen Schulter mit Kreuz. Von hier ostw. über den Grat auf die Fiechter Spitze. (W.K.) Vgl. auch R 321.

● 1777 Von Süden über die Mittagscharte
II, 20 Min. von der Scharte. Alte Bez.

Wie in R 1771 auf die Mittagscharte. Etwas unterhalb der Scharte quert man in die SO-Flanke, durch die zwei lange Kamine zum Gipfel ziehen. Durch einen der beiden auf die Fiechter Spitze.

● 1778 Südostwand
O. Ampferer, 1895. **III,** 5 Std. aus dem Inntal; s. 11. Aufl. 1978, S. 403.

● 1779 Nordwand
O. Schindelholzer, R. Willet, 1908. Ohne Beschr.

● 1780 Westwand
R. Böck, G. Baumann, 1963. 1. Winterbeg. A. Nitzlader, A. Maurer, 25.1.1964 (Tb. Lamsenjochhütte II). **VI** (lt. Erstbeg.), Wandhöhe etwa 200 m. Zeit der Erstbeg. 8 Std. Einige Wh.

Führe: Die Fiechter Spitze bricht nach W mit fast 200 m hoher gelber Wand ab. Zum E gelangt man, indem man die schluchtartige Rinne zwischen Mittagspitze und Fiechter Spitze verfolgt, bis man in der W-Wand einen auffälligen Riß bemerkt. Zu diesem Riß gelangt man aus der Rinne durch einen 30 m langen Rechtsquergang (H). Im überhängenden Riß 60 m empor bis an sein Ende, wo man nach links auf einen Wandabsatz spreizt (H). Von hier über eine glatte Wandstelle gerade aufwärts und nach links zu Stand (H). Halblinks aufwärts um die Kante gelangt man in eine flache Verschneidung, die gleich wieder stark überhängt, Stand (vom E gut sichtbar). Mittels HK in ihr empor und 10 m Quergang nach links, Stand. Von hier in die glatte Verschneidung, aus der man nach links um die Kante quert. So kommt man in eine Parallelverschneidung, Stand. Weiter nach links an die Kante, 10 m gerade empor und an grauen Platten 20 m nach rechts, Stand, H. Leichteres Gelände. Nun einige Meter an der Kante gerade empor, bis sie sich zurücklegt und in einem Grat direkt zum Gipfel leitet. (Beschr. d. Erstbeg.)

● 1781 Übergang zur Mittagspitze
II, ¾ Std.

Westw. durch die Flanke hinab in einem langen Kamin, dann Querung etwas unterhalb der Höhe der Mittagscharte in diese. Jenseits unschwierig über die Schrofen zum Gipfel.

V. Die Nördliche Karwendelkette

● **1800** Das Karwendel- und Johannestal auf der S-Seite, das Seinsbach- und Fermersbachtal auf der N-Seite sind die Taleinschnitte, aus denen sich die Nördl. Karwendelkette erhebt. Diese Kette ist etwa 18 km lang und trägt 25 Hauptgipfel, deren Durchschnittshöhe bei 2400 m liegt. Der höchste Gipfel ist die Östl. Karwendelspitze mit 2539 m. Den stärksten Besuch weisen die Westl. Karwendelspitze, der Mittenwalder Höhenweg und der Wörner auf. Die Landesgrenze zwischen Bayern und Tirol verläuft auf dem Kamm vom Brunnenstein bis zur Östl. Karwendelspitze, wo sie dann nach N umbiegt. Der Kamm, der nur durch die tiefe und breite Einsattelung des Bärnalpls unterbrochen ist, verläuft von seinem östl. Endpunkt, der Talelespitze, ziemlich gerade von O nach W, um dann beim Wörner etwas nach SW zu streichen, während er bei der Nördl. Linderspitze ganz nach S umbiegt. In ähnlicher Weise ändert sich auch der Aufbau der Flanken. Von den östl. Gipfeln bis zum Wörner finden wir nach N mauergleiche Abstürze und sanfter abfallende S-Hänge, aus denen nur vereinzelt Gratabsenker aufragen. Vom Wörner an gewinnen beide Flanken durch ausgeprägtere Seitengrate und entwickeltere Karbildung reichere Gliederung, während der bei der Nördl. Linderspitze beginnende Brunnensteinkamm einfachere Formen aufweist.
1. Winterüberschreitung (Brunnensteinspitze — Östl. Karwendelspitze) Sepp Zeller, Hias Öckler, 20.—26. 2. 1961.
Einen neuen Abschnitt in der Geschichte des bisher etwas ein Aschenbrödeldasein führenden westl. Abschnittes der Nördl. Karwendelkette leitete die Eröffnung der Kabinenseilbahn zur Westl. Karwendelspitze — Karwendelbahn genannt und nicht mit dem gleichnamigen Streckenteil der Eisenbahn Mittenwald — Innsbruck zu verwechseln — ein. Die rührige Sektion Mittenwald des DAV baute über den Kamm ein Netz von vorbildlichen Wegen, insbesondere den Mittenwalder Höhenweg und den Noëweg (R 469 und R 471). Die nachstehend einzeln beschriebenen Gipfel R 1801 bis 1820 werden im Zuge des Mittenwalder Höhenwegs überschritten.

● **1801** **Brunnsteinspitze,** 2179 m,
und **Rotwandlspitze,** 2193 m

Die Besteigung dieser westlichsten Gipfel der Kette ist sowohl von Mittenwald als auch Scharnitz verhältnismäßig einfach und wegen der lohnenden Aussicht zu empfehlen. Die beiden Gipfel wurden wohl schon früh von Einheimischen betreten, sicher aber bei der bayerischen Triangulierung 1820 (Oblt. Naus) und 1853 anläßlich der österreichischen. Erschl. I S. 198; ZAV. 1903, S. 97. Zwei Hütten: auf bayrischer Seite die Brunnsteinhütte, auf österreichischer die Tiroler Hütte.

• 1802 Von Mittenwald
Bez., 3—4 Std. Seilsicherungen

Von der Straße nach Scharnitz zweigt gleich jenseits der Isarbrücke bei dem ersten Kalkofen links ein bez. Weg ab. Nun südw. auf Felsweg ins Hoffels, etwa 2 km. Auf bez. Weg links ab und aufwärts zur Sulzleklamm. Über diese südl. queren und auf bez. Weg zur Brunnsteinhütte. Weiter durch Latschen etwas in die Höhe. Nun quert man den Hang in südöstl. Richtung bis zur Roßlähne. Vor dieser östl. über Latschen und Geröll, teilweise drahtseilgesichert, zum Brunnsteinanger, 2096 m, und südw. über Gras zur Rotwandlspitze und weiter zur Brunnsteinspitze. Etwas weiter, aber ebenfalls landschaftlich sehr lohnend ist es, wenn man von Mittenwald wie in R 1836 den Weg zur Westl. Karwendelspitze und nach etwa 1 Std. den südl. abzweigenden Leitersteig nimmt (Ww.) und diesem bis zur Einmündung des oben beschriebenen Weges folgt.
Abstieg s. R 1802 und R 1803 in umgekehrter Richtung.

• 1803 Von Scharnitz
Bez., 3 Std.

Von dem bei der Isarbrücke beginnenden Weg zum Karwendelhaus zweigt nach wenigen Min. links ein bequemer Weg zum Fischlerpavillon ab. Die Kehren dieses Weges schon vor dem Pavillon rechts verlassen und zu einem Steig, der über den bewaldeten Kamm steil in die Höhe zieht und das Brunnsteinköpfl erreicht. Über mäßig ansteigende Felsschrofen entlang dem Grat zu einem steil abstürzenden kahlen Felskegel, der letzten Graterhebung vor dem Gipfel der Brunnsteinspitze. Ihn links umgehen und hinauf zum Grat, der ohne Schwierigkeit weiter zur Brunnsteinspitze und in einigen Min. zur Rotwandlspitze führt.
Bequemer ist folgender Weg: Von Scharnitz auf der Staatsstraße etwa 1 km in Richtung Mittenwald, bis man das Brunnsteinköpfl hinter sich hat. Dann östl. ab und auf bez. Steig in nordöstl. Richtung durch Wald empor. Nach kurzem leitet der Weg südl. zum Brunnsteinköpfl. Von dem aus nordöstl. auf den unter R 1802 angegebenen Weg zum Brunnsteinhaus und weiter zum Gipfel.

• 1804 Aus dem Karwendeltal
Weglos, 2 Std. Keinesfalls als Abstieg anzuraten!

Man verläßt die Karwendelstraße da, wo westl. des Katzenkopfes eine

Geröllmulde fast bis zur Straße herabzieht (Futterstadel) und steigt in nördl. Richtung in der Geröllmulde aufwärts, bis sie an einem vom Katzenkopf westl. streichenden Sporn endet. Diesem Sporn folgt man. Da, wo er am östl. Ausläufer des Brunnsteinkammes ansetzt, steigt man über steile, mit Latschen bewachsene Geröllhalden und über plattige Hänge in westl. Richtung aufwärts und gelangt in ein südöstl. der Kirchlespitze eingelagertes Kar. Dem dieses Kar in südl. Richtung querenden Jagdsteig ein Stück entlang, dann westw. auf freien Grashängen zum Brunnensteinanger hinauf.

● 1805 Kirchlespitze, 2302 m

Eine in Verbindung mit dem Nachbargipfel unschwierig zu ersteigende Graterhebung. Erstersteigung wie bei obigen Gipfeln. Lit. Erschl. I S. 198. MAV. 1888, S. 242.

● 1806 Vom Brunnsteinanger
¾ Std.

Vom Brunnsteinanger, der wie in R 1802 oder R 1804 erreicht wird, auf dem Mittenwalder Höhenweg nordöstl. der Markierung folgend, empor.
Abstieg in umgekehrter Richtung.

● 1807 Sulzleklammspitze, 2319 m

Der doppelgipflige Felsbau wird meist von der Kirchlespitze her erstiegen. Erstersteigung wie oben. Lit. Erschl. I S. 198, MAV. 1897, S. 279.

● 1808 Von der Kirchlespitze
¾ Std. auf dem Mittenwalder Höhenweg, gesicherter und bez. Steig. Abstieg in umgekehrter Richtung.

● 1809 Vom Gamsangerl
Teilweise etwas ausgesetzt, 1¼ Std.

Das Gamsangerl (2180 m), ein begrünter Sattel, der nördl. des Gipfels eingelagert ist, wird von W über das Brunnsteinhaus und den Unt. und Ob. Sulzleklammanger auf dem Noëweg (R 471) oder von N über den Mittenwalder Höhenweg (R 469) erreicht, wobei die Linderspitzen überschritten werden. Von O erreicht man das Gamsangerl ohne Schwierigkeiten aus dem Kirchlekar. Der weitere Anstieg vom Gamsangerl erfolgt über den Mittenwalder Höhenweg mit seinen Sicherungen.

● 1810 Direkte Westwand
R. Hechtel, K. Thiel, 1943. **IV+**, 3 Std. Wandhöhe 340 m.

Zugang: Am besten über die Kirchlespitze. Von der Scharte zwischen Kirchle- und Sulzleklammspitze nach W über Geröllhänge und durch Rinnen absteigend zum Fuß der Wand (1980 m).
Führe: Auf einem abschüssigen Band unter ungangbaren Überhängen nach links bis zu dessen Ende. Durch eine brüchige Verschneidung zu einem kleinen Geröllkessel und links empor zu einem Schärtchen. Über eine Wandstufe zu einem Absatz (Sicherungsplatz) und weiter über eine plattige Wand leicht rechts haltend zu einem stark nach außen geneigten Grasband. Nach rechts zu einer seichten Rinne, die zu einem Geröllfleck führt. Erst gerade empor, dann schräg rechts an die Kante und zu einem kurzen Gratstück, das überklettert wird. Nach links auf ein Plattenband. Von seinem Ende gerade empor in leichterem Fels, der zum mittleren der drei Gipfelzacken führt.

● 1811 Westwand, alter Weg

K. Krall, A. Mayr, 1923; Lit.: Jb. AAVI 1922 / 23. **IV—** (einige Stellen), III.

Zugang: Vom Brunnsteinhaus in die Sulzleklamm und an deren nördl. Hängen empor. Schließlich durch Rinnen zur Wand. E in Gipfelfalllinie, dort, wo sich der unterste Gürtel in drei kurzen Stufen übereinander aufbaut.
Führe: Die ersten zwei werden direkt erklettert. Dann auf einem Band nach links bis zu einem an die Wand gelehnten Felsblock. Er wird durch einen seichten Riß von außen erklettert. Ein in gleiche Richtung führendes höheres Band wird von dort schwierig erreicht. Der darüberliegende Wulst wird möglichst bald überwunden; über Schrofen gerade aufwärts an die senkrechte Wand. Auf guten Griffen und Tritten direkt empor, wieder auf leichtere Schrofen, bis die Wand sich neuerdings überhängend vorwölbt. Die gelbe, plattige Wand wird nun etwa 30 m nach rechts gequert und der dort niedrige Überhang überklettert. Leicht weiter auf das grobe Band, das die Wand durchzieht. Auf ihm zu seinem nördl. Ende. Dort ist ein gewaltiger Überhang, unter dem rechts ein Zacken an die Wand gelehnt ist. Er wird erklettert. Nun sehr ausgesetzt und schwierig auf die rechte Wandkante und direkt empor über den Überhang. Auf schmalem Band, das später zur steilen Rampe wird, die wieder in ein Band übergeht, nach rechts, über eine Unterbrechungsstelle hinweg, um eine Ecke. Nun neuerdings sehr ausgesetzt auf die rechte Wandkante der großen Verschneidung und schräg rechts auf guten Griffen und Tritten empor. Wieder knapp am Abbruch auf die nächste Kante und leicht in die Gipfelschlucht. Die Gipfelwand wird von links nach rechts aufwärts durchstiegen. Ausstieg beim Steinmann des Mittelgipfels.

● 1815 Südliche Linderspitze, 2305 m

Vom Gamsangerl steigt der Kamm zur Südlichen Linderspitze an und setzt sich weiter fort nach N über einige Erhebungen (etwa 2300 m), die als Mittlere Linderspitzen bezeichnet wurden, jedoch nicht als selbständige Gipfel angesprochen werden können. Der scharfe Grat endet hinter einem steil nach N stürzenden Turm an der Scharte am „Gatterl" (2256 m) und steigt dann in einem begrünten Rücken zur Südlichen Linderspitze empor. Ersteigung wohl Oblt. Naus anläßlich der bayrischen Vermessung 1820. Hermann von Barth 1870. Lit. Erschl. I. S. 198, MAV. 1887, S. 234.

● 1816 Von der Sulzleklammspitze über das Gamsangerl
1—1½ Std.

Wie in R 1809 von der Sulzleklammspitze zum Gamsangerl. Von diesem auf dem Mittenwalder Höhenweg, zuletzt auf dem schmaler werdenden Grat zum Gipfel. Vom Gamsangerl 20 Min.

● 1817 Westgrat
F. Gaisböck, F. und K. Krall, B. Leubner, 1927. **III—** (einige Stellen), II. 5 Std. von Scharnitz.

Von Scharnitz oder Mittenwald zum Brunnsteinhaus. Von dort auf schwachem Steiglein nordwestl. die Sulzleklamm querend und am jenseitigen Rücken empor zu den Felsen. Von dort führt der Steig hinab zur Lindlahn. Der Grat baut sich in drei Stufen auf, zwischen denen breite Rasenflächen liegen. Alle Absätze werden möglichst an der Gratkante erklettert.

● 1818 Von der Scharte „Am Gatterl" („Steinerner Zaun"), 2256 m. (Übergang von der Nördl. Linderspitze). 1 Std. vom Gatterl.

Das Gatterl, die Scharte im Grat südl. der Nördlichen Linderspitze, wird erreicht: Von der Nördl. Linderspitze auf grasigem Rücken (Mittenwalder Höhenweg, R 469) oder von der Bergstation der Karwendelbahn auf dem Noëweg (R 471). Aus dem Kirchlkar durch die oberste Karmulde auf Schafsteigen oder von Mittenwald über den Leitersteig, dann der Lindlahn folgend und schließlich über fels- und geröllldurchsetzte Hänge. Vom Gatterl („Steinerner Zaun") auf dem Mittenwalder Höhenweg über mehrere Leitern zum Grat und über ihn unschwierig zum Gipfel.

● 1819 Vom Oberen Sulzleklammanger übers Gamsangerl.
II, mühsam. Siehe ä. A.

● 1820 Nördliche Linderspitze, 2374 m

Erstersteigung wie in R 1815 beschrieben. Lit. ebd.

● 1821 Von der Karwendelbahn, ¾ Std.

Von der Bergstation geht man zunächst den bequemen Rundweg am südl. Rand der Karwendelgrube bis zum Aussichtspunkt. Dann folgt man dem bez. Mittenwalder Höhenweg mit seinen Leitern und Steigklammern zum Gipfel.

● 1822 Nordkante, „Himmelskante"

Öckler, Simon 1967. **V+**, A2, 2—3 Std. E. Schöne und schwere Übungskletterei im unmittelbaren Bereich der Karwendelbahn-Bergstation.

Übersicht: Von der Nördl. Linderspitze zieht nach N ein Grat herab, der als scharfe, teils überhängende Kante abbricht. Die Route verläuft unmittelbar an der Kante.
Zugang: Von der Karwendelbahn den Weg R 1821, bis sich nach rechts (N) eine tiefe Schlucht auftut. Durch sie steigt man so weit hinab, bis man auf die andere, westl. Seite der im unteren Teil noch flacheren Kante gelangen kann. (II bis III, brüchig). E auf der W-Seite der Kante durch eine rinnenartige Verschneidung.
Führe: 1. SL: Durch die Verschneidung empor und weiter über eine gelbe Wand von rechts nach links in eine kleine Scharte. Von hier einige Meter hoch zu Stand (V, A0, 30 m). **2. SL:** Kurzer Quergang nach rechts, weiter den H folgend zu Schlingenstand mit Wandbuch (A1 bis A2, 25 m). **3. SL:** Über einen kleinen Überhang hinweg die Kante empor zu Stand bei großem Block (V—, A1, 30 m). **4. SL:** Über eine kurze Wandstelle in schrofiges Gelände, Ende der Schwierigkeiten. Von hier über den Grat in wenigen Min. zum Gipfel.

● 1823 Übergang zum Brunnsteinanger und zur Tiroler Hütte, Abstieg nach Mittenwald (oder Scharnitz), landschaftlich großartig.

Dieser Übergang, früher eine langwierige Bergfahrt, teilweise mit Schwierigkeitsgrad III, ist heute durch die Weganlagen der Sektion Mittenwald ein auch für „gehobene Bergwanderer" erschwinglicher Steig geworden. Der Rundweg von der Bergstation ist so idiotensicher, daß es unter der Würde der Leser dieses Führers ist, ihn zu beschreiben. Doch die beiden Wege Noëweg und Mittenwalder Höhenweg sind höchst lohnend. Der Noëweg spricht mehr den Normalverbraucher an; festes Schuhwerk, Kleidung, die für einen Schlechtwettereinbruch taugt, Trittsicherheit und etwas Bergvertrautheit sind hier die Voraussetzung.

Der Höhenweg erfordert hingegen einen schwindelfreien Bergsteiger. Mittenwalder Höhenweg siehe R 469, Noëweg R 471.

● 1825 **Gerberkreuz,** 2303 m

Vom Hauptkamm bei der Nördl. Linderspitze südwestl. abzweigender Gipfel. Wurde früher auch „Mittenwalder Karwendelkreuz" genannt. Erstersteigung Hermann von Barth, NKA, S. 433; Erschl. I. S. 198.

● 1826 **Von der Nördlichen Linderspitze**
II, ¾ Std.

Auf dem zum Gerberkreuz ziehenden Verbindungsgrat wird ein Felskopf auf der N-Seite gequert und zu einer Gratscharte abgestiegen. Über plattigen Fels zum Gipfel. Noch leichter ist folgender Weg: Von der Nördlichen Linderspitze zum Gatterl (R 1818) absteigen. Dann eine Mulde rechts queren und über Schrofen absteigen. Sodann über einen Schuttgraben, der nach links verlassen wird, und Schrofen zum Grat unmittelbar vor dem Gipfelaufbau. 1 Std. vom Gatterl.

● 1827 **Von der Mittenwalder Hütte**
II, 2—3 Std.

Von der Mittenwalder Hütte auf dem Karwendelsteig bis dahin, wo er die erste große Kehre nach links in die Wanne beschreibt. Hier nach rechts (südl.) gegen das Gerberkreuz empor. Der unter dem Gipfel gelegene, vom Tal aus gut sichtbare Schrofengürtel ist zu erreichen. Vom Karwendelsteig in einer Rinne hinauf, dann nach rechts auf einen Latschenrücken. Nun etwas nach rechts in eine weitere Rinne und in ihr aufwärts bis unter einen mächtigen Überhang, dem rechts (westl.) ausgewichen wird in eine Seitenrinne. Weiter über brüchiges Gelände auf den oben erwähnten Schrofengürtel. Von diesem links vom Gipfelabsturz durch ein Rinnensystem zum Grat und weiter zum Gipfel.
Ein weiterer, etwas schwieriger Weg (Blume, 1910) leitet an der oberen von den beiden vom Tal aus gut sichtbaren Höhlen vorbei und über ein System von Rinnen und Kaminen zu einer Rippe, über diese zu einer Verschneidung, sodann zum Gipfel. Ein von Gemünd gefundener Weg über die von ihm so benannte „Gerberplatte" ist von geringerer Bedeutung. JB. Hochland 1918, S. 50.

● 1828 **Nordkamin, „Krinnerkamin"**
M. Krinner (Winterdurchsteigung H. Öckler und Gef., 1959!). **V—,** Höhe etwa 120 m; 2 Std.

Zugang: Schon von der Mittenwalder Hütte ist der auffallende schwarze, senkrechte Kamin sichtbar. Von der Hütte auf dem Karwendelsteig

nach etwa 20—30 Min. nach rechts abzweigen und über Latschen und brüchiges, schrofiges Gelände zum Kamin. Oder vom Grat absteigen zum E am untersten Ende des Kamins.
Führe: Der Kamin selbst ist meist sehr naß und kalt. Er wird an einigen Stellen so weit, daß er nur mit reiner Wandkletterei zu überwinden ist.

● **1829 Westsüdwestgrat**
P. Loos, 1971. **V—** (drei Stellen) überwiegend III und IV. Wandhöhe etwa 300 m, 2—3 Std.; SH und Sicherungsblöcke, keine ZH. Lohnende Tour in großartiger Felslandschaft.

Übersicht: Der WSW-Grat ist durch eine breite, plattige Rinne vom linken Ausläufer des SW-Grates getrennt. Den E markiert der große Pfeiler, der etwa 100 Höhenmeter über dem höchsten Karpunkt ansetzt.
Zugang: Man folgt dem Steig von der Mittenwalder Hütte bis vor die Latschenmulde ostw. vom Lindlahnkopf. Hier wendet man sich nach N und steigt etwa 100 m links aufwärts bis zum Beginn der auffallend breiten Rinne.
Führe: In ihr, eine kurze Steilstufe links umgehend (IV—), hinauf und über das anschließende Schrofengelände noch etwa 150 m empor zum rechten Fuß des mächtigen Pfeilers. Dieser wird durch eine markante Riß- und Kaminreihe, die von rechts nach links ansteigt, überwunden. Der folgende Grat wird meist an der Kante oder direkt daneben erklettert. Der Ausstieg erfolgt durch eine Kaminreihe, die rechts aufwärtsziehend am SW-Grat endet. Aus einer seichten Gufel (SH) über Schrofenstufen zum Beginn der Rißreihe und in ihr etwa 15 m hinauf zu Stand (H), 40 m, II, III. 5 m im rechten Ast des Risses empor, kurzer Quergang nach links und in der flachen Verschneidung weiter bis knapp unter eine überhängende Wandstufe. 3 m Quergang nach rechts zu einem breiten Riß, in ihm und dem anschließenden Kamin etwa 10 m hinauf zu Stand (Sicherungsblock an der linken Wand), 40 m, III und IV. Im Kamin weiter 20 m hinauf zu einer Geröllkanzel. Von hier an der Kante 5 m kleingriffig (V—) hinauf und über leichteres Gelände zum Pfeilerkopf (Sicherungsblock). Besser 4 m absteigen in die Scharte zu SH. 35 m, IV und V—. Nun an der Gratkante 1 SL hinauf zu Stand (H), 40 m, III und IV. Nun eine kurze SL hinauf zu Stand in einer Scharte (Sanduhr), 20 m, II. Vom Stand wenige Meter nach links und in herrlicher Kletterei über eine senkrechte Wandstufe (V—); weiter am Grat zu Standplatz bei einem Steilaufschwung (H), 40 m, IV und V—. 5 m Quergang nach rechts und kleingriffig über den Aufschwung (V—); weiter am Grat zu Stand an der Kante (Sicherungsblock, KK), 40 m, III und V—. Weiter an der Kante zu einem Gendarm, der direkt

erklettert wird. Hinter ihm 3 m hinunter zu Stand (Sicherungsblock), 40 m, III. Von hier etwa 6 m über Schrofen rechts hinunter zur rechts aufwärtsziehenden Kaminreihe. In ihr 1 SL empor zu Stand am SW-Grat (Sicherungsblock), 40 m, III und IV. (K. Scholz)

● 1830 Südwestgrat

IV, III; 3 Std. vom E. Sehr schöne Kletterei in festem Fels, häufig begangen. Am E sowie an einigen Standplätzen DAV-Sicherheitshaken.

Zugang: Vom Karwendelsteig zweigt etwas oberhalb der Mittenwalder Hütte ein Steig nach S ab (vorbei an der Materialseilbahn). Auf ihm zum Sattel zwischen Lindlahnkopf und SW-Grat. Über Geröll und Schrofen zum E (Steinmänner).
Führe: Am E sowie an einigen Standplätzen DAV-Sicherheitshaken. Gerade hinauf (H), Quergang nach rechts über Platte (H) und zu Stand im Kamin. Aus diesem knapp links heraus, hinauf zu Bauch (H), durch seichten Kamin zu links folgender Platte (H) und weiter zu Stand. Absteigen in markante Scharte (H). Über griffige Platten und Erosionsrinnen 1 SL hinauf, gegen Ende leicht links zu Stand. Weiter zwei kurze SL hinauf auf den ersten Absatz des Grates. Dem Verlauf des Grates durch die Schrofenhänge folgend bis zu einem Gratzacken kurz vor dem Gipfel. Am besten links am Zacken vorbei in Scharte, Stand. Quergang nach rechts zu Riß (H), über ihn zu kurzem Kamin und hinaus in die Gipfelschrofen.

● 1831 Südwestwand

Neumann/Von-der-Goltz-Ged.-Führe

S. Ries, P. Loos nach Vorbereitung durch T. Wurmer und R. Sievers. 18.8.78. **V, A0/A1** (eine Stelle).

Zugang: E zwischen SW-Grat und S-Pfeiler ca. 20 m rechts einer auffallenden gelben Schlucht, SH.
Führe: Vom E schräg rechts empor, über eine Platte nach rechts und den gutgriffigen Pfeiler hinauf. 2 m Quergang nach rechts und die Verschneidung hinauf. Auf Band nach links zu Stand (40 m III, IV). 5 m nach links und rechts aufwärts zu Felswulst. Über diesen (mehrere H) hinweg und frei rechts hinauf zu Stand (2 H, 20 m, V, A0/A1, Schlüsselstelle). 5 m nach links, dann 8 m schräg rechts aufwärts in geneigteres Gelände. Nun gerade empor und unter senkrechter Wand 10 m Quergang nach links zu Stand (H, 40 m IV, III, II). Einrissen links aufwärts folgend erreicht man eine plattige Rinne. Diese empor, zuletzt einem Kamin folgend zu mächtigem Block (40 m, IV, III). 5 m kleingriffig hinauf, 2 m absteigen, kurzer Quergang nach rechts und

gerade empor zu Stand (H, 20 m, IV +, IV). Nun gerade hinauf und durch abschließenden Kamin zum Gratkopf des SW-Grates (40 m, V, IV, II). Weiter wie R 1830. Im oberen Teil ist ein Ausweichen zum SW-Grat möglich. (Bericht der Erstbegeher.)

● 1832 Südpfeiler

VI oder A0 (eine Stelle), sonst V und IV; 2½ Std. E. Herrlich fester Plattenfels, mit einer Kaisertour vergleichbar.

Führe: 1. SL: 3 m hinauf auf den Grat, dann gerade empor durch einen Riß, bis man durch einen Hangelquergang nach links eine Mulde erreichen kann. Von dieser 20 m gerade empor zu Stand bei Latschen (V, 40 m). **2. SL:** Vom Stand einige Meter schräg links aufwärts, weiter die folgenden seichten Risse empor zu Stand (IV +, 20 m). **3. SL:** Nun folgt ein 15 m Quergang nach rechts bis zu einer Kante. Über diese empor in eine Rinne zu Stand (V, 25 m). **4. SL:** Einige Meter in der Rinne aufwärts bis zu Hakenriß. Durch diesen empor, sodann Querung nach links zu Stand bei Wandbuch (VI bzw. A0, 20 m). **5. SL:** Vom Stand links aufwärts zu einer Kante. Über diese empor zum Grat (V, 35 m). Man befindet sich nun auf dem Kopf des Pfeilers. Von hier verfolgt man den SW-Grat zum Gipfel. Der Originaleinstieg, auf dem man links der Kante den ersten Standplatz erreicht (III), wird kaum noch begangen.

● 1833 Lindlahnkamin

Blume, Körner, Stoll, etwa 1911. **IV** und III, s. ä. A.

● 1835 Westliche Karwendelspitze, 2385 m

Dieser meistbesuchte Berg der Kette hebt sich von Mittenwald aus kaum aus dem Kamm ab. Die Ersteigung ist durch die Karwendelbahn, R 353, zu einem kurzen Ausflug geworden. (Völlig Ungeübte — womöglich noch in Halbschuhen mit glatten Sohlen — sollten den Gipfel trotzdem nur aus der angenehmen Perspektive des Restaurants betrachten, denn ein wenig Trittsicherheit ist für den Anstieg zum Kreuz nötig.) Die Weganlage der Sektion Mittenwald erleichtert die Ersteigung zu Fuß, ist aber auch eine schöne Bergfahrt „bergab". Auch der Abstieg durchs Dammkar — im Aufstieg etwas mühsam — ist landschaftlich großartig. Im Kar oft bis in den Sommer hinein Schnee!

● 1836 Von der Bergstation der Karwendelbahn

½ Std.

Am Rande der Karwendelgrube entlang deren O-Hang zum Fuß des Gipfelaufbaues und auf gesichertem Steig zum Gipfel.
Abstieg in umgekehrter Richtung.

● **1837** **Über die Mittenwalder Hütte (Karwendelsteig)**
4—4½ Std. Der Weg hat seit dem Bau der Seilbahn an Bedeutung verloren.

Nördl. vom Bahnhof über die Gleise und beim Ghs. Raineck über die Isar und unter der Umgehungsstraße hindurch, weiter am Ghs. vorbei nach O aufwärts, bis eine Wegtafel den Beginn des Karwendelsteigs bezeichnet. Durch Wald in Kehren hinauf, an einer Quelle vorbei, zur Mittenwalder Hütte, 1519 m. Nach einigen kurzen Kehren quert der Weg in weitem Bogen nach links in die „Wanne" (z. T. drahtseilgesichert; Vorsicht, wenn noch Schnee in den Rinnen liegt). Aus dieser kesselartigen Einbuchtung in Kehren empor zur Karwendelgrube. Über den O-Hang dieser Mulde zum Fuß des Gipfelaufbaus. Der mit einem mächtigen Kreuz geschmückte Gipfel wird (drahtseilgesichert) von S her erstiegen. Vgl. R 1836.

● **1838** **Durch das Dammkar**
Leicht, aber mühsam. 4—5 Std., besser als Abstieg. Vorsicht wegen Altschnee auch im Sommer.

Von Mittenwald wie in R 358 ins Dammkar. (Hierher auch von der Hochlandhütte, ¾ Std. Oder über den Predigtstuhl [R 1931] ins obere Dammkar.) Durch das von wilden Wänden umgebene Kar aufwärts, eine ins Vordere Dammkar (auch Viererkar oder Kreuzkar genannt) leitende Steigspur bleibt rechts, zur Dammkarhütte (R 358) und Bergwacht-Diensthütte. Der weit ins Kar vorspringende Sporn „Auf dem Doam" wird dabei umgangen und nunmehr südwestl. über den oberen, steileren Kartrog (hier oft bis in den Sommer hinein über Schnee) zur Unteren Dammkarscharte oder Kirchlscharte, 2175 m, zwischen westl. Kirchl und dem Stock der Karwendelspitze. Von hier durch den Tunnel zur Bergstation der Karwendelbahn und weiter auf R 1836 zum Gipfel. Der Weg über die Obere Dammkarscharte wird seit der Fertigstellung des Tunnels nicht mehr benützt.

● **1839** **Nordostkante**
M. und J. Schandl. **IV** (mehrere Stellen), vorwiegend III. Höhe etwa 100 m, ¾ Std.

Zugang: Von der Oberen Dammkarscharte leitet ein steiler Grat zur Westl. Karwendelspitze. E an der Tafel, die die Grenze zwischen Bayern und Tirol bezeichnet.
Führe: Man hält sich möglichst dauernd an der Kante.

● **1840** **Ostwand**
Bisher keine Beschreibung.

● **1845** **Karwendelköpfe,** 2358 m, 2365 m, 2215 m

Diese drei Gipfel bilden zusammen mit der Viererspitze und der Kreuzwand den von der Westl. Karwendelspitze nach N streichenden Zweiggrat, also die westl. Begrenzung des Dammkars.

● **1846** **Überschreitung der drei Köpfe von Süd nach Nord**

III, 3—5 Std. In umgekehrter Richtung schwieriger. Beschreibung in N-S-Richtung s. Jb. Bergland 1913, S. 57.

Der Südl. Karwendelkopf ist von der Oberen Dammkarscharte aus unschwierig ersteiglich. Der 25—30 m hohe N-Absturz wird am besten durch Abseilen überwunden. 2 bis 3 m auf der N-Seite unter dem Gipfel abseilend zuerst gegen die Dammkarseite queren, dann gerade hinunter (das Seil wird dabei in einem Spalt verklemmt) zur Scharte. Oder: Vom Gipfel etwa 15 m gegen die Dammkarscharte zurück, dann durch eine unschwierige Rinne gegen W hinunter und auf breitem, einmal unterbrochenem Band zur Scharte zwischen erstem und zweitem Turm. Von hier über Grasschrofen und über Gras zum Gipfel des Mittl. Karwendelkopfes. Erst auf dem Grat bis zu einer schief nach rechts (Dammkarseite) ziehenden Rinne, durch sie hinunter, bis sie sich zum Kamin schließt. Entweder durch ihn, oder links davon über ein Wandl auf ein mit Geröll bedecktes Köpfl. Von hier Quergang zum Grat zurück, der unter einem Überhang erreicht wird (Spreizschritt). Wenige Meter unten ein auffallendes Schartl. Der nächste Zacken wird absteigend links umgangen. Dann wieder hinauf zum Grat und diesen entlang bis zu einem Abbruch. Auf einer Seitenrippe 15 m nach links hinunter, dann wieder zum Grat zurück. Weiter knapp neben dem Grat erst rechts, dann links durch eine brüchige Verschneidung und schließlich über Schrofen zu einem breiten Gratkopf, der unschwierig links umgangen wird. Von der Scharte über Grashänge zum Gipfel des Nördl. Karwendelkopfes. Vom Gipfel mark. **Abstieg** (I) zur Oberen Viererscharte. Wer die Überschreitung jedoch ganz machen will, steigt vom Gipfel über schlechte Schrofen und eine brüchige Wandstufe abwärts, dann auf einen westl. Gratast hinüber. Von diesem über Rinnen gegen einen zur Viererspitze ziehenden Gamswechsel. Die Rinnen verengen sich kaminartig. Durch einen Kamin 15 m (am besten abseilen) hinab auf Schrofen, die zum Gamswechsel leiten. Leichter führt etwas westl. der höchsten Erhebung des Nördl. Karwendelkopfes eine Rinne südwestl. hinunter zu diesem Gamswechsel.

Im Aufstieg wird dieser Abbruch so überwunden: Von einem rechts oberhalb der Scharte gelegenen Geröllfeld durch einen kurzen Kamin, dann über Bänder, unter einer Höhle durch und weiter über eine Wandstufe 30 m hinauf, darüber durch eine Rinne zum Gipfel.

Abstieg von allen drei Karwendelköpfen am besten vom Nördl. Karwendelkopf s.o.

● **1847** **Südlicher Karwendelkopf, Westwand**
Erstersteigung 1930. Ohne Bericht.

● **1848** **Mittlerer Karwendelkopf, Ostwand**
Allwein, Scherer, Kraus, 1923, Jb. AAVM. **III,** 1½ Std.

Führe: E an der Gratrippe, die die östl. Karwendelgrube [d. i. die Mulde zwischen „Doam" („Auf dem Damm" lt. AV-Karte 1 : 25 000) und Karwendelkopf nördl. (gegen das Vordere Dammkar — Viererkar)] begrenzt. Etwas links vom Grat über Schrofen auf ein kleines Köpfl; 15 m über den Grat hinauf, ansteigender Quergang nach rechts und durch einen zweiten Kamin wieder auf den Grat. Horizontaler Quergang nach links unter einer gelben Wand durch, dann durch eine kleine Steilrinne über Schrofen links aufwärts, bis in die Nähe des die Wand begrenzenden Grates. Über eine Wandstufe nach rechts aufwärts zu einem Felsloch, dann nach links über die schrofigen SO-Hänge und über diese rasch zum Gipfel.

● **1849** **Mittlerer Karwendelkopf, Nordwestpfeiler**
Anderl, Loos, 1973. **VI** (einige Stellen), VI—, vorwiegend V—; 2½ Std. E. Stellenweise brüchig.

Übersicht: Der Mittlere Karwendelkopf ist von Mittenwald aus gesehen der auffälligste Gipfel im Gratverlauf Viererspitze — Westl. Karwendelspitze. Sein NW-Pfeiler bietet ansprechende Kletterei. Durch stellenweise leicht brüchigen Fels bekommt diese Führe einen ernsten Charakter und ist als Trainingstour für größere Karwendelfahrten bestens geeignet.

Zugang: E am gratartigen Beginn des NW-Pfeilers (etwa 50 m links eines auffallenden waagrechten Wandvorbaues). Er wird am besten durch eine Querung aus der Wanne (Weg Mittenwalder Hütte — Westl. Karwendelspitze) unterhalb der W-Abstürze des Mittl. Karwendelkopfes erreicht. Etwa ½ Std. von der Bergstation der Karwendelbahn.

Führe: Vom E zu SH unter gelber Wandstelle. Von rechts nach links ansteigend auf eine Kanzel; über eine 6 m hohe senkrechte Wandstelle in eine Geröllnische. 3 m nach rechts und spreizend über einen kleinen Überhang gerade empor zu kleinem Geröllband (SH). An Felsschuppen etwa 3 m schräg rechts aufwärts und gerade über Wandstelle zu H, von dort 3 m nach links und gerade empor zu Stand (H) unter splittriger Wandstelle. Über diese gerade, dann leicht links haltend (H) empor und über leichteres Gelände zu Stand (H) unter wulstartigen Überhängen. 10 m nach rechts und durch einen überhängenden Riß (4 H, VI) gerade empor zu Stand (H). Leicht schräg rechts ansteigend um die Kante (brüchig!) und etwa 20 m in seichter Rißverschneidung (VI—) gerade empor bis auf eine Kanzel; von dort 5 m nach rechts zu Stand (H). Nun erst gerade, dann links haltend im leichten Gelände noch 2 SL zum Gipfel. (Klaus Scholz)

● **1850** **Mittlerer Karwendelkopf, Nordostwand**
G. Lettenbauer, K. Grünwald, 1925, 21. Jb. Bayerland. **V**, 3 Std.

Führe: Dort, wo sich ein Felssporn am weitesten in das Vordere Dammkar — auch Vierer- oder Kreuzkar genannt — hineinschiebt, ist etwa 30 m rechts davon ein 30 m hoher Kamin. In ihm empor, nach links unter einem schwach ausgeprägten 25 m hohen Felsabsatz aufwärts querend, über diesen Felsabsatz hinauf zu gestuftem, brüchigem Fels. Nun weiter rechts aufwärts bis zum Fuß eines auffallenden, großen Turmes. An der W-Seite dieses Turmes in einer 50 m hohen Rißverschneidung schwierig empor, dann über festen Fels rechts schwach ansteigend hinter einem abgesprengten Block hindurch zu einem breiten Kamin. Nach 10 m rechts aus ihm heraus und Quergang (V) in den Ausläufer des Risses, der vom Gipfel herabzieht. Weiter anstrengend 15 m von ihm empor (V, H), nach weiteren 10 m Stand. Der folgende vierte Überhang wird unmittelbar am Riß erklettert, nach etwa 20 m (H) Stand. Der fünfte Überhang wird leichter in seiner linken Begrenzungswand umgangen. Ein Quergang (H) führt dann rechts aufwärts in den Riß zurück zu einem festen Stand. Die Gipfelwand wird am Riß erstiegen, der direkt zum Gipfel führt.

● **1851** **Nördlicher Karwendelkopf, Nordwand**
Allwein, Scherer, Beck und Maier, 1924, Jb. AAVM 1924. **III**, 1—1½ Std.

Übersicht: Durch die Wand zieht von rechts unten nach links oben eine große Schlucht hinauf. Sie wird ganz durchklettert. Oben mündet sie auf einen Seitengrat aus, über den man, zum Schluß etwas westl. ausweichend, den Gipfelgrat etwas westl. des Hauptgipfels erreicht.

● **1852** **Nördlicher Karwendelkopf, Nordostwand**
T. Meßner und H. Hornsteiner, 1941. **IV**, 3—3½ Std. Wandhöhe etwa 500 m. S. ä. A.

● **1853** **Nördlicher Karwendelkopf, Nordostwand**
J. Ries, P. Loos, 1973. **VI—** (stellenweise), V und V—, 2 Std. ab E.

Übersicht: Der Nördl. Karwendelkopf ist vom Beginn des Viererkares (Nähe Dammkarhütte) aus gesehen die Fortsetzung der Dammwand in westl. Richtung. Begrenzt wird dieser Gipfel links von dem Mittl. Karwendelkopf und rechts von der Oberen Viererscharte. Die NO-Wand fällt steil ins Viererkar ab, während die SW-Seite ein mittelsteiler Gras- und Schrofenhang ist (Abstieg!).
Zugang: E etwa 100 m unterhalb der Oberen Viererscharte an kleinem Wandvorbau. Ab Dammkarhütte etwa 20 Min.
Führe: Einige Meter beliebig den kleinen Wandvorbau hinauf. An seinem rechten Ende 5 m nach links und sodann in einer leichten Links-Rechts-Schleife über gestuftes Gelände hinauf (III). Nach etwa 30 m über eine kurze Wandstelle (IV) in eine enge brüchige Nische zu Stand (H). 3 m Quergang nach rechts (IV+) und über Platten und kurze Risse 20 m zu Stand (H); 3 m Quergang nach rechts (IV+) und über Platten und kurze Risse 20 m hinauf (IV) zu Stand (H) in kleinem Geröllkessel. 3 m Quergang nach rechts und über kurze Unterbrechungsstelle (V—, H) auf eine rechts aufwärtsziehende Plattenrampe und über diese bis zu ihrem Ende. Von dort 8 m gerade hinauf zu Stand (H) unter einem gelben, brüchigen Pfeiler. Quergang 3 m nach links und über gestuftes Gelände (III) schräg rechts aufwärts nach etwa 35 m zu Stand (H) am Beginn eines Risses. Den folgenden Riß (V—) hinauf, von seinem Ende 8 m links aufwärts zu kleinem brüchigem Felsturm und von diesem über eine splittrige Wandstelle 4 m Quergang (IV+) nach rechts. Nun etwa 20 m über Wandstellen und Einrisse (V—) hinauf zu Stand (H) am Beginn der auffallenden schluchtartigen Plattenverschneidung. Nach rechts und im kaminartigen Riß 5 m hinauf; nach links heraus und etwa 6 m oberhalb wieder in den Riß zurück (V). Anschließend 5 m Linksquergang in die Schlucht zu Stand (H). 10 m in der Rißverschneidung hinauf und schräg rechts aufwärts zu Stand in erdiger Nische (V+, 2 H). Über den Rißüberhang (VI—) hinauf (Möglichkeit zu Stand) und durch den folgenden Kamin (IV) und brüchige Schrofen zum Gipfelgrat.(Klaus Scholz).

● 1854 A Abstieg

Bez. Abstiegsweg (I) zur Oberen Viererscharte und zum E möglich.

● 1855 Nördlicher Karwendelkopf, Westgrat
III, 4 Std. ab E.

Zugang: Etwas unterhalb der großen Kehre in die Wanne wird der Karwendelsteig (R 103) verlassen. Nach Durchquerung der Wanne über unschwierige Schrofen zum E. Dieser befindet sich zwischen dem eigentlichen W-Grat und einem dem Grat vorgelagerten Turm.

Führe: Zuerst durch eine schmale, wenige Meter hohe Rinne zu einer Scharte und von hier über eine Wandstufe zum Hauptgrat. Zuerst auf diesem, dann Quergang nach rechts auf ein Schartl und die anschließende Wand 40—50 m empor. Dann weiter auf dem brüchigen Grat und etwa 6 m absteigen in eine Scharte. Nun über eine Wandstufe schwierig hinauf auf einen Latschenfleck und durch ein Fenster. In einer dicht neben ihm befindlichen Rinne auf eine Scharte und auf grüne Schrofen (hier quert der zur Viererspitze leitende Gamswechsel durch). Von hier in eine Plattenrinne, dann nach links zu einer Scharte und über eine kurze Wandstufe zum Grat und weiter zum Gipfel.

● **1860** **Viererspitze,** 2053 m

Sie bekam ihren Namen von den schwarzen Streifen in der N-Wand, die die Form einer Vier bilden. Als kühner Felszahn überragt sie mit senkrechter N-Wand das Mittenwalder Talbecken, dessen alpines Wahrzeichen sie darstellt. Die Viererspitze wurde vermutlich schon früh von Einheimischen erstiegen.

● **1861** **Von Mittenwald durch das Vordere Dammkar** (auch Viereroder Kreuzkar genannt)
II (eine Stelle), 4 Std. von Mittenwald, 2 Std. von der Dammkarhütte.

Auf dem bezeichneten Weg zur Dammkarhütte (R 358). Hierher auch von der Hochlandhütte auf dem Weg über den Larchetstock (R 465). Nun kurzer Abstieg zum Beginn des Viererkars oder Vorderen Dammkars. Mühsam über steilen Schotter des Kares zur Scharte zwischen Nördl. Karwendelkopf und Kreuzwand. Von der tiefsten Scharte (am Aufschwung der Kreuzwand) nördl. etwa 15 Höhenmeter auf Steigspuren absteigen und weiter auf den Spuren in wiederholtem Auf und Ab, aber im wesentlichen waagrecht zum Verbindungsgrat Nördl. Karwendelkopf — Viererspitze und abwechselnd auf dessen N- und S-Seite zum Gipfelaufbau der Viererspitze. Nun durch den markant eingeschnittenen Kamin 8 m empor, aus ihm heraus, die links begleitende Rippe querend in eine Rinne und durch diese zum Grat hinauf. Weiter rechts neben, dann auf dem Grat zum Gipfel (II).

● **1862 A** **Abstieg nach Osten**
II.

Nicht die erste Rinne gleich nach dem Gipfelkreuz nach O hinunter, sondern am waagrechten Gipfelgrat nach N bis zu seinem Eck und einige Schritte nach O bergab. Dann nach links in die N-Seite der nach O abfallenden Rippe und 10 m steil hinunter zu einer Gratscharte. Nach rechts (SO) durch die Rinne wieder etwa 10 m hinab, worauf man nach links in den tief eingeschnittenen Kamin quert. Durch ihn zum Ausstieg.

● **1863 A Abstieg nach Süden**
Ohne Zeit- und Schwierigkeitsangaben.

Vom Gipfel nach S den Kamin hinab deutlichen Kletterspuren folgend.

● **1864 Durch die Hintere Kreuzklamm**
II, 4 Std.

Dort, wo der Dammkarweg aus dem Wald heraustritt (Rastbank und Abzweigung zur Hochlandhütte), zweigt nach rechts (W) ein Weg ab, der in Kehren den Hang hinaufführt. Wo er den breiten, bewaldeten Gratbruckel erreicht, nach links gegen die Viererspitze hinauf. Später über Latschen und Geröll wieder etwas gegen die Kreuzklamm (SO) zu, dann, bereits in ziemlicher Höhe, in die Klamm (etwas unterhalb des waagrechten Gratstücks, über das man von hier aus bequem den E zur N-Wand erreicht). In der Klamm über ausgewaschene Stufen höher, steile Absätze werden links oder rechts umgangen. Bei einer Gabelung im rechten (westl.) Ast weiter zum Sattel zwischen Viererspitze und Nördl. Karwendelkopf. Von hier wie in R 1861 zum Gipfel.

● **1865 Durch die Vordere Kreuzklamm**
II, 4 Std.

Der Karwendelsteig (R 1837) wird bereits unterhalb der Mittenwalder Hütte verlassen und unterhalb einer Felswand über Gras und Schutt zu einem Latschenfleck gequert. In Richtung auf die untersten Lärchenbäume wird über ein schmales Band eine blockerfüllte Rinne erreicht. Diese queren und über einen Latschenhang in die Klamm, die etwa in der Höhe der Mittenwalder Hütte erreicht wird. In der Klamm, deren Steilabstürze man umgeht, über Schrofen auf den Sattel zwischen Karwendelkopf und Viererspitze.

● **1866 Nordgrat**
G. Fürmkaes und P. Schlumprecht, 1914, 19. Jb. Bayerland.
IV (teilweise), 4 Std. E.

Zugang: Auf dem Weg ins Dammkar bis dorthin, wo der in R 1864 beschriebene Weg abzweigt. Wie auf diesem, oder rechts der von der Hinteren Kreuzklamm herabziehenden Reise über Weideboden, zum Schluß durch Latschen hinauf zum Beginn des N-Grates. Der E befindet sich etwas östl. der 15 m hohen, senkrecht abfallenden N-Kante des letzten Gratturmes.

Führe: Zuerst über Schrofen, etwas rechts, bis der Grat gangbar wird. (Bis hierher verschiedene Wege möglich.) Nun ausgesetzt und schwierig über die Kante zum Gipfel des nächsten Turmes. Unschwierig in die folgende Scharte (diese Scharte kann ebenfalls aus der Hinteren Kreuzklamm erreicht werden). Die überhängende Kante des nächsten Turmes wird einige Meter links davon erstiegen. Über einige teilweise sehr brüchige Zacken und Türme zum waagrechten begrünten Teil des Grates. Hier setzt der sich steil aufrichtende, unten wandartig verbreiterte Gipfelgrat an. Unmittelbar neben der N-Wand zieht schräg nach links eine Verschneidung, gebildet durch die Wand und einen Vorbau. Über ein griffarmes Wandstück (H) erreicht man die Verschneidung und dann einen grünen Fleck. Die folgende überhängende Stelle wird von rechts nach links überwunden. Über ein schrofiges Band gelangt man zur Gratkante und von dieser luftig, aber unschwieriger über den horizontalen Grat zum Gipfelzacken, der auf dem gewöhnlichen Weg, R 1861, erstiegen wird.

● 1867 Nordwand

H. Theato und Mayr, 1918. **V**, verhältnismäßig festes Gestein, 3 Std. E.

Zugang: Vom Ochsenboden (Dammkarweg) direkt aufwärts der obersten Latschenzunge zu, dann im Fels nach rechts (W) über Rinnen und Schrofen mäßig schwierig zum Wandabbruch. Bequemer kann der E erreicht werden: Wie in R 1864 bis unter das waagrechte Stück des N-Grates. Hier nach W den Grat überqueren und, etwas absteigend, unter der Wand zum E.

Führe: Unmittelbar östl. (links) des gelben Wandabbruchs, der vom Hauptgipfel herabzieht, ist an die Wand ein Pfeiler gelehnt (nicht zu verwechseln mit einem Pfeiler weiter links). Über ihm ist deutlich eine Verschneidung sichtbar. Pfeiler und Verschneidung kennzeichnen den Verlauf der Führe im unteren Teil. Der Pfeiler wird am besten an seiner W-Seite erstiegen. (Wenn man vom N-Grat herüber kommt, ist es vielleicht günstiger ihn von O her zu ersteigen.) Dort, wo er an die Wand stößt, Stand. 15 m hinauf zur Verschneidung und in ihr weiter (H). Einem Überhang wird rechts ausgewichen (H). Einige Meter über ihm Stand. Einige SL sehr ausgesetzt gerade empor (mehrere H). Nach rechts zieht eine Kante herab, die mit der Wand eine Verschneidung bildet. Sie endet in einem Überhang mit einem schwarzen Loch, einer kleinen Höhle. Dieser strebt man zu. An der Höhle Wandbuch (H). Von hier aus sehr ausgesetzter Quergang 12 m nach links um eine schwach ausgeprägte Kante in eine flache Wandeinbuchtung. Etwas rechts empor, dann gerade hinauf zum Grat und mäßig schwierig zum Gipfel.

● **1868** **Direkte Nordwand**
M. Öckler, O. Lorenz, 1959. **A3,** A2 u. VI. Keine Zeitangabe.

Übersicht: Die Route verläuft im senkrechten und überhängenden Hauptbalken der „Vier", der meist naß ist.
Führe: E wie bei R 1869. Zunächst links zum Beginn des nassen Risses, dann den H folgend.

● **1869** **Nordwestwand**
Erstbegeher unbekannt. **VI— / A1;** 2—4 Std. Große Hexentrics empfohlen! Fels mitunter brüchig, an den schwierigen Stellen jedoch fest. Eine SL Rotpunkt VII—.

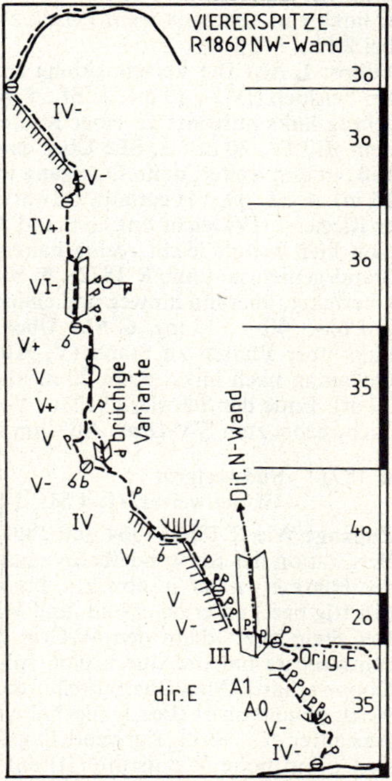

Zugang: E 70 m rechts des in R 1867 erwähnten Pfeilers.
Führe: **1. SL:** 5 m leicht rechts empor, dann kurzer Quergang nach links und weiter schräg links aufwärts zu kleinem Überhang. Über diesen hinweg und den Haken entlang zu Absatz. Von dort in einer kleinen Rechts-Links-Schleife zu Stand (V—, A1, 35 m). **2. SL:** 2 m nach links, dann gerade empor und nach links zu steilem Band. Auf ihm weiter bis zu Stand bei Wandbuch (V, 20 m). **3. SL:** Auf dem schräg nach links weiterziehenden Band zu schlechtem Stand (V, 40 m). **4. SL:** Über Wandstellen 15 m empor zu breitem Riß (große Hexentrics!), durch diesen bis zu seinem Ende, dann links um eine Kante zu Stand (V +, 35 m). **5. SL:**

Vom Stand durch die Rißverschneidung empor und über die folgenden Wandstellen zu Stand auf Terrasse (VI—, 30 m). **6. SL:** Den folgenden Riß 4 m empor, dann schräg links über eine Rampe zum Grat (V—, 30 m). Von hier in wenigen Min. zum Gipfel.

● 1870 Nordwestkante
Witting, Biller, 1949. **VI** bzw. V / A0; 2—3 Std. E, fester Fels.

Übersicht: Die Route verläuft auf der Kante, die die N-Wand von der W-Wand trennt. Man hält sich stets rechts der eigentlichen Kante.
Zugang: Wie in R 1867 berschrieben zum N-Wand-E. Von hier Quergang auf Bändern unter der Wand nach rechts bis zum Fuß der Kante. E links von abgespaltenem Felsblock am Beginn einer Verschneidung bei 2 H.
Führe: 1. SL: Die Verschneidung empor, weiter über Platte zu Stand bei Felsloch (IV +, 30 m). **2. SL:** 5 m gerade empor, dann über Rampe schräg links aufwärts zu einer Kante. Über diese zum Stand unter einem Riß (V, 30 m). **3. SL:** Über eine kurze Wandstelle empor in den Riß. In ihm weiter, dann Quergang über Platte nach links zu Stand (V, 15 m). **4. SL:** Den H entlang aufwärts (A0 bzw. VI), und später in freier Kletterei (IV) leicht links haltend 20 m aufwärts zu kleinem Absatz. Von hier weiter, leicht rechts haltend zu Stand bei Felsköpfl (40 m, Stand gemeinsam mit R 1872). **5. SL:** Schräg links weiter zu kleinem Überhang, über ihn hinweg und einige Meter rechts empor zu Stand (V, A0 bzw. VI—, 15 m). **6. SL:** Über eine Kante hinauf, dann schräg links über Platten zu Stand (V, A0 bzw. VI—, 20 m). **7. SL:** 10 m Quergang nach links, dann 20 m über löchrigen Fels zu Plateau (IV, 30 m). Ende der Schwierigkeiten. Von hier folgt man dem Band 30 m nach rechts zum SW-Grat. Auf ihm in wenigen Min. zum Gipfel.

● 1871 Südwestgrat
III (teilweise), II; 4 SL, 1 Std. E. Fester Fels.

Zugang: Wie R 1861, 1864 und 1865 zum Gipfelaufbau, oder von der Bergstation der Karwendelbahn zunächst auf dem Weg zur Mittenwalder Hütte etwa 300 m abwärts, bis rechts Steigspuren abzweigen, die (dürftig bez.) unter dem Südl. und Mittl. Karwendelkopf durchqueren. Der Steig quert dann den W-Grat des Nördl. Karwendelkopfes und führt rechts haltend durch eine splittrige Rinne unter ein begrüntes Doppelschartl. Man überschreitet das rechte, steigt über Schutt nordwestl. ab und quert (Bez.) links haltend auf einem schmalen Band einen Ausläufer des Nördl. Karwendelkopfes. Wo das Band endet, über eine steile, 7 m hohe Wandstufe (II) auf einen grünen Absatz. Hier trifft

man auf das Steiglein R 1861. Links durch eine Rinne absteigend, bis man unter den Felsen nach rechts zu einem Latschenköpfl (kleine Scharte) queren kann. E.
Führe: Über eine kurze steile Wandstufe empor, weiter dem Grat folgend zu einem Köpfl, Stand. Zur gegenüberliegenden Wand durch Spreizschritt, dann leicht rechts zu Verschneidung (H), durch sie hindurch und hinauf über leichteres Gelände zum Gipfel.

● **1872 Westwand**
F. Kriner, H. Klotze, H. Hornsteiner, 1945. **IV**, ca. 1 Std.

Zugang: Wie in R 1871 zum E des SW-Grates. Von der Scharte etwa 5 m in die Rinne absteigen und nach rechts zu einer Scharte mit Latsche queren. Nach links die Rinne etwa 20 m absteigen zu ihrem Abbruch, RH. Nun über den Abbruch 20 m abseilen. Über den orographisch rechten Rand der Rinne 25—30 m ansteigen zu brüchigem gelbem Fels auf Höhe einer Einbuchtung. E.
Führe: Anfangs gerade hinauf, dann leicht nach rechts zu zwei kurz aufeinander folgenden H. Nicht zu dem H rechts am Beginn der Verschneidung! Ein gegliederter Riß führt links haltend zu markantem Felsköpfl. Rechtsquerung zu Überhang, 2 H. Nach dem Überhang kleingriffig hinauf zu kleiner Höhle (Wandbuch) und noch etwa 5 m nach rechts zu Stand bei 2 H. Über der Höhle gerade empor und nach 20 m in Schuttgelände, weiter gerade mit 2 SL zum Gipfel.

● **1873 Übergang von der Westlichen Karwendelspitze**
II (im letzten Abschnitt), Schrofengelände; 1—1½ Std.

Von der Karwendelspitze abwärts auf dem Karwendelsteig bis unter die Karwendelgrube. Unter den Karwendelköpfen durchqueren, bis man unter dem Nördl. Karwendelkopf einem Gamswechsel folgen kann. Er quert den W-Grat dieses Kopfes oberhalb eines Fensters. Weiter über Rinnen und Geschröfe zum Sattel zwischen Karwendelkopf und Viererspitze. Bez. Siehe R 1871.

● **1875 Koflerturm**, etwa 2000 m

Ein wenig bedeutender Zacken westl. der Viererspitze, der in den letzten Jahren ein beliebtes Kletterziel für zwar nicht lange, aber schwierige Fahrten wurde. Benannt nach dem 1932 in der N-Wand der Aiguille du Dru abgestürzten Hans Kofler. Erste Winterersteigung 29. 12. 1935 M. Schwaiger, W. Kronwitter.
Zugang: Auf dem Weg zur Viererspitze durch die Vordere Kreuzklamm (R 1865) ragt rechts ein alleinstehender scharfer Gratzug, der zum letzten Karwendelkopf hinstreicht und mit einem glatten Turm ab-

schließt. Die wichtigsten Führen sind in R 1888—1900 beschrieben; weitere Anstiege verlaufen über die O-Kante und den O-Kanten-Riß, die NW-Wand (äußerst schwierig, wenig begangen) und in anderer Wegführung durch die N-Wand (äußerst schwierig) zum Gipfel.

● 1876 Normalanstieg
IV—, 50 m, mehrere H, ½ Std.

Übersicht: s. Abb. S. 495.
Zugang: Von der Scharte zwischen Viererspitze und Nördl. Karwendelkopf auf Steigspuren nach S zum Beginn des Gipfelaufbaus.
Führe: Zuerst stemmend einige Meter hinauf (III, H), dann rechts aufwärts zu SH unter Riß (II). Den Riß empor (eine Stelle IV—, H), anschließend über gutgriffigen Fels zum höchsten Punkt.

● 1877 A Abstieg
Durch Abseilen (AH) nach NO zweimal 20 m, s. Abb. S. 495.

● 1878 Nordwand
M. Schwaiger, W. Kronwitter. **V** (teilweise), Wandhöhe 100 m, 2 Std. Siehe Abb. S. 495.

Zugang: E am Ende der Kreuzklamm, direkt in Fallinie des Turmes (Steinmann).
Führe: Vom E weg etwas überhängender Quergang nach rechts (H) zu einer kleinen Nische. Wieder Quergang nach links in eine Rinne (Stand). Die Rinne empor über einen Überhang auf eine kleine, brüchige Terrasse. Von hier einige Meter weiter zu gutem Stand. 5 m höher zu einer auffallenden, grifflosen Platte, die einen 2-m-Quergang nach links aufwärts ermöglicht. Oberhalb der Platte H. Von diesem über die Platte nach rechts unten gegen einen Vorsprung, 1 m über diesen hinweg zu gutem Stand. Dann links aufwärts über einen kleinen Überhang in einen Riß und weiter leicht zum Gipfel.

● 1879 Südwand
J. Frank, O. Kronwitter. **IV**, 1½ Std..

Führe: Die südl. des Koflerturms hinabziehende Rinne, die sog. Schieferklamm, etwa 100 m hinab zu kaminähnlichem Wandeinschnitt (Steinmann). Durch diesen Einschnitt zu griffigen Platten, die zu einem Graskopf leiten. Von ihm rechts über ein kurzes Wandstück in einen

Der Koflerturm von Norden mit (von links) Ostkante (R 1882a), Normalanstieg (R 1876), Nordwandführe (R 1878) und Direkter Nordwandführe (R 1880). R 1877 A bezeichnet die Abstiegsrichtung.

AH
1877A
1882a
1876
1878
1880

Riß. Dann über leicht schrofiges Gelände zu weiterem, liegendem Riß, dem man bis an sein Ende folgt. 10 m rechts gerade empor, dann Quergang nach rechts in eine Rinne, die zum Gipfel führt.

● 1880 Direkte Nordwand

H. Öckler, P. Hornsteiner, 1960. **V+ / A2** (teilweise), ca. 2 Std. Siehe Abb. S. 495.

Zugang: E am Ende der Kreuzklamm in Gipfelfallinie.
Führe: Über Platten 3 SL zu einem auffallenden, von rechts nach links gebogenen Riß, „Säbelriß". Im Riß und über die folgende Platte (A1) zu Stand unter Überhang. Nach Überwindung des Überhangs (A1) erreicht man über Platten Stand am Beginn einer Rinne. In ihr 15 m hinauf und über eine Rampe zu Stand (III, IV). Gerade hinauf (7 m) zu H, 4 m Quergang nach links und 8 m (IV / A2) überhängend, (hier kann man eine Schlinge über einen Zacken werfen, um mit ihrer Hilfe den Überhang zu erleichtern), dann über Platten zu Stand. Von hier zuerst links, dann rechts haltend zum Gipfel.

● 1881 Südwandkamin

M. Schwaiger, K. Guggemoos, M. Riedlechner. **V** (teilweise), 2 Std.

Zugang: Durch die Schieferklamm abwärts zum S-Wand-Einstieg (Steinmann).
Führe: Von diesem etwa 35 m nach links queren zu einem Felskopf mit Steinmann. Hier sieht man den fast senkrechten Kamin, der den Durchstieg vermittelt. Erst 25 m über gutgriffige Platten hinauf zu Stand. Weiter nach links etwas ausgesetzt unter einen Überhang. Über diesen (schwierigste Stelle) in den Kamin. In ihm 25 m aufwärts zu Stand. Weiter über grasgepolsterten Fels zu einer schwierigen Platte. Diese etwas rechts haltend empor, dann links in einen weiteren Kamin, durch den man auf einen Sattel gelangt. Von hier rechts über ein 10 m hohes Wandstück in den S-Wand-Weg, der hier durch einen von rechts nach links aufwärtsziehenden Riß gekennzeichnet ist. Diesem nur etwa 3 m folgen, dann gerade hinauf, an einer griffarmen Platte Quergang nach rechts in eine Rinne, die zum Gipfel führt.

● 1882 Südostkante

H. Hornsteiner, K. Gombocz. **V** (letzte SL), IV.

Zugang: Links des Koflerturmes durch die Schieferklamm, R 1889, etwa 70—80 m absteigen, bis rechts steile Felsplatten, mit schwarzen Rinnen durchzogen, sichtbar sind. E.

Führe: Zunächst etliche Meter gerade empor, dann Querung nach links (H) zu einem Standplatz. Rechts durch einen deutlich sichtbaren Riß empor zu Stand. Gerade weiter zur Kante (H). Die letzte SL senkrecht empor zum Gipfel — oder unter dem H nach rechts, kleiner Hangelriß zum Gipfel, leichter.

● **1882a Ostkante**
Erstbegeher nicht bekannt. **IV.** 1 Std. Schöner Fels.

Zugang: E am Fuß der O-Kante (aus dem obersten Teil der Schieferklamm).
Führe: s. Abb. S. 495. Immer an der Kante, später etwas links davon in 3 SL zum Gipfel.

● **1883 Südwestgrat**
Erstbegeher nicht bekannt. **V** (E), sonst V— (stellenweise) und III. Fester Fels, 2—3 Std.

Übersicht: Der Koflerturm zieht nach SW als langer Gratzug parallel zur Vorderen Kreuzklamm hinab. Die Route verläuft unmittelbar über den Grat.
Einstieg: Wie in R 1865 in die vordere Kreuzklamm. In ihr etwa 200 m empor, dann nach rechts durch eine Steilrinne auf den latschenbewachsenen Gratfortsatz. Auf ihm empor bis zum ersten Steilaufschwung. E bei RH.
Führe: Den Steilaufschwung in Wandkletterei ziemlich gerade empor, weiter in schrofigem Gelände bis zu Stand unter nächsten Steilaufschwung (V, 35 m). Über diesen (V—) aufwärts in leichtes Gelände. Nun in einfachem Gelände 3—4 SL am Grat empor (II, stellenw. III), bis zu kurzem senkrechtem Wandl. Über dieses (V—) hinweg und weiter in leichter Kletterei (II und III) bis unter den steilen Gipfelaufbau. Vom RH klettert man vor bis zur großen Platte. Nun Quergang nach rechts auf schmalem Band zu senkrechter Kante. Über diese auf den Gipfel (V—).
Der schwierige E kann umgangen werden (IV—). Vom RH ohne Schwierigkeiten nach rechts aufwärts zu einem Absatz. Nun schräg links (H) in eine Rinne und in dieser links haltend aufwärts zum ersten Stand. Weiter wie dort.

● **1884 Direkter Südwestgrat**
Erstbegeher unbekannt. **V,** 1½ Std. Sehr schöne Tour.

Zugang: Von der Mittenwalder Hütte in die Vordere Kreuzklamm, die im oberen Teil nach rechts zum Koflerturm hin verlassen wird. Durch Schrofen- und Latschengelände zum E.

Führe: Vom E 25 m gerade empor zu Gratabsatz (V, 4 H) und weiter leicht links aufwärts zu Standplatz (H) unter Riß. Der Riß wird direkt erklettert (V, 3 H). Die folgenden Gratzacken sind bis zum auffallenden Gratturm zu überklettern (II u. III). Vom Stand (H) aus senkrecht teils überhängend 20 m empor zu gutem Stand (V, 3 H). Der Grat wird nun bis zum glatten Gipfelaufbau verfolgt (II). Zuerst nach rechts hangelnd, dann an Rißspur (V, 3 H) luftig zum Gipfel (P. Seidlmeier).

● **1885** **Kreuzwand,** 2132 m

Aus dem Kälberalpeltal aufsteigender, mächtiger Felskoloß. Vermutlich ebenso wie die Viererspitze bereits früh erstiegen. Bekannter und beliebter Kletterberg im Bereich der Dammkarhütte. Besonders im südseitigen Bereich gibt es eine Vielzahl nahe beieinanderliegender Führen, die sich als Übungsklettereien anbieten.

● **1886** **Durch das Vordere Dammkar** (Viererkar)
I, 3½—4 Std. von Mittenwald.

Wie in R 1861 auf den Sattel zwischen Kreuzwand und Nördl. Karwendelkopf. Über grasdurchsetzte Schrofen nach rechts (OSO) zum Gipfel.

● **1887 A** **Abstieg**

Siehe R 1886 in umgekehrter Richtung.

● **1888** **Von der Viererspitze**
I, ½ Std.

Auf Spuren vom Sattel zwischen Viererspitze und Nördl. Karwendelkopf über die Grasschrofen hinüber zum Sattel zwischen letzterem Gipfel und der Kreuzwand. Von hier wie in R 1886 zum Gipfel.

● **1889** **Durch die Hintere Kreuzklamm**
II, 4 Std.

Der Weg ist größtenteils identisch mit R 1864. Vom Sattel zwischen Karwendelköpfen und Viererspitze wie in R 1888 zum Gipfel.

● **1890** **Ostgrat**
A. Deye, 1913, Jb. Bergland 1913, S. 58. **III,** 3 Std. E.

Zugang: E in Höhe der Dammkarhütte auf der SO-Seite des Grates.
Führe: Durch eine Schrofenrinne zur ersten Scharte hinter dem noch in der Latschenzone liegenden Kopf. Der nächste Grataufschwung und der folgende Turm (kenntlich durch einen feinen Riß) werden auf der O-Seite umgangen. Dann wird der Grat beibehalten. Nach einer waagrechten Senke folgt ein Aufschwung, dessen oberer Teil durch ei-

nen engen Kamin rechts des Grates erklettert wird. Die nächsten Türme werden überklettert. Später gelangt man zu einer Scharte, die durch einen querlaufenden, nach links abfallenden Schacht gebildet wird. Die jenseitige Wand ersteigt man am leichtesten ganz links, zum Teil hinter der Kante in der S-Flanke. Zwischen Vorgipfel (Kreuz) und Hauptgipfel senkt sich der Grat zu einer tiefen Scharte. Der nächste Aufschwung wird über zwei aufeinanderliegenden Plattentafeln erstiegen.

● **1891** **Südostkante, „Joe-Muff-Weg"**
Erstbegeher Hochgebirgszug 222. **V—** (zwei Stellen), IV+, Wandhöhe 300 m, 2 Std. E.

Zugang: E 20 m rechts vom S-Wand-Kamin in stumpfer Verschneidung.
Führe: 15 m in der Verschneidung empor (IV), dann 4 m Quergang nach links und weiter ca. 40 m (Zwischenstand) zu Stand empor (V—, H). 4 m abfallend nach rechts in eine Steilrinne und in ihr hinauf bis zu Stand (ein kleiner Überhang wird rechts überklettert, V—). 2 m nach rechts und 30 m gerade empor zu Stand (Block). Nun 2 m nach oben, dann kurzer Hangelquergang nach links und 30 m gerade der Gratkante folgend zu Stand (rechts der Kante Geröllfleck mit Block). Über Schrofen 6 m nach rechts und dem kleinen Grat folgend zu Stand (Block). Weiter dem schwach ausgeprägten Grat folgend 1 SL empor zu Stand (Block). 2 m rechts und 1 SL links haltend, einer Steilrinne folgend, empor in Richtung eines auffallenden Gratabsatzes. 8 m nach links zur Gratkante und dieser folgend in leichter werdender Kletterei zum Vorgipfel (Gipfelbuch).

● **1892** **Südwandkamin**
IV, 3 Std.

Zugang: Von der Dammkarhütte durch das Viererkar (Vord. Dammkar) ansteigend zur halben Höhe des Kars, bis an der S-Seite der Kreuzwand, hinter einem vorgebauten Felskopf, ein steil abfallender Kamin sichtbar wird.
Führe: Nach rechts einsteigend erreicht man den Kamin. In demselben gerade empor bis zu einem Überhang (H). Über ihn hinweg, gerade empor über plattigen Fels, bis sich der Kamin erweitert. Nun leichter entweder durch die folgende Rinne, oder links über Gratzacken zum Gipfel.

● **1893** **Südwand**
J. Lankes, P. und W. Seidlmeier, 1968, Alp.12/1968. **IV**, 1½ Std. E.

Führe: Der Anstieg verläuft über die vom S-Wand-Kamin etwa 50 m links gelegene Steilrampe. An glattgewaschenem Fels einige Steilstufen empor, bis ein brüchiger Überhang den Weiterweg sperrt. Der Überhang wird in einer Rechts-Links-Schleife, zuletzt hangelnd, überwunden (IV). Die folgenden kurzen Steilaufschwünge werden direkt erklettert (bis IV). Zuletzt durch die steile Schrofenrinne zur markanten Scharte und dann rechtshaltend über leichten Fels (II) zum Gipfel.

● **1894** **Südostwand**
Kemnitzer, Loos, 1979. **V—** (einige Stellen), IV und III, 300 m Wandhöhe, 2½ Std.

Zugang: Von der Dammkarhütte durch das Viererkar in 20 Min. zum E, der sich etwa 5 m rechts des Joe-Muff-Weges, R 1891, befindet (alter Orientierungshaken).
Führe: Über eine glatte Platte (V—) nach 5 m in einen kaminartigen Riß und durch diesen bis zu einem Pfeilerkopf (Stand, 2 H; 40 m, V—, IV). Nun 15 m schräg rechts aufwärts, weiter schräg links Einrissen und Wandstellen folgend bis zu einer verschneidungsartigen Rinne. Diese 5 m hinauf zu Stand (2 RH; 40 m, III u. IV). Die Rinne weitere 15 m hinauf, bis sie von einem Überhang unterbrochen wird, dann an der rechten Begrenzungswand gerade empor (V—, H) und weiter über kleinen Pfeilerkopf bis zu Riß in grauer Platte (Stand, H; 40 m, III, V—, III). 2 m Quergang nach rechts (Latsche) und durch Piazriß empor zu Stand, H (20 m, IV+). Nun nach rechts und durch einen Kamin auf den Seitengrat, diesem folgend bis in eine kleine Scharte zu Stand, Sicherungsblock (40 m, III). Die nächste SL führt durch die linke Schrofenrinne zu brüchigem Gratkopf (Stand, Sicherungsblock; 35 m, II). Nun 3 SL R 1891 folgend zum Gipfel (III u. IV).

● **1895** **Hauptgipfel-Südwand**
Erstbegeher Hochgebirgszug 222. **V+** (zwei Stellen), V, Wandhöhe etwa 250 m, 2—3 Std., Übungskletterei.

Zugang: E 50 m links (südl.) des S-Wand-Kamins, R 1892, bei breiter Wasserrinne.
Führe: 30 m seilfrei empor bis unter die erste Unterbrechungsstelle. Über diese in einer Rechts-Links-Schleife hinweg und 10 m hinauf zu Stand (H). Weiter der Rinne folgend bis zur Gabelung (IV—). In der linken Rinne 10 m aufwärts zu Stand (Block). Quergang nach rechts an steile Kante und an ihr direkt hinauf zu Latschenfleck (V), dann 2 m nach links, 15 m gerade aufwärts und Quergang nach rechts (V—) an die äußerste Kante (rechts der schwarzen Dächer) zu Stand (Block). 10 m der Kante folgend empor und Quergang schräg links aufwärts zu

Stand (V+, H). 3 m nach rechts an die Kante und an ihr 1 SL hinauf (kleiner Überhang wird direkt überklettert, IV) zu Stand (Block). Nun über Schrofen und Grasrinnen etwa 80 m empor zum Hauptgipfel.

● 1896 Südwandplatten

Grulich, Rauch, 1978. **V**. Die Führe ist in der Linienführung etwas gesucht. Die schwierigen Stellen können meistens auch in leichterem Gelände umgangen werden. In der Originalführe geklettert, ist die Tour als lohnend zu bezeichnen.

Zugang: E etwa 100 m links (oberhalb) des S-Wand-Kamins, R 1892.
Führe: Durch einen Riß in einer Plattenwand (3 H) nach 40 m zu Absatz (Stand, H). Den Riß kurz weiter (H), dann leicht rechts haltend auf ein Schrofenband. Dieses 10 m nach links (Stand, H). Über die folgende Platte gerade hinauf (schwerste Stelle) zu H, dann leicht rechts haltend zu einer Kante hinauf und nach links um eine Ecke zu Stand (H). Die hier ansetzende glatte Platte zuerst an der linken Begrenzung 8 m empor, dann rechtshaltend durch die Platte auf eine Gratkante (H). Entlang dieser Kante leichter nach 10 m zu Stand (Profilhaken). Über den folgenden Wulst an versteckten Griffen hinauf und dem hier ansetzenden Grat 2—3 SL bis in eine Gratscharte unter dem letzten Aufschwung folgen (Stand). Nun nach links und, teilweise links bzw. auf der Kante, brüchig hinauf auf Pfeilerkopf (H). Jetzt vom Pfeilerkopf absteigen und nach links (SO) durch die Schlucht und die folgenden Steilschrofen hinab ins Viererkar oder ab dem Pfeilerkopf über Schrofen zum Gipfel.

● 1897 Ostkante

F. Mannes, H. Mayr, 1975; Alp. 1 / 1976. **V** (einige Stellen), IV+ und leichter.

Zugang: E etwa 100 m unterhalb des S-Wand-Kamins, R 1892. ½ Std. von der Dammkarhütte.
Führe: Direkt über die Kante zu Grasriß (IV), durch diesen (V) nach 35 m zu Stand. Gerade weiter bis zu Schuttfleck, 3 m nach links und gerade hinauf zu Stand auf Grasfleck (IV—). Nun 35 m über die Kante zu Block (IV). Zuerst direkt hinauf, dann links der Kante zu H, 2 m nach rechts und hinauf zu Stand bei 2 H (IV—). Über Platten 8 m schräg links hinauf bis zu Riß (V, 2 H) und weiter gerade hinauf zu Stand bei Block (IV). 10 m nach links zur Kante, über diese und einen Überhang (Klemmkeil) in eine Rinne, in ihr bis zu 2 H (rechts oben Verhauerhaken!). 4 m nach links (IV+) und gerade hinauf zu Stand auf Grasfleck (IV). Nun rechtshaltend hinauf bis zu Überhang (brüchig), 5 m schräg links aufwärts, dann etwa 6 m links der Kante nach

40 m zu Stand bei Block (V); 35 m über den Grat hinauf zu Stand (III). Auf dem Grat weiter bis zu H (III), 4 m nach links (IV) und gerade hinauf zu Stand. Rechts durch eine Scharte, 5 m Quergang nach rechts, 3 m hinauf, Quergang nach links bis zu H und direkt über die Kante zu Stand unter schwarzer Wand (IV+). 5 m links absteigend in eine Rinne, in dieser auf den Grat (IV) und in 1 SL (II, III) auf den Gipfel.

● **1898** **Nordostwand**
F. Schmitt, H. Huthmann, 1933, 24. Jb. Bayerland. **IV**, teilweise brüchig. Wandhöhe 700 m. Ohne Zeitangabe.

Zugang: E bei einem begrünten Sporn, der vor dem Beginn des Dammkares aus der Wand vorspringt.
Führe: Den Durchstieg durch den unteren Wandgürtel vermittelt eine teilweise überhängende Wandeinbuchtung. Über leichten Fels bis unter den ersten Abbruch. Er wird an der linken Begrenzungswand schwierig umgangen. Weiter 40 m leicht rechts haltend zu einem abschüssigen Schuttband und 25 m nach links, unter den zweiten Überhang. Links empor und etwas nach rechts zu einem Geröllplatz unter dem dritten Abbruch. Nun 2 SL Querung schräg links aufwärts, bis es möglich ist, nach rechts zurückzukommen. An glatter Platte nach rechts (H) und weiter 30 m nach rechts in eine Mulde ober gelber Wand. Etwas links zu einem kaminartigen Spalt und zu einer kleinen Höhle. Im Zickzack etwa 180 m empor bis zu einer großen Plattenmulde. Diese quert man von links nach rechts ansteigend, erreicht über Schrofen ein langes Grasband, das man 50 m bis zu einer Kante unter gelben Wänden verfolgt. Nun links in einer Mulde etwa 100 m aufwärts und in schöner Kletterei in Rinnen und Rissen gerade zum scharfen Grat knapp östl. des Gipfels.

● **1899** **Nordostwand**
H. Rehm, S. Keßler, 1937. **V** (stellenweise), mitunter sehr brüchig. 5—6 Std. Siehe ä. A.

● **1900** **Nordostgratturm, Ostwand-Ostkante**
Ries, Loos, 1976. **IV+** (eine Stelle), IV— und III. Wandhöhe etwa 150 m, 1½ Std.

Zugang: Von der Dammkarhütte in ¼ Std. durch das Viererkar zum E, der sich etwa 100 m unterhalb der direkten O-Kante in Gipfelfallinie befindet.
Führe: Über Schrofen gerade empor zu Stand (H) in einer nischenartigen Verschneidung (40 m, I, II). In leichtem Bogen, einer Blockrinne folgend, empor. Diese nach 20 m mit einem 4-m-Quergang links verlas-

sen und über eine mehrmals unterbrochene Wandstelle gerade aufwärts zu Stand, H (40 m, III u. IV—). Nun zuerst gerade, dann schräg rechts einer kaminartigen Verschneidung folgend empor. Kurz vor ihrem Ende links aus ihr heraus und eine Rinne mit mehreren Wandstellen hinauf zu Stand (H) in einem Riß (40 m, III). Vom Stand schräg rechts aufwärts durch eine brüchige Rinne zur O-Kante und dieser 8 m folgend zu Stand (H in kleiner gelber Nische; 25 m, II, III). An der steilen Kante 3 m hinauf und schräg rechts aufwärts, einer brüchigen Rampe folgend, zu Stand, (H, 25 m, IV+, III; Schlüsselstelle). Links des Standplatzes eine Wandstelle einige m hinauf, 2 m Quergang nach links und leicht rechtshaltend im Riß direkt empor zur Gratschneide. Über diese zum Gipfel des Turmes, Block (30 m, IV—, III).

● **1901 A Abstiege**

III oder **II** je nach Variante.

a) Man folgt dem NO-Grat (III) bis zum Hauptgipfel. Nun auf dem Normalweg, R 1886, über Viererscharte und Viererkar zurück zur Dammkarhütte.

b) Man folgt vom Gratturm dem Grat etwa 30 m zu einem H mit Abseilschlinge. Nun die Rinne ins Viererkar abseilen; alle 20 m AH vorhanden. Die letzten 50 m über Schrofen abklettern (II). Durch das Viererkar zurück zur Dammkarhütte.

● **1905 Dammkarnadeln**

Die Dammkarnadeln sind zwei an sich unbedeutende Zacken in der südlichen Begrenzung des Viererkars (Vorderes Dammkar). Ihre 350 m abstürzenden N- und NW-Flanken sind lohnende Kletterziele. Da sich die beiden Dammkarnadeln vom Viererkar her als ein Massiv präsentieren, spricht man im allgemeinen nur von *der* Dammkarnadel. Geklettert wird praktisch nur an einem pfeilerartigen Wandteil. Von S her sind beide Nadeln unbedeutende Erhebungen am Rande des Viererkars.

● **1906 Nordwestwand**

Dreher, Steinkötter 1961. Wandhöhe 300 m, **VI—, A2.** 45 H wurden ursprünglich von den Erstbegehern belassen, 3—5 Std. Siehe Skizze S. 504.

Zugang: Von der Dammkarhütte durch das Viererkar in 20 Min. zum E. Die Dammkarnadeln sind bereits von der Hütte aus als markante Gipfel zu erkennen. E bei Felseck am Fuß der Nadeln.

Führe: Eine nach links ziehende Rampe (IV) 35 m hinauf zu Stand auf Köpfl. Nun weiter links hinauf (IV+, III, 1 H) zu schluchtartigem

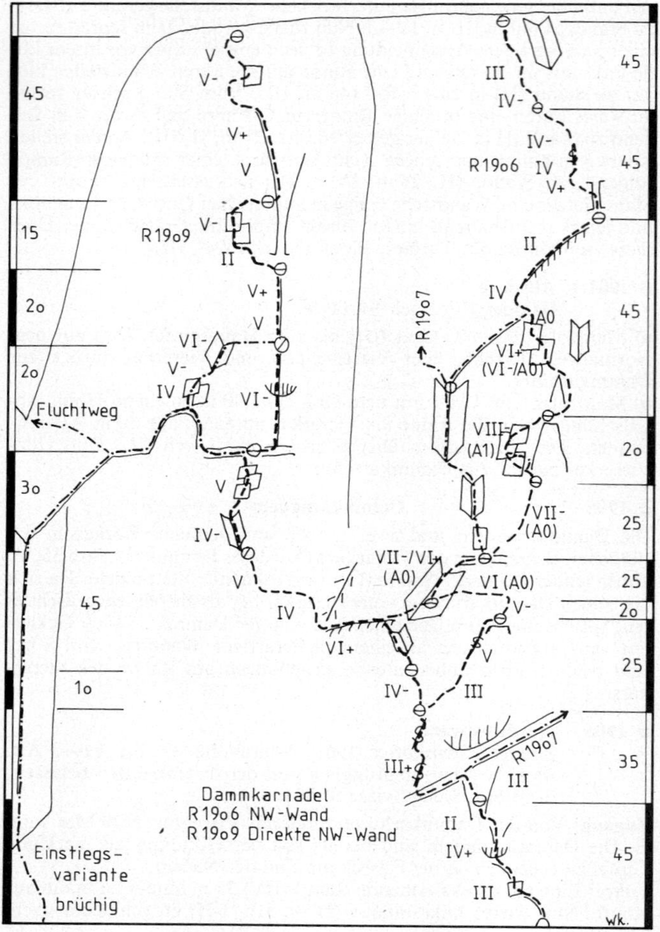
Dammkarnadel
R 19o6 NW-Wand
R 19o9 Direkte NW-Wand
R 19o9
R 19o6
R 19o7
Fluchtweg
Einstiegs-
variante
brüchig
wk.

Felskessel. In der Schlucht bis unter schwarzen Überhang, dann auf Leiste nach links, 10 m absteigen und wieder rechts haltend in seichtem Riß zu Stand (IV, 2 H). Von hier nach rechts über gestuften Fels (IV, V+, 1 H) zu Felskopf. Weiter rechts hinauf, dann links über gut griffigen Fels, später über H nach links um eine Ecke in eine Verschneidung (steile Rampe). In der Verschneidung 12 m hinauf (A2, VI—, 5 H) und auf schmalem Band nach rechts unter gelbe Verschneidung. 4 m Quergang nach rechts; in gelbem brüchigem Riß 16 m hinauf zu Stand an Blöcken (A3, VI—, 7 H). Von hier 3 m Quergang nach links und über überhängendes Wandl, später nach rechts auf Pfeilerkopf (A2, VI—, 10 H).

● **1907** **Nordwestkante**
Stierle/Häckl 15./16.6.68. **VI—, A2,** 3—6 Std. E.

Übersicht: Die Führe ist im unteren Teil mit der NW-Wand (R 1906) identisch. Sie zweigt erst ab nach der ersten technischen Seillänge bei dem Stand unter der gelben Verschneidung. Hier zweigt die Steinkötterführe nach rechts ab.

Führe: Hier 3 m empor, dann links in eine überhängende Verschneidung und immer den H folgend etwa 40 m zu Schlingenstand. Nun etwas links über 2 BH, den H folgend in einen breiten, schon vom Kar aus sichtbaren schwarzen Riß, zu gutem Stand auf Band. Links haltend kommt man über mehrere H unter einem Überhang. Über diesen hinweg und sofort links um die Kante in einen unschwierigen, kurzen Kamin. 3 m bis zu seinem Ende und auf ein Band. Nun 3 m rechts empor, dann etwa 3 m durch einen schwarzen, senkrechten Riß. Jetzt nicht auf dem Band nach rechts queren, sondern sofort aus dem Riß links heraus in eine kleine Rinne in Richtung einer zurückgelegten Verschneidung. Diese Rinne etwa 3 m empor und sofort nach links an die Kante und nach 5 m zu Stand. Nun nicht durch anscheinend leichtes Gelände in die Wand verleiten lassen, sondern direkt an der Kante in schöner Kletterei zum Ausstieg. (Bericht der Erstbegeher.)

● **1908** **Nordwestriß,** auch Nordwestwand genannt
Öckler, Habereder, 1962. **VI,** teilweise leichter, 2 Std. Nicht empfehlenswert, s. ä. A.

● **1909** **Direkte Nordwestwand**
Öckler, Birkhold, 1961. Wandhöhe 380 m, **VI+,** 4 Std. Siehe Skizze S. 504.

Zugang: E in Fallinie eines auffallenden großen Risses.
Führe: Eine Schlucht empor, rechts haltend zu Stand (III). Weiter über

Platten 2 SL (IV, V) zu einem Kamin links vom Riß, Stand. Nun 15 m hinauf, Quergang nach rechts zu Riß, Stand (V bis VI). Weiter 3 SL im Riß (V bis VI) hinauf zum Gipfel.

● 1910 Drei Kirchln

Westliches, 2241 m, Mittleres, 2211 m

Östliches, 2225 m. Drei kühne Zacken auf dem Grat zwischen Westl. Karwendelspitze und Larchetfleckspitzen.

● 1911 Überschreitung

Goß, Matejak, Jb. Hochland, 1913. **III** (stellenweise), 3 Std.

Führe: Von der Dammkarscharte aus auf dem Grat 10 m hoch, nach links zu einer Höhle. Über eine Wandstufe zu einem Geröllfleck. Nach rechts zum Grat. In einer Verschneidung empor, dann nach rechts durch eine Rinne zu einem Schartl (Klemmblock). Von ihm auf den Grat. Auf diesem weiter, ein Gratturm wird auf der Kirchlkarseite umgangen. Von der letzten Scharte durch einen Riß empor und zum Gipfel. Von diesem nach S in einer Rinne, bis ein Quergang zum O-Grat möglich ist. Diesen hinab zu seinem Abbruch. Fast waagrecht in die S-Seite zurück (oder von hier abseilen nach O) wieder in die oben erwähnte Rinne. In einer Fortsetzung hinab, bis sie abbricht. Ausgesetzter Quergang waagrecht nach O auf das breite, von oben sichtbare Band, das bequem unter dem Abbruch des O-Grates zum Grat leitet. Über diesen in den Sattel zwischen Westl. und Mittl. Kirchl, 2158 m. Vom Sattel auf und neben dem Grat durch kaminartige Rinnen hinauf zum Gipfel. Der Gipfel bricht steil nach O ab. Rechts neben dem Gratabbruch ausgesetzt 20 m einen Riß hinunter und durch eine seitlich ansetzende Verschneidung in eine Gratscharte. Von da wieder auf den Grat und über grasdurchsetzte Felsen und Schrofen auf der Dammkarseite hinab, zuletzt Quergang in die nächste Gratscharte. Einige Grattürme werden umgangen, dann durch eine Grasrinne südl. hinab in die Scharte vor dem Östl. Kirchl, 2178 m. Von dieser durch eine schräge Rinne von rechts nach links zu einem kurzen Kaminstück, das neben dem ersten Grataufbau hinaufzieht. Durch diesen Kamin, dann wieder neben dem scharfen Grat in einer seichten Rinne weiter, bis zu einem kurzen Quergang nach rechts. Ausgesetzt und brüchig zum Grat empor. Nordseitig durch eine Verschneidung, über Platten und den Vorgipfel leicht zum Gipfel.
Der **Abstieg** nach O in die Scharte vor der Westl. Lärchfleckspitze ist unschwierig. Von der Scharte kann unschwierig ins Kirchlkar abgestiegen werden. Zur Dammkarscharte zurück, werden das Östl. und Mittl. Kirchl auf Bändern südl. gequert, das Westl. Kirchl nordseitig.

● **1912** **Westliches Kirchl von Nordosten**
Allwein, Gäbler, 1927. **III,** 1 Std. S. ä. A.

● **1913** **Östliches Kirchl, Nordwand**
Hornsteiner, Gombocz, 1943. **V** (stellenweise), IV, 2 Std.

Zugang: E aus dem Dammkar in Fallinie des Gipfels.
Führe: Zuerst über Schrofen und kleine Wandstellen etwa 150 m empor zur rotgestreiften Gipfelwand. Mitten durch die Wand zieht ein enger Kamin. In ihm hinauf zu seinem Ende, dann gerade empor (H), 10 m (H) weiter und dann zum Gipfel.

● **1915** **Larchetfleckspitzen (Lärchfleckspitzen)**
Westliche, 2303 m, Östliche, 2363 m

Zwei dem Grat höckerartig aufgesetzte Gipfel, deren N-Wände das Dammkar beherrschen. Erste touristische Ersteigung H. Schwaiger, 1884, Erschl. 1. S. 198, Mitt. AV 1885, S. 258.

● **1916** **Von der Bergstation der Karwendelbahn**
2 Std.

Zunächst von der Bergstation auf dem bez. Weg zur unteren Dammkarscharte (vgl. R 1838). Dann quert man die drei Kirchln, das Westl. auf der N-Seite, die beiden anderen auf der S-Seite (Grasbänder). Von hier in einer Rinne, deren Absätze in unschwieriger Kletterei überwunden werden. Vom Ende der Rinne nach rechts auf Grasschrofen zum Sattel zwischen den beiden Gipfeln und zu diesen selbst.
Abstieg in umgekehrter Richtung oder auf R 1922.

● **1917** **Aus dem Kirchlkar**
3 Std. aus dem Karwendeltal.

Von Scharnitz ins Karwendeltal (R 301). Kurz nach der Einmündung des Kirchlbaches, etwa nach der Wildfütterung (20 Min. talaus von Larchet) folgt man dem von der Straße abzweigenden Steig links. Wo der Steig sich in entschiedenem Bogen nach links (westl.) wendet, verläßt man ihn und steigt jetzt in der östl. Karhälfte pfadlos gerade aufwärts über grüne Hänge bis in den am Fuß des östl. Kirchls eingebetteten Geröllkessel. Von dem Punkt, wo sich vom Turm der Westl. Larchetfleckspitze ein nach S streichender Ausläufer ablöst, zieht eine von unten deutlich sichtbare Rinne herab, deren unteres Ende vom Kirchlkar durch einen Wandabsturz getrennt ist. In dieser Rinne erfolgt der weitere Aufstieg. Auf einer nach links (westl.) schräg aufwärts führenden Grasterrasse empor zu einer weiteren unter den Kirchln ziemlich eben nach rechts führenden breiten Grasterrasse in die Rinne. Deren einzelne Absätze werden in unschwieriger Kletterei überwunden. Vom Ende der Rinne nach rechts auf grasdurchsetzten Schrofen zum Sattel zwischen den beiden Gipfeln und zu diesen selbst.

● 1918 Aus dem Larchetfleckkarl
3 Std. von Larchet. Orientierung schwierig.

Wie in R 1938 durch das Großkar und Tiefkar zu dem begrünten Ausläufer der Tiefkarspitze. Von hier schräg abwärts in das westl. liegende Larchetfleckkarl. Die über dem Kar liegenden grasdurchsetzten Schrofenhänge, die zur tiefsten Einschartung zwischen Östl. Larchetfleckspitze und Tiefkarspitze hinaufziehen, erreicht man durch Queren im obersten Teil des Kares (unter einem fast ganzjährigen Schneefeld). Nun auf den breiten Grashängen weiter empor zum Grat. Über einige Zacken unschwierig zum Gipfel.

● 1919 Westliche Larchetfleckspitze, Nordwestwand
Allwein, Scherer, 1923, 31. Jb. AAVM. **IV,** im unteren Teil überaus brüchig, 4 Std.

Zugang: E dort, wo unter dem Östl. Kirchl der Schutt am weitesten hinaufreicht.
Führe: Der erste Absatz wird von rechts her auf breitem Band erstiegen. Durch einen schwierigen gelben Riß schräg von links auf den zweiten Absatz. Über Schrofen und Geröll nach links aufwärts bis unter eine Wand. Hier nach rechts über ein anfangs gelbes Band, das in eine Rinne ausläuft. Von ihrem Ende horizontal nach links über Platten, dann ein wenig absteigen und über Schrofen weiter nach links. Hier klafft eine Plattentafel mit einem Spalt etwa 20 cm weit von der Wand ab. Durch diesen Spalt, teilweise auf der Platte reitend, hinauf. Dann ausgesetzter, kurzer Quergang auf ein kleines Geröllfleckchen unter einem Kamin. Durch diesen hinauf (Klemmblock), weiterer Quergang nach links auf geröllbedecktem Band. Nun möglichst tief haltend auf ein Schartl in einem Seitengrat. (Einblick in die Schlucht, die zwischen Östl. Kirchl und Westl. Larchetfleckspitze herabzieht.) Rechts von ihr mäßig schwierig hinauf zur Scharte (2½ Std. E). Von der Scharte gerade hinauf gegen die mächtige Plattenwand. Unter dieser nach links heraus und über Bänder, die durch kleine Kamine verbunden sind, im Zickzack aufsteigend zum Gipfelgrat, den man 30 m westl. des Gipfels erreicht.

● 1920 Östliche Larchetfleckspitze, Nordwestwand
Pfannmüller, Sitte, Radke, Gäbler, 1925, Jb. Hochland 1925. **IV** (stellenweise), 4—5 Std.

Zugang: In etwa einem Drittel Höhe der NW-Wand befindet sich eine schwarze Wand mit einem großen, gelben, senkrechten Streifen, rechts von einem gelben Wandabbruch. In ihrer Fallinie springt die NW-Wand am weitesten ins Dammkar vor. 20 m oberhalb E.
Führe: Man steigt nun 2 SL empor zum Beginn einer nach links aufwärts ziehenden kaminartigen Rinne, die man bis zu ihrem Ende verfolgt. Nun auf leicht ansteigendem Band nach links (Steinmann). Rechts empor durch eine Rinne zu einer kleinen Kanzel. Um die Kante in einen kurzen Kamin, dann rechts aufwärts haltend zu dem schon von unten sichtbaren Band, unmittelbar unter der oben erwähnten schwarzen Wand. Dem nach O schmäler werdenden Band bis fast an sein Ende folgen. 1 SL östl. des Abbruchs geht es wieder gerade hinauf. Die erste 10 m hohe Wandstelle wird unmittelbar rechts von einem Riß erklettert. Nun 2 SL aufwärts. Die nächste Wandstufe durchzieht ein Riß von links nach rechts aufwärts. Der in der Mitte befindliche Überhang wird sehr schwierig von links nach rechts überwunden. 10 m oberhalb des Überhangs über plattige Wandstellen gerade hinauf zu einer Schlucht unter einem auffallenden Turm (links vom Turm schlanke Felsnadel). Die Schlucht verengt sich zu einem Kamin. Durch ihn auf eine Geröllterrasse (Steinmann). Nun erst rechts, dann links aufwärts in die Scharte zwischen dem erwähnten Turm und dem Gipfelaufbau. Zu den sichtbaren Gipfelfelsen über steile Schrofen gerade empor.

● 1921 Aus dem Dammkar

In älteren Aufl. als „NW-Wand, alter Weg" bezeichnet. I. und C. Grießl, Jb. Bayerland 1925. **II** (bis zum Grat stellenweise), Grat leicht. 2 Std. E.

Übersicht: Die Führe bewegt sich im verwinkelten Rinnensystem des N-Absturzes des Verbindungsgrates Larchetfleckspitzen — Tiefkarspitze.
Zugang: E etwa unter der Mitte des Grates, wo eine breite Grasterrasse oberhalb einer schwarzen Wand in den Schotter ausläuft.
Führe: Zunächst nach rechts, bis man durch das Rinnensystem, immer wieder die begrenzenden Grate benützend, zum Grat aufsteigen kann. Dürftig im Sinne des Abstiegs mark. Vom Grat zum Gipfel. Man kann vom Grat aus auch die Tiefkarspitze erreichen.

● 1922 Übergang zur Westlichen Karwendelspitze und zur Karwendelbahn

1½ Std.

Entweder die in R 1917 beschriebene Rinne hinab oder besser vom Sattel zwischen den Gipfeln solange nach W unter den Felsen queren, bis man den vom westl. Gipfel nach S streichenden Ausläufer auf Rasenbändern nach rechts überschreiten kann. Die Grasbänder führen dann weiter zur südl. Umgehung des Östl. und Mittleren Kirchls, während das Westl. auf seiner N-Seite gequert wird. Weiter wie in R 1838 zur Westl. Karwendelspitze oder zur Karwendelbahn.

● 1923 Von Westen aus der Scharte zwischen Östlichem Kirchl und Westlicher Larchetfleckspitze
III+, 1 Std.

Führe: Über grasdurchsetzte Schrofen und mehrere Absätze hinauf bis zum steilen Grataufschwung. Diesen nach links in einer großen Schleife umgehend bis zu einem rampenartigen Felsabsatz. Nach dessen Überwindung Plattenquerung schräg links bis zu einer Steilrinne, die direkt zum Grat führt. Über diesen zum Gipfel.

● 1924 Übergang zur Tiefkarspitze
Leicht.

Auf dem Grat nach O, bis man die aus dem Larchetfleckkarl heraufkommende Führe trifft. Siehe R 1938.

● 1930 Tiefkarspitze, 2431 m

Die formschöne Felspyramide beherrscht nach N das Kälberalpltal. Allseits abfallende Flanken und Wände lassen den Berg, der zu den schönsten Berggestalten des Karwendels zählt, isolierter erscheinen, als er ist. Erste Ersteigung Hermann von Barth, 1870; von N Gsaller mit Führer Fuetterer, 1887. Lit. NKA S. 434; Erschl. I. S. 197. Mitt. AV 1887, S. 232. Siehe auch Mitt. AV 1891 und 1894.

● 1931 Nordwestgrat
Gebräuchlichster Weg von N; W. Hammer, O. Ampferer, 1896, ÖAZ 1897, S. 238. **III+** (eine Stelle), II, 3—3½ Std. von der Hochlandhütte.

Anstiegsverlauf: s. Abb. S. 513.
Von der Hochlandhütte etwa ¼ Std. auf dem Weg zum Dammkar in Richtung Mitterkar. Man verläßt ihn dort, wo in einer Latschenschneise Steigspuren gegen das Mitterkar hinführen. Deutlich sichtbar leitet der Steig über das große Schuttfeld unter der N-Flanke der Tiefkarspitze aufwärts. Durch eine Rinne gelangt man auf einen begrünten Kopf. Von hier entweder:
a) Auf dem schon von der Hütte auffallenden Grasband („Predigtstuhlband“) auf deutlichen Steigspuren zum Predigtstuhl, einer auffälligen Schulter, von der aus sich der NW-Grat emporschwingt. Der Predigtstuhl wird auch vom Dammkar über die Reisen unter der W-Flanke der Tiefkarspitze und zuletzt eine Rinne erreicht. Vom Predigtstuhl

über den Grat, besser nach N ausweichend weiter zu einem Grasband, das unter einer Bastion fast eben östl. leitet. Auf dem Band zu einem dunklen Kamin in der Fallinie eines schon von unten sichtbaren Gratturmes. Oder:
b) Das bei dem begrünten Kopf beginnende Grasband wird bald verlassen und schräg rechts über grasdurchsetzte Schrofen (Spuren) zum Beginn des Kamins aufgestiegen. Kürzer als obiger Weg.
Nun gemeinsam: Nach Überwindung des unten etwas überhängenden Kamins (schwierigste Stelle, III +) über eine Wandstufe zum Grat. Der Grat wird von Stufe zu Stufe in anregender Kletterei erstiegen, wobei deutliche Kletterspuren den Weg weisen. Man erreicht nun eine breite, tiefe Schlucht, die die N-Flanke des Massivs durchreißt und in einer Scharte endet, bei der der NW-Grat in den N-Grat übergeht. Durch diese Schlucht zur Scharte empor oder etwas schwieriger auf dem NW-Grat weiter. Die Türme des N-Grates werden entweder überklettert oder auf der Dammkarseite umgangen. Der letzte Gipfelaufbau wird durch einen kaminartigen Riß erstiegen. Nach einer Querung auf der N-Seite wird der kreuzgeschmückte Gipfel erreicht.

● 1932 A Abstieg

III + (eine Stelle, abseilen), sonst II. (R 1931 in umgekehrter Richtung.)

Führe: Vom Gipfel etwas gegen das Dammkar absteigen und nach N queren. Einen kaminartigen Riß am Grat hinab, die folgenden Türme überklettern oder auf der Dammkarseite umgehen; dann entweder etwas schwieriger auf dem Grat bleiben oder die breite Schlucht, die die N-Flanke durchreißt, traversieren. Weiter am Grat oder etwas rechts Stufe um Stufe hinab (Steinmanndln, Kletterspuren), bis man einen auffälligen Gratturm erreicht. In dessen Fallinie schwierig (III +) einen meist feuchten Kamin hinab, am besten abseilen (H über dem Kamin). Vom Ende des Kamins einem Grasband nördl. folgend wieder zum Grat und zum Predigtstuhl oder direkt durch Schrofen hinab zum Predigtstuhlband. Über dieses ins Mitterkar.
Eine weitere Abstiegsmöglichkeit nach N besteht vom Verbindungsgrat zu den Larchetfleckspitzen (R 1941). Man steigt fast über den ganzen Grat ab. Von diesem ab bei zwei Steinmännern. Weiterer Abstieg gut bez. Häufiger Verhauer! Vorsicht. II.
Abstieg nach S s. R 1939.

● 1933 Nordostgrat

II, leichter als R 1931, aber nicht so lohnend.

Der mächtige Schuttstrom des vorderen Mitterkars reicht an der N-

Flanke der Tiefkarspitze am weitesten dort hinauf, wo die den NO-Grat bildende Rippe („Mitterkarkopf“ der AV-Karte) sich im Winkel vom Tiefkarmassiv löst und das vordere Mitterkar vom hinteren („Das ander' Kar“ genannt) scheidend, bastionartig ins Kar vorspringt. Dort, wo der Schutt am weitesten hinaufreicht, über steiles Geschröfe und einen kaminartigen Riß zum Vorbau hinauf. Auf dem Grat empor. Der erste Aufschwung kann östl. umgangen werden, ebenso die folgenden Türme. Weiter auf dem Grat, bis er bei Einmündung einer Schlucht von einer querdurchziehenden Felsmauer gesperrt wird. Diese links mit Hilfe einer kurzen gelben Rinne umgehen. Nun über Schrofen nach rechts aufwärts. Weiter die Fortsetzung des Grates verfolgend trifft man kurz unter dem Gipfel auf den unter R 1931 beschriebenen Weg. Siehe Abb. S. 513.

● 1934 Nordflanke

In ä. A. als „Nordwand“ bezeichnet. **II,** brüchig, 3 Std. von der Hochlandhütte. Siehe ä. A. und Abb. S. 513.

● 1935 Nordostrinne

III oder II (je nach Schneelage). Sehr steinschlaggefährdet.

Übersicht: Die NO-Rinne ist die große schluchtartige Rinne rechts des NO-Grates, über dem breiten Schuttstrom.

Führe: Im Grund der Rinne so weit wie möglich empor. Glatte Platten zwingen zum Ausweichen nach rechts. Über verschiedene Absätze zum Grat und weiter zum Gipfel.

● 1936 Ostwand

T. Grünwald und Gef., 1921. Im unteren Teil besonders schwierig, ohne größeres Interesse. Nähere Angaben s. Tb. Hochlandhütte.

● 1937 Nördliche Ostgratschlucht und Ostgrat

Allwein, Scherer, 1923, Jb. AAVM 1923. **III** oder leichter (je nach Schneelage). 2 Std. E.

Übersicht: Schluchtartige Rinne, die vom hintersten Winkel des Mitterkares zum O-Grat emporzieht. Siehe Abb. S. 513.

Führe: Der erste mächtige Überhang wird über ein schwieriges Wandl rechts umgangen. Nach links über ein Band und Platten in den

Die Tiefkarspitze mit Nordwestgrat (R 1931), Nordflanke (R 1934), Nordostrinne (R 1935), Nordostgrat (R 1933) und Ostgrat (R 1937).

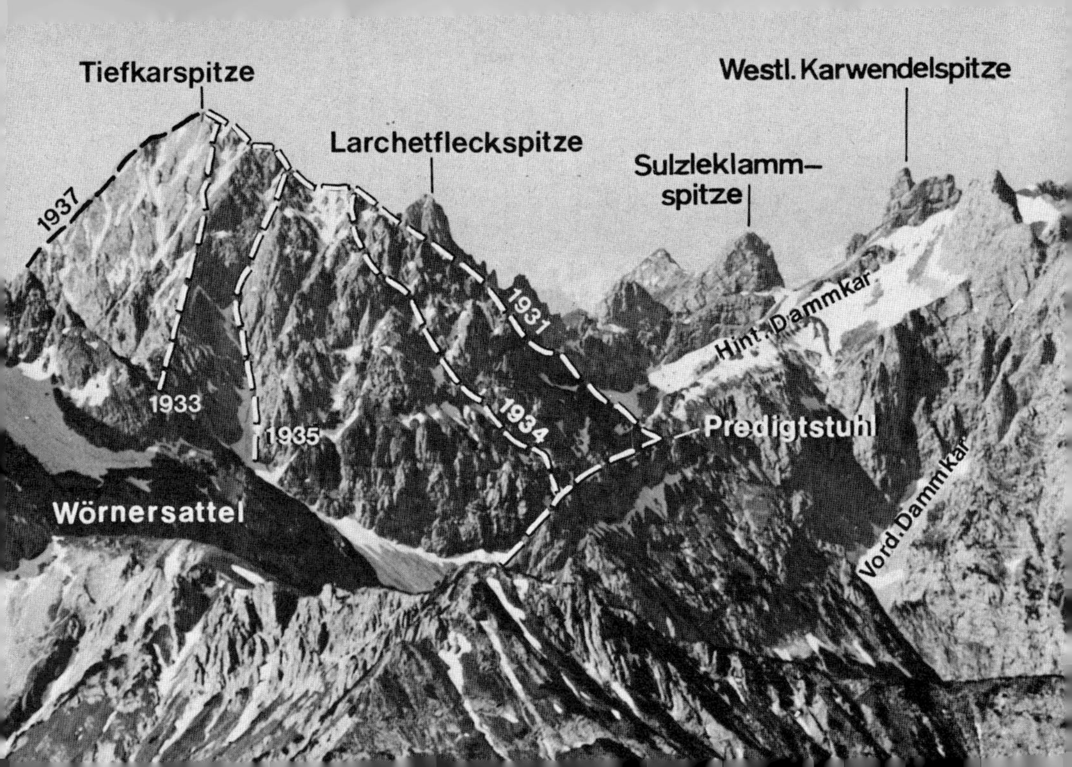
Tiefkarspitze
Westl. Karwendelspitze
Larchetfleckspitze
Sulzleklamm–
spitze
1937
1931
Hint. Dammkar
1933
1934
1935
Predigtstuhl
Vord. Dammkar
Wörnersattel

Schluchtgrund. Weiter in der Sohle ohne Schwierigkeit zum Grat. Bei guter Schneelage unschwierig, da man kaum Fels zu berühren braucht. Weiter über den Schotterbichl des O-Grates zum Vorgipfel und zum Gipfel.

● 1938 Südostgrat
H. v. Barth, 1870. **II**, Orientierung schwierig.
4 Std. von Larchet.

Vom Jagdhaus Larchet über die Brücke und am Waldrand etwa 100 m bachabwärts, bis man auf deutliche Steigspuren trifft, die in 1 Std. durch den steilen, nicht von Abbrüchen durchzogenen Hang hinaufleiten zum Tiefkar, links (westl.) der rötlichen Abbrüche der Schönberg-Ausläufer und einer Steilrinne, die diese Abbrüche begrenzt. Der Weg verliert sich im Karboden dort, wo nach rechts (NO) ein Steig zum Oberen Großkar führt (deutliche Latschengasse) und wo die oben erwähnte Steilrinne ansetzt. (Für den Abstieg: Wo die Steilrinne, genau über der Larchetalm, ansetzt, rechts von ihr [westl.] nach den Anfängen des Steiges suchen (auf keinen Fall links abzusteigen versuchen). Nun den steilen, schrofendurchsetzten Rasenhang links (nordwestl.) aufwärts, bis man unterhalb der Wände einen deutlichen Gamswechsel (direkt unter den Felsen) trifft, dem man solange folgt, bis man in eine begrünte Mulde des Tiefkars oberhalb von Abbrüchen kommt. Diese quert man und hält sich gegen den links (westl.) aufsteigenden Scheidekamm, der als letzter Ausläufer des SO-Grates Tiefkar und Larchetfleckkarl trennt. Man steigt nun gegen den zerrissenen SO-Grat an. Die Richtung weisen einige aus dem Kamm hervorragende rötliche Felstürme. Sie werden links (westl.) umgangen. Nun ein Stück über den Grat, bis die scharfen Abbrüche ein Ausweichen nach der Larchetfleckseite bedingen. Möglichst nah am Grat auf dieser Seite weiter. Einige Rippen werden überklettert. Über Schrofen und Schotter zu einer Quermauer, die durch einen Riß bestiegen wird. Weiter über Schutt zum südwestl. Vorgipfel. In die hinter diesem liegende Scharte zieht eine lehmige Schlucht aus dem Dammkar herauf. Auf der Dammkarseite etwas in die Schlucht absteigend gewinnt man durch diese die Scharte. Von ihr unschwierig zum Gipfel.

● 1939 Aus dem Larchetfleckkarl
Leichtester Anstieg, **I**; 4 Std.

Anstatt gegen den SO-Grat emporzusteigen, kann man von dem in R 1938 erwähnten Scheidekamm ins Larchetfleckkarl absteigen und an dessen O-Rand emporsteigend in die nordöstlichste Ecke (hier meist Schneefleck) gelangen. Von dort auf die anschließenden steilen Grashalden (Vorsicht bei Nässe) und über sie auf den Verbindungsgrat Tiefkarspitze — Larchetfleckspitze. Über ihn ohne Schwierigkeit, den Vorgipfel umgehend (Dammkarseite), weiter zum Hauptgipfel.

● **1940** **Südostwand**
Majer, Hailer, Schmidt, Stadelbauer, 1912. **III**, 3 Std. E. S. ä. A.

● **1941** **Übergang zu den Larchetfleckspitzen**
I, 1 Std.

Vom Hauptgipfel über schuttbedeckte Platten zur Scharte zwischen Haupt- und Vorgipfel. Rechts eine rote, lehmige Schlucht (= R 1942) etwa 10 m absteigen (Vorsicht, Schlucht führt nicht ins Kar!) und alsbald wieder zum Vorgipfel hinauf. Auf dem leichten Grat, manchmal etwas nach S ausweichend, zu den Larchetfleckspitzen.

● **1942** **Westrinne**
Seidlmeier, Schott 1982. Nur bei guter Schneelage!

Übersicht: Zwischen dem Hauptgipfel und dem südl. Vorgipfel zieht eine auffällige, rot gefärbte Rinne ins Dammkar herunter, die von der Bergwachthütte gut sichtbar ist. Im Sommer ist diese Rinne keinesfalls zu empfehlen. Bei guten Schneeverhältnissen kann diese 45 bis 50 Grad steile Rinne jedoch begangen werden.
Führe: Von der Bergwachthütte gerade aufwärts zum Beginn der Rinne. Zuerst rechts haltend, dann leicht links und immer wieder gerade hinauf, bis sich die Rinne verengt. Immer im Grund der Rinne, die links und rechts von Felswänden begrenzt wird, empor zur Scharte zwischen Vor- und Hauptgipfel. Von hier nach links über den Grat zum Gipfel.
Abstieg während der Sommermonate am besten auf R 1932 A (Seidlmeier).

● **1943** **Übergang zum Wörner**
III (stellenweise), 10—15 Std. Siehe R 2014.

● **1945** **Predigtstuhl,** 1921 m

Der Tiefkarspitze vorgelagerter, untergeordneter Gipfel. Zugang von der Hochlandhütte wie R 1025, von der Dammkarhütte vom Weg zur Westl. Karwendelspitze nach links durch die Schuttreise auf einem Steiglein zum Predigtstuhl.

● **1946** **Südwestwand**
Erstbegeher nicht bekannt. **IV**, 2–2½ Std. Lohnende Kletterei, häufig begangen. (Bgst. 5 / 1984, S. 103 f.)

Zugang: Von der Dammkarhütte nach links leicht ansteigend zu einem pfeilerartigen Vorbau. Ein kurzer schwarzer Riß ist von der Hütte sichtbar. E bei einer Gedenktafel.
Führe: Links über eine von Rissen durchzogene Wandstufe (2—3 H). Weiter durch einen senkrechten Riß zu Stand. Leicht rechts zu erdigem Loch, über den rechten Bauch in leichtes Gelände und linkshaltend zu Stand. Nach links zu Riß, über Wulst (H) zum Beginn eines Kamins. Sofort nach rechts in kleingriffige Wand und gerade zu Stand. Weiter gerade in schrofiges Gelände und über einige Felsstufen zu einer markanten Scharte im Grat (3 SL). Über steiles Gras und Geröll zum Gipfelkreuz.

● **1947** **Westwand**
Öckler, Habereder, 1958. **V+** (eine Stelle), sonst leichter.
Zugang: E 100 m unterhalb des E zur SW-Wand.
Führe: Links des Pfeilers 20 m empor, Quergang nach rechts, Stand. Weiter 2 SL am Pfeiler hinauf (III, IV) zu Schutterrasse. Weiter zu schwarzem Überhang (V+), über ihn hinweg und weiter zum Gipfel.

● **1948** **Nordwestgrat**
W. Berleb, K. Beaucamp, 1948. **IV** und III, 1 Std. E. Nähere Angaben s. Tb. Hochlandhütte.

● **1950** **Großkarspitzen**

Mitterkarturm, etwa 2200 m, Schönberg, 2302 m,
Südliche Großkarspitze, 2289 m, Mittlere, 2361 m,
Nördliche, 2426 m

Von der Tiefkarspitze beschreibt der Hauptkamm einen nach NNW offenen Bogen um das Mitterkar. Bei P. 2302 der AV-Karte 5/1 (1:25 000) biegt er nach N um und zieht zum P. 2361, wo er wieder mehr nach NO streicht und zuletzt im Wörner seinen Kulminationspunkt erreicht.
Zur Nomenklatur:
1. Mitterkarturm, etwa 2200 m. (Nicht zu verwechseln mit dem „Mitterkarkopf" der AV-Karte, R 1933.) Für den ersten Turm im Gratverlauf Tiefkarspitze — Schönberg, der mit einer düsteren Wand ins hinterste Mitterkar abstürzt, hat sich dieser Name eingebürgert. Wenn er auch ein für Karwendelverhältnisse unbedeutender Gratturm ist, so kann man ihn doch als Gipfel bezeichnen. Durch seine N-Wand führen immerhin zwei sehr beachtliche Wege, die zu den schwierigsten im Bereich der Hochlandhütte zählen.
2. Schönberg, 2302 m, wurde von den Jägern so benannt nach seiner begrünten S-Seite. Manchmal noch als vierte Großkarspitze bezeichnet.

3. Südliche Großkarspitze, 2289 m und 2285 m. Ein durch eine Scharte gespaltener Doppelgipfel. Nicht sehr bedeutend.
4. Mittlere Großkarspitze, 2361 m. Ein Eckpunkt des Hauptgrates, der hier mehr nordöstl. Richtung annimmt.
5. Nördliche Großkarspitze, 2426 m. Verhältnismäßig wenig aus dem Grat hervorragende Erhebung südwestl. des Wörners.

● **1951** **Mitterkarturm,** 2200 m

Erste Ersteigung A. Heinrich, 1899, Jb. AAVM 1899 / 1900.

● **1952** **Gerade Nordwand**
J. Roll, W. Notter, 1948, Tb. Hochlandhütte.
V (durchwegs), sehr brüchig. 3—4 Std. E.

Zugang: E in Gipfelfallinie, im hintersten Winkel des Mitterkars. Er wird über Schutt erreicht.
Führe: Vom E steil rechts aufwärts in eine erste Nische. Aus dieser links aufwärts zu einer zweiten. 3 m empor zu Stand. Links aufwärts queren, dann gerade zu RH. Gerade empor (Überhang), dann sehr luftiger Quergang nach links. 4 m empor zu Kanzel (Stand). Etwas leichter steil aufwärts auf das von unten sichtbare Querband. Von hier in anregender Kletterei zum Gipfelgrat, den man etwas östl. des Gipfels erreicht.

● **1953 A** **Abstieg**

Der Abstieg verläuft über den Schönberg, s. R 1962 A.

● **1954** **Nordkamine**
Schaller, Brendel, 1926, Tb. Hochlandhütte. **V,** s. ä. A.

● **1955** **Übergang zu Schönberg und Tiefkarspitze** (Überschreitung des Turmes
Der Übergang wird in R 2014 beschrieben.

● **1960** **Schönberg,** 2302 m

Vermutlich bereits früh von Jägern bestiegen. Übergänge sind in R 2014 beschrieben.

● **1961** **Südostgrat**
I, 3 Std. von Larchet.

Wie bei R 1938 ins Tiefkar. Diesen Weg nun östl. verlassen und über begrünte Stufen weiter östl. zum SO-Grat, dem Scheiderücken zwischen Tiefkar und Großkar, empor, über den man den Gipfel erreicht.

● **1962 A** **Abstieg**
Je nach Route **II** oder **I**, 2—3 Std.

Abstieg entweder R 1961 in umgekehrter Richtung oder über die Südl. Großkarspitze, R 1971 in umgekehrter Richtung.

● **1963** **Aus dem Großkar**
II, 3—4 Std. von Larchet.

Wie in R 1838 ins obere Großkar und westl. über Schutt zu den Felsen des Schönbergs. Durch eine in Fallinie des Gipfels herabziehende Rinne oder etwas nördl. davon zum Grat empor, den man nördl. des Gipfels in der tiefsten Scharte zwischen Großkarspitze und Schönberg erreicht. Von hier wie in R 2014 zum Gipfel.

● **1964** **Ostwand**
A. Fröhlich, F. Krall, 1925. **V—** (stellenweise), Wandhöhe 300 m. 4 Std. Siehe ä. A.

● **1965** **Nordwestflanke**
F. Keyfel, M. Seyband, 1918, 19. Jb. Bayerland und ÖAZ 1920, S. 193. **III** (stellenweise) und II. 1½ Std. E.

Zugang: Von der Hochlandhütte in das Ob. Mitterkar („Das ander' Kar"). E in der SO-Ecke des Kares, dort wo Geröll oder Schnee am weitesten gegen den Schönberg hinaufreichen.
Führe: Die unterste Wandstufe wird in einer Schleife von W her erstiegen. Auf geröllbedecktem Band östl. zu einer Schutterrasse. Von hier aufwärts zu einem schon vom Kar aus sichtbaren Riß. Durch ihn, bis er sich bei einem Schuttkessel zu einer Schlucht öffnet. In ihr empor und vor einer plattigen, ungünstig geschichteten Wandstufe nach rechts, durch eine kurze Rinne aus der Schlucht heraus und durch weitere Querung nach rechts auf rasendurchsetztes Gelände. In der Richtung auf einen oben sichtbaren Zacken links einer Rinne oder durch diese, zuletzt über Schotter und Rasenpolster zum Grat und über diesen nach links zum Gipfel.

● **1970** **Südliche Großkarspitze,** 2289 m und 2285 m

Erste Ersteigung: Distel und E. Enzensperger, 1897, Jb. AAVM 1896/97.

● **1971** **Aus dem Großkar**
II. 3—4 Std. von Larchet.

Wie in R 1963 in die tiefste Scharte zwischen Großkarspitze und Schönberg, dann wie in R 2014 auf die Südl. Großkarspitze.

● 1972 A Abstieg

Abstieg in umgekehrter Richtung, oder nach N über die Mittl. Großkarspitze, R 1981 in umgekehrter Richtung.

● 1973 Westwand

A. Schuster, Holzhammer, Ibscher, Jack, 1913, Jb. Hochland 1913, Jb. Bergland 1913, S. 56. **IV** (stellenweise), 3½—4 Std. E.

Zugang: Aus dem Ob. Mitterkar („Das ander' Kar") zum E gerade südwestl. gegenüber dem Gipfel der Tiefkarspitze.
Führe: Über steil abfallende Platten nach links (nördl.) in Richtung gegen die große zur Südl. Großkarspitze hinziehende Schlucht. Nach etwa 50 m einige m abwärts und kurz querend (kleines Felsloch) über eine steile schräge Kante zu einem guten Standplatz in der ersten hier endenden Schlucht. (Senkrecht oberhalb gelber Turm.) Nun nach rechts über ein 20 m hohes Wandl und auf rechts aufwärts ziehendem Plattenband etwa 100 m (rechts) empor. Wo dieses ausläuft, gerade über dem E, einige Meter abwärts; um eine Kante herum zu einer grasdurchsetzten Schlucht, in der folgenden gegenüber liegenden Wand weiter empor. Kurzes, plattiges, sehr interessantes Klamml; rechts (südl.) aufwärts zu einem aus dem nun folgenden Kessel hervorspringenden Grataufschwung und über diesen in den Kessel. In seiner Mitte über begrünte Stufen aufwärts gegen die rechts oben den Kessel begrenzende Scharte. Kurz vor ihrem Betreten kurzer, schwieriger Quergang nach rechts und etwa 30 m hoch über steile Platten in die gegen die Grattürme hochziehende gut gangbare Schlucht. Aufwärts bis zu den kleinen Türmen des Gratvorbaus, diesen bei einem auffallenden Block mit großem Loch überschreitend und in die nordwestw. ziehende Schlucht 30 m hinab. Hinter einem Vorbau östl. gegen den Grat aufwärts zu der tiefsten, östl. stark begrünten Einschartung am Beginn des SW-Grates, über den der Gipfel kurz darauf erreicht wird.

● 1974 Übergänge zur Tiefkarspitze oder zum Wörner

Beschreibung s. R 2014.

● 1980 Mittlere Großkarspitze, 2361 m

Neben dem Wörner „Hüttenberg" der Hochlandhütte. Erstersteigung: Distel u. E. Enzensperger, 1897. Jb. AAVM 1896 / 97. Steinmann und Gipfelbuch.

● 1981 Aus dem Mitterkar durch das Obere Steinklippenkar

I, 2—2½ Std. von der Hochlandhütte. Siehe Abb. S. 523.

Von der Hochlandhütte (letztes Wasser) entlang dem Weg, der in Richtung Dammkar-Ochsenboden führt. Nach etwa 15 Min. durch eine Latschengasse (Steigspuren) nach links gegen das Mitterkar. Durch dessen unteren Teil zur Latschengrenze (Einblick ins düstere Ob. Mitterkar („Das ander' Kar"). Nun nach links gegen die Flanke des Steinklippengrates in die rechts der gelben Wand hinaufziehende Schlucht. Diese zieht zum Scheitel des Steinklippengrates empor und trifft ihn dort, wo er sich in steilen Abbrüchen aufschwingt. Durch die Schlucht hinauf, zuerst an ihrer rechten Begrenzung, später in ihrem Grund, vor einem Abbruch auf der linken Begrenzung. Den oberen Teil der Schlucht, einen grasigen Trichter, hinauf, bis man nördl. zum Kälberalpltal hinabsieht. Der Aufschwung des Steinklippengrates bleibt rechts, man wandert in einem Bogen nach N ausholend auf Spuren ins Obere Steinklippenkar. Auf einem Gamswechsel quer durch das Kar. Vom östl. Ende des Kares sind verschiedene Durchstiege durch die grasdurchsetzte NW-Flanke des Berges möglich. Am besten durch eine Rinne, Schrofen und Gras zu einer Steilwiese. Dann, nach dem Überschreiten einer oft schneegefüllten Rinne leicht rechts aufwärts (Steinmänner). Richtungspunkt: Ein vom Massiv abgespaltener blockartiger Turm. Er wird durch eine lehmartige Rinne erreicht. Hinter dem Block durch. Weiter auf einem Gamswechsel, der kurz unter dem Gipfel verlassen wird. Dann hinauf zum höchsten Punkt.

● 1982 A Abstieg
I.

Nach N s. R 1981 in umgekehrter Richtung, nach S s. R 1986 in umgekehrter Richtung.

● 1983 Durch die Blockrinne
III (E in die Rinne), II. Interessanter als R 1981. Vorsicht bei hartem Schnee in der Rinne! 2½ Std. von der Hütte.

Übersicht: Die Blockrinne zieht vom obersten Ende des Steinklippenkares hinauf zum obersten Teil des Steinklippengrates. Sie ist gekennzeichnet durch Klemmblock am E. Siehe Abb. S. 523.
Führe: Gegen den obersten Karrand hinan, dorthin, wo das Geröll am weitesten hinaufreicht. Über Schrofen zu einer mit Graspolstern besetzten Terrasse, von der aus die Rinne nach oben zieht. Über den Klemmblock in die Rinne (schwierigste Stelle) und im Grund der Rinne empor. Bei ihrer Gabelung im linken Ast weiter, durch ihn in die oberste Scharte im Steinklippengrat. Von der Scharte links (südöstl.) über eine 15 m hohe Wandstufe an guten Griffen und Tritten empor, dann über Grasschrofen zum Gipfel.

● 1984 **Steinklippengrat**
III (zwei Stellen), II, 3 Std. von der Hütte.

Übersicht: s. Abb. S. 523.
Führe: Wie in R 1981 durch die Schlucht zum felsigen Aufschwung des Grates. Hier nach rechts durch eine Rinne und über Grashalden zu einem etwas von links unten nach rechts ziehenden Riß (Kletterspuren). Durch den Riß und weiter über Schrofen zu einer querstehenden gelben Wand. Unter ihr nach rechts und durch eine kurze Rinne in eine Scharte in einer gegen das Mitterkar streichenden Gratrippe. Von ihr einige Meter links abwärts zu einer Scharte im Hauptgrat. Die nun folgenden Türme werden in meist mäßig schwieriger Kletterei überwunden. Ein 3 m hohes glattes, schwieriges Wandl kann links umgangen werden. Von dem Gratzacken vor der letzten Scharte 4 m gegen die Scharte hinunter, dann 12—15 m abseilen (H) in die Scharte. Umgehung der Abseilstelle möglich: Vor dem letzten Gratzacken links etwas gegen die Schlucht hinunter, dann zur Scharte hinüber queren. Von der Scharte über die jenseitige Wand 15 m hinauf und über Gras und Schrofen zum Gipfel.
Auch der von der Hütte aus sichtbare, scheinbar im Gipfelmassiv eingeschnittene geschweifte Kamin kann (IV) durchstiegen werden. Vom Grat etwas absteigend auf ein Schuttband und über Geröll zum Kamingrund. Anstrengend über mehrere Klemmblöcke empor. Von seinem Ende durch eine Rinne, dann einen Riß, bald wieder nach links zum Grat. Der Steinklippengrat kann direkt von der Hochlandhütte erreicht werden, wobei über den Latschenrücken über der Hütte angestiegen wird. Beim Beginn des Felsens entweder 40 m rechts des Grates durch eine Rinne oder, etwas schwieriger, am Grat selbst weiter bis zum oben beschriebenen Weg.

● 1985 **Westwand**
Theato, Mayr, 1918, Jb. Hochland 1918. **IV**, 2½—3 Std.

Übersicht: Von der Mittl. Großkarspitze zieht nach W eine mächtige Schlucht ins Mitterkar (die erste, die nicht auf den bastionartigen Vorbau führt), ungefähr dort endend, wo der NO-Grat-Ausläufer der Tiefkarspitze westl. gegenüber das Vordere vom Hinteren Mitterkar trennt.
Zugang: Aus dem Kar über Schutt mühsam zum breiten Eingang der Schlucht, deren unterer Teil noch mit Schotter erfüllt ist.
Führe: Die erste Felsstufe wird von links her überwunden. Bald zwingt das steiler werdende Gelände, der Mitte der Schlucht zuzustreben. In ihr 40 m empor, bis zu einer tief eingeschnittenen, überhängenden Plattenverschneidung (unten kleines Loch). Einige m absteigen und nach N (links) in die steile Wand ausgesetzt hinaus. In ihr 12—15 m gerade

empor auf leichteres Gelände. Über dieses eine Strecke links (nördl.). Bald steht man vor einer sehr steilen, brüchigen Wandstufe. Links davon zieht, im rechten Winkel zu ihr, von einer Gratrippe ein gelber Wandabbruch herunter. Unweit des Winkels ein gelber Riß. Ihm folgend, zuletzt über eine Platte unter einen Überhang, der zum Ausweichen nach rechts nötigt, aber sofort den Eintritt in einen anderen Riß gestattet, überschreitet man die Gratrippe (hier Blick zur Hochlandhütte). Zuerst anstrengend, später leichter, führt er gerade aufwärts in den Schrofen. Nun über eine Wandstufe aufwärts zum Grat, den man dort erreicht, wo der unter R 1984 erwähnte Kamin heraufführt. Nun wie in R 1984 zum Gipfel.

● **1986** **Aus dem Großkar**
I, 1 Std. vom Großkar.

Im Grat von der Südl. Großkarspitze zur Mittleren sieht man vom Großkar aus eine breite, halbkreisförmige, begrünte Scharte, in deren tiefsten Punkt ein Felskopf, einem Steinmann ähnlich, steht. Von dieser Scharte zieht eine teils begrünte, teils schrofige Mulde herab, die mit einem glatten Abbruch ins Großkar endet. E vom Großkar aus dort, wo die Felsen rechts der Fallinie der Scharte am weitesten herunterreichen. Erst durch eine Rinne gerade hinauf, dann über plattige Felsstufen, wieder durch eine Rinne nach links auf die Grashänge, die zur Scharte leiten. (Teilweise mit Steindauben bezeichnet.)

● **1987** **Ostschlucht**
H. Ackermann, K. v. Hößlin, 1931, 29. Jb. Hochland. **II,** ¾ Std. vom Kar.

● **1988** **Südwand**
H. Ackermann, W. Berleb, F. März, 1948, Jb. AAVM, 1949 und Mitt. AV, Jan. 1949. **IV** (stellenweise), 300 m, 3 Std. E.

Übersicht: Die unten weitausladende Wand schnürt sich oben zu einem breiten Turm zusammen. In seinem südwestl. Teil wird dieser von einem tief eingeschnittenen Riß durchzogen.
Führe: E in Fallinie des Turmes. Über Platten gerade empor zu einem von links nach rechts ziehenden, teilweise grasdurchsetzten Band. Auf

Tiefkarspitze, Mittlere Großkarspitze mit Steinklippengrat (R 1984), dem Anstieg durch die Blockrinne (R 1983) und dem Normalanstieg (R 1981), Nördliche Großkarspitze und Wörner mit Normalanstieg (R 2006), Nordwestgrat (R 2008) und Nordostwandführe (R 2009).

Wörner
Nördl. Großkarspitze
Mittl. Großkarspitze
Tiefkarspitze
2009
2008
2006
1981
1983
1984
Wörnersattel

ihm 1 SL nach rechts, dann über steile Grasschrofen empor auf ein zweites Band, das von rechts nach links verläuft. Es wird bis an sein oberes Ende verfolgt. Der folgende senkrechte Riß führt zu einer am Fuß des breiten Turmes liegenden Schutterrasse. Hier unmittelbar am Fuß des Turmes entlang Querung nach rechts (Steinmann). Im östl. Teil des Turmes empor über steile Wandstellen, dann links haltend zum Kopf des Turmes. Über die ausgesetzte Kante hinauf zu einem Schartl hinter einem Gratzacken. Über das hier ansetzende Wandstück zu einer scharfen Schneide. Dieser Schneide nach O folgend, bis man in die Schlucht absteigen kann, die die Schneide begrenzt. Nun auf den nächsten Turm und über den Grat zum Gipfel.
Auch der oben erwähnte tiefe Riß wurde von der Terrasse aus erstiegen (Roll-Notter, 1949). V. Am Fuß des breiten Turmes etwas links zum Beginn des kaminartigen Risses. E etwas von links her. Durch den Riß (H) empor, bis man obigen Weg wieder erreichen kann.

● **1989** **Übergang zur Tiefkarspitze** über Schönberg oder zum Wörner

Siehe hierzu R 2014.

● **1990** **Weitere Anstiege**

Auch die Rinne westl. der Blockrinne, R 1983, die „Neunerrinne", wurde (mäßig schwierig, II) durchstiegen. (Blume, F. Neuner und Begleiter; 19. Jb. Bayerland). Ebenso wurde das obere Steinklippenkar schon in direktem Anstieg aus dem Unteren Steinklippenkar (westl. Wörnergrube) erreicht. (Näheres Tb. Hochlandhütte.)

● **1995** **Nördliche Großkarspitze,** 2426 m

Wohl schon früh von Jägern bestiegen, sicher jedoch beim Gratübergang von der Mittl. Großkarspitze durch Distel und E. Enzensperger 1897 (Jb. AAVM, 1896 / 97).

● **1996** **Normalweg vom Steinkarlgrat**
I, 1—1½ Std.

Der Weg ist fast gleich mit dem normalen Wörneranstieg (R 2006). Wo kurz unterm Grat nach links zum Wörner abgebogen wird, nach rechts und über den Grat zur Nördl. Großkarspitze (Steinmann).
Abstieg in umgekehrter Richtung.

● **1997** **Südpfeiler**
T. Meßner, K. Hausmann, 1948, Jb. AAVM 1949. **V+,** 4 Std. E.

Übersicht: Die Nördl. Großkarspitze bricht nach SO ins Großkar mit einem ungefähr 300 m hohen Pfeiler ab. Im oberen Teil ist er ausgeprägt, im unteren verliert er sich in senkrechter plattiger Wand. Die rechte Begrenzungswand vermittelt den Anstieg durch Risse und Kamine.
Führe: Über plattige Felsen zu einem Riß und durch ihn gerade aufwärts zu einem Absatz, links unterhalb eines auffallenden gelben Turmes. Einige Meter im Kamin empor, dann schräg rechts, zuerst über guten, rauhen, später über brüchigen Fels, zuletzt über eine glatte Platte in den Kamin rechts des Turmes. Durch den Kamin, zuletzt überhängend, auf den Absatz des Turmes. Von hier etwa 10 m gerade empor zu einer plattigen Verschneidung. Nun steil schräg links aufwärts einen sehr ausgesetzten Riß empor in die freie plattige Wand. Um eine kleine Kante herum, dann durch einen Riß steil schräg rechts aufwärts, zuletzt über einen Rißüberhang zu Stand. Einige Meter nach links, dann rechts zu einer Rißverschneidung, links eines weiteren, gelben Turmes. Durch die Verschneidung zu Stand. Nun mehrere SL, teilweise kleingriffig und plattig, direkt an der Kante zum Gipfel.

● **1998** **Südwand**
W. Berleb, F. März, 1948, Jb. AAVM 1949. **V** (eine Stelle), IV. Siehe ä. A.

● **1999** **Nordwestwand**
M. Hüttenhofer, G. Lautenbacher, 1932, Jb. Hochland. **IV+** (letzte SLn vor der Schlucht), IV, 2—3 Std. E.

Zugang: E bei dem Wandeinschnitt in der Fallinie der schwarzen keilförmigen Höhle (von unten gut sichtbar).
Führe: An der linken Wand empor (H), dann über steile Schrofen zu dem nach oben verlaufenden Wandeinschnitt unter der genannten Höhle. Weiter an der linken Wand bis in Höhe der Höhle. Von hier auf einem nach links aufwärts strebenden Band bis unter den Turm mit gelben Wandstreifen. Unter ihm nach rechts in die Schlucht. In ihr links aufwärts, vor ihrem Ende rechts in die senkrechte Wand. Über einen Überhang zu Stand. Etwas nach links über einen an die Wand gelehnten Pfeiler zu gutem Stand (H), weiter etwas rechts aufwärts (H) über eine Platte, schließlich über einen brüchigen Überhang in eine große Schlucht. Von da noch lange über Schrofen zum Gipfel.

● **2000** **Übergang zum Wörner**
I, 20 Min.

Auf dem Grat mit gelegentlichem Ausweichen.

● 2001 Aus dem Oberen Steinklippenkar
II, 1—2 Std. vom Kar.

Wie in R 1981 in das Kar und südöstl. über Gras und Schrofen hinauf gegen den Grat durch Rinnen und eine Gratrippe. Weiter über den Grat (R 2014) zum Gipfel.

● 2005 Wörner, 2476 m

Ein Eckpunkt der Kette, die hier in westöstl. Richtung umbiegt. Daher ist der weit nach N ragende Wörner einer der auffallendsten Gipfel. Unschwierige Ersteiglichkeit und prachtvolle Aussicht machen ihn zu einem beliebten Ziel. Trotzdem seien Ungeübte, besonders ohne geeignete Ausrüstung, vor der Besteigung gewarnt. Erstersteigung vermutlich 1853 bei der österreichischen Triangulierung aus dem Großkar. Hermann von Barth 1870 ebenfalls von S. Von N Obj. Buchwieser von Ferein, Georg Hofmann 1875 ebenfalls von Ferein. Lit.: Erschl. I, S. 196; NAK 433; Erschl. I, S. 197; MAV 1896, S. 259.

● 2006 Vom Steinkarlgrat über die Westflanke, Normalanstieg
II (eine Stelle), I; 1—2 Std. vom Steinkarlgrat.

Übersicht: s. Abb. S. 523.
Zugang: Von der Hochlandhütte auf bequemem Weg in 1 Std., von der Fereinalm in 1½ Std. zum Steinkarlgrat (der auch Wörnersattel oder Wörnergrat genannt wird), 1989 m. Wo der grasige Grat an die Felsen des Wörners stößt, ist der E (Kletterspuren).
Führe: Zuerst gerade in die Höhe, dann auf Steigspuren nach rechts auf ein großes, rasendurchsetztes Schuttfeld. Auf Spuren über dieses empor. Den Spuren und Steindauben folgend zum Grat. Etwas unter ihm, leicht rechts haltend weiter hinauf. Schließlich, den Steindauben folgend, auf einem deutlich ausgetretenen Gamswechsel nach rechts in die W-Flanke. Nach der Querung einiger Rinnen führt der Gamswechsel einige Meter abwärts. Hier öffnet sich links eine am Beginn kaminähnliche Rinne. Sie ist oft bis in den Sommer hinein mit Schnee gefüllt. Durch die Rinne, besser an ihrer südl. Begrenzung empor (II). Kurz unter dem Grat, wo die Rinne etwas nach rechts biegt, links aus ihr heraus und unter dem Grat, stets den deutlichen Spuren folgend, zum kreuzgeschmückten Gipfel.
(Vom Ende der Rinne auch nach rechts in wenigen Min. zur Nördl. Großkarspitze.)

● 2006 A Abstieg
II (eine Stelle), I; R 2006 in umgekehrter Richtung. 1 Std.

Den Spuren vom Gipfel folgend in die Rinne. Man bleibt beim Abstieg

wegen des Schnees, der meist in der Rinne liegt, besser auf der linken, südl. Begrenzung (II). Auf Steigspuren nach rechts aus der Rinne heraus (nicht zu tief!), einige m aufwärts und eine Rinne queren. Den Spuren und Steindauben folgend über die W-Flanke auf ein Schuttfeld. Dieses abwärts, dann Steigspuren weiter nach rechts folgend und schließlich über die letzten Felsen zum Wörnergrat.
Abstieg nach S s. R 2011 in umgekehrter Richtung.

● 2008 Nordwestgrat
Schwieriger, aber kürzer als R 2006.

Ehe man auf dem horizontalen Gamswechsel die beschriebene Rinne erreicht, verläßt man ihn dort, wo er eine schmale, von Rippen begrenzte Mulde quert. Oberhalb dieser durch eine oft schneegefüllte Schlucht zum Grat. Durch einen Riß auf den letzten Grataufschwung und zum Gipfel. Siehe Abb. S. 523.

● 2009 Nordostwand
K. Holzhammer, K. Ibscher, 1909, Jb. Bayerland 1909, S. 79. **III,** 3 Std. E.

Übersicht: Den Richtpunkt bildet eine tiefe Scharte, die den Hauptgipfel vom nördl. Vorgipfel trennt. Von ihr zieht eine steile Rinne nach unten östl. in eine Schotterterrasse, die von unten als Band erscheint. Siehe Abb. S. 523.
Führe: Links vom obersten Schuttkegel des Wörnerkars durch eine steile, plattige Rinne 30 m aufwärts und durch ein kleines Kaminstück mit eingeklemmtem Block. Dann rechts haltend steil und plattig aufwärts und ausgesetzt über ein steiles Wandstück. Hernach unschwierige Schrofen zu der erwähnten Terrasse. Durch eine kaminartige Steilrinne zur Scharte und von dieser, zuletzt durch einen Kamin, zum Gipfel.

● 2009a Variante

Über eine Variante von der ersten Terrasse s. Tb. Hochlandhütte, S. 241. Auch in der N-Wand weiter östl. wurde ein Anstieg ausgeführt (Grüner u. Hörmann, 1902).

● 2010 Westflanke, Plattenschuß
Nähere Angaben s. Tb. Hochlandhütte.

● 2011 Aus dem Großkar
I, 3½ Std. von Larchet.

Wie in R 1938 auf dem Jagdsteig bis auf die Höhe des südl. Ausläufers des Schönbergs. Bei der Abzweigung ins Tiefkar nach W rechts auf

Steigspuren fast eben zu den Hängen des Großkars. (Der alte Steig, der bereits unter dem Ausläufer des Schönbergs an einer Höhle vorbeiführt, ist verfallen.) Schräg nach rechts, über ansteigenden Karboden bis zur obersten Mulde, die unterhalb der Großkarscharte liegt (das ist die tiefste Scharte zwischen Wörner und Hochkarspitze). Westl. von der zur Scharte hinaufziehenden Rinne tritt aus der S-Flanke des Kammes eine geneigte, geröllbedeckte Terrasse hervor. Auf sie von rechts über Schrofen. Dann weiter westl. aufwärts, einem Gamswechsel, der in einer auffallenden Schichtfuge (Steindauben) verläuft, folgend. Schließlich leitet eine Felsrinne gegen den Grat. Über eine Wandstufe zum Gipfel.

● **2012** **Südwand**
K. Daniel, K. Forcher-Mayr, 1897; ÖAZ 1898, S. 148, 5. Jb. AAKI, S. 79, Mitt. AV 1898, S. 236. **III** (teilweise im unteren Teil), oben II, 2—3 Std., s. ä. A.

● **2013** **Übergang zur Hochkarspitze**
O. Friedrich, E. Wagner, 1909, Jb. AAVM 1908 / 9, S. 62. **IV +** (eine SL im Aufschwung zur Hochkarspitze), III und II, 4 Std.

Übersicht: s. teilweise Abb. S. 533.
Führe: Vom Wörner den anfangs unschwierigen Grat bis zu einem Abbruch vor einer kleinen Scharte, in die man absteigt. Nun über die stellenweise scharfe und brüchige Gratschneide bis zu einem plattigen Abbruch, über den man sich 15 m abseilen kann. Diese Stelle ist aber auch im Abstieg kletterbar. Weiter dem Grat entlang, bis er sich wieder aufschwingt (Großkarscharte). Von hier führt eine Rinne ins Großkar hinunter. Bei ihrem Abbruch rechts in eine Seitenrinne, dann wieder zurück in die erste Rinne. (Wichtig, falls man nur Wörner-O-Grat oder Hochkarspitze-W-Grat begehen will.) Von der Großkarscharte über den Grat und eine kurze Rinne zu dem markanten etwa 30 m hohen Aufschwung. Auf seiner N-Seite wird er von einem Riß gespalten. Durch diesen Riß sehr schwierig hinauf zum scharfen Grat. Auf dem Grat, am besten reitend, 10 m nach O zu einer querstehenden Wandstufe. Diese quert man nach rechts (S). Damit ist man in leichterem, schrofigen Gelände. Mehrere Rinnen und Rippen querend trachtet man den Grat bald wieder zu erreichen. Auf ihm weiter zum Gipfel.

● **2014** **Übergang von der Tiefkarspitze zum Wörner** über Mitterkarturm — Schönberg — Südliche — Mittlere — Nördliche Großkarspitze.
A. Heinrich, Jb. AAVM 1899 / 1900. **III** (stellenweise). Eine

der längsten Gratüberschreitungen im Karwendel, die einen erstklassigen, mit dem Gelände vertrauten Bergsteiger verlangt. Nur bei scharfer Gangart ist es möglich, die Tour von der Hochlandhütte aus und zu ihr wieder zurück an einem Tag auszuführen. Gesamtzeit zwischen 10 und 15 Std.

Zeitübersicht: Hochlandhütte — Tiefkarspitze 3 Std., Tiefkarspitze — Schönberg 2½ Std., Schönberg — Südl. Großkarspitze 2 Std., Südl. — Mittl. Großkarspitze ½ Std., Mittl. Großkarspitze — Wörner 2½ Std., Wörner — Hochlandhütte 1½ Std.

Führe: (Die Route ist hier von der Tiefkarspitze zum Wörner beschrieben, da sie in dieser Richtung öfter ausgeführt wird.) Von der Tiefkarspitze nach SO zum Vorgipfel, etwas nach rechts eine Schuttrinne hinab, wieder nach links zu einer kleinen Einschartung, von dieser aufwärts zu einem Vorkopf, von ihm abwärts über Gratrippen und Schuttflanken, zur tiefsten Scharte zwischen Mitterkarturm und Tiefkarspitze, in die auch die nördl. Ostgratschlucht aus dem Mitterkar heraufzieht. Von hier leitet ein plattiger Steilaufschwung zu einem Gratkopf. Weiter am Grat, dabei einen Zacken nach rechts umgehen (steile Schrofen). Durch eine Rinne und anschließend über einen plattigen Aufschwung zum Gipfelgrat des Mitterkarturmes. Über den steilen Abbruch zunächst auf der Mitterkarseite hinab, dann zur Gratkante zurück und schließlich auf dem leichteren, breiteren Grat weiter zum Schönberg. 2½ Std. Teilweise III.

Vom Schönberg ziemlich lange am Grat gegen die Südl. Großkarspitze. Von der zweiten Graterhebung nach links (Mitterkarseite) hinunter zu einer auffallenden kleinen Rinne, die in die Scharte vor einem mächtigen Turm leitet (auffallende Höhle). Der Turm wird auf der Großkarseite gequert, damit wird die Scharte zwischen Turm und dem Grataufschwung zur Südl. Großkarspitze erreicht. (Der Turm kann auch, etwas schwieriger, auf der Mitterkarseite umgangen werden. Dann wieder durch eine Rinne mit Klemmblock zum Grat.) Nun anfangs etwas links am Grataufschwung, bald aber nach rechts und auf dem scharfen Grat in reizvoller Kletterei zum Doppelgipfel der Südl. Großkarspitze. Vom südl. Gipfel auf dem Grat abwärts in die Scharte zwischen den Gipfeln. Nun entweder auf dem Grat empor zum N-Gipfel oder gleich auf der Großkarseite zum Beginn einer rotgelben Rinne, von der aus wieder zum Grat angestiegen und unschwierig die Mittl. Großkarspitze erreicht wird. Oder vom N-Gipfel auf dem anfangs scharfen Grat zur Mittl. Großkarspitze. 2 Std. vom Schönberg. Teilweise III.

Von der Mittl. Großkarspitze zum Wörner: Über ein scharfes Gratstück zu den ersten Zacken, die am besten nordwestl. überwunden oder direkt überklettert werden. Der nächste Turm wird im W umgangen,

durch eine Rinne wieder zum Grat. Weiter über die folgenden Graterhebungen in eine Scharte, von der eine tiefe Schlucht nach NW hinabzieht. Durch eine Rinne gegen die Großkarseite hinab und unter den Gratzacken durch, bis die Scharte vor dem Vorgipfel erreicht werden kann. Oder, schwieriger, direkt über die Zacken in die Scharte. Nun über den Grat zur Nördl. Großkarspitze (Steinmann). 1½—2 Std. von der Mittl. Großkarspitze. II, je schärfer man sich am Grat hält, desto schwieriger (III) wird die Kletterei. Von der Nördl. Großkarspitze in 20 Min. auf oder links neben dem Grat zum Wörner.
Abstieg auf R 2007 A zurück zur Hochlandhütte.

● 2020 **Hochkarspitze,** 2484 m

Sie erhebt sich als plumpe Pyramide aus dem nordöstl. Großkar. Nach O, S und W entsendet sie wildzerrissene Grate, während ihre N-Seite großartige Kletteranstiege bietet. Erstersteigung 1853 anläßlich der Vermessung. Erste touristische Ersteigung Hermann von Barth 1870. NKA 433, Erschl. I, S. 196. Mitt. AV 1886, S. 259.

● 2021 Aus dem Großkar
I, 3½ Std. von Larchet.

Wie in R 1938 ins Großkar, bis man den zum Wörner führenden Gamswechsel an der Schotterterrasse erreicht. Dieser setzt sich nach O fort. Auf ihm über eine Geröllhalde und einen mit Wänden ins Kar vorspringenden Vorbau. Über Schutt und Gras, später durch eine Rinne zum S-Grat empor und auf ihm, nach W ausweichend, zum Gipfel.

● 2022 A Abstieg in das Hochkar
I.

Südl. des Gipfels zieht östl. ins Hochkar eine steile, oft schneegefüllte Rinne hinab. Nach etwa einem Drittel ihrer ganzen Höhe, dort wo von rechts (vom S-Grat) eine große Rinne einmündet, verläßt man die Rinne und quert nach links in eine weitere Rinne, die vom O-Grat herabkommt. In dieser bis zur großen Reise und ins Kar. Als Aufstieg wegen des vielen Schutts ungeeignet.

● 2023 A Abstieg nach Norden
II (eine Stelle im Abstieg vom Wörner).

Der Abstieg nach N ist nur über den Wörner möglich. Zunächst auf R 2021 in umgekehrter Richtung in das Großkar, das man möglichst hoch zum Wörner quert. Wie R 2006 A zum Wörnersattel und weiter zur Hochlandhütte oder zur Fereinalm.

● 2024 Südgrat aus dem Hochkar
II, 4½ Std. aus dem Karwendeltal.

Von Larchet ½ Std. talein, von der Angeralm ebensolange talaus, bis zu einer Holzbrücke, die über einen trockenen Graben führt. Hier verläßt man die Straße und geht nördl. über eine Waldwiese und auf einem alten, nach links abzweigenden, grasüberwachsenen Reitweg zu den unteren Schutthalden des Kares. Pfadlos über die langen Schuttströme zum Hochkar empor. Vom unteren großen Schuttfeld zieht ungefähr in der Mitte des Kares eine steile Rinne hinauf, die sich, oben breit und flach werdend, teilt. Im rechten Ast hinauf zum S-Grat der Hochkarspitze. Die riesigen Grattürme werden teils westl., teils östl. umgangen, bis man in einer Scharte unter einer hohen gelben Wand ganz auf die Großkarseite übertritt und zum Gipfel emporsteigt. Oder:

● 2025 Überschreitung des gesamten Südgrates
O. Friedrich, C. Ermann, 1907, Jb. AAVM 1906 / 7. **III+** (stellenweise), sehr brüchig, 8 Std. aus dem Karwendeltal. Siehe ä. A.

● 2026 Ostgrat
O. Friedrich, E. Wagner, H. Lorenz, 1908, Jb. AAVM 1907 / 8. **III+**, 4 Std. von der Hochkarscharte. Festes Gestein. Je schärfer man sich an der Gratkante hält, desto schwieriger, aber auch schöner wird die Kletterei.

Zugang zur Hochkarscharte:
1. Über den SO-Grat der Raffelspitze (R 2039) auf diese und über den NW-Grat hinab zur Scharte.
2. Aus dem Hochkar hält man sich, da die Scharte aus dem Kar schwierig zu erreichen ist, gegen den NW-Grat der Raffelspitze und steigt auf diesem in die Scharte ab.
3. Von N (Thomasalpl), II, 1¼ Std.
Das große Schuttfeld, das sich vom Hufachboden gegen die Raffelspitze zieht, wird auf der äußersten rechten Zunge erstiegen, bis sie in den Schrofen endet. Von dort etwas links aufwärts auf steile Grasflächen. Auf diesen und Schrofen weiter, bis in ungefähr zwei Drittel der ganzen Höhe von halbrechts eine große Schlucht herunterzieht. Von hier aus die gut sichtbare flache und gewundene Rinne nach halblinks aufwärts, bis sie unter steilen Platten endet. Von den Platten halbrechts, über unschwierige Schrofen zur Hochkarscharte.

Weiterer Verlauf der Führe von der Hochkarscharte:
Der erste Grataufschwung wird umgangen; entweder: durch die nördl.

von der Scharte heraufziehende Schlucht, 20 m bis zu einer Schulter empor, von hier steil von rechts nach links aufwärts führender Quergang zum Hauptgrat, oder: einige Meter südl. der Scharte in den sichtbaren Kamin, 20 m in ihm hinauf, bei seiner Gabelung im rechten Ast weiter, dann Quergang an die Kante. Von hier über die Kante vollends auf den Aufschwung. Nun ohne Schwierigkeit auf dem fast waagrechten Hauptgrat zu einem 10 m tiefen Abbruch. Vorher südl. gegen zwei Zacken zu einem Felsloch, das ein doppeltes Fenster bildet. Unschwierig zu einem rechteckigen Gratschartl und auf der N-Seite über eine Wandstufe zum Hauptgrat. Auf ihm zu einem zweiten Abbruch. Links in einer Rinne absteigen. Ein Felszahn im S-Gehänge wird umgangen, dann zu einem Sattel. Über zwei Abbrüche zum Fuße eines glattwandigen Turmes (die Abbrüche können auch südseitig umgangen werden). Bei einem aus einer Rippe knapp unterhalb des Grates hervorstehenden Felsköpfl beginnt ein 20 m langes, in der Mitte unterbrochenes Band. Auf ihm in die S-Schrofen des Turmes. Durch eine rechts emporziehende Rinne, an deren Ende schräg links aufwärts und durch eine zweite Rinne zum Grat. Der aus dem Grat hervorstechende glatte Zahn wird direkt an der Kante erklettert (Umgehung nordseitig möglich). Dann über eine große Platte und auf dem plattigen Grat steil aufwärts. Weiter auf dem Grat zu einem kleinen Gratzacken, der die Form eines Obelisken hat, und über einige Zacken und Scharten zum Fuß des zum Gipfel ohne Unterbrechung hinaufziehenden Grates. Weiter oben in der Schlucht oder, schöner, am Grat zum Gipfel.

● **2027** **Nordostwand**

E. Wagner, 1912. **IV** (einige Stellen im unteren Wandteil), III, 3—4 Std. E.

Übersicht: s. Abb. S. 533.
Zugang: Vom Thomasalpl in die hinterste Karmulde und über Wandstufen zu dem rechts oberhalb in die Wände eingelagerten Kessel. An der rechten westl. Seite der in seinem hintersten Winkel beginnenden Steilschlucht zieht eine steile Verschneidung in die Höhe.
Führe: 2 SL in ihr empor, bis sie ungangbar wird. Hierauf einige Meter nach rechts und durch einen Riß. Dann leichter über eine Rippe etwas rechts hinauf und über schrofiges Gelände schräg nach links. Die Schrofen werden bald wieder steiler. Durch eine schwach ausgeprägte

Die Hochkarspitze mit Ostgrat (R 2026), Nordostwandführe (R 2027), Nordostkante (R 2028), Nordpfeilerführe (R 2029) und Nordwandführe (R 2030). R 2013 bezeichnet den Übergang zum Wörner.

2026
2013
2030
2029
2027
2028
Thomasalpl
ereinalm

Rinne zu einer Scharte zwischen der Gipfelwand und einer vorgelagerten Rippe. In der Gipfelwand empor, später etwas nach rechts. Durch eine kaminartige Rinne zum Grat und zum Gipfel.

● **2028** **Nordostkante**
F. Schalper, 1948. **IV** (stellenweise), III, 4—5 Std. E. Siehe ä. A. und Abb. S. 533.

● **2029** **Nordpfeiler**
F. List, M. Matousek, 1935, 27. Jb. Bayerland. **V**, 5—7 Std. E.

Übersicht: Die Hochkarspitze entsendet nach N über ihren nordwestl. Vorgipfel (Pfeilerkopf) einen über 600 m hohen gewaltigen Pfeiler. Er stürzt mit einem mächtigen Turm, etwa 250 m hoch, gegen das Thomasalpl ab. Dem Turm ist nach N noch ein steiles Gratstück vorgebaut, das steil ins Kar abfällt. (Der Pfeiler entsendet westl. davon noch einen mächtigen Klotz, der sich nach dem Kampenleitenjoch in den Kampenleitenwänden fortsetzt.) Siehe Abb. S. 533.
Zugang: E rechts des erwähnten vorgebauten Gratstücks.
Führe: Durch eine Rinne in die Scharte hinter einem scharfen Zacken. Weiter aufwärts, bis das Gratstück an die schwarzgelbe Wand des großen Turmes stößt. So hoch wie möglich unter die Überhänge hinauf, dann über Platten mit Hilfe eines waagrechten Risses nach links. Nun mit Seilhilfe 12 m (H) schräg nach links durch einen Riß hinunter. Von hier leitet eine kleine Rampe in die von unten heraufziehende breite Verschneidung. In ihr erst rechts, dann links aufwärts, zuletzt über senkrechten, splittrigen Fels in die Scharte hinter einem klobigen Felsturm, der die linke Begrenzung der Verschneidung bekrönt. Nun einige Meter links, dann über eine an die Wand gelehnte Rippe 12 m auf deren Kopf. Äußerst anstrengend nach rechts in einen glatten Riß und nach 6 m aus ihm heraus (H). Gerade hinauf zu einem Überhang. Unter ihm nach rechts aufwärts, dann gerade empor zum höchsten Punkt des großen Turmes. Nun waagrecht zur Fortsetzung des Pfeilers, der hier als Kante etwa 200 m emporleitet. Sich stets an der Kante haltend, bis sie ungangbar wird. Dann nach rechts durch einen breiten, schrägen Riß in die Scharte hinter einem Zacken. Nun nach rechts 2 m abwärts und durch einen Riß wieder aufwärts und etwas nach links wieder an die Kante, die sich nun zurücklegt und leichter über mehrere Türme zum Vorgipfel leitet.

● **2030** **Nordwand**
O. Friedrich, W. Engelhardt, 1907, Jb. AAVM 1906/7, S. 67. **IV—** (einige Stellen), III, brüchig, 4 Std. E.

Übersicht: s. Abb. S. 533.
Zugang: E über einer Wandstufe, etwa 80 m westl. des Felsblocks, der beim Kampenleitenjoch aufragt.
Führe: Über steile, geröllbedeckte Plattenlagen aufwärts zu einer etwas vorspringenden Rippe. Auf ihr und der links befindlichen Rinne hinauf zu einem Band. Auf diesem etwas nach rechts zu einem kleinen Schuttband. Nun etwas links über Platten und eine Verschneidung weiter. In der Höhe des oberen Teils des zweiten Abbruchs des Pfeilers fußt eine glatte Wand in den Platten, die den Anstieg vermitteln. Eine mächtige Felsmasse bildet mit dieser Wand einen engen Spalt, der als Stemmkamin erklettert werden kann. In seiner jenseitigen südl. Fortsetzung wieder hinab (5 m). In der Fortsetzung des vorigen Spalts etwa 4 m schräg aufwärts zu einem plattigen Band und über dieses auf den obersten Teil des Pfeilers, der als Grat zum Vorgipfel leitet. Schöner, aber schwieriger (teilw. besonders schwierig) ist folgender Weg: Vom breiten Schuttband etwas nach links aufwärts zu einer deutlich sichtbaren Verschneidung zwischen Plattenwänden westl. des Pfeilers. Durch die Verschneidung 2 SL. Der Pfeiler wird oberhalb seines zweiten Abbruchs erreicht.

● **2035** **Raffelspitze,** 2324 m

Wenig bedeutender Gipfel westl. des Bärnalpls. Erstersteigung 1890 H. Schwaiger u. Gef.; Mitt. AV 1890, S. 146; Erschl. I. 196 Fußnote.

● **2036** **Aus dem Hochkar**
I, mühsam; 3½ Std. von der Angeralm.

Wie in R 2024 ins Hochkar. Nordöstl. aus der obersten Mulde über Schutt entweder nach N zum NW-Grat oder nach SO zum SW-Grat. Beide Grate führen unschwierig zum Gipfel.

● **2037 A** **Abstieg nach Süden**

Siehe R 2036 in umgekehrter Richtung.

● **2038 A** **Abstieg nach Norden**

Siehe R 2039 in umgekehrter Richtung. Weiterweg über das Bärnalpl, R 450.

● **2039** **Südostgrat**
O. Friedrich, E. Wagner, 1907, Jb. AAVM 1906/7. **II** (stellenweise), 1 Std.

Übersicht: Der O-Grat der Raffelspitze verzweigt sich in einen SO- und einen NO-Grat.
Zugang: Auf dem Steig, der sich an der W-Seite des Bärnalpls hin-

zieht, vor Erreichen des höchsten Punkts des Bärnalpls über steile Grashänge westl. zum SO-Grat.
Führe: Auf der S-Seite hinter seinem Endpfeiler in eine Rinne. Dieser folgend durch eine weitere Rinne links zum Grat. Auf der schmalen Gratschneide bis zum Ansatz der zweiten Gratstufe, in der rechten Flanke ansteigend weiter auf dem Grat. Dann etwas absteigen, einen Zacken links umgehen und über Schrofen zum P. 2182. Nun gerade über die folgenden turmartigen Absätze aus gelbem, brüchigem Gestein und über den obersten Grat zum Gipfel.

● 2040 Nördliche Verzweigung des Ostgrates

Die nördl. Verzweigung des O-Grates (vom Gjaidsteig aus) wurde bisher nur teilweise begangen.

● 2041 Nordwand
O. Friedrich, F. Herzog, F. Kaufmann, 1907, Jb. AAVM 1906/7. **III** (stellenweise), II, 2 Std. E, s. ä. A.

● 2042 Nordgrat
F. Schalper, 1947. **IV** (stellenweise), III, 1½ Std., s. ä. A.

● 2043 Übergang zur Hochkarspitze
III+, vgl. R 2026.

● 2045 Bärnalplkopf (Bäralplkopf), 2325 m

Wenig bedeutender Gipfel östl. der Bärnalplscharte, der meist mit dem Besuch seiner Nebengipfel, der Schlichtenkarspitze mit Vogelkarspitze, verbunden wird. Erste touristische Ersteigung vermutlich Hermann v. Barth, 1870.

● 2046 Vom Karwendelhaus über die Südhänge
2 Std. Gehgelände.

Vom Karwendelhaus auf dem zum Bärnalpl führenden Steig, bis man rechts ins Vogelkar aufsteigen kann. Im unteren Teil des Kares westl., den Fuß der SO-Flanke und die S-Hänge der Vogelkarspitze sowie die Mulde des Schlichtenkares querend. Weiter über Gras- und Schrofenhänge in westl. Richtung ansteigend zum Gipfel. Oder wie in R 2076 zu den S-Hängen des Wank und dann ins Vogelkar queren.
Statt aus dem Vogelkar anzusteigen, kann man dem Steig auch folgen bis zu den S-Hängen des Bärnalplkopfes und nördl. über Rinnen und steile Grashalden den Gipfel erreichen. Nicht länger als oben. Von der Angeralm oder Fereinalm steigt man von der SO-Ecke des Bärnalpls die Hänge hinan.

● 2047 A Abstieg

Siehe R 2046 in umgekehrter Richtung.

● 2048 Nordwestgrat

O. Friedrich, 1907, Jb. AAVM 1906 / 7. **III,** 2 Std.

Führe: Der untere der beiden Abbrüche, die die untere Hälfte des etwa 500 m hohen Grates aufweist, wird von einer grasigen, an seinem Fuß eingeschnittenen Scharte in der Nähe der Kante durch Risse und über Wandln erstiegen. Der zweite Abbruch wird rechts umgangen. In der rechten (südl.) grasdurchsetzten Wand aufwärts. Wo sie ungangbar wird, auf einem stufigen Gesimse nach links und nach 20 m in einen blockerfüllten Kamin. Über diesem auf einem weiteren Gesimse zum Grat, der oberhalb des Abbruchs erreicht wird. Nun fast durchwegs auf der schmalen Gratschneide. Oben folgen noch zwei Stufen, von denen man die untere, etwa 3 m hohe, direkt überklettert, die obere an ihrer rechten Kante ersteigt. Sodann unschwierig zum Gipfel.

● 2049 Westwand

III+.

Führe: Über Schrofen aufwärts bis in die Nähe der Scharte vor dem zweiten Abbruch des NW-Grates. Von hier über steile, brüchige Schrofen nach rechts (südl.) aufwärts zu einer Rippe oberhalb der in die Gipfelfallinie eingelagerten Geröllterrasse. Um die steile Gipfelwand zu durchsteigen, zunächst auf Gesimsen nach rechts, dann wieder schräg links aufwärts durch ein System von Bändern und Rinnen zu Stand gegenüber einem auffallenden rotgelben Turm. Nun nach rechts durch eine geröllerfüllte Rinne, die sich in der Mitte kaminartig verengt, auf einen Vorsprung. Von hier aus steigt man nach links an und klettert durch eine plattige Verschneidung empor (schwierigste Stelle). Durch eine Schuttrinne auf den westl. Vorgipfel.

● 2050 Nordwand

K. Holzhammer, A. Schuster, 1911, Jb. Bayerland 1911, S. 95f., und Jb. Bergland 1911, S. 71. **IV—** (stellenweise), III, 2½ Std. S. ä. A.

● 2055 Schlichtenkarspitzen, 2477 m und 2354 m

Der Kamm der Schlichtenkarspitzen erreicht seine höchste Erhebung im O in der Hinteren Schlichtenkarspitze (2477 m); nach W reihen sich die Vordere Schlichtenkarspitze (2354 m) und die drei begrünten Köpfe der Äußeren Schlichtenkarspitze (2289 m) an. — Die Gratübergänge zur Bärnalpl- und Vogelkarspitze werden bei der Vogelkarspitze beschrieben (R 2072). Erste touristische Ersteigung Hermann von Barth, 1870.

● 2056 Von Süden
2¾ Std., Gehgelände.

Wie beim Aufstieg zum Bärnalplkopf (R 2046) ins Vogelkar. Aus diesem über Schrofen nordwestl. zu den Schlichtenkarspitzen.

● 2057 A Abstieg

Siehe R 2056 in umgekehrter Richtung.

● 2058 Nordwand
E. Wagner, H. Schuch, 1908, Jb. AAVM 1907 / 8, S. 59.
IV— (stellenweise), III, 4 Std., s. ä. A.

● 2059 Nordrippe
K. Hausmann, A. Messner, E. Schiegg, 1949, Jb. AAVM 1949, S. 22. **V—**, sehr brüchig, Wandhöhe 600 m.

Übersicht: Vom P. 1635 („Am Hals") zieht ein bewachsener erdiger Grat zu der im unteren Teil ausgeprägten N-Rippe der Äuß. Schlichtenkarspitze.
Führe: E an einem Schartel. Der erste Steilaufschwung wird wie folgt überwunden: Ein schmales, von Überhängen überdachtes Band leitet nach links in einen glatten kaminartigen Riß, der nach 15 m zu Stand leitet. Das Band wird mittels einer kleinen Erosionsrinne überhängend erreicht. Vom Stand nach rechts und über einen sehr brüchigen Überhang empor und steil links aufwärts über brüchige Felsen zu Stand. Nun links haltend in eine Verschneidung. Diese empor. Nun nach rechts zu einer Terrasse. Weiter über die Rippe und schrofigen Fels zu glattem Aufschwung, der rechts in einer Verschneidung überwunden wird. Über Gras in eine Scharte vor einem großen Steilaufschwung. Hier einen Riß schräg links aufwärts auf ein Köpferl. Nun schräg rechts aufwärts haltend in einen kaminartigen Riß und durch diesen zu Stand auf leichteres Gelände. Auf der wenig ausgeprägten Rippe viele SLn zum Gipfel.

● 2065 Vogelkarspitze, 2523 m

Ein besonders von N auffallendes Trapez. Seine O-Kante ist mit mächtigen Felsnadeln besetzt, nach N fällt es mit Wänden und einem schwach ausgeprägten Grat ins Steinloch und zur Steinlochscharte, während nach S Grashalden und Geröllflächen einen einfachen Aufstieg vermitteln. Aussicht fast ebenso schön wie von der nur wenig höheren Östl. Karwendelspitze. Erste touristische Ersteigung Hermann von Barth. N-Wand s. Abb. S. 541.

● **2066** **Von Süden**
I, 2¾ Std. vom Karwendelhaus.

Wie auf R 2046 ins Vogelkar und zu den begrünten S-Hängen der Vogelkarspitze. Über steile Grashalden, Felsabsätze und Geröll aufwärts zum Gipfelgrat, den man am östl. Endpunkt (Steinmann) erreicht. Auf der 200 m langen Gipfelschneide zum mittleren und westl. Steinmann.

● **2067 A** **Abstieg**

Siehe R 2066 in umgekehrter Richtung.

● **2068** **Ostgrat von der Vogelkarscharte**
Erstbegeher unbekannt. **III+** (einige Stellen), III, 2 Std. E.

Zugang: Die Vogelkarscharte, 2262 m, erreicht man von S in 1 Std. vom Karwendelhaus, von N auf R 455 aus dem Steinloch.
Führe: Von der Scharte gegen den O-Grat und über grasdurchsetzte Schrofen südl., etwas unterhalb der Gratschneide, auf den Grathöcker, der den beiden fingerartigen Felstürmen östl. vorgelagert ist. Nun durch eine Rinne schräg abwärts zur S-Wand des ersten Turmes. Man erreicht eine nach S vorspringende Rippe und steigt durch schwierige, enge Risse ab zum Fuß der zwischen den beiden Türmen eingeschnittenen Scharte. Vom Fuß quert man, zu einer kleinen Rippe aufsteigend, die S-Wand des zweiten Turmes. Man gelangt so in eine Schlucht, die zwischen dem Turm und einem östl. davon liegenden, mit Steinmann versehenen Vorgipfel heraufzieht. Durch diese Schlucht steigt man aufwärts zum Grat und über diesen auf den Vorgipfel. Nun ohne Schwierigkeit weiter über den Grat und die breiten östl. Gipfelhänge zum östl. Punkt der Gipfelschneide.
Ein leichterer Weg von der Vogelkarscharte zum Gipfel leitet auf einem fast eben durch den hinteren westl. Teil des Vogelkares führenden Gamswechsel zur westl. Begrenzung des Kares. Man durchsteigt den Absturz auf Bändern und gelangt so in die S-Hänge.

● **2069** **Ostwand**
Erstbegeher unbekannt. **III,** 2 Std. Siehe ä. A.

● **2070** **Nordgrat**
E. Wagner, P. Endres, H. Weiß, 1911, Jb. AAVM 1910/11, S. 71. **IV** (stellenweise), III, sehr brüchig. Grathöhe 600—700 m. 4 Std. E.

Übersicht: Der N-Grat der Vogelkarspitze beginnt mit einem riesigen, auffallenden Turm, der mit senkrechter Wand zur Steinlochscharte niedersetzt. Nach einem folgenden, mäßig geneigten Teil zeigt der Grat zwei mächtige, durch ein kurzes waagrechtes Gratstück verbundene steile Aufschwünge. Weiter oben verläuft er dann wenig ausgeprägt in der plattigen Gipfelwand.
Zugang: Auf R 447 und R 447b bis kurz vor die Steinlochscharte, dann durch eine steile, wohl stets mit Schnee gefüllte Rinne, die zu einem Kessel führt. Noch ehe man ihn erreicht, über die brüchigen Schrofen der linken Begrenzungswand zu einer Rippe, die solange verfolgt wird, bis man zum N-Grat oberhalb des erwähnten auffallenden Turmes hinüberqueren kann.
Führe: Nun über den gut gangbaren Grat zum ersten Aufschwung, in den links neben der Kante ein Kamin mit Überhang eingeschnitten ist. Zuerst einige Meter im Kamin, dann an seiner gutgriffigen linken Seitenwand empor, bis man, schon oberhalb des Überhangs, zu einem Absatz in der Kante hinüberqueren kann. Über eine senkrechte Stufe, dann über die sehr steile und brüchige Kante 15 m zu einem Stand. Der folgende Aufschwung wird in der W-Wand umgangen. Man steigt 2 m nach W ab, quert 5 m ausgesetzt und brüchig nach rechts, dann wieder gerade hinauf zu Stand. Über den fast waagrechten Grat zum nächsten Aufschwung, der an seiner rechten Seite erstiegen wird. 20 m nach rechts und 30 m über plattigen Fels empor. Nun weiter über plattigen Fels zum Gipfelgrat.

● **2071 Nordwand**
Pfeffer, E. Schulze, 1933, 41. Jb. AAVM, S. 33. **V**+ (eine SL), V und leichter, 4 Std.

Zugang: E am Fuß der großen Schlucht in der Mitte der Wand. Hierher entweder von der Fereinalm über die Steinlochscharte, R 447b, oder von Hinterriß durch das Rontal, R 461.
Führe: Vom E aus der Schlucht nach rechts in die westl. begrenzende Rippe. Über sie aufwärts zu Schrofen, darauf Quergang durch einen großen Geröllkessel nach links. Aus dem Kessel zieht nach O in Richtung auf eine Scharte im östl. Begrenzungsgrat der Schlucht eine steile Rampe empor. An ihr in Rinnen und brüchigen Rissen zum Grat. Man verfolgt den Grat aufwärts, umgeht einen Aufschwung links und erreicht über leichten Fels rechts haltend wieder den Grat, der bei einer kleinen Scharte endet. Vom Schärtchen 20 m empor zu Stand, über ei-

Die Nordwand der Vogelkarspitze.

nen Überhang nach links in einen seichten, glatten Riß, 10 m empor zu Stand. Quergang nach rechts und in einer Rinne aufwärts, wieder Quergang nach rechts und in einem schräg nach rechts aufwärts ziehenden, bemoosten Riß aufwärts. An zwei feinen Rissen 10 m hoch, an eine die Schlucht östl. begrenzende Kante. Erst an der linken Wand absteigend in die Schlucht, dann an der rechten Kante empor, über unschwierigen Fels zum Gipfel.

● **2072** **Übergang zu Schlichtenkarspitze und Bärnalplkopf**
I, 1—1½ Std. Diese Gratwanderung wird in umgekehrter Richtung seltener ausgeführt.

Vom westl. Endpunkt der Gipfelschneide auf dem etwas nach S ausbiegenden Grat steil abwärts; der zerschartete Grat nötigt zum Ausweichen nach links (S). Nun über einen Sattel zum breiten begrünten Rücken der Hinteren Schlichtenkarspitze (½ Std.). Weiter über den Grat in schöner Wanderung ohne Schwierigkeiten zur Vorderen Schlichtenkarspitze und zur (½ Std.) Bärnalplspitze.

● **2075** **Östliche Karwendelspitze,** 2537 m

Höchster Gipfel der Nördl. Karwendelkette, eine wegen der Aussicht sehr lohnende Tour. Vom Karwendelhaus verbirgt sich der Gipfel hinter dem grasigen Vorgipfel des „Wank". Nach N fällt die Östl. Karwendelspitze mit steiler Wand ab, nach W und O entsendet sie Grate, von denen der östl. mit Türmen besetzt ist, von dem nach N zur Torscharte zu ein weiterer Grat abzweigt. Die Östl. Karwendelspitze bildet mit der Vogelkarspitze von der bayerischen Hochebene aus eine der auffälligsten Gipfelgruppen des Karwendels. Erste touristische Ersteigung Hermann von Barth, 1870. Mitt. AV 1886, S. 551.

● **2076** **Von Süden**
I, 2½ Std.

Vom Karwendelhaus nimmt man den zum Bärnalpl leitenden Jagdsteig und verläßt ihn westl. des vom Grabenkar herabziehenden Grabens nach rechts. Auf einem Steig im Zickzack bis zu dem die S-Flanke durchziehenden Felsriegel. Unter ihm nach links (W), bis man auf Steigspuren wieder nach rechts in den schrofigen Gipfelhang gelangt. Nun auf Steigspuren zum Gipfel.

Die Östliche Karwendelspitze, Grabenkargrat (R 2105) und Grabenkarspitze von Süden.

● 2076 A Abstieg

Siehe R 2076 in umgekehrter Richtung, oder schneller:

● 2077 A Abstieg durch das Grabenkar

I, 1¼ Std. Wegen des Schutts ist dieser Weg für den Aufstieg ungeeignet.

Vom Gipfel westw. über die kleine Einschartung. Wenige Meter weiter, dann etwa 100 m in die S-Flanke hinab. (Nicht zu tief: Steilwand.) Nun gleich nach links (Steinmanndln) und stets links haltend über schrofiges Gelände zum höchsten Zipfel des Grabenkares. Durch eine kurze Rinne hinab in den Schutt. Nun den ausgetretenen Pfad durch das Kar hinab, unten am linken Hang, zuletzt durch den Graben hinab zum Bärnalplsteig. Hier ostw. auf die freien Hänge des Hochalmsattels.

● 2079 Aus dem Vogelkar, Westwand

III, 1¼ Std.

Übersicht: Der Anstieg bewegt sich in der zum W-Grat parallel verlaufenden Rinne.
Führe: Durch die Rinne hinauf. In Höhe des kirchdachähnlichen Gratabsatzes biegt man nach S aus. Weiter über Schutt zum Gipfel.

● 2080 Durch den großen Kamin

Etwas schwieriger als R 2079, 1¼ Std.

Führe: Man hält sich an den großen, etwa 150 m hohen Kamin, der die W-Seite durchreißt und mehrere Absätze aufweist. Man gelangt so auf die begrünten S-Hänge des Gipfels.

● 2081 Westgrat von der Vogelkarscharte, Übergang zur Vogelkarspitze

K. Schmidt, K. Stadelbauer, W. Majer, 1911. **IV** (im unteren Teil), dann leichter.

Führe: Von der Scharte auf dem auffallenden Band empor zur Gratkante und über diese bis zu einer Wandstelle nach links zu Stand. An der sehr steilen Wand 10 m empor auf den Grat. Der nächste Turm wird in der N-Flanke erstiegen. Nun über den Grat zum Gipfel.
Der schönste Übergang zur Vogelkarspitze setzt sich aus diesem Weg im Abstieg und dem O-Grat der Vogelkarspitze (R 2068) zusammen. Zeit etwa 3—4 Std.

● 2082 Nordwand

L. Mulfinger, F. Thiersch, 1931, Jb. AAVM 1930/31. **V** (stellenweise), IV+. Wandhöhe 700 m, 5—6 Std.

Übersicht: Vom Rontalboden gesehen gliedert sich die Wand deutlich in einen nordwestl. und nordöstl. Teil. In die Platten der NW-Wand zieht vom Gipfel herab eine Rippe, und von deren unterem Ende eine Reihe von Überhängen rechts hinunter zu dem großen Plattenband, das von der W-Gratschulter unter die NW-Wand herabzieht. Der Anstieg verläuft über den Felssporn in der Fallinie dieses oberen Plattenbandes zunächst auf das untere Schuttband, das die ganze Wand in etwa einem Drittel ihrer Höhe durchzieht, und unmittelbar an den Fuß der NW-Wand zum linken Ende des erwähnten Plattenbandes hinaufführt. Weiter über das Band und auf die von mächtigen Überhängen überdachte Rampe, die im Bogen nach links zu der Rippe hinüberzieht. Erst links, dann rechts der Rippe hinauf und nach rechts zum Gipfel.
Zugang: Der Felssporn des E liegt senkrecht unter dem großen Plattenband (links daneben große Schlucht).
Führe: Von links hinauf, über Schrofen im Bogen wieder links zu einem Schuttfleck. Über die anschließenden, zum Teil sehr schwierigen Wandstufen etwa 100 m zu dem großen Schuttband empor, das die Wand von O nach W durchzieht. Auf einen Felskopf hinauf, der gerade unter dem Abbruch des oberen großen Plattenbandes im Schuttband liegt. Durch die Wände über dem Schuttband zieht als gegebener Durchstieg gegenüber dem Kopf der erwähnte Kamin in ein schwarzes Loch hinauf. Durch das Loch und auf die Überdachung. Von hier 5 m nach links in einen gelben Riß und durch ihn hinauf (10 m, V) zu einem nach links ziehenden Band. Nach 10 m links zu einem Schuttplätzchen hinauf und nach rechts querend auf das Plattenband. Auf ihm weiter, bis über die gestuften Felsen der eigentlichen NW-Wand links aufwärts jene eigentliche Bandrampe erreicht werden kann, die im Bogen über dem unteren Teil der NW-Wand hinzieht. Auf diesem Band unter den Überhängen entlang und (20 m nach einer nassen Stelle) rechts über schwere Platten und Risse gegen die Verschneidung links des Pfeilers empor. 10 m (Überhang) in ihr hinauf und sofort nach rechts über eine Rippe an den Fuß der Verschneidung rechts des großen Pfeilers. In ihr 18 m hinauf zu Stand und 10 m (V) durch den linken Riß auf die Blöcke unter dem Schlußdach. Hier 4 m nach rechts zu einem Stand und etwas rechts haltend direkt zum Gipfel.

● **2083** **Nordpfeiler**
M. Schließler, K. Simon, 1948, Mitt. AV, Jan. 1949. **VI** (stellenweise), 5 Std. E.

Übersicht: Die Begrenzungslinie zwischen NO- und N-Wand (eigentlich mehr NW-Wand) bildet einen mächtigen Pfeiler, etwa 450 m hoch, der auf dem großen NO-Band fußt. Siehe Abb. S. 547.

Zugang: Das Band erreicht man vom obersten Rontal aus in etwa 1½ Std. Kletterei (II) auf der rechten Seite des Vorbaues.
Führe: E an einem 80 m hohen Kamin, der von rechts nach links hinaufzieht. Durch ihn auf einen Kopf. Von hier einige Meter links aufwärts, dann Quergang über steile Platten etwa 20 m nach rechts zu einem Riß. 1 SL gerade empor, dann Quergang 6 m nach rechts in einen zweiten Riß. In diesem 35 m empor in die große, schon von unten auffallende Verschneidung. Nun 2 SL in Riß- und Kaminkletterei über mehrere Überhänge hinauf (brüchig). Von links nach rechts auf das die Verschneidung abschließende Köpfl. Von hier durch einen schrägen Riß mit abschließendem Überhang zu der folgenden Rinne. In ihr zu dem wulstartigen Aufschwung, der den oberen Teil des Pfeilers abschließt. Mit Trittschlingen über den Überhang rechts haltend einige Meter empor. Dann Quergang nach rechts in einen brüchigen Riß, 30 m hoch. Über eine sehr brüchige Wandstelle links haltend zu einem Riß, der zum Grat führt. Über ihn oder ihn links umgehend zum Gipfel.

● 2084 Nordostwand
M. Schober, K. Simon, 1939. **VI,** 6 Std. E.

Übersicht: s. Abb. S. 547.
Zugang: Die NO-Wand durchzieht in ihrem unteren Teil ein breites Schuttband, auf das man ohne wesentliche Schwierigkeiten gelangt. Ein im unteren Teil begrünter Sattel vermittelt den E.
Führe: Man klettert den Schrofenvorbau, der zum Teil schwierige Unterbrechungen aufweist, links haltend empor bis zu dem schon erwähnten Band. Dieses verfolgt man unter überhängenden Wänden nach links bis zu einer grauen plattigen Wandeinbuchtung. (Etwa 200 m links befindet sich ein großer Felsturm.) E in eine graue Plattenwand, die bis zum Band reicht. 10 m schräg rechts aufwärts (H). 10 m Quergang nach links an wasserzerfressenem Fels in einen seichten Riß und in diesem aufwärts zu Stand. Weiter in einer Verschneidung 20 m aufwärts, bis ein splittriger, durch mehrere Überhänge unterbrochener Riß nach links in die Höhe zieht. Diesen klettert man 45 m empor. Dann über eine Wandstelle nach rechts aufwärts zu einer gelben, überdachten Nische. Von der Nische leicht ansteigender Quergang nach rechts (45 m). Nun an grauer Wand 40 m gerade empor auf eine schmale Rampe. Diese nach rechts zu einem überhängenden Riß (H), der auf ei-

Die Östliche Karwendelspitze von Norden mit Torschartengrat (2085), Nordpfeiler (2083) und Nordostwand (2084).

2085
2084
2083

nen kleinen Pfeilerkopf führt. Weiter einen 20-m-Riß mittels H empor zu spärlichem Stand (mehrere H). Die glatte, griffarme Wandstelle und die folgende Verschneidung empor (H), bis man an glatter Platte nach rechts zu Stand queren kann. Weitere 10 m nach rechts und 30 m gerade empor auf ein überdachtes Band. Dieses wird 20 m nach links verfolgt zu Stand. Durch einen Riß links aufwärts zum Grat und (mit Unterbrechungsstelle) weiter zum Gipfel.

● **2085** **Torschartengrat** (Nordgrat)

Vom Grat Grabenkarspitze — Karwendelspitze senkt sich vom mittleren, höchsten Grabenkarturm (2440 m) nach N ein mit vielen Türmen besetzter Grat zur Torscharte. Dieser Grat vermittelt einen interessanten Aufstieg zur Östl. Karwendelspitze, andererseits bieten aber auch die einzelnen Türme für sich allein schwierige Felsfahrten. Besteigt man die Östl. Karwendelspitze über den Torschartengrat (R 2086) unter teilweiser Benützung der folgenden Führen (R 2089 ab Scharte, 2088 als Abstieg, 2091 ab Scharte) so ergibt sich eine großartige, besonders schwierige (V) Grattour. Siehe Abb. S. 547.

● **2086** **Überschreitung**
IV (stellenweise), 3½ Std.

Führe: Zum Gipfel des Ersten Turmes klettert man von der Torscharte aus über eine schwierige Steilwand und zwei Aufschwünge empor. Über den fast waagrechten Grat zum stark zerscharteten Zweiten Turm (P. 2025). Schwierig in die tiefe Scharte, südl. davon absteigend zum Steilaufschwung des Dritten Turmes (P. 2072). Sehr ausgesetzt an dessen Kante empor, dann Quergang in die O-Flanke und durch einen kaminartigen Riß wieder zum Grat, etwas südl. des Turmgipfels. Dann zum Fuß des mächtigen Vierten Plattenturmes (P. 2140). Man quert auf der O-Seite um dessen Felssporn herum in eine durch Steinschlag gefährdete Schlucht, die in eine mit einem mächtigen Zacken besetzte Scharte südl. des Turmes führt. In ungefähr gleicher Höhe mit dem Zacken wird die Mauer des fast rechteckigen Fünften Turmes (etwa 2400 m) umgangen und über einige Wandstellen zum O-Grat (Grabenkargrat) emporgestiegen. Über den Grabenkargrat (R 2104) weiter zum Gipfel.

● **2087** **Vierter Turm** (Rontalturm, P. 2140)

Erstersteigung durch K. Simon und M. Oberniedermeier, 1938.

● **2088** **Anstieg der Erstbesteiger**
V (stellenweise), IV, 5 Std.

Zugang: Man erreicht den E aus dem Rontal. Von der Rontalalm verfolgt man das Steiglein zur Torscharte und quert dann rechts aufwärts den Felsabstürzen der NO-Wand der Östl. Karwendelspitze zu (Steinloch). An der linken Hälfte zieht ein Wasserlauf herab, der vom NO-Band kommt und über die untere Wandhälfte fällt. Er vermittelt den Aufstieg zum NO-Band und Grat, den man unterhalb des Vierten Turmes erreicht (auch der Dritte Turm ist leicht von hier zu erreichen; bis hierher von der Rontalalm 1½ Std.). Man steigt von der Sandreise teils links, teils rechts der Wasserrinne etwa 80 m hinauf, dann über den Steilabbruch am Wasserfall rechts hinauf über nassen Fels etwa 40 m (besonders schwierig). Links ein Band verfolgend, sucht man die Rinne wieder zu gewinnen; durch sie links zum Grat. Hier mündet auch das NO-Band her (1 Std. von der Sandreise am Torschartensteiglein). Hier erhebt sich der Vierte Turm an seiner N-Seite in überhängender und gelber Wandflucht etwa 300 m empor. Der O-Wand sind zwei Plattenschüsse vorgelagert, durch die sich der Aufstieg zieht und zur S-Seite des Turmes führt. Den Grat bis hierher kann man auch durch das NO-Band erreichen, indem man vom Steinloch den Aufstieg zur Vogelkarscharte verfolgt und dann links zum NO-Band quert und es verfolgt bis zum Torgrat (vom Steinloch 1½ Std.). Nun weiter hier von der NO-Band-Gratsenke zwischen Drittem und Viertem Turm, E.
Führe: Den unteren Plattenschuß erreicht man über gelben, steilen Fels, etwa 40 m (H), dann quert man den Plattenschuß nach links zu einer Rißverschneidung, die man verfolgt bis zu losen, sturzbereiten Blöcken (H), über sie hinweg nach links auf eine Rampe mit gutem Standplatz, etliche Meter nach links zu einer zweiten Rißverschneidung, die endgültig zum oberen Plattenschuß leitet. Die Verschneidung wird in 2 SL durchklettert. Zuerst zwingt noch ein Überhang nach rechts, dann nach links über Platten, durch die man zur Schulter, die S- und O-Seite trennt, gelangt. Entweder über einen von hier ansetzenden Grat oder südseitig abwärts, dann ein Grasband aufwärts zu einem Schartl, von hier nun in prächtiger Kletterei etwa 50 m zum Gipfel des Turmes. Von der Sandreise durch die Wasserrinne 3½ Std. Vom Steinloch durch das NO-Band 4 Std.

● 2089 Von Norden

O. Herzog, K. Mägdefrau, 1948, Mitt. AV, Okt. 1949. **V**, 300 m von der Scharte. Fester Fels.

Übersicht: Der auffälligste der Torschartentürme, der von der Fereinalm einem Fäustling mit Daumen gleicht, stellt sich vom Tortal-Hochleger als mächtiger, plattengepanzerter Turm dar. Seine rotgelbe NO-Wand läuft nach S in die N-Flanke der Grabenkartürme aus. Von

letzterer zieht eine plattige Einsenkung nach N, im W begrenzt durch den N-Grat (viele Türme), im O durch einen mit niedrigen Türmen besetzten Grat. Jene langgezogene Einsenkung ist vielfach glatt poliert und bricht an ihrer Stirnkante fast lotrecht zu einem Kar ab. Dieses zieht hinab bis in die Nähe der Toralm.
Zugang: E von einem Schuttkar links eines braunen, wasserüberronnenen Streifens (Steinmann).
Führe: Über Platten 10 m schräg links aufwärts auf ein schuttbedecktes Band, das 25 m rechts hochzieht. Von dessen Ende (Steinmann) über geneigten plattigen Fels aufwärts bis zu einer Steilwand; schräg links auf Bändern im Zickzack unter den N-Abbruch des östl. Begrenzungsgrates der Einsenkung. Unterhalb seiner Steilwände rechts aufwärts über geröllbedeckten Fels, eine Rinne am Rande der Einsenkung querend und schräg empor bis zur Einschartung nördl. des großen Turmes. Die N-Flanke des großen Turmes wird von drei Plattenzonen durchzogen, die, schwach ansteigend, von rechts nach links streichen und durch senkrechte Abbrüche voneinander getrennt sind. Die unterste Plattenzone ist die längste, die oberste die kürzeste. Die Führe verläuft von der N-Scharte des Turmes durch den untersten Abbruch (überhängend), dann durch die gesamte NO-Flanke unter Benutzung der schräg aufwärts ziehenden Zonen bis zum Beginn des kurzen O-Grates, der über einem senkrechten Abbruch ansetzt. Über den O-Grat erreicht man den Gipfel. Von der Scharte über einen Gratsporn empor, nach links die obere Hälfte des untersten Überhanges erreichend (H). Über ihn gewinnt man die unterste der erwähnten Plattenzonen, die in gleicher Richtung durchquert wird, bis zu einem Standplatz dort, wo die Platten umbiegen. Von hier auf einer schmalen, von einer sehr heiklen Stelle unterbrochenen Leiste schräg links aufwärts. Dann von links nach rechts empor über eine z. T. von Geröll bedeckte Plattenrampe zu einer versteckten rotgelben Verschneidung, die oben durch einen Überhang abgeschlossen ist. Über ihn (H) nach links zu gutem Stand. Nun links davon über gutgriffigen Fels empor zum Beginn einer Verschneidung, die in einer schmalen Leiste endet. Von hier schräg links über eine überhängende Stelle, über die man die obere Plattenzone erreicht. Nach links über sie auf den schmalen, beiderseits steil abstürzenden O-Grat und über ihn zum Gipfel, wobei man den obersten Grataufschwung links umgehen kann.

● 2090 A Abstieg vom Vierten Turm über die Südflanke
O. Herzog, K. Hieber, 1948, Mitt. AV 1949, S. 80.
IV (stellenweise).

Führe: Vom westl. Rand des Gipfels über die S-Flanke durch eine ziemlich gut kletterbare Plattenverschneidung in prachtvollem Gestein hinab, die man aber bald nach W verläßt. Es wird eine zweite Verschneidung neben einer Wandrippe erreicht. Diese bringt über eine kurze ausbauchende Stelle hinab. Unter ihr führt ein kurzes in die Wand hineingebautes Band bis über eine Scharte. Dieselbe wird über eine haltlose, sehr brüchige Kante sehr gefährlich erreicht. Der südl. anschließende Zacken kann nach W durch zwei Rinnen in eine tiefer gelegene, deutlich ausgeprägte zweite Scharte mit auffälliger, schmaler grüner Gesteinsschicht umgangen werden.

● **2091** **Fünfter Turm,** etwa 2400 m

Erste Ersteigung durch O. Herzog und K. Hieber, 1948.

● **2092** **Anstieg der Erstbesteiger**
V (stellenweise).

Führe: In die mit einem mächtigen Zacken besetzte tiefste Scharte südl. des Vierten Turmes führt von W eine Rinne, von O eine Schlucht mit schmalem grünem Gesteinsbelag. Von dieser Scharte quert man am gerade hochschießenden Fels die NW-Seite des Fünften Turmes nach W. Dann zieht die Führe schräg nach rechts aufwärts zu einer Verschneidung. Diese geht erst in einen Riß, dann in einen Kamin über, und dieser zieht zu einem mit Klemmblöcken besetzten Schärtchen hinauf. Oder man klettert aus der W-Rinne einige m unterhalb der eingangs erwähnten Scharte rechts aufwärts über eine Wand, die zu der erwähnten Verschneidung mit gutem Fels führt. Betrachtet man vom Gipfel des Vierten Turmes die NW-Flanke des Fünften Turmes, über welche die Führe hinaufzieht, so zeigen sich von dort aus Verschneidung, Riß und Kamin als steiler Strich in der Wand, die man für unersteiglich halten möchte. Aus dem Schärtchen links nördl. über eine Kantenschneide weiter, die man nach ein paar m wieder verläßt, um links von ihr, nach einer unangenehmen Querung, das untere Ende einer seichten Verschneidung zu erreichen. Sie endet in sehr ausgesetzter Kletterei in faulem Fels an der Mitte des Gipfels.

Vom Gipfel zurück zum Schärtchen, dann unter Benützung des Kamins, der von dort nach O hinabzieht, bis eine Querung um eine Wandrippe einer versteckten Einbuchtung nach SO leitet. Durch dieselbe aufwärts, bis es möglich wird, von W nach O über die grasdurchsetzten nördl. Hänge zum Grabenkargrat emporzuklettern. Dann ein kurzes Stück über ihn zum Hauptturm, 2440 m.

● **2095** **Grabenkarspitze,** 2472 m

Von der Hochalm aus erscheint sie als plumper Felskegel, doch bricht sie nach W steil ins Grabenkar ab, mit noch wilderen Wänden nach N ins Tortal. Die Verbindung mit der Östl. Karwendelspitze stellt der turmbesetzte Grabenkargrat her. Erste touristische Ersteigung durch Hermann von Barth, 1870, NKA S. 394, 421. Siehe Abb. S. 543.

● **2096** **Aus dem Lackenkar über den Ostgrat**
I, 2½ Std.

Vom Karwendelhaus ins Lackenkar — nach zwei Tümpeln („Lacken") so benannt. Am bequemsten vom Hochalmsattel ein Stück der Straße nach Hinterriß folgend und nach etwa ½ Std. links in einem latschenfreien Graben hinauf. Oder (etwas kürzer) vom Hochalmsattel einem kleinen Steig durch Latschengassen nordöstl. folgend. Im oberen Kar quert man die S-Abstürze des P. 2374 westl., dann steigt man über grasige Stufen zum Beginn des O-Grates der Grabenkarspitze und über diesen auf teilweise plattigen Schrofen zum Gipfel. Man kann sich auch aus dem Lackenkar westl. gegen die breite südl. Gratabsenkung der Grabenkarspitze halten und über deren grasige, plattige Hänge den Gipfel erreichen.

● **2097 A** **Abstieg**

Siehe R 2096 in umgekehrter Richtung. R 2098 ist für den Abstieg nicht zu empfehlen.

● **2098** **Südwestflanke**
II, 2½ Std.

Vom Karwendelhaus über die Böden der Hochalm hinüber auf den Sonnenhang und durch eine Latschengasse und über steile Grashänge an den steileren Aufschwung des Berges. Eine Schuttrinne, die allmählich in Schrofen und schließlich in einen vom Karwendelhaus aus sichtbaren Plattenhang übergeht, vermittelt den Durchstieg. Die Platten werden auf Bändern im Zickzack durchstiegen. Dann über den breiten Rücken des S-Grates weiter zum Gipfel.

● **2099** **Westwand**
O. Friedrich, O. Herzog, 1906, Jb. AAVM 1906 / 7, S. 68.
III— (stellenweise), 2½ Std. E. Siehe ä. A.

● **2100** **Westwand, neue Führe**
Lehner, 1927. **IV**— (stellenweise), 2½ Std. E. Siehe ä. A.

● **2101** **Westschlucht**
Stadelbauer, K. Schmidt, C. Krämer. **IV**— (stellenweise), 3 Std. E.

Zugang: Die W-Schlucht mündet im Kar in zwei Ästen. E auf einem zwischen den beiden Ästen von rechts unten nach links oben führenden Band in die nördl. Schlucht.
Führe: Im hintersten Winkel der Schlucht einige Meter emporstemmend, dann 10 m Quergang aus der Schlucht heraus. Weiter an einer Kante 30 m aufwärts. Hierauf leichter empor. Durch kurze Stemmkamine, oder über gutgestuften Fels rechts davon, in eine Plattenmulde und weiter zum obersten, schwierigeren Teil der Schlucht. Ein 25 m hoher Kamin, der sich im oberen Teil zu einem überhängenden Riß verengt, ist zu durchsteigen. Nun leichter eine Rinne aufwärts. Über einen kurzen, steilen Absatz, dann Quergang nach rechts, zuletzt etwas absteigend, gelangt man an den Fuß einer 40 m hohen Verschneidung, durch die man zur Scharte neben dem Gipfel emporklettert.

● **2102** **Nordwand**
H. Schaller, H. Müller, 1928, Jb. AAVM 1927/8. **IV**, Wandhöhe 600 m. 4—5 Std.

Übersicht: Die N-Wand wird in Gipfelfallinie im oberen Drittel von zwei Kaminen durchrissen. Der linke, geschweifte Kamin vermittelt den Durchstieg.
Zugang: Den Weg von der Torscharte verläßt man bei den ersten Serpentinen nach links, überschreitet ein Bachbett und steigt über Schrofen zwischen den zwei mittleren Wasserfällen des N-Absturzes des zwischen Grabenkarspitze und Lackenkarspitze eingebetteten Kars empor. E in Fallinie des Gipfels dort, wo Schutt oder Schnee am weitesten hinaufreichen.
Führe: Zuerst über gutgestuften Fels. Bald leitet ein Quergang nach rechts über Platten auf eine vorspringende Rippe (Rasenfleck). Die Rippe wird bis zur Höhe des Beginns der Kamine verfolgt. Nun quert man leicht ansteigend nach links hinüber zum rechten Kamin. Einige Meter in ihm empor, dann quert man leicht absteigend um ein senkrecht geschichtetes Köpfl herum in den linken Kamin hinein. Über einige schwierige Überhänge des noch rißartigen Kamins, der sich oben verbreitert. Nach oben verschließt sich der Kamin zu einer kurzen Verschneidung, die durchstemmt wird. Flache Rinnen leiten in der Fortsetzung des Kamins mit wenigen SL direkt zum Gipfel.

● **2103** **Nordflanke**
III, 2¼ Std. Mühsamer Zugang.

Zugang: Vom Tortal aus in der zwischen Grabenkar- und Lackenkarspitze sich weitenden N-Flanke ansteigen in Richtung auf eine mächtige, halbkreisförmige Felsüberdachung in halber Wandhöhe.

Führe: Etwa 50 m, bevor man diese erreicht, scharf nach links über Schrofen, bis ein rinnenartiger Felsspalt und in dessen Fortsetzung eine wieder nach rechts führende Verschneidung an die Abbrüche eines nordw. ziehenden Seitengrates leiten, der sich vom Hauptgrat löst. Nun links aufwärts weiter, bis sich an der Wandflucht des Grabenkargrates einige Kamine öffnen. Der zweite von diesen wird benützt. Nach einigen Metern gelangt man rechts aufsteigend zu einem kleinen Kessel und weiter über eine Felsrippe. Durch eine Rinne zum Grabenkargrat und über diesen ¼ Std. zum Gipfel.

● **2104** **Nordostwand**
E. Wagner, 1913, Jb. AAVM 1913 (nähere Angaben s. dort). Die Führe hat bisher nur wenige Wh. erfahren.

● **2105** **Grabenkargrat** (Übergang zur Östlichen Karwendelspitze)
O. Ampferer, H. v. Ficker, 1899, ÖAZ 1900, S. 50. **IV** (eine Stelle im letzten Grataufschwung), III. Je schärfer man sich an der Gratschneide hält, desto schwieriger wird die Kletterei. Etwa 3 Std.

Übersicht: Der Grat schwingt sich, nach einer Einsenkung von der Grabenkarspitze her, in drei wilden Türmen zur Östl. Karwendelspitze auf. Vom höchsten Mittleren Turm (P. 2440) zweigt nördl. der Torschartengrat ab. Siehe Abb. S. 543.
Führe: Von der Grabenkarspitze unschwierig auf dem Grat hinab zu einem Abbruch, dessen scharfe Schneide durch Risse und auf Bändern in der O-Flanke umgangen wird (bei Schneelage heikel). So erreicht man die tiefste Einschartung im Grat. Der folgende Turm wird an der N-Seite erstiegen. Sodann auf dem Grat weiter zum Ersten, durch einen schwarzen Riß auf der O-Seite kenntlichen Grabenkarturm. Vor dem diesem vorgelagerten Vorturm auf einem nach S ziehenden Geröllfeld etwa 20 m absteigen. Auf kurzem Plattenband durch den S-Absturz des Turmes in einer die Wand durchreißenden, kaminartigen Rinne 40 m empor. Wo sie sich verflacht, über einige schwach ausgeprägte Rippen nach links in die Scharte hinter dem Ersten Turm. Nun weiter auf dem Grat bis zu einem senkrecht aufsteigenden Zacken. Kurz links absteigen, dann auf einem begrünten Band und durch einen höhlenartigen Schluf wieder zum Grat und über steile Absätze zum Zweiten, höchsten Grabenkarturm (2440 m). Über den kurzen, waagrechten und sehr brüchigen Scheitel dieses Turmes, dann auf der W-Seite durch einen steilen Grashang hinab und über einen Felsfirst in die Scharte vor dem letzten Dritten Turm, der sich mit plattigem Grat aufschwingt. Über dessen festes Gestein in schöner Kletterei hinauf. Auf der sich

schwach senkenden westl. Schneide hinab. Auf dem nun breiter werdenden Grat weiter zum Gipfelaufschwung. Hier etwas links unterhalb der Scharte einige Meter nach links zu einer von links unten nach rechts oben ziehenden Verschneidung. Durch diese (IV—) zur Kante des Gipfelgrates. Sodann über steilen Fels zum Gipfel.
Die Überschreitung in umgekehrter Richtung ist weniger lohnend.

● **2106** **Mittlerer Grabenkarturm,** 2440 m, **Südwand**
R. Hechtel, A. Höger, 1940, 31. Jb. Bayerland. **V,** Höhe 180 m, fester Fels. 2½ Std. E.

Führe: Links der großen, von der Hütte aus sichtbaren Höhle am Fuß der Wand befindet sich ein vorgelagerter Pfeiler, hinter dem sich eine kaminartige Steilrinne in die Höhe zieht. Von rechts her überhängend in sie hinein und über zwei weitere Überhänge zu einem Absatz. Über Platten im Zickzack empor bis unter die Gipfelwand. Auf einem grasigen Band etwa 40 m nach rechts aufwärts. Über einen Wulst und eine senkrechte Wandstufe zu einer Nische. Nach links heraus und unmittelbar zum Gipfel.

● **2107 A** **Abstieg**

Für den Abstieg eignet sich am besten der Übergang über den Westl. Grabenkarturm (s. R. 2104) zur Östl. Karwendelspitze. Weiter auf R 2077 A oder R 2078 A zum Karwendelhaus.

● **2110** **Lackenkarspitze,** 2413 m, und **Karlkopf,** 2397 m

Die Lackenkarspitze erhebt sich nur unbedeutend aus dem Hauptkamm; ihr naher östl. Endpunkt ist der Karlkopf. Erste tourist. Ersteigung Hermann von Barth, 1870; NKA, S. 433.

● **2111** **Von Süden**
Gehgelände, 2½ Std. vom Karwendelhaus.

Vom Karwendelhaus wie bei der Grabenkarspitze ins Lackenkar (R 2096). Aus diesem direkt nördl. zum Sattel zwischen P. 2374 und der Lackenkarspitze und über den leichten W-Grat zum Gipfel oder etwas rechts durch steile Grasrinnen zum Scheitel des nach S mit Platten abstürzenden Ausläufers und von hier aus zum Gipfel. Will man durch die Mulde zwischen den beiden S-Ausläufern der Lackenkarspitze (Ochsenkar) zum Gipfel gelangen, so verfolgt man den vom Karwendelhaus zum Ahornboden führenden Weg so lange, bis unterhalb der Mulde ein Jagdsteig abzweigt. Auf diesem Steig trifft man bald einen undeutlichen Steig, der über das Wiesengehänge der die Mulde östl. begrenzenden Rippe emporleitet. Nun durch die Mulde oder über die Rippe zu den höchsten Punkten.

● 2111 A Abstieg

Siehe R 2111 in umgekehrter Richtung.

● 2113 Nordwand (Torwand)

F. Keyfel, H. Pfann, 1911, Jb. AAVM 1911. **III** (einige Stellen), im allgemeinen II. Wandhöhe nahezu 1000 m.

Übersicht: In der westl. Hälfte der Torwände sind zwei Terrassen eingelagert, von denen die untere in der Fallinie des Gipfels, die obere unter der tiefsten Scharte zwischen Kuhkopf und Lackenkarspitze liegt. Unterhalb der ersten Terrasse baut sich ein latschenbewachsener Felssporn vor; hier E.
Führe: Nach wenigen Metern beginnt ein Gamswechsel, der mit häufigen Unterbrechungen die ganze Wand durchzieht. Wo der Sporn im Wandmassiv verläuft, führt ein Schrofenband am Fuß einer ungangbaren Wandstufe nach links zu einer Verschneidung, die rechts von einer auffallenden schwarzen Wand einen Durchstieg ermöglicht. Dann auf waagrechten Grasbändern nach rechts und über steile, gutgestufte Felsen empor zur ersten Terrasse (3½ Std. E, bis hierher einige Stellen schwierig, III). In leichterem Anstieg schräg links zur zweiten Terrasse (1½ Std.) Von deren oberen Rand auf Gamsspuren in langem, ansteigendem Quergang durch den obersten Schrofengürtel nach rechts zu einer Schneerinne, aus der ein ausgesetztes Felsband nahe dem Gipfel zur Grathöhe leitet.

● 2114 Direkte Nordwand

H. Schmidt, A. Koch, H. Schmied, A. Patzelt, J. Meier, 1953. **VI—**, V (je einige Stellen), IV. 6—7 Std.

Übersicht: Direkt vom Gipfel herab zieht ein 600 m hoher, weit vorspringender Pfeiler, der den Durchstieg durch die obere Wandhälfte vermittelt. Dieser Pfeiler fußt auf einer begrünten, abschüssigen Terrasse, welche in einer 100 m hohen senkrechten Wand zum eigentlichen Vorbau abfällt.
Führe: Der Vorbau wird gleich dem alten Weg (R 2113) durch die große, auffällig nach rechts gebogene Schlucht überwunden. Vom Ende der Schlucht gerade empor über steiles Gras und Schrofen zur senkrechten Wandstufe (Steinmann). In der schon von weitem sichtbaren schluchtähnlichen Verschneidung 40 m empor auf ein Felsköpfl (VI—). 10 m Quergang nach links und gerade empor zu Stand (H). Schräg rechts in die Verschneidung zurück und 50 m in ihr empor, bis

man leichter rechts aufwärts den Beginn der obenerwähnten Terrasse erreicht. Gerade empor zum Fuß des Pfeilers. Von links nach rechts ansteigend an die Pfeilerkante und unter einer ungangbaren Wandstufe solange nach rechts, bis man diese durch eine Einbuchtung überwinden kann (VI—). Nach 2 SL erreicht man einen begrünten Absatz. Nun etwa 4 SL im Zickzack empor bis in ein Schartel hinter einem Gratzacken. Schräg links um die Pfeilerkante und durch eine Rinne auf ein Köpfl. Links davon über eine kleingriffige, schwachausgeprägte Rampe (VI—) empor. Nach einer weiteren SL erreicht man einen scharfen Gratzacken mit waagrechter Schneide (Steinmann). Von der Scharte hinter dem Gratturm links abwärts auf ein abschüssiges Schuttband. Man verfolgt dieses 50 m aufwärts bis zum Beginn der großen Gipfelschlucht. Nun etwa 5 SL leichter empor, bis sich die Schlucht steil aufschwingt. Der erste Kamin wird direkt begangen (V). Der nächste, überhängende, moosige Aufschwung wird rechts durch einen brüchigen Riß umgangen (H) (V). Zuletzt wird man wieder in den Schluchtgrund gedrängt und erreicht über einen Klemmblock guten Stand. Über ein kurzes Wandl in die schuttbedeckte Schlucht, die unschwierig nach 2 SL in die Einschartung zwischen den beiden höchsten Punkten leitet.

● **2115** **Übergang zur Grabenkarspitze**
II (stellenweise) I. 1 Std.

Von der Lackenkarspitze den begrünten W-Hang hinab und weiter auf dem Grat, einem Abbruch nach S ausweichend, über P. 2374 zur Grabenkarspitze.

● **2120** **Kuhkopf,** 2390 m
(auch Kreuzwand oder Kreuzgrat genannt)

Ein aus der Kette nur wenig hervorragender Gipfel. Der Grat teilt sich hier in zwei Äste, der östl. leitet zur Talelespitze, der südöstl. zur Filzwand und zum Ahornboden (Filzwandgrat). Beide Zweiggrate schließen mit steilen Mauern ein Blockkar ein, das in starker Neigung erst in weite Schutthalden, dann in die grünen Matten des Talele-Hochlegers übergeht. Erste tourist. Ersteigung Hermann von Barth, 1870; NKA, S. 433.

● **2121** **Von Süden**
Gehgelände, 2½ Std. vom Karwendelhaus.

Vom Karwendelhaus benützt man den gleichen Weg wie zur Lackenkarspitze (R 2111). Dem erwähnten kleinen Steig folgend, quert man auf ihm die grüne Rippe ungefähr in ihrer Mitte. Dann über die jenseitige, zwischen Karlkopf und Kuhkopf liegende Mulde zuerst etwas abwärts, dann zum Sattel zwischen beiden Gipfeln empor. Über die steilen Grashänge des W-Absturzes in östl. Richtung an einem Gratfenster vorbei zum Gipfel.

● 2121 A Abstieg

Siehe R 2121 oder 2123, jeweils in umgekehrter Richtung.

● 2123 Vom Kleinen Ahornboden

I, 2 Std.

Wenige Min. auf dem Fußweg zum Karwendelhaus. Dann auf einem nördl. abzweigenden Jagdsteig weiter, durch den Filzwald empor, und auf dem Kamm der Filzwand, oder sich etwas unterhalb davon haltend, zum Gipfel.

● 2124 Nordwand

H. Huber, H. Schmidt, 1954. **VI—** (1 SL), V und IV, Wandhöhe 600 m (mit Vorbau 900 m). Großzügige Fahrt in teilweise brüchigem Fels. 12 H stecken. Zeit der Erstbegeher: 8½ Std., mit Vorbau 9½ Std.

Übersicht: Die Kuhkopf-N-Wand ist der steilste Teil der mächtigen, 1000 m hohen Torwände. Bereits von Hinterriß sichtbar, bildet sie den imposanten Talschluß des Tortales. Die eigentliche Wand fußt auf einer riesigen Schutterrasse, die wiederum mit gras- und baumbewachsenem Absturz ins Tal abbricht.
Zugang: Zur Terrasse vom Tortal-Niederleger in oder neben dem linken großen Geröllgraben zu der auffälligen Schlucht, die den Vorbau durchzieht (1 Std.). Die nach rechts ziehende Schlucht empor und von ihrem Ende gerade hinauf über Rinnen zur Terrasse (teilweise III). Man quert die Terrasse zum Fuß der Wand (Schneereste). E bei einem waagrecht nach rechts hinausziehenden Band (1 Std. vom Beginn des Vorbaus).
Führe: Vom Ende des Bandes schräg rechts empor auf geneigtes Gelände. Dieses hinauf im Zickzack bis zum obersten Schichtband unter der überhängenden schwarzgelben Wandzone. Auf dem Band etwa 80 m nach rechts (etwa 30 m weiter rechts sieht man einen auffallenden spitzen Felskopf). Nun im Zickzack bis unter einen gelben Riß, der sich in Überhängen verliert (SH). Nun 15 m (VI) nach links (mehrere H), dann weiterhin äußerst schwierig (H) in einer Einbuchtung empor, zuletzt et-

Östliche Karwendelspitze
Kuhkopf
Talelespitze
Stuhlkopf
Hochalmsattel

was leichter, bis man nach etwa 10 m nach links zu schlechtem Stand queren kann (H), 3 m gerade empor, dann einige m nach rechts in eine kurze Verschneidung. Durch diese auf ein schmales Schuttband. Von dessen Ende (H) äußerst schwierig (VI—) nach links auf flache Platten und hinauf zu einer kleinen Höhle. Die folgende Wand schräg rechts aufwärts (V) auf flaches Gelände. Dieses etwa 100 m rechts aufwärts auf einen gratartigen Absatz. 40 m nach rechts zu einem Pfeiler. Diesen 30 m hinauf, dann nach rechts in eine Schlucht (tiefe Höhle). Etwa 20 m absteigen. Dann nach rechts hinaus und über eine Wandstelle (V+) hinauf in einen großen Wandwinkel. Hier zieht ein Rißsystem 80 m hinauf bis hinter einem abgespaltenen Turm (teilweise V+). Noch 2 SL empor. Hier setzt ein massiger, senkrechter Pfeiler an, der von dem schwarzen, bereits von unten sichtbaren Kamin durchrissen ist. Auf gestuftem Gelände rechts aufwärts um die Kante in eine Schlucht. In ihrem rechten Ast empor, einige Steilstufen links umgehend. Zuletzt steigt man im wesentlichen gerade hinauf bis zum Gipfelgrat, 1 SL links des höchsten Punktes.

● 2125 Übergang zur Lackenkarspitze
I, 1½ Std.

Vom Kuhkopf in den westl. eingeschnittenen Sattel, dann durch die Mulde nach links zu einem begrünten Rücken. Auf ihm wieder zum Grat. Der Weiterweg führt über den Grat mit gelegentlichem Ausweichen nach S.

● 2126 Übergang zur Talelespitze
W. Majer, K. Schmitt, 1912 (bereits früher von Treibern begangen). **III** (stellenweise), II, 3 Std.

Führe: Vom Kuhkopf auf der Gratschneide hinab, einige Male nach S ausweichend hinab. In schöner Kletterei aus der zweiten Scharte auf den folgenden Turm. Dann den nun ungegliederten Grat weiter, bis er steil abbricht und nach N umbiegt. Durch eine Rinne auf der N-Seite hinab (hier ein von Treibern geschlagener Stift). Auf dem bald wieder nach O umbiegenden schrofigen Rücken weiter zur Talelespitze.

● 2127 Übergang Grabenkarspitze — Lackenkarspitze — Kuhkopf

Einfache Gratwanderung, wegen ihrer landschaftlichen Schönheit zu empfehlen.

● 2130 Talelespitze, 2115 m

Eckpunkt des vom Kuhkopf nach O laufenden Grates, aus dem sie sich nur wenig erhebt; östlichster Gipfel der Nördl. Karwendelkette.

● 2131 Aus dem Johannestal
I, 2½ Std. vom Kleinen Ahornboden.

Die Ersteigung erfolgt aus dem Kar, das zwischen die Grate eingelagert ist, die sich am Kuhkopf teilen. Vom Ahornboden auf dem Fußweg nach Hinterriß 10 Min. talaus, bis ein verfallener Steig nach links abzweigt. Auf diesem Steig nordwestl. durch den Wald und ein mit Ahornen bestandenes Geröllfeld. Dann über Wiesenböden nordwestl. in die Mulde südl. des Gipfels und über den Grat ostw. zum Gipfel.

● 2132 A Abstieg

Siehe R 2131 in umgekehrter Richtung.

● 2133 Nordgrat
II, von der Stuhlscharte 1½ Std.

Von der Stuhlscharte, 1871 m (R 2516), werden die ersten Zacken westl. auf Bändern umgangen. Durch eine enge Rinne zum Schartl am Fuß des untersten Turmes. Vom Schartl einige m nach O hinab und über brüchiges Geschröf auf den waagrechten, mit Latschen bestandenen Scheitel des Turmes. Nun auf dem begrünten Grat bis zu einem senkrechten Aufschwung, der östl. umgangen wird. Weiter stets links unter dem Grat über steile, grasdurchsetzte Schrofen zur Gipfelwand. Hier leitet ein Band nach rechts zum Grat hinauf, der in der Gipfelwand verläuft. Durch einen Kamin auf steile Schrofen mit Graspolstern, und durch einen weiteren kurzen Kamin auf den Gipfel.

VI. Die Falkengruppe

● 2140 Den ersten abgetrennten, eigentlich dem vierten Längskamm zugehörigen Gebirgsstock bildet die Falkengruppe. Von der Nördl. Karwendelkette ist sie durch das Johannestal, von der östl. anschließenden Gamsjochgruppe durch das Laliderer Tal getrennt; die nördl. Begrenzung bildet der Rißbach. Die auch von der Erlspitzgruppe und der Soierngruppe her geläufige Hufeisenform trifft man hier erneut an. Alle Falkengipfel zusammen bilden ein nach N offenes Hufeisen um das Falkenkar; vom südlichsten Punkt dieses Hufeisens (P. 2317, zwischen Risser und Laliderer Falk) zieht ein Grat genau nach S; dieser trägt die Steinspitze, den Mahnkopf, das Ladizköpfl und als Schlußpunkt über dem Spielißjoch den kleinen Kopf, auf dem die Falkenhütte steht. Der höchste Gipfel der Gruppe ist der Laliderer Falk, 2428 m.

Eigenartig graue, geschlossene Plattenwände geben der Gruppe das Gepräge, Hauptstützpunkt für alle Zugänge von S ist die Falkenhütte; einige Fahrten an der N-Seite werden auch von Hinterriß aus durchgeführt. Durch die Plattenwände und über die Kanten aller Falken verläuft eine Reihe schöner Führen; die bekanntesten sind jene durch die O-Wand des Risser Falken.

● **2141** **Steinspitze,** 2348 m

Erster ausgeprägter Felsgipfel in dem vom Spielißjoch nach N ziehenden Kamm, der *Ladizköpfl,* 1921 m, und *Mahnkopf,* 2093 m (beides gute Aussichtspunkte für die Laliderer Wand) trägt. Der O-Grat fällt steil nach N ab; er bildet die südl. Begrenzung des einsamen Blausteigkares. Der Gipfel bietet eine umfassende Aussicht auf die N-Wände des Hauptkammes, sowie auf Falken- und Gamsjochgruppe.

● **2142** **Von der Falkenhütte, Südgrat**
I, 2—3 Std., durchgehend bez.

Von der Falkenhütte auf Steig nordw., das Ladizköpfl an seiner O-Seite umgehend (oder überschreitend) auf das Ladizjöchl, 1825 m. Hierher auch gerade von der Ladizalm (westl.) oder von der Lalidersalm (östl., im Laliderer Tal). Vom Ladizjöchl auf einem Steiglein durch den latschenbestandenen W-Hang des Mahnkopfes (oder diesen überschreitend) auf den grünen Sattel südl. der Steinspitze, „Falkenstand", P. 1965. Über den begrünten Grat aufwärts, bis er sich dort, wo gegen W die Arzklamm hinabzieht, schmal und steil aufbaut. (Die gerade Überkletterung des Grates von hier ab ist schwierig.) Von hier führt ein schwach ausgeprägter Steig über die Arzklamm etwas abwärts in die W-Flanke der Steinspitze. Nach Überschreiten einer Rippe pfadlos durch einen breiten Graben über teils schrofiges, teils erdiges Gelände zum Grat zurück, den man bei einer Scharte über einem Abbruch erreicht. Von hier über grasdurchsetzte Schrofen zu einer Schulter östl. des Gipfels und über einige Absätze auf diesen.

● **2143** **Vom Talelekirchkar über die Steinspitze zur Falkenhütte**
I, vom Kar etwa 2 Std. Kürzester Abstieg von den Falken zur Falkenhütte.

Durch das Talelekirchkar dicht unter dem Trennungsgrat zum Blausteigkar auf Steigspuren südw., bis man an den Steilabfall des W-Grates der Steinspitze trifft, durch den die Steigspuren rechts hinauf auf den Grat führen. (Von hier unschwierig zum Gipfel.) Von diesem Punkt quert man nach links durch die SW-Flanke des Berges, bis man auf den in R 2142 erwähnten breiten Graben trifft. Durch diesen hinab, bis man das über der Arzklamm gegen den S-Grat ziehende Steiglein erreicht. Nun entsprechend R 2142 abwärts zur Hütte.

● 2145 Risser Falk, 2414 m

Mächtiger, schön geformter Felsstock, der nach allen Seiten mit hohen Plattenwänden und Kanten abfällt; gegen O mit 500 m hoher Wand ins Falkenkar. Erstersteigung durch Hermann von Barth, 1870.

● 2146 Von der Falkenhütte über die Steinspitze

II (einige Stellen), sonst I. Von der Falkenhütte 4—5 Std.

Nördl. des „Falkenstandes" (Sattel zwischen Mahnkopf und Steinspitze, hierher R 2142) beginnt bald eine (allerdings manchmal schwache) Mark., die fast bis zum Gipfel des Risser Falken leitet. Die Steinspitze wird hierbei nicht überschritten, sondern knapp unterhalb des Gipfels in der SW-Flanke gequert. Von der Grünen-Rinn-Scharte links des Grates auf ein Schartl empor. Von diesem einige Meter in die Falkenkarseite querend erreicht man eine Rinne, die an einem großen, an ihrem oberen Ende eingeklemmten Block kenntlich ist. Durch diese Rinne (II) zurück auf den Grat, dem man folgt, bis er steil wird. Von hier über die gut gangbaren Schrofen der O-Flanke auf den Gipfel des Risser Falken. (M. Brandhofer)

● 2147 Barthkamin

Weg des Erstersteigers, 1870. **III** (stellenweise), 4—5 Std. von der Falkenhütte.

Führe: Wie in R 2146 in die Grüne Rinne. Hier bemerkt man einen Kamin, der oben geteilt ist und durch die S-Wand auf die Grüne Rinne herabzieht. (Durch diesen Kamin und oben durch seinen linken Ast, der auf ein Gratl leitet, kann man ebenfalls zum Gipfel emporsteigen.) Der Barthkamin zieht sich jedoch zwischen diesem vorgenannten Kamin und der Grünen-Rinn-Scharte durch die S-Wand empor und mündet auf den Grat kurz unterhalb des Gipfels.

● 2148 A Abstieg durch die Südwestrinne

II (stellenweise), gutes Orientierungsvermögen erforderlich.

Von der Grünen-Rinn-Scharte geht man auf der von der Steinspitze kommenden rot markierten Steigspur zurück, bis sie die Grüne Rinne verlassen hat. Hier (großer Steinmann) beginnt eine zunächst nach WSW gerichtete Rinne, die sich später nach SW wendet und schließlich über ungangbare Abbrüche in den von der Arzklamm kommenden

Schuttstrom mündet. In dieser Rinne steigt man ohne Schwierigkeit ab, bis sie sich nach einer auffallenden Engstelle etwas nach links wendet. Über einen vegetationslosen Hang einige Schritte nach rechts ansteigend erreicht man ein Latschenfeld („Hennenegg“ der AV-Karte). Durch die Latschen führt eine gut gangbare Gasse hinab zu dem bewaldeten Rücken, der in SW-Richtung zu dem aus der Arzklamm kommenden Schuttstrom hinunterleitet. Auf diesem Rücken, bisweilen etwas in seine rechte Flanke ausweichend, weglos, aber unschwierig, hinab. Knapp vor dem Schuttstrom wendet man sich nach rechts und erreicht den alten Fahrweg im Johannestal, auf dem man in 50 Min. zur Rißbachbrücke gelangt.

● **2149** **Von Hinterriß durch das Falkenkar**
II (stellenweise), 5—6 Std.

Dort, wo der Fahrweg ins Johannestal nach ¾ Std. von Hinterriß den Rißbach überschreitet, zweigt gleich links nach der Brücke ein Ziehweg ab, der schräg aufwärts durch den Wald führt und nach kurzer Zeit in einen Jägersteig übergeht. Auf diesem zu dem aus dem Falkenkar kommenden Graben. (Hierher auch von der Garberalm gerade südw.) Nun auf der linken Bachseite auf schlechtem Steig aufwärts bis zum Wasserfall. Von hier schräg nach rechts aufwärts bis fast zur Mitte der Wandstufe und auf die zweite Karfläche. Der folgende Steilabsatz wird im Bogen links umgangen, wobei man wieder fast bis zum Bach hinüber gelangt. Auf schwachen Steigspuren durch die Latschenhänge aufwärts, dann wieder etwas rechts haltend und über das große Blockfeld zu einem begrünten Kegel. Über diesen aufwärts zu den Schutthängen des nächsten Karbodens. Über diesen hinweg nach rechts bis an die Wand, und dieser entlang auf den obersten Karboden, der ringsum von hohen Wänden umschlossen ist. Hier wendet man sich rechts gegen die auffallend scharf eingeschnittenen grünen Rinnen, deren am weitesten links gelegene man zum weiteren Aufstieg benützt. Durch diese aufwärts bis in eine kleine Scharte in dem Grat, der vom Hauptgrat gegen O ins Falkenkar hinabzieht. Jenseits etwas absteigend quert man westw. zur Grünen-Rinn-Scharte. Von dort wie in R 2146 zum Gipfel, wobei man auch, ohne die Scharte selbst zu betreten, zur O-Flanke queren kann; durch die in R 2146 erwähnte Rinne mit dem Klemmblock und die anschließenden Schrofen zum Gipfel.

● **2150** **Südwestwand**
A. Arrer, H. Feiertag, 1932. **V** (eine Stelle), IV +. Prächtiger Fels. 1 Std. E.

Führe: E etwa 60 m tiefer als der E zum Barthkamin (R 2147). Etwa

60 m vor der W-Grat-Scharte wendet man sich nach rechts. Über gut gestuften Fels in einen Kamin, der durch einen Absatz von einem zweiten geschieden ist. Über eine kurze Wandstufe zu einer auffallenden Platte, in der ein Riß schräg links aufwärtszieht. 20 m (V, H), dann Quergang nach rechts in ein Schartl. Von hier zum Grat und über diesen zum Gipfel.

● 2151 Westkante
O. Herzog, 1921. **V**+ (eine Stelle), IV. 2 Std. E.

Führe: E zur Rinnenreihe wie E zu R 2050. Etwa 150 m aufwärts zum Schartl (II), aus dem sich die Kante senkrecht aufbaut. Den ersten Abbruch durchreißt ein Plattenriß, der durchklettert wird (V+). Sodann immer in festem Kantenfels empor zum Gipfel. (Diesen Zugang von der Falkenhütte wählten zuerst Leo Maduschka und Gef., 1928.)

● 2152 Westwand
L. Bauer, H. Görtz, 1924. **V**, 6 Std. Siehe ä. A.

● 2153 Gerade Ostwand
O. Herzog, G. Haber, 1929. **V** (stellenweise), IV+. Wandhöhe 500 m. 4—6 Std.

Zugang: Vom Rißtal in die westl. Mulde des Falkenkares, in die die O-Wände des Berges mit überhängenden Felsen rondellartig abstürzen.
Führe: Aus dem Winkel dieser Karmulde zieht eine Schlucht zur Grünen-Rinn-Scharte empor. Durch die untere Hälfte dieser Schlucht gerade empor, bis man nach rechts hinausqueren kann, wo sich in der Fallinie des Gipfels (etwa in halber Wandhöhe) weniger steile, rasendurchsetzte Felsen befinden. Von hier über die gerade zum Hauptgipfel aufwärtsziehende Rippe, die rechts durch eine Schlucht begrenzt ist. (Mehrere Steinmänner.) Ausstieg am Hauptgipfel.
Auch die begrenzende Schlucht wurde 1929 durchklettert.

● 2154 Alte Ostwand
Erstbegeher nicht bekannt. **V**, 7—10 Std.

Übersicht: Vom Kopf der überhängenden, rotgelben Zone (etwa 100 m hoch) zieht eine feine, rißartige Verschneidung herab, die sich oben in einem hohen Kamin fortsetzt, während sie unten in einer auffälligen, 20 m hohen Nische zum Fußpunkt der Wand abbricht.
Führe: E im Falkenkar links der erwähnten Nische bei einem steilen Firnkegel (meist vorhanden). Nach rechts empor an den überhängenden Wulst oberhalb der Nische. Über diesen hinweg (schwierigste Stelle) und durch die Rißverschneidung 80 m empor zum Beginn des langen

Kamins. Durch diesen 90 m, dann Querung links über grasdurchsetzten Fels zu einer Rippe. Einige Meter hinauf, Quergang rechts zu einem Riß; durch diesen empor, dann nach links über eine steile Platte in eine Steilrinne. In dieser abwärts und weiter links um einen vorstehenden Pfeiler abwärts querend in eine Mulde. durch eine Steilrinne zu einer Einschartung. Nun über grasdurchsetzten Fels, dann durch einen Riß neben der Rinne aufwärts bis unter einen Abbruch. Absteigend und querend nach rechts in eine 20 m hohe Verschneidung. Durch diese empor in einen Kamin, der sich nach 2 SL immer mehr verengt. Durch den engen Spalt zu einer nach rechts hinaufziehenden Plattenkante mit einem seichten Riß. 30 m empor, dann rechts über eine Rippe in eine versteckte Rinne und durch sie zu einer Nische. Über den Klemmblock, dann durch einen engen Riß links aufwärts zum Vorgipfel. Über den N-Grat zum Gipfel.

● **2155** **Ostwand zum Nordgipfel**
O. Herzog, J. Koch, 1919. **V**, 4—6 Std. Siehe ä. A.

● **2160** **Kleiner Falk**, 2190 m

Kleiner Felskopf am NW-Eck der Falkenkar-Umrahmung, im N-Grat des Risser Falken aufragend. Gipfelkreuz und Gipfelbuch. Touristische Ersteigung: Max Krause mit G. Fütterer, 1897.

● **2161** **Von Hinterriß**
II, Orientierungsvermögen erforderlich. 3—4 Std.

Von Hinterriß 40 Min. taleinwärts und über die Brücke hinter der Einmündung des Johannestales. Vom Fahrweg ins Johannestal links ab und durch den steilen Wald gerade empor zu dem vom Kl. Falken nach N streichenden Rücken. Zuerst an der O-Seite des Rückens über steiles, schrofendurchsetztes Gelände weit empor. Unterhalb des Gipfels quert man über die steile Fläche nach rechts an den ausgeprägteren Grat, über den man zum Gipfel emporsteigt.

● **2161 A** **Abstieg**

Siehe R 2161 in umgekehrter Richtung.

● **2163** **Übergang zum Risser Falken (Nordgrat)**
M. Krause, G. Fütterer, 1897. **III**, 2—3 Std.

Führe: Der Verbindungsgrat wird durch eine plattige Einsenkung deutlich in eine niedrigere und höher aufragende Hälfte geschieden. Die ersten zwei Köpfe werden gerade überklettert, der dritte auf der O-Seite, der vierte auf der W-Seite umgangen. Die vier Türme des zweiten Gratteils werden auf einem Gamswechsel an der W-Seite umgangen, wobei nach dem dritten Turm tief abgestiegen werden muß (Johannestalseite). Hinter dem vierten Turm gelangt man in die Mulde vor dem Gipfelaufbau. Durch die westlichste Spalte (vom Übergang aus noch nicht sichtbar) im Gipfelmassiv ein Stück empor, dann links in die Wand zu einem weiteren Spalt. In diesem aufwärts bis zu einem vorspringenden Kopf; neuerlich Querung links und über ein schmales Band auf ein Gratl, das gegen das Falkenkar abfällt. Über dieses gleich darauf zum Gipfel.

● **2165** **Laliderer Falk,** 2428 m

Steiler Felskopf hoch über dem Laliderer Tal, im östl. Teil der Falkenkar-Umrahmung. Erstersteigung durch M. V. Lipold, 1843.

● **2166** **Von der Falkenhütte über die Steinspitze**
E. Platz, H. Kranzfelder, 1895. **II,** 4—5 Std.

Wie R 2146 ins Talelekirchkar. Von der tiefsten Einsenkung des Verbindungsgrates steigt man ostw. über Schutt- und Grashänge ins Blausteigkar ab. Dieses quert man in nordöstl. Richtung auf Gamswechseln bis zu der auffallenden steilen Rinne, die von der ersten Scharte westl. des Gipfels (in der AV-Karte falsch) durch die S-Wand ins Kar herabzieht; „Sprungrinne". Durch die Rinne auf die Scharte, und ostw. über schuttbedeckte, plattige Felsen zum Gipfel. Der kürzeste Abstieg ins Tal ist der durch das Blausteigkar. Von der Sprungrinne ins Kar hinab. Wo es als Schlucht abfällt, hält man sich nach links an den Ausgang des Karbaches (II). Hier über eine kurze Steilrinne (II) neben dem Wasserfall ins Laliderer Tal. (Im Frühsommer breite Randkluft!)

● **2167** **Übergang vom Verzweigungspunkt P. 2317**
IV— (stellenweise), 2—3 Std.

Führe: Wie in R 2146 ins Talelekirchkar und über den Grat gerade nordw. bis auf den Verzweigungspunkt. Nun ostw. über den Grat weiter, dann durch eine steile Rinne nordseitig hinab in die tiefste Scharte, die man auch aus dem Blausteigkar erreichen kann. 10 m an der Gratkante hinauf, dann steigende Querung rechts über schrofiges Gelände in eine steile Grasrinne, die zum Grat emporleitet. Auf diesem bis zur nächsten Scharte; von hier durch eine breite Schlucht, die mit dem Grat nördl. gleichlaufend emporzieht, aufwärts. Wo sie den Grat erreicht, steigt man etwas ab und quert in eine Geröllrinne, die man kurz unter ihrem Fußpunkt, wo sie in zwei Kamine übergeht, trifft. Durch den linken Kamin auf eine Seitenrippe hinauf und über diese zum Hauptgrat, der dann über Platten zum Gipfel leitet.

● **2168** **Gerader Anstieg aus dem Blausteigkar**
III—, 2 Std. von der Steinspitze.

Führe: Wie in R 2166 ins Blausteigkar. Aus der Sprungrinne jedoch ostw. heraus und über plattige Felsen auf Bändern zum S-Grat, den man zuletzt durch eine steile Rinne in einer Scharte vor einem senkrechten Gratabbruch erreicht. Unter diesem auf schmalem Band nach rechts in die O-Flanke, und durch Einrisse wieder auf die Grathöhe zurück. Nun stets über den Grat zum Gipfel.

● **2169** **Aus dem Falkenkar**
III—, 5—6 Std. von Hinterriß.

Zugang: Wie in R 2149 in das oberste Falkenkar. Nun nach links zu einem auffallenden, schwarzen Riß in der Wand.
Führe: Durch den kaminartigen Einriß empor; an seiner Engstelle nach links hinaus und über moosige Leisten hinauf auf ein schmales Band, das 3 m ausgesetzt hinüberleitet auf breite Geröllbänder. Diese führen bis unter den Grat, den man durch eine tief eingerissene Schuttrinne in der Scharte dicht westl. des Gipfels erreicht. Von hier über den plattigen Grat zum Gipfel.

● **2170** **Nordwand**
O. Herzog, G. Haber, 1929. **IV**, 4—6 Std.

Übersicht: Rechts der Gipfelfallinie (westl.) zieht ein mehrfach überhängendes Schluchtsystem herab. E etwas rechts der Schlucht.
Führe: Über schöne Platten 100 m empor, bis dorthin, wo sich die Schlucht steil aufschwingt. Bei einer kleinen gelben Höhle Querung nach links über die Schlucht zu der großen Plattenmulde in Gipfelfalllinie. An deren höchstem Punkt ein Geröllfeld. Von hier (Steinmann) auf einem Band nach links in eine versteckte, hinter einer Wandkulisse hochziehende Kaminreihe. Durch diese zu einem kleinen Schartl (Steinmann). Jenseits in einer Rinne fast bis zu der von der Plattenmulde aus sichtbaren Hauptscharte, die in einer nach N ziehenden, unten abbrechenden Wandrippe eingeschnitten ist. Von hier nach rechts in eine überhängende Rißverschneidung, die zu einem Köpfl emporführt (Steinmann). Nun gerade über die Rippe oder durch die Plattenwand links zum N-Gipfel.

● **2171** **Gerade Nordwand**
M. Anderl, H. Kalhammer, 1953. **VI** und V. Wandhöhe 500 m. Zeit der Erstbegeher: 10 Std.

Führe: In der Fallinie des Gipfels zieht von der Mitte des Kares eine breite Rampe von links nach rechts empor. Man verfolgt diese bis zu einem hellgrauen angelehnten Pfeiler. Links davon durchklettert man einen 8 m hohen, seichten Riß (H). Nun Querung etwa 4 m nach links. Von hier zuerst einige m gerade, dann leicht links haltend empor zu Stand (VI, H). In schöner Plattenkletterei, leicht links haltend empor bis zur Mitte des zweiten, senkrechten Wandabbruches (Steinmann). 1 SL links des höchsten Geröllansatzes über enge, senkrechte Risse gerade hinauf. Nun 1 SL erst unterhalb, dann auf einer steilen, äußerst schwierigen Rampe schräg nach links querend bis zu einem breiten auffallenden, senkrechten Riß. In ihm 1 SL empor und nun, etwas leichter, auf einem schmalen Band 1 SL nach links in eine breite, steile Rinne. Auf ihrer rechten Seite in einem sehr brüchigen Riß senkrecht empor (Überhang). Nun rechts aufwärts (VI) in ein kleines, auffallendes, schwarzes Loch. Über einen Wulst nach rechts und über steile Rinnen und Rippen, immer rechts haltend, zum Grataufschwung. Diesen verfolgt man weiter bis zur Vereinigung mit dem alten N-Wand-Anstieg. Auf diesem weiter bis zum Gipfel.

● 2172 Ostflanke

Erstbegeher nicht bekannt. **IV—** (stellenweise), 2—3 Std. von der Steinspitze.

Zugang: Wie in R 2166 ins Blausteigkar. Von hier durch die O-Flanke schräg aufwärts querend, erreicht man den Fußpunkt des Turmfalken.
Führe: Zwischen dem Vorbau des Turmfalken und der Wand zieht eine steile, im oberen Teil überhängende Schlucht von links nach rechts zu einer Wandscharte, die von einer in Gipfelfallinie herabstreichenden Rippe gebildet wird. Von der Scharte über die Rippe solange empor, bis man über einen kurzen Plattenwulst nach links auf leichter gangbares Gelände queren kann. Über dieses empor zu einer links emporziehenden Plattenzone, von welcher einige Einrisse gerade zum Gipfel leiten.

● 2173 Gerader Übergang zum Risser Falken

O. Bauriedl, A. Holzer, 1902. **IV** (stellenweise), 2—3 Std. vom Gipfel des Laliderer Falken.

Führe: Um den umständlichen Übergang Blausteigkar — Talelekirchkar — Grüne Rinne zu vermeiden, quert man vom Fußpunkt der Sprungrinne (vgl. R 2166) unter den Felsen zu einer Geröllrinne, durch die man die tiefste Einschartung im W-Grat des Laliderer Falken erreicht. Nun auf breitem Band nordseitig erst fallend, dann eben, zuletzt durch eine Steilrinne am Ende des Bandes auf den Grat, der vom Verzweigungspunkt P. 2317 zur Grünen-Rinn-Scharte zieht. Zwei Steilabbrüche werden an der W-Seite umgangen, worauf man die Grüne Rinne erreicht. Von hier wie in R 2146 über den SO-Grat, oder wie in R 2147 durch den Barthkamin zum Gipfel.

● 2180 Turmfalk, 2201 m

Schroffer Felsturm nördl. des Laliderer Falken. Erstersteigung durch Otto Herzog u. Gef., 1914.

● 2181 Ostkante
Weg der Erstersteiger. **IV,** 1½ Std. E.

Zugang: Wie in R 2166 ins Blausteigkar. Von hier quert man durch die O-Flanke des Laliderer Falken schräg aufwärts zum Fußpunkt der O-Kante des Turmfalken.
Führe: Über die Kante aufwärts bis zu einem 30 m hohen Kamin, der einige m rechts der Gratkante emporzieht. Durch diesen erreicht man den Gipfelgrat, der gerade zum höchsten Punkt leitet.

● 2182 Übergang zum Laliderer Falken
IV, 2 Std.

Führe: Der Turmfalk entsendet nach SW einen Grat, aus dem zwei schroffe Felstürme emporragen. Der erste wird gerade überklettert, der zweite auf der Falkenkarseite leicht umgangen. Über die N-Flanke zum Vorgipfel des Laliderer Falken, dann über eine schuttbedeckte Rampe zur Scharte hinab. Der erste Gratturm wird rechts umgangen, der zweite überschritten (II). Über ein Wandl und ein abdrängendes Eck (III) gelangt man auf den Laliderer Falken.
Aus der Scharte zwischen Turmfalken und Laliderer Falken kann man günstig (II) ins Falkenkar absteigen.

● 2183 Gerade Westwand
G. Haber, O. Herzog, 1929. **III,** 3 Std.

Übersicht: Ein von rechts nach links emporziehendes Rinnensystem (Fallinie) vermittelt den Durchstieg.
Führe: Aus dem höchsten östl. Winkel der unteren Mulde des Falkenkares über eine Steilrampe knapp links der Hauptrinne in schöner Plattenkletterei empor auf leichteres Gelände. In Richtung der Rinne empor zur Gipfelwand (hier Gamswechsel zur Scharte zwischen Laliderer Falken und Turmfalken). Rechts der Rinne zieht durch die Gipfelwand eine Kante herab. Über einen Überhang in eine Felsmulde links dieser Kante und durch die Wandeinbuchtung zum Gipfel.
Oder schöner, aber schwieriger: Von der Felsmulde nach rechts zur Kante und über diese zum S-Grat, den man bei einem auffallenden Turm knapp unterhalb des Gipfels erreicht.

● 2185 **Toter Falk,** 2131 m

Plattiger Felskopf; letzte ausgeprägte Erhebung im O-Teil der Falkenkar-Umrahmung. Erstersteigung: O. Bauriedl, A. Holzer, 1902.

● 2186 **Westflanke und Nordgrat**
O. Bauriedl, A. Holzer, 1902. **III,** 5 Std. von Hinterriß.

Zugang: Wie in R 2149 in das Falkenkar.
Führe: Aus diesem durch Rinnen und über Wandstufen durch die W-Flanke empor zum plattigen N-Grat des Toten Falken. Man erreicht den Grat knapp nördl. des Gipfels und ersteigt diesen nun gerade über den Grat.

● 2187 **Übergang zum Turmfalken**
III, 1 Std.

Führe: Vom Toten Falken unschwierig hinab, über einen grasigen Vorkopf an den schmalen N-Grat des Turmfalken. Die ersten 15 m der Gratschneide werden auf einem Gamswechsel an der Falkenkarseite umgangen. Dann nach links zu einer Gratscharte und über den schmalen, brüchigen N-Grat zum Turmfalken.

● 2188 A **Abstieg über die Westwand**
III.

Die W-Wand ist auch für den Abstieg sehr empfehlenswert. Man steigt am besten über den N-Grat bis unter dessen ersten Abbruch hinab, hält sich dann links (südl.) unter die Gipfelwand und folgt nun im wesentlichen der Aufstiegsrinne bis ins Falkenkar.

VII. Die Gamsjochgruppe

● 2200 Die Teilgruppe östl. der Falken ist der Gebirgsstock des 2452 m hohen Gamsjoches.
Es ist westl. von den Falken durch das Laliderer Tal, östl. vom Sonnjochkamm durch das Enger Tal getrennt; im N bildet wieder der Rißbach die Grenze.
Die Gamsjochgruppe ist nicht wie die Falkengruppe aufgegliedert; alle Flanken steigen mit ungefähr gleichem Winkel aus den Seitentälern zum spitzen Hauptgipfel der Gruppe (Gamsjoch) an. Von ihm zieht ein Kamm nach S, der die Gumpenspitze und den Teufelskopf trägt und über das Hohljoch mit dem vom Hauptkamm herabziehenden Grubenkar-N-Grat in Verbindung steht.

Stützpunkt für Gipfelbesteigungen ist die Falkenhütte; für Unternehmungen an der O-Flanke das Whs. „In der Eng“ gut geeignet.

● 2201 **Gumpenspitze,** 2170 m

Langgestreckte Graterhebung zwischen Hohljoch und Gumpenjöchl, die mit gelbbrüchiger Flanke nach NW abfällt. südl. vorgelagert der kleine Teufelskopf, 1980 m. Vom Gipfel gewinnt man einen großartigen Einblick in die N-Wände des Hauptkammes von der Laliderer Spitze bis zum Hochglück.

● 2202 **Vom Hohljoch**
I, 1 Std.

Vom Hohljoch auf gutem Weg ostw. eben über die Almböden, später etwas gegen NO wendend zum Laliders-Hochleger, auf den Böden östl. unter dem Teufelskopf. Nun entweder nordw. über die freien Böden, zuletzt über steileres Gelände auf den gegen SW streichenden Kamm und über diesen oder etwas in der S-Flanke sich haltend zum Gipfel; oder in nordwestl. Richtung dem (z. T. schlechten) Steig zum Gumpenjöchl (Laliderer Jöchl) folgend bis zum O-Grat der Gumpenspitze. Über den gestuften Grat zum Gipfel.

● 2202 A **Abstieg**
I, ¾ Std.
Siehe R 2202 in umgekehrter Richtung.

● 2204 **Nordgrat**
II (stellenweise), brüchig. ¾ Std.

Wie in R 2202 vom Hohljoch über den Laliders-Hochleger auf den Steig zum Gumpenjöchl; um den O-Grat der Gumpenspitze herum ins Gumpenkar und durch dieses in westl. Richtung ansteigend auf das Gumpenjöchl (Laliderer Jöchl), 1974 m. Von hier meist gerade über den kurzen, wenig geneigten, aber brüchigen N-Grat, der sich zuletzt etwas aufschwingt, zum Gipfel.

● 2205 **Teufelskopf,** 1980 m

Südlichste Erhebung der Gamsjochgruppe, hervorragender Aussichtspunkt auf die N-Wände des Hauptkammes.

Gamsjoch, Sonnjoch und Gumpenspitze von Westen (Mahnkopf).

Gamsjoch
Sonnjoch
Gumpenspitze
Gumpenjöchl

● 2206 **Vom Laliders-Hochleger**
I, ¾ Std.

Vom Laliders-Hochleger verläuft der Anstieg über die S-Hänge.

● 2207 **Gumpenkarturm**
O. Herzog, T. Grünwald, 1921. Nähere Angaben s. 20. Jb. Bayerland.

● 2210 **Gamsjoch,** 2452 m (Mittelgipfel)

Dreiteiliger, mit steilen Flanken und Graten aufstrebender Gipfel, der der Gruppe den Namen gibt. Weitreichende Aussicht; der SO-Gipfel ist vom Gumpenjöchl aus leicht ersteiglich. Vom SW-Gipfel zieht ein Grat nach W bis ins Laliderer Tal und ein ausgeprägter Felsgrat nach N. Der vom O-Gipfel nach NO ziehende Grat trägt die Ruederkarspitze, 2190 m. Erstersteigung durch M. V. Lipold, 1843.

● 2211 **Vom Gumpenjöchl über die Südwestflanke zum Südwestgipfel**
I, 1½ Std. vom Gumpenjöchl.

Wie in R 2202 vom Hohljoch zum Gumpenjöchl (Laliderer Jöchl). Hierher auch aus dem Laliderer Tal (Lalidersalm); von den Almhütten nordw. an den Ausgang des vom Gumpenjöchl nach W hinabziehenden Grabens; auf gutem Almsteig in vielen Kehren durch den Talgraben empor zum Gumpen-Hochleger und weiter zum Gumpenjöchl. Auch vom Whs. „In der Eng" kann man zum Gumpenjöchl ansteigen; vom Whs. zur Alm, sodann in nordwestl. Richtung an den Ausgang des Grabens, an dessen linker Begrenzung ein schwaches Steiglein, das sich später verliert, ins Gumpenkar emporführt; nun auf Steigspuren westw. empor zum Gumpenjöchl, 1947 m. Nun über den Sattel an die SW-Flanke und pfadlos über den anfangs begrünten, höher oben stark schuttbedeckten Hang zum SW-Gipfel.

● 2212 **Übergang vom Südwest- zum Mittel- und Ostgipfel**
II (Übergang vom Mittel- zum O-Gipfel), bis zum Mittelgipfel unschwierig, jedoch Schwindelfreiheit erforderlich. ½—¾ Std.

Über den schmalen Verbindungsgrat ostw. zum Mittelgipfel. Nun teils am Grat, teils in der Flanke hinab in die Einsenkung zwischen Mittelgipfel und O-Gipfel; jenseits gerade empor zum O-Gipfel.

● 2213 **Südwestgipfel, Nordwestwand**
O. Herzog, J. Koch, 1919. **III+**, 6—7 Std. Siehe ä. A.

● 2214 Südwestgipfel, Nordwand

G. Haber, O. Herzog, 1921; Lit.: Bergland 1924—1928, S. 48ff. 4 Std. E, 6½ Std. vom Laliderer Tal. Keine Schwierigkeitsangabe.

Übersicht: Durch die N-Wand zieht eine schluchtartige Rinne herab, die teilweise zum Aufstieg benützt wird.
Zugang: Von der Aueralm auf breitem Holzziehweg südöstl. ansteigend, bis sich dieser kurz vor einer im Wald versteckten Holzerhütte verliert. Auf Steigspuren in Richtung auf das unter der N-Seite des Gamsjochs eingelagerte, oben geteilte Kar zu (Möserkar). Unter den W-Abstürzen des Verbindungsgrates Gamsjoch — Roßkopf queren und dann den Ausläufer des NO-Grates des Gamsjoch-Mittelgipfels überschreitend in den rechten (westl.) Teil des Kares.
Führe: E in Fallinie des Mittelgipfels, von wo ein nach rechts (W) ansteigendes Bandsystem zu einem Torbogen führt. Unter diesem hindurch (der Quergang zum Torbogen erfordert wegen des brüchigen Gesteins große Vorsicht) und in die oben erwähnte Schlucht. In dieser bis unter einen mächtigen Überhang. Nach rechts aus der Schlucht heraus und entweder direkt zum Gipfel oder über die Wand gleich rechts der Schlucht, zuletzt durch diese selbst in die Scharte zwischen SW- und Mittelgipfel.

● 2215 Ostgipfel, Ostwand

E. Schmid, S. Moser, 1946. **IV** (1 SL), III, 3 Std.

Zugang: E an der rechten oberen Begrenzung des Tränkkarls.
Führe: Über seichte Risse schräg links hinan, bis man — fast waagrecht nach links querend — durch einen kurzen Riß die seichte Einbuchtung in Wandmitte erreicht; 100 m über dem E. In schöner Kletterei etwa 5 SL empor auf ein breites Band rechts. Im Einschnitt links über dem Band aufwärts und unter fast senkrechter Wand Quergang nach rechts auf ein geräumiges Plattenband (Steinmann). 1 SL gerade aufwärts, dann schräg rechts zur Schlußwand. An der kleingriffigen Wand (IV, H) erst links haltend in die Gipfelschlucht; diese verläßt man unterhalb einer glatten Stufe nach rechts. Nun stets an der rechten Schluchtbegrenzung zum schwach ausgeprägten O-Gipfel.

● 2220 Ruederkarspitze, 2190 m

Östlichster Gipfel des Gamsjochs, unmittelbar westl. des Enger Tals.

● 2221 Nordgrat

I, 1 Std. vom Sattel P. 1784 der AV-Karte.

Wie in R 2226 aus dem Laliderer Tal oder aus dem Enger Tal auf den

Sattel P. 1784. Nun südw. über den anfangs begrünten, später schuttbedeckten Grat zum Gipfel.

● 2222 **P. 2098 und P. 2002**

Der vom Gamsjoch nach N ziehende Grat trägt zwei Erhebungen, die in der AV-Karte mit P. 2002 und P. 2098 bezeichnet sind. Bisher wenig beachtet.

● 2223 **Westsüdwestwand des P. 2098, „Lenggrieser Riß"**
H. Müller, R. Mader, H. Schmidt, 1983. **VI—** (eine Stelle), V und V— (einige Passagen), sonst IV und III. Kletterlänge 300 m (8 SL). SH belassen, ansonst mit mittleren und größeren KK und Friends gut abzusichern. 45-m-Seil günstig. 1983 bereits wiederholt.

Übersicht: Die kompakte WSW-Wand des P. 2098 wird in der Gipfelfallinie von einem Riß durchzogen, der den Durchstieg vermittelt.
Zugang: Etwa 1 Std. ins Laliderer Tal bis zum verfallenen Gumpenalm-Niederleger. 100 m weiter; links über den Laliderer Bach in den Klausgraben. Etwas rechts haltend über Schrofen unter die nicht sehr steile Wand. Unter der Wand ansteigen bis zum höchsten Latschenpunkt (Stellen II). Von hier waagrecht, zuletzt ansteigend auf einer Rampe etwa 100 m nach links an den Beginn des Risses in Wandmitte queren. 1 Std. vom Laliderer Tal.
Führe: Immer im Riß 8 SL bis auf den Grat (Steinmann). Dem Grat folgend bis zum höchsten Punkt (eine Stelle IV—).

● 2224 A **Abstieg**
Ohne Zeit- und Schwierigkeitsangabe.

Man steigt nach N in die Scharte zwischen P. 2098 und P. 2002. Von dort südw. ins Möserkar. Im Möserkar rechts halten.

● 2225 **Roßkopfspitze,** 2014 m, **Unterer Roßkopf,** 1814 m

Dem Gamsjochstock nördl. vorgebauter, zweigipfeliger Felsstock, dessen latschenbestandene Köpfe mit steilen Felswänden ins Rißtal abbrechen.

● 2226 **Anstiege auf den Sattel P. 1784** (AV-Karte) südl. der beiden Gipfel.

● 2226 a **Aus dem Laliderer Tal**
I, 2 Std.

Vom Gumpen-Niederleger wenige Schritte talaus und ostw. über den

Graben. Eine Zeit lang pfadlos ostw. über den Hang empor, bis man auf ein Steiglein trifft. Auf diesem in nordöstl. Richtung, später über dem Möserkargraben hinweg und ostw. zum Sattel, P. 1784. Nun südw. über den anfangs begrünten, später schuttbedeckten Grat zum Gipfel.

● **2226b Aus dem Enger Tal**
I, etwas schwieriger als R 2226a, mühsam, 2—2½ Std.

Vom Jagdhaus bei den Haglhütten noch etwa 700 m taleinwärts, der Eng zu, bis zu der weiten freien Fläche rechter Hand. Über die Fläche empor bis in ihr linkes oberes Eck. durch die hier auslaufende steile Rinne ziehen Steigspuren aufwärts, denen man folgt; sie wechseln bald in die links herabziehende Rinne hinüber und führen dann rechts der Rinne durch die steilen, von kleineren Absätzen unterbrochenen Hänge empor; man trifft dann auf einen querlaufenden Steig, auf dem man nach rechts (N) den Sattel, P. 1784, erreicht.

● **2227 Auf die Roßkopfspitze**
I, 1 Std. vom Sattel P. 1784.

Vom Sattel nordw., zuerst auf der W-Seite, sodann auf der O-Seite des Kammes empor auf die Latschenböden westl. der Roßkopfspitze. Nun erst etwas nordw., dann möglichst unter Umgehung der steilen Felsstufe von N her auf den Gipfel.

● **2228 Auf den Unteren Roßkopf**
I, 1½ Std. vom Sattel P. 1784.

Wie in R 2227 auf die Latschenböden westl. der Roßkopfspitze. Nun über das von Rinnen durchzogene Latschengelände mühsam in nordwestl. Richtung hinab, sodann nordw. querend auf die Einsattelung zwischen Roßkopfspitze und Unteren Roßkopf. Aus dieser nordw. auf den Gipfel.

VIII. Sonnjochkamm

● **2240** Östl. der Gamsjochgruppe erhebt sich über dem Enger Tal und dem Gerntal einerseits und dem Falzturntal andererseits der Zweigkamm des Sonnjoches, der am Lamsenjoch ansetzt und über Hahnkamplspitze, Sonnjoch, Schaufelspitze, Bettlerkarspitze und Falzturnjoch nach NO bis zum Feilkopf oberhalb Pertisau hinauszieht.

Sehr geübte Berggeher können den ganzen Kamm vom Falzturnjoch bis zum Lamsenjoch an einem Tag überschreiten. Als Tourenstützpunkte kommen die Lamsenjochhütte für den S-Teil, Pertisau und die Falzturnalm für die übrigen Teile in Frage.
Die NO-Wand des Sonnjoches sowie die SW-Kante der Schaufelspitze und deren Wände sind die Hauptziele der Felskletterer.

● **2241** **Hahnkamplspitze,** 2080 m

Der südlichste, vom übrigen Sonnjochkamm durch die Almböden des Gramei-Hochlegers abgetrennte Gratkopf zwischen Grameisattel und Lamsenjoch, der mit 500 m hoher felsiger Flanke in den Grameier Grund abstürzt. Schöner und leicht ersteiglicher Aussichtsberg.

● **2242** **Von der Lamsenjochhütte über den Südgrat**
1 Std.

Von der Hütte in nordwestl. Richtung auf dem Steig zum Westl. Lamsenjoch, 1933 m. Von hier auf einem rechts emporführenden Steig genau über den Grat zum Gipfel.

● **2243** **Vom Binssattel über den Nordwestgrat**
½ Std.

Vom Binssattel (R 317) auf Steigspuren stets auf der Grathöhe des NW-Grates, oder auch vom Gramei-Hochleger gerade über die grasigen N-Hänge zum Gipfel.

● **2245** **Sonnjoch,** 2458 m

Der höchste und aussichtsreichste Gipfel des Kammes; er stürzt mit gewaltigen Wänden nach NO und SO ab und fällt durch seine kühnen Konturen schon vom Achensee aus auf. Nordwestl. ist das Grameikar eingelagert, über den W-Hang ist der Berg durch eine Steiganlage leicht zugänglich; durch die NO-Wand führen schwierige und schwierigste Kletterwege. Gipfelkreuz und -buch. Überschreitung von W nach O für Geübte lohnend. Siehe Abb. S. 579. Erstersteigung durch M. V. Lipold, 1843.

● **2246** **Von der Lamsenjochhütte über die Hahnkamplspitze**
Bez. Steig, 3—4 Std.

Wie in R 2242 auf die Hahnkamplspitze. In nordwestl. Richtung über den Grat hinab zum Binssattel. Von hier nordw. unter einem Latschen-

Gamsjoch und Sonnjoch von Südosten.

Sonnjoch
Gamsjoch
Gramei Hochleger

fleck hindurch, sonst fast eben zu dem weiten Sattel (Grameisattel, P. 1834) am SW-Fuß des Sonnjochs. Hier rechts ab und auf bez. Steig empor, zuerst durch einen Krummholzhang, später über Grasböden und Schotter am Rand des felsigen Abbruches des NW-Grates, schließlich auf den W-Grat und über diesen zum Gipfel.

● 2247 Von Pertisau über den Gramei-Hochleger
Bez. Steig, 3½ Std. vom Gramei-Niederleger.

Wie in R 317 auf den Gramei-Hochleger. Nun rechts haltend über die Weideböden in der Nähe des seichten, grasigen Grabens empor gegen den Grameisattel und wie in R 2246 auf den Gipfel.

● 2248 Aus der Eng
Bez. Steig, 4 Std.

Durch den Binsgraben in südöstl. Richtung empor zur Binsalm. Etwa 20 Min. oberhalb zweigt vom Weg zum Westl. Lamsenjoch links (nördl.) der Weg zum Binssattel ab. Von dort wie in R 2246 zum Gipfel.

● 2249 Nordgrat
IV und III, 1½—2 Std.

Führe: Vom Bärenlahnersattel (P. 1995; hierher aus dem Falzturntal R 440a) folgt man dem grünen Kamm bis an den ersten, eigenartig geformten Felskopf, den man rechts umgeht. (Bei tieferem Absteigen und mühsamer Querung kann man die folgenden Schwierigkeiten umgehen.) Über ein lockeres Geröllfeld gelangt man an eine Wandstelle, die durch einen Riß erklettert wird, sodann über ein schneidiges Gratl an einen Abbruch, von dem man sich in die folgende Scharte abseilt. In diese Scharte kann man auch abklettern (IV); 20 m vor dem Abbruch führt man durch den ungemein brüchigen und gefährlichen Fels der NO-Flanke einen fallenden Quergang zur Scharte hinüber durch. Von der Scharte über eine senkrechte Wandstelle empor, weiter auf dem plattigen Grat und über Schotter nach rechts zu einer Rinne. Dieser folgt man auf eine geneigte Terrasse; auf dieser nach links an den Grat. Nun über eine Wandstelle (III) in ein kurzes, abdrängendes Kaminl und durch dieses auf Blockwerk, das zum Gipfel leitet. (H.K.)

● 2250 Vom Bärenlahnersattel
I, gut bez., teilw. Steigspuren, 1½ Std.

Sonnjoch, Schaufelspitze und Bettlerkarspitze von Westen.

Sonnjoch
2246
Bärenlahner-
sattel
Schaufelspitze
Bettlerkarspitze

Vom Sattel (R 440) folgt man dem begrünten Grat gegen das Sonnjoch, zuletzt steigt man nach rechts kurz ab, über groben Schutt wieder nach links an, quert kurz in die linke Flanke hinaus und folgt den Steigspuren und Bez., die über Schutt und Schrofen zum O-Grat und über ihn zum Gipfel leiten. (W.K.)

● **2251** **Südostwand, „Herman Monster"**
P. Gürtler, H. Enthofer, 1981, Tb. Lamsenjochhütte II. **VI+** (eine Stelle), sonst VI und V (lt. Erstbegeher). Schwere alpine Freikletterei; die Erstbegeher verwendeten außer 1 ZH (entfernt) nur KK. 50-m-Seil empfehlenswert. Wandhöhe etwa 600 m.

Übersicht: Von der Grameialm sieht man in der SO-Wand drei markante Risse, die von rechts unten nach links oben führen. Im äußerst linken erfolgt der Anstieg. Die Führe verfolgt den Riß bis zu seinem Ende in einem Schluchtkessel, von wo man den linken Begrenzungspfeiler ersteigt.
Führe: Am E befindet sich ein alter Ringhaken. Zwei SL im Riß oder links davon über eine steile Rampe. In der 3. SL quert man wieder in den Riß hinein und ersteigt eine senkrechte, teilweise überhängende Wandstelle (VI+). Nun zu Stand kurz unter dem großen Kessel. Leichter zum nächsten Stand und von hier linkshaltend über eine steile Rampe und einen Überhang (VI) zu Stand etwas rechts des Überhangs. Von hier leichter auf ein Köpfl und über Schrofen (III) zum Gipfel. (Beschr. d. Erstbeg.)

● **2252** **Nordwestwand, Nördlicher Durchstieg**
P. Diem, 1923; Lit.: Der Alpenfreund, April 1924, S. 45. **IV**, Wandhöhe 650 m. 4 Std.

Zugang: E etwas links der Fallinie des Gipfels am linken Ausläufer des untersten Bandabbruches.
Führe: Von R 440a (umgek. Richtung) dort ab, wo der Bach aus dem Grameigraben den Steig kreuzt; auf der orogr. linken Bachseite beginnt ein Jagdsteig, der ins Kar hinaufführt. Einen von rechts nach links emporziehenden Riß leicht hinauf, dann schräg rechts über glatte Platten zu einem größeren Abbruch (Steinmann). Zunächst 5 m senkrecht und dann ein schmales Band nach rechts empor über eine Platte zu einer 15 m hohen, gutgriffigen Wandstelle. Nach ihr verfolgt man ein Band schräg rechts zu einem schwarzen, von Überhängen durchzogenen Abbruch. Nun nach links zu einer riesigen Platte. Über ihr befindet sich ein abgesprengtes Felsband, das einen kurzen Kamin bildet. Durch ihn und über Platten und Bänder unter die Gipfelwand. Nun entweder

nach links den obersten Abbruch umgehend zum Gipfel, oder nach rechts um ihn herum über guten Fels zum Grat und in einigen Min. zum Gipfel.

● 2253 **Nordwestwand, Südlicher Durchstieg**
E. Schmid, C. Pervoulesko, 1946. **IV—** (unterer Wandteil stellenweise), III, 5 Std.

Zugang: E an der rechten Flanke der von mehreren Plattengürteln und Schichtbändern durchzogenen Wand.
Führe: Die Schichtbänder vermitteln im wesentlichen den Durchstieg. Über den auffallenden, plattigen Vorbau nach etwa 50 m zu einem kurzen, überhängenden Riß. Nach dessen Durchkletterung schräg rechts auf ein luftiges Felsband. Über eine kurze Wandstufe in die Rißverschneidung rechts, aus der man nach links herausklettert. Durch den folgenden bewachsenen Riß auf das unterste Schichtband, das man etwa 80 m verfolgt. Nun durch einen feinen schiefen Riß auf das zweite Band. Bald gerade empor über eine senkrechte Stufe auf das nächste Band. Auf diesem 200 m aufwärts. Bei einem Wandvorsprung auf schmalem Band an den Rand einer Schlucht und gerade empor zum vierten Schichtband. Dieses wiederum verfolgt man, bis ein Riß bei einer gelben Wandstelle den Durchstieg zum fünften Band ermöglicht. Vom oberen Ende des Baches links haltend über eine überhängende Stelle gegen den N-Grat. Knapp nördl. des Grates durch einen Kamin zum Gipfelgrat und zum Gipfel.

● 2256 **Nordostwand, Dülfer / Fiechtl-Führe**
H. Dülfer, H. Fiechtl, 1911 (1. Jb. Akad. Sekt. München 1910/11; Mitt. 1912, S. 19). „Die erste Hälfte der hohen Wand ist ziemlich schwierig, die zweite leicht, aber mühsam“ (H. Fiechtl). Zeit d. Erstbeg. 3 Std.

Die Führe ist nur noch von historischem Interesse. Verlauf s. Abb. S. 585. Am Beginn des großen Bandes, das quer durch die ganze Wand zieht, zwei uralte Ringhaken und ausgehauene Stufen, vermutlich von Gemsjägern (Mitt. F. Baumann).

● 2257 **Nordostwand, Wege Zahornicky / Glonig und Scharfetter**
Zahornicky, Glonig, 1949. **V—**, 5 Std. E. H. und K. Scharfetter, 1922. **IV +**, 6 Std.
Bei beiden Führen Verlauf ungewiß. Beschr. s. 11. Aufl. 1978, S. 492 (R 1182a und 1183).

● 2258 **Nordostwand, Hufeisenweg**
F. Baumann, A. Rosenhagen, 1982, (Bgst. 8 / 83), **VI—**

(1 SL), V+ / A0, V+ und leichter, Kletterzeit der Erstbeg. 14 Std.

Übersicht: s. Abb. S. 585.
Zugang: E am Beginn der tiefen Schlucht im linken Wandteil in etwa 1500 m, 1 Std. von der Straße zur Grameialm.
Führe: s. Skizze S. 586.

● **2259** **Gerade Nordostwand** („Ostwand")
K. Waroschitz, S. Graber, B. Schnabl, L. Brankowsky, 1947 (ÖAZ, 1947, S. 146). **VI— / A0** (1 SL, frei VI), V+, V, meist leichter. Wandhöhe 1000 m, schwieriger Teil etwa 500 m. 6—8 Std. Selten beg. Im unteren Teil brüchig.

Übersicht: s. Abb. S. 585.
Führe: Beschr. s. 11. Aufl. 1978, S. 493. Vgl. Skizze S. 587.

● **2259a** **Rampenzustieg zu R 2259**
F. Baumann, A. Rosenhagen, 1982. **VI— / A0** (1 SL, frei VI), V+ und leichter. Die drei schwierigen SL mit R 2259 gemeinsam. Zeit d. Erstbeg. 6 Std.

Übersicht: s. Abb. S. 585.
Führe: s. Skizze S. 587 (nach Angaben der Erstbeg.).

● **2260** **Nordostwand, Schüle / Diem-Weg**
K. Schüle, P. Diem, 1922 (Alpenfreund, Sept. 1922). **V+** (Stellen), V. 7 Std. E. Wandhöhe 800 m, schwieriger Teil 350 m. Selten beg.

Übersicht: s. Abb. S. 585.
Zugang: Vom Falzturntal links neben dem Graben aufwärts zu dem auffälligen Latschenspitz.
Führe: Eine Felsmulde nach links querend über glatte Platten zu einer grasigen, von rechts nach links ziehenden 15 m hohen Verschneidung. Fallender Quergang nach links, dann einige m rechts aufwärts. Man befindet sich nun auf dem Plattenband, das mit der daraufliegenden Schicht die durch die ganze Wand ziehende gelbe Verschneidung bildet. Auf dem Band aufwärts, bis es sich senkrecht stellt, dann rechts durch die Verschneidung 3 SL empor (teilweise V+). Unter den Überhängen nach rechts heraus und durch eine gegen rechts emporziehende Schro-

Die Nordostwand des Sonnjochs mit den Anstiegen (von links): Dülfer/Fiechtl (R 225€), Hufeisenweg (R 2258), Gerader Nordostwand (R 2259), Schüle/Diem (R 2260) und Grillplatte (R 2261).

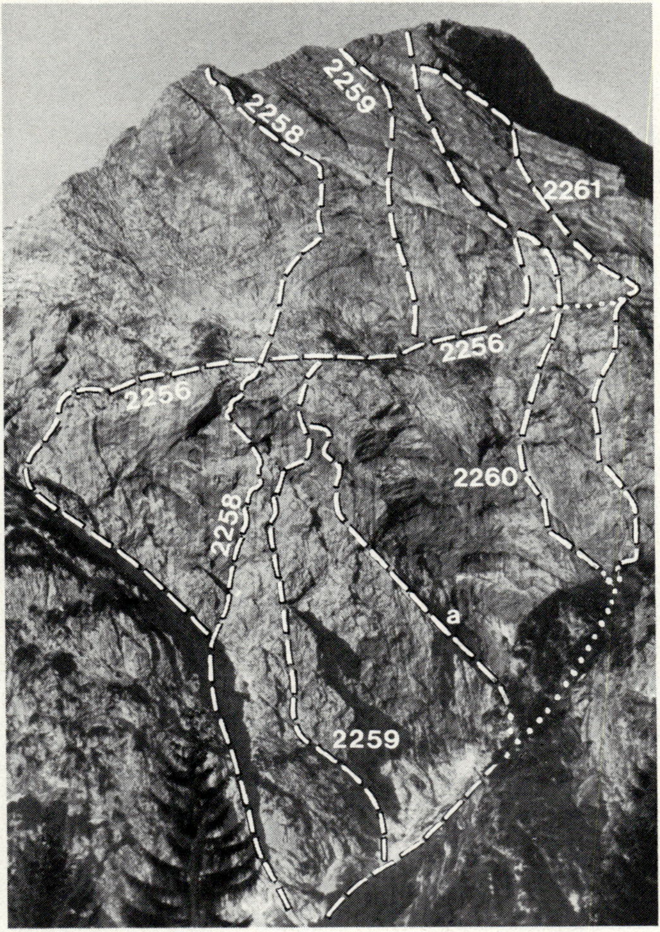
2258
2259
2261
2256
2256
2260
2258
a
2259

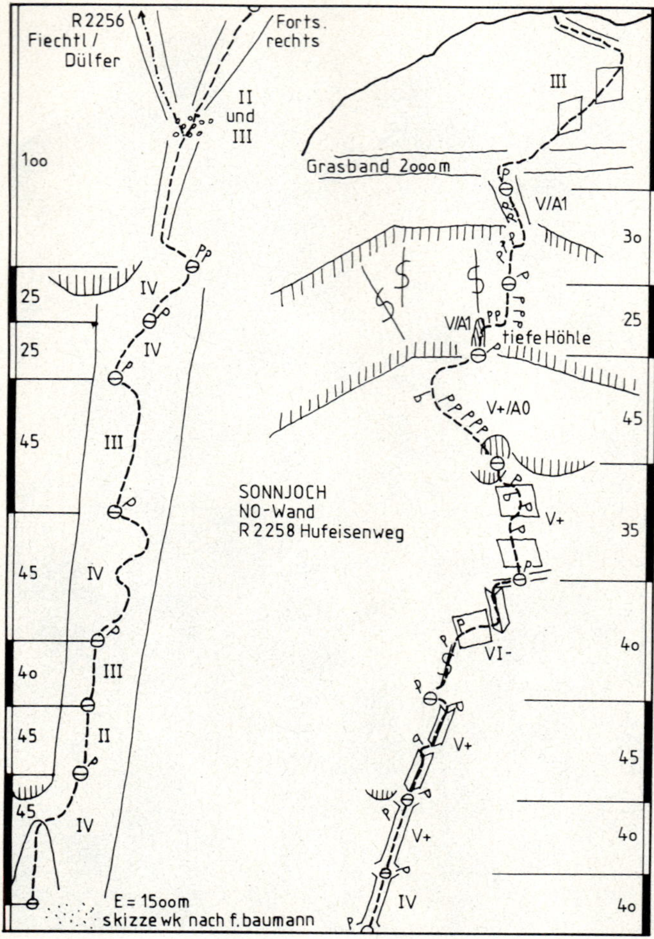
R2256
Fiechtl /
Dülfer
Forts.
rechts
II
und
III
1oo
25
25
45
45
4o
45
45
IV
IV
III
IV
III
II
IV
Grasband 2ooom
III
V/A1
3o
V/A1
tiefe Höhle
25
V+/A0
45
V+
35
VI-
4o
V+
45
V+
4o
IV
4o
SONNJOCH
NO-Wand
R 2258 Hufeisenweg
E = 15oom
skizze wk nach f. baumann

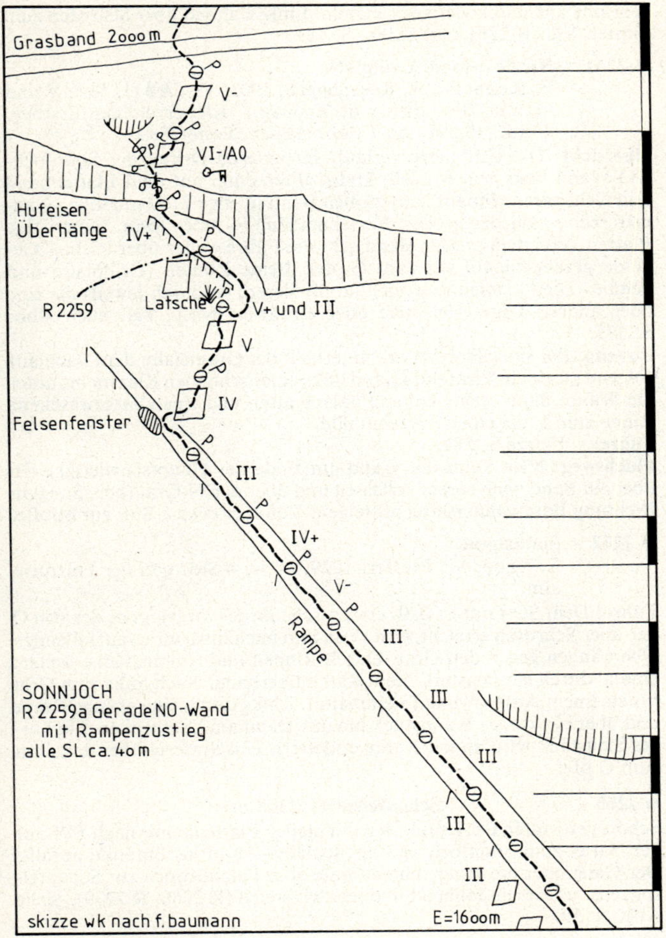
Grasband 2000 m
V-
VI-/A0
Hufeisen
Überhänge
IV+
R 2259
Latsche
V+ und III
V
IV
Felsenfenster
III
IV+
V-
Rampe
III
III
III
III
III
E=1600 m
SONNJOCH
R 2259a Gerade NO-Wand
mit Rampenzustieg
alle SL ca. 40 m
skizze wk nach f. baumann

fenrinne auf unschwieriges Gelände. Links haltend über Schrofen zum Gipfel. Vgl. R 2261 und Skizze S. 589.

● 2261 Nordostwand, Grillplatte

F. Baumann, A. Rosenhagen, 1983. **VI / A0** (1. SL), V und leichter (Bewertung d. Erstbeg.). Kletterzeit der Erstbeg. 8 Std., 15 SH und 7 ZH belassen. Fester Fels.

Übersicht: Die Grillplatte verläuft im unteren Drittel der Sonnjoch-NO-Wand links von R 2260, kreuzt diese dann auf dem Plattenband und zieht gerade hinauf zum großen Band in etwa 2100 m Höhe — immer rechts von der großen Verschneidung — über feste, feingriffige Platten. Von dem großen Band geht die Führe weiter über leichtes Gelände gerade hinauf bis zum Gipfel. Beide Routen (Grillplatte und Schüle / Diem) lassen sich auch kombinieren, wodurch jeweils die eine oder andere Tour erleichtert oder erschwert wird. Vgl. auch Abb. S. 585.

Zugang: Bei einer Holzbrücke unterhalb der Grameialm dem Bachlauf folgend zu einem Firnfeld; knapp links einer schmalen Klamm bis unter die Wand; dann rechts haltend über Platten und eine glattgewaschene Rinne zum E bei einer Plattenmulde.

Führe: s. Skizze S. 589.

Fluchtweg: Man kann die Wand am Ende der Hauptschwierigkeiten über ein Band nach rechts verlassen und über den N-Grat (bez. Steig) in Richtung Bärenlahnersattel absteigen. Von hier etwa 1 Std. zur Straße.

● 2262 Südostgrat

E. Kaup, M. Pfeffer, 1929. **IV—,** 4 Std. von der Falzturnalm.

Führe: Dem SO-Grat ist östl. ein Latschenkegel vorgelagert, der von O her über Schrofen erreicht wird. Von ihm nach links unter auffallenden Überhängen gegen den Grat. Durch Rinnen und Kaminstücke weiter: einmal durch ein Fensterl, dann Kaminüberhang. Nach links zum Grat bis zu einem Aufschwung (Steinmann). Links durch eine grasige Rinne und über ein kurzes Wandstück hinauf. Dann am Grat weiter. Ein kurzes Steilstück wird an der Kante erklettert. Unschwierig über den Grat zum Gipfel.

● 2265 Schaufelspitze, 2308 m

Schön geformter Felsgipfel, der mit steiler Plattenkante nach SW auf den Sattel zum Sonnjoch und mit seiner S-Wand ins Bärental abfällt. Der Gang über die waagrechten Grate vom Falzturnjoch zur Schaufelspitze ist ungemein lohnend und aussichtsreich (R 2288, R 2279). Siehe Abb. S. 591.

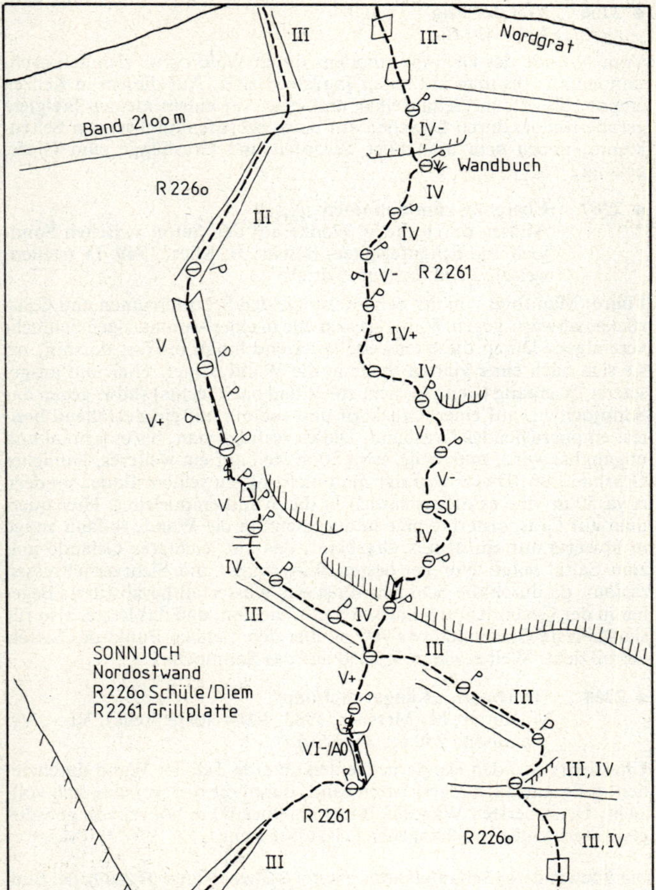
Nordgrat
Band 21oo m
R 226o
R 2261
Wandbuch
SU
III
III-
IV-
IV
V-
IV+
V
V+
VI-/A0
III, IV
SONNJOCH
Nordostwand
R 226o Schüle/Diem
R 2261 Grillplatte
E = 17oo m
skizze wk nach f. baumann

● 2266 **Von der Eng**
I, 4—4½ Std.

Vom N-Ende des Gr. Ahornbodens durch Wald ostw. ziemlich mühsam empor, bis man auf einen Jagdsteig trifft. Auf diesem in Kehren empor, bis er zum Schaufelkar umbiegt. Auf einem kleinen Steiglein gerade weiter; durch Latschen auf einen schrofendurchsetzten Seitenkamm, neben dem man über Schrofen und Grashänge zum Gipfel gelangt.

● 2267 **Übergang zum Sonnjoch**
Abstieg durch die W-Flanke auf den Sattel zwischen Sonnjoch und Schaufelspitze, Beschr. H. Klier, 1949. **IV** (stellenweise), 2 Std. bis zum Sattel.

Führe: Man folgt von der Schaufelspitze den Schotterrinnen und Grasrücken abwärts gegen W, bis sie sich alle in einer kaminartigen Schlucht vereinigen. Durch diese teilweise spreizend hinab bis fast dorthin, wo sie sich nach einer glatten Stelle in die Wand öffnet. Hier nun ausgesetzter Quergang (wenn Gesicht zur Wand nach rechts) südw. gegen das Sonnjoch zu, auf einen Graskopf und sodann auf ein auffallend breites, emporziehendes Grasband. Dieses verfolgt man, bis es schmal und ungangbar wird, und steigt etwa 50 m steil auf ein weiteres, ähnliches Grasband ab. Dieses verfolgt man nicht bis zu seinem Ende, sondern etwa 50 m, ehe es offensichtlich in die Wand emporleitet. Hier quert man auf Graspolstern einige m ausgesetzt in die Wand, sodann einige m abwärts auf ein drittes Grasband, das auf leichteres Gelände und zum Sattel leitet. Nur bei besten Witterungs- und Sichtverhältnissen ratsam, da durch die Schlucht sonst ein Wasserfall herabstürzt. Begeher in der Gegenrichtung müssen darauf achten, daß das letzte, also für sie das erste Grasband etwa 100 m über dem tiefsten Punkt des Sattels heraufzieht. Weiter wie in R 2250 auf das Sonnjoch.

● 2268 **Westwand, „Känguruh-Jump"**
M. Rutter, M. Messner, 1983. **VII—** (eine Stelle), VI+, VI, Wandhöhe 250 m, 3—4 Std.

Übersicht: Auf den Bändern, die den unteren Teil der Wand durchziehen, fußt eine auffällige Plattenwand, durch die der Aufstieg sich vollzieht. Den obersten Wandteil bildet ein etwa 60 m hoher, von gewaltigen Überhängen durchzogener Felsaufschwung.

Die Südwand der Schaufelspitze mit der Südwestkante (R 2269), der Südwandführe (Schüle/Diem, R 2272) und der Geraden Südwandführe (R 2273).

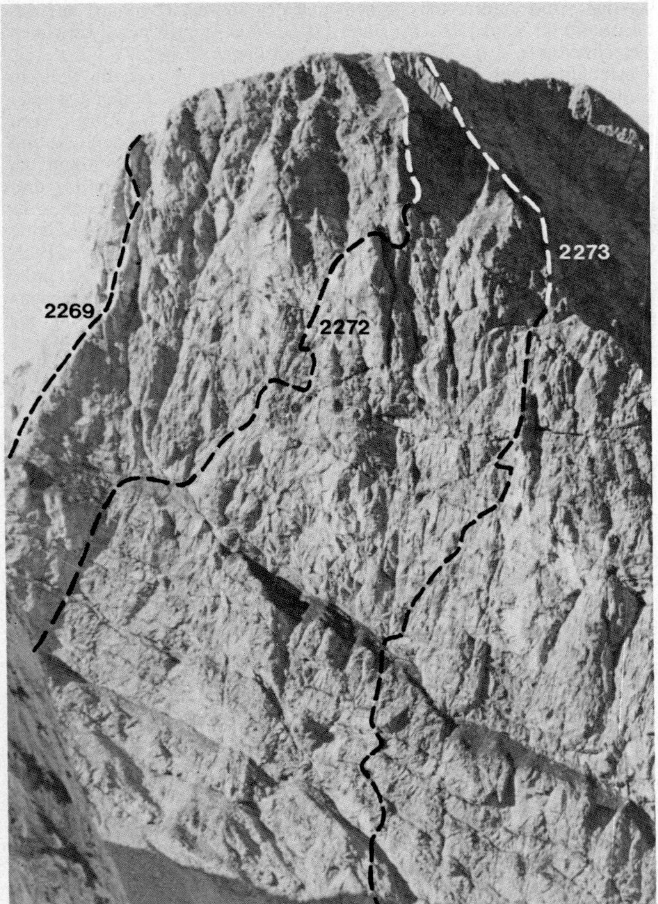
2269
2272
2273

Zustieg: Über den ersten Aufschwung der SW-Kante hinauf auf das Grasband (IV und III). Das Band bis zu einer kurzen geschwungenen Verschneidung in der Mitte der Wand absteigen. E bei H.
Führe: Über einen Überhang in die Verschneidung und hinauf zu ihrem Ende. Kurz rechts (H) und über einen sperrenden Überhang gerade empor zu Stand in einer seichten Nische (VI+, VI, V, 25 m). Vom Stand nach rechts (H) zu einer kleinen versteckten Verschneidung und über eine Platte empor, über einen Wulst und schräg links hinauf zu SH (VII—, VI—, V+, 25 m). Links über einen Bauch empor und durch Risse in eine Verschneidung. Reibungsquergang kurz nach links zu gutem Stand (VI+, VI, VI—, 25 m). Einen Piazriß gerade hinauf, Quergang nach rechts um eine Kante und hinauf auf einen kleinen Pfeilerkopf; darüber Stand (V+, IV, 50 m). Schöner Quergang nach links und vom rechten Stand der erreichten Nische über Platten gerade empor auf ein Band (VI—, V+, V, 50 m). Auf dem Band unter dem kompakten Felsaufschwung nach links, durch einen Einriß zur NW-Kante und zum Gipfel. (Messner)

● **2269** **Südwestkante**
M. Pfeffer, 1931, Lit.: 39. Jb. AAVM, 1930/31, S. 42. **V**, 3—4 Std.

Übersicht: s. Abb. S. 591.
Führe: Vom Bärenlahnersattel (1984 m), den man wie in R 440a erreicht, baut sich die Kante in drei Aufschwüngen zum SW-Gipfel der Schaufelspitze auf. Über den Grat zum ersten Aufschwung, der etwas links der Kante durch eine etwa 45 m hohe Verschneidung erklettert wird. Der zweite Aufschwung setzt mit einem Wulst an. Einige Meter links der Kante über den Überhang 4 m gerade empor (H), auf einem Kriechband nach rechts und über einen Rißüberhang hinauf. Dann immer gerade aufwärts zu einer Terrasse vor dem dritten Aufschwung. Links der Kante durch einen schrägen Riß links empor, dann kurzer Quergang nach links in ein Rißsystem, das knapp rechts eines glatten, senkrechten Pfeilers aufwärtszieht. Nach 15 m von rechts her über einen Überhang empor in eine kleine Nische und schräg rechts über den abschließenden Überhang hinweg. 15 m aufwärts zu H, dann 8 m Querung an glatter Wand nach rechts an die Kante und jenseits abwärts in eine Schlucht. Nach 20 m schräg links zurück an die Kante, dann in einer Rinne rechts empor zum Grat und über ihn zum Gipfel.

● **2270** **Südwestkante, Variante Lanznaster / Kugler**
R. Lanznaster, E. Kugler, 1948. **V**.

Führe: Wo die Pfefferführe (R 2269) über das Kriechband nach rechts leitet, macht man einen Quergang nach links, etwa 5 m in einen sonderbaren röhrenartigen Riß. Durch diesen 30 m empor. Über leichteres Gelände zum dritten Aufschwung und bei diesem 15 m links der Kante durch einen Rißkamin 20 m empor und Quergang nach rechts zur Kante. Weiter über einen Überhang in eine Höhle und 70 m immer an der Kante haltend zum Grat und zum Gipfel.

● 2271 Südwestkante, Variante Schmid / Moser
E. Schmid, S. Moser, 1946. **V+**.

Zugang: Wie in R 2269 an die SW-Kante.
Führe: Wie in der Pfefferführe (R 2269) zum dritten Aufschwung. Im dritten Aufschwung nicht so weit nach links in das Rißsystem, sondern nur bis in eine Verschneidung, die rechts oben durch einen großen schwarzen Überhang überdacht wird, der schon vom E aus sichtbar ist. Über eine glatte Platte Quergang nach rechts (H) in den Winkel. Über den Überhang und die folgende glatte Rißverschneidung (mehrere H), dann über ein senkrechtes Wandl zu Stand (H). Nun nach rechts in die Schlucht und wie in R 2269 zum Gipfel.

● 2272 Südwand
K. Schüle, P. Diem, 1923, Lit.: Der Alpenfreund, 1924, S. 45. **VI—** (stellenweise), V, 6 Std.

Übersicht: s. Abb. S. 591.
Führe: Vom Sattel zwischen Sonnjoch und Schaufelspitze (R 305) sieht man ein breites Grasband waagrecht in die Wand ziehen; ebenso eine schluchtartige Einsenkung, die von einer kleinen Scharte westl. des Gipfels die Wand bis zu ihrem Fuße durchzieht.
Führe: Vom Sattel aus auf Grasbändern von links nach rechts ansteigend bis in die oben erwähnte Einsenkung und in ihr mit unbedeutenden Abweichungen (Überhänge VI) auf das waagrechte Grasband, das man ungefähr 40 m nach rechts bis zu seiner höchsten Stelle verfolgt. Dann etwa 50 m über grasdurchsetzte Schrofen schräg rechts aufwärts gegen die Kante und durch eine 15 m hohe gutgriffige Steilrinne (nicht links im Winkel) auf ein schmales, von Felsen überdachtes, brüchiges Band (Steinmann). Auf demselben 15 m nach rechts abwärts bis zu einer Verschneidung. In ihr 30 m empor (VI) zu einem weißgelben Dach. Hier kurzer, fallender Quergang nach links (6 m). Nun 15 m empor zu einem geschweiften Riß. Im rechten Ast desselben 30 m hinauf und durch eine blockgefüllte Rinne auf eine kleine Scharte. Jenseits durch eine ähnliche Rinne 15 m hinab. Quergang (erst steigend, dann fallend) zu einem Schuttplatz. Nun entweder unter einem abgesprengten Pfeiler hindurch und steigender Quergang in eine gut gangbare Rinne, oder

auf den Pfeiler und nach 5 m Quergang nach rechts durch eine Steilrinne ebenfalls in jene Rinne. In ihr 50 m empor, bei einem Turm rechts heraus zu einem Schartl und über Schrofen zum Gipfel.

● 2273 Gerade Südwand
H. Eller, H. Baumgartner, H. Lippert, J. Fuchs, E. Ghirardini. **VI** (eine Stelle), V, 6—8 Std.

Übersicht: Der unterste Teil der S-Wand wird von vier auffallenden Grasbändern durchzogen. Oberhalb des 4. Grasbandes, in Gipfelfalllinie, gelber Wandteil und rechts davon eine etwa 80 m hohe Verschneidung. Der E befindet sich in der Fallinie dieser Verschneidung (Steinmann). Siehe Abb. S. 591.
Führe: Über ein schotteriges Band zu einer Wandstelle. 3 m empor und 5 m nach links in eine Rinne queren. Diese bis unterhalb zum Kamin verfolgen und nach rechts in eine griffige Platte queren. Jetzt 10 m Quergang in den Kamin und diesen bis zum 4. Grasband verfolgen (50 m). Auf dem abfallenden Grasband nach rechts bis zum Fuß der Verschneidung. Jetzt nicht in die Verschneidung einsteigen, sondern über eine steile Platte 10 m Quergang nach rechts bis zu einem kleinen Riß (H), der unter ein Dach führt (Standplatz). Von hier nach rechts in eine Rinne und diese etwa 45 m weiter zu kleinen Zacken. Über diese 8 m nach rechts absteigend zu einer glatten Wandstelle, die von einem Riß durchbrochen wird. Diesen Riß (H) empor und in dem folgenden Rißkamin weiter bis unter ein auffallendes gelbes Dach (etwa 70 m). Hier nun 7 m nach links empor auf kleines Band und äußerst schwieriger Quergang nach links (H, 3 kleine Nischen) Standplatz. Nun über plattige Wand 2 SL (H) weiter empor. Jetzt entweder im Riß weiter auf den Grat, oder fallender Quergang nach rechts über eine Platte, bis zu auffallendem Kamin. Durch diesen nun weiter bis zum Grat. Von hier über unschwierigen Fels (brüchig) weiter zum Gipfel.

● 2274 A Abstieg nach Süden (für Südwandbegeher)
I, weglos, nicht leicht zu finden.

Man steigt von der Schaufelspitze nach SO ab und kann etwa auf der Höhe von 1700 m nach rechts über abschüssige Schrofen in das Bärental absteigen. (S. Jöchler)

● 2275 Bettlerkarspitze, 2287 m

Breiter Felsgipfel im Kamm zwischen Schaufelspitze und Falzturnjoch, mit beiden durch schmale, hellgraue, fast ebene Gratfirste verbunden.

● 2276 Vom Plumsjoch durch die Westflanke
I, 2½—3 Std.

Vom Joch südw. durch die steilen Grashänge (Vorsicht bei Nässe) und um den ersten Kopf (Brantlkopf) herum und auf Steigspuren (Steinmänner) durch eine Grasmulde, und ansteigend über Böden und steinige Rinnen hinan gegen die Schuttfelder, die unter den ersten Gipfelerhebungen eingelagert sind. Über den kleinsplittrigen Schutt sodann mit rechtsseitiger Umgehung des Bergstockes eben hinüber, nahe am Fuß der Steilwände über dem Bettlerkar. Vom W-Fuß des Gipfels nunmehr ansteigend auf den weiten felsigen Sattel zwischen Bettlerkar- und Schaufelspitze und über den Grat zum Gipfel.

● **2277 Nordgrat**
II (stellenweise), 2—3 Std.

Wie in R 2276 empor in die Mulde unter dem Brantlkopf. Nun gegen links durch Latschen empor in die Nähe der Grathöhe und auf den ersten auffallenden Gratkopf, P. 2075. Von diesem oben begrünten Grataufschwung über die durchwegs nicht sehr steile Schneide aufwärts. Zwei Gratköpfe mit darauffolgenden Scharten, zu denen der gerade Abstieg II ist, weiter. Knapp vor dem Gipfel stellt sich eine kleine, überhängende Gratstelle in den Weg, die am besten gerade überklettert wird; sodann unschwierig zum Gipfel.

● **2278 Vom Plumsjoch durch das Plumskar**
II, 2½—3 Std.

Wie in R 2276 in die Mulde unter dem Brantlkopf. Man überschreitet den N-Grat etwas südl. der Einsattelung, wo Steigspuren ins Plumskar leiten. Östl. des Gipfels reicht der Schutt bis zum O-Grat hinauf. Durch den Schutt mühsam, einmal über eine Felsstufe empor, bis unter den Grat. Rechts zieht eine schluchtartige Steilrinne gegen den Gipfel, durch die man eine Zeit emporsteigt, dann rechts heraus und über den letzten Teil des N-Grates zum Gipfel.

● **2279 Übergang zur Schaufelspitze**
II, 1 Std.

Vom Gipfel südw. hinab; der erste Gratabbruch wird links in den schotterigen Schrofen umgangen; ebenso ein weiterer, weniger hoher Absatz. Nun immer auf der eigenartigen Schneide. Eine senkrechte Gratstelle und der Felsaufbau zur Schaufelspitze werden gerade erklettert.

● **2285 Falzturnjoch,** 2150 m

Dreifache Erhebung in dem nach NO gerichteten Kammausläufer, die mit steilen Flanken ins Falzturntal und zum Feilsattel abfällt. Die nordöstl. Vorgipfel P. 2150 und P. 2109 heißen Schneeköpfe.

● 2286 **Vom Feilsattel über den Nordgrat**
II, vom Feilsattel 1½—2 Std.

Wie in R 101 auf den Feilsattel, 1528 m (Gütenbergalm). Diesseits des Zaunes auf Steigspuren über Schrofen, später durch Latschenhänge immer in der Nähe des Rückens empor, der allmählich ausgeprägter wird und die Steigspuren zum Steiglein sammelt. Dieses führt einmal ziemlich tief durch Latschen in den linken Grashang, in welchem es sich verliert. Über den Hang gewinnt man wieder die Kammhöhe. Den folgenden kleinen Aufschwung ersteigt man von links. Dann weiter am zunehmend schärfer werdenden Grat bis zum Steilaufschwung. Hier beginnt ein schwacher Gamswechsel, der die O-Flanke am Fuß der senkrechten Mauer quert, bis man zur begrünten SO-Schulter des Vorgipfels aufsteigen kann. Weiter Gehgelände bis zum Gipfel.

● 2287 **Vom Plumsjoch durch das Plumskar**
II, 3 Std.

Wie in R 2278 vom Plumsjoch in das oberste Plumskar. Man steigt gerade zum Grat zwischen Falzturnjoch und Bettlerkarspitze weiter. Über den Grat in nordöstl. Richtung auf das Falzturnjoch.

● 2288 **Übergang zur Bettlerkarspitze**
II, 1½—2 Std.

Man hält sich fast durchwegs auf der Grathöhe; die Felszacken im Mittelteil des langgestreckten Grates umgeht man links oder rechts, teilweise etwas ausgesetzt. Zuletzt stößt der Grat an die auffallend quergeschichtete Flanke der Bettlerkarspitze. Man quert nach rechts an den Beginn einer schluchtartigen Rinne, die man aber schon nach 30 m nach rechts verläßt. Über Schrofen erreicht man den N-Grat der Bettlerkarspitze knapp unterhalb der kleinen, überhängenden Gratstelle und über diesen den Gipfel.

IX. Die Rauhe-Knöll-Verzweigung

● **2300** Zwischen dem nach NO streichenden Sonnjochkamm und dem zuletzt etwas gegen SO gerichteten Hauptkamm erhebt sich die Rauhe-Knöll-Verzweigung, die den ganzen Raum zwischen Falzturntal und Stallental einnimmt und vom Lamsenjoch gegen NO und O hinausstreicht bis an den Achensee. Diese Verzweigung löst sich im O in mehrere Teilzüge auf (Dristkopf, Bärenkopf, Stanser Joch); begrünte Rücken, von welchen oft unmittelbar hohe, gelbbrüchige Wände abstürzen, geben der Gruppe ihr besonderes Gepräge und machen sie für den Bergsteiger weniger begehrenswert, während sich im O-Teil für den Skifahrer lohnende Ziele finden. Der Rauhe Knöll ist mit 2277 m der höchste Punkt der Verzweigung und gibt ihr den Namen; daneben sind die Rappenspitze und Kaserjochspitze von einiger Bedeutung. Der Dristkopf gehört zu den Wahrzeichen von Pertisau. Der beste Stützpunkt für den ganzen W-Teil ist die Lamsenjochhütte; daneben kommen in Frage: Grameialm, Stallenalm, Falzturnalm, St. Georgenberg, Bärenbadalm, Pertisau.

● **2301** **Schafjöchl,** 2157 m

Schmale Schneide, die mit begrünten Hängen nach S gegen das oberste Stallental und das Lamsenjoch, gegen N mit brüchigen Wänden zur Schneiderscharscharte, 2027 m, abfällt. Siehe Abb. S. 599.

● **2302** **Von der Lamsenjochhütte**
Unschwierig, Steigspuren, 1 Std.

Von der Hütte auf dem Steig ins Stallental wenige Min. ostw., dann links ab zuerst eben, später dem Steiglein folgend durch die S-Flanke empor zum Gipfel.

● **2303** **Westgrat**
II, 1 Std.

Von der Lamsenjochhütte nordw. über die Senke und gleich jenseits auf Steig empor über den steilen Hang auf den Grat. Über den zerscharteten, schmalen Grat in anregender Kletterei zum Gipfel.

● **2304 A** **Abstieg zur Schneiderscharscharte**
III, ¾ Std.

Führe: Vom höchsten Punkt über den steilen, brüchigen Grat in nordöstl. Richtung hinab zur engen Scharte.

● **2310** **Rauher Knöll,** 2277 m

Die höchste und geschlossenste Erhebung der Verzweigung zwischen Schneiderscharscharte (südl.) und Lunstsattel (nördl.). Der Gipfel ist von keiner Seite unschwierig zu ersteigen. Erstersteigung: M.V. Lipold, 1843.

● **2311** **Von der Lamsenjochhütte**
III, 3 Std.

Führe: Wie in R 2302 auf das Schafjöchl, und wie in R 2304 A nordw. hinab in die Schneiderscharscharte. Von dieser ein kurzes Stück westl.

(links) hinab, und durch eine steile, brüchige Rinne auf den Grat. Die Grattürme werden ziemlich tief umgangen; zuletzt über die schuttbedeckten Platten des NW-Hanges zum Gipfel.

● 2312 Über die Westflanke

II; sehr brüchig. 3—4 Std. vom Falzturntal.

Vom Gramei-Niederleger auf dem Weg zum Lamsenjoch erst südw., dann links ab zu den großen Schuttströmen, die vom Rauhen Knöll herabziehen. Jetzt dient als Richtpunkt der gut sichtbare Gipfelaufbau. In der Mitte der Schuttreise direkt bis unter die Wände, nun rechts über schrofiges Gelände querend hoch bis zum Beginn einer ausgewaschenen Rinne. In ihr empor bis zur ersten Verzweigung, dann links 50 m durch eine breite Schuttrinne. Wiederum links erreicht man über Schrofen ein vom Tal aus schon gut sichtbares Schuttfeld oberhalb schwarzer Wände (vereinzelte Steinmänner). Über dieses gelangt man erst links, dann gerade hinauf zum Nordgrat. Über diesen zum Gipfelaufbau und links herum zum Gipfel (Kreuz seit 1977).

● 2313 Nordostgrat

III (stellenweise), vom Lunstsattel 1½ Std.

Zugang: Wie in R 438 auf den Lunstsattel. Aus der Mulde unterhalb des Sattels über Weideböden und Schutt zur Einschartung südl. des unteren der beiden Grattürme.
Führe: Auf der N-Seite empor, bis der Abbruch des oberen Turmes zum Ausweichen nach rechts zwingt. Über ein Band zu einem breiten Kamin und durch diesen in die Scharte südl. des oberen Gratturmes. Nun auf der S-Seite des Grates aufwärts, die letzten Felsköpfe links umgehend, zum Gipfel. (Im Abstieg umgeht man den Abbruch des großen Turmes besser auf der O-Seite.) Überkletterung des Turmes J. Kruckenhauser, Gebr. Ott, 1913.

● 2314 Südwestgrat

H. Eckmüller, J. Merxmüller. Keine näheren Einzelheiten bekannt.

● 2320 Lunstkopf, 2142 m

Breiter, begrünter Kopf, der mit hohen, gelbbrüchigen Wänden („Lunstwände“) ins Falzturntal abfällt.

● 2321 Vom Lunstsattel

½ Std.

Wie in R 438 auf den Lunstsattel, 1918 m, und über den breiten Hang in nordöstl. Richtung auf den Kopf.

Die Lamsenjochhütte gegen das Schafjöchl.

● **2322** **Vom Rizuelhals**
½ Std.

Wie in R 437 auf den Rizuelhals, 1943 m. Auf dem Steig wenige Min. westw., dann durch die Latschen empor auf freies Gelände und über den Kamm in nordwestl. Richtung auf den Kopf.

● **2325** **Brentenkopf,** 2024 m

Südöstl. des Lunstkopfes steil aufragender Berg, der mit steilen Felshängen zur Stallenalm abfällt; er entsendet einen langen Grat nach O, der die Gamsgartenklamm südl. begrenzt.

● **2326** **Vom Rizuelhals**
I, ½ Std.

Wie in R 437 von der Stallenalm, oder aus dem Falzturntal auf den Rizuelhals, 1943 m, zwischen Lunstkopf und Brentenkopf. Südw. über den schmalen Kamm auf Steigspuren zum Gipfel.

● **2330** **Rappenspitze,** 2223 m

Dunkler Felskopf über weiten Almböden.

● **2331** **Von Norden** aus dem Falzturntal über Dristlalm und Nauderer Karl
I, 1 Std. vom Nauderer Karl.

Wie in R 436a von der Falzturnalm auf bez. Steig (Bez. Nr. 1) empor zur Dristlalm. Weiter steil empor, am Dristlköpfl vorbei und jenseits einige Min. absteigend in die oberste Mulde des Brunntales. Steil hinauf unter die Felsen der Kaserjochspitze und in kleinen Kehren in die Mulde des Nauderer Karls. Von hier über steile Grasrinnen rechts empor auf den Sattel unter dem NW-Grat der Rappenspitze und über diesen leicht auf den Gipfel.

● **2331a** **Variante**
I, gleiche Zeit wie R 2331.

Man kann vom Nauderer Karl (oder vom Stanser Joch — Kaserjoch kommend) auch in die Scharte südöstl. des Gipfelaufbaus ansteigen. Dort rechts empor über das abschließende Gratstück, wobei ein 3 m hoher Einriß überklettert wird (I). Diese Stelle kann aber auch links im Geschröf umgangen werden.

● **2332** **Von der Nauderer Schafalpe**
I, ¾ Std.

Von der Naudersalm (R 437) in nordwestl. Richtung über die Weideböden empor in den Sattel zwischen Lunstkopf und Rappenspitze. Nun nordöstl. über den Gratrücken, zuletzt gegen N, auf den Gipfel.

● 2335 Kaserjochspitze, 2198 m

Von S gesehen runder Kopf, fällt mit kurzer Steilwand nach N ins Dristenautal ab.

● 2336 Von Pertisau
I, 4 Std.

Man geht bis zum Schluß des Dristenautales. Der Aufstieg beginnt beim sogenannten Tunigenspitz, einem steilen bewaldeten Dreieck. Hier links, östl. hinauf bis zu den letzten Bäumen, dann unschwierig über Schotterhalden und Rasenflecken zum Sattel östl. des Felsabsturzes der Kaserjochspitze. Über steile Grashänge auf der S-Seite zum Gipfel. (Hans Klingler)

● 2337 Vom Kaserjoch
¾ Std.

Wie in R 436af. von der Stallenalm oder aus dem Falzturntal zum Kaserjoch. Von hier ostw. über die freien Hänge auf den Gipfel.

● 2338 Nordwand
M. Pfeffer, 1933. **IV+** (stellenweise), IV, 2—3 Std.

Zugang: Vom innersten, westl. Winkel des Dristenautales über latschendurchsetzte Schrofen zum Wandfuß.
Führe: Die Wand wird von einer Reihe von schräg links emporziehenden Geröllbändern durchzogen. Man verfolgt diese Bänder links aufwärts bis unter eine senkrechte glatte Mauer mit zwei gelben, parallelen Streifen. Hier zieht nach rechts eine zerrissene Rippe empor, die man von links her über einen Überhang erreicht. An brüchigen Einrissen (IV+) und über eine Wandstelle nach rechts, sodann zu einem breiten Band, das nach links hinaufzieht. Man verfolgt es bis zu seinem Ende und erreicht über splitterigen Fels eine Steilrinne, die zu einer Gras- und Geröllterrasse leitet. Schräg rechts empor gelangt man zum Gipfel.

● 2340 Dristkopf, 2005 m

Steiler Felskegel zwischen Falzturn- und Dristenautal, besonders eindrucksvoll von Pertisau aus; vom Verlauf des Hauptkammes gegen N abweichend.

● 2341 Von Pertisau
II (stellenweise), Orientierungsvermögen nötig. 2—3 Std.

Auf dem Weg ins Dristenautal (R 99) bis zur Überquerung des meist trockenen Bachbettes. Nun zuerst durch schütteren Hochwald, am besten einen der Schläge benutzend, später über eine ziemlich steile Blöße an der Beginn der schon von unten sichtbaren Rinne, die durch den rechten Teil des O-Hanges herabzieht und den Felsstufen des Mittelteiles im Bogen ausweicht. Durch diese anstrengend, einmal über eine erdige Steilstufe, in die kleine Karmulde unter dem Gipfel. (Hierher bequemer: ½ Std. weiter taleinwärts aus dem sog. Bauernwald unschwierig und ohne Benützung der Steilrinne.) Die Mulde an ihrem Fuße nach links querend bis zu dem Gras- und Latschenrücken, und über diesen links auf den westl. Grat und zum Gipfel.

● 2342 Südwestlicher Rücken
III— (stellenweise), 1½—2 Std. vom Dristalpl.

Führe: Wie in R 437 von der Falzturnalm auf das Dristalpl. Nun nordostw. über den latschenbestandenen Rücken über teils brüchigen Fels zum Gipfel.

● 2343 A Abstieg zur Dristlalm und ins Falzturntal

Südl. der Karmulde trifft man im Abstieg einen Schafsteig, der auf breiten Grasbändern zum westl. des Dristkopfs gelegenen Gaislahner führt. Von dort ins Falzturntal mühsam über steile, felsdurchsetzte Latschenhänge.

● 2345 Gamskarspitze, 2098 m, **Seierjoch,** 2148 m,
Stanser Joch, 2102 m

Wenig über den mächtigen, begrünten Stanser-Joch-Kamm aufragende Erhebungen, die durchaus leicht von der Nauderer Schafalpe (R 437), sowie vom „Übergang" (R 439) aus in ½ bis 1 Std. ersteiglich sind. Diese Erhebungen werden auch bei Skitouren erstiegen.

● 2346 Stanser-Joch-Grat
6—7 Std.

Der lange Stanser-Joch-Grat mit Aufstieg von Pertisau oder Stans, Schwaz (R 439) und seine Überschreitung westw. über Seierjoch, Gamskarspitze, Kaserjochspitze (R 2336), Rappenspitze (R 2331 a) und Abstieg ins Falzturntal (R 436a) oder ins Stallental nach Schwaz (R 2331, 437) bietet eine schöne Gratwanderung.

● 2350 Bärenkopf, 1991 m

Vom Seierjoch gegen N vorgeschobene Erhebung, durch Weißenbachsattel vom Kamm getrennt.

● 2351 Von der Bärenbadalm
1½ Std.

Von der Alm in südöstl. Richtung auf gutem Steig in Kehren durch den Wald empor und über eine freie Fläche auf den aussichtsreichen Gipfel.

● 2352 Von der Weißenbachalm
¾ Std.

Wie in R 94 zur Weißenbachalm. Nun nordöstl. stets etwas unterhalb des Kammverlaufes über einen kleinen Sattel auf R 2351 und wie dort zum Gipfel.

X. Die Soierngruppe

● 2360 Die Gruppe zwischen Isar im N und W, Rißbach im O, Fermersbach und Seinsbach im S ist die Soierngruppe. In großgespanntem Bogen umschließen diese Berge einen weiten Talkessel, den Soiernkessel. Dieser wiedrum fällt nach NO in den Kessel des Hundsstalls ab; von ihm aus zieht als einziger Talausgang das Fischbachtal zur Riß hinaus. Wo Felswände zutage treten, zeigen sie in meist ganz eigenartiger Weise die Schichtung der riesigen Kalkplatten, aus denen diese Berge aufgebaut sind. Riesige Schuttkare ziehen von den Gipfeln und Wänden herunter und künden von der Brüchigkeit des Gesteins. Weite Latschenfelder bedecken die Hänge, besonders im Soiernkessel, in dem nur wenige Wetterfichten das Bild abwechselnd gestalten. Der Hundsstallkessel ist dagegen weit hinauf mit Mischwald bestanden. Von ganz besonderem landschaftlichem Reiz sind die beiden Seen auf dem Grund des Soiernkessels. Wegen der überaus harmonierenden Verbindung von hochalpinem Charakter mit den sanften Zügen des Mittelgebirges ist die Soierngruppe ein bevorzugtes Wandergebiet. Mit Recht ist daher dieses Gebiet seit langem zum Naturschutzgebiet erklärt worden.
In früheren Zeiten fanden hier kgl. Hofjagden statt. Die heutigen Soiernhäuser waren kgl. Jagdhäuser. Das obere Haus war für die Jagdherren, das untere für Jagdpersonal, Diener und Lakaien, an die heute noch der Lakaiensteig erinnert. Die außerordentlich hochstehende Jagd litt durch die beiden Kriege und deren Folgezeiten. Heute bewegt die Frage, wieviel Rotwild der Bergwald verträgt, die Gemüter. Auf Wanderungen muß stets größte Rücksicht auf das Wild genommen werden. Auch Ludwig II. weilte gern in dieser damals völlig einsamen Landschaft. Er ließ auf der Schöttlkarspitze einen Pavillon errichten (der längst dem Zahn der Zeit zum Opfer gefallen ist), um dort den Tee ein-

zunehmen. In klaren Mondnächten ließ er sich auf einem der Seen umherrudern, wobei kein Wort gesprochen werden durfte. Heute streift der Massentourismus zur Hauptreisezeit die Soiern. Das früher unbewirtschaftete obere Soiernhaus wird seit längerem bewirtschaftet. Ausgangspunkt ist in erster Linie das Soiernhaus der AV-Sektion Hochland, s. R 370ff., ferner die Fereinalm, R 365ff., und die Talorte Mittenwald, R 135, Krün und Wallgau, R 145.

● **2361** **Schöttlkarspitze,** 2050 m

Kreuzgeschmückter Gipfel nordwestl. über den Soiernkessel.

● **2362** **Von den Soiern**

1 Std. vom Soiernhaus auf ehemaligem Reitsteig.

Vom oberen Haus führt ein schöner Steig mäßig ansteigend zum Ende der großen Soiernmulde am linksseitigen Hang empor. Die Mulde wird ausgegangen; dem Steig entlang in Kehren zum Grat. Diesem entlang zum Gipfelkreuz.

● **2363** **Von Krün**

3½—4 Std., bez.

Der Weg beginnt in Krün rechts der Isar (große Mark.-Tafel an der Forststraße) und zieht sich alsbald südl. des Felsgrabens steil in den Wald hinauf. Bei etwa 1600 m, oberhalb der Schwarzkopfhütte, zweigt er vom Herzogsteig ab. Danach Gratwanderung über die Seinsköpfe und das Feldernkreuz zur Schöttlkarspitze. Der Weg ist von Krün bez. (blau auf gelbem Untergrund). Sehr aussichtsreich.

● **2364** **Von Südosten über den Lausberg und die Seinsköpfe**

Früh schneefrei. In umgekehrter Richtung als Abstieg für die Überschreitung Fereinalm — Soiernspitze — Reißende Lahnspitze — Schöttlkarspitze zu empfehlen. 3 Std.

Vom Parkplatz an der Seinsalm geht man auf der in den Seinsbachgraben führenden Straße Richtung Ochsenalm bis zu dem Punkt, wo die Straße das erste Mal wieder zu fallen beginnt. Dort sieht man halb links oben an der Böschung eine Tanne mit einem Kreuz. Bei diesem Kreuz beginnt ein guter Jagdsteig, der in einer etwa ¾ Std. zu einem ersten Kopf führt (bereits schöne Aussicht auf das Mittenwalder Talbecken). Dort führt der Steig etwas nach O wieder auf den Grat hinaus zu einem zweiten Kopf, nach dem der Grat sich verebnet. Hinter dieser Gratverebnung steht nach wenigen Serpentinen eine einzelne Tanne, die sehr stark von Spechten behackt ist. Dort geht der ausgetretene Weg in die

Flanke. Von ihm ist es sehr unangenehm, wieder auf den Rücken hinaufzukommen. Man verläßt also an dieser Tanne den Weg und folgt Spuren etwa 200 m nach NW zu einer Latschengasse, wo der gute Steig wieder beginnt und bis zum Lauskopf, Seinskopf, Soiernkopf usw. führt.

● 2365 A Abstieg nach Norden
I. 2½ Std. bis Krün.

Vom Sattel zwischen Schöttlkarspitze und Feldernkreuz (von der Schöttlkarspitze am bequemsten einige Schritte auf R 2362 zurück) und unter der S-Seite zum Sattel nach NW in eine Rinne hinunterqueren. Bald nach links durch eine zweite Rinne in das weite Schöttlkar. Nun dem Schöttlgraben folgend talaus, bis man auf den Weg Krün — Fischbach trifft.

● 2366 Nordwand
F. Matiegzeck, K. Theobald, 1919, 19. Jb. Bayerland. **IV** (stellenweise), 2½ Std. E.

Zugang: Vom Weg Fischbach — Krün beim Schöttlgraben abzweigen, meist ohne Weg ins weite Schöttlkar. Von links zieht eine mächtige Geröllschlucht herunter. An ihrem Beginn steigt die N-Wand der Schöttlkarspitze in die Höhe, im unteren Teil fast mauerglatt, im oberen von großen Querbändern durchzogen, bietet sie schöne Kletterei. Den E kennzeichnet ein auffallender schwarzer Riß, der schon vom Schöttlgraben aus sichtbar ist. Zu ihm durch eine steile Rinne, die am besten links angegangen wird. Dadurch gelangt man in einen kleinen Kessel. Von hier durchziehen drei Risse die glatte Wand, von denen der richtige nicht zu verkennen ist. Er zieht senkrecht empor und erweitert sich zu einem Kamin.
Führe: Zunächst durch einen sich ausbauchenden Riß 6 m, dann nach rechts heraus auf ausgesetztem Gesimse. Über eine 3 m hohe Wandstufe in die Fortsetzung des Risses. Weiter durch den engen und unangenehmen Riß zu leidlichem Stand. Den hier besser begehbaren Riß weiter zu gutem Stand. Der Riß erweitert sich zum Kamin. In ihm schön aufwärts. Oben geht er in eine breite, teilweise schutterfüllte Rinne über, in der sich einige Abstürze befinden. Nach 80 m kommt das erste Grasgesimse (Steinmann). Die Rinne verflacht sich und führt zum NW-Grat, bei einem großen, begrünten, waagrechten Stück. Durch zwei schöne übereinanderliegende Risse auf den ersten Gratturm. Der dritte Riß wird rechts umgangen. Ein weiterer Turm wird ebenfalls durch einen Riß erreicht. Über Geröll und Grasstufen unschwierig aufwärts und eine letzte Felsstufe zum Gipfel.

● 2367 Übergang Schöttlköpfe — Gamsschartl — Lakaiensteig
2½ Std.

Vom Gipfel zurück bis dahin, wo der Weg vom Soiernhaus den Grat erreicht. Hier weiter nach NNW auf einem Steiglein dem Grat entlang. Über die Schöttlköpfe bis zu einem 5 m hohen Abbruch, der hinunter in die Gamsscharte führt. Vom Schartl über Geröll und steile Grashänge hinab zum Lakaiensteig und zur Hütte.

● 2370 Feldernkreuz, 2048 m

Unbedeutender Gipfel südwestl. der Schöttlkarspitze.

● 2371 Von den Soiern
1 Std.

Vom oberen See auf Resten eines alten Steiges über die Reisen und oben teilweise begrünten Runsen zum Sattel zwischen Schöttlkarspitze und Feldernkreuz. Über dessen NO-Seite, eine Rinne benützend, zum Gipfel.

● 2372 A Abstieg nach Norden
I.

Wie bei der Schöttlkarspitze vom Sattel hinunter ins Schöttlkar. S. R 2365 A.

● 2373 Von Mittenwald über den Lausgraben
Siehe R 374.

● 2374 Von Krün über die Seinsköpfe
3—4 Std., mühsam, bez.

Gleich nach der Isarbrücke steigt, rechts von der Straße abzweigend, der bez. Steig hinauf zum Schwarzenkopf. Von ihm aus teilweise sehr steil empor, dann östl. durch einen Graben zum Felsenhüttl und steil hinauf zum Felsenköpfl. Auf dem Grat abwärts in eine Gratsenke und wieder aufwärts zum Seinskopf. In weitem Bogen über den Grat zum Feldernkreuz. Bei unsichtigem Wetter schwierig zu finden.

● 2375 Ostwand
G. Bernatz, 1946. **III,** 1 Std. E, 200 m Wandhöhe.

Zugang: Vom W-Ufer des oberen Sees hinauf zum Fuß der O-Wand. E in der linken südl. Wandhälfte bei einer kulissenartigen Felsnase.
Führe: Aufwärts zu der auffallenden, die obere Wandhälfte von links nach rechts durchziehenden schluchtartigen Verschneidung. Einige Me-

ter in ihr empor, rechts ausweichen, wieder in die Verschneidung zurück, und weiter aufwärts zu einem breiten Kamin. Durch ihn zum Grat und über diesen zum Gipfel. Schwieriger durch die Verschneidung weiter zum Grat.

● **2376** **Ostnordostrippe**
Bernatz, Finsterwalder und Menacher, 1947. **III,** 1 Std. E.

Zugang: Vom See aufwärts dem alten Weg entlang wie in R 2371 bis dahin, wo die ONO-Rippe in die Sandreisen abbricht.
Führe: Von links her auf die Rippe. Auf ihr empor. Über einen Turm in eine Scharte. Weiter zum Gipfelgrat und zum Gipfel.

● **2380** **Feldernkopf,** 2071 m

Graterhebung im Verlauf Feldernkreuz — Reißende Lahnspitze.

● **2381** **Von den Soiern**
1 Std.

Zwischen den Seen einem Steig nach W folgen. Im Bogen auf Spuren in das Kar zwischen dem nordwestl. Ausläufer der Soiernschneid und dem Feldernkopf. An seinem O-Hang rechts (nördl.) zum breiten Grat und über ihn zum Gipfel.

● **2382 A** **Abstieg zur Ochsenalm**
2½—3 Std. nach Mittenwald.

Vom Grat nach SW über Reisen, später Latschen hinunter. Durch anfangs schütteren Wald dem Kreuz- oder Lausgraben folgend zur Ochsenalm und weiter auf dem Sträßchen nach Mittenwald.

● **2385** **Reißende Lahnspitze,** 2209 m

Südwestl. Eckpfeiler der Soiernumrahmung.

● **2386** **Von den Soiern**
2 Std., mühsam.

Aus dem Soiernkessel auf einem Steig zuerst westl., dann flach nach links; rechts an einem spitzen grünen Buckel vorbei zu einem Felsbuckel. Von ihm entweder über Schotter gerade hinauf zur Soiernscharte zwischen Soiernspitze und Reißender Lahnspitze und über den Grat westl. zum Gipfel; oder über die N-Hänge herauf und von N zuletzt durch eine Rinne zum Gipfel.

● **2387** **Von der Fereinalm**
2 Std.

Einem alten Jagdsteig folgend über die S- und SW-Hänge der Reißenden Lahnspitze hinauf.

● **2390** **Soiernspitze,** 2257 m

Höchste Erhebung der Gruppe. Sie bildet mit der Reißenden Lahnspitze ein auffälliges Gipfelpaar.

● **2391** **Von den Soiern**
2 Std.

Wie in R 2386 empor zur Soiernscharte und von ihr nach O über den Grat oder etwas südl. auf Steigspuren zum Gipfel.
Oder: Auf dem Weg in Kehren zur Jägersruh (s. R 456 in umgekehrter Richtung) und von ihr, die N-Flanke der Soiernspitze über der Soiernlacke querend, zum Sattel.

● **2392** **Von der Fereinalm**
2 Std.

An dem kleinen See vorbei, über den bequemen Jagdsteig zum Jöchl, 1788 m. Von ihm nach links aufwärts dem südl. Gratabsenker der Soiernspitze entlang zum Gipfel.

● **2393** **Nordostgrat**
B. Mosl, 1926, 21. Jb. Bayerland. **III** (stellenweise), 3 Std. von der Jägersruh.

Führe: Vom Sattel steil empor zum ersten Gratkopf. Auf schmaler Gratmauer zum zweiten. Nun verengt sich der Grat bis zu einer breiten, abwärtsziehenden Geröllstraße. Unschwierig über zwei Grataufschwünge zu einem auf breiter Schneide stehenden, stark nach N überhängenden Turm (wie der Kapuzenturm im Kaiser!). Über die S-Seite auf ihn (Umgehung leicht möglich). Der folgende scharfe Grataufschwung vermittelt den Anstieg zum nächsten Turm, dem sog. „kleinen Schwammerl". Der Aufschwung wird direkt an seiner Kante erstiegen. Zuerst 2—3 m empor, Überhang (H), dann einige Meter nach rechts und gerade empor. (Auf der N-Seite leichter zu umgehen.) Brüchig weiter aufwärts zum höchsten Punkt (Steinmann). Scharf 6 m hinab in eine Scharte, an deren Gegenseite sich der zweite Turm emporreckt (vom Soiernhaus nicht sichtbar). An der Kante empor. Eine schwierige Stelle (12 m) kann durch einen ausgesetzten, aber unschwierigen Quergang vermieden werden. Weiter über brüchiges Gestein auf den Turm (Steinmann). Nun hinab auf den Grat (Abseilen oder Abklettern). Von der vorhin erwähnten Scharte (Schwammerlscharte) schwingt sich der 3. Turm mit einem mächtigen Aufbau in die Höhe (sog. „großer Schwammerl“). Schon von den Soiernhäusern aus ist am großen Schwammerl ein gelber Fleck zu sehen. In seiner Fallinie in einem Kaminstück spreizend empor, dann in die gelbe, brüchige Verschneidung, oder besser links davon. Ober der Verschneidung links, bis sich der Turmaufschwung verengt. Über verschiedene kleine, brüchige Überhänge, und oben flacher zum Gipfel des „großen Schwammerls“. Auf breiter Gratflanke schräg abwärts zu einer Scharte, hierauf unschwierig über Schrofen auf den Gipfel der Soiernspitze.

● **2394** **Nordwand**
Schwierigkeit nicht genau bekannt.

Die N-Wand kann von der Soiernlacke aus erstiegen werden. dabei werden die Bänder jeweils nach links oder rechts so weit ausgegangen, bis sich eine Durchstiegsmöglichkeit zum nächsthöheren Band bietet.

● **2395** **Übergang Schöttlkarspitze — Feldernkreuz — Feldernkopf — Reißende Lahnspitze — Soiernspitze** (Umrahmung des Soiernkessels)
5 Std. von den Soiernhäusern und wieder zu ihnen zurück oder zur Fereinalm. Ungemein schöne und genußvolle Grat-Wanderung ohne Schwierigkeiten.

Von der Soiernhütte zur Schöttlkarspitze (R 2362). Vom Gipfel etwas östl. zurück zur Wegtafel. Durch die S-Hänge zum Sattel zwischen Feldernkreuz und Schöttlkarspitze. Durch eine Rinne auf das Feldernkreuz. Einige Felsstufen querend führt der Steig scharf nach links weiter. Über Gras und Geröll zum Feldernkopf. Auf seiner SO-Seite teils auf, teils neben dem Grat der Soiernschneid bis zu einem steilen Gratbuckel. Von W auf ihn über Gras und Schotter. Westl. auf einem Steiglein durch den westl. und südl. Hang der Reißenden Lahnspitze zur Soiernscharte. Oder etwas schwieriger über den Grat auf die Reißende Lahnspitze und zur Scharte. Von der Scharte auf oder südl. des Grates zur Soiernspitze. 2—3 Std. von der Schöttlkarspitze.
Abstieg: Zurück zur Scharte und durch das Kar (R 2386) oder vom Gipfel hinab zum Jöchl und von da über die Jägersruh zu den Soiernhäusern oder zur Fereinalm.

● **2396** **Übergang Lauskopf — Signalkopf — Seinsköpfe — Feldernkreuz**
2½ Std. von der Forststraße.

Wie R 374 von Mittenwald über die Aschauer Alm oder — viel kürzer — vom Parkplatz bei der Seinsalm in der Nähe des Militärschießstandes auf das Forststräßchen im Seinsbachtal. Am höchsten Punkt dieses

Sträßchens, bevor es zur Ochsenalm hin wieder zu fallen beginnt, Kreuz an einer Tanne links oben auf der Böschung. Hier beginnt ein meist guter Jagdsteig, der zunächst durch die S-Flanke, dann stets am Gratrücken über den Lauskopf (trigon. Zeichen), den Signalkopf (Kreuz, Gipfelbuch) und die Seinsköpfe (oder auf Abkürzungssteiglein durch deren S-Flanke) zum Feldernkreuz führt. Der Steig wird nur südl. unter dem Lauskopf für kurze Zeit undeutlicher. Mehrere, teils bessere Abzweigungen in die Flanken bleiben unberücksichtigt. Einer der am frühesten schneefreien S-Rücken der Gegend. Weiter zur Soiernspitze wie R 2395. Bequemer und lawinensicherer als R 374.

● **2400** **Krapfenkarspitze,** 2110 m
Gumpenkarspitze, 2010 m

Die Gumpenkarspitze ist ein plumper Kegel nördl. der Jägersruh, von der sich der Grat nach O zur Krapfenkarspitze hin fortsetzt.

● **2401** **Von den Soiern**
1 Std. auf die Gumpenkarspitze, eine weitere halbe Std. zur Krapfenkarspitze.

Vom Sattel der Jägersruh (s. R 456) über den breiten Gratbuckel hinauf zur Gumpenkarspitze. Weiter über den Grat zur Krapfenkarspitze. Oder von der Jägersruh die S-Hänge nach O querend und auf dem südöstl. Gratabsenker zum Gipfel der Krapfenkarspitze.

● **2402** **Von der Brandlalm**
2½—3 Std.

Auf die Krapfenkarspitze, alte Jagdsteige benützend, über die S-Hänge. Von der Fereinalm über die Jägersruh, R 456 und weiter wie in R 2401 beschrieben.

● **2405** **Dreierspitze,** 1963 m, **Baierkarspitze,** 1909 m
Fermerskopf, 1851 m, **Galgenstangenjoch**
(Galgenstangenkopf), 1805 m

Wenig hervortretende Graterhebungen im Verlaufe der südl. Begrenzung des Fischbachtales.

● **2406** **Überschreitung von der Krapfenkarspitze aus**
3½ Std. zum Galgenstangenjoch, 5½ Std. nach Vorderriß.

Von der Krapfenkarspitze hinab über Schrofen und ein 5 m hohes Wandl zu einer langen, brustwehrartigen Felsrippe. Diese abwärts zum breiten Sattel vor der Dreierspitze. Dort beginnt ein Steig, der manchmal undeutlich werdend über alle weiteren Gipfel bis zum Galgenstangenkopf führt. Zunächst wird der langgestreckte Kamm der Dreierspitze überschritten, dann hinab in die Scharte vor der Baierkarspitze. Die Baierkarspitze, auf der N-Seite schrofig, südl. begrünt, kann auf erwähntem Steig überschritten werden oder auf einem anderen, der kurz unter der Baierkarscharte abzweigt, nordseitig umgangen werden. Am folgenden Sattel vereinigen sich die beiden Wege wieder. Weiter zum latschenbewachsenen Fermerskopf und nach Überquerung des nächsten, sehr breiten Sattels zum Galgenstangenkopf. Der Steig ist im letzten Teil ziemlich mit Latschen überwachsen. Deswegen ist seine Verfolgung etwas mühsam. Vom Galgenstangenkopf Aussicht ins Rißtal. Von ihm aus südöstl. über die untere Paindlalm zur Oswaldhütte oder nordöstl. über die Kopfhütte und Möslalm nach Vorderriß.

● **2407 A Abstieg durch das Baierkar**
1½ Std., Geländeerfahrung erforderlich, da die Steige teilweise verfallen sind.

Vom tiefsten Punkt der Scharte westl. der Baierkarspitze auf Geröll nördl. hinab ins Baierkar. Unten im Kar trifft man bei der Latschengrenze eine alte Steigspur. Es ist nicht ratsam, sie zu verfolgen, denn sie verschwindet immer wieder. Am besten neben dem Bachbett mitunter steil in der rechten (östl.) Hälfte des Karabfalls ab, bis man eine nach links ziehende, breite Rampe gewahrt, auf der sich ein dürftiger Steig hinzieht. Zuerst undeutlich, dann aber besser werdend, führt er westl. durch Wald. Nach kurzer Zeit über eine große Lichtung am Fuß der Krapfenkarspitze. In Serpentinen abwärts, anfangs nördl., dann sich nach S wendend, wird die Hundstallhütte erreicht. Auf dem Reitweg zu den Soiernhäusern.
Auch von der Krapfenkarspitze und Dreierspitze kann man sowohl nach dem Hundstall, wie auch ins Fermerbachtal absteigen.

● **2410 Ochsenstaffel**, 1871 m; **Hoher Grasberg**, 1783 m; **Markkopf**, 1728 m; **Pfederskopf**, 1540 m; **Grasberg**, 1468 m

Unbedeutende Gras- und Waldbuckel in der nördl. Begrenzung des Hundstall- und Fischbachtals.

● **2411 Auf den Ochsenstaffel**
1 Std.

Von der Fischbachalm auf einem alten Steig südwestl. hinauf.

● **2412 Von Vorderriß auf Grasberg, Markkopf und Hohen Grasberg**
4—5 Std.

Beim Ochsensitz über der Isar auf einem alten Jagdsteig gegen den Grasberg. Weiter auf Jagdsteigen im allgemeinen auf der Kammhöhe zum Pfederskopf, Markkopf und Hohen Grasberg. Von ihm abwärts zur Fischbachalm.

XI. Das Karwendel-Vorgebirge

● **2420** Im schroffen Gegensatz zu den gewaltigen Wänden, den riesigen Karen und Reisen der Hinterautalkette, der Falken- und Gamsjochgruppe und des Sonnjochkammes, erstreckt sich nördl. davon ein bescheidenes, stilles Waldgebirge. Es weist keine Gipfel und Wände mit klingendem Namen auf, und doch wird es dem Freund einsamer Wandertage glückliche Erinnerungen schenken. Bestes Rotwildrevier Tirols. Besondere Rücksicht auf das Wild ist daher am Platze. In den letzten Jahren wurde dort eine ganze Reihe von Wirtschaftswegen gebaut, die für den allgemeinen Fahrverkehr gesperrt sind. Der Bau erfolgte oft mit solchem Tempo, daß die Verfasser mit den entsprechenden Änderungen nicht nachkamen. Hinweis: Durch den Bau von Forst- und Almstraßen wurde das Wegenetz teilweise stark zerschnitten. Insbesondere wurden die Anschlüsse meist noch nicht wieder hergestellt. Diese Straßen sind in den R 2422ff. meist nicht berücksichtigt. Der Wanderer muß sich daher oft auf seinen Spürsinn und neues Kartenmaterial verlassen.

Dieses Waldgebirge gruppiert sich um den Lauf der Dürrach, die durch einen Stollen in den Achensee umgeleitet wird, und um den obersten Teil des Tales, den Pletzboden. Die östl. Begrenzung ist der Achensee, die südl. das Tal der Riß und das Gerntal, im W wieder die Riß und im N schließlich Isar und Walchen. Unterkunftsmöglichkeiten bestehen nur in der Tölzer Hütte am Schafreuter (R 380), in der Seewaldhütte (R 392f.) und im Forsthaus Aquila (R 385). Im Sommer eventuell auf dieser oder jener Alm Heulager.

● **2421** **Schafreuter** (Scharfreiter), 2100 m

● **2422** **Von Fall**
5 Std.

Wie in R 382 über die Moosenalm gegen die Landesgrenze. Nun links über die Hänge zum Gipfel oder weiter zur Tölzer Hütte und von ihr nördl. auf leichten Felsstufen über den SO-Grat oder leichter noch durch die südl. Mulde auf den südl. Gratrücken und zum Gipfel. ¾—1 Std. von der Tölzer Hütte.

● **2423** **Von Vorderriß**
4½ Std.

Wie in R 381 auf die Tölzer Hütte. Von hier wie in R 2422 beschrieben auf den Gipfel.

● **2424** **Von Hinterriß**
4 Std.

Wie in R 383 zur Tölzer Hütte. Weiterweg s. R 2422.

● **2425** **Vom Pletzboden**
5—5½ Std.

Wie in R 443 zur Tölzer Hütte. Weiterweg s. R 2422.

● **2430** **Schönalpenjoch** (Schönalmjoch), 1986 m

● **2431** **Von Hinterriß**
3 Std.

Vom Alpenhof 20 Min. talein im Rißtal, zur Fuggerangeralm. Steil in Windungen nordöstl. empor zum Jagdhaus „Steileck", 1564 m, 1½ Std. Dann nördl. oberhalb einer Schlucht pfadlos zum Gipfel.

● **2435** **Fleischbank,** 2028 m; **Hölzelstaljoch,** 2012 m

● **2436** **Von Hinterriß**
3 Std.

Wie in R 2431 zum Jagdhaus Steileck und von hier nach rechts nordostw. auf einem Jagdsteig in Kehren aufwärts. Nach 1 Std. rechts ab auf einem Steiglein bis zum Gipfel.

● **2437** **Vom Pletzboden**
3—4 Std.

Vom Jagdhaus Pletzboden talein ¾ Std. und links (südl.) ab zum Hölzelstal-Niederleger. Weiter über den Mittel- und Hochleger zum Joch. Hier rechts zum Gipfel des Hölzelstaljochs oder unter diesem südl. durch zur Fleischbank.

● **2440** **Grasbergjoch,** 2020 m

● **2441** **Von Hinterriß**
3½ Std.

Von Hinterriß entweder zum Jagdhaus Steileck (wie oben) und von hier auf den unter Fleischbank und Hölzelstaljoch von W nach O ziehenden Steig und von dessen höchster Stelle unweit des Grasbergjochs östl. pfadlos auf den Gipfel. Oder: Im Rißtal aufwärts zur Garberlalm (¾ Std.) und hier links ab auf gutem Jagdsteig in Kehren steil aufwärts bis zur Waldeggalm (Hölzelstalalm), 1604 m, dann weiter nördl. auf schmalem freien Hang zu dem oben erwähnten Steig und wie oben auf den Gipfel.
Auch über den Grasberg-Hochleger (1550 m), zu dem man 10 Min. nach der Garberlalm bei der Kreuzbrücke abzweigt, kann man nordwestl. ansteigend das Grasbergjoch erreichen.

● 2445 **Heimjoch,** 1873 m
(auch Eiskinig oder Eiskönig)

● 2446 **Von Hinterriß**
3½ Std.

Zur Garberlalm und zur nächsten Brücke über den Rißbach (Kreuzbrücke). Links hinauf zum Grasberg-Hochleger. Auf gutem Steig nordöstl. zur Eiskinigalm und von hier pfadlos zum Gipfel.
Oder auf einem Steig rechts nordöstl. von der Eiskinigalm gegen die Kuppelalm (1671 m) und von da auf Steigspuren zum Gipfel. Bequemer, aber länger.

● 2447 **Vom Pletzboden**
2½ Std.

Entweder dem Eiskinigbach talein folgend zur Eiskinigalm und von dieser zum Gipfel. Oder vom Pletzboden einige Min. talaus und über die Larchalm zur Sattelalm, 1297 m und weiter über den Rücken, unter der *Kuppel,* 1770 m, vorbei zur Kuppelalm und zum Gipfel.

● 2450 **Kompar,** 2010 m

● 2451 **Vom Plumsjoch**
1 Std.

Vom Plumsjoch — hierher von Hinterriß in 4½ Std. (R 444b), von Pertisau in 3 Std. (R 342) — auf meist waagrechtem Jagdsteig westl. über den Hasental-Hochleger, zuletzt nördl. ohne Pfad aufwärts zum Gipfel.

● 2452 **Von den Haglhütten**
3½ Std.

Der Weg beginnt an den Haglhütten, etwa 2,5 km östl. des Eingangs in das Laliderer Tal an der Straße in die Eng gelegen, und verläuft zunächst in nördl., später in nordöstl. Richtung über den Hasental-Niederleger, den Hasental-Mittelleger, und trifft wenig nördl. des Hasental-Hochlegers auf R 2451. Wie dort weiter zum Gipfel.

● **2455** **Montscheinspitze** (Mondscheinspitze), 2106 m

● **2456** **Von Pertisau durch das Gerntal**
4½ Std.

¼ Std. nordwestl. der Pletzachalm zweigt der Weg zum Schleimssattel ab. Von hier (Ww.) westl. auf bez. Steig durch Latschen und auf Grasboden über den Rücken des Kelberges, 1749 m, steil empor zum Grat nördl. des Gipfels, der dann nach kurzem Abstieg in eine Rinne und nochmaligem Aufstieg westl. erreicht wird. 2 Std. vom Schleimssattel.

● **2457** **Aus dem Gerntal**
Leichtester Anstieg, 4 Std.

Wie in R 2456 zum Kelberg. Von hier westw. gegen den Grünbichl. An seinem Fuß beginnt eine Mark. Man quert bei leichtem Abstieg den Grünbichl westw., überschreitet die tief eingeschnittene Rinne, und steigt nun über felsiges Gelände (Steigspuren) unschwierig zum Gipfel. (Der Grünbichl kann auch aus dem Gratzental, 20 Min. talaus von der Gernalm, auf Jagdsteigen erreicht werden.)

● **2458** **Vom Plumsjoch**
II, 2 Std. (5 Std. von Pertisau, 6—7 Std. von Hinterriß).

Vom Joch nördl. auf gutem Steig zur *Plumsjochspitze,* 1846 m. Weiter auf dem Grat, teilweise auf Gamswechseln, unter teilweisem Umgehen von Aufschwüngen zum Gipfel.

● **2459** **Südgrat**
II (einige Schritte), I. Empfehlenswerter Anstieg, weil er das splittrige, brüchige Gelände der beiden Flanken vermeidet. 4 Std.

Vom Plumsjoch aus überschreitet man die Montscheinköpfe zur Montscheinsinke (1800 m, Sattel südlich der Montscheinspitze). Dann verfolgt man die Kammhöhe bis zum felsigen, breiten Aufschwung des Grates. Die am weitesten links befindliche, mit dem Grat parallel laufende, auffallend gestufte und tief eingeschnittene Rinne wird zum Aufstieg benützt. Vor der untersten, überhängenden Stufe weicht man, die Rinne verlassend, nach links aus und steigt an der Außenseite (W-Flanke) des Felsbaues, der den unteren Teil der Rinne links begrenzt, über Schrofen in einer Schleife empor und kehrt so in die Rinne zurück, man folgt ihr nun bis über die letzte Stufe zu Ende. Nach rechts wenige Schritte auf die Grathöhe. Am Grat weicht man höchstens ein paar m bei Zacken in der W-Flanke aus. Schließlich über den grasigen Kamm zum Gipfel. (K.H. Pörtl)

● **2465** **Stierjoch,** 1908 m; **Luderwände,** 1903 m

Vom Schafreuter östl. abzweigender Gratzug.

● **2466** **Von der Tölzer Hütte**
1 Std.

Von der Hütte, am Delpssee vorbei, den Rücken nordöstl. aufwärts zum Stierjoch. Weiter auf dem Grat zu den Luderwänden und jenseits hinab zum Joch zwischen Lerchkogel und Luderwänden.

● **2467** **Von Fall**
4 Std.

Wie in R 2471 zum Lerchkogel-Hochleger und nach rechts weiter zum Grat, der vom Lerchkogel zum Stierjoch zieht. Auf ihm in 1 Std. zum Stierjoch.

● **2470** **Lerchkogel** (Lärchkogel), 1688 m

● **2471** **Von Fall**
3 Std., bez.

Der Dürrach entlang, bis nach etwa 1 Std. nach rechts ein Weg abzweigt. Etwas absteigend zu einer Brücke, die Dürrach überschreitend, und weiter auf bez. Weg über den Lerchkogel-Niederleger zum Lerchkogel-Hochleger und weiter zum Gipfel.

● **2475** **Demeljoch,** 1923 m; **Zotenjoch,** 1881 m

Langgestreckter, überall von den Vorbergen aus sichtbarer Rücken nordöstl. der Dürrach.

● **2476** **Von Fall**
5 Std.

Entlang der Straße ins Dürrachtal ½ Std. einwärts, dann links ab zum Maier-Hochleger (verfallen) und Jagdhaus Dürrnberg, 1624 m. Von hier hinauf zum Dürrnbergjoch, 1835 m, und in Gratwanderung zum Demeljoch. Jenseits einer Mulde steht der Gipfel des Zotenjochs.

● **2477** **Über die Demelgaltalm**
5 Std.

Von Fall etwa 6 km auf der Straße entlang der Dürrach bis zu einer langen Betonmauer (links). Hier links (Ww.) in den Wald hinauf und über die Demelgaltalm, den Niederleger und den Hochleger, zum Gipfel von S her. 2 Std. von der Straße.

● **2478** **Vom Forsthaus Aquila**
4½—5 Std. von Fall.

Vom Forsthaus Aquila (2½ Std. von Fall) einige Min. talaus, rechts ab, und über den Nieder-, Mittel- und Hochleger der Zotenalm zum Gipfel. 2—2½ Std. (Hierher bequemer über die Kesselbachstraße.)

● **2480** **Juifen,** 1988 m

Diese Pyramide ist eine vom Flachland aus auffallende Berggestalt.

● **2481** **Von Fall**
6 Std.

Wie in R 2476 zum Jagdhaus Dürrnberg und nun an den S-Hängen des Demeljochs entlang zur Rotwandlhütte und auf mark. Steig in die S-Flanke und zum Gipfel.
Oder zum Demeljoch wie in R 2477 und über Zotenjoch und Rotwandlhütte zum Juifen. 6—7 Std. von Fall. Näher vom Demel-Niederleger über Zoten-Mitteralm, Baieralm und Rotwand-Niederleger, also ohne die Gipfel des Demeljochs und Zotenjochs zu besteigen.

● **2482** **Vom Forsthaus Aquila**
2½ Std.

Über den Nieder- und Mittelleger der Zotenalm zur Baieralm (bis unter dem Raterskopf Fahrweg durchs Kesselbachtal). Von hier über den Niederleger der Rotwandalm vor Erreichen der Rotwandlhütte rechts ab zum Gipfel.

● **2483** **Von Hagen im Wald**
3 Std.

Das Ghs. liegt an der Straße südöstl. des Achenpasses. Zunächst auf breiter Forststraße über die Brettersbergalm zur Rotwandlhütte und weiter wie R 2481. Man kann schon vorher abzweigen und auf Steigspuren über Grashänge zum Gipfel gehen (mühsamer).

● **2485** **Marbichler Spitze,** 1898 m; **Rether Joch**
(Rether Kopf, 1926 m)

Langgestreckter Kamm zwischen Bächental und Achental.

● **2486** **Von Achenkirch**
3½ Std.

Von Leiten westl. ab. Über die Falkenmoosalm, 1331 m, zur Großen Zemmalm, von ihr nordwestl. zum Marbichler Sattel, 1725 m. Von diesem den Rücken südl. empor zur Spitze und weiter auf oder rechts unter dem Grat.

● **2487** **Vom Gröbner Hals**
1 Std.

Zum Gröbner Hals (Materialseilbahn) in 2½ Std. durch das Hinterautal. Die S-Abstürze des Rether Kopfes am besten westl. um den Ißhals herum umgehend zum Rether Kopf.

● **2490** **Hochplatte,** 1815 m

● **2491** **Von Achenkirch**
3½ Std.

Von der Straße Achenkirch — Scholastika rechts abzweigen nach W, auf einem Fahrweg zur Bründlalm, 1226 m, über die Jochalm, 1428 m, zur Seewaldhütte, 1640 m. Von hier auf den Gipfel.

● **2492** **Westgrat**
I, interessanter Anstieg.

Man bleibt immer genau auf der Schneide. Auch schöner Abstieg.

● **2495** **Zunderspitze** (Sonntagspitze), 1926 m;
Schreckenspitze, 2022 m

Erhebungen in dem langgestreckten Kamm, der westl. des Schleimsjoches beginnt und nach N streicht.

● **2496** **Vom Forsthaus Aquila**
Zur Zunderspitze etwa 1 Std. vom Gröbner Hals, 1664 m.

Vom Forsthaus Aquila in 4 Std. (Ww.) zum Gröbner Hals auf bez. Weg. Dann südl. über den Rücken zur Zunderspitze. Von ihr auf dem Grat zur Schreckenspitze.

● **2497** **Von Achenkirch**
3½ Std. durch das Unterautal zum Gröbner Hals.

Vom Gröbner Hals wie in R 2496 zu den Gipfeln.

● **2498** **Vom Schleimssattel**
Sehr mühsam.

Der Anstieg verläuft über den latschenbewachsenen Rücken des Fansjoches auf die Schreckenspitze.

● 2500 **Seebergspitze** (Rabenspitze), 2085 m; **Seekarspitze,** 2053 m

● 2501 **Von Pertisau**
I, 3½ Std.

Man geht auf dem Waldsteig nach Pletzach bis zur Roßblaike (bewachsener Schotterkegel mit Bachbett). Von hier steigt man zur Kegelspitze an, trifft dabei ein Steiglein, das auf dem Rücken südl. der Roßblaike auf die verfallene Roßalm (P. 1734) leitet. Über den Seeberg-S-Grat auf verwachsenem Steiglein zum Gipfel der Seekarspitze.

● 2502 **Von Pletzach**
5 Std.

Von Pertisau bis zur Sommerwirtschaft Pletzach. Von hier nördl. zum Pasillsattel, 1682 m. R 99. Nun leicht zum Gipfel der Seebergspitze. 1—2 Std. von der Pasillalm.

● 2503 **Vom Schleimssattel**
2 Std.

Zum Sattel vom Bächental in 3 Std., R 443. Von hier zur Überschüßalm (Ww.) am S-Hang des Fansjoches. Ostw. zum Sattel nördl. des Juchtenkopfes und zum Pasillsattel, 1682 m (hierher von der Pletzachalm auf R 104 in 2 Std.) und ostw. über den Kamm zur Seebergspitze.

● 2504 **Von der Großen Gaißalm**
I, 3½ Std., abwechslungsreich. Orientierungsvermögen erforderlich.

Vom Pertisau folgt man dem Gaißalmsteig bis zum Schotterfeld, das aus der Großen Breitlahnschlucht zum See zieht. Über das trockene Bachbett bergwärts. Knapp vor dem Eingang in die Schlucht trifft man südl. links einen Jagdsteig, der auf die ehemalige Schafalm (Niederleger, genannt Guggenmahd), eine steile Wiese über dem Laubwald und unter dem Latschenhang, führt. Von hier ist die Fortsetzung des Weges nicht leicht zu finden, die AV-Karte zeigt ihn aber genau an. Man kommt dann auf die am grünen Grat gelegene Schafalm, Mittel- und Hochleger (Mauerreste). Wo der begrünte Grat aufhört, klettert man rechts nördl. durch einen Kamin (unschwierig) auf die begrünte O-Schulter des Seeberg-S-Grates. Auf diesem zum Gipfel. (H. Klingler)

● 2505 Übergang von der Seebergspitze zur Seekarspitze
1½ Std.

Man hält sich im allgemeinen auf dem Grat.

● 2506 A Abstieg von der Seekarspitze nach Scholastika
2—2½ Std.

Von der Seekarspitze auf dem nach N ziehenden Grat (sog. Mittereck); der untere Teil des Grates führt durch eine ausgeschlagene Latschengasse. Ab Waldgrenze, in der Nähe der Seekaralm auf mark. Steig östl. zur Koglalm und nach Scholastika.

Die Gipfel des Waldgebietes nördlich der Nördlichen Karwendelkette

● 2510 Vorderskopf, 1858 m

Wenig besuchter Gipfel im Winkel, den der Rißbach und Fermersbach bilden. Guter Aussichtspunkt.

● 2511 Von Hinterriß
2½ Std.

Von der großen Säge etwa 1 km vor Hinterriß über Betonbrücke auf das W-Ufer des Rißbaches. Etwa 100 m nach der Schranke erste Gabelung der Forststraße. Nach links (W) der Stiftswaldstraße (Schild) folgend zum Sattel zwischen Ronberg und Vorderskopf. Von dort auf weiterer Forststraße in großen Kehren zur Lichtung „Am Sattel“, und nun auf Wegspuren über begrünte Wald- und Latschengassen der S-Flanke zum Gipfel.

● 2512 Durch den Sattelgraben
2½ Std.

Auf der in R 2511 erwähnten Forststraße bis zur zweiten Gabelung (10 Min.), die erste links liegen lassend. Dort beginnt, unten schlecht sichtbar, und erst weiter oben mark., oberhalb des durch den Straßenbau entstandenen Hangabrisses ein guter Steig, der über den den Sattelgraben südl. begrenzenden Rücken zum Jagdhaus führt. Von dort auf schmalem, unmark. Steiglein durch die Reisen und Schrofen der SW-Flanke des Vorderskopfes zur Lichtung „Am Sattel“ und weiter wie R 2511.

● 2513 Von Nordosten
II, 2½ Std.

Von NO, nach der ersten Grenzbrücke über den Rißbach, weglos über den bewaldeten N-Rücken des Berges bis unter den Schrofengürtel.

Links (östl.) um die Felskante in eine 60 m hohe Schrofenrinne. Diese hinauf zu einem grasigen Band, das sich waagrecht durch den Wandgürtel zieht. Etwa 50 m nach links querend und durch eine weitere, zum Schluß mit Latschen durchsetzte Rinne erreicht man den Gipfel.

● 2515 **Stuhlkopf,** 2049 m

Doppelgipfel in dem von der Talelespitze zwischen Johannestal und Tortal nach N streichenden Kamm.

● 2516 **Über die Stuhlscharte auf den Südgipfel**
2½ Std., mühsam.

Man steigt pfadlos und mühsam im hohen Gras und über grobes Geröll durch eine zum Talhintergrund ziehende Mulde empor und quert dann in nordöstl. Richtung auf einem Gamswechsel durch zwei Gräben an den tief eingerissenen Graben, der vom Stuhlkopf herabkommt. Man erreicht ihn am besten da, wo eine schon von weitem auffallende braune Schieferwand seine rechte Begrenzung bildet. Nun im Graben über Blockwerk, zuletzt über Gras aufwärts zur Stuhlscharte, 1871 m, und in nördl. Richtung über latschenbewachsene Schrofen zum Gipfel.

● 2517 **Übergang zum Nordgipfel, 2016 m**
Schwierig.

Man kann den N-Gipfel auch von Hinterriß direkt erreichen, indem man pfadlos durch Wald zum Stuhlberg emporsteigt und sich weiter über den latschenbewachsenen Rücken über brüchige Schrofen zum Gipfel hält. Schwieriger als die Ersteigung des S-Gipfels.

● 2520 **Torkopf,** 2012 m

Erhebung nördl. der Torscharte. Von hier guter Einblick in die N-Wände des östl. Teils der Nördl. Karwendelkette.

● 2521 **Von der Torscharte**
¾ Std.

Von der Torscharte aus umgeht man absteigend den ersten Felskopf und gewinnt ansteigend den nordöstl. eingelagerten grünen Sattel. Von hier in einer breiten, grasigen Rinne aufwärts, auf einem Band nach NO und schließlich auf einem Band zum Gipfelgrat, der als breiter Kamm zu dem mit einem Kreuz geschmückten Endpunkt verläuft.

● 2525 **Rappenklammspitze** (Rappenspitze), 1835 m

Vom Weg Brandlalm — Fereinalm aus gesehen ein kühner Gipfel. Siehe Abb. S. 623.

● 2526 Von der Wechselschneid
II, ½ Std.

Von der Wechselschneid, R 447af., zum O-Fuß des Berges. Sodann links gegen den Grat und über diesen oder in der seichten Rinne rechts davon zum Gipfel.

● 2527 Steinkarlspitze (Steinkarspitze), 2019 m

● 2528 Von der Wechselschneid
½ Std.

Von der Wechselschneid (R 447af.) nach S durch Latschen und über Matten und schließlich gut gestuften Fels zum W-Gipfel, ½ Std. Der O- und W-Gipfel werden durch eine tiefe Scharte getrennt. Für gute Kletterer bietet der Aufstieg über den SW-Grat eine hübsche Tour. Von der Steinlochscharte (hierher auf R 447b) über den zunächst leichten Grat zu einem Zacken, der auf der O-Seite schwierig umgangen wird. Nun ein langes Stück auf dem Grat zu einem 15 m hohen Abbruch, den man am besten durch Absteigen auf der W-Seite umgeht. Auf dem Grat zum W-Gipfel und über die schwierige Scharte zum O-Gipfel. Von der Steinlochscharte 1½ Std.

● 2530 Kammleitenspitze (Kampenleitenspitze)

Unbedeutender Gipfel im N der Kammleitenwände.

● 2531 Vom Kammleitenjoch
II, ½ Std.

Zum Kammleitenjoch (Kampenleitenjoch) s. R 332. Dem Grat folgend umgeht man den Gipfelaufbau auf der W-Seite und erreicht den Grat wieder über einen Hang, von dem aus eine Felsstufe und eine Rinne weiterleiten.

● 2535 Zunderweidkopf (Zunterwaidkopf)
Unterer 1720 m; Oberer 1836 m

● 2536 Vom Steinkarlgrat
Gratwanderung, ½ Std.

Zum Steinkarlgrat auf R 458 von der Hochlandhütte.
Oder: Von der Rehbergalm (verfallen), 1560 m, über den waldigen Grasbuckel.

447a

● **2537** **Hintere Kampenleiten,** 1725 m

Unbedeutende Erhebungen südl. des Kampenleitenbodens. (Auch Hint. Kammleiten, Östl. Kammleiten.)

● **2538** **Vom Thomasalpl**
Ohne nähere Angaben. Kurz.

Register

Die Zahlen verweisen ausschließlich auf Randzahlen, nicht auf die Seiten

C

D

E

F

G

H

I

J

O

P

R

T

U

Leutaschtal

Sommer

Leutaschtal Tirol 1130 m
mit 20 Ortsteilen und Super Wanderarena

Das Leutaschtal ist 16 km lang, liegt auf 1130 m Seehöhe und erstreckt sich südseitig des Wettersteingebirges (höchste Erhebung ist die Zugspitze mit 2964 m) von West nach Ost (bis kurz vor Mittenwald); nach Süden vollkommen offen (gute Sonneneinstrahlung), nach Norden durch das Wettersteingebirge gegen kalte Winde geschützt. Eine flache, breite Talsohle (bis 1,5 km breit) auf 16 km Länge für gemütliche Wanderungen.

Besonderheiten, Wissenswertes, Zahlen, Angebot an Einrichtungen: Das Leutaschtal ist nebelfrei und fast vollkommen föhnfrei, etwa 450 km Wanderwege, davon 100 km flache Wege im Tal, 2000 Ruhebänke an den Wanderwegen. · Hallenbad mit Sauna, großer Liegewiese · Reitstall – Sportcenter – Fahrradverleih – Großgolfplatz – Sommerrodelbahn (1204 m lang) – Tennis – Kegelbahnen – künstliche Schipiste – Gästekindergarten – Sportplatz – Fischen – Super-Wanderprogramm täglich zum Nulltarif – laufend verschiedene Veranstaltungen, · 20 Hütten laden zur Einkehr ein.

So erreichen Sie Leutasch ... mit dem Auto: Autobahn München – Garmisch – Mittenwald/Leutasch – Westautobahn bis Innsbruck – Zirl – Seefeld/Leutasch · Telfs – Mösern – Seefeld/Leutasch

... mit der Bahn: Bahnstationen sind Seefeld/Tirol etwa 8 km und Mittenwald/BRD etwa 5 km

... Flugplätze: München etwa 135 km, Innsbruck etwa 35 km

Die Grenzübergänge sind Tag und Nacht geöffnet, von den Bahnstationen besteht nach Leutasch ein Bustransfer oder Taxi. Zufahrt für Busse von Mittenwald direkt nach Leutasch derzeit nur bis 25 Sitzpl. möglich (beschränkt).

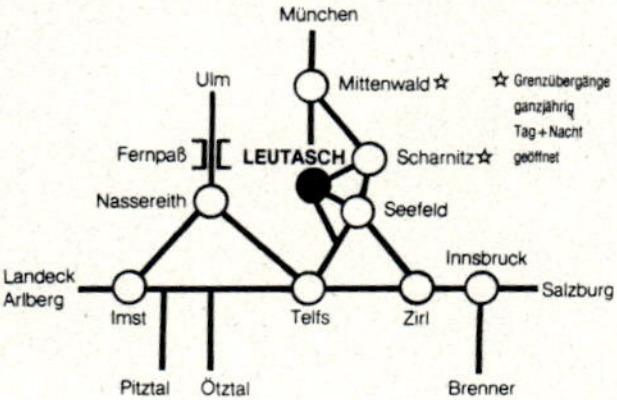

Bergsport und mehr...
WN alpin in Garmisch
Sie finden in unserem Fachgeschäft nicht nur eine große Auswahl für Ihren Bergsport, wir kümmern uns auch um Kleinigkeiten. Denn es sind oft die kleinen Dinge, die die Bergfreude vergrößern. Ihr freundlicher Spezialist mit dem starken Service.
8100 Garmisch-Partenkirchen
Zugspitzstraße 51
Tel. 08821/50340
Inh. Werner Niedermaier
Der Bergsportladen
WN alpin

Rückseite beachten

✂ ....

Berichtigung

(bitte im Umschlag einsenden an Bergverlag Rudolf Rother GmbH, 8000 München 19, Postfach 190162)

Autor und Verlag sind an einer Korrektur interessiert, wenn das Erscheinungsjahr dieses Führers nicht länger als vier Jahre zurückliegt.

Die Randzahl .... des Alpenvereinsführers Karwendelgebirge, Auflage 1990, bedarf folgender Verbesserung bzw. Neufassung:

....

....

....

....

bitte wenden!

....

....

Absender:..

Postleitzahl, Ort:...

Straße:...

Der Bergverlag Rudolf Rother GmbH ist berechtigt, diese Berichtigung dem Verfasser zur Bearbeitung der neuen Auflage zuzustellen. Der Verlag wird bei Erscheinen dieser neuen Auflage dem Einsender ein Exemplar zum Vorzugspreis mit 50 % Nachlaß anbieten.